CONTENTS

Test-1 5
Test-2 33
Test-3 61
Test-4 91
Test-5 121
Test-6 151
Test-7 181
Test-8 209
Test-9 237
Test-10 267
Test-11 295
Test-12 323
Test-13 351
Test-14 379
Test-15 407
Test-16 435
Test-17 463
Test-18 491
Test-19 519
Test-20 547

Updated Edition

KVS PRT Test Series

(20 Mock Tests Based on New Exam Pattern)

PRATEEK SHIVALIK

INVINCIBLE PUBLISHERS

Published by

Invincible Publishers
201A, SAS Tower, Sector 38, Gurugram – 122003
Phone: +91-124-4034247, +91 9599066061
www.invinciblepublishers.com

Sales: 4760 – 61/23, Basement Pratap Street, Ansari Road, Daryaganj,
New Delhi – 110002
Phone: +91-11-40198405
Email: invinciblepublishers@gmail.com

This book is a work of Self help. Names, characters, places and incidents are either the product of the author's imagination or are used fictitiously. Any resemblance to real persons, living or dead, or actual events or locations, is purely coincidental and the publisher does not hold responsibility for the same.

First Edition – 2021

Second Edition – 2022

ISBN : 978-81-94548-13-3

Prateek Shivalik

KVS PRT

Code 01

इस परीक्षा पुस्तिका को तब तक न खोलें जब तक कहा न जाए।
Do not open this Test Booklet until you are asked to do so.
इस परीक्षा पुस्तिका के पिछले आवरण पर दिए गये निर्देशों को ध्यान से पढ़ें।
Read carefully the Instructions on the Back Cover of this Test Booklet.

परीक्षार्थियों के लिए निर्देश

1. OMR उत्तर पत्र इस परीक्षा के अन्दर रखा है। जब आपको परीक्षा पुस्तिका खोलने को कहा जाए, तो उत्तर पत्र निकाल कर पृष्ठ-1 एवं पृष्ठ-2 पर ध्यान से केवल नीले बॉल पॉइंट पेन से विवरण भरें।
2. परीक्षा की अवधि 2½ घंटे है एवं परीक्षा में 150 प्रश्न है। **कोई ऋणात्मक अंकन नहीं है।**
3. इस पृष्ठ पर विवरण अंकित करने एवं उत्तर पत्र पर निशान लगाने के लिए केवल नीले बॉल पॉइंट पेन का प्रयोग करें।
4. यह सुनिश्चित कर लें की इस पुस्तिका का संकेत, उत्तर पत्र के पृष्ठ पर छपे संकेत से मिलता है। यह भी सुनिश्चित कर लें की परीक्षा संख्या और उत्तर पत्र संख्या मिलते है। अगर यह भिन्न हों तो परीक्षार्थी दूसरी प्रश्न पुस्तिका और उत्तर पत्र लेने के लिए निरीक्षक को तुरन्त अवगत कराएँ।
5. **यदि अनुवाद में किसी भी प्रकार की कोई अस्पष्टा हो तो अंग्रेजी वाले पाठ को ही सही माना जायेगा।**
6. रफ कार्य परीक्षा पुस्तिका में इस प्रयोजन के लिए दी गई खाली जगह पर करें।
7. सभी उत्तर केवल OMR उत्तर पत्र पर ही अंकित करें। अपने उत्तर ध्यानपूर्वक अंकित करें। उत्तर बदलने हेतु श्वेत रंजक का प्रयोग निषिद्ध है।
8. प्रत्येक प्रश्न के सामने उचित वृत का चिन्हांकन करके अपना उत्तर लिखें। वृत्त को बिना कोई स्थान छोड़े चिन्हांकित करें।

INSTRUCTIONS FOR CANDIDATES

1. The OMR Answer Sheet is inside this Test Booklet. When you are directed to open the Test Booklet, take out the Answer Sheet and fill in the particulars on Side-1 and Side-2 carefully with blue ball point pen only.
2. The test is of 2½ hours duration and consists of 150 questions. **There is no negative marking.**
3. Use Blue Ball Point Pen only for writing particulars on this page / marking responses in the Answer Sheet.
4. Make sure that the CODE printed on the Answer Sheet is the same as that on this booklet. Also ensure that your Test Booklet No. and Answer Sheet No. are the same. In case of discrepancy, the candidate should immediately report the matter to the Invigilator for replacement of both the Test Booklet and the Answer Sheet.
5. **In case of any ambiguity in translation, the English version will be deemed authentic.**
6. Rough work should be done only in the space provided in the Test Booklet for the same.
7. The answers are to be recorded on the OMR Answer Sheet only. Mark your responses carefully. No whitener is allowed for changing answers.
8. Mark your Answer by shading the appropriate circle against each question. The circle should be shaded completely without leaving any space.

परीक्षार्थी का नाम (बड़े अक्षरों में):
Name of the Candidate (in Capitals): ______________________

अनुक्रमांक (अंकों में):
Roll Number: (in figures): ______________________

(शब्दों में):
(in words): ______________________

परीक्षा केन्द्र (बड़े अक्षरों में) :
Centre of Examination (in Capitals): ______________________

परीक्षार्थी के हस्ताक्षर:
Candidate's Signature: ______________________

निरीक्षक के हस्ताक्षर :
Invigilator's Signature : ______________________

Facsimile signature stamp of
Centre Superintendent ______________________

1. Which part of the following sentences has error in it?

If motorists do not observe the traffic regulations (P) they will be stopped, ticketed (Q) and have to pay a fine. (R) No error. (S)

(1) P (2) Q (3) R (4) S

2. Which part of the following sentences has error in it?

If majority of the individuals in a State (P) prosper (Q) the State itself would prosper. (R) No error. (S)

(1) P (2) Q (3) R (4) S

3. Fill in the blank.

At one time, Mr. Nigel _______ this supermarket.

(1) was owing
(2) used to own
(3) had owned
(4) owned

4. Convert the given sentence into Active / Passive Voice

The Principal has granted him a scholarship.

(1) A scholarship has granted to him by the Principal.
(2) He has been granted a scholarship by the Principal.
(3) He has granted a scholarship by the Principal.
(4) A scholarship was granted to him by the Principal.

5. Choose the one word which can be substituted for the given sentence/ words.

Without risk of punishment

(1) impudent
(2) impunity
(3) inexorable
(4) imperturable

6. Choose the option which best expresses the meaning of the highlighted idiom/phrase in the sentence.

"red-letter day"

(1) a colourful day
(2) fatal day
(3) happy and significant day
(4) hapless day

7. Arrange the following jumbled part of the sentence in correct order.

1. A bad habit is harmful, none as harmful as smoking.

P. But habit is second nature, smokers remain smokers for life

Q. Besides being expensive, smoking does injury to one's health

R. In the long run he may get something worse-lung cancer

S. A smoker gets nothing but smoke for his money

6. Then why get that bad habit?

(1) RPQS (2) QRPS (3) SPRQ (4) PRQS

8. Convert the given sentence into Direct / Indirect Speech

"So help me Heaven! "he cried, "I will never steal again".

(1) He wanted Heaven to help him so that he would never steal again.
(2) He exclaimed to Heaven that he would never steal again.
(3) He exclaimed Heaven to help him that he would never steal again.
(4) He called upon Heaven to witness his resolve never to steal again.

9. The antonym of the given word is?

EXODUS

(1) influx
(2) home-coming
(3) return
(4) restoration

10. Choose the incorrectly spelt word

(1) confident
(2) confiscate
(3) conjecture
(4) conversent

सामान्य हिन्दी

11. पुरस्कार में कौन सा उपसर्ग है?
(1) पुरस्
(2) पुर
(3) पुरस
(4) कोई नहीं

12. सम्मानित में कौन सा प्रत्यय है?
(1) नित
(2) इत
(3) इत्
(4) ईत्

13. निम्न में से किस शब्द की वर्तनी शुद्ध है?
(1) मान्यनीय
(2) माNिनीय
(3) माननीय
(4) मान्यनिय

14. कौन सा शब्द योगरूढ़ है
(1) पंकज
(2) स्वर्ण
(3) विद्यालय
(4) सभी

15. 'श्र' का संयुक्त व्यंजन किस शब्द योग से बना है
(1) श् + र
(2) ष + र
(3) श + र
(4) ष् + र

16. "कौन सी" फिल्म दिखाई दे रही है में विशेषण है
(1) सार्वनामिक
(2) संख्यात्मक
(3) गुणवाचक
(4) प्रश्नवाचक

17. "पेट के वास्ते मनुष्य क्या नहीं करता" में प्रयुक्त कारक है
(1) करण
(2) सम्प्रदान
(3) संबंध
(4) कोई नहीं

18. "जिसकी कल्पना न की जा सके" के लिए एक उपयुक्त शब्द है
(1) अकल्पनीय
(2) अनभिज्ञ
(3) परलौकिक
(4) अलौकिक

19. "दिनचर्या" में समास है
(1) द्वन्द
(2) कर्मधारय
(3) सम्बन्ध तत्पुरुष
(4) अपादान तत्पुरुष

20. अभिषेक का संधि विच्छेद होगा
(1) अभि:+सेक
(2) अभि+सेक
(3) अभि+षेक
(4) अभी+सेक

Space for Rough Work / कच्चे कार्य के लिए स्थान

21. Which of the following is not a computer network?
(1) Wide area network
(2) Local area network
(3) Personal network
(4) Metropolitan area network

21. इनमें से कौन सा कंप्यूटर नेटवर्क नहीं है?
(1) वाइड एरिया नेटवर्क
(2) स्थानीय क्षेत्र नेटवर्क
(3) व्यक्तिगत नेटवर्क
(4) महानगरीय क्षेत्र नेटवर्क

22. To read a CD-ROM disc, you need a
(1) laser beam
(2) magnetic needle
(3) sound card
(4) graphics card

22. सीडी-रोम डिस्क पढ़ने के लिए, आपको किसकी आवश्यकता है
(1) लेजर बीम
(2) चुंबकीय सुई
(3) साउंड कार्ड
(4) ग्राफिक्स कार्ड

23. Microsoft Power Point is a software designed to create
(1) Internet browsers
(2) Data base
(3) Text documents
(4) Multimedia presentations

23. माइक्रोसॉफ्ट पावर प्वाइंट सॉफ्टवेयर क्या बनाने के लिए डिज़ाइन किया गया है
(1) इंटरनेट ब्राउज़र
(2) डेटा बेस
(3) पाठ दस्तावेज
(4) मल्टीमीडिया प्रस्तुतियों

24. Information Technology is the combination of
(1) computing, business and communications
(2) business, internet and software
(3) microelectronics, computing and communications
(4) data base management, communications and internet

24. सूचना प्रौद्योगिकी का संयोजन है
(1) कंप्यूटिंग, व्यापार और संचार
(2) व्यापार, इंटरनेट और सॉफ्टवेयर
(3) माइक्रोइलेक्ट्रॉनिक, कंप्यूटिंग और संचार
(4) डेटा बेस प्रबंधन, संचार और इंटरनेट

25. An electronic device that produces sounds from instructions in a mini file is a
(1) synthesizer
(2) scanner
(3) speaker
(4) sampler

25. एक इलेक्ट्रॉनिक डिवाइस जो मिनी फ़ाइल में निर्देशों से ध्वनि उत्पन्न करता है वह एक है
(1) सिंथेसाइज़र
(2) स्कैनर
(3) वक्ता
(4) नमूना

26. The name "modem" is derived from
(1) modern demarkator
(2) modulator demand
(3) modern demodulator
(4) modulator demodulator

26. नाम "मॉडेम" से लिया गया है
(1) आधुनिक डेममार्केटर
(2) मॉड्यूलेटर मांग
(3) आधुनिक डीमॉड्यूलेटर
(4) मॉड्यूलेटर डीमॉड्यूलेटर

27. How much data does a standard floppy disk could hold?
(1) 512KB
(2) 1.44MB
(3) 20 MB

27. मानक फ्लॉपी डिस्क कितनी डेटा रख सकती थी?
(1) 512KB
(2) 1.44MB
(3) 20 एमबी
(4) 1GB

(4) 1GB

28. LAN stands for
(1) Land Area Network
(2) Local Area Network
(3) Local Access Network
(4) Local Area Netware

29. Who developed "MMX" technology?
(1) IBM
(2) Apple
(3) Microsoft
(4) Intel

30. 'IC-Chips' for computer are usually made of
(1) Silicon
(2) Lead
(3) Chromium
(4) Gold

28. लैन का अर्थ है
(1) Land Area Network
(2) Local Area Network
(3) Local Access Network
(4) Local Area Netware

29. निम्न में से किसके द्वारा "एमएमएक्स" तकनीक बनाई गई थी?
(1) आईबीएम
(2) एप्पल
(3) माइक्रोसॉफ्ट
(4) इंटेल

30. कंप्यूटर के लिए 'आईसी-चिप्स' आमतौर पर बनाये जाते हैं
(1) सिलिकॉन
(2) लेड
(3) क्रोमियम
(4) सोना

Space for Rough Work / कच्चे कार्य के लिए स्थान

General Awareness

31. Which blood group is universal acceptor?
(1) O+
(2) O–
(3) AB–
(4) AB+

31. कौन सा रक्त समूह सार्वभौमिक स्वीकर्ता है?
(1) O+
(2) O–
(3) AB–
(4) AB+

32. Soap bubble attains spherical shape due to ______.
(1) inertia
(2) pressure
(3) surface tension
(4) Viscosity

32. साबुन का बुलबुला ______ के कारण गोलाकार प्राप्त करता है
(1) जड़त्व
(2) दाब
(3) पृष्ठ तनाव
(4) श्यानता

33. Which of the following is a characteristic of an exothermic reaction?
(1) Release of heat
(2) Absorption of heat
(3) Doesn't involve any change in temperature
(4) None of the option is correct

33. निम्नलिखित में से कौन सी ऊष्माक्षेपी प्रतिक्रिया की विशेषता है?
(1) ऊष्मा का उत्सर्जन
(2) ऊष्मा का अवशोषण
(3) तापमान में कोई परिवर्तन नहीं
(4) कोई भी विकल्प सही नहीं है

34. Which of the following gas contributes the maximum to the phenomena of global warming?
(1) Methane
(2) Chlorofluorocarbon (CFC)
(3) Nitrogen dioxide
(4) Carbon dioxide

34. भूमंडलीय तापमान (ग्लोबल वार्मिंग) की घटना में सबसे अधिक योगदान किस गैस का है?
(1) मीथेन
(2) क्लोरोफ्लोरोकार्बन (सीएफसी)
(3) नाइट्रोजन डाइऑक्साइड
(4) कार्बन डाइऑक्साइड

35. Who selects the Social Audit Committee under MGNREGA scheme?
(1) Chief Minister
(2) Gram Sabha
(3) Mayor
(4) B.D.O.

35. मनरेगा योजना के अंतर्गत सामाजिक अंकेक्षण समिति का चुनाव कौन करता है?
(1) मुख्यमंत्री
(2) ग्राम सभा
(3) मेयर
(4) बी. डी. ओ.

36. In which market form, a market or industry is dominated by a few firms?
(1) Monopoly
(2) Oligopoly
(3) Perfect Competition
(4) Monopolistic

36. किस प्रकार के बाजार व्यवस्था में एक बाजार या उद्योग पर कुछ विक्रेताओं का वर्चस्व होता है?
(1) एकाधिकार
(2) अल्पाधिकार
(3) उत्तम प्रतियोगिता
(4) एकाधिकारप्राप्त

37. Who among the following is not a member of any of the two houses of our country?
(1) Prime Minister
(2) Finance Minister
(3) President

37. निम्नलिखित में से कौन हमारे देश के दोनों सदनों में से किसी का सदस्य नहीं है?
(1) प्रधान मंत्री
(2) वित्त मंत्री
(3) राष्ट्रपति

(4) Railway Minister

(4) रेलवे मंत्री

38. Wholed the Bardoli Satyagraha movement?
(1) Mahatma Gandhi
(2) Rabindranath Tagore
(3) Sardar Vallabhbhai Patel
(4) Chittaranjan Das

38. बारडोली सत्याग्रह आंदोलन का नेतृत्व किसने किया था?
(1) महात्मा गांधी
(2) रवींद्रनाथ टैगोर
(3) सरदार वल्लभभाई पटेल
(4) चित्तरंजन दास

39. Which of the following region is covered by tropical evergreen forest?
(1) Eastern Ghat
(2) Vindhyachal
(3) Aravalli
(4) Western Ghat

39. निम्न में से कौन-सा क्षेत्र उष्णकटिबंधीय सदाबहार वन से ढका हुआ है?
(1) पूर्वी घाट
(2) विंध्याचल
(3) अरावली
(4) पश्चिमी घाट

40. What is the name of the hormone produced by thymus gland?
(1) Thyroxine
(2) Auxins
(3) Cytokinins
(4) Thymosin

40. थाइमस ग्रंथि द्वारा निर्मित हॉर्मोन का नाम क्या है?
(1) थायरॉक्सिंन
(2) ऑक्सिन्स
(3) साइटोकिनिन्स
(4) थायमोसिन

Space for Rough Work / कच्चे कार्य के लिए स्थान

41. If DANGER is coded as 11–8–21–14–12–25, then how will the word MACHINE be coded?
(1) 20 – 10 – 8 – 12 – 15 – 16 – 7
(2) 20 – 8 – 10 – 15 – 16 – 21 – 12
(3) 10 – 21 – 15 – 14 – 26 – 17 – 18
(4) 20 – 8 – 10 – 16 – 17 – 22 – 13

41. यदि DANGER का कूट 11–8–21–14–12–25 है, तो MACHINE का कूट क्या होगा?
(1) 20 – 10 – 8 – 12 – 15 – 16 – 7
(2) 20 – 8 – 10 – 15 – 16 – 21 – 12
(3) 10 – 21 – 15 – 14 – 26 – 17 – 18
(4) 20 – 8 – 10 – 16 – 17 – 22 – 13

42. Which one of the given responses would be a meaningful order of the following?

1. Estimate, 2. Contract, 3. Concept
4. Plan, 5. Execute

(1) 3, 4, 1, 2, 5
(2) 1, 4, 3, 5, 2
(3) 3, 1, 2, 4, 5
(4) 5, 2, 4, 3, 1

42. निम्न विकल्पों में से कौन सा विकल्प दिए गए शब्दों का सार्थक क्रम दर्शाता है?

1. Estimate, 2. Contract, 3. Concept
4. Plan, 5. Execute

(1) 3, 4, 1, 2, 5
(2) 1, 4, 3, 5, 2
(3) 3, 1, 2, 4, 5
(4) 5, 2, 4, 3, 1

43. In this question, number of letters skipped in between adjacent letters of the series starting from behind increased by one. Which of the following accepts the rule?
(1) ONLKJ (2) OMJFA
(3) OIGDC (4) OMKIG

43. निम्न प्रश्न में श्रृंखला के निकटवर्ती अक्षरों के बीच छूटे हुए अक्षर पीछे की ओर से क्रमशः एक-एक बढ़ते जा रहे हैं। निम्नलिखित में से कौन सी श्रृंखला इस नियम का पालन करती है?
(1) ONLKJ (2) OMJFA
(3) OIGDC (4) OMKIG

44. A's mother is sister of B and has only one daughter C. How can A be related to B from among the following?
(1) Niece (2) Uncle
(3) Daughter (4) Father

44. A की माँ B की बहन है और उसकी सिर्फ एक पुत्री C है। A का B के साथ निम्नलिखित में से क्या संबंध है?
(1) Niece (2) Uncle
(3) Daughter (4) Father

45. Complete the given series
_ b _ a _ ba _ b _ abab _ a _ b
(1) abababa
(2) baabbaa
(3) bbaabbb
(4) bababaa

45. दी गई श्रृंखला को पूरा करें
_ b _ a _ ba _ b _ abab _ a _ b
(1) abababa
(2) baabbaa
(3) bbaabbb
(4) bababaa

46. A watch reads 4:30. If the minute hand points East; in which direction will the hour hand point?
(1) North-East
(2) North
(3) South-West
(4) South

46. एक घडी में 4:30 बजे हैं। यदि मिनट की सूई पूर्व की ओर है, तो घंटे की सूई किस दिशा में होंगी?
(1) उत्तर-पूर्व
(2) उत्तर
(3) दक्षिण-पश्चिम
(4) दक्षिण

47. If BHASHA is coded as 154754 and BRAIN is coded as 13408, AHINSA will be coded as

47. यदि BHASHA का कूट है 154754 व BRAIN का कूट है 13408, तो AHINSA का कूट क्या होगा?

(1) 458074 (2) 450874
(3) 405847 (4) 450847

(1) 458074 (2) 450874
(3) 405847 (4) 450847

48. What number should come in the place of "?"

6	11	25
8	6	16
12	5	?

(1) 12 (2) 22 (3) 18 (4) 16

48. "?" के स्थान पर कौन सी संख्या आनी चाहिये?

6	11	25
8	6	16
12	5	?

(1) 12 (2) 22 (3) 18 (4) 16

49. The next number in the given series will be
3, 17, 45, 87,?
(1) 153
(2) 143
(3) 183
(4) 123

49. दी गई श्रृंखला में अगली संख्या क्या होगी?
3, 17, 45, 87,?
(1) 153
(2) 143
(3) 183
(4) 123

50. The next number in the given series will be
AXE, ESI, IOM,?
(1) PST
(2) MKQ
(3) QLM
(4) MQI

50. दी गई श्रृंखला में अगली संख्या क्या होगी?
AXE, ESI, IOM,?
(1) PST
(2) MKQ
(3) QLM
(4) MQI

Space for Rough Work / कच्चे कार्य के लिए स्थान

51. Piaget
(1) Viewed developmental changes occurring throughout our lifespans.
(2) Viewed developmental changes occurring only in the first five years of our life.
(3) Viewed morality changes throughout our lifespans according to age.
(4) Viewed cognitive level changes throughout our lifespans according to age.

51. पियाजे ने
(1) विकास संबंधी परिवर्तनों को हमारे पूर्ण जीवनकाल में होने वाला माना है।
(2) विकास संबंधी परिवर्तनों को हमारे जीवन के पहले पांच वर्षों में होने वाला माना है।
(3) नैतिकता में परिवर्तन को हमारे जीवनकाल में आयु के अनुसार होने वाला माना है।
(4) हमारे जीवनकाल में संज्ञानात्मक स्तर में परिवर्तन को आयु के अनुसार होने वाला माना है।

52. Vygotsky stressed that cognitive development is an interpersonal process that happens in a ______ context.
(1) historical (2) physical
(3) cultural (4) positive

52. वाईगोत्सकी ने इस बात पर बल दिया कि संज्ञानात्मक विकास एक पारस्परिक प्रक्रिया है जो ______ संदर्भ में होती है।
(1) ऐतिहासिक (2) शारीरिक
(3) सांस्कृतिक (4) सकारात्मक

53. According to Kohlberg, each stage in the development of moral reasoning is characterized by a specific focus. What is the correct sequence of these stages?
(1) focus on consequences, focus on ethical principles, focus on social rules
(2) focus on ethical principles, focus on social rules, focus on consequences
(3) focus on consequences, focus on social rules, focus on ethical principles
(4) focus on social rules, focus on consequences, focus on ethical principles

53. कोहल्बर्ग के अनुसार, नैतिक तर्क के विकास में प्रत्येक चरण की एक विशिष्ट फोकस विशेषता होती है। इन चरणों का सही अनुक्रम क्या है?
(1) परिणामों पर ध्यान केंद्रित, नैतिक सिद्धांतों पर ध्यान केंद्रित, सामाजिक नियमों पर ध्यान केंद्रित
(2) नैतिक सिद्धांतों पर ध्यान केंद्रित, सामाजिक नियमों पर ध्यान केंद्रित, परिणामों पर ध्यान केंद्रित
(3) परिणामों पर ध्यान केंद्रित, सामाजिक नियमों पर ध्यान केंद्रित, नैतिक सिद्धांतों पर ध्यान केंद्रित
(4) सामाजिक नियमों पर ध्यान केंद्रित, परिणामों पर ध्यान केंद्रित, नैतिक सिद्धांतों पर ध्यान केंद्रित

54. A teacher is teaching Science in Class XI of large size with large individual differences. Which one of the following strategy will be most suitable for managing individual differences?
(1) Conducting discussion sessions
(2) Using programmed learning material
(3) Using good students for teaching weak
(4) Using simple languages while teaching

54. एक अध्यापक एक विद्यालय मे कक्षा XI में विज्ञान पढ़ाता हैं जहाँ कक्षा का आकार तथा व्यक्तिगत विभिन्नताएँ अधिक हैं। इस स्थिति में निम्न में से कौन सी युक्ति व्यक्तिगत विभिन्नताओं के प्रबन्धन में सर्वाधिक होगी?
(1) चर्चा सत्र चलाना
(2) अभिक्रमित अधिगम सामग्री का उपयोग
(3) कमजोर यंत्रों को पढ़ाने के लिए अच्छे यंत्रों का उपयोग
(4) अध्यापन में सरल भाषा का उपयोग

55. Prateek just turned 4, but he has the language ability of a 6-year-old. For language ability, Prateek's ______ age is greater than his ______ age.
(1) chronological; normative
(2) developmental; cross-sectional

55. प्रतीक अभी अभी 4 वर्ष का हो गया है, लेकिन उसकी भाषा की क्षमता 6 साल की है। भाषा की क्षमता के लिए, प्रतीक की ______ आयु उसकी ______ आयु से अधिक है।
(1) कालानुक्रमिक; मानक
(2) विकासात्मक; क्रॉससेक्शनल-
(3) विकासात्मक; कालानुक्रमिक

(3) developmental; chronological
(4) chronological; developmental

(4) कालानुक्रमिक; विकासात्मक

56. Which of the following is true for the processes of 'growth' and 'development'?
(1) Both are natural processes
(2) Growth is natural while development needs external intervention
(3) If growth is satisfactory, development follows
(4) Both the process go together without any external intervention.

56. वृद्धि तथा विकास की प्रक्रियाओं के संदर्भ में निम्न में से कौन सी बात सही हैं?
(1) दोनों प्रक्रियाएँ प्राकृतिक हैं।
(2) वृद्धि ,प्राकृतिक प्रक्रिया हैं तथा विकास में बाह्य कारक को आवश्यकता होती हैं।
(3) यदि वृद्धि संतोषजनक हैं तो विकास स्वतः हो जाता हैं।
(4) दोनों प्रक्रियाएँ बिना बाह्य हस्तक्षेप के साथ साथ चलती हैं।

57. Research shows that today's standardized intelligence tests
(1) have good reliability and reasonably good validity for predicting success in school.
(2) do not do a good job of predicting success on the job.
(3) are not correlated with performance on "real-life" tasks.
(4) measure the full array of cognitive abilities.

57. शोध से पता चलता है कि आज के मानकीकृत बुद्धि परीक्षण में
(1) स्कूल में सफलता की भविष्यवाणी करने के लिए अच्छी विश्वसनीयता और उचित रूप से अच्छी वैधता है।
(2) नौकरी में सफलता की भविष्यवाणी करने का अच्छा काम नहीं करते।
(3) "वास्तविक जीवन" कार्यों पर प्रदर्शन के साथ सहसंबंधित नहीं हैं।
(4) संज्ञानात्मक क्षमताओं की पूरी सरणी को मापते हैं।

58. Characteristics of learning is
(1) All children are not naturally motivated to learn and are capable of learning.
(2) Understanding and developing the capacity for thinking is not an important aspect of learning.
(3) A child learns through memorizing and repetition of content.
(4) Teaching something before the child is cognitively ready takes away real learning.

58. सीखने की विशेषता है
(1) सभी बच्चे स्वाभाविक रूप से सीखने के लिए प्रेरित और सीखने में सक्षम नहीं होते।
(2) सोचने की क्षमता को समझना और विकसित करना सीखने का एक महत्वपूर्ण पहलू नहीं है।
(3) एक बच्चा सामग्री के याद रखने और पुनरावृत्ति के माध्यम से सीखता है।
(4) बच्चे के संज्ञानात्मक रूप से तैयार होने से पहले कुछ सीखाना वास्तविक रूप से सीखने से उसे दूर ले जाता है।

59. A process whereby teacher attempts to describe and quantify the knowledge, attitudes or skills possessed by students is
(1) Assessment of Learning
(2) Assessment for Learning
(3) Assessment as Learning
(4) Assessment in Learning

59. एक आकलन प्रक्रिया जिसके द्वारा शिक्षक छात्रों के ज्ञान, दृष्टिकोण या कौशल का वर्णन और मात्रा निर्धारित करने का प्रयास करता है
(1) सीखने का आकलन
(2) सीखने के लिए आकलन
(3) सीखने के रूप में आकलन
(4) सीखने में आकलन

60. Objective tests are generally more reliable than essay tests because objective tests
(1) can measure all of the important educational achievement.
(2) contain a wider sample of the content.
(3) eliminate teacher judgment in preparation.
(4) can be easily corrected for guessing.

60. वस्तुनिष्ठ परीक्षण आमतौर पर निबंध परीक्षणों से अधिक विश्वसनीय होते हैं क्योंकि वस्तुनिष्ठ परीक्षण
(1) सभी महत्वपूर्ण शैक्षणिक उपलब्धियों को माप सकते हैं।
(2) सामग्री का एक व्यापक नमूना है।
(3) तैयारी में शिक्षक निर्णय को खत्म करते हैं।
(4) अनुमान लगा कर आसानी से सही किये जा सकते हैं।

61. According to Maslow, a person who wants to become self-actualized must first satisfy _______.
(1) higher needs before other more primary needs.
(2) primary needs such as food and safety.
(3) needs for creativity, justice, and the appreciation of beauty.
(4) needs for achievement, affiliation, and power.

61. मास्लो के मुताबिक, एक व्यक्ति जो आत्म-सिद्धि को प्राप्त करना चाहता है, उसे पहले _______ को संतुष्ट करना चाहिए।
(1) उच्च आवश्यकताओं से पहले प्राथमिक आवश्यकताओं
(2) खाद्य और सुरक्षा जैसे प्राथमिक आवश्यकताएं
(3) रचनात्मकता, न्याय और सौंदर्य की प्रशंसा की आवश्यकताएं
(4) उपलब्धि, संबद्धता और शक्ति की आवश्यकताएं

62. Inclusive Education was launched to
(1) Enable all students with disabilities, to pursue schooling in enabling environment
(2) Build technology skills of students with disabilities
(3) Improving reading, writing and mathematics for students with disabilities
(4) Providing elementary education for all students with disabilities in the 6-14 age group

62. समावेशी शिक्षा किस लक्ष्य से शुरू की गई थी
(1) सभी विकलांग छात्रों को उचित परिवेश में सक्षम तरीके से स्कूली शिक्षा प्राप्त करने लायक बनाने के लिए
(2) विकलांग छात्रों के तकनीकी कौशल का निर्माण करने के लिए
(3) विकलांग छात्रों के लिए पढ़ने, लेखन और गणित में सुधार के लिए
(4) 6-14 आयु वर्ग में विकलांग छात्रों के लिए प्राथमिक शिक्षा प्रदान करने के लिए

63. Advanced and enriched instructional materials, if developed and used in the schools, will help the:
(1) Gifted children
(2) Backward children
(3) Learning disabled children
(4) Mentally retarded children

63. यदि उच्च व संपन्न शिक्षण सामग्री का विकास किया जाय तथा स्कूलों में उसका उपयोग किया जाए तो यह _______ को मदद करेगा।
(1) प्रतिभाशाली बच्चे
(2) पिछड़े बच्चे
(3) अधिगम बाध्य बच्चे
(4) मंद बुद्धि बच्चे

64. All of the following statements are true in relation to progressive education except
(1) School is a preparation for life.
(2) Learners are active participants, problem solvers, and planners.
(3) Teachers are facilitators, guides who foster thinking.
(4) Parents are the primary teachers, goal setters, and planners, and serve as resources.

64. निम्नलिखित सभी कथन प्रगतिशील शिक्षा के संबंध में सत्य हैं सिवाय
(1) स्कूल जीवन की तैयारी है।
(2) शिक्षार्थियों सक्रिय प्रतिभागी, समस्या हल करने वाले, और योजनाकार हैं।
(3) शिक्षक सुविधा देने वाले, गाइड हैं जो सोचने को बढ़ावा देते हैं।
(4) माता-पिता प्राथमिक शिक्षक, लक्ष्य निर्धारक और योजनाकार हैं, और संसाधनों के रूप में कार्य करते हैं।

65. Which of the following statements is true regarding relation between creativity and intelligence?
(1) To be creative, certain level of intelligence is essential.
(2) A person with high intelligence must be creative
(3) A person with low intelligence may be creative.
(4) There is no relationship between intelligence and creativity.

65. सृजनशील तथा बुद्धि के सम्बन्ध के संदर्भ में निम्न में से कौन सा कथन सही हैं?
(1) सृजनशील होने के लिए एक विशेष स्तर तक बुद्धि का होना आवश्यक हैं।
(2) उच्च बुद्धि वाला व्यक्ति सृजनशील अवश्य होगा।
(3) निम्नकम बुद्धि वाला व्यक्ति भी सृजनशील हो सकता हैं/।
(4) बुद्धि तथा सृजनशीलता में कोई सम्बन्ध नहीं हैं।

66. The role of home in education is:
(1) To help child in acquisition of knowledge.
(2) To interfere in the functioning of school.

66. शिक्षा में गृह की भूमिका:
(1) ज्ञान प्राप्ति में बालक को सहायता प्रदान करना।
(2) शाला के कार्य में हस्तक्षेप करना।

(3) To accept education as a value and to vitalize its spirit.

(4) To provide assistance and co-operation to school.

(3) शिक्षा का मूल्य के रूप में स्वीकार करना और इसकी धारणा को शक्ति प्रदान करना।

(4) शाला को सहायता प्रदान करना और विनियुक्त करना।

67. If a group of children learn arithmetic skills by way of completing a project on 'Celebration of Diwali Festival', this will be known as:

(1) Incidental learning (2) Formal learning

(3) Informal learning (4) Non formal learning

67. पर किसी एक परियोजना को पूरा करने "दीपावली के पर्व मानाने" के लिए यदि बच्चो का एक समूह यदि गणितीय कौशल को प्रशिक्षित कर लेता है तो यह निम्न रूप से जाना जाता है:

(1) प्रासंगिक अधिगम (2) औपचारिक अधिगम

(3) अनौपचारिक अधिगम (4) अन-औपचारिक अधिगम

68. Aim of education is not

(1) Making children capable of becoming responsible, productive and useful members of a society.

(2) Building knowledge, skills and attitudes through learning experiences and opportunities created for learners in school.

(3) Making children capable of memorizing facts and definitions, to score best possible marks in exam.

(4) Satisfying the current needs and aspirations of a society as well as its lasting values and human ideals.

68. शिक्षा का उद्देश्य नहीं है

(1) बच्चों को समाज का जिम्मेदार, उत्पादक और उपयोगी सदस्य बनने में सक्षम बनाना।

(2) स्कूल में शिक्षार्थियों के लिए सीखने के अनुभवों और अवसरों के माध्यम से ज्ञान, कौशल और दृष्टिकोण बनाना।

(3) बच्चों को परीक्षा में सर्वोत्तम संभव अंक स्कोर करने के लिए, तथ्यों और परिभाषाओं को याद रखने में सक्षम बनाना।

(4) समाज की वर्तमान जरूरतों और आकांक्षाओं के साथ-साथ इसके स्थायी मूल्यों और मानव आदर्शों को संतुष्ट करना।

69. Research suggests that a more positive classroom atmosphere will result from a

(1) democratic leadership style.

(2) laissez-faire leadership style.

(3) authoritarian leadership style.

(4) strict leadership style.

69. शोध से पता चलता है कि सकारात्मक कक्षा वातावरण किसका परिणाम होगा

(1) लोकतांत्रिक नेतृत्व शैली।

(2) लाइससेज़-फेयर नेतृत्व शैली।

(3) सत्तावादी नेतृत्व शैली।

(4) सख्त नेतृत्व शैली।

70. Read the following questions on fractions

I. Write the fractions you know and can show.

II. Find items that you can use to show the fractions.

III. Draw a diagram which shows these fractions.

A teacher has listed these assessment objectives for a unit on fractions. According to Bloom's taxonomy, which of the following is true of these objectives?

(1) They are listed from highest to lowest level of thinking.

(2) They are listed from lowest to highest level of thinking.

(3) They all represent low levels of thinking.

(4) They all represent high levels of thinking.

70. भिन्नों पर निम्नलिखित प्रश्न पढ़ें

I. उन भिन्नों को लिखें जिन्हें आप जानते हैं और दिखा सकते हैं।

II. उन वस्तुओं को ढूंढें जिनका उपयोग आप भिन्नों को दिखाने के लिए कर सकते हैं।

III. एक चित्र बनाएं जो इन भिन्नों को दिखाता है।

एक शिक्षक ने भिन्नों की इकाई के लिए इन आकलन उद्देश्यों को सूचीबद्ध किया है। ब्लूम की वर्गीकरण के अनुसार, निम्नलिखित में से कौन सा इन उद्देश्यों के बारे में सत्य है?

(1) ये उच्चतम से निम्नतम स्तर के चिंतन की ओर सूचीबद्ध हैं।

(2) ये निम्नतम से उच्चतम स्तर के चिंतन की ओर सूचीबद्ध हैं।

(3) ये सभी चिंतन के निम्न स्तर को दर्शाते हैं।

(4) ये सभी चिंतन के उच्च स्तर को दर्शाते हैं।

71. The 'question': How will I achieve my teaching goal?, in the design of a language instruction, which helps the teacher to 'keep the lesson on target' is/are the

(1) Objectives
(2) Methodology
(3) Evaluation
(4) Documentation

72. What are some of the features of a good listening task?

(1) Simple and easily completed in a large class
(2) Gives clues and supports completion of the task
(3) Inexpensive to administer for a large number of students
(4) Has a variety of tasks to be chosen from by students

73. The 'acquired system' or 'acquisition' of a language is the

(1) Formal skills development
(2) Subconscious process of learning
(3) Input-output process
(4) Self-monitoring of learning

74. Combining of movement abilities with academics, such as speaking a language, is referred to as

(1) Cognitive skills
(2) Affective skills
(3) Motor-perception skills
(4) Interaction skills

75. Students can master complex language structures without being aware of the fact they are doing so, through

(1) Regular, simple grammar practice sessions
(2) Teachers avoiding the teaching of structures altogether
(3) Use of grammar games with a focus on relevant structures
(4) More speaking and listening practice with regular feedback

Instruction (Q.No.76–80): Study the following paragraph and answer the questions that follow.

The first detailed description of plastic surgical procedures is found in the clinical text on Indian surgery, the Sushruta Samhita which incorporates details of surgical tools and operative techniques. Sushruta wrote, based on the lectures of his teacher, the famous surgeon king, Devadas. He taught his pupils to try their knives first on natural as well as artificial objects resembling diseased parts of the body before undertaking the actual operations. It is interesting to note that modern surgery stresses so much upon simulation, models and cadaver training before actual performance to increase and improve patient safety. He stressed on both theoretical and practical training and had famously remarked once: "The physician who has only the book of knowledge (Sastras) but is unacquainted with the practical methods of treatment or who knows the practical details of the treatment but from self-confidence, does not study the books, is unfit to practice his calling. "Sushruta considered surgery to be the most important branch of all the healing arts, and had performed and described in detail several complicated operations. this include operations for intestinal obstructions, hernia repairs, bladder stone, but more importantly, several plastic surgical operations, including those for cleft lip and nose reshaping, which are performed virtually unchanged even today from his descriptions about 3000 years ago!

76. The passage gives us details about

(1) How to perform certain types of surgery
(2) How to become a good surgeon
(3) How surgery can replace other treatments
(4) How patients have to be treated after surgery

77. The personal quality which Sushruta warns against is

(1) Arrogance
(2) Cowardice
(3) Rudeness

(4) Ignorance

78. The paragraph focuses on the
(1) Evolution of medicine in India
(2) Life of Sushruta and his work
(3) India's contribution to medical science
(4) Methods of plastic surgery in India

79. Sushruta's training consisted of
(1) Acquiring complete theoretical knowledge
(2) Apprenticeship under a guru
(3) Practice on objects similar to human body parts
(4) Focusing on non-surgical procedures

80. According to Sushruta, ______ are above all healing arts.
(1) Observation and counselling
(2) Surgery and post-operative care
(3) Timely administration of medicine and counseling
(4) Study of patient's condition

भाषा विषय : हिन्दी

81. "हर व्यक्ति को मैंने ही सच्चाई दिखाई" वाक्य पर चर्चा करने का उद्देश्य है
(1) बच्चों को संज्ञा के प्रयोग का ज्ञान कराना
(2) बच्चों को सर्वनाम के प्रयोग का ज्ञान कराना
(3) बच्चों को क्रिया के प्रयोग का ज्ञान कराना
(4) बच्चों को भाषा की नियम्बुद्ध प्रकृति की पहचान और उसका विश्लेषण करना सिखाना

82. लेखन-क्षमता का विकास करने के सन्दर्भ में आपके लिए सबसे अधिक महत्वपूर्ण है
(1) सुन्दर लेखन का अभ्यास
(2) मानक वर्तनी का प्रयोग
(3) सुनी, पढ़ी और समझी हुई बातों की स्वाभाविक लिखित अभिव्यक्ति
(4) दिए हुए बिन्दुओं और निर्देशों के आधार पर निबंध लिखना

83. नेहा अपनी बात कहते समय अपनी मातृभाषा के शब्दों का प्रयोग करती है। आप क्या करेंगे?
(1) लक्ष्य भाषा के शब्द का प्रयोग करते हुए सहजता से उसके वाक्य को दोहराएँगे
(2) उसे डांटेंगे कि वह अपनी भाषा के शब्दों का प्रयोग न करें
(3) उसे बताएँगे कि किसी शब्द विशेष को क्या कहते हैं
(4) उसे बताएँगे कि ये शब्द गलत हैं

84. भाषा की कक्षा में यह जरुरी है कि
(1) भाषा की पाठ्य पुस्तकों पर विशेष ध्यान दिया जाए-
(2) बच्चे मानक भाषा में ही बात करें
(3) भाषिक पृष्ठभूमि के आधार पर किसी को पीछे न छोड़ा जाए
(4) बच्चों की अधिक अधिक परीक्षाएँ ली जाएँ-से-

85. भाषा की पाठ्य-पुस्तकों में हिंदीतर भाषाओं को भी जगह मिलनी चाहिए। इस कथन के समर्थन में कौन-सा तर्क काम करेगा?
(1) इससे भाषाओं के बीच द्वंद्व नहीं होगा
(2) इससे भाषागत विविधता को सही रूप में संबोधित किया जा सकता है
(3) इससे भारत की सभी भाषाओं को स्थान दिया जा सकेगा
(4) इससे त्रिभाषा सूत्र का पालन किया जा सकता है

निर्देश (Q.No.86–90) :दिए गए गद्यांश को पढ़कर उसके नीचे लिखे प्रश्नों के सबसे उचित विकल्प को चुनिए।

22 दिसम्बर, 1939 को श्री धनसिंह नागरकोटी का घर रिसने लगा। मल्ली ताल में दाहिनी ओर बने कुछ घर भी रिसने लगे। जाड़ों के दिनों में रिसना कम ही होता था पर अबकी पता नहीं क्यों पहाड़ी पर बने घरों में भी इस रिसाव के कारण ठंड का प्रभाव कुछ ज्यादा ही होने लगा। संतोष की बात थी कि शाम तक पानी का जोर हल्का पड़ने लगा। पर रात को जो बर्फ गिरनी शुरू हुई तो अगले दो दिन तक थमने का नाम ही नहीं लिया। 24 दिसम्बर की शाम तक आकाश खुल गया और लोग 'ब्राइट क्रिसमस' या 'श्वेत बड़ा दिन' मनाने की तैयारी में जुट गए। बड़ा दिन जब आया तो सूर्यदेव के दर्शन हुए। छतों पर गिरी बर्फ खिसकर - गिरकर घरों के सामने जमा हो गई थी। उसे हटाकर रास्ता साफ़ किया गया। पिघलती बर्फ के कारण हाड़ कंपाने वाली सर्दी में भी लोगों का उत्साह कम नहीं हुआ और वे परस्पर क्रिसमस की शुभकामनाएँ और डालियों का आदान - प्रदान करने लगे। तापमान शून्य से तीन डिग्री नीचे हो गया था। पानी की आपूर्ति नलों के भीतर पानी के जमने से उनके फट जाने से रुक गई थी।

86. गद्यांश के अनुसार बर्फ कब से पड़ना शुरू हुई?

(1) दिसंबर की शाम से 22
(2) दिसंबर की सुबह से 22
(3) दिसंबर की शाम से 24
(4) दिसंबर की सुबह से 24

87. पानी की आपूर्ति क्यों नहीं हो पाई?
(1) पानी पर्याप्त मात्रा में नहीं था
(2) पानी नालों में जम गया था
(3) पानी फट गया था
(4) बर्फ धीमी गति से पिघल रही थी

88. गद्यांश में क्रिसमस के लिए 'ब्राईट क्रिसमस' शब्द इसलिए आया है, क्योंकि
(1) क्रिसमस के अवसर पर सब लोग सफ़ेद रंग के कपड़े पहनते हैं
(2) क्रिसमस के अवसर पर सब लोग सफ़ेद केक खाते हैं
(3) क्रिसमस के अवसर पर बहुत बर्फ पड़ी थी
(4) क्रिसमस का असली नाम यही है

89. जाड़े के दिनों में पानी का रिसना
(1) हमेशा ज्यादा होता है
(2) इस बार ज्यादा था
(3) कभीकभी होता था-
(4) इस बार कम था

90. संतोष की क्या बात थी?
(1) शाम को ठंड का प्रभाव ज्यादा नहीं था
(2) सुबह ठंड का प्रभाव बिलकुल नहीं था
(3) शाम को बारिश रुक गई
(4) शाम को बारिश कम होने लगी

Space for Rough Work / कच्चे कार्य के लिए स्थान

91. Which among the following can act as a I order as well as II order lever?

(1) Scissors
(2) Seesaw
(3) Nutcracker
(4) Crowbar

91. निम्नलिखित में से कौन I ऑर्डर के साथ-साथ II ऑर्डर उत्तोलक के रूप में कार्य कर सकता है?

(1) कैंची
(2) झूला
(3) नट-क्रैकर
(4) लोहदंड

92. Rutherford's 'alpha (α) particles scattering experiment' resulted in to discovery of

(1) Electron
(2) Proton
(3) Nucleus in the atom
(4) Atomic mass

92. रदरफोर्ड के ऐल्फा (α) कण प्रकीर्णन प्रयोग के परिणामस्वरूप खोज किया गया -

(1) इलेक्ट्रॉन
(2) प्रोटॉन
(3) परमाणु में नाभिक
(4) परमाण्वीय द्रव्यमान

93. Rocket works on the principle of conservation of

(1) mass
(2) energy
(3) momentum
(4) velocity

93. रॉकेट किस नियम पर कार्य करता है –

(1) द्रव्यमान संरक्षण नियम पर
(2) ऊर्जा संरक्षण नियम पर
(3) संवेग संरक्षण नियम पर
(4) वेग संरक्षण नियम पर

94. An iron sphere of mass 10kg has the same diameter as an aluminium sphere of mass is 3.5 kg. Both spheres are dropped simultaneously from a tower. When they are 10m above the ground, they have the same

(1) acceleration
(2) momentum
(3) potential energy
(4) kinetic energy

94. 10kg द्रव्यमान के लोहे तथा 3.5 kg. द्रव्यमान के एल्युमिनियम के गोलों के व्यास समान हैं। दोनों गोले किसी मीनार से एक साथ गिराए जाते हैं। जब वे भूतल से 10m ऊपर होते हैं, तब इनके समान होते/होती हैं -

(1) त्वरण
(2) संवेग
(3) स्थितिज ऊर्जा
(4) गतिज ऊर्जा

95. Which of the following group represents the Rabi crops:

(1) Mustard, maize, pea, cotton.
(2) Mustard, pea, wheat, gram.
(3) Mustard, maize, cotton, wheat.
(4) Mustard, paddy, groundnut, cotton.

95. निम्नलिखित में से कौन सा समूह रबी फसलों का प्रतिनिधित्व करता है:

(1) सरसों, मक्का, मटर, कपास।
(2) सरसों, मटर, गेहूं, ग्राम।
(3) सरसों, मक्का, कपास, गेहूं।
(4) सरसों, धान, मूंगफली, कपास।

96. A synthetic fiber which looks like silk is obtained by chemical treatment of wood pulp. It is, therefore, known as artificial silk. What is its common name?

(1) Teflon
(2) Rayon
(3) Cotton
(4) Terylene
(5)

96. रेशम की तरह दिखने वाला संश्लेषित रेशा काष्ठ लुगदी के रासायनिक उपचार से प्राप्त होता है। अत: यह संश्लेषित रेशा कहलाता है। इसका प्रचलित नाम क्या है?

(1) टेफलॉन
(2) रेयान
(3) कपास
(4) टेरीलीन

97. The metal which produces hydrogen gas on reaction with dilute hydrochloric acid as well as sodium hydroxide solution is:

(1) copper
(2) iron

97. धातु जो तनु हाइड्रोक्लोरिक अम्ल के आलावा सोडियम हाइड्रॉक्साइड विलयन के साथ भी अभिक्रिया पर हाइड्रोजन गैस बनती है -

(1) तांबा
(2) लोहा

(3) aluminium (4) sodium

98. Naphthalene balls are obtained from coal tar and are used as:
(1) mosquito repellant
(2) honey bee repellant
(3) moth repellant
(4) snake repellant

99. The calorific value of a fuel is expressed in a unit called:
(1) kilojoule per litre
(2) kilogram per mililitre
(3) kilojoule per gram
(4) kilojoule per kilogram

100. The most important function of cell membrane is that it:
(1) controls the entry and exit of materials from cells
(2) controls only the entry of materials into cells
(3) controls only the exit of materials from cells
(4) allows entry and exit of materials without any control

101. After fertilisation, the resulting cell which gives rise to a new individual is the:
(1) embryo (2) ovum
(3) foetus (4) zygote

102. Electric current is to be passed from one body to another. For this purpose the two bodies must be joined by:
(1) cotton thread
(2) plastic string
(3) copper wire
(4) rubber band

103. Write down the names of parts of the eye in the blank spaces shown in Fig.

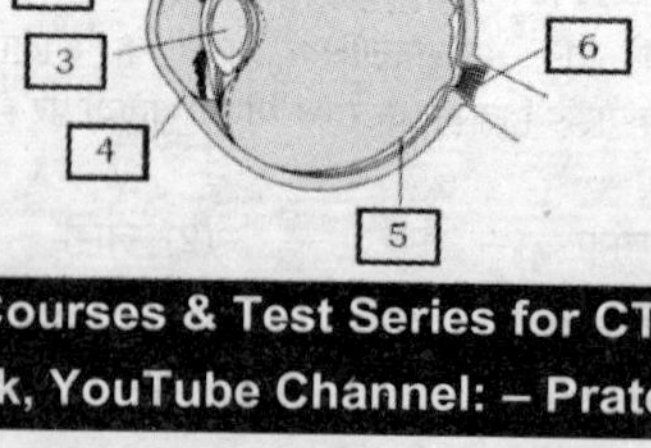

(3) एल्यूमीनियम (4) सोडियम

98. कोलतार से नैफ्थलीन की गोलियाँ प्राप्त की जाती है और इनका उपयोग किसे भगाने के लिए किया जाता है-
(1) मच्छर
(2) शहद मधुमक्खी
(3) कीट
(4) सांप

99. ईंधन का कैलोरीफुल वैल्यू यूनिट में व्यक्त किया जाता है जिसे कहा जाता है:
(1) किलोजूल प्रति लीटर
(2) किलोग्राम प्रति मिलीलीटर
(3) किलोजूल प्रति ग्राम
(4) किलोजूल प्रति किलोग्राम

100. कोशिका-झिल्ली का सबसे महत्वपूर्ण कार्य यह है कि:
(1) कोशिकाओं में प्रवेश करने वाले एवं बाहर जाने वाले पदार्थों का नियंत्रण करती है।
(2) कोशिकाओं में केवल प्रवेश करने वाले पदार्थों का नियंत्रण करती है।
(3) कोशिकाओं में से बाहर जाने वाले पदार्थों का नियंत्रण करती है।
(4) पदार्थों के प्रवेश करने और बाहर जाने को बिना किसी नियंत्रण का आने-जाने देती है।

101. निषेचन के पश्चात जो कोशिका एक नये जीव को उत्पन्न करती है वह है –
(1) भ्रूण (2) अंडाणु
(3) गर्भ (4) युग्मनज

102. एक वस्तु से दूसरी वस्तु पर विद्युत आवेश को स्थानांतरित करना है। इसके लिए दोनों वस्तुओं को सयोंजित किया जाना चाहिए:
(1) सूती धागे से
(2) प्लास्टिक की डोरी से
(3) तांबे के तार से
(4) रबड़ के छल्ले से

103. चित्र में दिखाए गए रिक्त स्थान में आंख के हिस्सों के नाम लिखें।

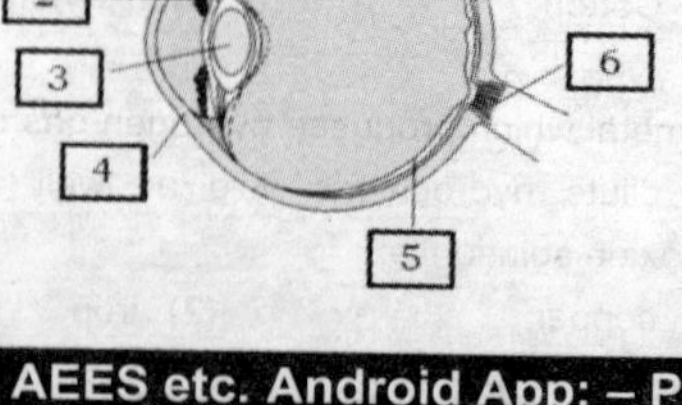

(1) 1–Iris, 2–Ciliary muscle, 3–Lens, 4–Cornea, 5–Optic Nerve, 6–Retina
(2) 1–Ciliary muscle, 2–Lens, 3–Iris, 4–Retina, 5–Cornea, 6–Optic Nerve
(3) 1–Ciliary muscle, 2–Iris, 3–Lens, 4–Cornea, 5–Optic Nerve, 6–Retina
(4) 1–Ciliary muscle, 2–Iris, 3–Lens, 4–Cornea, 5–Retina, 6–Optic Nerve

(1) 1-आईरिस, 2-सिलीरी मांसपेशी, 3-लेंस, 4-कॉर्निया, 5-ऑप्टिक तंत्रिका, 6-रेटिना
(2) 1-सिलीरी मांसपेशी, 2-लेंस, 3-आईरिस, 4-रेटिना, 5-कॉर्निया, 6-ऑप्टिक तंत्रिका
(3) 1-सिलीरी मांसपेशियों, 2-आईरिस, 3-लेंस, 4-कॉर्निया, 5-ऑप्टिक तंत्रिका, 6-रेटिना
(4) 1-सिलीरी मांसपेशी, 2-आईरिस, 3-लेंस, 4-कॉर्निया, 5-रेटिना, 6-ऑप्टिक तंत्रिका

104. Which of the following statements are true for pure substances?
I. Pure substances contain only one kind of particles
II. Pure substances may be compounds or mixtures
III. Pure substances have the same composition throughout
IV. Pure substances can be exemplified by all elements other than nickel
(1) I and II (2) I and III
(3) III and IV (4) II and III

104. शुद्ध पदार्थो के लिए निम्नलिखित में से कौन-से कथन सत्य हैं?
I. शुद्ध पदार्थो में केवल एक प्रकार के कण होते है।
II. शुद्ध पदार्थ, यौगिक अथवा मिश्रण हों सकते हैं।
III. शुद्ध पदार्थो का संघटन सर्वत्र समान रहता है
IV. निकल के अतिरिक्त अन्य सभी तत्वों द्वारा शुद्ध पदार्थों को दृष्टांतित किया जा सकता है।
(1) I और II (2) I और III
(3) III और IV (4) II और III
(5)

105. Following are a few definitions of osmosis. Read carefully and select the correct definition
(1) Movement of water molecules from a region of higher concentration to a region of lower concentration through a semipermeable membrane
(2) Movement of solvent molecules from its higher concentration to lower concentration
(3) Movement of solvent molecules from higher concentration to lower concentration of solution through a permeable membrane
(4) Movement of solute molecules from lower concentration to higher concentration of solution through a semipermeable membrane

105. परासरण की कुछ परिभाषाएँ नीचे दी गई हैं। इन्हें सावधानी से पढिए और सही परिभाषा चुनिए –
(1) अर्धपारगम्य झिल्ली से होकर, जल के अणुओं का अधिक सांद्रता वाले क्षेत्र से निमं सांद्रता वाले क्षेत्र की ओर जाना
(2) विलायक अणुओं का अधिक सांद्रता से निम्न सांद्रता की ओर जाना
(3) पारगम्य झिल्ली से होकर विलायक अणुओं का अधिक सांद्रता से निम्न सांद्रता वाले विलयन की ओर जाना
(4) अर्धपारगम्य झिल्ली से होकर विलेय अणुओं का निमं सांद्रता वाले विलयन से अधिक सांद्रता वाले विलयन की ओर जाना

106. Choose the function of the pancreatic juice from the following
(1) trypsin digests proteins and lipase carbohydrates
(2) trypsin digests emulsified fats and lipase proteins
(3) trypsin and lipase digest fats
(4) trypsin digests proteins and lipase emulsified fats

106. अग्न्याशय रस का कार्य निम्नलिखित में से कौन-सा है?
(1) ट्रिप्सिन प्रोटीनों और लाइपेज कार्बोहाइड्रेटों को पचा देता है
(2) ट्रिप्सिन पायसीभुत वसाओं, और लाइपेज प्रोटीनों को को पचा देता है
(3) ट्रिप्सिन और लाइपेज वसाओं को पचा देते हैं
(4) ट्रिप्सिन प्रोटीनों को और लाइपेज पायसीभुत वसाओं को पचा देता है

107. 1 μm is
(1) 10^{-6} m (2) 10^{-9} m

107. एक माइक्रो मीटर होता है-
(1) 10^{-6} m (2) 10^{-9} m

(3) 10^{-10} m (4) 10^{-3} m

108. Beams of light are incident through the holes A and B and emerge out of box through the holes C and D respectively as shown in the Figure10.3. Which of the following could be inside the box?

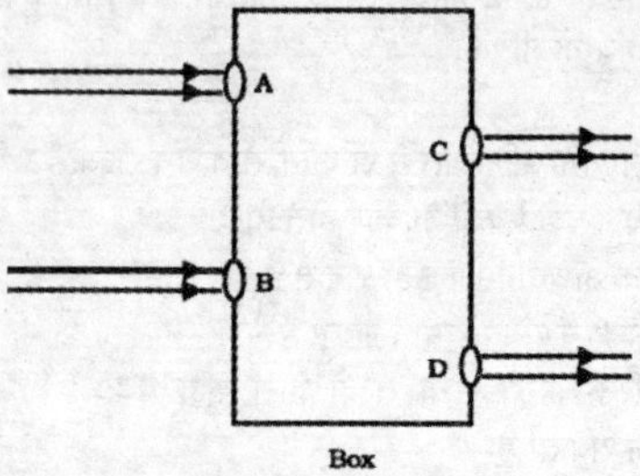

(1) A rectangular glass slab
(2) A convex lens
(3) A concave lens
(4) A prism

109. Which of the following phenomena contributes significantly to the reddish appearance of the sun at sunrise or sunset?
(1) Dispersion of light
(2) Scattering of light
(3) Total internal reflection of light
(4) Reflection of light from the earth

110. If the key in the arrangement shown in figure is taken out (the circuit is made open) and magnetic field lines are drawn over the horizontal plane ABCD, the lines are

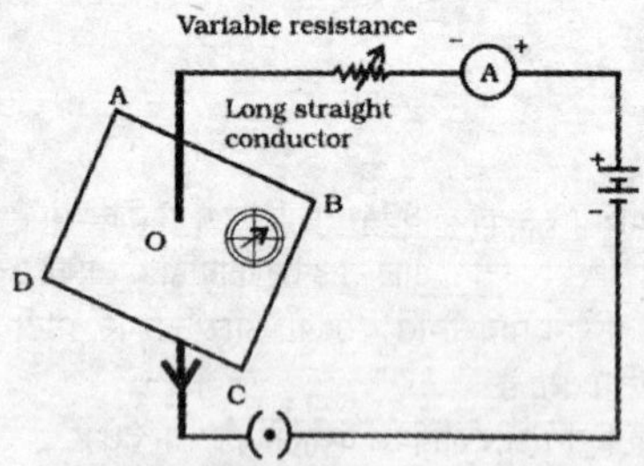

(1) concentric circles
(2) elliptical in shape
(3) straight lines parallel to each other
(4) concentric circles near the point O but of elliptical shapes as we go away from it

(3) 10^{-10} m (4) 10^{-3} m

108. चित्र में दर्शाए अनुसार प्रकाश पुंज किसी बॉक्स के छिद्रों A तथा B आपतित होकर क्रमश: छिद्रों C तथा D से बाहर निकलते है। बॉक्स के भीतर निम्नलिखित में से क्या हो सकता है?

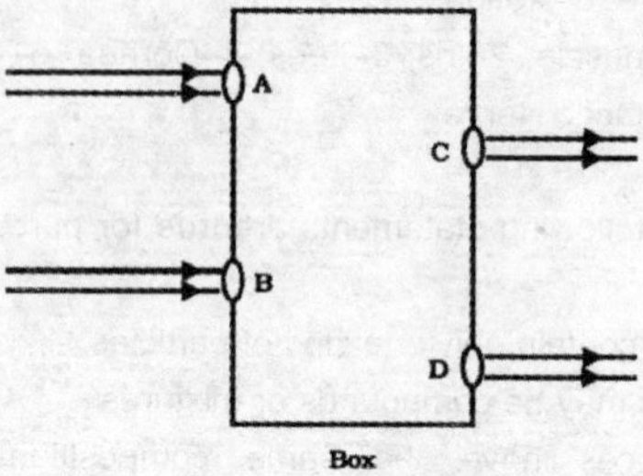

(1) काँच का एक आयताकार स्लैब
(2) एक उत्तल लेंस
(3) एक अवतल लेंस
(4) एक प्रिज्म

109. सूर्योदय तथा सूर्यास्त के समय सूर्य के रक्ताभ प्रतीत होने में निम्नलखित परिघटनाओं में से किसका महत्वपूर्ण योगदान है?
(1) प्रकाश का विक्षेपण
(2) प्रकाश का प्रकीर्णन
(3) प्रकाश का पूर्ण आंतरिक परावर्तन
(4) पृथ्वी से प्रकाश का परावर्तन

110. यदि चित्र की व्यवस्था में प्लग से कुंजी निकाल कर (परिपथ को खोल कर) क्षैतिज तल ABCD पर चुंबकीय क्षेत्र रेखाएँ खींचें तो ये रेखाएँ होती हैं:

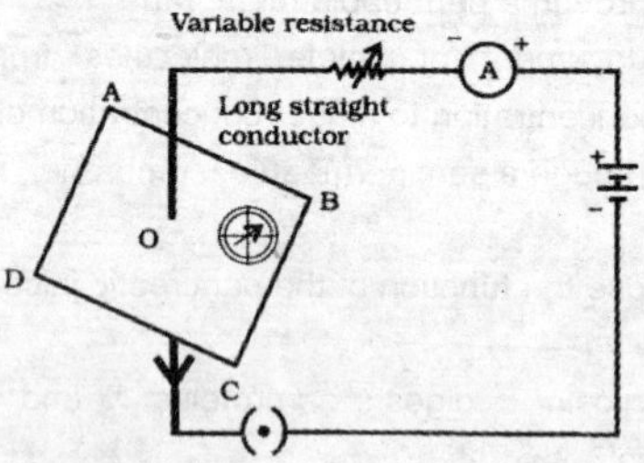

(1) संकेंद्री वृत्त
(2) दीर्घवृत्ताकार
(3) एक दुसरे के समांतर सरल रेखाएँ
(4) बिंदु O के निकट संकेंद्री वृत्त परंतु दूर जाने पर दीर्घवृत्ताकार

111. The number of distinct prime factors of the largest 6-digit number is

(1) 5 (2) 6 (3) 3 (4) 4

112. If the 8-digit number 179x091y is divisible by 88, then what is the value of (x - y)?

(1) 3 (2) 4 (3) 1 (4) 2

113. Let $a = \frac{11}{13}, b = \frac{13}{14}$, and $c = \frac{15}{17}$ be three fractions. Which of the following is true?

(1) $\frac{11}{13} < \frac{15}{17} < \frac{13}{14}$

(2) $\frac{11}{13} < \frac{13}{14} < \frac{15}{17}$

(3) $\frac{13}{14} < \frac{11}{13} < \frac{15}{17}$

(4) $\frac{15}{17} < \frac{13}{14} < \frac{11}{13}$

114. If 0.139 + 0.75 + 2.105 - (1.001) x 1.1 = 2 - k, then the value of k is

(1) 0.1071 (2) 0.1075

(3) 0.8925 (4) 0.982

115. If $a = -\frac{3}{4}$ and $b = \frac{5}{6}$, then which of the following does not lie between a and b?

(1) $-\frac{2}{5}$ (2) $-\frac{7}{9}$

(3) 0 (4) $-\frac{1}{2}$

116. The product of 1.7 x 10^4 and 12.5 x 10^{-6} is expressed in the standard form as k x 10^n. The value of (2k + n) is

(1) 2.25 (2) 3.25

(3) 2.125 (4) 1.125

117. Two numbers are in the ratio 3:5. If 12 is added to both the numbers, then the ratio becomes 5:7. The sum of the given two numbers is

(1) 48 (2) 56 (3) 32 (4) 40

118. The marked price of an article is ₹840. A shopkeeper gives a discount of 15% on the marked price and still makes a profit of 19%. What is the cost price of the article?

111. 6 अंकों की बड़ी से बड़ी संख्या के विभिन्न अभाज्य गुणनखंडों की संख्या है

(1) 5 (2) 6 (3) 3 (4) 4

112. यदि 8-अंकीय संख्या 179x091y, 88 से विभाज्य है, तो (x - y) का क्या मान है?

(1) 3 (2) 4 (3) 1 (4) 2

113. मान लीजिए कि $a = \frac{11}{13}, b = \frac{13}{14}$, और $c = \frac{15}{17}$ तीन भिन्न हैं। निम्न में से कौन सा सत्य है?

(1) $\frac{11}{13} < \frac{15}{17} < \frac{13}{14}$

(2) $\frac{11}{13} < \frac{13}{14} < \frac{15}{17}$

(3) $\frac{13}{14} < \frac{11}{13} < \frac{15}{17}$

(4) $\frac{15}{17} < \frac{13}{14} < \frac{11}{13}$

114. यदि 0.139 + 0.75 + 2.105 - (1.001) x 1.1 = 2 - k है, तो k का मान है

(1) 0.1071 (2) 0.1075

(3) 0.8925 (4) 0.982

115. यदि $a = -\frac{3}{4}$ and $b = \frac{5}{6}$ हैं, तो निम्न में से कौन सा a और b के बीच स्थित नहीं है?

(1) $-\frac{2}{5}$ (2) $-\frac{7}{9}$

(3) 0 (4) $-\frac{1}{2}$

116. 1.7 x 104 और 12.5 x 10-6 के गुणनफल को मानक रूप में k x 10^n द्वारा व्यक्त किया जाता है। (2k + n) का मान है

(1) 2.25 (2) 3.25

(3) 2.125 (4) 1.125

117. दो संख्याएँ 3:5 के अनुपात में है। यदि प्रत्येक संख्या में 12 जोड़ा जाए, तो यह अनुपात 5.7 हो जाता है। दी गई दोनों संख्याओं का योग है

(1) 48 (2) 56 (3) 32 (4) 40

118. किसी वस्तु का अंकित मूल्य ₹840 है। एक दुकानदार इस वस्तु को अंकित मूल्य पर 15% की छूट देकर बेचता है, और फिर भी उसे 19% का लाभ होता है। वस्तु का क्रय मूल्य क्या है?

(1) ₹600 (2) ₹640

(1) ₹600 (2) ₹640
(3) ₹540 (4) ₹580

119. If $\frac{5x-7}{3} + 2 = \frac{4x-3}{4} + 4x$ then the value of $(8x + 5)$ is

(1) 9 (2) 13 (3) 6 (4) 7

120. Let
P = 12xy - 10y² - 18x²,
Q = 14x² + 12y² + 9xy, and
R = 5y² - x² + xy
then (P + Q) – R =

(1) $20xy - 7x^2 - 3y^2$
(2) $20xy - 3x^2 - 3y^2$
(3) $22xy - 3x^2 + 3y^2$
(4) $22xy + 3x^2 - 3y^2$

121. If $x^4 + \frac{1}{x^4} = 322, x \neq 0$, then one of the values of $\left(x - \frac{1}{x}\right)$ is

(1) 6 (2) 8 (3) 2 (4) 4

122. If $15x^2 - 26x + 8 = (Ax + B)(Cx + D)$, where A and C are positive integers, then what is the value of (2A + B – C – 2D)?

(1) 2 (2) 3 (3) 0 (4) 1

123. In ΔABC and ΔDEF, if AB = EF, BC = DE and CA = FD, then se

(1) ΔABC ≅ ΔEFD
(2) ΔABC ≅ ΔDFE
(3) ΔABC ≅ ΔDEF
(4) ΔABC ≅ ΔFED

124. Which of the following can be the sides of a right angled triangle?

(1) 15 cm, 32 cm and 57 cm
(2) 65 cm, 72 cm and 97 cm
(3) 20 cm, 21 cm and 31 cm
(4) 35 cm, 77 cm and 88 cm

125. The number of edges of a polyhedron, which has 7 faces and 10 vertices, is

(1) 15 (2) 17 (3) 13 (4) 14

(3) ₹540 (4) ₹580

119. यदि $\frac{5x-7}{3} + 2 = \frac{4x-3}{4} + 4x$ है, तो $(8x + 5)$ का मान है

(1) 9 (2) 13 (3) 6 (4) 7

120. मान लीजिए
P = 12xy - 10y² - 18x²,
Q = 14x² + 12y² + 9xy, और
R = 5y² - x² + xy
तब (P + Q) – R =

(1) $20xy - 7x^2 - 3y^2$
(2) $20xy - 3x^2 - 3y^2$
(3) $22xy - 3x^2 + 3y^2$
(4) $22xy + 3x^2 - 3y^2$

121. यदि $x^4 + \frac{1}{x^4} = 322, x \neq 0$ है, तो $\left(x - \frac{1}{x}\right)$ का एक मान है

(1) 6 (2) 8 (3) 2 (4) 4

122. यदि $15x^2 - 26x + 8 = (Ax + B)(Cx + D)$ है, जहाँ, A और C धनात्मक पूर्णांक हैं, तो (2A + B – C – 2D) का मान क्या है?

(1) 2 (2) 3 (3) 0 (4) 1

123. ΔABC और ΔDEF में यदि AB = EF, BC = DE तथा CA = FD हैं, तो

(1) ΔABC ≅ ΔEFD
(2) ΔABC ≅ ΔDFE
(3) ΔABC ≅ ΔDEF
(4) ΔABC ≅ ΔFED

124. निम्न में से कौन सी एक समकोण त्रिभुज की भुजाएँ हो सकती हैं?

(1) 15 cm, 32 cm और 57 cm
(2) 65 cm, 72 cm और 97 cm
(3) 20 cm, 21 cm और 31 cm
(4) 35 cm, 77 cm और 88 cm

125. किसी बहुफलक के 7 फलक और 10 शीर्ष हैं। इस बहुफलक के किनारों की संख्या है.

(1) 15 (2) 17 (3) 13 (4) 14

126. In ΔABC, the side AB is produced to E and side CA is produced to D. If $\angle BAD = 125°$ and $\angle EBC = 100°$, then which of the following is true?

(1) Difference between $\angle ABC$ and $\angle ACB$ is 35°

(2) Difference between $\angle BAC$ and $\angle ACB$ is 20°

(3) ΔABC is an isosceles triangle.

(4) AB > BC

127. In trapezium PQRS, PQ || SR and the ratio of PQ to SR is 3:2. If the area of the trapezium is 480 cm^2 and the distance between PQ and SR is 12 cm, then the length of SR is

(1) 36 cm (2) 48 cm

(3) 24 cm (4) 32 cm

128. A rectangular sheet of paper 88 cm x 10 cm is folded without overlapping to make a cylinder of height 10 cm. What is the capacity (in litres) of the cylinder?

(Take $\pi = \frac{22}{7}$)

(1) 7.392 (2) 8.624

(3) 5.54 (4) 6.16

129. The volume of a cube is 2197 cm^3. What is its lateral surface area (in cm^2)?

(1) 845 (2) 1014

(3) 676 (4) 576

130. What is the mean of the range, mode and median of the data given below?

5, 10, 3, 6, 4, 8, 9, 3, 15, 2, 9, 4, 19, 11, 4.

(1) 10 (2) 12 (3) 8 (4) 9

126. ΔABC में, भुजा AB को E तक और भुजा CA को D तक बढ़ाया जाता है। यदि $\angle BAD = 125°$ और $\angle EBC = 100°$ हैं, तो निम्न में से कौन सा सत्य है?

(1) $\angle ABC$ और $\angle ACB$ का अंतर 35° है।

(2) $\angle BAC$ और $\angle ACB$ का अंतर 20° है।

(3) ΔABC समद्विबाहु त्रिभुज हैं।

(4) AB > BC हैं।

127. समलंब PQRS में, PQ|| SR है और PQ तथा SR का अनुपात 3:2 है। यदि समलंब का क्षेत्रफल 480 cm^2 है और PQ तथा SR के बीच की दूरी 12 cm तो SR की लंबाई है

(1) 36 cm (2) 48 cm

(3) 24 cm (4) 32 cm

128. 88 cm x 10 cm माप वाले एक आयताकार कागज़ के टुकड़े को बिना अतिव्यापन किए, मोड़कर एक 10 cm ऊँचाई का बेलन बनाया जाता है। बेलन की धारिता (लीटर में) क्या है?

($\pi = \frac{22}{7}$ लीजिए)

(1) 7.392 (2) 8.624

(3) 5.54 (4) 6.16

129. किसी घन का आयतन 2197 cm^3 है। इसका पार्श्व पृष्ठीय क्षेत्रफल (cm^2 में) क्या है?

(1) 845 (2) 1014

(3) 676 (4) 576

130. निम्न आँकड़ों के लिए, परिसर, बहुलक तथा माध्यक का माध्य क्या है?

5, 10, 3, 6, 4, 8, 9, 3, 15, 2, 9, 4, 19, 11, 4.

(1) 10 (2) 12 (3) 8 (4) 9

Space for Rough Work / कच्चे कार्य के लिए स्थान

131. Which one of the following is not a component of maps?

(1) Size (2) Symbols

(3) Distance (4) Direction

131. निम्नलिखित में से मानचित्रों का कौन-सा एक घटक नहीं है?

(1) आकार (2) प्रतीक

(3) दूरी (4) दिशा

132. What is the angle of inclination of the Earth's axis with its orbit plane?

(1) $23\frac{1}{2}^{\circ}$ (2) 45°

(3) $66\frac{1}{2}^{\circ}$ (4) 90°

132. अपने कक्षीय समतल पर पृथ्वी के अक्ष का झुकाव (आनति) कोण क्या है?

(1) $23\frac{1}{2}^{\circ}$ (2) 45°

(3) $66\frac{1}{2}^{\circ}$ (4) 90°

133. The 'Janpad Panchyat' has

(1) Many Zila Parishads under it

(2) Many Municipal wards under it

(3) Many Gram Sabhas under it

(4) Many Gram Panchayats under it

133. 'जनपद पंचायत के अंतर्गत -

(1) कई जिला परिषद होते हैं

(2) कई नगरपालिका वार्ड होते हैं

(3) कई ग्राम सभाएँ होती हैं

(4) कई ग्राम पंचायतें होती हैं

134. In the second half of the nineteenth century schools for girls were established in Punjab by the

(1) Brahmo Sabha (2) Arya Samaj

(3) Prarthana Samaj (4) Veda Samaj

134. उन्नीसवीं शताब्दी के उत्तरार्ध में पंजाब में किस संस्था ने लड़कियों के लिए स्कूलों की स्थापना की थी

(1) ब्रह्मो सभा (2) आर्य समाज

(3) प्रार्थना समाज (4) वेद समाज

135. Which one of the following industries comes under public sector?

(1) Tata Iron and Steel Company Limited

(2) Hindustan Aeronautics Limited

(3) Sudha Dairy

(4) Maruti Udyog Limited

135. निम्नलिखित उद्योगों में कौन-सा सार्वजनिक क्षेत्र के अंतर्गत आता है?

(1) टाटा आयरन एंड स्टील कंपनी लिमिटेड

(2) हिंदुस्तान एयरोनाटिक लिमिटेड

(3) सुधा डेरी

(4) मारुती उद्योग लिमिटेड

136. Study the following statements:

I. There can be a wildlife sanctuary within a biosphere reserve.

II. Plants of a particular area are collectively termed as fauna.

III. Deforestation leads to an increase in the water holding capacity of the soil.

IV. Bison is an endemic fauna of Pachmarhi Biosphere Reserve.

Which of the following statements are incorrect:

(1) I and II (2) II and III

(3) III and IV (4) None of these

136. निम्नलिखित बयानों का अध्ययन करें:

I. एक जीवमंडल रिजर्व के भीतर वन्यजीव अभयारण्य हो सकता है।

II. किसी विशेष क्षेत्र के पौधों को सामूहिक रूप से जीवों के रूप में जाना जाता है।

III. वनों की कटाई मिट्टी की पानी की होल्डिंग क्षमता में वृद्धि की ओर ले जाती है।

IV. बाइसन पचमढ़ी बायोस्फीयर रिजर्व का एक स्थानिक जीव है।

निम्नलिखित में से कौन सा कथन गलत है:

(1) I और II (2) II और III

(3) III और IV (4) इनमें से कोई नहीं

137. Choose the correct sequences

(1) CO_2 in atmosphere → decomposers → organic carbon in animals → organic carbon in

137. सही क्रम का चयन कीजिए-

(1) वायुमंडल में CO_2 → अपघटक → जंतुओं में जैव कार्बन → पादपों में जैव कार्बन

plants

(2) CO_2 in atmosphere → organic carbon in plants → organic carbon in animals → inorganic carbon in soil

(3) Inorganic carbonates in water → organic carbon in plants → organic carbon in animals → scavengers

(4) Organic carbon in animals → decomposers → CO_2 in atmosphere → organic carbon in plants

(2) वायुमंडल में CO_2 → पादपों में जैव कार्बन → जंतुओं में जैव कार्बन → मृदा में अकार्बनिक कार्बन

(3) जल में अकार्बनिक कार्बोनेट → पादपों में जैव कार्बन → जंतुओं में जैव कार्बन → अपमार्जक

(4) जंतुओं में जैव कार्बन → अपघटक → वायुमंडल में CO_2 → पादपों में जैव कार्बन

138. Making anti-viral drugs is more difficult than making anti-bacterial medicines because

(1) viruses make use of host machinery
(2) viruses are on the border line of living and non-living
(3) viruses have very few biochemical mechanisms of their own
(4) viruses have a protein coat

138. प्रतिविषाणुक औषधियाँ बनाना प्रतिजीवाणुक दवाइयों के बनाने की अपेक्षा अधिक कठिन है क्योंकि-

(1) विषाणु (वाइरस) परपोषी की मशीनरी का उपयोग करते हैं
(2) विषाणु (वाइरस) सजीव और निर्जीव की सीमा रेखा पर हैं
(3) विषाणु (वाइरस) में अपनी जैवरासायनिक प्रणाली बहुत कम होती है
(4) विषाणु (वाइरस) के चारों ओर प्रोटीन से बना कवच होता है

139. The power generated in a windmill

(1) is more in rainy season since damp air would mean more air mass hitting the blades
(2) depends on the height of the tower
(3) depends on wind velocity
(4) can be increased by planting tall trees close to the tower

139. पवन चक्की में उत्पन्न ऊर्जा

(1) वर्षा ऋतु में अधिक होती है क्योंकि नम वायु होने पर पंखुड़ियों से वायु का अधिक द्रव्यमान टकराता है
(2) मीनार (टावर) की ऊँचाई पर निर्भर करती है
(3) पवन के वेग पर निर्भर करती है
(4) मीनार के निकट ऊंचे वृक्ष लगाकर बढाई जा सकती है

140. The percentage of solar radiation absorbed by all the green plants for the process of photosynthesis is about

(1) 1 % (2) 5 % (3) 8 % (4) 10 %

140. प्रकाश-संश्लेषण की प्रक्रिया के लिए सभी हरे पौधों द्वारा अवशोषित सोर ऊर्जा की प्रतिशतता लगभग कितनी होती है?

(1) 1 % (2) 5 % (3) 8 % (4) 10 %

141. Which of the following is not a natural resource?

(1) Mango tree (2) Snake
(3) Wind (4) Wooden house

141. निम्नलिखित में से कौन-सा प्राक्रतिक संसाधन नहीं है?

(1) आम का वृक्ष (2) साँप
(3) पवन (4) काष्ठगृह

142. How many zones are there in biosphere reserves?

(1) Three (2) Seven
(3) Five (4) Nine

142. जीवमंडल भंडार में कितने क्षेत्र होते हैं?

(1) तीन (2) सात
(3) पांच (4) नौ

143. As per 2011 Census, the U.T in India with the lowest urban population?

(1) Chandigarh
(2) Daman and Diu
(3) Andaman Nicobar
(4) Lakshadweep

143. 2011 की जनगणना के अनुसार, भारत में सबसे कम शहरी आबादी वाला केंद्र शासित प्रदेश?

(1) चंडीगढ़
(2) दमन और दीव
(3) अंडमान निकोबार
(4) लक्षद्वीप

144. Van Mahotasav Saptah is celebrated on

(1) 01-07 July
(2) 07-11 July
(3) 02-08 October
(4) 03-10 October

145. Which country is not a part of SACEP

(1) Myanmar (2) Bangladesh
(3) India (4) Maldives

146. Environment Protection Act, 1986 came into force from

(1) 13 September 1986
(2) 22 October 1986
(3) 17 December 1986
(4) 19 November 1986

147. Main focus of fifth five year plan of India was on the

(1) industrial development of the country
(2) agriculture, industry and mines
(3) achievement of stable growth and self-reliance
(4) poverty eradication and technological self-reliance

148. Full form of GEF is

(1) Global Endangered Flora and Fauna
(2) Greatly Endangered Fishes
(3) Greatly Endangered Flora and Fauna
(4) Global Environment Facility

149. Kanha National Park is located in

(1) Madhya Pradesh (2) Karnataka
(3) Gujarat (4) Kerala

150. Which one of the following statements about Gram Sabha is Correct?

(1) The Gram Sabha regulates the money distribution among all Gram Panchayats.
(2) It is the meeting of the Sarpanchs of all the Villages in a district.
(3) The Secretary of the Gram Sabha is responsible for calling the meeting of the Gram Sabha and the Gram Panchayat and keeps a record of the proceedings.
(4) The developmental plans of all the Gram Panchayat are reviewed in the Gram Sabha.

144. वन महोत्सव सप्ताह मनाया जाता है

(1) 01-07 जुलाई
(2) 07-11 जुलाई
(3) 02-08 अक्टूबर
(4) 03-10 अक्टूबर

145. कौन सा देश एसएसीईपी का हिस्सा नहीं है

(1) म्यामार (2) बांग्लादेश
(3) भारत (4) मालदीवास

146. पर्यावरण संरक्षण अधिनियम, 1986 कब से लागू हुआ

(1) 13 सितंबर 1986
(2) 22 अक्टूबर 1986
(3) 17 दिसंबर 1986
(4) 19 नवंबर 1986

147. भारत की पांचवीं पंचवर्षीय योजना का मुख्य फोकस था

(1) देश के औद्योगिक विकास
(2) कृषि, उद्योग और खानों
(3) स्थिर विकास और आत्मनिर्भरता की उपलब्धि
(4) गरीबी उन्मूलन और तकनीकी आत्मनिर्भरता

148. GEF का पूरा नाम क्या है?

(1) Global Endangered Flora and Fauna
(2) Greatly Endangered Fishes
(3) Greatly Endangered Flora and Fauna
(4) Global Environment Facility

149. कान्हा राष्ट्रीय उद्यान कहाँ स्थित है

(1) मध्य प्रदेश (2) कर्नाटक
(3) गुजरात (4) केरल

150. 'ग्राम सभा' के बारे में निम्नलिखित कथनों में से कौन-सा सही है?

(1) ग्राम सभा सभी ग्राम पंचायतों को धनराशी के वितरण को नियमित करती है।
(2) यह जिले मे सभी गाँवों के सरपंचों की बैठक का स्थल है।
(3) ग्राम सभा का सचिव ग्राम सभा और ग्राम पंचायत की बैठक बुलाने तथा कार्यवाही का आलेख रखने के लिए उत्तरदायी होता है।
(4) सभी ग्राम पंचायतों की विकास सम्बन्धी योजनायों का ग्राम में पुनरीक्षण किया जाता है।

उत्तर पत्रिका / Answer Sheet – Kendriya Vidyalaya Sangathan

Name of the Candidate: ____________________ **Fathers' Name:** ____________________

Roll Number: ____________________, **Examination Centre:** ____________________

Paper of the Candidate: ____________________, **Test Booklet Code:** ____________________

Mark your Answer by shading the appropriate circle against each question. The circle should be shaded completely without leaving any space. The correct method of shading is given below.
प्रत्येक प्रश्न के सामने उचित वृत का चिन्हांकन करके अपना उत्तर लिखें। वृत्त को बिना कोई स्थान छोड़े चिन्हांकित करें। चिन्हांकित करने का सही तरीका नीचे दिया गया है।

Correct Method : सही तरीका : ○ ● ○ ○ Wrong Method : गलत तरीका : ⊗ ✓ ⊙ ◑

001	① ② ③ ④	031	① ② ③ ④	061	① ② ③ ④	091	① ② ③ ④	121	① ② ③ ④
002	① ② ③ ④	032	① ② ③ ④	062	① ② ③ ④	092	① ② ③ ④	122	① ② ③ ④
003	① ② ③ ④	033	① ② ③ ④	063	① ② ③ ④	093	① ② ③ ④	123	① ② ③ ④
004	① ② ③ ④	034	① ② ③ ④	064	① ② ③ ④	094	① ② ③ ④	124	① ② ③ ④
005	① ② ③ ④	035	① ② ③ ④	065	① ② ③ ④	095	① ② ③ ④	125	① ② ③ ④
006	① ② ③ ④	036	① ② ③ ④	066	① ② ③ ④	096	① ② ③ ④	126	① ② ③ ④
007	① ② ③ ④	037	① ② ③ ④	067	① ② ③ ④	097	① ② ③ ④	127	① ② ③ ④
008	① ② ③ ④	038	① ② ③ ④	068	① ② ③ ④	098	① ② ③ ④	128	① ② ③ ④
009	① ② ③ ④	039	① ② ③ ④	069	① ② ③ ④	099	① ② ③ ④	129	① ② ③ ④
010	① ② ③ ④	040	① ② ③ ④	070	① ② ③ ④	100	① ② ③ ④	130	① ② ③ ④
011	① ② ③ ④	041	① ② ③ ④	071	① ② ③ ④	101	① ② ③ ④	131	① ② ③ ④
012	① ② ③ ④	042	① ② ③ ④	072	① ② ③ ④	102	① ② ③ ④	132	① ② ③ ④
013	① ② ③ ④	043	① ② ③ ④	073	① ② ③ ④	103	① ② ③ ④	133	① ② ③ ④
014	① ② ③ ④	044	① ② ③ ④	074	① ② ③ ④	104	① ② ③ ④	134	① ② ③ ④
015	① ② ③ ④	045	① ② ③ ④	075	① ② ③ ④	105	① ② ③ ④	135	① ② ③ ④
016	① ② ③ ④	046	① ② ③ ④	076	① ② ③ ④	106	① ② ③ ④	136	① ② ③ ④
017	① ② ③ ④	047	① ② ③ ④	077	① ② ③ ④	107	① ② ③ ④	137	① ② ③ ④
018	① ② ③ ④	048	① ② ③ ④	078	① ② ③ ④	108	① ② ③ ④	138	① ② ③ ④
019	① ② ③ ④	049	① ② ③ ④	079	① ② ③ ④	109	① ② ③ ④	139	① ② ③ ④
020	① ② ③ ④	050	① ② ③ ④	080	① ② ③ ④	110	① ② ③ ④	140	① ② ③ ④
021	① ② ③ ④	051	① ② ③ ④	081	① ② ③ ④	111	① ② ③ ④	141	① ② ③ ④
022	① ② ③ ④	052	① ② ③ ④	082	① ② ③ ④	112	① ② ③ ④	142	① ② ③ ④
023	① ② ③ ④	053	① ② ③ ④	083	① ② ③ ④	113	① ② ③ ④	143	① ② ③ ④
024	① ② ③ ④	054	① ② ③ ④	084	① ② ③ ④	114	① ② ③ ④	144	① ② ③ ④
025	① ② ③ ④	055	① ② ③ ④	085	① ② ③ ④	115	① ② ③ ④	145	① ② ③ ④
026	① ② ③ ④	056	① ② ③ ④	086	① ② ③ ④	116	① ② ③ ④	146	① ② ③ ④
027	① ② ③ ④	057	① ② ③ ④	087	① ② ③ ④	117	① ② ③ ④	147	① ② ③ ④
028	① ② ③ ④	058	① ② ③ ④	088	① ② ③ ④	118	① ② ③ ④	148	① ② ③ ④
029	① ② ③ ④	059	① ② ③ ④	089	① ② ③ ④	119	① ② ③ ④	149	① ② ③ ④
030	① ② ③ ④	060	① ② ③ ④	090	① ② ③ ④	120	① ② ③ ④	150	① ② ③ ④

परीक्षार्थी का नाम Name of candidate (In Capital Letters)	परीक्षार्थी के हस्ताक्षर Signature of candidate (In Running Hand)	परीक्षार्थी के बाएं अंगूठे का निशान Left hand thumb impression of the candidate	निरीक्षक के हस्ताक्षर Signature of invigilator (In Running Hand)
			Prateek Shivalik

Answer Key KVS Test Set - 01

Q	A	Q	A	Q	A	Q	A	Q	A	Q	A	Q	A	Q	A
1	3	**21**	3	**41**	2	**61**	2	**81**	4	**101**	4	**121**	4	**141**	4
2	3	**22**	1	**42**	3	**62**	1	**82**	3	**102**	3	**122**	4	**142**	1
3	4	**23**	4	**43**	4	**63**	1	**83**	1	**103**	4	**123**	4	**143**	4
4	2	**24**	4	**44**	1	**64**	1	**84**	3	**104**	2	**124**	2	**144**	1
5	2	**25**	1	**45**	1	**65**	3	**85**	2	**105**	1	**125**	1	**145**	1
6	3	**26**	4	**46**	1	**66**	4	**86**	2	**106**	4	**126**	1	**146**	4
7	2	**27**	2	**47**	2	**67**	3	**87**	2	**107**	1	**127**	4	**147**	2
8	4	**28**	2	**48**	4	**68**	3	**88**	3	**108**	1	**128**	4	**148**	4
9	1	**29**	4	**49**	2	**69**	1	**89**	2	**109**	2	**129**	3	**149**	1
10	4	**30**	1	**50**	2	**70**	3	**90**	3	**110**	3	**130**	4	**150**	3
11	4	**31**	4	**51**	4	**71**	3	**91**	4	**111**	1	**131**	1		
12	2	**32**	3	**52**	3	**72**	4	**92**	2	**112**	4	**132**	1		
13	3	**33**	1	**53**	3	**73**	2	**93**	3	**113**	1	**133**	4		
14	1	**34**	4	**54**	4	**74**	4	**94**	1	**114**	1	**134**	2		
15	1	**35**	2	**55**	3	**75**	4	**95**	2	**115**	2	**135**	2		
16	4	**36**	2	**56**	1	**76**	2	**96**	2	**116**	3	**136**	2		
17	2	**37**	3	**57**	1	**77**	4	**97**	3	**117**	1	**137**	2		
18	1	**38**	3	**58**	4	**78**	3	**98**	3	**118**	1	**138**	3		
19	3	**39**	4	**59**	1	**79**	3	**99**	4	**119**	3	**139**	3		
20	2	**40**	4	**60**	2	**80**	2	**100**	1	**120**	2	**140**	1		

Prateek Shivalik

KVS PRT

Code 02

इस परीक्षा पुस्तिका को तब तक न खोलें जब तक कहा न जाए।
Do not open this Test Booklet until you are asked to do so.
इस परीक्षा पुस्तिका के पिछले आवरण पर दिए गये निर्देशों को ध्यान से पढ़ें।
Read carefully the Instructions on the Back Cover of this Test Booklet.

परीक्षार्थियों के लिए निर्देश

1. OMR उत्तर पत्र इस परीक्षा के अन्दर रखा है। जब आपको परीक्षा पुस्तिका खोलने को कहा जाए, तो उत्तर पत्र निकाल कर पृष्ठ-1 एवं पृष्ठ-2 पर ध्यान से केवल नीले बॉल पॉइंट पेन से विवरण भरें।
2. परीक्षा की अवधि 2½ घंटे है एवं परीक्षा में 150 प्रश्न है। **कोई ऋणात्मक अंकन नहीं है।**
3. इस पृष्ठ पर विवरण अंकित करने एवं उत्तर पत्र पर निशान लगाने के लिए केवल नीले बॉल पॉइंट पेन का प्रयोग करें।
4. यह सुनिश्चित कर लें की इस पुस्तिका का संकेत, उत्तर पत्र के पृष्ठ पर छपे संकेत से मिलता है। यह भी सुनिश्चित कर लें की परीक्षा संख्या और उत्तर पत्र संख्या मिलते है। अगर यह भिन्न हों तो परीक्षार्थी दूसरी प्रश्न पुस्तिका और उत्तर पत्र लेने के लिए निरीक्षक को तुरन्त अवगत कराएँ।
5. **यदि अनुवाद में किसी भी प्रकार की कोई अस्पष्टा हो तो अंग्रेजी वाले पाठ को ही सही माना जायेगा।**
6. रफ कार्य परीक्षा पुस्तिका में इस प्रयोजन के लिए दी गई खाली जगह पर करें।
7. सभी उत्तर केवल OMR उत्तर पत्र पर ही अंकित करें। अपने उत्तर ध्यानपूर्वक अंकित करें। उत्तर बदलने हेतु श्वेत रंजक का प्रयोग निषिद्ध है।
8. प्रत्येक प्रश्न के सामने उचित वृत का चिन्हांकन करके अपना उत्तर लिखें। वृत्त को बिना कोई स्थान छोड़े चिन्हांकित करें।

INSTRUCTIONS FOR CANDIDATES

1. The OMR Answer Sheet is inside this Test Booklet. When you are directed to open the Test Booklet, take out the Answer Sheet and fill in the particulars on Side-1 and Side-2 carefully with blue ball point pen only.
2. The test is of 2½ hours duration and consists of 150 questions. **There is no negative marking.**
3. Use Blue Ball Point Pen only for writing particulars on this page / marking responses in the Answer Sheet.
4. Make sure that the CODE printed on the Answer Sheet is the same as that on this booklet. Also ensure that your Test Booklet No. and Answer Sheet No. are the same. In case of discrepancy, the candidate should immediately report the matter to the Invigilator for replacement of both the Test Booklet and the Answer Sheet.
5. **In case of any ambiguity in translation, the English version will be deemed authentic.**
6. Rough work should be done only in the space provided in the Test Booklet for the same.
7. The answers are to be recorded on the OMR Answer Sheet only. Mark your responses carefully. No whitener is allowed for changing answers.
8. Mark your Answer by shading the appropriate circle against each question. The circle should be shaded completely without leaving any space.

परीक्षार्थी का नाम (बड़े अक्षरों में):
Name of the Candidate (in Capitals): ____________________

अनुक्रमांक (अंकों में):
Roll Number: (in figures): ____________________

(शब्दों में):
(in words): ____________________

परीक्षा केन्द्र (बड़े अक्षरों में) :
Centre of Examination (in Capitals): ____________________

परीक्षार्थी के हस्ताक्षर:
Candidate's Signature: ____________________

निरीक्षक के हस्ताक्षर :
Invigilator's Signature : ____________________

Facsimile signature stamp of
Centre Superintendent ____________________

General English

1. Convert the given sentence into Direct / Indirect Speech

'From one of the windows of my flat I can see the Qutub Minar', said my friend.

(1) My friend told that from one of the windows of his flat he could see the Qutub Minar.
(2) My friend said that from one of the windows of his flat he can see the Qutub Minar.
(3) My friend said that from one of the windows of his flat he could see the Qutub Minar.
(4) My friend told that from one of the windows of his flat he can see the Qutub Minar.

2. Fill in the blank.

The old man could not remember where he _____ his money.

(1) deposits
(2) is depositing
(3) had deposited
(4) will deposit

3. Convert the given sentence into Active / Passive Voice

The boy has rung the bell.

(1) The bell has been rung by the boy.
(2) The bell was being rung by the boy.
(3) The bell was rung by the boy.
(4) The bell has been being rung by the boy.

4. The antonym of the given word is?

CULPABLE

(1) defendable
(2) blameless
(3) careless
(4) irresponsible

5. Choose the one word which can be substituted for the given sentence/ words.

A government in which all religions are honoured

(1) communist
(2) socialistic
(3) secular
(4) capitalist

6. Which part of the following sentences has error in it?

The mason will not (P) do the work (Q) except give the order. (R) No error (S).

(1) P (2) Q (3) R (4) S

7. Which part of the following sentences has error in it?

When students are ill (P) they find that they have a lot of work (Q) to catch up with when they return. (R) No error (S).

(1) P (2) Q (3) R (4) S

8. Choose the option which best expresses the meaning of the highlighted idiom/phrase in the sentence.

All his ventures "went to the winds".

(1) dissipated
(2) spread all over
(3) got speed of the winds
(4) became well-known

9. Choose the incorrectly spelt word

(1) efficient
(2) sufficient
(3) magnificient
(4) proficient

10. Arrange the following jumbled part of the sentence in correct order.

1. Failure is nothing to be ashamed of for there is hardly any man who has not failed in life, not once but many times.

P. What is important is the way we take our failure

Q. It has been well said that he who never made a mistake never achieved anything of great worth

R. From the little child who tries to stand up to the would-be conqueror who tries to conquer some new territory, everyone has to face failure

S. If we face our failure boldly and resolve to fight again we are sure to achieve victory in the long run

6. Thus failures can prove stepping stones in our march to victory.

(1) RSQP (2) PQRS (3) RPQS (4) RQPS

सामान्य हिन्दी

11. 'क्ष' का संयुक्त व्यंजन किस शब्द के योग से बना है
(1) क् + श
(2) क् + ष
(3) क + ष
(4) क + श

12. मानव शब्द है
(1) तत्सम्
(2) यौगिक
(3) तदभव
(4) कोई नहीं

13. मनोबल का संधि विच्छेद होगा
(1) मनो:+बल
(2) मना+बल
(3) मन:+बल
(4) मनो+अबल

14. "नवरत्न" में समास है
(1) कर्मधारय
(2) द्विगु
(3) बहुब्रीहि
(4) अव्ययीभाव

15. "थोडे" बच्चे दिखाई दे रहे हैं – में विशेषण है
(1) सार्वनामिक
(2) परिमाणवाचक
(3) संख्यावाचक
(4) कोई नहीं

16. "मैं कलम से पत्र लिखूँगा" में प्रयुक्त कारक है
(1) संबंध
(2) अधिकरण
(3) करण
(4) सभी

17. "अधिक श्रवण करने के पश्चात् जिसे ज्ञान प्राप्त हुआ हो" के लिए एक उपयुक्त शब्द है
(1) श्रावक
(2) जिज्ञासु
(3) बहुश्रुत
(4) अनुसंधित्सु

18. पुनपुनर्निर्माण में कौन सा उपसर्ग है?
(1) पुन्
(2) पुनर
(3) पुन:
(4) पुनर्

19. निम्न में से किस शब्द की वर्तनी शुद्ध है?
(1) अत्योक्ति
(2) अत्युक्ति
(3) अत्यूक्ति
(4) अतियुक्ति

20. झाड़न में कौन सा प्रत्यय है?
(1) न
(2) ड़न
(3) अन
(4) आड़न

Space for Rough Work / कच्चे कार्य के लिए स्थान

21. One byte consists of
(1) one bit
(2) four bits
(3) eight bits
(4) ten bits

22. What is the full form of ALU?
(1) Alternative Logic Unit
(2) Arithmetic Logic Unit
(3) Arithmetic Least Unit
(4) Arithmetic Local Unit

23. The UNIX operating system is suitable for
(1) Multi user
(2) Real-Time Processing
(3) Distributed Processing
(4) Single user

24. In IT, associative memory is called as
(1) Virtual memory
(2) Cache memory
(3) Content addressable memory
(4) Main memory

25. The term PC means
(1) Private Computer
(2) Personal Computer
(3) Professional Computer
(4) Personal Calculator

26. What is the size of Floppy Diskette which was used normally?
(1) 3½ inch (2) 5 inch
(3) 4" inch (4) 3" inch

27. The first operational electronic digital computer is
(1) ENIAC
(2) EDVAC
(3) EDSAC
(4) UNIVAC

28. DTP stands for
(1) Daily Text Printing
(2) Desk Top Publishing
(3) Desk Top Printing

21. एक बाइट में शामिल हैं
(1) एक बिट
(2) चार बिट्स
(3) आठ बिट्स
(4) दस बिट्स

22. एएलयू का पूरा रूप क्या है?
(1) Alternative Logic Unit
(2) Arithmetic Logic Unit
(3) Arithmetic Least Unit
(4) Arithmetic Local Unit

23. यूनिक्स ऑपरेटिंग सिस्टम के लिए उपयुक्त है
(1) मल्टी यूजर
(2) रीयल-टाइम प्रोसेसिंग
(3) वितरित प्रसंस्करण
(4) एकल उपयोगकर्ता

24. आईटी में, सहयोगी स्मृति को कहा जाता है
(1) वर्चुअल मेमोरी
(2) कैश मेमोरी
(3) सामग्री एड्रेसेबल मेमोरी
(4) मुख्य स्मृति

25. पीसी शब्द का मतलब है
(1) निजी कंप्यूटर
(2) पर्सनल कंप्यूटर
(3) पेशेवर कंप्यूटर
(4) व्यक्तिगत कैलकुलेटर

26. फ्लॉपी डिस्केट का क्या आकार सामान्य रूप से उपयोग किया जाता था?
(1) 3½ इंच (2) 5 इंच
(3) 4 इंच (4) 3 इंच

27. पहला परिचालन इलेक्ट्रॉनिक डिजिटल कंप्यूटर है
(1) ईनीएक
(2) एडवैक
(3) एडसैक
(4) यूनिवैक

28. डीटीपी का अर्थ है है
(1) Daily Text Printing
(2) Desk Top Publishing
(3) Desk Top Printing

(4) Daily Text Publishing

29. ATM is the abbreviation for
(1) Automatic Teller Machine
(2) Automated Teller Machine
(3) Authentic Teller Machine
(4) Authorised Teller Machine

30. A compact disc (CD) is a data storage system of the type:
(1) Magnetic
(2) Optical
(3) Electrical
(4) Electromechanical

(4) Daily Text Publishing

29. एटीएम का पूरा रूप है
(1) Automatic Teller Machine
(2) Automated Teller Machine
(3) Authentic Teller Machine
(4) Authorised Teller Machine

30. एक कॉम्पैक्ट डिस्क (सीडी) किस प्रकार की डेटा स्टोरेज सिस्टम है:
(1) चुंबकीय
(2) ऑप्टिकल
(3) विद्युत
(4) वैद्युतयांत्रिकी

Space for Rough Work / कच्चे कार्य के लिए स्थान

General Awareness

31. What is full form of BOD?
(1) Biological Oxygen Deficit
(2) Biological Oxygen Difference
(3) Biological Oxygen Demand
(4) Biological Oxygen Distribution

31. BOD का असंक्षिप्त रूप क्या है?
(1) बायोलॉजिकल ऑक्सीजन डेफिसिट
(2) बायोलॉजिकल ऑक्सीजन डिफ़रेंस
(3) बायोलॉजिकल ऑक्सीजन डिमांड
(4) बायोलॉजिकल ऑक्सीजन डिस्ट्रीब्यूशन

32. What is the SI unit of intensity of sound?
(1) Decibel
(2) Newton
(3) Heartz
(4) Tesla

32. ध्वनी की तीव्रता का SI मात्रक क्या है?
(1) डैसिबल
(2) न्यूटन
(3) हर्ट्ज़
(4) टैस्ला

33. In computer terminology, what is the full form of FTP?
(1) Final Transfer Position
(2) File Transfer Position
(3) File Transfer Packet
(4) File Transfer Protocol

33. संगणक या कम्प्यूटर शब्दावली में FTP का असंक्षिप्त रूप क्या है?
(1) फाइनल ट्रांसफर पोजीशन
(2) फाइल ट्रांसफर पोजीशन
(3) फाइल ट्रांसफर पैकेट
(4) फाइल ट्रांसफर प्रोटोकोल

34. What are the main components of Brass Alloy?
(1) Copper and Zinc
(2) Copper and Strontium
(3) Copper, Zinc and Nickel
(4) Copper and Nickel

34. पीतल मिश्र धातु का मुख्य घटक कौन से हैं?
(1) ताँबा तथा जस्ता
(2) ताँबा तथा शोणातु
(3) ताँबा, जस्ता तथा निकेल
(4) ताँबा तथा जस्ता

35. What was invented by J. B. Dunlop?
(1) Airplane
(2) Car
(3) Rubber Tyre
(4) Rubber Boot

35. जे. बी. डनलप ने किसका आविष्कार किया था?
(1) हवाई जहाज़
(2) कार
(3) रबर टायर
(4) रबर के जूते

36. Which of the following pair/pairs is/are incorrect?
I. Golden revolution - Fruits production
II. Blue revolution - Increasing production of fertilizers
III. Yellow revolution - For the production of eggs
(1) Only I
(2) Only II
(3) Both I and II
(4) Both II and III

36. निम्नलिखित में से कौन सा/से युग्म सही नहीं है/हैं?
I. स्वर्ण क्रांति - फलों का उत्पादन
II. नीली क्रांति – उत्वर्कों के उत्पादन में वृद्धि
III. पीली क्रांति – अण्डों के उत्पादन में वृद्धि
(1) केवल I
(2) केवल II
(3) I तथा II दोनों
(4) II तथा III दोनों

37. Which of the following right has been removed from fundamental rights and converted to a simple legal

37. निम्नलिखित में से कौन से अधिकार को मौलिक अधिकारों से हटाकर एक सामान्य क़ानूनी अधिकार बना दिया गया है?

right?

(1) Right to life and personal liberty

(2) Right to property

(3) Right to education

(4) Right to freedom of religion

(1) जीवन की रक्षा तथा दैहिक स्वतंत्रता का अधिकार

(2) संपत्ति का अधिकार

(3) शिक्षा का अधिकार

(4) धार्मिक स्वतंत्रता का अधिकार

38. Which emperor wrote the play 'Nagananda' in Sanskrit language?

(1) Prabhakara Vardhana

(2) Harshavardhana

(3) Chandragupta II

(4) Bindusara

38. संस्कृत नाटक 'नागानन्द' की रचना किस शासक द्वारा की गई थी?

(1) प्रभाकर वर्धन

(2) हर्षवर्धन

(3) चन्द्रगुप्त द्वितीय

(4) बिन्दुसार

39. Match the following.

Social Reform		Founder
1. Arya Samaj	a.	Raja Ram Mohan Roy
2. Brahmo Samaj	b.	Dayanand Saraswati
3. Veda Samaj	c.	Atmaram Pandurang
4. Prathna Samaj	d.	Keshab Chandra Sen & K. Sridharalu Naidu

(1) 1-b , 2 -a, 3-c , 4-d

(2) 1-b , 2-a , 3-d , 4-c

(3) 1-a , 2-b , 3-d , 4-c

(4) 1-b , 2-d , 3-a , 4-c

39. निम्नलिखित का मिलान कीजिए।

धर्म सुधार आंदोलन		संस्थापक
1. आर्य समाज	a.	राजा राममोहन राय
2. ब्रह्म समाज	b.	दयानंद सरस्वती
3. वेद समाज	c.	आत्माराम पांडुरंग
4. प्रार्थना समाज	d.	केशवचंद्र सेन तथा के. श्रीधरलु नायडू

(1) 1-b , 2 -a, 3-c , 4-d

(2) 1-b , 2-a , 3-d , 4-c

(3) 1-a , 2-b , 3-d , 4-c

(4) 1-b , 2-d , 3-a , 4-c

40. Doldrums pressure belts lies in between which of the following latitudes?

(1) 5° N to 5° S

(2) 35° to 60° N and S

(3) 25° to 35° N and S

(4) 35° to 45° N and S

40. डोलड्रम्स दबाव क्षेत्र निम्नलिखित में से किन दो आक्षाशों के मध्य स्थित है?

(1) 5° उ. से 5° द.

(2) 35° से 60° उ. तथा द.

(3) 25° से 35° उ. तथा द.

(4) 35° से 45° उ. तथा द.

Space for Rough Work / कच्चे कार्य के लिए स्थान

41. If A $ B means A is the brother of B. A @ B means A is the wife of B. A # B means A is the daughter of B and A * B means A is the father of B, then which of the following indicates that U is the father-in-law of P?

(1) P @ Q $ T # U * W
(2) P @ W $ Q * T # U
(3) P @ Q $ Q * T # U
(4) P @ Q $ T # W * U

42. Below shown are four positions of a cube. Which letter will be on the bottom if letter 'A' is on the top?

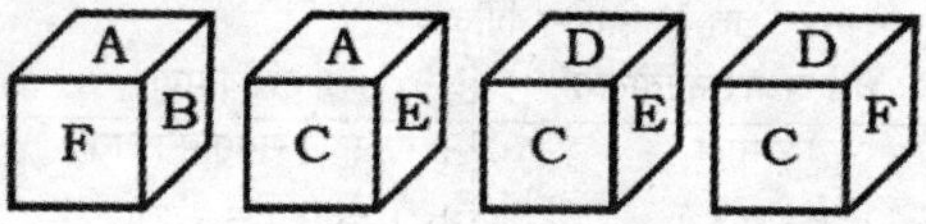

(1) D (2) B (3) C (4) F

43. Pointing to a person, Kamal said, "His only brother is the father of my daughter's father". How is the person related to Kamal?

(1) Father
(2) Grandfather
(3) Uncle
(4) Brother-in-law

44. Complete the given series

7, 8, 12, ___, 37, 62

(1) 23 (2) 21 (3) 28 (4) 32

45. In order to go to school Sarjeet started from his house in the East and came to a crossing. The road to the left ends in a theatre, straight ahead is the hospital. In which direction is the school?

(1) North (2) South (3) East (4) West

46. If $\div = \times$, $\times = -$, $+ = \times$ and $- = \div$, then $2 + 8 \times 16 - 4 \div 2 = ?$

(1) 4 (2) 8 (3) 10 (4) 12

47. Arrange the given words in a meaningful and ascending order and select the option which is indicating the correct order.

1. Venus, 2. Earth, 3. Mars, 4. Mercury, 5. Jupiter

(1) 4, 2, 1, 3, 5 (2) 4, 2, 1, 5, 3

41. यदि A $ B का अर्थ है कि A, B का भाई है। A @ B का अर्थ है कि A, B की पत्नी है। A # B का अर्थ है कि A, B की पुत्री है तथा A * B का अर्थ है कि A, B का पिता है, तो इनमे से कौन यह दर्शाता है कि U, P का ससुर है?

(1) P @ Q $ T # U * W
(2) P @ W $ Q * T # U
(3) P @ Q $ Q * T # U
(4) P @ Q $ T # W * U

42. नीचे घन की चार स्थितियों को दर्शाया गया है। नीचे कौन सा अक्षर होगा यदि अक्षर 'A' ऊपर होगा?

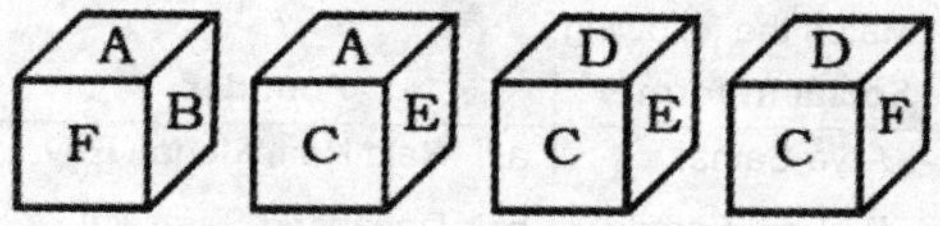

(1) D (2) B (3) C (4) F

43. एक व्यक्ति की ओर इशारा करते हुए कमल ने कहा ' उनका इकलौता भाई मेरी बेटी के पिता का पिता है। उस व्यक्ति का कमल से क्या संबंध है?

(1) पिता
(2) दादा
(3) चाचा
(4) बहनोई

44. दी गई श्रृंखला को पूरा करें

7, 8, 12, ___, 37, 62

(1) 23 (2) 21 (3) 28 (4) 32

45. स्कूल जाने के क्रम में सरजीत अपने पूर्व स्थित घर से निकलकर चौराहे पर आया। सड़क बाई ओर थियेटर पर समाप्त होती है, सड़क के सीध में आगे अस्पताल है। स्कूल किस दिशा में है।

(1) उत्तर (2) दक्षिण (3) पूर्व (4) पश्चिम

46. यदि $\div = \times$, $\times = -$, $+ = \times$ और $- = \div$ है, तो $2 + 8 \times 16 - 4 \div 2 = ?$

(1) 4 (2) 8 (3) 10 (4) 12

47. दिए गए शब्दों को सार्थक तथा आरोही क्रम में लगायें तथा उस विकल्प का चयन करें जो सही क्रम को दर्शाता हो।

1. Venus, 2. Earth, 3. Mars, 4. Mercury, 5. Jupiter

(1) 4, 2, 1, 3, 5 (2) 4, 2, 1, 5, 3
(3) 4, 1, 2, 3, 5 (4) 4, 1, 2, 5, 3

(3) 4, 1, 2, 3, 5 (4) 4, 1, 2, 5, 3

48. Find the odd letter/word/number/image from given options.

(1) Spider (2) Butterfly

(3) Cockroach (4) Mosquito

49. What number should come in the place of "?"

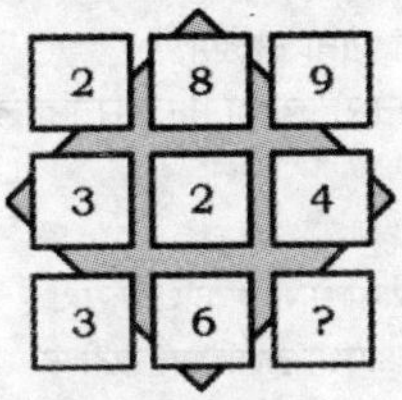

(1) 1 (2) 4 (3) 7 (4) 5

50. Complete the given series

a_c_abb_a_bc_bc_ab

(1) cbcaaa (2) bcccab

(3) bccaac (4) acbabc

48. दिए गए विकल्पों में से विषम अक्षर/शब्द/संख्या/आकृति को चुनिए।

(1) मकड़ी (2) तितली

(3) तिलचट्टा (4) मच्छर

49. "?" के स्थान पर कौन सी संख्या आनी चाहिये?

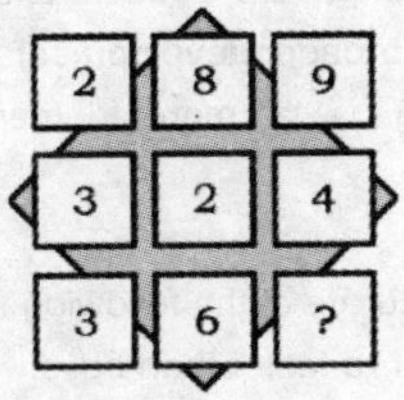

(1) 1 (2) 4 (3) 7 (4) 5

50. दी गई श्रृंखला को पूरा करें

a_c_abb_a_bc_bc_ab

(1) cbcaaa (2) bcccab

(3) bccaac (4) acbabc

Space for Rough Work / कच्चे कार्य के लिए स्थान

51. Which of the following statement is true?
(1) There is no basic difference between private speech and social speech.
(2) Children are generally more talkative than adults.
(3) Children's private speech should be seen as part of a broader developmental process.
(4) Speaking is a more demanding skill than listening.

51. निम्नलिखित में से कौन सा कथन सत्य है?
(1) निजी भाषण और सामाजिक भाषण के बीच कोई बुनियादी अंतर नहीं है।
(2) बच्चे आम तौर पर वयस्कों की तुलना में अधिक बात करते हैं।
(3) बच्चों के निजी वाक् को व्यापक विकास प्रक्रिया के हिस्से के रूप में देखा जाना चाहिए।
(4) बोलना सुनने से ज्यादा मांग करने वाला कौशल है।

52. The most accurate of the following statements is:
(1) Girls mature faster than boys.
(2) There is no general difference in the rate of maturation of boys and girls.
(3) The majority of girls mature more rapidly than majority of boys.
(4) Boys mature faster than girls.

52. निम्नलिखित कथनों में से सर्वाधिक सही है:
(1) लड़कों की अपेक्षा लड़कियाँ तेजी से परिपक्व हो जाती हैं।
(2) लड़कों एवं लड़कियों की परिपक्वता दर में कोई सामान्य अंतर नहीं होता है।
(3) अधिकांश लड़कियाँ, अधिकांश लड़कों की अपेक्षा, अधिक शीघ्रता से परिपक्व हो जाती हैं।
(4) लड़कियों की अपेक्षा लड़के तेजी से परिपक्व हो जाते हैं।

53. Carol Gilligan criticized Kohlberg's theory by arguing that women are more focused on the standard of _______, whereas men are more focused on the standard of _______.
(1) caring for others; avoiding pain
(2) caring for others; justice
(3) justice; caring for others
(4) avoiding self-condemnation; justice

53. कैरोल गिलिगान ने कोह्ल्बर्ग के सिद्धांत की आलोचना करते हुए तर्क दिया कि महिलायें _______ के मानक पर अधिक ध्यान देती हैं, जबकि पुरुष _______ के मानक पर अधिक केंद्रित होते हैं।
(1) दूसरों की देखभाल; दर्द से बचने
(2) दूसरों की देखभाल; न्याय
(3) न्याय; दूसरों की देखभाल करना
(4) आत्म निंदा से बचने; न्याय

54. Gardner's multiple intelligence theory can enhance student learning by
(1) serving as a guide to teachers in giving students the opportunity to experience working in the different areas of intelligence.
(2) assisting teachers in assessing students' intelligence areas.
(3) matching student learning to their preferred intelligence abilities areas.
(4) All of these.

54. गार्डनर का बहुबुद्धि सिद्धांत छात्र के सीखने में कैसे वृद्धि कर सकता है
(1) छात्रों को बुद्धि के विभिन्न क्षेत्रों में काम करने का अनुभव करने के अवसर देने में शिक्षकों के लिए एक गाइड के रूप में।
(2) छात्रों के बुद्धि क्षेत्रों का आकलन करने में शिक्षकों की सहायता कर के।
(3) अपने पसंदीदा बुद्धि क्षमताओं के क्षेत्रों में छात्र के सीखने से मेल बना कर।
(4) ये सब।

55. The basic reason why meaningful material is learnt rapidly is that:
(1) it permits more effective transfer.
(2) the learner is less likely to become bored.
(3) it is related to previous learning (experiences) of the learner.
(4) it has continuity and meaning inherent in itself.

55. अर्थपूर्ण सामग्री के तत्परता से सीखने का मूल कारण है:
(1) इसके द्वारा अधिक प्रभावशाली स्थानांतरण संभव होता है।
(2) अधिगमकर्त्ता के ऊब जाने की संभावना कम होती है।
(3) यह अधिगमकर्त्ता के पिछले अधिगम (अनुभवों) से संबंधित होता है।
(4) इसमें स्वत: ही सतता एवं अर्थ निहित होते हैं।

56. At six months of age, Prateek still demonstrates the grasping and rooting reflexes. This could signal that Prateek

(1) has advanced motor skills.
(2) has muscles that cannot support his body.
(3) has a problem with brain development.
(4) needs less environmental stimulation than the average baby.

57. To what extent heredity effects development?

(1) Heredity affects development subjected to environmental variations.
(2) Heredity sets the upper limit of development.
(3) Heredity affects physical development only.
(4) Heredity hardly effects development.

58. Which of the following assumptions regarding cognitive development did Piaget suggest:

(1) Empiricist
(2) Innatist
(3) Environmentalist
(4) None of the above

59. What is the not the disadvantage of ability grouping?

(1) It enables teachers to adjust the pace of students.
(2) Different lessons and assignments are required, so monitoring students is difficult.
(3) Students of low-ability groups are branded by being labelled as low achievers.
(4) Homogeneously grouped low-ability students achieve less than heterogeneously grouped students of similar ability.

60. In an assessment procedure the student gets feedback on his/her performance at the right moment and not at the end of unit/topic is known as

(1) Assessment as learning
(2) Assessment of learning
(3) Assessment for learning
(4) Informal Assessment

61. What is the use of lesson plan for a teacher?

(1) It helps in systematically organising content, method and evaluating strategies for learning, in advance.

56. छह महीने की उम्र में भी, प्रतीक अभी तक पकड़ने और में स्थिर अनैच्छिक क्रियायें दिखाता है। यह संकेत दे सकता है कि प्रतीक में

(1) उन्नत गतिक कौशल हैं।
(2) मांसपेशियां उसके शरीर का समर्थन नहीं कर रही हैं।
(3) मस्तिष्क के विकास के साथ समस्या है।
(4) औसत बच्चे की तुलना में कम पर्यावरणीय उत्तेजना की आवश्यकता है।

57. आनुवंशिकता किस सीमा तक विकास को प्रभावित करती है?

(1) आनुवंशिकता विकास पर प्रभाव डालती है यदि पर्यावरण-संबंधी परिवर्तनों के सापेक्ष।
(2) आनुवंशिकता विकास की ऊपरी सीमा निर्धारित करती है।
(3) आनुवंशिकता केवल शारीरिक विकास पर प्रभाव डालती है।
(4) आनुवंशिकता विकास पर प्रभाव नहीं डालती है।

58. निम्न में संज्ञानात्मक विकास की कौन सी पूर्वधारणा को पियाजे द्वारा प्रस्तावित किया गया था?

(1) इन्द्रियानुभाववादी
(2) अंतरंगता
(3) पर्यावरणवादी
(4) उपरोक्त में कोई नहीं

59. क्षमता समूहीकरण का क्या नुकसान नहीं है?

(1) यह शिक्षकों को छात्रों की गति को समायोजित करने में सक्षम बनाता है।
(2) इसमें भिन्न स्तर के पाठ व कार्यों की आवश्यकता होती है, इसलिए छात्रों की निगरानी करना कठिन होता है।
(3) कम क्षमता वाले समूहों के छात्रों को कम प्राप्तकर्ता के रूप में लेबल किया जा रहा है।
(4) सजातीय समूहित कम क्षमता वाले छात्रों को समान क्षमता वाले विषमांग समूह के छात्रों से कम अंक प्राप्त होते हैं।

60. एक आकलन विधि, जिसमें विद्यार्थी को अपने प्रदर्शन (परफार्मेन्सपर सही अवसर पर प्रतिपुष्टि दी जाती है (, इकाई :विषय के अंत में नहीं उसे कहते है / (यूनिट)

(1) अधिगम के रूप में आकलन
(2) अधिगम का आकलन
(3) अधिगम हेतु आकलन
(4) अनौपचारिक आकलन

61. एक शिक्षक के लिए पाठ योजना का क्या उपयोग है?

(1) यह, पहले से ही, अधिगम हेतु विषय-वस्तु, पद्धति एवं मूल्यांकन रचना कौशलों का व्यवस्थित रूप से आयोजन करने में मदद करती है।

(2) It helps teacher in minimising his/her craming of teaching concepts.
(3) It helps as a teaching aid in the classroom.
(4) It helps in learning of children through simple to complex concepts.

(2) यह अध्यापक को उसके शिक्षण संकल्पनाओं का रटना कम करने में मदद करती है।
(3) यह कक्षा में एक शिक्षण सहायता के रूप में मदद करती है
(4) यह सरल से जटिल संकल्पनाओं द्वारा बालकों के अधिगम में मदद करती है।

62. 'Plus curriculum' in the context of education of children with visual impairment means:
(1) Side activities and experiences which are worth while in themselves but not overtly included in the curriculum.
(2) Curriculum of children with visual impairment in special schools.
(3) Activities meant for providing compulsory experiences/skills to visually impaired children.
(4) Activities relating to development of social skills such as Braille writing, orientation and mobility.

62. दृष्टि बाधित बालकों की शिक्षा के संदर्भ में 'धन पाठ्यचर्या' का अर्थ है:
(1) सह गतिविधियाँ एवं अनुभव जो स्वयं में सार्थक हैं किन्तु पाठ्यचर्या में प्रत्यक्ष रूप से सम्मिलित नहीं होते।
(2) विशेष विद्यालयों में दृष्टि बाधित बालकों की पाठ्यचर्या।
(3) दृष्टि बाधित बालकों को अनिवार्य अनुभव / कौशल प्रदान करने हेतु गतिविधियाँ।
(4) सामाजिक कौशलों जैसे ब्रेल लिखाई, पूर्वाभिमुखीकरण एवं गतिशीलता के विकास से संबंधित गतिविधियाँ।

63. According to Constructivism:
(1) Knowledge is construed from and shaped by experience.
(2) Learning is a social interpretation of the world.
(3) More emphasis is given to understanding and problem solving.
(4) Learning is an active process.

63. रचनावाद के अनुसार:
(1) अनुभव से ज्ञान का अर्थापन और निर्माण होता है।
(2) अधिगम संसार की एक सामाजिक व्याख्या है
(3) बोध एवं समस्या समाधान पर अधिक बल दिया जाता है।
(4) अधिगम एक सक्रिय प्रक्रिया है।

64. Looking at a visual, a teacher in her class said to students: 'What does the picture mean?' This task relates to which of the following category of cognitive domain in Bloom's taxonomy?
(1) Understanding (2) Application
(3) Analysis (4) Knowledge

64. एक दृश्य को देखते हुए, एक शिक्षिका ने अपनी कक्षा में विद्यार्थियों से पूछा "इस चित्र से क्या तात्पर्य है?" यह कार्य ब्लूम वर्गीकरण में संज्ञानात्मक क्षेत्र की निम्नलिखित किस श्रेणी से संबंध रखता है?
(1) बोध (2) अनुप्रयोग
(3) विश्लेषण (4) ज्ञान

65. The main objective behind organizing co-curricular activities is to _______.
(1) develop teams of children for various school functions
(2) follow school time table and calendar
(3) provide opportunities to children for personality development
(4) impress upon parents and authorities

65. पाठ्यचर्या सहगामी गतिविधियों को आयोजित करने के पीछे मुख्य उद्देश्य होता है:
(1) विद्यालय के विभिन्न समारोहों हेतु बालकों के दल विकसित करना
(2) विद्यालय समय सारणी एवं कैलेण्डर का अनुसरण करना।
(3) बालकों को व्यक्तित्व विकास हेतु अवसर प्रदान करना।
(4) अभिभावकों एवं उच्च अधिकारियों को प्रभावित करना

66. Which type of curriculum is least formal in nature?
(1) Activity Centred Curriculum
(2) Spiral Curriculum
(3) Teacher Centred Curriculum
(4) Subject Centred Curriculum

66. किस प्रकार की पाठ्यचर्या प्रकृति में न्यूनतम औपचारिक होती है?
(1) गतिविधि केन्द्रित पाठ्यचर्या
(2) सर्पिल पाठ्यचर्या
(3) अध्यापक केन्द्रित पाठ्यचर्या
(4) विषय केन्द्रित पाठ्यचर्या

67. Classroom transactions can be best improved by:
(1) Prescribing penalties for poor examination results
(2) Strict implementation of rules and regulations
(3) Instilling self-monitoring among teachers
(4) Community monitoring

68. Information and Communication technology as a source of learning does not find much favour with teachers because:
(1) it is not favoured by educational administrators.
(2) it is costly.
(3) it creates indiscipline among learners.
(4) it demands a minimum of technical know how to work with.

69. What is the most important thing in the identification of appropriate resources for running the school effectively?
(1) Keeping record of all situations throughout the year to help extrapolation
(2) Utilizing previous experiences
(3) Involving experienced teachers about managing these resources
(4) Need assessment

70. Laxmi Priya is an 8-year-old bilingual student with learning disabilities. Which of the following would her special education teacher find most useful to determine skill levels for beginning instruction?
(1) The history of her school attendance
(2) Results of tests given to her in her native language
(3) Her grades from the previous school year
(4) Data on her socioeconomic background

67. कक्षा संचालन को सर्वोत्तम रूप से सुधारा जा सकता है:
(1) खराब परीक्षा परिणामों के लिए दंड निर्धारण द्वारा
(2) नियमों एवं नियमनों के कठोर कार्यान्वयन द्वारा
(3) शिक्षकों में स्व-अनुवीक्षण की भावना भरने द्वारा
(4) सामुदायिक अनुवीक्षण द्वारा

68. अधिगम के एक स्रोत के रूप में, सूचना एवं संचार प्रौद्योगिक अध्यापकों के मध्य इतनी अधिक वांछनीय नहीं है क्योंकि:
(1) इसे शैक्षिक प्रशासकों का समर्थन प्राप्त नहीं होता है।
(2) यह मंहगी है।
(3) यह अधिगमकर्ताओं के मध्य अनुशासनहीनता उत्पन्न करती है।
(4) इससे कार्य करने हेतु यह न्यूनतम तकनीकी जानकारी की माँग करती है।

69. प्रभावी रूप से विद्यालय चलाने के लिए उपयुक्त संसाधनों की पहचान हेतु सबसे महत्वपूर्ण क्या बात होती है?
(1) बाह्यकलन (ऐक्सट्रापोलेशन) सहायक करने में वर्ष भर सभी परिस्थितियों का अभिलेखा (रिकॉर्ड) रखना।
(2) पिछले अनुभवों का उपयोग करना।
(3) इन संसाधनों के प्रबंधन में अनुभवी शिक्षकों को सम्मिलित करना।
(4) आवश्यकता आकलन

70. लक्ष्मी प्रिया सीखने की अक्षमता वाली एक 8 वर्षीय द्विभाषी छात्रा है। निम्नलिखित में से कौन सा उसके लिए विशेष शिक्षा शिक्षक द्वारा प्रारंभिक निर्देश के लिए कौशल स्तर निर्धारित करने के लिए सबसे उपयोगी होगा?
(1) उसके स्कूल की उपस्थिति का इतिहास
(2) उसे अपनी मूल भाषा में दिए गए परीक्षणों के परिणाम
(3) पिछले स्कूल वर्ष से उसके ग्रेड
(4) उसकी सामाजिक आर्थिक पृष्ठभूमि पर डेटा

Space for Rough Work / कच्चे कार्य के लिए स्थान

71. Integrating semantic function as a part of grammar instruction requires students to focus on
(1) drills for the practice of grammatical structures
(2) building fluency use rather than grammatical correctness
(3) accuracy of grammar use in syntax formation
(4) communication of meaning and accuracy of language

72. The progress of teaching-learning of reading skills of a language over a certain period of time may be evaluated
(1) by asking students to read aloud a set text
(2) assessing students' interpretation of the text
(3) setting a reading task with a variety of test items
(4) through students' appreciation of stylistic devices

73. Student – generated corrections are important in language learning because
(1) students revise and edit the errors in their own writing or speech
(2) they indicate active engagement in the learning process
(3) more time can be given to grammar drills before production.
(4) teachers can conduct more remedial classes

74. A short text is read aloud and then students visualize what the passage describes. Then, they tell the teacher about their visualization, or draw picture. The activity assesses students'
(1) speaking with clarity
(2) listening comprehension
(3) ability to draw well
(4) accuracy in interpretation

75. Smaller class size for slow learners facilitates greater personalized instruction in the new language because of
(1) incidental learning, informal assessment and more interaction
(2) disciplined approach, less interaction and formal assessment
(3) more interaction, flexible schedule and authentic assessment
(4) language focused, formal assessment and flexible schedule

Instruction (Q.No.76–80): Study the following paragraph and answer the questions that follow.

Archaeology is the scientific study of the human past it is the means whereby we are able to extend our knowledge of human history beyond the limits of written records in India, written history goes back many millennia; and, throughout the world, inscriptions on stone and clay tablets are only a few millennia old. Such records encompass only a small fraction of the human story. Archaeology gives us access to the entire spectrum of human experience, spanning several million years in Africa. This enormous time depth offers the potential to study long – term cultural processes and the opportunity to learn the lessons of countless cultures. Recovering this knowledge may prove vital to our own survival. Even if the lessons learned do not turn out to have such an immediate and practical value, filling in the blank pages of India's and the world's history is an intrinsically worthwhile endeavor. Moreover, historical archaeology can supplement or clarify the knowledge gleaned from more traditional histories. Finally, by increasing our understanding and appreciation of the achievements of ancient cultures, archaeology can provide a significant boost to heritage tourism.

Although I argue that archaeology could save the world or at least our civilization's precarious hold on it, I freely confess that I did not become an archaeologist to save the world, nor to make money in fact, I chose to become an archaeologist because I was fascinated by the wonders of the past and the prospect of making new discoveries that would shed light on how we came to be what we are seemed to me be a noble thing to which I could dedicate my life's work.

76. The primary purpose of the passage is to
(1) present new excavations

(2) list archaeological sites

(3) present the state of archaeology

(4) present archaeology as a career option

77. According to the text, which of the following statements is true?

Archaeology

(1) Offers insight to prevent destruction of human heritage.

(2) Is a subject which is easy to study

(3) Is very difficult to practice, professionally

(4) Gives few clues about cultural development

78. According to information in the text, "spectrum of human experience" refers to

(1) lost communities

(2) evidences of human settlement

(3) historical events

(4) geographical feature

79. Pick out the correct statement based on your understanding.

(1) Society should learn from its past.

(2) Archaeology has no value at all

(3) All locations are found in remote areas.

(4) The job of an archaeologist is an uninteresting job for anyone.

80. Based on information, it can be assumed that

(1) Only the rich can afford to travel to archaeological sites

(2) Archaeology contributes to a better understanding of society

(3) Universities do not support the Archaeology department

(4) Archaeology is a profitable business for archaeologists

भाषा विषय : हिन्दी

81. भाषा सीखने में तब अधिक आसानी होती है जब

(1) पाठ्य-पुस्तक नहीं पढाई जाती

(2) बच्चों को समृद्ध भाषाई परिवेश उपलब्ध कराया जाए

(3) भाषा की परीक्षा नहीं होती

(4) जब शिक्षक कहानी सुनाते हैं

82. कक्षा के बच्चों के लिए कहानी, कविताओं आदि किताबों का चयन करते समय आप किस बात का विशेष रूप से ध्यान रखेंगे?

(1) किताबें नैतिक उपदेशों से भरी हों

(2) किताबों के पृष्ठ कम हों

(3) किताबें बच्चों की मनोवैज्ञानिक और भाषिक जरूरतों के अनुरूप हों

(4) किताबों में रंगीन चित्र अवश्य हों

83. कक्षा की एक बच्ची 'लड़का' को 'लरका' बोलती है। इसका संभावित कारण है

(1) उसे उच्चारण का ज्ञान बिलकुल नहीं है

(2) यह उसकी मातृभाषा का प्रभाव है

(3) वह बोलने में लापरवाही बरतती है

(4) उसे उच्चारण दोष है

84. कक्षा में प्रिंट समृद्ध वातावरण से आशय है

(1) कक्षा में रंगीन चार्ट, पोस्टर आदि लगाना

(2) कक्षा की दीवारों पर रंगीन कविता आदि पेंट कराना

(3) कक्षा में बड़े आकार में वर्णमाला के चार्ट लगाना

(4) कक्षा में पढाई जा रही विषय-वस्तु के अनुरूप लिखित सामग्री प्रदर्शित करना

85. पॉल भाषा की कक्षा में अक्सर बाल साहित्य पढते हुए नजर आता है। इसका संभावित कारण है

(1) उसे केवल कहानियाँ पढ़ने का शौक है

(2) उसकी पाठ्य-पुस्तक नीरस है

(3) उसमें पढ़ने के प्रति ललक है

(4) शिक्षक का शिक्षण नीरस है

निर्देश (Q.No.86–90): दिए गए गद्यांश को पढ़कर उसके नीचे लिखे प्रश्नों के सबसे उचित विकल्प को चुनिए।

मनुष्य अपने विकास के लिए प्राकृतिक संसाधनों का दोहन करके अपनी विविध आवश्यकताओं की पूर्ति करता है। प्राकृतिक संसाधनों का संरक्षण, संवर्धन एवं मितव्ययितापूर्वक उपयोग मानव की कुशलता, लगन एवं समर्पण पर निर्भर है। प्रकृति अमूल्य उपहारों, जैसे- वन, जल, खनिज आदि को अपने कल्याण के लिए संपूर्ण प्रयोग करना मानव - मात्र की इच्छा शक्ति व तर्क शक्ति पर निर्भर है। मानव की प्रगति के लिए सतत विकास का महत्त्व गांधीजी ने बहुत पहले ही पहचान लिया था। इसलिए सतत विकास हेतु मानव की आत्मनिर्भरता को ध्यान में रखकर संसाधनों के संरक्षण

पर जोर दिया। विकास का ध्येय जीवन के आर्थिक ही नहीं वरन सामाजिक, आर्थिक, नैतिक और आध्यात्मिक स्तर को ऊँचा उठाना होना चाहिए। प्रकृति से संस्कृति की ओर बढ़ने की आकांक्षा हमेशा होनी चाहिए। जहाँ इस आकांक्षा की पूर्ति होगी उसे इतिहास में स्वर्ण युग का नाम देना उचित होगा न कि साहित्य और कला की तरक्की का इस दृष्टि से अभी तक भारत का स्वर्ण युग दूर दूर तक दिखाई नहीं देता।

86. गद्यांश के अनुसार कौन - सा विकास को ध्येय नहीं है?
(1) नैतिक स्तर को ऊँचा उठाना
(2) भौतिक अतर को ऊँचा उठाना
(3) सामाजिक स्तर को ऊँचा उठाना
(4) आध्यात्मिक स्तर को ऊँचा उठाना

87. भारत का स्वर्ण युग दूर दूर तक इसलिए दिखाई नहीं देता, क्योंकि
(1) भारत में सोना कम हो गया है
(2) प्रकृति से संस्कृति की और बढ़ने की आकांक्षा पूरी नहीं हो रही है
(3) प्रकृति से संसाधनों का संरक्षण नहीं हो रहा है
(4) लोगों का आर्थिक स्तर नहीं बढ़ा है

88. मनुष्य अपने विकास के लिए क्या करता है?
(1) प्राकृतिक संसाधनों का दोहन करता है
(2) अधिक मेहनत करता है
(3) प्राकृतिक संसाधनों का संरक्षण करता है
(4) विविध संसाधन जुटाता है

89. मानव की कुशलता, लगन और समर्पण पर क्या निर्भर करता है?
(1) प्राकृतिक संसाधनों का संरक्षण
(2) प्राकृतिक संसाधनों का संवर्धन
(3) प्राकृतिक संसाधनों की मितव्ययता
(4) उपर्युक्त सभी

90. गांधीजी ने किस पर जोर दिया?
(1) औद्योगिक विकास पर
(2) तकनीकी विकास पर
(3) प्राकृतिक संरक्षण पर
(4) मानव की आत्मनिर्भरता पर

Space for Rough Work / कच्चे कार्य के लिए स्थान

91. Match the statements of Column A with those of Column B.

Column A	Column B
I. Knife	A. N-m
II. Torque	B. First order levers
III. Crow bar	C. Third order levers

(1) I – C, II – A, III – B
(2) I – A, II – C, III – B
(3) I – C, II – B, III – A
(4) I – B, II – C, III – A

92. Structures present in a cell which is responsible for determination of the sex of a baby is:
(1) cytoplasm
(2) cell membrane
(3) nucleus
(4) chromosome

93. Which of the following statements is incorrect?
(1) Friction acts on a ball rolling along the ground.
(2) Friction acts on a boat moving on water.
(3) Friction acts on a bicycle moving on a smooth road.
(4) Friction does not act on a ball moving through air.

94. In the soil, which nutrient is enriched by blue-green algae (cyanobacteria)?
(1) Carbon (2) Nitrogen
(3) Hydrogen (4) Oxygen

95. An object is vibrating at 50 hertz. What is its time period?
(1) 0.02 s (2) 2.0 s (3) 0.2 s (4) 20.0 s

96. A gas can be liquefied under specific conditions of temperature and pressure. Identify the correct set of conditions
(1) Low temperature, low pressure
(2) High temperature, low pressure
(3) Low temperature, high pressure
(4) High temperature, high pressure

97. The chemical symbol for nitrogen gas is

91. कॉलम A के कथनों को कॉलम B के कथनों से सुमेलित कीजिए।

कॉलम A	कॉलम B
I. चाकू	A. N-m
II. टोर्क	B. प्रथम प्रकार का उत्तोलक
III. लोहदंड	C. तीसरे प्रकार का उत्तोलक

(1) I – C, II – A, III – B
(2) I – A, II – C, III – B
(3) I – C, II – B, III – A
(4) I – B, II – C, III – A

92. किसी कोशिका के भीतर बह कौन-सी संरचना है जो बच्चे के लिंग-निर्धारण के लिए उत्तरदायी है –
(1) कोशिकाद्रव्य
(2) कोशिका झिल्ली
(3) केंद्रक
(4) गुणसूत्र

93. निम्नलिखित में से कौन सा कथन गलत है?
(1) मैदान में लुढ़कती गेंद पर घर्षण बल लगता है।
(2) पानी में चलती हुई नाव पर घर्षण बल लगता है।
(3) चिकनी सड़क पर चलती हुई साइकिल पर घर्षण बल लगता है।
(4) हवा के मध्य से गुजरने वाली गेंद पर घर्षण बल नहीं लगता है।

94. मृदा में नीले-हरे शैवाल (सायनो-बैक्टीरिया) के कारण किस पोषक तत्व की वृद्धि हों जाती है?
(1) कार्बन (2) नाइट्रोजन
(3) हाइड्रोजन (4) ऑक्सीजन

95. एक वस्तु 50 हर्ट्ज की आवृत्ति से कम्पन कर रही है। इसका आवर्त काल क्या है?
(1) 0.02 से. (2) 2.0 से. (3) 0.2 से. (4) 20.0 से.

96. तापमान और दबाव की विशिष्ट स्थितियों के तहत एक गैस को तरल किया जा सकता है। शर्तों के सही सेट की पहचान करें –
(1) निम्न ताप, निम्न दाब
(2) उच्च ताप, निम्न दाब
(3) निम्न ताप, उच्च दाब
(4) उच्च ताप, उच्च दाब

97. नाइट्रोजन गैस का रासायनिक प्रतीक है-

(1) Ni (2) N_2 (3) N^+ (4) N

98. An atom with 3 protons and 4 neutrons will have a valency of

(1) 3 (2) 7 (3) 1 (4) 4

99. Cell wall of which one of these is not made up of cellulose?

(1) Bacteria (2) Hydrilla

(3) Mango tree (4) Cactus

100. Four cars A, B, C and D are moving on a levelled road. Their distance versus time graphs are shown in figure

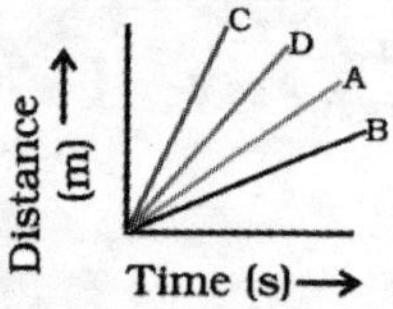

Choose the correct statement

(1) Car A is faster than car D.

(2) Car B is the slowest.

(3) Car D is faster than car C.

(4) Car C is the slowest.

101. The atmosphere is held to the earth by

(1) gravity

(2) wind

(3) clouds

(4) earth's magnetic field

102. In the curve half the wavelength is

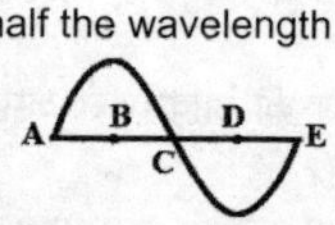

(1) AB (2) BD (3) DE (4) AE

103. In which of the following, the image of an object placed at infinity will be highly diminished and point sized?

(1) Concave mirror only

(2) Convex mirror only

(3) Convex lens only

(4) Concave mirror, convex mirror, concave lens and convex lens

104. A student carries out an experiment and plots the

(5) Ni (6) N_2 (7) N^+ (8) N

98. 3 प्रोटॉन और 4 न्युट्रॉन युक्त परमाणु की संयोजकता होगी -

(1) 3 (2) 7 (3) 1 (4) 4

99. निम्न में से किसकी कोशिकाभित्ति सेलुलोस से नहीं बनी है?

(1) जीवाणु (2) हाइड्रिला

(3) आमवृक्ष (4) कैक्टस

100. चार कार A, B, C तथा D किसी समतल सड़क पर गति कर रही हैं। इनके दुरी-समय ग्राफ में दर्शाए गए हैं।

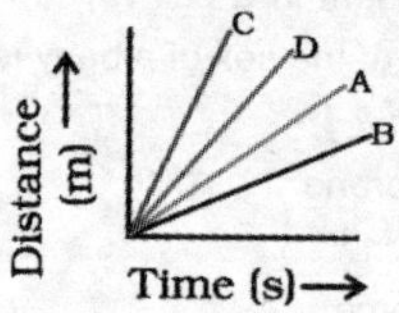

सही कथन चुनिए -

(1) कार A की चाल कार D से अधिक है

(2) कार B सबसे धीमी है

(3) कार D की चाल कार C से अधिक है

(4) कार C सबसे धीमी है

101. वायुमंडल पृथ्वी से जकड़ा हुआ है –

(1) गुरुत्व बल द्वारा

(2) पवन द्वारा

(3) बादलों द्वारा

(4) पृथ्वी के चुंबकीय क्षेत्र द्वारा

102. दर्शाए गए वक्र में आधी तरंगदैर्घ्य है –

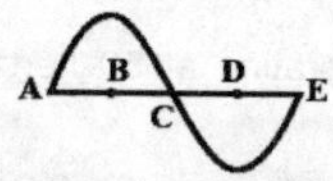

(1) AB (2) BD (3) DE (4) AE

103. निम्नलिखित में से किसके द्वारा अनंत पर स्थित किसी बिंब का प्रतिबिंब अत्यधिक छोटा बनेगा?

(1) केवल अवतल दर्पण

(2) केवल उत्तल दर्पण

(3) केवल उत्तल लेंस

(4) अवतल दर्पण, उत्तल दर्पण, अवतल लेंस तथा उत्तल लेंस

104. कोई विद्यार्थी किसी प्रयोग को करने के पश्चात क्रमश: *R*1, *R*2

V-I graph of three samples of nichrome wire with resistances $R1$, $R2$ and $R3$ respectively. Which of the following is true?

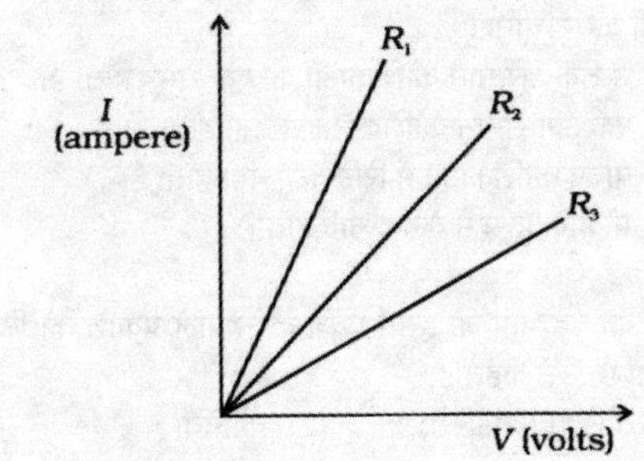

(1) $R1 = R2 = R3$
(2) $R1 > R2 > R3$
(3) $R3 > R2 > R1$
(4) $R2 > R3 > R1$

105. Which of the following statements about the autotrophs is incorrect?

(1) They synthesize carbohydrates from carbon dioxide and water in the presence of sunlight and chlorophyll
(2) They store carbohydrates in the form of starch
(3) They convert carbon dioxide and water into carbohydrates in the absence of sunlight
(4) They constitute the first trophic level in food chains

106. Correct arrangement of reactivity of three metals in increasing order is:

(1) Zinc > Iron > Copper
(2) Zinc > Copper > Iron
(3) Copper > Zinc > Iron
(4) Iron > Zinc > Copper

107. Which group represents exhaustible natural resources:

(1) air, coal, natural gas, sunlight
(2) coal, petroleum, minerals, forests
(3) air, sunlight, petroleum, minerals
(4) air, sunlight, oxygen, water

108. Choose the correct statement with respect to unicellular organisms:

(1) in unicellular organisms, tissues work in co-ordination to perform different functions

तथा $R3$ प्रतिरोध के निक्रोम तार के तीन नमूनों के V-I ग्राफ आलेखित करता है। निम्नलिखित में कौन सत्य है?

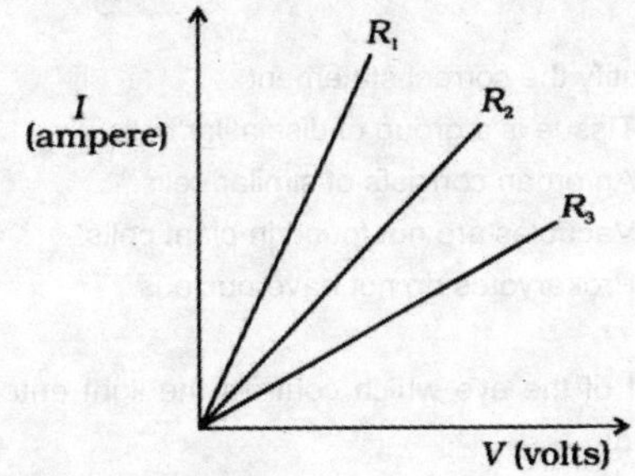

(1) $R1 = R2 = R3$
(2) $R1 > R2 > R3$
(3) $R3 > R2 > R1$
(4) $R2 > R3 > R1$

105. निम्नलिखित में से कौन-सा कथन स्वपोषी जीवों के लिए सही नहीं है?

(1) वे कार्बोहाइड्रेटों का स्न्स्लेषण कार्बन डाइऑक्साइड और जल से तथा सूर्य के प्रकाश एवं क्लोरोफिल की उपस्थिति में कर लेते हैं।
(2) वे कार्बोहाइड्रेटों को स्टार्च के रूप में भंडारित रखते हैं।
(3) वे कार्बन डाइऑक्साइड और जल को सूर्य के प्रकाश की अनुपस्थिति में कार्बोहाइड्रेटों में बदल लेते हैं।
(4) वे आहार श्रृंखलाओं में पृथक पोषी स्तर बनाते हैं।

106. बढ़ते क्रम में तीन धातुओं की प्रतिक्रियाशीलता की सही व्यवस्था है

(1) जिंक > लौह > कॉपर
(2) जिंक > कॉपर > आयरन
(3) कॉपर > जिंक > आयरन
(4) लौह > जिंक > कॉपर

107. कौन सा समूह संपूर्ण प्राकृतिक संसाधनों का प्रतिनिधित्व करता है:

(1) वायु, कोयले, प्राकृतिक गैस, सूरज की रोशनी
(2) कोयले, पेट्रोलियम, खनिज, जंगल
(3) हवा, सूरज की रोशनी, पेट्रोलियम, खनिज
(4) हवा, सूरज की रोशनी, ऑक्सीजन, पानी

108. एककोशिक जीवों के संदर्भ में सही कथन चुनें:

(1) एककोशिक जीवों में, ऊतक अलग-अलग कार्य करते हैं।
(2) एककोशिक जीवों को भोजन की आवश्यकता नहीं होती।
(3) एककोशिक जीव श्वास लेते हैं और जनन करते हैं।

(2) unicellular organisms do not require food
(3) unicellular organisms respire and reproduce
(4) all unicellular organisms move by cilia

(4) सभी एककोशिक जीव पक्ष्माभिकाओं द्वारा गति करते हैं।

109. Identify the correct statement.
(1) Tissue is a group of dissimilar cells.
(2) An organ consists of similar cells.
(3) Vacuoles are not found in plant cells.
(4) Prokaryotes do not have nucleus.

109. सही कथन चुनिए।
(1) ऊतक असमान कोशिकाओं का एक समूह होता है।
(2) एक अंग समान कोशिकाओ से बना होता हैं।
(3) पादप कोशिकाओं में रिक्तिकाएँ नहीं होती हैं।
(4) प्रोकैरियोट्स में केंद्रक नहीं होता।

110. Part of the eye which controls the light entering is called:
(1) iris (2) cornea
(3) lens (4) retina

110. नेत्र का वह भाग जो इसमें प्रवेश करने वाले प्रकाश को नियंत्रित करता है, उसे कहते हैं:
(1) परितारिका (आईरिस) (2) कॉर्निया
(3) लेंस (4) रेटिना

Space for Rough Work / कच्चे कार्य के लिए स्थान

111. If –12 × (–3) + [20 + (–4) – (–24) + 8] – [16 + (–2)] = (–28 + 7) + x, then the value of x is

(1) 47 (2) 29 (3) 39 (4) 46

112. If an 8-digit number 30x0867y is divisible by 88, then what is the value of (3x + y)?

(1) 7 (2) 4 (3) 5 (4) 6

113. The value of $6\frac{2}{3} \div 2\frac{1}{2} \times 3\frac{3}{4} - 5\frac{1}{2} \times 4\frac{1}{4} + 1\frac{2}{3}\left(\frac{7}{8} + \frac{3}{4} \times \frac{2}{3}\right)$ is

(1) $-6\frac{1}{2}$

(2) $-11\frac{1}{12}$

(3) $11\frac{1}{12}$

(4) $6\frac{1}{2}$

114. How many pairs of twin primes are there between the integers 1 to 100?

(1) 8 (2) 5 (3) 6 (4) 7

115. If 21168 = $2^a \times 3^b \times 7^c$, where a, b and c are natural numbers, then what is the value of (4a – 5b + c)?

(1) 3 (2) 0 (3) 1 (4) 2

116. Let x be the least number which when divided by 8, 12, 20, 28, 35 leaves a remainder 5 in each case. What is the sum of digits of x?

(1) 17 (2) 11 (3) 14 (4) 15

117. What number should be subtracted from each of 50, 61, 92, 117 so that the numbers, so obtained in this order, are in proportion?

(1) 23 (2) 14 (3) 17 (4) 19

118. A sum of Rs. 1,710 is divided in A, B and C such that 4 times of A, 6 times of B and 9 times of C are equal. What is the difference between A and C?

(1) Rs. 540 (2) Rs. 360

(3) Rs. 450 (4) Rs. 480

119. The number of fruits in baskets A and B are in the ratio 7: 9. If six fruits are taken out from A and

111. यदि –12 × (–3) + [20 + (–4) – (–24) + 8] – [16 + (–2)] = (–28 + 7) + x,है, तो x का मान है

(1) 47 (2) 29 (3) 39 (4) 46

112. यदि 8-अंकों वाली संख्या 30x0867y, 88 से विभाज्य है, तो (3x + y) का मान क्या है?

(1) 7 (2) 4 (3) 5 (4) 6

113. $6\frac{2}{3} \div 2\frac{1}{2} \times 3\frac{3}{4} - 5\frac{1}{2} \times 4\frac{1}{4} + 1\frac{2}{3}\left(\frac{7}{8} + \frac{3}{4} \times \frac{2}{3}\right)$ का मान है

(1) $-6\frac{1}{2}$

(2) $-11\frac{1}{12}$

(3) $11\frac{1}{12}$

(4) $6\frac{1}{2}$

114. पूर्णांकों 1 से 100 तक के मध्य अभाज्य युग्मों की संख्या काया है?

(1) 8 (2) 5 (3) 6 (4) 7

115. यदि 21168 = $2^a \times 3^b \times 7^c$, है, जहाँ a, b तथा c प्राकृत संख्याएं हैं, तो (4a – 5b + c) का मान क्या है?

(1) 3 (2) 0 (3) 1 (4) 2

116. माना कि x एक वह सबसे छोटी संख्या है, जिसे 8, 12, 20, 28, 35 से भाग देने पर प्रत्येक दशा में 5 शेष रहता है। x के अंकों का योग है?

(1) 17 (2) 11 (3) 14 (4) 15

117. संख्याओं 50, 61, 92, 117 में से प्रत्येक में से कौन सी संख्या घटाई जाए ताकि इस प्रकार इसी क्रम में प्राप्त संख्याएं समानुपात में हो जाएँ?

(1) 23 (2) 14 (3) 17 (4) 19

118. Rs. 1,710 की एक राशि A, B तथा C में इस प्रकार बाँटी जाती है कि A का चार गुना, B का 6 गुना तथा C का 9 गुना बराबर हैं। A और C में क्या अंतर हैं?

(1) Rs. 540 (2) Rs. 360

(3) Rs. 450 (4) Rs. 480

119. टोकरियों A और B में रखे फलों की संख्या में 7: 9 का अनुपात है। यदि टोकरी A में से छः फल निकालकर टोकरी B में

put in B, then this ratio becomes 1: 3. The total number of fruits in A and B is

(1) 40 (2) 28 (3) 32 (4) 36

दाल दिए जाए, तो यह अनुपात 1: 3 हो जाता है। A और B में कुल कितने फल हैं?

(1) 40 (2) 28 (3) 32 (4) 36

120. Δ ABC and ΔADB are on the common base AB and on the same side of AB. DA $\perp$AB, CB $\perp$AB and AC = BD. Which of the following is true?

(1) ΔABC $\cong\Delta$BDA
(2) ΔABC $\cong\Delta$ABD
(3) ΔABC $\cong\Delta$ADB
(4) ΔABC $\cong\Delta$BAD

120. Δ ABC और ΔADB का उभयनिष्ठ आधार AB है और दोनों त्रिभुज, AB के एक और स्थित हैं। DA $\perp$ AB और CB $\perp$AB तथा AC = BD है। निम्न में से कौन सा सत्य है?

(1) ΔABC $\cong\Delta$BDA
(2) ΔABC $\cong\Delta$ABD
(3) ΔABC $\cong\Delta$ADB
(4) ΔABC $\cong\Delta$BAD

121. The sides of four triangles are given below:

I. 20 cm, 22 cm, 24 cm
II. 15 cm, 32 cm, 37 cm
III. 11 cm, 60 cm, 61 cm
IV. 19 cm, 40 cm, 41 cm

Which of them forms a right triangle?

(1) IV (2) II (3) II (4) III

121. चार त्रिभुजों की भुजाएँ नीचे दी गई हैं:

I. 20 cm, 22 cm, 24 cm
II. 15 cm, 32 cm, 37 cm
III. 11 cm, 60 cm, 61 cm
IV. 19 cm, 40 cm, 41 cm

इनमें से कौन सा समूह समकोण त्रिभुज बनाता है?

(1) IV (2) II (3) II (4) III

122. The angles of a quadrilateral are in the ratio 3: 5: 7: 9. What is the difference between the least and the greatest angles of the quadrilateral?

(1) 90° (2) 50° (3) 60° (4) 72°

122. किसी चतुर्भुज के कोण 3: 5: 7: 9 के अनुपात में हैं। चुतुर्भुज के सबसे छोटे तथा सबसे बड़े कोण का अंतर क्या है?

(1) 90° (2) 50° (3) 60° (4) 72°

123. The perimeter of a triangle is 12 cm. If alll the three sides have lengths (in cm), in integers, then how many such different triangles are possible?

(1) 5 (2) 2 (3) 3 (4) 4

123. किसी त्रिभुज का परिमाप 12 cm है। यदि इसकी सभी भुजाओं की लंबाइया (cm में) पूर्णांकों में हैं, तो इस प्रकार के कितने विभिन्न त्रिभुज संभव है?

(1) 5 (2) 2 (3) 3 (4) 4

124. A godown is in the shape of a cuboid whose length, breadth and height are 56 m, 42 m and 10 m respectively. How many (maximum) cuboidal boxes each measuring 2.8 m × 2.5 m × 70 cm can be stored into the godown?

(1) 5400 (2) 2400 (3) 3600 (4) 4800

124. एक घनाभाकार गोदाम की लंबाई, चौड़ाई और ऊँचाई क्रमश: 56 m, 42 m और 10 m है इसके अंदर (अधिकतम) कितने घनाभाकार डिब्बे रखे जा सकते हैं, यदि प्रत्येक डिब्बे की विमाएँ 2.8 m × 2.5 m × 70 cm हैं?

(1) 5400 (2) 2400 (3) 3600 (4) 4800

125. The circumference of the base of a right circular cylinder is 528 cm and its height is 2 m. What is the volume of the cylinder? $\left(Take\ \pi = \frac{22}{7}\right)$

(1) 6.6528 m^3 (2) 2.2176 m^3
(3) 3.3264 m^3 (4) 4.4352 m^3

125. किसी लंब वृत्तीय बेलन के आधार की परिधि 528 cm है और इसकी ऊंचाई 2 m है। बेलन का आयतन है ($\pi = \frac{22}{7}$ लीजिए।)

(1) 6.6528 m^3 (2) 2.2176 m^3
(3) 3.3264 m^3 (4) 4.4352 m^3

126. The area of a quadrilateral is 227.2 cm^2 and the length of the perpendiculars from the opposite vertices to a diagonal are 7.2 cm and 8.8 cm. What

126. किसी चतुर्भुज का क्षेत्रफल 227.2 cm^2है और इसके एक विकर्ण पर उसके सम्मुख शीर्षो से डाले गए लम्बों की लम्बाइयाँ 7.2 cm तथा 8.8 cm हैं। इस विकर्ण की लंबाई क्या है?

is the length of the diagonal?

(1) 32.6 cm (2) 26.8 cm

(3) 28.4 cm (4) 30.2 cm

(1) 32.6 cm (2) 26.8 cm

(3) 28.4 cm (4) 30.2 cm

127. If $5(3x + 4) - 8(6x + 7) = 9x - 8$, then what is the value of $(x^2 - 2x + 1)$?

(1) $\frac{25}{9}$ (2) $\frac{2}{3}$

(3) $\frac{4}{9}$ (4) $\frac{5}{3}$

127. यदि $5(3x + 4) - 8(6x + 7) = 9x - 8$ है, तो $(x^2 - 2x + 1)$ का मान क्या है?

(1) $\frac{25}{9}$ (2) $\frac{2}{3}$

(3) $\frac{4}{9}$ (4) $\frac{5}{3}$

128. What is the value of $a(a + b^2 + c) + b^2(a^2 + b^2 + c^2) - c(a + b^2)$, when $a = 1$, $b = -3$ and $c = -2$?

(1) 176 (2) 138 (3) 154 (4) 162

128. जब $a = 1$, $b = -3$ तथा $c = -2$ हैं, तो $a(a + b^2 + c) + b^2(a^2 + b^2 + c^2) - c(a + b^2)$ का क्या मान है?

(1) 176 (2) 138 (3) 154 (4) 162

129. The expression $(x - y)(x^2 + xy + y^2) + (x + y)(x^2 - xy + y^2) - (x + y)(x^2 - y^2)$ is equal to

(1) $x^3 + y^3 + xy(x - y)$

(2) $x^3 - y^3 + xy(x + y)$

(3) $y^3 - x^3 + xy(y + x)$

(4) $x^3 + y^3 + xy(y - x)$

129. व्यंजक $(x - y)(x^2 + xy + y^2) + (x + y)(x^2 - xy + y^2) - (x + y)(x^2 - y^2)$ बराबर है

(1) $x^3 + y^3 + xy(x - y)$

(2) $x^3 - y^3 + xy(x + y)$

(3) $y^3 - x^3 + xy(y + x)$

(4) $x^3 + y^3 + xy(y - x)$

130. What is the mean of the median, mode and range for the data given below?

11, 25, 0, 8, 25, 30, 44, 50, 30, 18, 20, 17, 11, 9, 24, 25, 29

(1) 34 (2) 31 (3) 32 (4) 33

130. निम्न आँकड़ों के लिए माध्यक, बहुलक और परिसर का माध्य क्या है?

11, 25, 0, 8, 25, 30, 44, 50, 30, 18, 20, 17, 11, 9, 24, 25, 29

(1) 34 (2) 31 (3) 32 (4) 33

Space for Rough Work / कच्चे कार्य के लिए स्थान

131. Population density refers to

(1) the way in which people are spread across the earth's surface
(2) the number of people living in a unit area of the earth's surface
(3) the number of people living in a particular area
(4) the number of people living during a specific time

131. जनसंख्या घनत्व से अभिप्राय है

(1) भू-पृष्ठ पर लोगों के फैलने का स्वरूप
(2) पृथ्वी के पृष्ठ के एक इकाई क्षेत्र में रहने वाले लोगों की संख्या
(3) किसी क्षेत्र विशेष में रहने वाले लोगों की संख्या
(4) एक निश्चित अवधि के दौरान लोगों की संख्या

132. Second five year plan of India was based on

(1) Harrod-Domar Model
(2) Mahalanobis Model
(3) Dhar Model
(4) Rangarajan Model

132. भारत की दूसरी पंचवर्षीय योजना किस पर आधारित थी

(1) हैरोड-डोमर मॉडल
(2) महालानोबिस मॉडल
(3) धार मॉडल
(4) रंगराजन मॉडल

133. Full form of PETA is

(1) People for the Ethical Treatment of Animals
(2) People for the Endangered Types of Animals
(3) Public for the Endangered Types of Animals
(4) Private Endangered Types of Animals

133. PETA का पूरा नाम क्या है?

(1) People for the Ethical Treatment of Animals
(2) People for the Endangered Types of Animals
(3) Public for the Endangered Types of Animals
(4) Private Endangered Types of Animals

134. As per 2011 census, the literacy rate among Indians?

(1) 74.04% (2) 67.04%
(3) 68.04% (4) 71.04%

134. 2011 की जनगणना के अनुसार, भारतीयों में साक्षरता दर?

(1) 74.04% (2) 67.04%
(3) 68.04% (4) 71.04%

135. One of the following factors does not lead to soil formation in nature

(1) the sun (2) water
(3) wind (4) polythene bags

135. निम्न कारकों में से कौन-सा एक कारक प्रकृति में मृदा-बनावट में पहल नहीं करता?

(1) सूर्य (2) जल
(3) पवन (4) पॉलिथिन के थैले

136. Areas where animals are protected from any disturbance to them and their habitat is known as

(1) Biodiversity Hot Spots
(2) Biosphere Reserves
(3) National Parks
(4) Wildlife Sanctuaries

136. ऐसे क्षेत्र जहां जानवरों को किसी भी अशांति से संरक्षित किया जाता है और उनके निवास के रूप में जाना जाता है

(1) जैव विविधता हॉट स्पॉट्स
(2) बायोस्फीयर रिजर्व
(3) राष्ट्रीय उद्यान
(4) वन्यजीव अभयारण्य

137. Which social reformer founded a widows' home at Poona, in the early twentieth century to provide shelter to widows who had been treated badly by their husbands' relatives?

(1) Tarabai Shinde
(2) Jyotirao Phule
(3) Pandita Ramabai

137. बीसवीं शताब्दी की शुरुआत में किस सामाजिक सुधारक ने पूना में एक विधवाघर की स्थापना की, ताकि उन विधवाओं को आश्रय दिया जा सके, जिनके पति के रिश्तेदारों ने उनसे बुरी तरह से व्यवहार किया था?

(1) ताराबाई शिंदे
(2) ज्योतिराव फुले
(3) पंडिता रमाबाई

(4) None of these

138. Oxygen is returned to the atmosphere mainly by
(1) burning of fossil fuel
(2) respiration
(3) photosynthesis
(4) fungi

139. Choose the wrong statement
(1) High blood pressure is caused by excessive weight and lack of exercise.
(2) Cancers can be caused by genetic abnormalities
(3) Peptic ulcers are caused by eating acidic food
(4) Acne in not caused by staphylococci

140. Khadins, Bundhis, Ahars and Kattas are ancient structures that are examples for
(1) grain storage
(2) wood storage
(3) water harvesting
(4) soil conservation

141. How many national parks are there in India?
(1) 18 (2) 78 (3) 543 (4) 104

142. World Atmosphere Day is celebrated on
(1) 21 March (2) 22 March
(3) 10 April (4) 23 March

143. Which institution aims to ensure that international trade in specimens of wild animals and plants does not threaten their survival
(1) IUCN (2) SACEP (3) UNCED (4) CITES

144. The United Nations Framework Convention on Climate Change was came in effect from
(1) 21 March 1994
(2) 16 February 2005
(3) 29 December 1993
(4) 1 October 2003

145. Which one of the following methods is used to take out minerals lying near the surface of the earth?
(1) Shaft mining
(2) Open-cast mining
(3) Quarrying
(4) Drilling

(4) इनमें से कोई नहीं

138. ऑक्सीजन मुख्यत: किसके द्वारा वायुमंडल में वापिस होती है
(1) जीवाश्म ईंधन के जलने से
(2) श्वसन
(3) प्रकाश संश्लेषण
(4) कवक

139. निम्नलिखित में से गलत कथन का चयन कीजिए –
(1) उच्च रक्त दाब, अधिक वजन व व्यायाम के न करने के कारण होता है
(2) आनुवंशिक अपसामान्यताओं के कारण कैंसर होता है
(3) अम्लीय भोजन खाने के कारण पेप्टिक व्रण (अल्सर) का होना
(4) एक्ने (Acne) स्टेफाइलोकोकाई के कारण नहीं होता है

140. खादिन, बंधिस, आहार और कटटा वे प्राचीन संरचनाएं हैं जो निम्नलिखित में से किस-के लिए प्रयोग की जाती थीं?
(1) अनाज भंडारण
(2) काष्ठ भंडारण
(3) जल-संभरण
(4) मृदा-संरक्षण

141. भारत में कितने राष्ट्रीय उद्यान हैं?
(1) 18 (2) 78 (3) 543 (4) 104

142. विश्व वायुमंडल दिवस मनाया जाता है
(1) 21 मार्च (2) 22 मार्च
(3) 10 अप्रैल (4) 23 मार्च

143. कौन सा संस्थान यह सुनिश्चित करना है कि जंगली जानवरों और पौधों के नमूने में अंतर्राष्ट्रीय व्यापार उनके अस्तित्व को खतरे में नहीं डालता है
(1) IUCN (2) SACEP (3) UNCED (4) CITES

144. जलवायु परिवर्तन पर संयुक्त राष्ट्र फ्रेमवर्क कन्वेंशन प्रभावी रूप से कब आया था
(1) 21 मार्च 1994
(2) 16 फरवरी 2005
(3) 29 दिसंबर 1993
(4) 1 अक्टूबर 2003

145. पृथ्वी की सतह के निकट स्थित खनिजों को बहार निकालने के लिए निम्नलिखित में से किस विधि का प्रयोग किया जाता है?
(1) कूपकी खनन
(2) विवृत खनन
(3) आखनन
(4) कूपक

146. 'Basket weaving' is an example of which one of the following types of industry?

(1) Large scale (2) Cooperative sector
(3) Small Scale (4) Joint sector

147. Who among the following national leaders coined the phrase 'Unity in Diversity' to describe the Indian Nation-State?

(1) Bal Gangadhar Tilak
(2) Mahatma Gandhi
(3) Sardar Vallabhbhai Patel
(4) Pandit Jawaharlal Nehru

148. In the context of Indian judiciary, appellate system means

(1) that one can plead one's case in the court without having a degree in law
(2) separation of power among the legislature, executive and judiciary
(3) the decisions made by the higher courts are binding on the lower courts
(4) one can move to a higher court if one feels that the judgement of the lower court is not just

149. Which one of the following is an artificial ecosystem?

(1) Pond (2) Crop field
(3) Lake (4) Forest

150. From the list given below pick the item that is not a natural resource

(1) Soil (2) Water (3) Electricity (4) Air

(5)

146. उद्योग के निम्नलिखित प्रकारों में से 'टोकरी बुनाई' किसका एक उदाहरण है?

(1) बृहत् आकार (2) सहकारी क्षेत्र
(3) लघु आकार (4) संयुक्त क्षेत्र

147. भारतीय राष्ट्र-राज्य का वर्णन करने के लिए 'विविधता में एकता' मुहावरा इन राष्ट्रिय नेताओं में से किसने दिया?

(1) बाल गंगाधर तिलक
(2) महात्मा गाँधी
(3) सरदार बल्लभभाई पटेल
(4) पंडित जवाहरलाल नेहरु

148. भारतीय न्यायिक व्यवस्था के संदर्भ में अपील की व्यवस्था का अर्थ है

(1) कोई भी अपने मामले पर, बिना किसी कानूनी डिग्री के, व्यायालय में बहस कर सकता है
(2) विधायिका, कार्यपालिका और न्यायपालिका के बीच शक्तियों का बंटवारा
(3) ऊपरी अदालतों को फैसले, निचली अदालतों को मानने होते हैं
(4) किसी व्यक्तियों को अगर ऐसा लगता है कि निचली अदालत द्वारा दिया गया फैसला सही नहीं है, तो वह इससे ऊपर की अदालत में अपील कर सकता है

149. निम्नलिखित में से कौन-सा एक कृत्रिम पारितंत्र है?

(1) तालाब (2) खेत
(3) झील (4) वन

150. नीचे दी गई सूची में से उस वस्तु को चुनिए जो एक प्राकृतिक संसाधन नहीं है –

(1) मृदा (2) जल (3) विद्युत् (4) वायु

Space for Rough Work / कच्चे कार्य के लिए स्थान

उत्तर पत्रिका / Answer Sheet – Kendriya Vidyalaya Sangathan

Name of the Candidate: ________________________ **Fathers' Name:** ____________

Roll Number: ________________, **Examination Centre:** ____________________

Paper of the Candidate: ________________________, **Test Booklet Code:** ____________

Mark your Answer by shading the appropriate circle against each question. The circle should be shaded completely without leaving any space. The correct method of shading is given below.

प्रत्येक प्रश्न के सामने उचित वृत का चिन्हांकन करके अपना उत्तर लिखें। वृत्त को बिना कोई स्थान छोड़े चिन्हांकित करें। चिन्हांकित करने का सही तरीका नीचे दिया गया है।

Correct Method : सही तरीका : ●   Wrong Method : गलत तरीका : ⊗ ✓ ⊙ ◑

001	① ② ③ ④	031	① ② ③ ④	061	① ② ③ ④	091	① ② ③ ④	121	① ② ③ ④
002	① ② ③ ④	032	① ② ③ ④	062	① ② ③ ④	092	① ② ③ ④	122	① ② ③ ④
003	① ② ③ ④	033	① ② ③ ④	063	① ② ③ ④	093	① ② ③ ④	123	① ② ③ ④
004	① ② ③ ④	034	① ② ③ ④	064	① ② ③ ④	094	① ② ③ ④	124	① ② ③ ④
005	① ② ③ ④	035	① ② ③ ④	065	① ② ③ ④	095	① ② ③ ④	125	① ② ③ ④
006	① ② ③ ④	036	① ② ③ ④	066	① ② ③ ④	096	① ② ③ ④	126	① ② ③ ④
007	① ② ③ ④	037	① ② ③ ④	067	① ② ③ ④	097	① ② ③ ④	127	① ② ③ ④
008	① ② ③ ④	038	① ② ③ ④	068	① ② ③ ④	098	① ② ③ ④	128	① ② ③ ④
009	① ② ③ ④	039	① ② ③ ④	069	① ② ③ ④	099	① ② ③ ④	129	① ② ③ ④
010	① ② ③ ④	040	① ② ③ ④	070	① ② ③ ④	100	① ② ③ ④	130	① ② ③ ④
011	① ② ③ ④	041	① ② ③ ④	071	① ② ③ ④	101	① ② ③ ④	131	① ② ③ ④
012	① ② ③ ④	042	① ② ③ ④	072	① ② ③ ④	102	① ② ③ ④	132	① ② ③ ④
013	① ② ③ ④	043	① ② ③ ④	073	① ② ③ ④	103	① ② ③ ④	133	① ② ③ ④
014	① ② ③ ④	044	① ② ③ ④	074	① ② ③ ④	104	① ② ③ ④	134	① ② ③ ④
015	① ② ③ ④	045	① ② ③ ④	075	① ② ③ ④	105	① ② ③ ④	135	① ② ③ ④
016	① ② ③ ④	046	① ② ③ ④	076	① ② ③ ④	106	① ② ③ ④	136	① ② ③ ④
017	① ② ③ ④	047	① ② ③ ④	077	① ② ③ ④	107	① ② ③ ④	137	① ② ③ ④
018	① ② ③ ④	048	① ② ③ ④	078	① ② ③ ④	108	① ② ③ ④	138	① ② ③ ④
019	① ② ③ ④	049	① ② ③ ④	079	① ② ③ ④	109	① ② ③ ④	139	① ② ③ ④
020	① ② ③ ④	050	① ② ③ ④	080	① ② ③ ④	110	① ② ③ ④	140	① ② ③ ④
021	① ② ③ ④	051	① ② ③ ④	081	① ② ③ ④	111	① ② ③ ④	141	① ② ③ ④
022	① ② ③ ④	052	① ② ③ ④	082	① ② ③ ④	112	① ② ③ ④	142	① ② ③ ④
023	① ② ③ ④	053	① ② ③ ④	083	① ② ③ ④	113	① ② ③ ④	143	① ② ③ ④
024	① ② ③ ④	054	① ② ③ ④	084	① ② ③ ④	114	① ② ③ ④	144	① ② ③ ④
025	① ② ③ ④	055	① ② ③ ④	085	① ② ③ ④	115	① ② ③ ④	145	① ② ③ ④
026	① ② ③ ④	056	① ② ③ ④	086	① ② ③ ④	116	① ② ③ ④	146	① ② ③ ④
027	① ② ③ ④	057	① ② ③ ④	087	① ② ③ ④	117	① ② ③ ④	147	① ② ③ ④
028	① ② ③ ④	058	① ② ③ ④	088	① ② ③ ④	118	① ② ③ ④	148	① ② ③ ④
029	① ② ③ ④	059	① ② ③ ④	089	① ② ③ ④	119	① ② ③ ④	149	① ② ③ ④
030	① ② ③ ④	060	① ② ③ ④	090	① ② ③ ④	120	① ② ③ ④	150	① ② ③ ④

परीक्षार्थी का नाम Name of candidate (In Capital Letters)	परीक्षार्थी के हस्ताक्षर Signature of candidate (In Running Hand)	परीक्षार्थी के बाएं अंगूठे का निशान Left hand thumb impression of the candidate	निरीक्षक के हस्ताक्षर Signature of invigilator (In Running Hand)
			Prateek Shivalik

Answer Key KVS Test Set - 02

Q	A	Q	A	Q	A	Q	A	Q	A	Q	A	Q	A	Q	A
1	3	**21**	3	**41**	1	**61**	1	**81**	2	**101**	1	**121**	4	**141**	4
2	3	**22**	2	**42**	1	**62**	4	**82**	3	**102**	2	**122**	1	**142**	3
3	1	**23**	1	**43**	3	**63**	1	**83**	2	**103**	4	**123**	2	**143**	4
4	2	**24**	3	**44**	2	**64**	3	**84**	1	**104**	3	**124**	4	**144**	1
5	3	**25**	2	**45**	1	**65**	3	**85**	3	**105**	3	**125**	4	**145**	3
6	3	**26**	1	**46**	2	**66**	1	**86**	4	**106**	1	**126**	3	**146**	3
7	3	**27**	1	**47**	3	**67**	3	**87**	3	**107**	2	**127**	1	**147**	4
8	1	**28**	2	**48**	1	**68**	4	**88**	1	**108**	3	**128**	3	**148**	4
9	3	**29**	2	**49**	1	**69**	3	**89**	1	**109**	4	**129**	4	**149**	2
10	4	**30**	2	**50**	3	**70**	2	**90**	4	**110**	1	**130**	4	**150**	3
11	2	**31**	3	**51**	3	**71**	4	**91**	1	**111**	4	**131**	2		
12	1	**32**	1	**52**	2	**72**	3	**92**	4	**112**	3	**132**	2		
13	3	**33**	4	**53**	2	**73**	1	**93**	4	**113**	2	**133**	1		
14	2	**34**	1	**54**	4	**74**	2	**94**	2	**114**	1	**134**	1		
15	3	**35**	3	**55**	3	**75**	3	**95**	1	**115**	1	**135**	4		
16	3	**36**	4	**56**	3	**76**	4	**96**	3	**116**	1	**136**	4		
17	3	**37**	2	**57**	2	**77**	1	**97**	2	**117**	3	**137**	3		
18	3	**38**	2	**58**	2	**78**	3	**98**	3	**118**	3	**138**	3		
19	2	**39**	2	**59**	1	**79**	1	**99**	1	**119**	3	**139**	3		
20	1	**40**	1	**60**	3	**80**	2	**100**	2	**120**	4	**140**	3		

Prateek Shivalik

KVS PRT

Code 03

इस परीक्षा पुस्तिका को तब तक न खोलें जब तक कहा न जाए।
Do not open this Test Booklet until you are asked to do so.
इस परीक्षा पुस्तिका के पिछले आवरण पर दिए गये निर्देशों को ध्यान से पढ़ें।
Read carefully the Instructions on the Back Cover of this Test Booklet.

परीक्षार्थियों के लिए निर्देश

1. OMR उत्तर पत्र इस परीक्षा के अन्दर रखा है। जब आपको परीक्षा पुस्तिका खोलने को कहा जाए, तो उत्तर पत्र निकाल कर पृष्ठ-1 एवं पृष्ठ-2 पर ध्यान से केवल नीले बॉल पॉइंट पेन से विवरण भरें।
2. परीक्षा की अवधि 2½ घंटे है एवं परीक्षा में 150 प्रश्न है। **कोई ऋणात्मक अंकन नहीं है।**
3. इस पृष्ठ पर विवरण अंकित करने एवं उत्तर पत्र पर निशान लगाने के लिए केवल नीले बॉल पॉइंट पेन का प्रयोग करें।
4. यह सुनिश्चित कर लें की इस पुस्तिका का संकेत, उत्तर पत्र के पृष्ठ पर छपे संकेत से मिलता है। यह भी सुनिश्चित कर लें की परीक्षा संख्या और उत्तर पत्र संख्या मिलते है। अगर यह भिन्न हों तो परीक्षार्थी दूसरी प्रश्न पुस्तिका और उत्तर पत्र लेने के लिए निरीक्षक को तुरन्त अवगत कराएँ।
5. **यदि अनुवाद में किसी भी प्रकार की कोई अस्पष्टा हो तो अंग्रेजी वाले पाठ को ही सही माना जायेगा।**
6. रफ कार्य परीक्षा पुस्तिका में इस प्रयोजन के लिए दी गई खाली जगह पर करें।
7. सभी उत्तर केवल OMR उत्तर पत्र पर ही अंकित करें। अपने उत्तर ध्यानपूर्वक अंकित करें। उत्तर बदलने हेतु श्वेत रंजक का प्रयोग निषिद्ध है।
8. प्रत्येक प्रश्न के सामने उचित वृत का चिन्हांकन करके अपना उत्तर लिखें। वृत्त को बिना कोई स्थान छोड़े चिन्हांकित करें।

INSTRUCTIONS FOR CANDIDATES

1. The OMR Answer Sheet is inside this Test Booklet. When you are directed to open the Test Booklet, take out the Answer Sheet and fill in the particulars on Side-1 and Side-2 carefully with blue ball point pen only.
2. The test is of 2½ hours duration and consists of 150 questions. **There is no negative marking.**
3. Use Blue Ball Point Pen only for writing particulars on this page / marking responses in the Answer Sheet.
4. Make sure that the CODE printed on the Answer Sheet is the same as that on this booklet. Also ensure that your Test Booklet No. and Answer Sheet No. are the same. In case of discrepancy, the candidate should immediately report the matter to the Invigilator for replacement of both the Test Booklet and the Answer Sheet.
5. **In case of any ambiguity in translation, the English version will be deemed authentic.**
6. Rough work should be done only in the space provided in the Test Booklet for the same.
7. The answers are to be recorded on the OMR Answer Sheet only. Mark your responses carefully. No whitener is allowed for changing answers.
8. Mark your Answer by shading the appropriate circle against each question. The circle should be shaded completely without leaving any space.

परीक्षार्थी का नाम (बड़े अक्षरों में):
Name of the Candidate (in Capitals): ______________________________

अनुक्रमांक (अंकों में):
Roll Number: (in figures): ______________________________

(शब्दों में):
(in words): ______________________________

परीक्षा केन्द्र (बड़े अक्षरों में) :
Centre of Examination (in Capitals): ______________________________

परीक्षार्थी के हस्ताक्षर:
Candidate's Signature: ______________________________

निरीक्षक के हस्ताक्षर :
Invigilator's Signature : ______________________________

Facsimile signature stamp of
Centre Superintendent ______________________________

1. The antonym of the given word is?
NADIR
(1) modernity
(2) zenith
(3) liberty
(4) progress

2. Choose the one word which can be substituted for the given sentence/ words.
Living together of a man and woman without being married to each other
(1) marriage
(2) equipage
(3) lineage
(4) concubinage

3. Which part of the following sentences has error in it?
Two hours have passed (P) since (Q) he had fallen asleep. (R) No error (S).
(1) P (2) Q (3) R (4) S

4. Arrange the following jumbled part of the sentence in correct order.
1. One Botany professor always tried to convince his students that his branch of biology is superior to all the others
P. His most persuasive argument, however, came during a laboratory session
Q. And they don't eat very much
R. Examining the cells of a pear, the professor cut a slice for the microscopic slide and took a bite of the rest of the specimen
S. Plants, he noted never run away or bite
6. "You won't be doing that in a Zoology lab," he said.
(1) PRSQ (2) SQPR (3) PSRQ (4) SQRP

5. Convert the given sentence into Active / Passive Voice
We added up the money and found that it was correct.
(1) The money was added up and found to be correct.
(2) Correct it was found and the money was added up.
(3) The money added up by us and it was correctly found.
(4) The money added up by us found it was correct.

6. Convert the given sentence into Direct / Indirect Speech
I said to her, "All your faults will be pardoned if you confess them."
(1) I told her that all her faults will be pardoned if you confess them.
(2) I told her that all her faults would be pardoned if she confessed them.
(3) I told her that all her faults will have to be pardoned if she confessed them.
(4) I told her that all her faults would have to be pardoned if she confessed them.

7. Which part of the following sentences has error in it?
The two first to arrive (P) were he lucky recipients (Q) of a surprise gift. (R) No error. (S).
(1) P (2) Q (3) R (4) S

8. Fill in the blank.
I have little time, so I can tell you only ______ what he said.
(1) shortly (2) briefly (3) little of (4) briskly

9. Choose the option which best expresses the meaning of the highlighted idiom/phrase in the sentence.
For a healthy and lasting friendship one must be "on the level".
(1) equally rich
(2) mentally compatible
(3) honest and sincere
(4) ready for sacrifices

10. Choose the incorrectly spelt word
(1) transferred
(2) referred
(3) sufferred
(4) deferred

सामान्य हिन्दी

11. घटिया में कौन सा प्रत्यय है?
(1) या
(2) आ
(3) इया
(4) टिया

12. "जल – वायु" में समास है
(1) द्वन्द
(2) कर्मधारय
(3) बहुब्रीहि
(4) अव्ययीभाव

13. "थकान" भाववाचक संज्ञा किस शब्द की है
(1) थकना
(2) थकावट
(3) थक
(4) कोई नहीं

14. "जिसको अधिक बोलना न आता हो" के लिए एक उपयुक्त शब्द है
(1) वाचाल
(2) गंभीर
(3) मुनि
(4) रसज्ञ

15. "मैं शाम को आऊंगा।" में प्रयुक्त कारक है
(1) संबंध
(2) संबोधन
(3) कर्म
(4) करण

16. मैं परसों आऊंगा – में क्रिया विशेषण का रूप है
(1) कालवाचक
(2) परिमाणवाचक
(3) स्थानवाचक
(4) रीतिवाचक

17. सहकारिता में कौन सा उपसर्ग है?
(1) सह्
(2) स
(3) सह
(4) सह:

18. सरंक्षक का संधि विच्छेद होगा
(1) सम्+रक्षक
(2) स+रक्षक
(3) सन+रक्षक
(4) सना+रक्षक

19. निम्न में से किस शब्द की वर्तनी शुद्ध है?
(1) गायकी
(2) गयिका
(3) गायिक
(4) गायिका

20. 'ठ' का उच्चारण स्थान है
(1) तालव्य
(2) वत्सर्य
(3) दन्त्य
(4) मूर्धन्य

Space for Rough Work / कच्चे कार्य के लिए स्थान

21. Which of the following is not a Hardware?
(1) Processor chip
(2) Printer
(3) Mouse
(4) Java

21. निम्न में से कौन सा हार्डवेयर नहीं है?
(1) प्रोसेसर चिप
(2) प्रिंटर
(3) माउस
(4) जावा

22. Which one of the following is a system software?
(1) Database programs
(2) Word processors
(3) Spreadsheets
(4) Compilers

22. निम्न में से कौन सा सिस्टम सॉफ्टवेर है?
(1) डेटाबेस कार्यक्रम
(2) वर्ड प्रोसेसर
(3) स्प्रेडशीट्स
(4) संकलनकर्ता

23. Microsoft Office's personal information manager is
(1) Outlook
(2) Internet Explorer
(3) Organizer
(4) Access

23. माइक्रोसॉफ्ट ऑफिस का व्यक्तिगत सूचना प्रबंधक है
(1) आउटलुक
(2) इंटरनेट एक्सप्लोरर
(3) आयोजक
(4) एक्सेस्स

24. A parallel port is most often used by a –
(1) Printer
(2) Monitor
(3) Mouse
(4) External storage device

24. निम्न में से किसके द्वारा एक समांतर पोर्ट का उपयोग किया जाता है -
(1) प्रिंटर
(2) मॉनीटर
(3) माउस
(4) बाहरी भंडारण उपकरण

25. WLL stands for
(1) Walking Land Line
(2) Walking Loop Line
(3) Wireless Land Line
(4) Wireless in Local Loop

25. डब्लूएलएल का मतलब है
(1) Walking Land Line
(2) Walking Loop Line
(3) Wireless Land Line
(4) WirelessIn Local Loop

26. A Group Ware is a
(1) Hardware
(2) Network
(3) Software
(4) Firmware

26. एक समूह वेयर एक है
(1) हार्डवेयर
(2) नेटवर्क
(3) सॉफ्टवेयर
(4) फर्मवेयर

27. A communication network which is used by large organizations over regional, national or global area is called
(1) LAN
(2) WAN
(3) MAN
(4) VAN

27. क्षेत्रीय, राष्ट्रीय या वैश्विक क्षेत्र पर बड़े संगठनों द्वारा उपयोग किया जाने वाला एक संचार नेटवर्क कहा जाता है
(1) लैन
(2) वैन
(3) मैन
(4) वैन

28. Where are programs and data to be used by the computer available?

(1) Processing Unit

(2) Output

(3) Storage

(4) Input

29. Optic fibers are used in place of wire cables because

(1) they generate strong magnetic fields

(2) they do not generate magnetic fields

(3) they do not require boosting

(4) they are more economical

30. In which of the following areas, a spreadsheet software is more useful?

(1) Psychology

(2) Publishing

(3) Statistics

(4) Message sending

28. कंप्यूटर द्वारा प्रोग्राम और डेटा का उपयोग कहाँ किया जा सकता है?

(1) प्रसंस्करण इकाई

(2) आउटपुट

(3) भंडारण

(4) इनपुट

29. वायर केबल्स के स्थान पर ऑप्टिक फाइबर का उपयोग किया जाता है क्योंकि

(1) वे मजबूत चुंबकीय क्षेत्र उत्पन्न करते हैं

(2) वे चुंबकीय क्षेत्र उत्पन्न नहीं करते हैं

(3) उन्हें बढ़ावा देने की आवश्यकता नहीं है

(4) वे अधिक किफायती हैं

30. निम्नलिखित क्षेत्रों में से एक स्प्रेडशीट सॉफ्टवेयर अधिक उपयोगी है?

(1) मनोविज्ञान

(2) प्रकाशन

(3) सांख्यिकी

(4) संदेश भेजना

Space for Rough Work / कच्चे कार्य के लिए स्थान

General Awareness

31. What is the SI unit of electric current?
(1) Newton
(2) Joule
(3) Ampere
(4) Watt

31. विद्युत धारा की एसआई मात्रक क्या है?
(1) न्यूटन
(2) जूल
(3) एम्पियर
(4) वाट

32. Process of losing electrons is known as _____.
(1) oxidation
(2) reduction
(3) radiation
(4) both oxidation and reduction

32. इलेक्ट्रॉन प्रदान करने की प्रक्रिया को _____ कहते है।
(1) ऑक्सीकरण
(2) अपचयन
(3) विकिरण
(4) दोनों ऑक्सीकरण और अपचयन

33. Which among the following is the major cause of acid rain?
(1) Carbon dioxide
(2) Carbon monoxide
(3) Nitrogen dioxide
(4) Oxygen

33. निम्नलिखित में से कौन- सा अम्लीय वर्षा का मुख्य कारण है?
(1) कार्बन डाइऑक्साइड
(2) कार्बन मोनोऑक्साइड
(3) नाइट्रोजन डाइऑक्साइड
(4) ऑक्सीजन

34. B. Sai Praneeth is associated with which of the following sport?
(1) Hockey
(2) Badminton
(3) Chess
(4) Boxing

34. बी. साई प्रानीथ' निम्नलिखित में से किस खेल से संबंधित है?
(1) हॉकी
(2) बैडमिंटन
(3) शतरंज
(4) मुक्केबाजी

35. Who amongst the following is the author of the book "Rekha: The untold story" a biography on a veteran actress Rekha?
(1) Yasser Usman
(2) Anand Neelakantan
(3) Ram Kamal Mukherjee
(4) K. Vijay Kumar

35. निम्नलिखित में से किस लेखक द्वारा अनुभवी अभिनेत्री रेखा की जीवनी "रेखा: दि अनटोल्ड स्टोरी" लिखी गई है?
(1) यास्सेर उस्मान
(2) आनंद नीलकेंटन
(3) राम कमल मुखर्जी
(4) के. विजय कुमार

36. Who appoints Governor of a state in India?
(1) Prime Minister of India
(2) Council of Minister
(3) Judge of Supreme Court
(4) President of India

36. भारत में राज्य के राज्यपाल की नियुक्ति कौन करता है?
(1) भारत के प्रधान मंत्री
(2) मंत्री परिषद
(3) सर्वोच्च न्यायालय के न्यायाधीश
(4) भारत के राष्ट्रपति

37. Which among the following Mughal Emperor was illiterate?
(1) Shah Jahan
(2) Aurangzeb
(3) Akbar

37. निम्नलिखित में से कौन सा मुगल सम्राट अशिक्षित था?
(1) शाहजहाँ
(2) औरंगजेब
(3) अकबर
(4) जहांगीर

(4) Jahangir

38. Strait of Malacca separates which two land masses?
(1) Malay Peninsula and Indonesian Island of Sumatra
(2) Africa and Europe
(3) India and Sri Lanka
(4) North America and South America

38. मलक्का जलडमरुमध्य किन दो भूभागों को अलग करता है?
(1) मलय प्रायद्वीप और इंडोनेशिया का द्वीप सुमात्रा
(2) अफ्रीका तथा यूरोप
(3) भारत तथा श्रीलंका
(4) उत्तर अमेरिका तथा दक्षिण अमेरिका

39. Which of the following is not a plant hormone?
(1) Gibberellic
(2) Auxins
(3) Cytokinins
(4) Thyroxin

39. इनमें से कौन सा वनस्पतिजगत का हॉर्मोन नहीं है?
(1) जिब्रेलिक
(2) ऑक्सिन्स
(3) साइटोकाइनिन
(4) थाइरोक्सिन

40. Which Vitamin is obtained from Sun rays?
(1) Vitamin A
(2) Vitamin C
(3) Vitamin K
(4) Vitamin D

40. कौन सा विटामिन सूर्य की किरणों से प्राप्त होता है?
(1) विटामिन ए
(2) विटामिन सी
(3) विटामिन के
(4) विटामिन डी

Space for Rough Work / कच्चे कार्य के लिए स्थान

41. P, Q, R, S and T are sitting on a bench. P is sitting next to Q. R is sitting beside S. S is not sitting with T who is on the left end of the bench. R is on the second position from the right. P is to the right of Q and T. P and R are sitting together. In which position P is sitting?
(1) Between Q and S
(2) Between Q and R
(3) Between T and R
(4) Between R and T

41. P, Q, R, S तथा T किसी बेंच पर बैठे हैं। P, Q के बगल में बैठा है। R, S के बगल में बैठा है। S, T के साथ नहीं बैठा है जो कि बेंच के बाएँ छोर पर बैठा है। R दाएं से दुसरे स्थान पर है। P, Q तथा T के दाएं है। P तथा R एक साथ बैठे हैं। P के बैठने की स्थिति क्या है?
(1) Q तथा S के मध्य
(2) Q तथा R के मध्य
(3) T तथा R के मध्य
(4) R तथा T के मध्य

42. What will be the correct mathematical signs that can be inserted in the following?
8 _ 6 _ 2 _ 4 _ 8 = 28
(1) – × + ÷
(2) ÷ + × –
(3) + ÷ – ×
(4) × ÷ – +

42. निम्नलिखित में सही गणितीय चिन्ह क्या होगा जो निम्न में लगाया जा सके?
8 _ 6 _ 2 _ 4 _ 8 = 28
(1) – × + ÷
(2) ÷ + × –
(3) + ÷ – ×
(4) × ÷ – +

43. Arrange the following words as per the order in the dictionary.
1. Sink, 2. Shout, 3. Smuggler, 4. Shocker
(1) 1, 2, 3, 4
(2) 2, 1, 4, 3
(3) 4, 3, 2, 1
(4) 4, 2, 1, 3

43. निम्नलिखित शब्दों को शब्दकोश में दिए गए क्रम के अनुसार लिखें।
1. Sink, 2. Shout, 3. Smuggler, 4. Shocker
(1) 1, 2, 3, 4
(2) 2, 1, 4, 3
(3) 4, 3, 2, 1
(4) 4, 2, 1, 3

44. Find the angle between the hour and the minute hand of a clock, when the time is 9:48.
(1) 0° (2) 4° (3) 6° (4) 7.5 °

44. 9 बजकर 48 मिनट पर घडी के घंटे तथा मिनट की सूई के बीच का कोण ज्ञात करें।
(1) 0° (2) 4° (3) 6° (4) 7.5 °

45. A bus starts from city X. The number of women in the bus is half the number of men. In city Y, 10 men leave the bus and 5 women enter. Now, number of men and women are equal. In the beginning, how many passengers had entered the bus?
(1) 15
(2) 30
(3) 36
(4) 45

45. कोई बस X शहर से चलेना शुरू होती है। बस में महिलाओं की संख्या, पुरुषों की संख्या की आधी है। शहर Y में 10 पुरुष बस से उतर जाते हैं तथा 5 महिलाएं अन्दर आती है। अब पुरुषों तथा महिलाओं की संख्या बराबर है। शुरुआत में बस में कितने यात्रिओं ने प्रवेश किया था?
(1) 15
(2) 30
(3) 36
(4) 45

46. Pointing towards a girl, Salman says, "This girl is the daughter of only child of my father". What is the relation of Salman's wife to that girl?
(1) Daughter

46. एक महिला की ओर इशारा करते हुए सलमान कहता है, "यह लड़की मेरे पिता के इकलौते संतान की पुत्री है।" सलमान की पत्नी का उस लड़की से क्या संबंध है?
(1) बेटी

(2) Mother
(3) Aunt
(4) Sister

47. Akshay walked 10 feet from A to B in the East. Then he turned to the right and walked 3 feet. Again he turned to the right and walked 14 feet. How far is he from A?
(1) 4 feet
(2) 5 feet
(3) 24 feet
(4) 27 feet

48. How many points will be on the face opposite to face which contains 1 point?

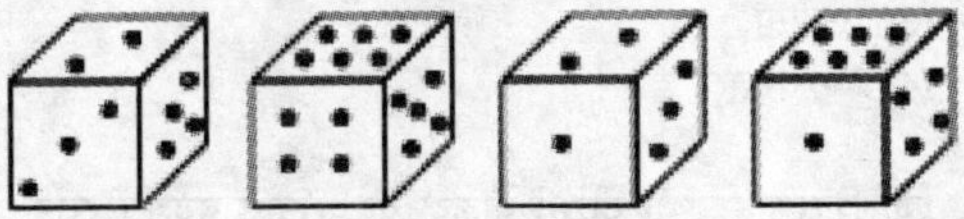

(1) 1 (2) 5 (3) 4 (4) 6

49. In a family the number of sons is one less than daughters and number of daughters is twice of one less than number of sons. How many children are there in the family?
(1) 7 (2) 3 (3) 4 (4) 5

50. From the given alternative words, select the word which cannot be formed by using the letters of the given word.
RHINOCEROUS
(1) SHORE
(2) CARE
(3) RICE
(4) HORN

(2) माँ
(3) चाची या मौसी
(4) बहन

47. अक्षय A से B की ओर पूर्व में 10 फीट चला। उसके बाद वह दाएं मुड़ा तथा 3 फीट चला। उसके बाद दोबारा वाह दाएं मुड़ा तथा 14 फीट चला। वह A से कितना दूर है?
(1) 4 फीट
(2) 5 फीट
(3) 24 फीट
(4) 27 फीट

48. चेहरे के विपरीत चेहरे पर कितने अंक होंगे जिसमें 1 बिंदु है?

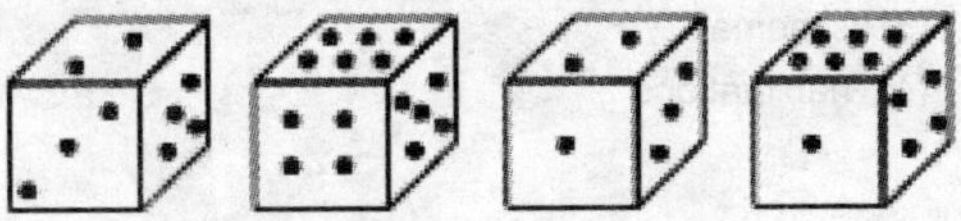

(1) 1 (2) 5 (3) 4 (4) 6

49. किसी परिवार में बेटों की संख्या बेटियों की संख्या से एक कम है तथा बेटियों की संख्या बेटों की संख्या से एक कम का दो गुना है। परिवार में कुल कितने बच्चे हैं?
(1) 7 (2) 3 (3) 4 (4) 5

50. निम्नलिखित विकल्पों में से वह शब्द चुनिए जो दिए गए शब्द के अक्षरों का प्रयोग करके नहीं बनाया जा सकता है।
RHINOCEROUS
(1) SHORE
(2) CARE
(3) RICE
(4) HORN

Pedagogy and Child Development

51. Puberty is generally characterized by all of the following except
(1) a decrease in concentrations of certain hormones.
(2) a dramatic increase in height and weight.
(3) an increase in idealistic and abstract thinking.
(4) the development of thought.

51. योवनारम्भ को आम तौर पर निम्नलिखित सभी द्वारा वर्णित किया जाता है सिवाय
(1) कुछ हार्मोन की सांद्रता में कमी
(2) ऊंचाई और वजन में नाटकीय वृद्धि
(3) आदर्शवादी और अमूर्त सोच में वृद्धि
(4) विचार का विकास

52. Piaget believed that infants construct ______ , which are theories about the way the world works.
(1) assimilations
(2) accommodations
(3) schemas
(4) habituations

52. पियाजे का मानना था कि शिशु ______ का निर्माण करते हैं, जो दुनिया के काम के तरीके के बारे में उनकी समझ के सिद्धांत होते हैं।
(1) आत्मसातकरण
(2) समायोजन
(3) स्कीमा
(4) अभ्यस्तता

53. Adjusting the support offered during a teaching session to fit the child's current level of performance is termed as:
(1) scaffolding
(2) guided participation
(3) seriation
(4) adaptation

53. एक शिक्षण सत्र के दौरान बालक के वर्तमान प्रदर्शन स्तर को उपयुक्त बनाने हेतु प्रस्तुत की गई सहायता के साथ ताल-मेल बैठाने को कहा जाता है:
(1) पकड़ संरक्षण (स्केफोल्डिंग)
(2) निर्देशित भागीदारी
(3) क्रमबंधन (सीरिऐशन)
(4) अनुकूलन

54. Prateek is a class second student who has a classification of intellectual disability. What is an advantage of seating him in a cooperative cluster?
(1) Prateek will be able to participate more in classroom discussions.
(2) Prateek will be in closer proximity to the teacher.
(3) Prateek can work with a partner if he has questions.
(4) Prateek can sit near the window.

54. प्रतीक एक दूसरी कक्षा का छात्र है जिसको बौद्धिक अक्षमता में वर्गीकृत किया गया है। उसको एक सहकारी समूह में बैठाने का क्या फायदा है?
(1) प्रतीक कक्षा चर्चाओं में और अधिक भाग लेने में सक्षम हो जाएगा।
(2) प्रतीक शिक्षक के करीब निकटता में होगा।
(3) अगर उसके पास प्रश्न हैं तो प्रतीक एक साथी के साथ काम कर सकता है।
(4) प्रतीक खिड़की के पास बैठ सकता है।

55. Social development is essentially a matter of:
(1) development of social skills
(2) conformity to the demands of social order
(3) achievement of social security and acceptance
(4) the integration of one's purposes with those of the social order

55. सामाजिक विकास अनिवार्य रूप से विषय है:
(1) सामाजिक कौशलों के विकास का
(2) सामाजिक क्रम की मांगों से अनुरूपण का
(3) सामाजिक सुरक्षा एवं स्वीकृति की प्राप्ति का
(4) सामाजिक क्रम के साथ किसी के उद्देश्यों के एकीकरण का

56. Indicate the statement which is NOT correct:
(1) Ability to produce language is different from the actual linguistic production.

56. गलत वाक्य को इंगित कीजिए:
(1) भाषाई निर्माण की योग्यता वास्तविक भाषाई कार्य सम्पादन से भिन्न हैं।

(2) All natural languages of the World have the same underlying structure and principles.
(3) Semantic development is slower than the syntactic development.
(4) Environment does not have any role in language acquisition.

(2) सभी संसार की प्राकतम भाषाओँ में एक से संरचना एवं सिद्धांत हैं।
(3) वाक्य रचना का विकास से शब्दार्थशास्त्र का विकास धीमा होता हैं।
(4) भाषा प्राप्ति में वातावरण की कोई भूमिका नहीं होती।

57. In practice, the greatest contribution of intelligence tests is to give an index of the individual's:
(1) educational potentiality
(2) specific aptitudes
(3) academic competence
(4) intellectual curiosity

57. व्यवहार में, बुद्धि परीक्षणों का सबसे बड़ा योगदान होता है कि वे सूचक होते हैं किसी व्यक्ति की:
(1) शैक्षिक क्षमता के
(2) विशिष्ट अभिरुचियों के
(3) अकादमिक दक्षता के
(4) बौद्धिक उत्सुकता के

58. An assessment which involves increased level of student autonomy, but not without teacher guidance and collaboration.
(1) Assessment of Learning
(2) Assessment for Learning
(3) Assessment as Learning
(4) Assessment in Learning

58. एक मूल्यांकन जिसमें छात्र स्वायत्तता का स्तर अधिक होता है, लेकिन शिक्षक के मार्गदर्शन और सहयोग के बिना नहीं होता।
(1) सीखने का आकलन
(2) सीखने के लिए आकलन
(3) सीखने के रूप में आकलन
(4) सीखने में आकलन

59. Which of the following statements is true?
(1) All classroom tests are reliable as well as valid
(2) A particular test which is valid for one purpose, is also valid for another.
(3) A test needs to be valid in order to be reliable
(4) A test must be reliable in order to be valid

59. निम्नलिखित में से कौन सा कथन सत्य है?
(1) सभी कक्षागत परीक्षण विश्वसनीय एवं वैध होते हैं।
(2) एक विशेष परीक्षण जब किसी एक उद्देश्य हेतु वैध होता है तब यह दूसरे उद्देश्य हेतु भी वैध होता है।
(3) विश्वसनीय होने हेतु एक परीक्षण को वैध होना चाहिए।
(4) वैध होने हेतु एक परीक्षण को अनिवार्य रूप से विश्वसनीय होना चाहिए

60. Mrs. Kanwar does not award her students with treats or promises of extra recess time. Which one of the following type of motivation is she likely to encourage in her students?
(1) Goal Orientation
(2) Extrinsic
(3) Intrinsic
(4) Locus of control

60. श्रीमति कंवर अपने विद्यार्थियों को दावत या अतिरिक्त मध्यावकाश समय के वादों के साथ पुरस्कृत नहीं करती हैं। अपने विद्यार्थियों में वह निम्नलिखित में से किस प्रकार का अभिप्रेरण प्रोत्साहित कर सकती हैं?
(1) लक्ष्य अभिविन्यास
(2) बाह्य
(3) आंतरिक
(4) नियंत्रण बिंदु (लोकस ऑफ कंट्रोल)

61. Mukesh gets easily distracted and fiddles in his seat during teaching. He can't read fluently and often reverses letters and words. He faces difficulty copying words from the blackboard as well. Mukesh is likely to:
(1) be dyslexic
(2) have dyspraxia
(3) have hearing impairment
(4) have language disorders

61. मुकेश का ध्यान सरलता से भंग हो जाता है और वह शिक्षण के दौरान मटर गश्ती करता रहता है। वह धाराप्रवाह नही पढ़ सकता और अक्षरों एवं शब्दों को अक्सर उल्टा कर देता है। साथ ही उसे श्यामपट्ट से शब्दों को कापी करने में कठिनाई का सामना करना पड़ता है। संभव है कि मुकेश:
(1) डिसलैक्सिक हो।
(2) को डिसप्रेक्सिया हो।
(3) को श्रव्य बाधा हो।
(4) को भाषा विकार हो।

62. In which of the following areas do deaf children tend to show the greatest relative inferiority to normal children?
(1) Personal and social adjustment
(2) Intellectual development
(3) Language development
(4) Academic progress

62. सामान्य बालकों के मुकाबले निम्नलिखित में से किस क्षेत्र में बधिर बालक सर्वाधिक सापेक्षिक हीनता दर्शाते हैं?
(1) व्यक्तिगत एवं सामाजिक ताल-मेल
(2) बौद्धिक विकास
(3) भाषा विकास
(4) अकादमिक उन्नति

63. The sociological effect of more of technology in education will be:
(1) alienation in students
(2) modernization of the society
(3) cultural invasion
(4) collaboration in classroom learning

63. शिक्षा में तकनीकी के अधिक उपयोग के समाज पर प्रभाव होंगे:
(1) विद्यार्थियों में प्रथक्करण
(2) समाज का आधुनिकीरण
(3) सांस्कृतिक हमला
(4) कक्षा अधिगम में सहयोग

64. Which one is the most comprehensive definition of curriculum?
(1) Learning from all desirable and undesirable experiences in the school
(2) Learning from syllabus and textbooks
(3) Learning from co-curricular activities
(4) Learning from games, sports, co-curricular activities along with the books

64. निम्नलिखित में से पाठ्यचर्या की सर्वाधिक रूप से व्यापक परिभाषा कौन सी है?
(1) विद्यालय में सभी वांछनीय एवं अवांछनीय अनुभवों से अधिगम
(2) पाठ्यक्रम एवं पाठ्यपुस्तकों से अधिगम
(3) पाठ्यचर्या सह-गामी गतिविधियों से अधिगम
(4) पुस्तकों के साथ खेलकूद, पाठ्यचर्या सह-गामी गतिविधियों से अधिगम

65. Which of the following is not a characteristic of indigenous teaching aids?
(1) Made from commonly available material
(2) Low cost
(3) Locally developed
(4) Developed through household material only

65. स्वदेशी शिक्षण सहायक सामग्री की निम्नलिखित में से कौन सी विशिष्टता नहीं है?
(1) सामान्य रूप से उपलब्ध सामग्री द्वारा बना होना
(2) कम लागत
(3) स्थानीय रूप से विकसित होना
(4) केवल घरेलू सामग्री द्वारा विकसित होना

66. Best organized teaching is one in which:
(1) All possible teaching aids are used
(2) Occurrence of learning gaps is minimum
(3) Proper discussion is done
(4) Students cooperation is maximum

66. सर्वोत्तम संगठित शिक्षण वह होता है जिसमें:
(1) सभी संभावित शिक्षण सहायक सामग्रियाँ प्रयोग होती है।
(2) अधिगम अंतरालों की उपस्थिति न्यूनतम होती है।
(3) उचित रूप से चर्चा की जाती है।
(4) विद्यार्थियों का अधिकतम सहयोग होता है।

67. In which of the following types of e-learning students cannot proceed at their own pace?
(1) Video Courses
(2) Social Networking
(3) Discussion Boards
(4) Virtual Classroom

67. निम्नलिखित में से किस प्रकार के ई-अधिगम में विद्यार्थी अपनी स्वयं की गति से आगे नहीं बढ़ सकते?
(1) वीडियो पाठ्यक्रम
(2) सोशल नेटवर्किंग
(3) चर्चा बोर्ड
(4) आभासी कक्षा

68. Textbook can be a strong source of learning if:
(1) its availability to students is ensured well in time.

68. पाठ्यपुस्तक अधिगम का शक्तिशाली स्रोत हो सकती है यदि:
(1) विद्यार्थियों हेतु इसकी उपलब्धता समय रहते सुनिश्चित की जाती है।

(2) it is written in simple language.
(3) it has attractive layout and pictures.
(4) its content is discussed with examples in an interesting manner.

(2) यह साधारण भाषा में लिखी जाती है।
(3) इसमें आकर्षक अभिन्यास एवं चित्र होते हैं।
(4) रुचिकर तरीकों द्वारा उदाहरण सहित इसके विषय-वस्तु की चर्चा की जाती है।

69. A question that reads as 'which policy will result in the greatest good for the greatest number?' relates to which of the following categories in Bloom's taxonomy of cognitive domain?
(1) Evaluation
(2) Application
(3) Analysis
(4) Synthesis

69. एक प्रश्न जिसमें पूछा जाता है कि कौन सी नीति सर्वाधिक संख्या " हेतु सर्वाधिककल्याण का परिणाम देगी? यह संज्ञानात्मक क्षेत्र के ब्लूम के वर्गीकरण की निम्न श्रेणिओं में से किससे संबंध रखता है?
(1) मूल्यांकन
(2) उपयोग
(3) विश्लेषण
(4) संश्लेषण

70. After watching a number of people petting and playing with a dog, Prateek decides that dogs aren't as scary as he'd thought. The next day, at his neighbors' house, he pets their dog. Prateek's fear has been reduced through
(1) classical conditioning.
(2) operant conditioning.
(3) spontaneous recovery.
(4) observational learning.

70. कुत्ते के साथ खेलते और दुलारते हुए कई लोगों को देखने के बाद, प्रतीक का फैसला है कि कुत्ते उतने डरावने नहीं हैं जितना उसने सोचा था। अगले दिन, अपने पड़ोसियों के घर पर, वह उनके पालतू कुत्ते पालतू को दुलारता है। प्रतीक का डर किस की वजह से कम हो गया है
(1) शास्त्रीय अनुबंधन
(2) सक्रीय अनुबंधन
(3) सहज पुनप्राप्तिः
(4) अवलोकनात्मक अधिगम

Space for Rough Work / कच्चे कार्य के लिए स्थान

71. The term 'linguistic competence' is associated with which one of the following approaches/methods to ELT?
(1) Direct method
(2) Grammar-Translation method
(3) Communicative approach
(4) Structural approach

72. Which one of the following is NOT a step in the process of developing writing skill?
(1) Proofreading
(2) Editing
(3) Transcribing
(4) Drafting

73. "Story telling as a strategy" is used to:
(1) Promote language learning holistically.
(2) Learn vocabulary.
(3) Recall the story.
(4) Understand the moral of the story.

74. Silent reading is encouraged because it:
(1) Promotes fluency and accuracy.
(2) Promotes memorizing.
(3) Is good for the teacher.
(4) Does not disturb others.

75. In learning of English as a second language committing an error is:
(1) A problem that needs to be rectified immediately.
(2) An indicator of learning.
(3) A hindrance that hampers learning.
(4) A problem.

Instruction (Q.No.76–80): Study the following paragraph and answer the questions that follow.

The task of finding a new lighthouse keeper fell to the commissioner of Malta, and this task was no small one; first, because it was absolutely necessary to find the man within twelve hours; second, the man must be unusually conscientious, - it was not possible, of course, to take the first comer at random; finally, there was an utter lack of candidates. Life on a lighthouse is uncommonly difficult, and by no means enticing to people of the area who love idleness and the freedom of a vagrant life, and a lighthouse keeper is almost a prisoner. He cannot leave his rocky island except on Sundays. A boat from the mainland brings him provisions and water once a day, and returns immediately; on the whole island, one acre in area, there is no inhabitant.

The keeper lives in the lighthouse; he keeps it in order. During the day he gives signals by displaying flags of various colours to indicate changes in the barometer; in the evening he lights the lantern. This would be no great labour were it not that to reach the lantern at the summit of the tower he must climb more than four hundred steep and very high steps; sometimes he must make his journey several times during the day. In general, it is the life of a monk, and indeed more than that, — the life of a hermit. It was not wonderful, therefore, that Mr. Koshy was in no small anxiety as to where he should find a permanent successor to the recent keeper; and it is easy to understand his joy when a successor announced himself most unexpectedly on that very day. He was a man already old, seventy years or more, but fresh, erect, with the movements and bearing of the soldier. His hair was perfectly white, his face sufficiently tanned, but judging from his blue eyes, he did not belong to the people of the area.

76. The candidate was not rejected by Mr. Koshy as:
(1) He was one of the local people.
(2) His eyes were blue.
(3) He was old but fresh and erect.
(4) His hair was white and face tanned.

77. Life on the island was comfortable as:
(1) The keeper could grow his own food.
(2) Food came from the mainland.
(3) The keeper could have his family with him.
(4) The keeper could fish in the sea.

78. The keeper didn't have to:
(1) Make use of the flags at night.
(2) Light the lantern.
(3) Climb the tower twice.

(4) Keep the island neat and tidy.

79. The lighthouse was built:
(1) On a small island.
(2) On a popular sea beach.
(3) On a stormy sea.
(4) In Malta.

80. Mr. Koshy's job was very difficult as:
(1) It was difficult to make the choice.
(2) No candidate was good enough.
(3) No one was tall enough.
(4) There was lack of candidates.

भाषा विषय: हिन्दी

81. लेखन क्षमता के विकास में सबसे कम महत्वपूर्ण है:
(1) विचारों की मौलिकता
(2) वर्तनी की शुद्धता
(3) भाषा का संयोजन
(4) विचारों की संगतता

82. कविता-शिक्षण के समय शिक्षक का ध्यान किस पर अधिक होना चाहिए?
(1) सस्वर पठन
(2) अलंकार, छंद
(3) भाव - ग्रहण
(4) शुद्ध उच्चारण

83. 'पढ़ना और लिखना' – दोनों का संबंध भाषा के _________ रूप से है।
(1) मानक
(2) मौखिक
(3) लिखित
(4) जटिल

84. बच्चों की भाषिक क्षमता का आकलन करने के लिए आप किस तरह के प्रश्नों को सबसे कम महत्त्व देते हैं?
(1) जो बच्चों की चिंतन क्षमता को बढ़ावा दें
(2) जिनके उत्तर एकदम तयशुदा हों
(3) जिनके उत्तर पहले से तय न हों
(4) जो बच्चों की रचनाशीलता को बढ़ावा दें

85. शिक्षिका बच्चों को विभिन्न व्यवसायों से सम्बद्ध रोल-प्ले करवाती हैं। इसका प्रमुख उद्देश्य है:
(1) विभिन्न व्यवसायों से परिचय
(2) विभिन्न अभिनय-शैलियों से परिचय
(3) सार्थक रूप से समय बिताने की युक्तियों से परिचय
(4) विभिन्न प्रयुक्तियों से परिचय

निर्देश (Q.No.86–90): दिए गए गद्यांश को पढ़कर उसके नीचे लिखे प्रश्नों के सबसे उचित विकल्प को चुनिए।

1971 के भारत - पाक युद्ध में समुद्र में जीत हासिल करने में भारतीय नौसेना द्वारा निभाई गई भूमिका की याद में प्रति वर्ष 04 दिसंबर को नौसेना दिवस मनाया जाता है। यह एक ऐसा अवसर है जब हम अपने शहीदों को श्रद्धांजलि अर्पित करते हैं तथा अपने सेवानिवृत्त सैनिकों और युद्ध - विधवाओं के बलिदान को याद करते हैं। इस दिन भारतीय नौसेना राष्ट्र की निरंतर सेवा के प्रति अपनी वचनबद्धता और निष्ठा को दोहराती है।

भारत की समुद्री शक्ति के प्रमुख उपादान और अभिव्यक्ति के रूप में समुद्री अधिकार - क्षेत्र में राष्ट्रीय सुरक्षा की निगरानी और उसमें बढ़ोतरी के लिए भारतीय नौसेना एक अहम् भूमिका का निर्वाह करती है। अधिकांशतः जनता की नज़रों से दूर 'खामोशी के साथ काम करने वाली इस सेना' के आकार और क्षमता में स्वंत्रता - प्राप्ति के बाद वृद्धि हुई है, जो सतत रूप से बढ़ते इसके कार्यक्षेत्र तथा राष्ट्रीय सुरक्षा में इसके बढ़ते महत्त्व के अनुरूप है। नौसेना की संक्रियात्मक गतिविधियों में तदनुसार संगत विस्तार हुआ है तथा इसमें हिन्द महासागरीय क्षेत्र तथा उससे परे के क्षेत्रों का भी समावेश हो गया है।

यह जानकर सुखद अनुभूति होती है कि नौसेना हमारी विस्तृत समुद्री सीमाओं की निरंतर चौकसी कर रही है और उसने पेश आने वाले खतरों और चुनौतियों का हमेशा तेजी से और पूरी दक्षता के साथ मुकाबला किया है। समुद्री डकैती की रोकथाम, प्राकृतिक आपदाओं और मानवीय त्रासदी के दौरान तत्काल सहायता उपलब्ध कराने में भारतीय नौसेना की अनवरत प्रतिबद्धता वास्तव में सराहनीय है। मुझे पूरा विशवास है कि हमारे समर्पित और निष्ठावान नौसेना क्रमिक राष्ट्र द्वारा उन्हें सौंपे गए दायित्वों को पूरा करने के लिए सतत प्रयास करते रहेंगे।

86. नौसेना दिवस क्यों मनाया जाता है?
(1) पाक को हराने में भारतीय नौसेना की बड़ी भूमिका को याद करने के लिए
(2) शहीदों को श्रद्धांजलि देने के लिए
(3) पाक को उसकी हार की याद दिलाने के लिए
(4) भारत-पाक युद्ध में विजय की सुखद अनुभूति के लिए

87. यह जानकर बहुत आनंद प्राप्त होता है कि हमारी नौसेना:
(1) विशाल समुद्री सीमा की चौकसी कर रही है
(2) विशाल युद्धों में भाग लेती है

(3) जनता की नज़रों से दूर रहकर काम करती है
(4) विशाल हिंद महासागर में स्थित है

88. नौसेना दिवस के बारे में सत्य है कि इस दिन नौ-सैनिक:
(1) सेवानिवृत्त सैनिकों को श्रद्धांजलि देते हैं
(2) जनता की नज़रों से दूर खामोशी से कार्य करते हैं
(3) देश के प्रति नौसेना की वचनबद्धता को दोहराते हैं
(4) भारतीय नौसेना के कार्यक्षेत्र को बढाते हैं

89. 'अहम भूमिका' से तात्पर्य है:
(1) अहंकार से भरी भूमिका
(2) अभिमान से पूर्ण भूमिका
(3) महत्वपूर्ण भूमिका
(4) अपनी भूमिका

90. स्वतंत्रता - प्राप्ति के बाद भारतीय नौसेना के आकार और क्षमता में:
(1) बढ़ोत्तरी हुई है
(2) आत्मविश्वास बढ़ा है
(3) खामोशी बड़ी है
(4) चमक आई है

Space for Rough Work / कच्चे कार्य के लिए स्थान

91. If the number of teeth in the driven gear of a vehicle is less than that of driving gear, the vehicle ________.

(1) loses speed
(2) gains speed
(3) gains momentum
(4) gains both speed and momentum

91. यदि किसी वाहन के चालित गियर में दांतों की संख्या ड्राइविंग गियर से कम है, तो वाहन ________

(1) गति खो देता है
(2) गति प्राप्त करता है
(3) संवेग प्राप्त करता है
(4) गति और संवेग दोनों प्राप्त करता है

92. Which among the following is considered as the cleanest fuel?

(1) cow dung cake
(2) petrol
(3) kerosene
(4) hydrogen gas

92. निम्नलिखित में से कौन सा सबसे स्वच्छ ईंधन माना जाता है?

(1) गाय के गोबर के उपले
(2) पेट्रोल
(3) मिट्टी का तेल
(4) हाइड्रोजन गैस

93. A disease in human beings caused by virus is.

(1) typhoid
(2) influenza
(3) dysentery
(4) cholera

93. ऐसा मानव रोग जो विषाणु के कारण उत्पन्न होता है-

(1) टाइफाइड
(2) इन्फ्लूएंजा
(3) पेचिश
(4) हैजा

94. Solution of which of the following oxides in water will change the colour of blue litmus to red?

(1) sulphur dioxide
(2) magnesium oxide
(3) iron oxide
(4) copper oxide

94. निम्निखित में से किस ऑक्साइड का जलीय विलयन नीले लिटमस का रंग लाल कर देगा?

(1) सल्फर डाइऑक्साइड
(2) मैग्नीशियम ऑक्साइड
(3) लौह ऑक्साइड
(4) कॉपर ऑक्साइड

95. Of the following parts of a cell listed below, name the part that is common to plant cell, animal cell and a bacterial cell.

(1) chloroplast
(2) cell wall
(3) cell membrane
(4) nucleus

95. नीचे सूचीबद्ध किए गए कोशिका के भागों में से उस भाग का नाम बताइए जो पादप कोशिका, प्राणी कोशिका और जीवाणु कोशिका तीनो में पाया जाता है।

(1) हरितलवक
(2) कोशिका-भित्ति
(3) कोशिका-झिल्ली
(4) केंद्रक

96. Correct sequential order of stages of the lifecycle of silkworm is:

(1) pupa, silkworm, silkmoth, egg
(2) silkworm, pupa, egg, silkmoth
(3) egg, silkworm, pupa, silkmoth
(4) pupa, silkworm, egg, silkmoth

96. रेशम कीट के जीवनचक्र की विभिन्न अवस्थाएँ नीचे दी गई है, उन्हें सही क्रम में लिखिए।

(1) प्यूपा, केटरपिलर, रेशम शलभ, अंडा
(2) केटरपिलर, प्यूपा, अंडा, रेशम शलभ
(3) अंडा, केटरपिलर, प्यूपा, रेशम शलभ
(4) प्यूपा, केटरपिलर, अंडा, रेशम शलभ

97. A gas filled balloon moves up. Is the upward force acting on it larger than the force of gravity?

97. गैस से भरा कोई गुब्बारा ऊपर उठता है। इस पर ऊपर की और लगने वाला बल गुरुत्व बल से अधिक है?

(1) Yes
(2) No
(3) Equal
(4) Data inadequate

(1) हाँ
(2) कोई
(3) समान
(4) डेटा अपर्याप्त

98. A simple pendulum makes 10 oscillations in 20 seconds. What is the time period and frequency of its oscillation?
(1) 2s and 0.5 oscillations/sec
(2) 2s and 0.05 oscillations/sec
(3) 4s and 0.5 oscillations/sec
(4) 3s and 0.50 oscillations/sec

98. एक सरल लोलक 20 सेकंड में 10 दोलन पूरे करता है। इसका आवर्तकाल तथा आवृत्ति कितनी है?
(1) 2 से. और 0.5 दोलन / सेकंड
(2) 2 से. और 0.05 दोलन / सेकंड
(3) 4 से. और 0.5 दोलन / सेकंड
(4) 3 से. और 0.50 दोलन / सेकंड

99. Eyes of nocturnal birds have:
(1) large cornea and a large pupil
(2) large cornea and a small pupil
(3) small cornea and a large pupil
(4) small cornea and a small pupil

99. निशाचर पक्षियों की आंखें में:
(1) बड़ी कॉर्निया तथा बड़ी पुतली होती है
(2) बड़ी कॉर्निया तथा छोटी पुतली होती है
(3) छोटी कॉर्निया तथा बड़ी पुतली होती है
(4) छोटी कॉर्निया तथा छोटी पुतली होती है

100. Which condition out of the following will increase the evaporation of water?
(1) Increase in temperature of water
(2) Decrease in temperature of water
(3) Less exposed surface area of water
(4) Adding common salt to water

100. निम्नलिखित में से कौन-सी परिस्थिति जल के वाष्पन में वृद्धि करेगी?
(1) जल के तापमान में वृद्धि
(2) जल के तापमान में कमी
(3) जल का कम खुला पृष्ठीय क्षेत्रफल
(4) जल में नमक मिलाना

101. A change in the physical state can be brought about
(1) only when energy is given to the system
(2) only when energy is taken out from the system
(3) when energy is either given to, or taken out from the system
(4) without any energy change

101. भौतिक अवस्था में परिवर्तन लाया जा सकता है
(1) केवल जब तंत्र को ऊर्जा दी जाती है
(2) केवल जब तंत्र से ऊर्जा ले ली जाती है
(3) जब तंत्र को ऊर्जा दी जाती है, या ली जाती है
(4) बिना किसी ऊर्जा परिवर्तन के

102. Which of these options are not functions of Ribosomes?
I. It helps in manufacture of protein molecules
II. It helps in manufacture of enzymes
III. It helps in manufacture of hormones
IV. It helps in manufacture of starch molecules
(1) (I) and (II)
(2) (II) and (III)
(3) (III) and (IV)
(4) (IV) and (I)

102. इनमें से कौन-सा कार्य राइबोसोम का नहीं है?
I. यह प्रोटीन अणुओं के निर्माण में सहायता करता है
II. यह एंजाइमों के निर्माण में सहायता करता है
III. यह हार्मोनों के निर्माण में सहायता करता है
IV. यह मंड (स्टार्च) अणुओं के निर्माण में सहायता करता है
(1) (I) और (II)
(2) (II) और (III)
(3) (III) और (IV)
(4) (IV) और (I)

103. The only cell organelle seen in prokaryotic cell is

103. प्रोकेरियोतिक (प्राककेंद्रकी) कोशिका में दिखने वाला एकमात्र कोशिका अंगक है -

(1) mitochondria
(2) ribosomes
(3) plastids
(4) lysosomes

(1) माइटोकॉन्ड्रिया
(2) राइबोसोम
(3) लवक
(4) लाइसोसोम

104. A passenger in a moving train tosses a coin which falls behind him. It means that motion of the train is
(1) accelerated
(2) uniform
(3) retarded
(4) along circular tracks

104. कोई यात्री किसी गतिमान रेलगाड़ी में एक सिक्का उछालता है जो उसके पीछे गिरता है। इसका यह अर्थ है कि रेलगाड़ी की गति –
(1) त्वरित है
(2) एकसमान है
(3) अवमंदित है
(4) वृत्ताकार पथ के अनुदिश है

105. A car is accelerated on a levelled road and attains a velocity 4 times of its initial velocity. In this process the potential energy of the car
(1) does not change
(2) becomes twice to that of initial
(3) becomes 4 times that of initial
(4) becomes 16 times that of initial

105. कोई कार किसी समतल सड़क पर त्वरित होकर अपने आरंभिक वेग का चार गुणा वेग प्राप्त कर लेती है। इस प्रक्रिया में कार की स्थितिज ऊर्जा-
(1) परिवर्तित नहीं होती
(2) आरंभिक ऊर्जा की दोगुनी हों जाती है
(3) आरंभिक ऊर्जा की चार गुनी हों जाती है
(4) आरंभिक ऊर्जा की सोलह गुनी हों जाती है

106. Which of the following statements is correct regarding the propagation of light of different colours of white light in air?
(1) Red light moves fastest
(2) Blue light moves faster than green light
(3) All the colours of the white light move with the same speed
(4) Yellow light moves with the mean speed as that of the red and the violet light

106. वायु में श्वेत प्रकाश के विभिन्न वर्णों के प्रकाश के फैलने के संबंध में निम्नलिखित में से कौन-सा प्रकथन सही है?
(1) लाल प्रकाश सर्वाधिक गति से गमन करता है
(2) हरे प्रकाश की तुलना में नीला प्रकाश तीव्र गति से गमन करता है
(3) श्वेत प्रकाश के सभी वर्ण समान चाल से गमन करते है
(4) पीला प्रकाश लाल तथा बैंगनी प्रकाश की माध्य चाल से गमन करता है

107. Unit of electric power may also be expressed as
(1) volt ampere
(2) kilowatt hour
(3) watt second
(4) joule second

107. विद्युत् शक्ति के मात्रक को इस प्रकार भी व्यक्त किया जा सकता है:
(1) वोल्ट एम्पीयर
(2) किलोवाट घंटा
(3) वाट सेकंड
(4) जूल सेकंड

108. A few drops of iodine solution were added to rice water. The solution turned blue-black in colour. This indicates that rice water contains
(1) complex proteins
(2) simple proteins
(3) fats
(4) starch

108. आयोडीन घोल की कुछ बूँदें चावल के पानि में डाली गई। चावल का पानि नील-काले रंग का हों गया। इससे पता चलता है कि चावल के पानी में
(1) जटिल प्रोटीनें होती हैं
(2) सरल प्रोटीनें होती हैं
(3) वसाएं होती हैं
(4) स्टार्च होता है

109. Plastic is used for making a large variety of

109. प्लास्टिक का उपयोग दैनिक उपयोग की कई प्रकार की

articles of daily use and these articles are very attractive. But it is advised to avoid the use of plastic as far as possible because:

(1) It is bad conductor of electricity.

(2) It is light in weight.

(3) It is non-biodegradable.

(4) It is easily mouldable.

110. Following is a ray of light as it travels from medium A to medium B. Refractive index of the medium B relative to medium A is

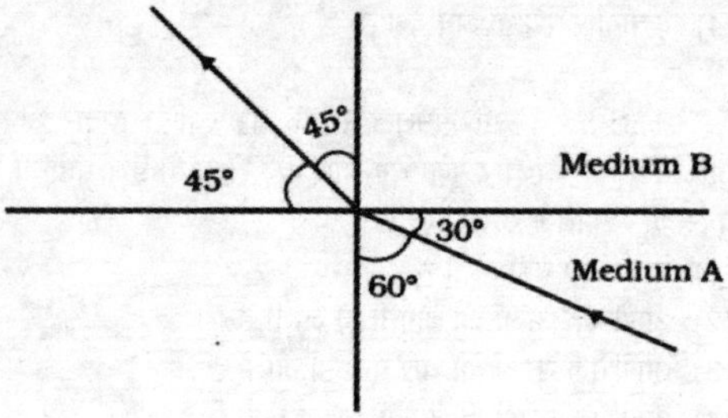

(1) $\frac{\sqrt{3}}{\sqrt{2}}$

(2) $\frac{\sqrt{2}}{\sqrt{3}}$

(3) $\frac{1}{\sqrt{2}}$

(4) $\sqrt{2}$

वस्तुओं को बनाने के लिए किया जाता है और ये वस्तुएँ बहुत आकर्षक होती हैं। लेकिन, "जहाँ तक हों सके प्लास्टिक का उपयोग न करने की सलाह दी जाती है|" क्यों?

(1) यह बिजली का खराब कंडक्टर है।

(2) यह वजन में हल्का है।

(3) यह गैर-जैव-अवक्रमणीय है।

(4) यह आसानी से मुड़ जाता है।

110. चित्र में किसी प्रकाश किरण को माध्यम A से माध्यम B में गमन करते दर्शाय गया है। माध्यम A के सापेक्ष माध्यम B का अपवर्तनांक है:

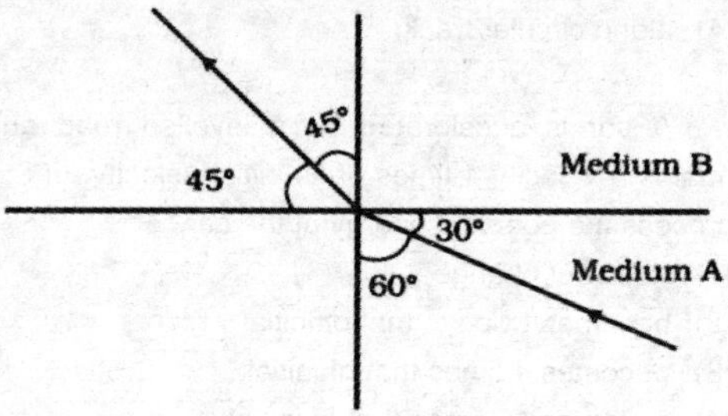

(1) $\frac{\sqrt{3}}{\sqrt{2}}$

(2) $\frac{\sqrt{2}}{\sqrt{3}}$

(3) $\frac{1}{\sqrt{2}}$

(4) $\sqrt{2}$

Space for Rough Work / कच्चे कार्य के लिए स्थान

111. In triangles ABC and PQR, AB = AC, ∠C = ∠P and ∠B = ∠Q. The two triangles are

(1) isosceles but not congruent
(2) isosceles and congruent
(3) congruent but not isosceles
(4) neither congruent nor isosceles

112. In Fig., if parallelogram ABCD and rectangle ABEF are of equal area, then:

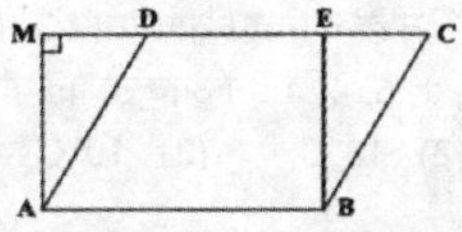

(1) Perimeter of ABCD = Perimeter of ABEM
(2) Perimeter of ABCD < Perimeter of ABEM
(3) Perimeter of ABCD > Perimeter of ABEM
(4) Perimeter of ABCD $= \frac{1}{2}$ (Perimeter of ABEM)

113. Suppose for the principal P, rate R% and time T, the simple interest is S and compound interest is C. Consider the possibilities.

I. C > S
II. C = S
III. C < S
Then

(1) only I is correct.
(2) either I or II is correct.
(3) either II or III is correct.
(4) only III is correct.

114. Both u and v vary directly with each other. When u is 10, v is 15, which of the following is not a possible pair of corresponding values of u and v?

(1) 2 and 3
(2) 8 and 12
(3) 15 and 20
(4) 25 and 37.5

115. If the height of a cylinder becomes $\frac{1}{4}$ of the original height and the radius is doubled, then which of the following will be true?

(1) Total surface area of the cylinder will be

111. त्रिभुजो ABC और PQR में, AB = AC, ∠C = ∠P और ∠B = ∠Q है। ये दोनों त्रिभुज है

(1) समद्विबाहु परंतु सर्वांगसम नही
(2) समद्विबाहु और सर्वांगसम
(3) सर्वांगसम परंतु समद्विबाहु नही
(4) न तो सर्वांगसम और न ही समद्विबाहु

112. आकृति में, यदि समांतर चतुर्भुज ABCD और आयत ABEM समान क्षेत्रफल के है, तो:

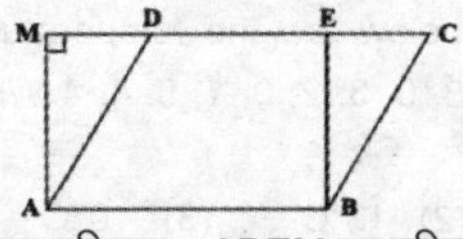

(1) ABCD का परिमाप = ABEM का परिमाप
(2) ABCD का परिमाप < ABEM का परिमाप
(3) ABCD का परिमाप > ABEM का परिमाप
(4) ABCD का परिमाप = $\frac{1}{2}$ (ABEM का परिमाप)

113. मान लीजिए कि मूलधन P, दर R% और समय T, साधारण ब्याज S और चक्रवृध्दि ब्याज C है निम्न संभावनाओ पर विचार कीजिए-

I. C > S
II. C = S
III. C < S
तब

(1) केवल I सही है
(2) या तो I या फिर II सही है.
(3) या तो II या फिर III सही है.
(4) केवल III ही सही है

114. u और v अनुलोम समानुपात में है। जब u=10 है, तब v=15 है| निम्न में से कौन u और v के संगत मानो का संभावित युग्म नही है?

(1) 2 और 3
(2) 8 और 12
(3) 15 और 20
(4) 25 और 37.5

115. यदि एक बेलन की ऊँचाई प्रारंभिक ऊँचाई की $\frac{1}{4}$ हो जाए और त्रिज्या दोगुनी दो जाए, तो निम्न में से कौन सत्य होगा?

(1) बेलन का कुल प्रष्ठीय क्षेत्रफल दोगुना हो जाएगा।
(2) बेलन का कुल प्रष्ठीय क्षेत्रफल में कोई परिवर्तन नही होगा।

doubled.

(2) Total surface area of the cylinder will remain unchanged.

(3) Total surface of the cylinder will be halved.

(4) None of the above.

116. Generalized form of a four-digit number abdc is

(1) 1000 a + 100 b + 10 c + d

(2) 1000 a + 100 c + 10 b + d

(3) 1000 a + 100 b + 10 d + c

(4) a × b × c × d

117. Listed below are the temperature in °C for 10 days. –6, –8, 0, 3, 2, 0, 1, 5, 4, 4 What is the range of the data?

(1) 8°C (2) 13°C (3) 10°C (4) 12°C

118. A perfect square number having n digits where n is even will have square root with

(1) n+1 digit

(2) $\frac{n}{2}$ digit

(3) $\frac{n}{3}$ digit

(4) $\frac{n+1}{2}$ digit

119. For which of the following, diagonals bisect each other?

(1) Square

(2) Kite

(3) Trapezium

(4) Quadrilateral

120. If the adjacent sides of a parallelogram are equal then parallelogram is a

(1) rectangle (2) trapezium

(3) rhombus (4) square

121. In the figure, BEST is a rhombus, Then the value of y – x is

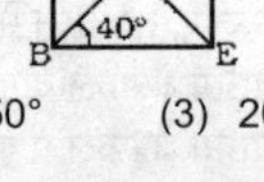

(1) 40° (2) 50° (3) 20° (4) 10°

(3) बेलन का कुल प्रष्ठीय क्षेत्रफल आधा हो जाएगा।

(4) उपरोक्त में से कोई नही।

116. चार अंको वाली संख्या abdc का व्यापक रूप है-

(1) 1000 a + 100 b + 10 c + d

(2) 1000 a + 100 c + 10 b + d

(3) 1000 a + 100 b + 10 d + c

(4) a × b × c × d

117. नीचे 10 दिन के न्यूनतम तापमान °C में दिये गये है; –6, –8, 0, 3, 2, 0, 1, 5, 4, 4 इन आँकड़ो का परिसर है

(1) 8°C (2) 13°C (3) 10°C (4) 12°C

118. n अंको वाले एक पूर्ण वर्ग, जहाँ n एक सम संख्या है, के वर्गमूल में होगे-

(1) n+1 अंक

(2) $\frac{n}{2}$ अंक

(3) $\frac{n}{3}$ अंक

(4) $\frac{n+1}{2}$ अंक

119. निम्न में से किसके लिए, विकर्ण परस्पर समद्विभाजित करते है?

(1) वर्ग

(2) पतंग

(3) समलंब

(4) चतुर्भुज

120. यदि किसी समांतर चतुर्भुज की आसन्न भुजाएँ बराबर हो, तो वह समांतर चतुर्भुज होता है एक

(1) आयत (2) समलंब

(3) समचतुर्भुज (4) पतंग

121. दी हुई आकृति में, BEST के समचतुर्भुज है। तब, y – x का मान है-

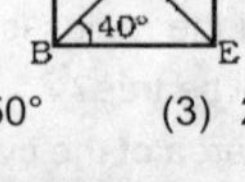

(1) 40° (2) 50° (3) 20° (4) 10°

122. Which of the following cannot be true for a polyhedron?

(1) V = 4, F = 4, E = 6
(2) V = 6, F = 8, E = 12
(3) V = 20, F = 12, E = 30
(4) V = 4, F = 6, E = 6

122. निम्न में से कौन एक बहुफलकी के लिए सत्य नही हो सकता?

(1) V = 4, F = 4, E = 6
(2) V = 6, F = 8, E = 12
(3) V = 20, F = 12, E = 30
(4) V = 4, F = 6, E = 6

123. Factorized form of 23xy – 46x + 54y – 108 is

(1) (23x + 54) (y – 2)
(2) (23x + 54y) (y – 2)
(3) (23xy + 54y) (– 46x – 108)
(4) (23x + 54) (y + 2)

123. 23xy – 46x + 54y – 108 का गुणनखंडित रूप है-

(1) (23x + 54) (y – 2)
(2) (23x + 54y) (y – 2)
(3) (23xy + 54y) (– 46x – 108)
(4) (23x + 54) (y + 2)

124. Ashima took a loan of Rs 1,00,000 at 12% p.a. compounded half-yearly. She paid Rs 1,12,360. If $(1.06)^2$ is equal to 1.1236, then the period for which she took the loan is

(1) 2 years
(2) 1 year
(3) 6 months
(4) $1\frac{1}{2}$ years

124. आशिमा ने Rs 1,00,000 की धनराशि 12% वार्षिक ब्याज पर उधार ली, जबकि ब्याज अर्धवार्षिक संयोजित होता है| उसने अंत में Rs 1,12,360. लौटाए| यदि $(1.06)^2$ = 1.1236 है, तो इस धन को उधार लेने की अवधि थी-

(1) 2 वर्ष
(2) 1 वर्ष
(3) 6 महीने
(4) $1\frac{1}{2}$ वर्ष

125. The volume of a cylinder whose radius r is equal to its height is

(1) $\frac{1}{4}\pi r^3$
(2) $\frac{\pi r^3}{32}$
(3) πr^3
(4) $\frac{pr^3}{8}$

125. एक बेलन का आयतन, जिसकी त्रिज्या r उसकी ऊँचाई के बराबर है, है-

(1) $\frac{1}{4}\pi r^3$
(2) $\frac{\pi r^3}{32}$
(3) πr^3
(4) $\frac{pr^3}{8}$

126. A four-digit number 4ab5 is divisible by 55. Then the value of b – a is

(1) 0 (2) 1 (3) 4 (4) 5

126. चार अंको की एक संख्या 4ab5, 55 से विभाज्य है। तब b – a का मान है-

(1) 0 (2) 1 (3) 4 (4) 5

127. Zero of the zero polynomial is

(1) 0 (2) 1
(3) Any real number (4) Not defined

127. शून्य बहुपद का शून्यक है:

(1) 0 (2) 1
(3) कोई वास्तविक संख्या (4) परिभाषित नही

128. In Fig., if OP || RS, ∠OPQ = 110° and ∠QRS = 130°, then ∠PQR is equal to

128. आकृति में, यदि OP|| RS, ∠OPQ = 110° और ∠QRS = 130°,हैं तो ∠PQR बराबर है

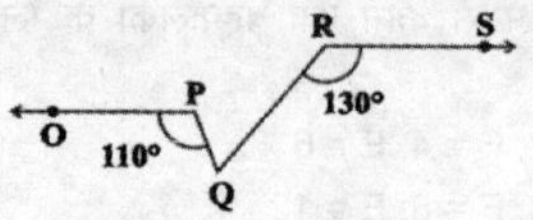

(1) 40° (2) 50° (3) 60° (4) 70°

129. The quadrilateral formed by joining the mid-points of the sides of a quadrilateral PQRS, taken in order, is a rhombus, if

(1) PQRS is a rhombus
(2) PQRS is a parallelogram
(3) diagonals of PQRS are perpendicular
(4) diagonals of PQRS are equal.

130. AD is a diameter of a circle and AB is a chord. If AD = 34 cm, AB = 30 cm, the distance of AB from the center of the circle is:

(1) 17 cm (2) 15 cm
(3) 4 cm (4) 8 cm

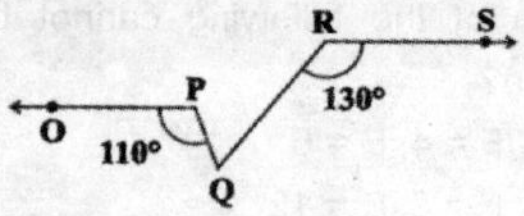

(1) 40° (2) 50° (3) 60° (4) 70°

129. चतुर्भुज PQRS की भुजाओ के मध्य-बिंदुओ को, एक ही क्रम में मिलाने पर बना चतुर्भुज एक समचतुर्भुज होता है, यदि

(1) PQRS एक समचतुर्भुज है
(2) PQRS एक समांतर चतुर्भुज है
(3) PQRS के विकर्ण परस्पर लंब हो
(4) PQRS के विकर्ण बराबर हो

130. किसी वृत का AD एक व्यास है और AB एक जीवा है। यदि AD = 34 cm, AB = 30 cm है, तो वृत के केंद्र से AB की दूरी है

(1) 17 cm (2) 15 cm
(3) 4 cm (4) 8 cm

Space for Rough Work / कच्चे कार्य के लिए स्थान

Environmental Studies

131. Which one of the following disease is caused by bacteria?
(1) Typhoid
(2) Anthrax
(3) Tuberculosis
(4) Malaria

131. निम्नलिखित में से कौन-सा रोग जीवाणु द्वारा होता है
(1) टाइफाइड
(2) एंथ्रेक्स
(3) क्षय रोग (तपेदिक)
(4) मलेरिया

132. Which social reformer founded a reform association known as the Brahmo Sabha?
(1) Raja Rammohun Roy
(2) Ishwarchandra Vidyasagar
(3) Veerasalingam Pantulu
(4) Swami Dayanand Saraswati

132. किस सामाजिक सुधारक ने एक सुधार संघ की स्थापना की जिसे ब्रह्मो सभा कहा जाता है?
(1) राजा राममोहन रॉय
(2) ईश्वरचंद्र विद्यासागर
(3) वीरसेलिंगम पंतलु
(4) स्वामी दयानंद सरस्वती

133. When it is 12 noon at London the local time at 15° east of London will be:
(1) 10:00 am
(2) 11:00 am
(3) 01:00 pm
(4) 09:00 am

133. जब लंदन में दोपहर के 12 बजे हैं, तब लंदन से 15° पूर्व में स्थानीय समय होगा:
(1) 10 बजे प्रातः
(2) 11 बजे प्रातः
(3) 1 बजे दोपहर
(4) 9 बजे प्रातः

134. Which statement is incorrect about endangered species?
(1) Their number has decreased drastically.
(2) They might become extinct in the near future.
(3) They pose a danger to other animals.
(4) Their natural habitat needs to be protected.

134. लुप्तप्राय प्रजातियों के बारे में कौन सा कथन गलत है?
(1) उनकी संख्या में काफी कमी आई है।
(2) वे निकट भविष्य में विलुप्त हो सकते हैं।
(3) वे अन्य जानवरों के लिए खतरा पैदा करते हैं।
(4) उनके प्राकृतिक आवास को संरक्षित करने की जरूरत है।

135. 'Ozone-hole' means
(1) a large sized hole in the ozone layer
(2) thinning of the ozone layer
(3) small holes scattered in the ozone layer
(4) thickening of ozone in the ozone layer

135. 'ओजोन-छिद्र' का अर्थ है-
(1) ओजोन परत में एक बड़े आकार का छिद्र
(2) ओजोन परत का पतला होना
(3) ओजोन परत में छितरे हुए छोटे छिद्र
(4) ओजोन परत में ओजोन का मोटा होना

136. Main focus of eighth five year plan of India was on the
(1) agriculture, industry and mines
(2) development of the human resources
(3) poverty eradication and technological self-reliance
(4) establishment of the self-sufficient economy

136. भारत की आठवीं पंचवर्षीय योजना का मुख्य केंद्र था
(1) कृषि, उद्योग और खानों
(2) मानव संसाधनों का विकास
(3) गरीबी उन्मूलन और तकनीकी आत्मनिर्भरता
(4) आत्मनिर्भर अर्थव्यवस्था की स्थापना

137. Which one of the following forms of energy leads to least environmental pollution in the process of its harnessing and utilisation?

137. ऊर्जा के निम्नलिखित रूपों में से किसकी साज-सज्जा और उपयोग की प्रक्रिया में सबसे कम पर्यावरणीय प्रदूषण होता है?
(1) नाभिकीय ऊर्जा

(1) Nuclear energy
(2) Thermal energy
(3) Solar energy
(4) Geothermal energy

(2) तापीय ऊर्जा
(3) सौर ऊर्जा
(4) भूतापीय ऊर्जा

138. Excessive exposure of humans to U V-rays results in
(i) damage to immune system
(ii) damage to lungs
(iii) skin cancer
(iv) peptic ulcers
(1) (i) and (ii)
(2) (ii) and (iv)
(3) (i) and (iii)
(4) (iii) and (iv)

138. मानव जब U V किरणों से अत्यधिक प्रभावित हों जाते है तब क्या हों सकता है?
(i) परिरक्षा-तंत्र की क्षति
(ii) फेफड़ों की क्षति
(iii) त्वचा का कैंसर
(iv) आमाशय के अल्सर
(1) (i) और (ii)
(2) (ii) और (iv)
(3) (i) और (iii)
(4) (iii) और (iv)

139. A successful forest conservation strategy should involve
(1) protection of animals at the highest trophic level
(2) protection of only consumers
(3) protection of only herbivores
(4) comprehensive programme to protect all the physical and biological components

139. एक सफल वनसंरक्षण क्रियानीति में क्या शामिल होना चाहिए?
(1) उच्चतम पोशी स्तर के जंतुओं का संरक्षण
(2) केवल उपभोक्ताओं का संरक्षण
(3) केवल शाकाहारियों का संरक्षण
(4) सभी भौतिक और जैविक संघटकों के संरक्षण के लिए व्यापक कार्यक्रम

140. Nokrek biosphere reserves is located in
(1) Uttarakhand (2) Tamil Nadu
(3) Meghalaya (4) West Bengal

140. नोक्रेक बायोस्फीयर रिजर्व कहाँ स्थित है
(1) उत्तराखंड (2) तमिलनाडु
(3) मेघालय (4) पश्चिम बंगाल

141. As per 2011 census, highest populous union territory is
(1) Mumbai
(2) Chennai
(3) Delhi
(4) Andaman Nicobar

141. 2011 की जनगणना के अनुसार, उच्चतम जनसंख्या केंद्र क्षेत्र है
(1) मुंबई
(2) चेन्नई
(3) दिल्ली
(4) अंडमान निकोबार

142. World Nature Day is celebrated on
(1) 07 July (2) 11 July
(3) 03 October (4) 08 October

142. विश्व प्रकृति दिवस मनाया जाता है
(1) 07 जुलाई (2) 11 जुलाई
(3) 03 अक्टूबर (4) 08 अक्टूबर

143. The WSSD is also known as the
(1) Earth Summit 2002
(2) Both Earth Summit 2002 and Rio+10
(3) Rio+10
(4) Neither Earth Summit 2002 nor Rio+10

143. डब्ल्यूएसएसडी को भी जाना जाता है
(1) पृथ्वी शिखर सम्मेलन 2002
(2) दोनों पृथ्वी शिखर सम्मेलन 2002 और रियो +10
(3) रियो+10
(4) न तो पृथ्वी शिखर सम्मेलन 2002 और न ही रियो+10

144. In which one of the following oceans does the deepest part of the earth lie?
(1) The Arctic Ocean

144. निम्नलिखित महासागरों में से किसमें पृथ्वी का सबसे गहरा भाग स्थित है?
(1) आर्कटिक महासागर

(2) The Indian Ocean
(3) The Pacific Ocean
(4) The Altantic Ocean

145. The Sahyadris are populary known as:
(1) Eastern Ghats
(2) Western Ghats
(3) The Aravalis
(4) The Himalayas

146. Which one of the following ocean circulations is created by the strong gravitational pull exerted by the Sun and the Moon on the earth's surface?
(1) Ocean currents (2) Tides
(3) Tsunami (4) Waves

147. Find out the main features of 'Westerlies' from the following:
(1) They change their directions in different seasons.
(2) They blow permanently in east to west direction.
(3) They blow from sea to land.
(4) They are permanent winds.

148. Project Crocodile was launched in
(1) 1972 (2) 1983
(3) 1975 (4) 1992

149. Full form of UNCED is
(1) United Nations Committee on Environmental Degradation
(2) United Nations Conference on Environmental Degradation
(3) United Nations Conference on Environment and Development
(4) United Nations Convention on Environmental Degradation

150. Tadoba Andhari Tiger Reserve is located in
(1) Kerala
(2) Maharashtra
(3) Uttar Pradesh
(4) Madhya Pradesh

(2) हिन्द महासागर
(3) प्रशांत महासागर
(4) अटलांटिक महासागर

145. सह्याद्री को सामान्यतः जाना जाता है:
(1) पूर्वी घाट
(2) पश्चिमी घाट
(3) अरावली
(4) हिलामय

146. सूर्य एवं चंद्रमा के पृथ्वी की सतह पर शक्तिशाली पुरुत्वाकर्षण बल के कारण निम्नलिखित में से किस महासागरीय परिसंचरण की उत्पत्ति होती है?
(1) महासागर धाराएँ (2) ज्वार-भाटे
(3) सुनामी (4) तरंगे

147. निम्नलिखित में पछुआ पवनों की मुख्य विशेषता ज्ञात कीजिए:
(1) ये विभिन्न ऋतुओं में अपनी दिशा बदलती रहती हैं।
(2) ये स्थायी रूप से पूर्व से पश्चिम की ओर चलती रहती हैं।
(3) ये समुद्र से स्थल की ओर चलती हैं।
(4) ये स्थायी पवनें हैं।

148. मगरमच्छ परियोजना कब शुरू की गई थी
(1) 1972 (2) 1983
(3) 1975 (4) 1992

149. UNCED का पूरा नाम क्या है?
(1) United Nations Committee on Environmental Degradation
(2) United Nations Conference on Environmental Degradation
(3) United Nations Conference on Environment and Development
(4) United Nations Convention on Environmental Degradation

150. ताडोबा अंधारी टाइगर रिजर्व कहाँ स्थित है
(1) केरल
(2) महाराष्ट्र
(3) उत्तर प्रदेश
(4) मध्य प्रदेश

उत्तर पत्रिका / Answer Sheet – Kendriya Vidyalaya Sangathan

Name of the Candidate: ____________________ **Fathers' Name:** ____________________

Roll Number: ____________________, **Examination Centre:** ____________________

Paper of the Candidate: ____________________, **Test Booklet Code:** ____________________

Mark your Answer by shading the appropriate circle against each question. The circle should be shaded completely without leaving any space. The correct method of shading is given below.
प्रत्येक प्रश्न के सामने उचित वृत का चिन्हांकन करके अपना उत्तर लिखें। वृत्त को बिना कोई स्थान छोड़े चिन्हांकित करें। चिन्हांकित करने का सही तरीका नीचे दिया गया है।

Correct Method : सही तरीका : ○ ● ○ ○ Wrong Method : गलत तरीका : ⊠ ✓ ⊙ ◐

001	① ② ③ ④	031	① ② ③ ④	061	① ② ③ ④	091	① ② ③ ④	121	① ② ③ ④
002	① ② ③ ④	032	① ② ③ ④	062	① ② ③ ④	092	① ② ③ ④	122	① ② ③ ④
003	① ② ③ ④	033	① ② ③ ④	063	① ② ③ ④	093	① ② ③ ④	123	① ② ③ ④
004	① ② ③ ④	034	① ② ③ ④	064	① ② ③ ④	094	① ② ③ ④	124	① ② ③ ④
005	① ② ③ ④	035	① ② ③ ④	065	① ② ③ ④	095	① ② ③ ④	125	① ② ③ ④
006	① ② ③ ④	036	① ② ③ ④	066	① ② ③ ④	096	① ② ③ ④	126	① ② ③ ④
007	① ② ③ ④	037	① ② ③ ④	067	① ② ③ ④	097	① ② ③ ④	127	① ② ③ ④
008	① ② ③ ④	038	① ② ③ ④	068	① ② ③ ④	098	① ② ③ ④	128	① ② ③ ④
009	① ② ③ ④	039	① ② ③ ④	069	① ② ③ ④	099	① ② ③ ④	129	① ② ③ ④
010	① ② ③ ④	040	① ② ③ ④	070	① ② ③ ④	100	① ② ③ ④	130	① ② ③ ④
011	① ② ③ ④	041	① ② ③ ④	071	① ② ③ ④	101	① ② ③ ④	131	① ② ③ ④
012	① ② ③ ④	042	① ② ③ ④	072	① ② ③ ④	102	① ② ③ ④	132	① ② ③ ④
013	① ② ③ ④	043	① ② ③ ④	073	① ② ③ ④	103	① ② ③ ④	133	① ② ③ ④
014	① ② ③ ④	044	① ② ③ ④	074	① ② ③ ④	104	① ② ③ ④	134	① ② ③ ④
015	① ② ③ ④	045	① ② ③ ④	075	① ② ③ ④	105	① ② ③ ④	135	① ② ③ ④
016	① ② ③ ④	046	① ② ③ ④	076	① ② ③ ④	106	① ② ③ ④	136	① ② ③ ④
017	① ② ③ ④	047	① ② ③ ④	077	① ② ③ ④	107	① ② ③ ④	137	① ② ③ ④
018	① ② ③ ④	048	① ② ③ ④	078	① ② ③ ④	108	① ② ③ ④	138	① ② ③ ④
019	① ② ③ ④	049	① ② ③ ④	079	① ② ③ ④	109	① ② ③ ④	139	① ② ③ ④
020	① ② ③ ④	050	① ② ③ ④	080	① ② ③ ④	110	① ② ③ ④	140	① ② ③ ④
021	① ② ③ ④	051	① ② ③ ④	081	① ② ③ ④	111	① ② ③ ④	141	① ② ③ ④
022	① ② ③ ④	052	① ② ③ ④	082	① ② ③ ④	112	① ② ③ ④	142	① ② ③ ④
023	① ② ③ ④	053	① ② ③ ④	083	① ② ③ ④	113	① ② ③ ④	143	① ② ③ ④
024	① ② ③ ④	054	① ② ③ ④	084	① ② ③ ④	114	① ② ③ ④	144	① ② ③ ④
025	① ② ③ ④	055	① ② ③ ④	085	① ② ③ ④	115	① ② ③ ④	145	① ② ③ ④
026	① ② ③ ④	056	① ② ③ ④	086	① ② ③ ④	116	① ② ③ ④	146	① ② ③ ④
027	① ② ③ ④	057	① ② ③ ④	087	① ② ③ ④	117	① ② ③ ④	147	① ② ③ ④
028	① ② ③ ④	058	① ② ③ ④	088	① ② ③ ④	118	① ② ③ ④	148	① ② ③ ④
029	① ② ③ ④	059	① ② ③ ④	089	① ② ③ ④	119	① ② ③ ④	149	① ② ③ ④
030	① ② ③ ④	060	① ② ③ ④	090	① ② ③ ④	120	① ② ③ ④	150	① ② ③ ④

परीक्षार्थी का नाम Name of candidate (In Capital Letters)	परीक्षार्थी के हस्ताक्षर Signature of candidate (In Running Hand)	परीक्षार्थी के बाएं अंगूठे का निशान Left hand thumb impression of the candidate	निरीक्षक के हस्ताक्षर Signature of invigilator (In Running Hand)

Answer Key KVS Test Set - 03

Q	A	Q	A	Q	A	Q	A	Q	A	Q	A	Q	A	Q	A
1	2	**21**	4	**41**	2	**61**	1	**81**	2	**101**	3	**121**	1	**141**	3
2	4	**22**	4	**42**	4	**62**	1	**82**	3	**102**	3	**122**	4	**142**	3
3	3	**23**	1	**43**	4	**63**	4	**83**	1	**103**	2	**123**	1	**143**	2
4	1	**24**	1	**44**	3	**64**	4	**84**	2	**104**	1	**124**	2	**144**	3
5	1	**25**	4	**45**	4	**65**	4	**85**	4	**105**	1	**125**	3	**145**	2
6	2	**26**	3	**46**	2	**66**	4	**86**	1	**106**	3	**126**	2	**146**	2
7	1	**27**	2	**47**	2	**67**	4	**87**	1	**107**	1	**127**	3	**147**	4
8	2	**28**	3	**48**	2	**68**	1	**88**	1	**108**	4	**128**	3	**148**	3
9	3	**29**	2	**49**	1	**69**	1	**89**	3	**109**	3	**129**	4	**149**	3
10	3	**30**	3	**50**	2	**70**	4	**90**	1	**110**	1	**130**	4	**150**	2
11	3	**31**	3	**51**	1	**71**	3	**91**	4	**111**	1	**131**	3		
12	1	**32**	1	**52**	3	**72**	1	**92**	4	**112**	3	**132**	1		
13	2	**33**	3	**53**	1	**73**	1	**93**	2	**113**	2	**133**	3		
14	2	**34**	2	**54**	3	**74**	1	**94**	1	**114**	3	**134**	3		
15	3	**35**	1	**55**	4	**75**	2	**95**	3	**115**	4	**135**	2		
16	1	**36**	4	**56**	3	**76**	3	**96**	3	**116**	3	**136**	2		
17	3	**37**	3	**57**	1	**77**	2	**97**	1	**117**	2	**137**	3		
18	1	**38**	1	**58**	2	**78**	1	**98**	1	**118**	2	**138**	3		
19	4	**39**	4	**59**	3	**79**	1	**99**	1	**119**	1	**139**	4		
20	4	**40**	4	**60**	3	**80**	4	**100**	1	**120**	3	**140**	3		

Prateek Shivalik KVS PRT

Code 04

इस परीक्षा पुस्तिका को तब तक न खोलें जब तक कहा न जाए।

Do not open this Test Booklet until you are asked to do so.

इस परीक्षा पुस्तिका के पिछले आवरण पर दिए गये निर्देशों को ध्यान से पढ़ें।

Read carefully the Instructions on the Back Cover of this Test Booklet.

परीक्षार्थियों के लिए निर्देश

1. OMR उत्तर पत्र इस परीक्षा के अन्दर रखा है। जब आपको परीक्षा पुस्तिका खोलने को कहा जाए, तो उत्तर पत्र निकाल कर पृष्ठ-1 एवं पृष्ठ-2 पर ध्यान से केवल नीले बॉल पॉइंट पेन से विवरण भरें।
2. परीक्षा की अवधि 2½ घंटे है एवं परीक्षा में 150 प्रश्न है। **कोई ऋणात्मक अंकन नहीं है।**
3. इस पृष्ठ पर विवरण अंकित करने एवं उत्तर पत्र पर निशान लगाने के लिए केवल नीले बॉल पॉइंट पेन का प्रयोग करें।
4. यह सुनिश्चित कर लें की इस पुस्तिका का संकेत, उत्तर पत्र के पृष्ठ पर छपे संकेत से मिलता है। यह भी सुनिश्चित कर लें की परीक्षा संख्या और उत्तर पत्र संख्या मिलते है। अगर यह भिन्न हों तो परीक्षार्थी दूसरी प्रश्न पुस्तिका और उत्तर पत्र लेने के लिए निरीक्षक को तुरन्त अवगत कराएँ।
5. **यदि अनुवाद में किसी भी प्रकार की कोई अस्पष्टा हो तो अंग्रेजी वाले पाठ को ही सही माना जायेगा।**
6. रफ कार्य परीक्षा पुस्तिका में इस प्रयोजन के लिए दी गई खाली जगह पर करें।
7. सभी उत्तर केवल OMR उत्तर पत्र पर ही अंकित करें। अपने उत्तर ध्यानपूर्वक अंकित करें। उत्तर बदलने हेतु श्वेत रंजक का प्रयोग निषिद्ध है।
8. प्रत्येक प्रश्न के सामने उचित वृत का चिन्हांकन करके अपना उत्तर लिखें। वृत्त को बिना कोई स्थान छोड़े चिन्हांकित करें।

INSTRUCTIONS FOR CANDIDATES

1. The OMR Answer Sheet is inside this Test Booklet. When you are directed to open the Test Booklet, take out the Answer Sheet and fill in the particulars on Side-1 and Side-2 carefully with blue ball point pen only.
2. The test is of 2½ hours duration and consists of 150 questions. **There is no negative marking.**
3. Use Blue Ball Point Pen only for writing particulars on this page / marking responses in the Answer Sheet.
4. Make sure that the CODE printed on the Answer Sheet is the same as that on this booklet. Also ensure that your Test Booklet No. and Answer Sheet No. are the same. In case of discrepancy, the candidate should immediately report the matter to the Invigilator for replacement of both the Test Booklet and the Answer Sheet.
5. **In case of any ambiguity in translation, the English version will be deemed authentic.**
6. Rough work should be done only in the space provided in the Test Booklet for the same.
7. The answers are to be recorded on the OMR Answer Sheet only. Mark your responses carefully. No whitener is allowed for changing answers.
8. Mark your Answer by shading the appropriate circle against each question. The circle should be shaded completely without leaving any space.

परीक्षार्थी का नाम (बड़े अक्षरों में):
Name of the Candidate (in Capitals): ______________________

अनुक्रमांक (अंकों में):
Roll Number: (in figures): ______________________

(शब्दों में):
(in words): ______________________

परीक्षा केन्द्र (बड़े अक्षरों में) :
Centre of Examination (in Capitals): ______________________

परीक्षार्थी के हस्ताक्षर:
Candidate's Signature: ______________________

निरीक्षक के हस्ताक्षर :
Invigilator's Signature : ______________________

Facsimile signature stamp of
Centre Superintendent ______________________

General English

1. Choose the option which best expresses the meaning of the highlighted idiom/phrase in the sentence.

I am "done for".

(1) ruined
(2) rewarded
(3) answered
(4) questioned

2. Choose the correctly spelt word

(1) recomendation
(2) reccomendation
(3) recommendation
(4) reccomandation

3. Which part of the following sentences has error in it?

His tradition-bound attitude (P) had to be a constant source of dissatisfaction (Q) among the younger members of the family. (R) No error. (S).

(1) P (2) Q (3) R (4) S

4. Which part of the following sentences has error in it?

Teachers of various schools (P) met to discuss about (Q) how to improve the standard of English. (R) No error. (S).

(1) P (2) Q (3) R (4) S

5. The synonym of the given word is?

MENTOR

(1) guide
(2) genius
(3) stylist
(4) philosopher

6. Arrange the following jumbled part of the sentence in correct order.

1. It is far better to live for a short while
P. contribution to the world
Q. and make some significant
R. that is just idled away
S. than spend a long life
6. in gossiping and playing.

(1) R Q S P
(2) S Q P R
(3) Q P S R
(4) R Q P S

7. Choose the one word which can be substituted for the given sentence/ words.

Too much official formality

(1) bureaucracy
(2) red-tapism
(3) nepotism
(4) formalism

8. Convert the given sentence into Active / Passive Voice

The telegraph wires have been cut.

(1) Someone has been cut the telegraph wires.
(2) No one has cut the telegraph wires.
(3) The telegraph wires have cut someone.
(4) Someone has cut the telegraph wires.

9. Convert the given sentence into Direct / Indirect Speech

The Chief Minister said, "What a disaster the earthquake is!"

(1) The Chief Minister cried that the earthquake was a terrible disaster.
(2) The Chief Minister expressed with surprise that the earthquake was a terrible disaster.
(3) The Chief Minister exclaimed with sorrow that the earthquake was a terrible disaster.
(4) The Chief Minister told in pain that the earthquake was a terrible disaster.

10. Fill in the blank.

Two years have passed since he ______ here.

(1) has come
(2) come
(3) came
(4) had come

सामान्य हिन्दी

11. "अंधकूप" में समास है
(1) द्वन्द
(2) कर्मधारय
(3) बहुब्रीहि
(4) अव्ययीभाव

12. "वन में लगने वाली आग" के लिए एक उपयुक्त शब्द है
(1) बडवानल
(2) दावानल
(3) जठरानल
(4) अनल

13. मुझे "रोटी" दो में चिह्नांकित शब्द है
(1) रूढ़
(2) यौगिक
(3) योगरूढ़
(4) कोई नहीं

14. देवनागरी वर्णमाला में निम्नलिखित वर्ण है
(1) 52
(2) 46
(3) 48
(4) 39

15. यह आम मीठा है में विशेषण है
(1) परिमाणवाचक
(2) संख्यावाचक
(3) गुणवाचक
(4) कोई नहीं

16. "नगर की गलियाँ तंग है।" में प्रयुक्त कारक है
(1) कर्ता
(2) सम्बोधन
(3) कर्म
(4) संबंध

17. अधोगति में कौन सा उपसर्ग है?
(1) अधि
(2) अ
(3) अध:
(4) अधो

18. देवेन्द्र का संधि विच्छेद होगा
(1) देवे+इन्द्र
(2) देव+ईन्द्र
(3) देव+इन्द्र
(4) देवे+एन्द्र

19. निम्न में से किस शब्द की वर्तनी शुद्ध है?
(1) विसेसण
(2) विशेशण
(3) विशेषण
(4) विषेशण

20. गौरव में कौन सा प्रत्यय है?
(1) व
(2) अव
(3) रव
(4) औरव

Space for Rough Work / कच्चे कार्य के लिए स्थान

21. Who developed the concept 'World Wide Web'?
(1) Tim Berners-Lee
(2) Microsoft
(3) Arthur Clarke
(4) AT & T Bell Lab

21. निम्न में से किसके द्वारा 'वर्ल्ड वाइड वेब' कि खोज की गई थी?
(1) टिम बर्नर्स-ली
(2) माइक्रोसॉफ्ट
(3) आर्थर क्लार्क
(4) एटी एंड टी बेल लैब

22. A 'Bit' refers to
(1) Binary informatics
(2) Bilingual information
(3) Binary terminator
(4) Binary digit

22. 'बिट' का अर्थ है
(1) बाइनरी सूचना विज्ञान
(2) द्विभाषी सूचना
(3) बाइनरी टर्मिनेटर
(4) बाइनरी अंक

23. The term API refers to
(1) Application Programming Interface
(2) Application Program Interaction
(3) Applied Program Interaction
(4) Application Process Interface

23. शब्द एपीआई क्या संदर्भित करता है
(1) Application Programming Interface
(2) Application Program Interaction
(3) Applied Program Interaction
(4) Application Process Interface

24. A Floppy Disc can store _____ data.
(1) 1.44 bytes
(2) 1.44 MB
(3) 1.44 KB
(4) 1.44 GB

24. एक फ्लॉपी डिस्क कितना डेटा स्टोर कर सकती थी?
(1) 1.44 बाइट्स
(2) 1.44 एमबी
(3) 1.44 केबी
(4) 1.44 जीबी

25. Telnet stands for
(1) Telephone Network
(2) Television Network
(3) Teletype Network
(4) Telefax Network

25. टेलनेट का मतलब है
(1) Telephone Network
(2) Television Network
(3) Teletype Network
(4) Telefax Network

26. In the following list of devices which device is used in network layer?
(1) Repeaters
(2) Router
(3) Application Gateway
(4) Switch

26. निम्नलिखित उपकरणों की सूची में नेटवर्क लेयर में किस डिवाइस का उपयोग किया जाता है?
(1) पुनरावर्तक
(2) रूटर
(3) आवेदन गेटवे
(4) स्विच

27. DOS is a
(1) Direct Operating System
(2) Dual Operating System
(3) Disk Operating System
(4) Dial-up Operating System

27. डॉस का पूरा नाम है
(1) Direct Operating System
(2) Dual Operating System
(3) Disk Operating System
(4) Dial-up Operating System

28. 'IC' in computers stands for

28. कंप्यूटर में 'आईसी' का मतलब है

(1) Integrated Charge
(2) Integrated Current
(3) Integrated Circuits
(4) Internal Circuits

(1) Integrated Charge
(2) Integrated Current
(3) Integrated Circuits
(4) Internal Circuits

29. Which of the following circuit is used as 'Memory device' in computers?
(1) Rectifier
(2) Flip-Flop
(3) Comparator
(4) Attenuator

29. कंप्यूटर में 'मेमोरी डिवाइस' के रूप में निम्न में से कौन सा सर्किट इस्तेमाल किया जाता है?
(1) रेक्टिफायर
(2) फ्लिप फ्लॉप
(3) तुलनाकारी
(4) आट्टेनुयटर

30. Which of the following is not reckoned as a 'value added' telecommunication service?
(1) Electronic Mail
(2) STD
(3) FAX
(4) Radio-Paging Service

30. निम्नलिखित में से कौन सा 'मूल्य वर्धित' दूरसंचार सेवा के रूप में नहीं माना जाता है?
(1) इलेक्ट्रॉनिक मेल
(2) एसटीडी
(3) फैक्स
(4) रेडियो-पेजिंग सेवा

Space for Rough Work / कच्चे कार्य के लिए स्थान

31. At what temperature (in degree celsius), the numerical values on Celsius and Fahrenheit scales become equal?
(1) –40
(2) 40
(3) 273
(4) –273

31. किस तापमान (डिग्री सेल्सियस में), पर सेल्सियस तथा फारेनहाइट स्केल पर अंकित मान समान हो जाते हैं?
(1) –40
(2) 40
(3) 273
(4) –273

32. What is the process of conversion of solid state directly to gaseous state called?
(1) Evaporation
(2) Condensation
(3) Sublimation
(4) Distillation

32. ठोस अवस्था से सीधे गैसीय अवस्था में परिवर्तन की प्रक्रिया को क्या कहते है?
(1) वाष्पीकरण
(2) संघनन
(3) उत्सादन
(4) आसवन

33. Which of the following causes fly ash?
(1) Hydroelectric Power Station
(2) Coal Combustion Power Plant
(3) Nuclear Power Plant
(4) Tidal Power Plant

33. निम्नलिखित में से कौन सा उड़न राख का कारण है?
(1) जल विद्युत् ऊर्जा केंद्र
(2) कोयला दहन ऊर्जा केंद्र
(3) नाभिकीय ऊर्जा संयंत्र
(4) ज्वारीय ऊर्जा संयंत्र

34. Who developed the theory of relativity?
(1) Isaac Newton
(2) Marie Curie
(3) Charles Darwin
(4) Albert Einstein

34. सापेक्षता का सिद्धांत किसने विकसित किया था?
(1) आइजैक न्यूटन
(2) मैरी क्यूरी
(3) चार्ल्स डार्विन
(4) अल्बर्ट आइंस्टीन

35. Who amidst the following is a distinguished painter?
(1) Uday Shankar
(2) Amrita Shergill
(3) Sonal Mansingh
(4) Yamini Krishnamurthy

35. निम्नलिखित में से कौन एक विशिष्ट चित्रकार है?
(1) उदय शंकर
(2) अमृता शेरगिल
(3) सोनल मानसिंह
(4) यामिनी कृष्णमूर्ति

36. India has taken the concept of 'Judicial Review' from which country's constitution?
(1) United States
(2) Canada
(3) United Kingdom
(4) Ireland

36. भारतीय संविधान में न्यायिक पुनरावलोकन' का प्रावधान किस देश के संविधान से लिया गया है?
(1) संयुक्त राज्य
(2) कनाडा
(3) यूनाइटेड किंगडम
(4) आयरलैंड

37. Who shot dead John Saunders on 17th December 1927?
(1) Bhagat Singh
(2) Sukhdev
(3) Mangal Pandey

37. 17 दिसम्बर 1927 को जॉन सौन्डर्स की किसने हत्या कर दी थी?
(1) भगत सिंह
(2) सुखदेव
(3) मंगल पाण्डे

(4) Bipin Chandra Pal Singh

(4) बिपिन चन्द्र पाल सिंह

38. Which type of forests majorly comprises of lichens and mosses?
(1) Taiga forests
(2) Tundra forests
(3) Temperate mixed forests
(4) Tropical evergreen forests

38. किस प्रकार के वन मुख्यतः शैवालों तथा काई से बने होते हैं?
(1) टैगा वन
(2) टुण्ड्रा वन
(3) समशीतोष्ण वन
(4) उष्णकटिबंधीय सदाबहार

39. Night Blindness is caused by deficiency of which of the following Vitamin?
(1) Vitamin B
(2) Vitamin C
(3) Vitamin K
(4) Vitamin A

39. निम्नलिखित में से किस विटामिन की कमी के कारण रतौंधी होती है?
(1) विटामिन बी
(2) विटामिन सी
(3) विटामिन के
(4) विटामिन ऐ

40. Which of the following is the largest gland in human body?
(1) Thyroid
(2) Liver
(3) Kidney
(4) Pancreas

40. निम्नलिखित में से कौन मानव शरीर की विशालतम ग्रंथि है?
(1) गलग्रंथी
(2) जिगर
(3) गुर्दा
(4) अग्नाशय

Space for Rough Work / कच्चे कार्य के लिए स्थान

41. In a certain language, 36492 is written as SMILE and 058 is written as RUN. How 294563 can be coded in that language?

(1) ELIUSM (2) EILUMS
(3) LIMUSE (4) ELIUMS

42. Select the alternative which represents three out of the five alternative figures which when fitted into each other would form a complete square.

(1) (2) (3) (4) (5)

(1) 1-2-3 (2) 1-3-4
(3) 2-3-5 (4) 3-4-5

43. Find the number of triangles in the given figure.

(1) 28 (2) 32
(3) 36 (4) 40

44. Which of the following conclusions are true if the given statement is true?

Statements:

The world is neither good nor evil.

Each man manufactures a world for himself.

Conclusions:

I. Some people find this world quite good.

II. Some people find this world quite bad.

(1) Only conclusion I follows
(2) Only conclusion II follows
(3) Either Conclusion I or II follows
(4) Both Conclusion I and II follows

45. Complete the given series

_bcc_ac_aabb_ab_cc

(1) aabca (2) abaca
(3) bacab (4) bcaca

46. Find out the two signs to be interchanged for making

41. एक निश्चित भाषा मे, 36492 को SMILE तथा 058 को RUN लिखते हैं। 294563 को उसी भाषा मे क्या लिख सकते हैं?

(1) ELIUSM (2) EILUMS
(3) LIMUSE (4) ELIUMS

42. उस विकल्प का चयन करे जो पाँच वैकल्पिक आंकड़ों मे से 3 का प्रतिनिधित्व करता है तथा एक दूसरे मे फिट करने पर एक पूर्ण वर्ग बनाता हो?

(1) (2) (3) (4) (5)

(1) 1-2-3 (2) 1-3-4
(3) 2-3-5 (4) 3-4-5

43. दिए गए चित्र मे त्रिभुजों की संख्या ज्ञात करें?

(1) 28 (2) 32
(3) 36 (4) 40

44. निम्नलिखित में से कौन से निष्कर्ष सही माने जायेंगे यदि दिए गए कथन सही हों?

कथन:

संसार न ही अच्छा, न ही बुरा है।

प्रत्येक व्यक्ति अपने लिए खुद संसार को बनाता है।

निष्कर्ष:

I. कुछ व्यक्ति इस संसार को बहुत अच्छा मानते है।

II. कुछ व्यक्ति इस संसार को बहुत बुरा मानते है।

(1) केवल निष्कर्ष I अनुसरण करता है
(2) केवल निष्कर्ष II अनुसरण करता है
(3) या तो निष्कर्ष I या निष्कर्ष II अनुसरण करता है
(4) निष्कर्ष I तथा निष्कर्ष II दोनों अनुसरण करते है

45. दी गई श्रृंखला को पूरा करें

_bcc_ac_aabb_ab_cc

(1) aabca (2) abaca
(3) bacab (4) bcaca

46. समीकरण को सही बनाने के लिए आपस मे बदले गए दो संकेतों

following equation, correct?

5 + 3 × 8 – 12 ÷ 4 = 3

(1) + and –
(2) – and ÷
(3) + and ×
(4) + and ÷

47. In a cricket match, five batsmen A, B, C, D and E scored at an average of 36 runs. D scored 5 runs more than E. E scored 8 runs fewer than A. B scored runs equal to the sum of D and E. B and C scored 107 runs together. How many runs did E score?

(1) 62
(2) 45
(3) 28
(4) 20

48. If the even numbered dice have odd number of dots on their top faces and odd numbered dice have even number of dots on their bottom faces, then what would be the total number of dots on their top faces?

(1) 12
(2) 14
(3) 16
(4) 18

49. Rohit walked 25 metres towards South. Then he turned to his left and walked 20 metres. He then turned to his left and walked 25 metres. He again turned to his right and walked 15 metres. At what distance and in which direction is he now from the starting point?

(1) 35 metres, North
(2) 30 metres, South
(3) 35 metres, East
(4) 30 metres, North

50. Pointing to a Gentleman, Deepak said, "His only brother is the father of my daughter's father." How is Gentleman related to Deepak?

(1) Brother
(2) Father
(3) Grandfather
(4) Uncle

को ज्ञात करें?

5 + 3 × 8 – 12 ÷ 4 = 3

(1) + and –
(2) – and ÷
(3) + and ×
(4) + and ÷

47. एक क्रिकेट मैच मे, पाँच बल्लेबाज A, B, C, D तथा E औसतन 36 रन बनाए। D ने E से 5 रन अधिक बनाए। E ने A से 8 रन कम बनाए। B ने D और E के रनों के योग के बराबर रन बनाए। B और C ने एक साथ 107 रन बनाए। E ने कितने रन बनाए?

(1) 62
(2) 45
(3) 28
(4) 20

48. यदि पासा के सम संख्याओं के उपरी सतह पर विषम संख्याओं के बिंदु अंकित हो तथा पासा के विषम संख्याओं के निचले सतह पर सम सख्याओं के बिंदु अंकित हो, तो उनके ऊपरी सतह पर कुल कितने बिंदु होंगे?

(1) 12
(2) 14
(3) 16
(4) 18

49. रोहित दक्षिण की ओर 25 मीटर जाता है। तब वह अपने बाएं मुड़ता है और 20 मीटर चलता है। वह फिर अपने बाएं मुड़ता है और 25 मीटर चलता है। वह फिर से अपने दाएं मुड़ता है तथा 15 मीटर चलता है। अब वह प्रारंभिक बिन्दु से कितने दूरी पर किस दिशा मे है?

(1) 35 मीटर, उत्तर
(2) 30 मीटर, दक्षिण
(3) 35 मीटर, पूर्व
(4) 30 मीटर, उत्तर

50. एक सज्जन की ओर इशारा करके, दीपक कहता है, " उसका इकलौता भाई मेरी बेटी के पिता का पिता है।" सज्जन किस प्रकार दीपक से संबंधित है?

(1) भाई
(2) पिता
(3) दादा
(4) चाचा

Space for Rough Work / कच्चे कार्य के लिए स्थान

51. In which stage of moral development according to Piaget children think of justice and rules as unchangeable properties of the world, removed from the control of people, handed down by all-powerful authorities such as God, the police, or their parents?
(1) heteronomous morality
(2) autonomous morality
(3) morality of cooperation
(4) moral relativism

51. पियाजे के अनुसार नैतिक विकास के किस चरण में बच्चे न्याय और नियमों के बारे में मानते हैं कि ये दुनिया के अपरिवर्तनीय गुणों के रूप में, लोगों के नियंत्रण से हटा दिए जाते हैं, जो सभी शक्तिशाली अधिकारियों जैसे भगवान, पुलिस या उनके माता-पिता द्वारा सौंपे जाते हैं?
(1) विषमांग नैतिकता
(2) स्वायत्त नैतिकता
(3) सहयोग की नैतिकता
(4) नैतिक सापेक्षता

52. Infinite generativity refers to the ability of languages
(1) to produce an unlimited number of meaningful sentences.
(2) to produce an unlimited number of sounds.
(3) to keep adding new words.
(4) to keep changing over time.

52. अनंत सृजनशीलता भाषा की किस क्षमता को संदर्भित करती है
(1) अर्थपूर्ण वाक्यों की असीमित संख्या का उत्पादन करने के लिए
(2) असीमित संख्या में ध्वनियाँ उत्पन्न करने के लिए
(3) नए शब्दों को जोड़ने के लिए
(4) समय के साथ बदलते रहना

53. Education Psychology is the science of studying:
(1) human behavior
(2) human mind
(3) abnormal children in education
(4) ways to modify students' behavior in learning

53. शिक्षा मनोविज्ञान में हम अध्ययन कर सकते हैं:
(1) मानवीय व्यवहार का।
(2) मानव मस्तिष्क का।
(3) शिक्षा में असामान्य छात्र का।
(4) अधिगम में छात्रों के व्यवहार में सुधार के तरीके का।

54. According to Bloom's Taxonomy of Educational Objectives, which of the following level of understanding is best described as the ability to recognize and recall information, exhibit memory of previously learned material by recalling facts, terms, basic concepts, and answers?
(1) Knowledge (2) Analysis
(3) Evaluation (4) Synthesis

54. ब्लूम के शैक्षिक उद्देश्यों के वर्गीकरण के अनुसार, निम्नलिखित में से कौन सा समझ का स्तर जानकारी को पहचानने और याद करने की क्षमता। तथ्यों, शर्तों, बुनियादी अवधारणाओं और उत्तरों को याद करके पहले से सीखी हुई सामग्री की स्मृति को प्रदर्शित करने का सबसे अच्छा वर्णन करता है?
(1) ज्ञान (2) विश्लेषण
(3) मूल्यांकन (4) संश्लेषण

55. Sociology of education is:
(1) A branch of educational technology
(2) A study of the society
(3) An analysis of sociological processes involved in the institutions of education
(4) A science which studies primitive societies

55. शिक्षा की सामाजिकता है:
(1) शैक्षिक तकनीकी की एक शाखा
(2) समाज का एक अध्ययन
(3) शिक्षासंस्थानों से सम्बद्ध सामाजिक प्रक्रिया का एक - विश्लेषण
(4) एक ऐसा विज्ञान जिसमें आदिम समाजों का अध्ययन किया जाता है

56. What is the main recommendation of National Curriculum Framework (NCF 2005) with regard to examination in subjects of Mathematics and English of Class X and XII public examinations?
(1) Pass percentage be fixed at 45 percent

56. कक्षा X एवं XII की पब्लिक परीक्षाओं में गणित एवं अंग्रेजी विषयों में परीक्षा के संदर्भ में राष्ट्रीय पाठ्यचर्या ढाँचा .एफ.सी.एन) 2005) की मुख्य अनुशंसा क्या है?
(1) 45 प्रतिशत पर पास प्रतिशत निर्धारित किया जाना चाहिए।
(2) खुली पुस्तक परीक्षा प्रणाली प्रारंभ करनी चाहिए।

(2) Open book examination be introduced
(3) These should be examined at two levels; Standard and higher level
(4) Examinations be postponed if students are not ready

(3) दो स्तरों पर इनमें परीक्षा होनी चाहिए: मानक एवं उच्च स्तर।
(4) यदि विद्यार्थी तैयार नहीं हैं तो परीक्षाओं को टाल देना चाहिए।

57. Reporting of learners' assessment to students is of little value to:
(1) Know what they are doing and why they are doing
(2) Facilitate remedial/enrichment activities for the child
(3) Promote personal-social development
(4) Promote self motivation for improving his/her performance

57. विद्यार्थियों को अधिगमकर्त्ताओं का आकलन रिपोर्ट करना कम महत्त्व का है:
(1) यह जानने में कि वे क्या कर रहे हैं एवं वे क्यों कर रहे हैं
(2) बालक के लिए उपचारी/संवर्धन गतिविधियों को सुगम बनाने में
(3) व्यक्तिगत-सामाजिक विकास प्रोत्साहित करने में
(4) उसके प्रदर्शन में सुधार हेतु स्व अभिप्रेरण प्रोत्साहित करने में

58. Which of the following is the correct sequence of motivational set?
(1) Drive, goal directed behaviour, attainment of goal, satisfaction.
(2) Drive, satisfaction, attainment of goal, goal directed behaviour.
(3) Drive, goal directed behaviour, satisfaction, attainment of goal.
(4) Goal directed behaviour, attainment of goal, drive, satisfaction.

58. अभिप्रेरणात्मक समुच्चय का निम्नलिखित में से कौन-सा सही अनुक्रम है?
(1) प्रेरणा, लक्ष्य निर्देशित व्यवहार, लक्ष्य प्राप्ति, संतुष्टि
(2) प्रेरणा, संतुष्टि, लक्ष्य प्राप्ति, लक्ष्य निर्देशित व्यवहार
(3) प्रेरणा, लक्ष्य निर्देशित व्यवहार, संतुष्टि, लक्ष्य प्राप्ति
(4) लक्ष्य निर्देशित व्यवहार, लक्ष्य प्राप्ति, प्रेरणा, संतुष्टि

59. A school with 75 students in a class divides them into one class of high achievers, one of average achievers, and one of low achievers. This is an example of
(1) Between-class ability grouping
(2) Within-class ability grouping
(3) Joplin plan
(4) None of these

59. एक कक्षा के 75 छात्रों को एक स्कूल उन्हें उच्च प्राप्तकर्ताओं, औसत प्राप्तकर्ताओं, और निम्न प्राप्तकर्ताओं जैसी कक्षाओं में विभाजित करता है। यह एक उदाहरण है
(1) कक्षाओं के बीच क्षमता समूह
(2) कक्षा के भीतर क्षमता समूह
(3) जोप्लिन योजना
(4) इनमें से कोई नहीं

60. Which of the following would be an important daily-living skill for a high school student with an intellectual disability?
(1) Knowing the multiplication table
(2) Using a cooking stove
(3) Identifying the states on a map
(4) Stating the main idea of a paragraph

60. बौद्धिक विकलांगता वाले हाई स्कूल के एक छात्र के लिए निम्नलिखित में से कौन सा दैनिक जीवन कौशल होगा?
(1) पहाड़ों की तालिका को जानना
(2) एक खाना पकाने के स्टोव का उपयोग करना
(3) मानचित्र पर राज्यों की पहचान करना
(4) अनुच्छेद के मुख्य विचार बता पाना

61. All of the following statements are true in relation to progressive education except
(1) Decision-making is centrally based and administratively delivered.

61. निम्नलिखित सभी कथन प्रगतिशील शिक्षा के संबंध में सत्य हैं सिवाय
(1) निर्णय लेना केंद्रित है और प्रशासनिक रूप से वितरित किया जाता है।

(2) School is a part of life.
(3) Learners are active participants, problem solvers, and planners.
(4) Teachers are facilitators, guides who foster thinking.

(2) स्कूल जीवन का एक हिस्सा है।
(3) शिक्षार्थियों सक्रिय प्रतिभागी, समस्या हल करने वाले, और योजनाकार हैं।
(4) शिक्षक सुविधा देने वाले, गाइड हैं जो सोचने को बढ़ावा देते हैं।

62. Which of the following technique helps to develop creativity in students?
(1) Group work
(2) Collaborative learning
(3) Brain storming
(4) Question-answer sessions

62. निम्नलिखित में से कौन सी विधि छात्रों में सृजनशीलता का विकास करने में सहायक होगी?
(1) सामूहिक कार्य
(2) सहयोगात्मक अधिगम
(3) मस्तिष्क उद्वेलन
(4) प्रश्नोत्तर सत्र

63. In the context of curriculum, which one of the following statements is correct?
(1) Curriculum includes both desirable and planned experiences.
(2) Curriculum includes undesirable as well as unplanned experiences besides other school experiences.
(3) Curriculum does not include extra-curricular activities.
(4) Curriculum and syllabus are synonymous terms.

63. पाठ्यचर्या के संदर्भ में, निम्नलिखित कथनों में से कौन –सा सही है?
(1) पाठ्यचर्या में वांछनीय एवं योजनाबद्ध अनुभव सम्मिलित होते हैं।
(2) पाठ्यचर्या में अन्य विद्यालय अनुभवों के अतिरिक्त अवांछनीय एवं गैर-योजनाबद्ध अनुभव सम्मिलित होते हैं।
(3) पाठ्यचर्या में अतिरिक्त पाठ्यचर्या गतिविधियाँ सम्मिलित नहीं होती।
(4) पाठ्यचर्या एवं पाठ्यक्रम पर्यायवाची पद हैं।

64. Which of the following is not the mode of course delivery in teacher centered approach?
(1) Cooperative learning
(2) Problem based learning
(3) Assignments and exams for summative purposes
(4) Lecture method

64. अध्यापक केन्द्रित उपागम में निम्नलिखित में से कौन पाठ्यवस्तु विवेचन की प्रणाली नहीं है?
(1) सहयोगी अधिगम
(2) समस्या आधारित अधिगम
(3) संकलित उद्देश्यों हेतु दत्तकार्य एवं परीक्षाएँ
(4) व्याख्यान विधि

65. Which of the following is a biggest short-coming in Indian school libraries?
(1) Inadequate seating arrangements
(2) Absence of proper catalogue system
(3) Open accessibility of books
(4) Shortage of books

65. भारतीय विद्यालय पुस्तकालयों में निम्नलिखित में से कौन-सा एक सबसे बड़ा दोष है?
(1) बैठने के अपर्याप्त प्रबंध
(2) उचित सूचीपत्र प्रणाली की अनुपस्थिति
(3) पुस्तकों की खुली अभिगम्यता
(4) पुस्तकों की कमी

66. While organising Co-curricular activities the organisers must ensure ______.
(1) prize for everybody
(2) most children get motivated to participate
(3) that participation is made mandatory
(4) only good ones participate

66. पाठ्यचर्या सहगामी गतिविधियाँ आयोजित करते हुए आयोजकों को अवश्य सुनिश्चित करना चाहिए:
(1) सभी के लिए पुरस्कार हो
(2) अधिकतर बालक भाग लेने के लिए अभिप्रेरित हों
(3) कि भागीदारी अनिवार्य हो
(4) केवल सक्षम प्रतिभागिता करें

67. A baby was born with a smaller than normal head,

67. एक बच्चा सामान्य सिर से छोटे, कुछ चेहरे की विकृतियों के साथ

some facial malformations, and is mentally retarded. It is the most likely that his mother ______ during her early pregnancy.

(1) ate fish with mercury in it
(2) drank too much caffeine
(3) drank alcohol
(4) smoked marijuana

पैदा हुआ था, और मानसिक रूप से मंद है। यह सबसे अधिक संभावना है कि गर्भावस्था के प्रारंभ के दौरान उसकी मां ने ______।

(1) मछली खाई होगी जिसमें पारा था
(2) बहुत ज्यादा कैफीन पी लिया होगा
(3) शराब पी होगी
(4) गांजा फूंका होगा

68. Who said "adolescence is a period of storm and stress"?

(1) Elizabeth Hurlock (2) Piaget
(3) Freud (4) George Staley Hall

68. किसने कहा, "किशोरावस्था तूफानी एवं तनावपूर्ण अवस्था हैं।"

(1) इलेजबेथ हरलॉक (2) पियाजे
(3) फ्रायड (4) जार्ज स्टेनले हाल

69. Which of the following statement is not correct:

(1) Children are active and motivated learner
(2) Children construct knowledge from their experiences
(3) Interaction with ones physical and social environment is not a necessary condition for cognitive development
(4) Cognitive development can proceed only after certain genetically controlled changes occur.

69. निम्न में से कौन सा कथन सही नहीं हैं?

(1) बच्चे सक्रीय एवं अभिप्रेरित ,शिक्षार्थी होते है
(2) बच्चे अपने अनुभवों से ज्ञान की संरचना करते है
(3) संज्ञानात्मक विकास के लिए किसी के द्वारा अपने शारीरिक एवं सामाजिक वातावरण के साथ अन्योन्यक्रियाकोई , अनिवार्य शर्त नहीं है
(4) केवल कुछ विशिष्ट अनुवांशिक तौर से नियंत्रित परिवर्तनों के घटित होने के बाद की स्थिति में ही संज्ञानात्मक विकास अग्रसारित हो सकता है

70. Which of the following is an accurate comparison of Piaget's and Vygotsky's views of children's private speech?

(1) Unlike Piaget, Vygotsky believed that private speech plays a major role in a child's intellectual growth.
(2) Both Piaget and Vygotsky thought that private speech discourages social communication among children.
(3) Unlike Vygotsky, Piaget felt that private speech contributes to the emotional development of children.
(4) Both Piaget and Vygotsky considered private speech evidence of a selfish disposition in children.

70. निम्नलिखित में से कौन सा पियाजे और वाईगोत्स्की के बच्चों के निजी वाक् के विचारों की सटीक तुलना है?

(1) पियाजे के विपरीत, वाईगोत्स्की का मानना था कि निजी वाक् बच्चे के बौद्धिक विकास में एक प्रमुख भूमिका निभाता है।
(2) दोनों पियाजे और वाईगोत्स्की ने सोचा कि निजी वाक् बच्चों के बीच सामाजिक संचार को हतोत्साहित करता है।
(3) वाईगोत्स्की के विपरीत, पियाजे महसूस किया कि निजी वाक् बच्चों के भावनात्मक विकास में योगदान देता है।
(4) दोनों पियाजे और वाईगोत्स्की ने बच्चों में एक स्वार्थी स्वभाव के निजी वाक् सबूत माना।

Space for Rough Work / कच्चे कार्य के लिए स्थान

71. What are the other skills of language apart from listening, speaking, reading and writing?
(1) Grammar and principles
(2) Thinking and reasoning
(3) Creativity and imagination
(4) Learning and memorization

72. A task in task-based language learning is:
(1) A piece of work which involves engagement with language.
(2) A physical activity
(3) A piece of assignment
(4) An activity for reading

73. A non – fictional text is classified and organized through:
(1) Central theme and meanings
(2) Story and plot
(3) Synonyms and antonyms
(4) Simile and rhetoric

74. Which of the following considers words and word chunks as basis for language learning?
(1) Grammar-translation method
(2) Dictionary approach
(3) Word approach
(4) Lexical approach

75. Which one of the following is NOT a prescribed level of teaching?
(1) Retention
(2) Understanding
(3) Memory
(4) Differentiation

Instruction (Q.No.76–80): Study the following paragraph and answer the questions that follow.

The massive fort of Jodhpur looked down from the hill at the new city which had sprawled out around the old one. The desert lay beyond the city it crouched there like a lion, and was the color of one, its rippled tawny pelt flea – specked here and there with small clumps of scrub. A gritty wind blew out of it, little rivers of sand eddied briefly down the pavements, then were snatched back into the air, and flung like a challenge to the south at the edge of the city, herds of camels twined their long necks around stunted trees, as though they were snakes. Then there were no more trees. Tall whirlwinds of sand marched down towards us from the horizon.

The desert enclosed us for the next ten days. There was a glare and dazzle on the skyline at dawn, then the ferocious eye of summer opened for a long look at its domain. For the next twelve hours it scowled down at the sand. We closed our eyes, visualized shadow, and water, narrowed them open once more to the parch and scald of the desert wind. The shifting wind caused the dunes constantly to collapse and reform, or drifted them lazily out as bulwarks across the road. The car had to stop at frequent intervals, so that we could clear the heaped sand away, or because one of the tyres, hissing on the burning surface of the tarmac, had exploded. During those prolonged and sweaty intervals by the roadside, we were passed, sometimes, by the ghostly herds of livestock moving south.

76. Between the fort and the desert there is / are:
(1) Three cities
(2) No city
(3) A hill
(4) Two cities

77. ________ are compared to snakes.
(1) Stunted trees
(2) Long necks of camels
(3) Herds of camels
(4) Edges of the city

78. The narrator's style of description is:
(1) Philosophic
(2) Analytical
(3) Scholarly
(4) Poetic

79. The desert looked like a lion because both are:
(1) Ferocious
(2) Found among the hills
(3) Of the same colour

(4) Massive

80. The only objects that actually broke the monotony of the vast desert were:

(1) Clumps of scrub here and there.
(2) Shadow and water.
(3) Lions living in it.
(4) Rivers of sand in it.

भाषा विषय: हिन्दी

81. बच्चों में सृजनात्मक अभिव्यक्ति का विकास करने के लिए सर्वश्रेष्ठ विधि है –

(1) पढ़ी गयी कहानी को संक्षेप में लिखना
(2) भूकंप आने पर जो तबाही हुई उसके बारे में अपने अनुभव लिखना
(3) दो दिन के अवकाश के लिए पत्र लिखवाना
(4) मेरा आदर्श विद्यालय पर निबंध लिखवाना

82. समृद्ध बाल साहित्य का सबसे महत्त्वपूर्ण उद्देश्य है –

(1) नैतिक मूल्यों का विकास
(2) भाषा – संरचना का विकास
(3) कल्पनाशक्ति का विकास
(4) सृजनात्मक भाषा – प्रयोग का विकास

83. दो भाषा बोलने वाले बच्चे न केवल अन्य भाषाओं पर अच्छा नियंत्रण रखते हैं, बल्कि शैक्षिक स्तर पर वे –

(1) अधिक बुद्धिमान होते हैं
(2) अधिक परिश्रमी होते हैं
(3) अधिक अंक प्राप्त करते हैं
(4) अधिक रचनात्मक होते हैं

84. सांस्कृतिक पर्वों के दौरान कक्षा में लोकगीतों की प्रस्तुति का आयोजन करने का उद्देश्य है –

(1) बच्चों की सांस्कृतिक जानकारी को बढ़ाना
(2) बच्चों की गायन क्षमता का विकास करना
(3) स्थानीय अनुभवों की परख करना
(4) बाहरी अनुभवों को कक्षा के अनुभवों से जोड़ना

85. गद्य पाठों के शिक्षण का उद्देश्य नहीं है –

(1) समृद्ध भाषा – प्रयोगों के उदाहरण प्रस्तुत करना
(2) समस्त गद्य – विधाओं का पूर्ण ज्ञान देना
(3) भाषा – संरचना की समझ बढ़ाना
(4) विभिन्न प्रकार की भाषिक प्रयुक्तियों का परिचय देना

निर्देश (Q.No.86–90): दिए गए गद्यांश को पढ़कर उसके नीचे लिखे प्रश्नों के सबसे उचित विकल्प को चुनिए।

'आदमी की तलाश' – यह स्वर अकसर सुनने को मिलता है। यह भी सुनने को मिलता है कि आज आदमी, आदमी नहीं रहा। इन्हीं स्थितियों के बीच दार्शनिक राधाकृष्णन की इन पंक्तियों का स्मरण हो आया – 'हमने पक्षियों की तरह उड़ना और मछलियों की तरह तैरना तो सीख लिया है, पर मनुष्य की तरह पृथ्वी पर चलना और जीना नहीं सीखा।'

जिंदगी के सफर में नैतिक और मानवीय उद्देश्यों के प्रति मन में अटूट विश्वास होना जरूरी है। कहा जाता है – आदमी नहीं चलता ,उसका विश्वास चलता है। आत्मविश्वास सभी गुणों को एक जगह बाँध देता है, यानी कि विश्वास की रोशनी में मनुष्य का सम्पूर्ण व्यक्तित्व और आदर्श उजागर होता है। गेटे की प्रसिद्ध उक्ति है कि जब कोई आदमी ठीक काम करता है, तो उसे पता तक नहीं चलता कि वह क्या कर रहा है, पर गलत काम करते समय उसे हर क्षण यह ख्याल रहता है कि वह जो कर रहा है, वह गलत है। गलत को गलत मानते हुए भी इंसान गलत किए जा रहा है। इसी कारण समस्याओं एवं अँधेरों के अंबार लगे हैं। लेकिन ऐसा ही नहीं है। कुछ अच्छे लोग भी हैं, शायद उनकी अच्छाइयों के कारण ही जीवन बचा हुआ है। ऐसे लोगों ने नैतिकता और सच्चरित्रता का खिताब ओढ़ा नहीं, उसे जीकर दिखाया। वे भाग्य और नियति के हाथों खिलौना बनकर नहीं बैठे, स्वयं के पसीने से अपना भाग्य लिखा। महात्मा गांधी ने इसीलिए कहा कि हमें वह परिवर्तन खुद बनना चाहिए, जिसे हम संसार में देखना चाहते हैं। जरूरत है कि हम दर्पण जैसा जीवन जीना सीखें। उन सभी खिड़कियों को बंद कर दें, जिनसे आने वाली गंदी हवा इंसान को इंसान नहीं रहने देती। मनुष्य के व्यवहार में मनुष्यता को देखा जा सके, यही 'आदमी की तलाश' है।

86. निम्न में से कौन – सा शब्द लिंग की दृष्टि से शेष से भिन्न है?

(1) मछली
(2) पृथ्वी
(3) पक्षी
(4) नदी

87. 'आदमी आदमी नहीं रहा' – कथन का भाव है –

(1) मानव प्रगतिशील हो गया।
(2) मनुष्य में मनुष्यता नहीं रही।
(3) आदमी देवता बन गया।
(4) मनुष्य राक्षस जैसा बन गया।

88. अनुचित कार्य करते समय मनुष्य को –

(1) विश्वास रहता है कि किसी को पता नहीं चलेगा।

(2) अच्छे मार्ग से कुछ पाने का भरोसा नहीं होता।
(3) पता ही नहीं होता कि वह अनुचित कर रहा है।
(4) मालूम रहता है कि वह ठीक कर रहा।

89. मुख्य भाव के अनुसार गद्यांश का सबसे उपयुक्त शीर्षक हो सकता है –
(1) जीवन यात्रा
(2) आदमी की तलाश
(3) मानवीय उद्देश्य
(4) सच्ची मानवता

90. सभी गुणों को एक स्थान पर जोड़ने की शक्ति किसमें बताई गयी है?
(1) सच्चरित्रता में
(2) आत्मविश्वास में
(3) मनुष्य में
(4) नैतिकता में

Space for Rough Work / कच्चे कार्य के लिए स्थान

Science

91. If any lever acts as III order lever, then it is called ________ multiplier.
(1) force (2) speed
(3) work (4) pressure

91. यदि कोई उत्तोलक III ऑर्डर उत्तोलक के रूप में कार्य करता है, तो इसे ________ गुणक कहा जाता है।
(1) बल (2) गति
(3) काम (4) दबाव

92. A marble is allowed to roll down an inclined plane from a fixed height. At the foot of the inclined plane, it moves on a horizontal surface. On which surface will the marble move the shortest distance:
(1) covered with silk cloth
(2) covered with a layer of sand
(3) covered with a glass sheet.
(4) All distances will be equal

92. किसी आनत समतल पर एक कंचे को एक निश्चित ऊँचाई से लुध्काया जाता है। आनत समतल के निचले सिरे पर यह एक क्षैतिज सतह पर गति करता है। किस सतह पर कंचा सबसे कम दुरी तय करेगा। अपने उत्तर का कारण बताइए।
(1) रेशम के कपड़े से ढका हुआ
(2) रेत की एक परत के साथ ढका हुआ
(3) एक गिलास शीट के साथ ढका हुआ
(4) सभी दूरी बराबर होगी

93. Various materials which are obtained from nature are called natural resources. Which of the following is not a natural resource?
(1) minerals (2) water
(3) soil (4) plastic

93. विभिन्न पदार्थ जो प्रकृति से प्राप्त होते है, प्राकृतिक संसाधन कहलाते हैं। निम्नलिखित में से कौन-सा एक प्राकृतिक संसाधन नहीं है?
(1) खनिज (2) पानी
(3) मृदा (4) प्लास्टिक

94. Magnesium ribbon on burning in air produces:
(1) magnesium oxide, water and light
(2) magnesium oxide and heat
(3) magnesium oxide, heat and light
(4) magnesium oxide, water and heat

94. हवा में जलने पर मैग्नीशियम रिबन पैदा करता है:
(1) मैग्नीशियम ऑक्साइड, पानी और प्रकाश
(2) मैग्नीशियम ऑक्साइड और गर्मी
(3) मैग्नीशियम ऑक्साइड, गर्मी और प्रकाश
(4) मैग्नीशियम ऑक्साइड, पानी और गर्मी

95. Which one of the following term is not a part of the nucleus?
(1) ribosome (2) nucleolus
(3) chromosome (4) gene

95. निम्नलिखित में से कौन सा शब्द केंद्रक का हिस्सा नहीं है?
(1) राइबोसोम (2) केंद्रिका
(3) गुणसूत्र (4) जीन

96. In leaves, name the cell organelle and pigment that is responsible for green colour:
(1) Chloroplast and Golgi bodies
(2) Mitrochondria and Ribosome
(3) Chloroplast and Chlorophyll
(4) Chloroplast and Vacuole

96. पत्तियों में उस कोशिकांगक का और उस वर्णक का नाम बताइए जिसके कारण पत्तियों का रंग हरा हो जाता है।
(1) क्लोरोप्लास्ट और गोल्गी निकायों
(2) माइटोकॉन्ड्रिया और राइबोसोम
(3) क्लोरोप्लास्ट और क्लोरोफिल
(4) क्लोरोप्लास्ट और वैक्यूल

97. Sets of reproductive terms are given below. Choose the set that has an incorrect combination:
(1) sperm, testis, sperm duct, penis
(2) menstruation, egg, oviduct, uterus
(3) sperm, oviduct, egg, uterus
(4) ovulation, egg, oviduct, uterus

97. प्रजनन निबंधन के समूह नीचे दिए गए हैं। उस सेट को चुनें जिसमें गलत संयोजन है:
(1) शुक्राणु, वृषण, शुक्राणु नलिका, लिंग
(2) मासिक धर्म, अंडा, डिंबवाहिनी, गर्भाशय
(3) शुक्राणु, डिंबवाहिनी, अंडा, गर्भाशय
(4) अंडाशय, अंडा, डिंबवाहिनी, गर्भाशय

98. In Fig two boys A and B are shown applying force on a block. If the block moves towards the right, which one of the following statements is correct?

(1) Magnitude of force applied by A is greater than that of B.
(2) Magnitude of force applied by A is smaller than that of B.
(3) Net force on the block is towards A.
(4) Magnitude of force applied by A is equal to that of B.

99. In which of these mediums can sound travel?
I. wood
II. water
III. air
IV. vacuum
(1) I & II only
(2) I, II & III only
(3) III & IV only
(4) II, III & IV only

100. Earthquakes can cause:
I. Tsunami
II. Landslide
III. Floods
IV. Lightning
(1) I, II & III
(2) II & IV
(3) II, III & IV
(4) III & IV

101. Which of the following statements are correct:
I. The planet nearest to us is Jupiter.
II. All the stars are at the same distance from us.
III. The planets do not emit light of their own.
IV. The planets keep changing their position with respect to stars.
V. The planet Venus appears in the eastern sky before sunrise.
VI. The plane in which the earth revolves around the

98. चित्र में दो लड़के A तथा B एक ब्लॉक पर बल लगाते हुए दिखलाए गए हैं। यदि गुटका दाहिनी और गति करता है,तो निमंलिखित में से कौन-सा कथन सही है?

(1) A द्वारा लगाए गए बल का परिमाण B की अपेक्षा अधिक है।
(2) A द्वारा द्वारा लगाए गए बल का परिमाण B की अपेक्षा कम है।
(3) गुटके पर लगने वाला कुल (नेट) बल A की ओर है।
(4) A द्वारा द्वारा लगाए गए बल का परिमाण B के बराबर है|

99. इनमें से किन माध्यमों में ध्वनि गमन कर सकती है?
I. लकड़ी
II. जल
III. वायु
IV. निर्वात
(1) केवल I व II
(2) केवल I, II व III
(3) केवल III व IV
(4) केवल II, III व IV

100. भूकंप के कारण आ सकता/सकती है:
I. सुनामी
II. भूस्खलन
III. बाढ़
IV. तड़ित
(1) I, II & III
(2) II & IV
(3) II, III & IV
(4) III & IV

101. निम्नलिखित में से कौन सा कथन सही है:
I. हमारे सबसे निकट ग्रह बृहस्पति है।
II. सभी तारे हमारे समान दूरी पर हैं।
III. ग्रह अपना स्वयं का प्रकाश उत्सर्जित नहीं करते।
IV. ग्रह तारों के सापेक्ष अपनी स्थिति बदलते रहते हैं।
V. ग्रह शुक्र सूर्य निकलने से पहले आकाश के पूर्वी भाग में दिखाई देता है।
VI. जिस तल में पृथ्वी सूर्य के चारों ओर परिक्रमा है उसे पृथ्वी विषुवतीय तल कहते हैं।

sun is called equatorial plane of earth.

(1) I, II, V and VI
(2) III, IV and V
(3) II, IV, V, and VI
(4) I, II and VI

(1) I, II, V और VI
(2) III, IV और V
(3) II, IV, V, और VI
(4) I, II और VI

102. Two chemical species X and Y combine together to form a product P which contains both X and Y

$$X + Y \rightarrow P$$

X and Y cannot be broken down into simpler substances by simple chemical reactions. Which of the following concerning the species X, Y and P are correct?

I. P is a compound
II. X and Y are compounds
III. X and Y are elements
IV. P has a fixed composition

(1) I, II and III,
(2) I, II and IV
(3) II, III and IV
(4) I, III and IV

102. दो रासायनिक स्पीशीज X तथा Y आपस में संयुक्त होकर उत्पाद P बनती हैं जिसमें X तथा Y दोनों उपस्थित हैं।

$$X + Y \rightarrow P$$

X तथा Y को सरल रासायनिक अभिक्रिया द्वारा सरल पदार्थों में नहीं तोडा जा सकता है। निम्नलिखित में से कौन-सा X, Y तथा P स्पीशीज के संदर्भ में सत्य है?

I. P एक यौगिक है
II. X तथा Y यौगिक है
III. X तथा Y तत्व हैं
IV. P का एक निश्चित संघटन है

(1) I, II तथा III,
(2) I, II तथा IV
(3) II, III तथा IV
(4) I, III तथा IV

103. In a sample of ethyl ethanoate ($CH_3COOC_2H_5$) the two oxygen atoms have the same number of electrons but different number of neutrons. Which of the following is the correct reason for it?

(1) One of the oxygen atoms has gained electrons
(2) One of the oxygen atoms has gained two neutrons
(3) The two oxygen atoms are isotopes
(4) The two oxygen atoms are isobars.

103. एथिल एथेनोएट ($CH_3COOC_2H_5$) के एक नमूने में दो ऑक्सीजन परमाणुओं में इलेक्ट्रॉनों की संख्या समान है, परंतु न्युट्रॉनों की संख्या भिन्न है| इसके लिए निम्नलिखित में से कौन-सा कारण है?

(1) इनमें से एक ऑक्सीजन परमाणु ने इलेक्ट्रॉन प्राप्त किए हैं
(2) इनमें से एक ऑक्सीजन परमाणु ने दो न्युट्रॉन प्राप्त किए हैं
(3) दोनों ऑक्सीजन परमाणु समस्थानिक हैं
(4) दोनों ऑक्सीजन परमाणु सममारिक हैं

104. The cell organelle involved in forming complex sugars from simple sugars are

(1) endoplasmic reticulum
(2) ribosomes
(3) plastids
(4) golgi apparatus

104. कोशिका-अंगक जो सरल शर्करा को जटिल शर्करा में बदलने में शामिल है-

(1) अंतर्द्रव्यी जालिया
(2) राइबोसोम
(3) लवक
(4) गॉल्जी उपकरण

105. From the given v – t graph , it can be inferred that the object is

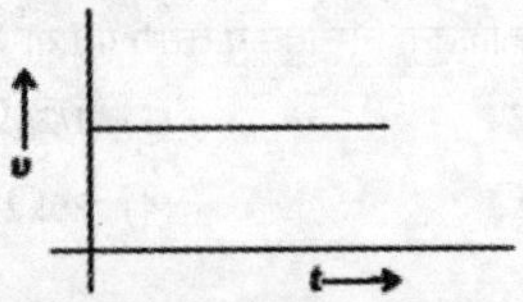

(1) in uniform motion

105. दिए गए v – t ग्राफ से यह निष्कर्ष निकल सकते है कि पिंड-

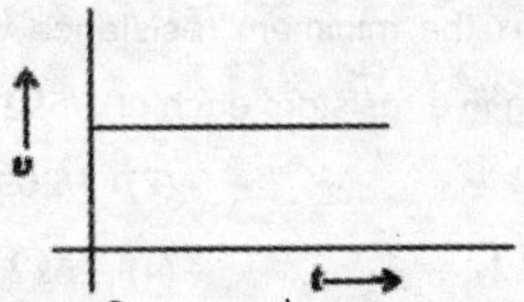

(1) एकसमान गति कर रहा है
(2) विराम में है

(2) at rest
(3) in non-uniform motion
(4) moving with uniform acceleration

106. The strength of magnetic field inside a long current carrying straight solenoid is
(1) more at the ends than at the centre
(2) minimum in the middle
(3) same at all points
(4) found to increase from one end to the other

107. Law of gravitation gives the gravitational force between
(1) the earth and a point mass only
(2) the earth and Sun only
(3) any two bodies having some mass
(4) two charged bodies only

108. In SONAR, we use
(1) ultrasonic waves
(2) infrasonic waves
(3) radio waves
(4) audible sound waves

109. The path of a ray of light coming from air passing through a rectangular glass slab traced by four students are shown as A, B, C and D in Figure Which one of them is correct?

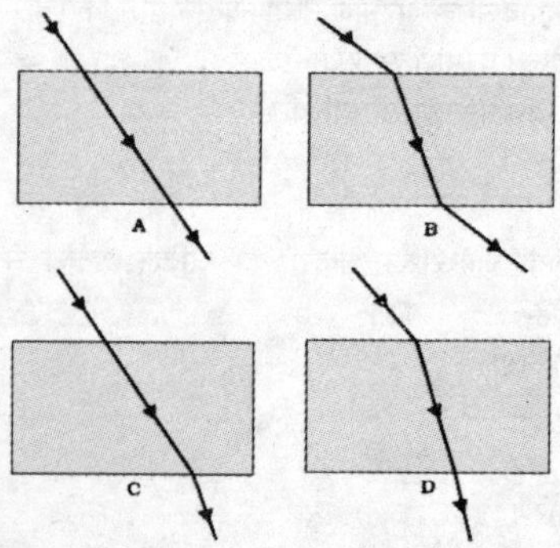

(1) A (2) B (3) C (4) D

110. What is the minimum resistance which can be made using five resistors each of $1/5\Omega$?
(1) $1/5\Omega$ (2) $1/25\Omega$
(3) $1/10\Omega$ (4) 25Ω

(3) असमान गति कर रहा है
(4) एकसमान त्वरण से गति कर रहा है

106. किसी लंबी सीधी धारावाही परिनालिका के भीतर चुंबकीय क्षेत्र की तीव्रता
(1) केन्द्र की अपेक्षा सिरों पर अधिक होती है
(2) मध्य में सबसे कम होती है
(3) सभी बिन्दुओं पर समान होती है
(4) एक सिरे से दुसरे सिरे की ओर बढ़ती जाती है

107. गुरुत्वाकर्षण के नियम में गुरुत्वाकर्षण बल
(1) केवल पृथ्वी तथा बिंदु द्रव्यमान के बीच होता है
(2) केवल सूर्य तथा पृथ्वी के बीच होता है
(3) द्रव्यमान रखने वाले किन्हीं भी दो पिंडों के बीच होता है
(4) केवल दो आवेशित पिंडो के बीच होता है

108. सोनार (SONAR) में हम उपयोग करते हैं –
(1) पराश्रव्य तरंगें
(2) अवश्रव्य तरंगें
(3) रेडियो तरंगें
(4) श्रव्य तरंगें

109. वायु से काँच के आयताकार स्लैब पर आपतित किसी प्रकाह किरण का गमन पथ से चार विद्यार्थियों A, B, C, D ने चित्र में दर्शाए अनुसार आरेखित किया। इमं से कौन-सा सही है?

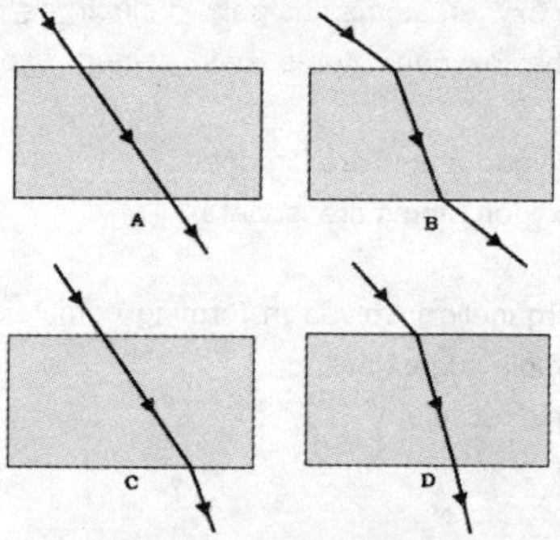

(1) A (2) B (3) C (4) D

110. पाँच प्रतिरोधकों, जिनमें प्रत्येक का प्रतिरोध $1/5\Omega$ है, का उपयोग करके कितना निम्नतम प्रतिरोध बनाया जा सकता है?
(1) $1/5\Omega$ (2) $1/25\Omega$
(3) $1/10\Omega$ (4) 25Ω

111. Which of the following figures do not satisfy any of the following properties?

- All sides are equal.
- All angles are right angles.
- Opposite sides are parallel.

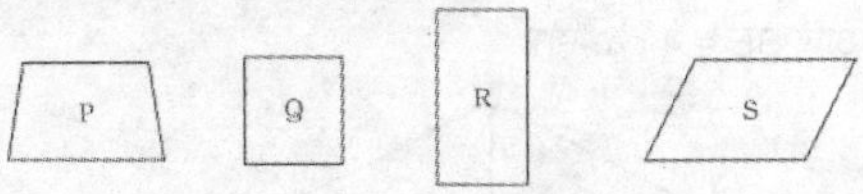

(1) P (2) Q (3) R (4) S

111. निम्न में से कौन-सी आकृति नीचे लिखे गुणों में से किसी भी गुण को संतुष्ट नही करती?

- सभी भुजाएँ बराबर है।
- सभी कोण समकोण है।
- सम्मुख भुजाएँ समांतर है।

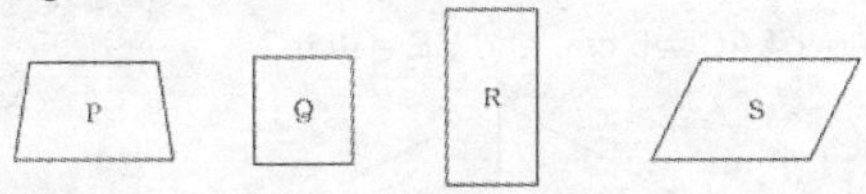

(1) P (2) Q (3) R (4) S

112. What is the central angle of the sector (in the pie chart) representing hormones enzymes and other proteins?

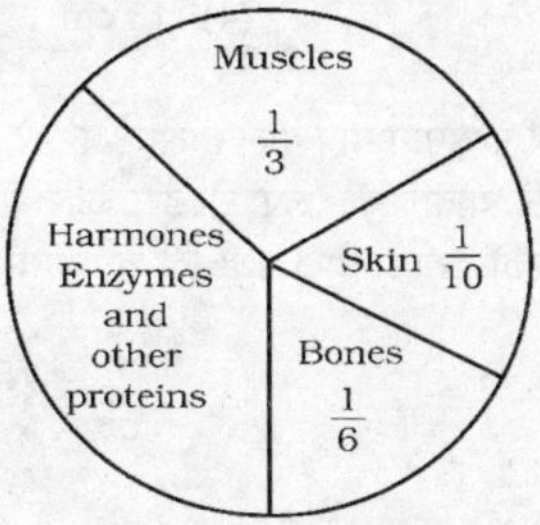

(1) 120° (2) 144°
(3) 156° (4) 176°

112. दिए गए पाई चार्ट में हारमोन्स, ऐजाइम्स और अन्य भागो को निरुपित करने वाले त्रिज्यखंड का केंद्रीय कोण है-

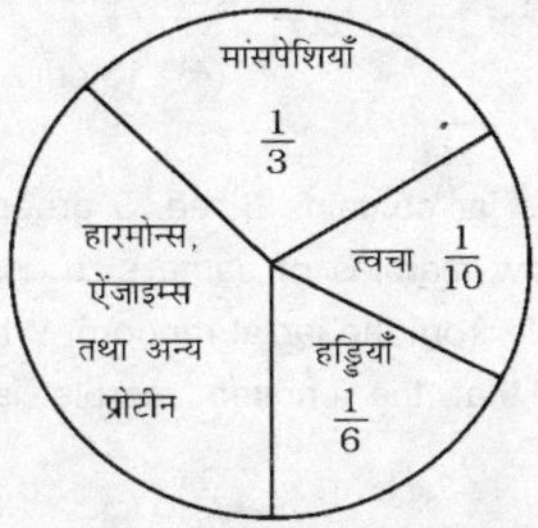

(1) 120° (2) 144°
(3) 156° (4) 176°

113. If APB and CQD are two parallel lines, then the bisectors of the angles APQ, BPQ, CQP and PQD form

(1) a square
(2) a rhombus
(3) a rectangle
(4) any other parallelogram

113. यदि APB और CQD दो समांतर रेखाएँ है, तो कोणों APQ, BPQ, CQP और PQD के समद्विभाजक बनाते है

(1) एक वर्ग
(2) एक समचतुर्भुज
(3) एक आयत
(4) कोई अन्य समांतर चतुर्भुज

114. In Fig., if $\angle ABC = 20^\circ$, then $\angle AOC$ is equal to:

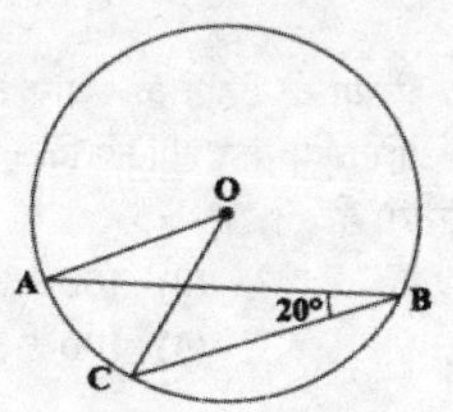

(1) 20° (2) 40° (3) 60° (4) 10°

114. आकृति में, यदि $\angle ABC = 20^\circ$ है, तो $\angle AOC$ बराबर है

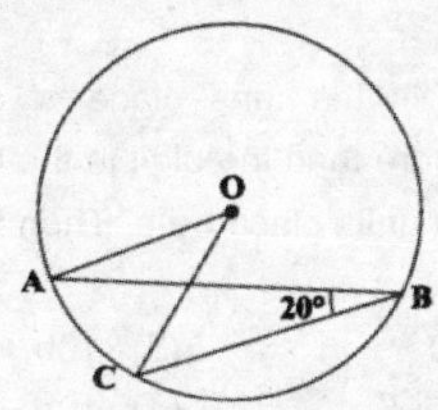

(1) 20° (2) 40° (3) 60° (4) 10°

115. 100 persons had food provision for 24 days. If 20 persons left the place, the provision will last for

115. 100 व्यक्तियों के लिए 24 दिन के भोजन की व्यवस्था थी। यदि 20 व्यक्ति उस स्थान को छोडकर चले जाएँ, तो भोजन कितने समय के लिए पर्याप्त रहेगा?

(1) 30 days

(2) $\frac{96}{5}$ days

(3) 120 days

(4) 40 days

116. What is the area of the rhombus ABCD below if AC = 6 cm, and BE = 4cm?

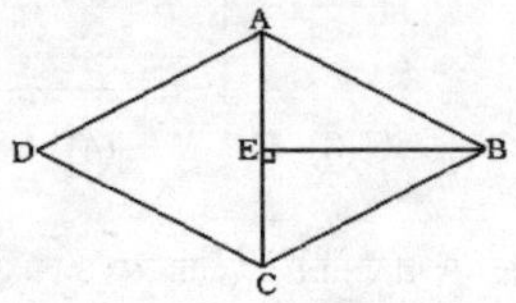

(1) 36 cm^2 (2) 16 cm^2

(3) 24 cm^2 (4) 13 cm^2

117. A glass jar contains 6 red, 5 green, 4 blue and 5 yellow marbles of same size. Hari takes out a marble from the jar at random. What is the probability that the chosen marble is of red colour?

(1) $\frac{7}{10}$

(2) $\frac{3}{10}$

(3) $\frac{4}{5}$

(4) $\frac{2}{5}$

118. A perfect square can never have the following digit in its ones place.

(1) 1 (2) 8 (3) 0 (4) 6

119. The digit in the tens place of a two digit number is 3 more than the digit in the units place. Let the digit at units place be b. Then the number is

(1) 11b + 30 (2) 10b + 30

(3) 11b + 3 (4) 10b + 3

120. A quadrilateral whose all sides are equal, opposite angles are equal and the diagonals bisect each other at right angles is a ________.

(1) rhombus

(1) 30 दिन

(2) $\frac{96}{5}$ दिन

(3) 120 दिन

(4) 40 दिन

116. नीचे दिये गये समचतुर्भुज ABCD का क्षेत्रफल क्या है, यदि AC = 6 cm और BE = 4 cm हो?

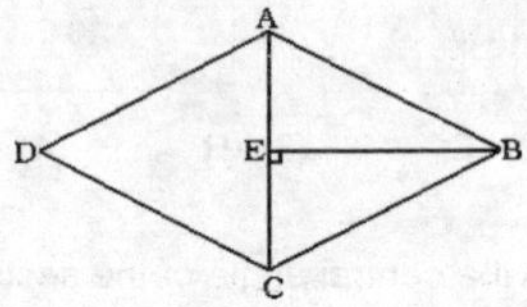

(1) 36 cm^2 (2) 16 cm^2

(3) 24 cm^2 (4) 13 cm^2

117. शीशे के एक जार में समान माप वाले 6 लाल, 5 हरे, 4 नीले और 5 पीले कंचे है। हरि याद्रच्छिक रूप से इस जार में से एक कंचा निकालता है। इसकी क्या प्रायिकता है कि चुना गया कंचा लाल रंग का होगा?

(1) $\frac{7}{10}$

(2) $\frac{3}{10}$

(3) $\frac{4}{5}$

(4) $\frac{2}{5}$

118. एक पूर्ण वर्ग में इकाई का अंक निम्न कभी नही हो सकता-

(1) 1 (2) 8 (3) 0 (4) 6

119. दो अंको वाली एक संख्या के दहाई के स्थान का अंक इकाई के स्थान के अंक से 3 अधिक है| मान लीजिए कि इकाई के स्थान पर अंक b है| तब, वह संख्या है-

(1) 11b + 30 (2) 10b + 30

(3) 11b + 3 (4) 10b + 3

120. एक चतुर्भुज जिसकी सभी भुजाएँ बराबर हो, सम्मुख कोण बराबर हो और विकर्ण परस्पर समकोण पर समद्विभाजित करे, होता है एक

(1) समचतुर्भुज

(2) समांतर चतुर्भुज

(2) parallelogram
(3) square
(4) rectangle

(3) पतंग
(4) आयत

121. If the adjacent angles of a parallelogram are equal, then the parallelogram is a
(1) rectangle
(2) trapezium
(3) rhombus
(4) any of the three

121. यदि किसी समांतर चतुर्भुज के आसन्न कोण बराबर हो, तो वह है एक-
(1) आयत
(2) समलंब
(3) समचतुर्भुज
(4) इनमे से कोई भी

122. In a solid if F = V = 5, then the number of edges in this shape is
(1) 6 (2) 4 (3) 8 (4) 2

122. एक बहुफलकी में, यदि F = V = 5 है, तो इस आकार में किनारों की संख्या होगी-
(1) 6 (2) 4 (3) 8 (4) 2

123. For a fixed base, if the exponent decreases by 1, the number becomes
(1) One-tenth of the previous number.
(2) Ten times of the previous number.
(3) Hundredth of the previous number.
(4) Hundred times of the previous number.

123. निशिचत आधार के लिए यदि घातांक 1 कम कर दिया जाये, तो वह संख्या बन जाती है-
(1) पिछली संख्या का एक-दशांश
(2) पिछली संख्या का दस गुना
(3) पिछली संख्या का शतांश
(4) पिछली संख्या का सौ गुना

124. A bought a tape recorder for Rs 8,000 and sold it to B. B in turn sold it to C, each earning a profit of 20%. Which of the following is true:
(1) A and B earn the same profit.
(2) A earns more profit than B.
(3) A earns less profit than B.
(4) Cannot be decided.

124. A ने एक टेप रिकार्डर Rs 8,000 में खरीदा और उसे B को बेच दिया। B ने इसे C को बेचा। प्रत्येक ने इसमें 20% का लाभ अर्जित किया। निम्न में से कौन सत्य है?
(1) A और B ने बराबर लाभ आर्जित किया।
(2) A ने B से अधिक लाभ आर्जित किया।
(3) A ने B से कम लाभ आर्जित किया।
(4) कोई निर्णय नही लिया जा सकता।

125. The area of a parallelogram is 60 cm^2 and one of its altitudes is 5 cm. The length of its corresponding side is
(1) 12 cm (2) 6 cm
(3) 4 cm (4) 2 cm

125. किसी समांतर चतुर्भुज का क्षेत्रफल 60 cm^2 है और उसका एक शीर्ष लंब 5 cm है। उसकी संगत भुजा की लंबाई है।
(1) 12 cm (2) 6 cm
(3) 4 cm (4) 2 cm

126. If x + y + z = 6 and z is an odd digit, then the three-digit number xyz is
(1) an odd multiple of 3
(2) odd multiple of 6
(3) even multiple of 3
(4) even multiple of 9

126. यदि x + y + z = 6 और z एक विषम अंक है, तो xyz है-
(1) 3 का एक विषम गुणज
(2) 6 का एक विषम गुणज
(3) 3 का एक सम गुणज
(4) 9 का सम गुणज

127. If x + 1 is a factor of the polynomial $2x^2 + kx$, then the value of k is
(1) –3 (2) 4 (3) 2 (4) –2

127. यदि x + 1 बहुपद $2x^2 + kx$ का एक गुणनखंड हो, तो k का मान है:
(1) –3 (2) 4 (3) 2 (4) –2

128. Which of the following is not a criterion for congruence of triangles?

(1) SAS (2) ASA (3) SSA (4) SSS

129. The figure obtained by joining the mid-points of the sides of a rhombus, taken in order, is

(1) a rhombus

(2) a rectangle

(3) a square

(4) any parallelogram

130. In Fig., if AOB is a diameter of the circle and AC = BC, then $\angle CAB$ is equal to:

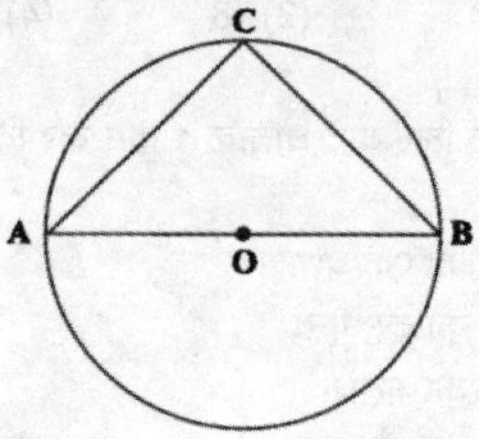

(1) 30º (2) 60º (3) 90º (4) 45º

128. निम्नलिखित में से कौन त्रिभुजो की सर्वांगसमता की एक कसौटी नही है?

(1) SAS (2) ASA (3) SSA (4) SSS

129. एक समचतुर्भुज की भुजाओ के मध्य-बिंदुओ को, एक ही क्रम में, मिलाने पर बनने वाली आकृति होती है

(1) एक समचतुर्भुज

(2) एक आयत

(3) एक वर्ग

(4) कोई भी समांतर चतुर्भुज

130. आकृति में, यदि AOB व्रत का एक व्यास तथा AC = BC है, तो $\angle CAB$ बराबर है

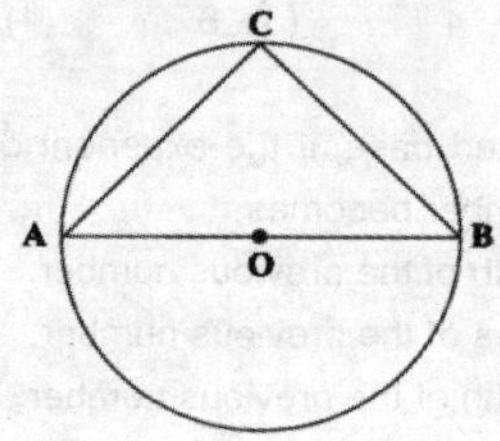

(1) 30º (2) 60º (3) 90º (4) 45º

Space for Rough Work / कच्चे कार्य के लिए स्थान

Environmental Studies

131. What would happen, if all the oxygen present in the environment is converted to ozone?
(1) We will be protected more
(2) It will become poisonous and kill living forms
(3) Ozone is not stable, hence it will be toxic
(4) It will help harmful sun radiations to reach earth and damage many life forms.

131. यदि पर्यावरण मेनुप्स्थित सभी ऑक्सीजन ओजोन में परिवर्तित हों जाए, तो क्या होगा?
(1) हम अधिक सुरक्षित होंगे
(2) यह विषाक्त हों जाएगी तथा जीवों को नष्ट करेगी
(3) ओजोन स्थिर नहीं है अत: आविषालू हों जाएगी
(4) यह हानिकारक सूर्य विकिरणों को प्रथ्वी पर पहुँचने में मदद करेगी तथा कई प्रकार के जीवों को नष्ट कर देगी

132. An increase in carbon dioxide content in the atmosphere would not cause
(1) more heat to be retained by the environment
(2) increase in photosynthesis in plants
(3) global warming
(4) abundance of desert plants

132. वायुमंडल में कार्बन डाइऑक्साइड की मात्र की वृद्धि से क्या नहीं होगा?
(1) पर्यावरण द्वारा बनाए रखने के लिए अधिक गर्मी
(2) पौधों में प्रकाश संश्लेषण में वृद्धि
(3) ग्लोबल वार्मिग
(4) रेगिस्तान पौधों की बहुतायत

133. Which one of the following is not important for individual health?
(1) Living in clean space
(2) Good economic condition
(3) Social equality and harmony
(4) Living in a large and well-furnished house

133. निम्नलिखित में से कौन-सा व्यक्ति के स्वास्थ्य के लिए प्रमुख नहीं है?
(1) एक स्वच्छ स्थान में रहना
(2) अच्छी आर्थिक स्थिति
(3) सामाजिक समानता तथा मेल-जोल की भावना
(4) एक बड़े और सुसज्जित भवन में रहना

134. Choose the incorrect statement
(1) We are encouraged to plant more trees so as to ensure clean environment and also provide bio-mass fuel
(2) Gobar-gas is produced when crops, vegetable wastes etc., decompose in the absence of oxygen
(3) The main ingredient of bio-gas is ethane and it gives a lot of smoke and also produces a lot of residual ash
(4) Bio-mass is a renewable source of energy

134. निम्नलिखित में असत्य प्रकथन का चयन कीजिए:
(1) हमें अधिक वृक्ष लगाने के लिए प्रोत्साहित किया जाता है ताकि पर्यावरण शुद्ध हों तथा जैवमात्रा ईंधन भी प्राप्त हों
(2) जब फसलों, वनस्पति के अपशिष्टों आदि का ऑक्सीजन की अनुपस्थिति में विघटन होता है तो जैवगैस उत्पन्न होती है
(3) जैवगैस का प्रमुख अवयव एथेन है और यह अत्यधिक धूंआ उत्पन्न करती है तथा अत्यधिक राख भी शेष बच जाती है
(4) जैवमात्रा ऊर्जा का नवीकरणीय स्रोत है

135. Disposable plastic plates should not be used because
(1) they are made of materials with light weight
(2) they are made of toxic materials
(3) they are made of biodegradable materials
(4) they are made of non-biodegradable materials

135. भोजन खाने के पश्चात प्लास्टिक की जिन प्लेटों को फेंक दिया जाता है उन्हें दोबारा से उपयोग नहीं करना चाहिए, क्योंकि-
(1) ये हल्के पदार्थ की बनी होती हैं
(2) ये आविषी पदार्थ की बनी होती है
(3) ये जैवनिम्नीकरणीय पदार्थ की बनी होती है
(4) ये गैर-जैवनिम्नीकरणीय पदार्थ की बनी होती है

136. Opposition to the constrution of large dams is due to
(1) social reasons
(2) economic reasons

136. बड़े-बड़े बाँधों के निर्माण किए जाने का विरोध किसके कारण होता है?
(1) सामाजिक कारणों के
(2) आर्थिक कारणों के

(3) enviromental reasons
(4) all the above

(3) पर्यावरण कारणों के
(4) उपरोक्त सभी के

137. How many wildlife sanctuaries are there in India?
(1) 543 (2) 18 (3) 78 (4) 104

137. भारत में कितने वन्यजीव अभयारण्य हैं?
(1) 543 (2) 18 (3) 78 (4) 104

138. As per 2011 census, lowest sex ratio in union territory
(1) Lakshadweep
(2) Pondicherry
(3) Andaman Nicobar
(4) Daman and Diu

138. 2011 की जनगणना के अनुसार, किस केंद्र क्षेत्र में सबसे कम लिंग अनुपात है
(1) लक्षद्वीप
(2) पांडिचेरी
(3) अंडमान निकोबार
(4) दमन और दीव

139. Earth Day is celebrated on
(1) 22 April (2) 08 May
(3) 22 May (4) 05 June

139. पृथ्वी दिवस मनाया जाता है
(1) 22 अप्रैल (2) 08 मई
(3) 22 मई (4) 05 जून

140. How many species of animals and plants are protected by CITES against over-exploitation through international trade?
(1) Plants: 28,000, Animals: 5,000
(2) Plants: 5,000, Animals: 28,000
(3) Plants: 30,900, Animals: 8,700
(4) Animals: 30,900, Plants: 8,700

140. अंतरराष्ट्रीय व्यापार के माध्यम से अधिक शोषण के खिलाफ सीआईटीईएस द्वारा जानवरों और पौधों की कितनी प्रजातियां संरक्षित हैं?
(1) पौधे: 28,000, पशु: 5,000
(2) पौधे: 5,000, पशु: 28,000
(3) पौधे: 30,900, पशु: 8,700
(4) पशु: 30,900, पौधे: 8,700

141. The Kyoto Protocol was came in effect from
(1) 21 March 1994
(2) 16 February 2005
(3) 29 December 1993
(4) 1 October 2003

141. क्योटो प्रोटोकॉल प्रभावी रूप से कब लागू हुआ था
(1) 21 मार्च 1994
(2) 16 फरवरी 2005
(3) 29 दिसंबर 1993
(4) 1 अक्टूबर 2003

142. Full form of CEMDE is
(1) Convention of Ecosystem Management of Degraded Environment
(2) Centre for Ecosystem Management of Degraded Environment
(3) Committee of Environmental Management of Degraded Ecosystem
(4) Centre for Environment Management of Degraded Ecosystem

142. CEMDE का पूरा नाम क्या है?
(1) Convention of Ecosystem Management of Degraded Environment
(2) Centre for Ecosystem Management of Degraded Environment
(3) Committee of Environmental Management of Degraded Ecosystem
(4) Centre for Environment Management of Degraded Ecosystem

143. Bandipur National Park is located in
(1) Uttarakhand
(2) Rajasthan
(3) Karnataka
(4) Assam

143. बंदीपुर राष्ट्रीय उद्यान कहाँ स्थित है
(1) उत्तराखंड
(2) राजस्थान
(3) कर्नाटक
(4) असम

144. A coalition government implies

144. गठबंधन सरकार से अभिप्राय है

(1) Power sharing between two or more political parties after elections when no party has been able to get a clear majority
(2) Power sharing between State Government and Panchayati Raj Institutions
(3) Power sharing between government at the Centre and State
(4) Power sharing between executive and judiciary

(1) चुनाओं के बाद किसी भी दल को स्पष्ट बहुमत न मिलने की स्थिति में दो या दो से अधिक राजनीतिक दलों के बीच सत्ता की साझेदारी।
(2) राज्य सरकार तथा पंचायती राज संस्थानों के बीच सत्ता की साझेदारी।
(3) केन्द्र और राज्य सरकार के बीच सत्ता की साझेदारी।
(4) कार्यपालिका और न्यायपालिका के बीच सत्ता की साझेदारी।

145. Which one of the following statements is incorrect about the judiciary?
(1) Judiciary has the power to strike down laws passed by the Parliament
(2) The judicial system provides a mechanism for resolving disputes between citizens, between citizens and the government, but not between two State governments
(3) The legislature and the executive cannot interfere in the work of judiciary
(4) It plays a crucial role in protecting the Fundamental Rights of judiciary

145. न्यायपालिका के सम्बन्ध में निम्नलिखित कथनों में से कौन-सा कथन गलत है?
(1) न्यायपालिका को संसद द्वारा पारित किए गए क़ानूनों को रद्द करने का अधिकार है
(2) न्यायिक व्यवस्था नागरिकों तथा नागरिकों व सरकार के बीच पैदा होने वाले विवादों को हल करने की क्रियाविधि उपलब्ध कराती है, परंतु दो राज्य सरकारों के बीच नहीं
(3) न्यायपालिका के कार्यक्षेत्र में विधायिका और कार्यपालिका हस्तक्षेप नहीं कर सकतीं
(4) यह नागरिकों के मौलिक अधिकारों की सुरक्षा करने में महत्वपूर्ण भूमिका निभाती है

146. Which of the following is an example of desert?
(1) Ladakh
(2) Sundarban
(3) Konkan
(4) Western Ghats

146. निम्नलिखित में से कौन-सा मरुस्थल का एक उदाहरण है?
(1) लद्दाख
(2) सुंदरबन
(3) कोंकण
(4) पश्चिमी घाट

147. The circle of illumination is the
(1) Circle that divides the globe into two parts
(2) Circle that divides the day from night on the globe
(3) Position of the Earth on equinox when day and night are equal
(4) Position of the Sun on a particular meridian at 12:00 o'clock in noon

147. प्रदीप्ति वृत है
(1) वृत जो ग्लोब को दो भागों में विभाजित करता है
(2) वृत जो ग्लोब पर दिन को रात से विभाजित करता है
(3) विषुव पर पृथ्वी की स्थिति, जब दिन और रात बराबर होते हैं
(4) एक विशेष मध्याह्न रेखा पर दोपहर 12:00 बजे सूर्य की स्थिति

148. Main focus of second five year plan of India was on the
(1) agricultural development of the country
(2) achievement of stable growth and self-reliance
(3) industrial development of the country
(4) poverty eradication and technological self-reliance

148. भारत की दूसरी पंचवर्षीय योजना का मुख्य फोकस था
(1) देश के कृषि विकास
(2) स्थिर विकास और आत्मनिर्भरता की उपलब्धि
(3) देश के औद्योगिक विकास
(4) गरीबी उन्मूलन और तकनीकी आत्मनिर्भरता

149. Which social reformer published a book, Stripurushtulna, criticising the social differences between men and women?

149. किस सामाजिक सुधारक ने एक पुस्तक, स्त्रीपुरुषतुलना नामक प्रकाशित की, और पुरुषों व महिलाओं के बीच सामाजिक मतभेदों की आलोचना की?

(1) Pandita Ramabai
(2) Tarabai Shinde
(3) Jyotirao Phule
(4) Ishwarchandra Vidyasagar

(1) पंडिता रमाबाई
(2) ताराबाई शिंदे
(3) ज्योतिराव फुले
(4) ईश्वरचंद्र विद्यासागर

150. Which of the following statements regarding position of the Earth is true?
(1) The axis of the Earth is a definite line that makes an angle of $66\frac{1}{2}°$ with its orbital plane
(2) The axis of the Earth is a definite line that makes an angle of $23\frac{1}{2}°$ with its orbital plane
(3) The axis of the Earth is an imaginary line that makes an angle of $66\frac{1}{2}°$ with its orbital plane
(4) The axis of the Earth is an imaginary line that makes an angle of $23\frac{1}{2}$ with its orbital plane

150. निम्नलिखित कथनों में से कौन-सा कथन पृथ्वी की स्थिति के सम्बन्ध में सत्य है?
(1) पृथ्वी की अक्ष एक वास्तविक रेखा है, जो इसके कक्षीय समतल से $66\frac{1}{2}°$ का कोण बनाती है
(2) पृथ्वी की अक्ष एक वास्तविक रेखा है, जो इसके कक्षीय समतल से $23\frac{1}{2}°$ का कोण बनाती है
(3) पृथ्वी की अक्ष एक काल्पनिक रेखा है, जो इसके कक्षीय समतल से $66\frac{1}{2}°$ का कोण बनाती है
(4) पृथ्वी की अक्ष एक काल्पनिक रेखा है, जो इसके कक्षीय समतल से $23\frac{1}{2}°$ का कोण बनाती है

Space for Rough Work / कच्चे कार्य के लिए स्थान

उत्तर पत्रिका / Answer Sheet – Kendriya Vidyalaya Sangathan

Name of the Candidate: ____________________ **Fathers' Name:** ____________________

Roll Number: ____________________, **Examination Centre:** ____________________

Paper of the Candidate: ____________________, **Test Booklet Code:** ____________________

Mark your Answer by shading the appropriate circle against each question. The circle should be shaded completely without leaving any space. The correct method of shading is given below.
प्रत्येक प्रश्न के सामने उचित वृत का चिन्हांकन करके अपना उत्तर लिखें। वृत्त को बिना कोई स्थान छोड़े चिन्हांकित करें। चिन्हांकित करने का सही तरीका नीचे दिया गया है।

Correct Method : सही तरीका : ○ ● ○ ○ Wrong Method : गलत तरीका : ⊗ ✓ ⊙ ◑

Q	Options	Q	Options	Q	Options	Q	Options	Q	Options
001	① ② ③ ④	031	① ② ③ ④	061	① ② ③ ④	091	① ② ③ ④	121	① ② ③ ④
002	① ② ③ ④	032	① ② ③ ④	062	① ② ③ ④	092	① ② ③ ④	122	① ② ③ ④
003	① ② ③ ④	033	① ② ③ ④	063	① ② ③ ④	093	① ② ③ ④	123	① ② ③ ④
004	① ② ③ ④	034	① ② ③ ④	064	① ② ③ ④	094	① ② ③ ④	124	① ② ③ ④
005	① ② ③ ④	035	① ② ③ ④	065	① ② ③ ④	095	① ② ③ ④	125	① ② ③ ④
006	① ② ③ ④	036	① ② ③ ④	066	① ② ③ ④	096	① ② ③ ④	126	① ② ③ ④
007	① ② ③ ④	037	① ② ③ ④	067	① ② ③ ④	097	① ② ③ ④	127	① ② ③ ④
008	① ② ③ ④	038	① ② ③ ④	068	① ② ③ ④	098	① ② ③ ④	128	① ② ③ ④
009	① ② ③ ④	039	① ② ③ ④	069	① ② ③ ④	099	① ② ③ ④	129	① ② ③ ④
010	① ② ③ ④	040	① ② ③ ④	070	① ② ③ ④	100	① ② ③ ④	130	① ② ③ ④
011	① ② ③ ④	041	① ② ③ ④	071	① ② ③ ④	101	① ② ③ ④	131	① ② ③ ④
012	① ② ③ ④	042	① ② ③ ④	072	① ② ③ ④	102	① ② ③ ④	132	① ② ③ ④
013	① ② ③ ④	043	① ② ③ ④	073	① ② ③ ④	103	① ② ③ ④	133	① ② ③ ④
014	① ② ③ ④	044	① ② ③ ④	074	① ② ③ ④	104	① ② ③ ④	134	① ② ③ ④
015	① ② ③ ④	045	① ② ③ ④	075	① ② ③ ④	105	① ② ③ ④	135	① ② ③ ④
016	① ② ③ ④	046	① ② ③ ④	076	① ② ③ ④	106	① ② ③ ④	136	① ② ③ ④
017	① ② ③ ④	047	① ② ③ ④	077	① ② ③ ④	107	① ② ③ ④	137	① ② ③ ④
018	① ② ③ ④	048	① ② ③ ④	078	① ② ③ ④	108	① ② ③ ④	138	① ② ③ ④
019	① ② ③ ④	049	① ② ③ ④	079	① ② ③ ④	109	① ② ③ ④	139	① ② ③ ④
020	① ② ③ ④	050	① ② ③ ④	080	① ② ③ ④	110	① ② ③ ④	140	① ② ③ ④
021	① ② ③ ④	051	① ② ③ ④	081	① ② ③ ④	111	① ② ③ ④	141	① ② ③ ④
022	① ② ③ ④	052	① ② ③ ④	082	① ② ③ ④	112	① ② ③ ④	142	① ② ③ ④
023	① ② ③ ④	053	① ② ③ ④	083	① ② ③ ④	113	① ② ③ ④	143	① ② ③ ④
024	① ② ③ ④	054	① ② ③ ④	084	① ② ③ ④	114	① ② ③ ④	144	① ② ③ ④
025	① ② ③ ④	055	① ② ③ ④	085	① ② ③ ④	115	① ② ③ ④	145	① ② ③ ④
026	① ② ③ ④	056	① ② ③ ④	086	① ② ③ ④	116	① ② ③ ④	146	① ② ③ ④
027	① ② ③ ④	057	① ② ③ ④	087	① ② ③ ④	117	① ② ③ ④	147	① ② ③ ④
028	① ② ③ ④	058	① ② ③ ④	088	① ② ③ ④	118	① ② ③ ④	148	① ② ③ ④
029	① ② ③ ④	059	① ② ③ ④	089	① ② ③ ④	119	① ② ③ ④	149	① ② ③ ④
030	① ② ③ ④	060	① ② ③ ④	090	① ② ③ ④	120	① ② ③ ④	150	① ② ③ ④

परीक्षार्थी का नाम Name of candidate (In Capital Letters)	परीक्षार्थी के हस्ताक्षर Signature of candidate (In Running Hand)	परीक्षार्थी के बाएं अंगूठे का निशान Left hand thumb impression of the candidate	निरीक्षक के हस्ताक्षर Signature of invigilator (In Running Hand)
			Prateek Shivalik

Answer Key KVS Test Set - 04

Q	A	Q	A	Q	A	Q	A	Q	A	Q	A	Q	A	Q	A
1	1	**21**	1	**41**	4	**61**	1	**81**	2	**101**	2	**121**	1	**141**	2
2	3	**22**	4	**42**	2	**62**	3	**82**	3	**102**	4	**122**	3	**142**	4
3	4	**23**	1	**43**	3	**63**	2	**83**	4	**103**	3	**123**	1	**143**	3
4	2	**24**	2	**44**	4	**64**	1	**84**	4	**104**	4	**124**	3	**144**	1
5	1	**25**	1	**45**	3	**65**	4	**85**	2	**105**	1	**125**	1	**145**	2
6	3	**26**	2	**46**	2	**66**	2	**86**	3	**106**	3	**126**	1	**146**	1
7	2	**27**	3	**47**	4	**67**	3	**87**	2	**107**	3	**127**	3	**147**	2
8	4	**28**	3	**48**	3	**68**	4	**88**	3	**108**	1	**128**	3	**148**	3
9	3	**29**	2	**49**	3	**69**	3	**89**	2	**109**	2	**129**	2	**149**	2
10	3	**30**	3	**50**	4	**70**	1	**90**	2	**110**	2	**130**	4	**150**	3
11	2	**31**	1	**51**	1	**71**	3	**91**	2	**111**	1	**131**	1		
12	2	**32**	3	**52**	1	**72**	1	**92**	2	**112**	2	**132**	4		
13	1	**33**	2	**53**	4	**73**	1	**93**	4	**113**	3	**133**	4		
14	1	**34**	4	**54**	1	**74**	4	**94**	3	**114**	2	**134**	3		
15	3	**35**	2	**55**	3	**75**	3	**95**	1	**115**	1	**135**	4		
16	4	**36**	1	**56**	2	**76**	4	**96**	3	**116**	3	**136**	4		
17	3	**37**	1	**57**	1	**77**	2	**97**	3	**117**	2	**137**	1		
18	3	**38**	2	**58**	1	**78**	2	**98**	1	**118**	2	**138**	4		
19	3	**39**	4	**59**	1	**79**	3	**99**	2	**119**	1	**139**	1		
20	1	**40**	2	**60**	2	**80**	1	**100**	1	**120**	1	**140**	1		

Prateek Shivalik KVS PRT

Code 05

इस परीक्षा पुस्तिका को तब तक न खोलें जब तक कहा न जाए।

Do not open this Test Booklet until you are asked to do so.

इस परीक्षा पुस्तिका के पिछले आवरण पर दिए गये निर्देशों को ध्यान से पढ़ें।

Read carefully the Instructions on the Back Cover of this Test Booklet.

परीक्षार्थियों के लिए निर्देश

1. OMR उत्तर पत्र इस परीक्षा के अन्दर रखा है। जब आपको परीक्षा पुस्तिका खोलने को कहा जाए, तो उत्तर पत्र निकाल कर पृष्ठ-1 एवं पृष्ठ-2 पर ध्यान से केवल नीले बॉल पॉइंट पेन से विवरण भरें।
2. परीक्षा की अवधि 2½ घंटे है एवं परीक्षा में 150 प्रश्न है। **कोई ऋणात्मक अंकन नहीं है।**
3. इस पृष्ठ पर विवरण अंकित करने एवं उत्तर पत्र पर निशान लगाने के लिए केवल नीले बॉल पॉइंट पेन का प्रयोग करें।
4. यह सुनिश्चित कर लें की इस पुस्तिका का संकेत, उत्तर पत्र के पृष्ठ पर छपे संकेत से मिलता है। यह भी सुनिश्चित कर लें की परीक्षा संख्या और उत्तर पत्र संख्या मिलते है। अगर यह भिन्न हों तो परीक्षार्थी दूसरी प्रश्न पुस्तिका और उत्तर पत्र लेने के लिए निरीक्षक को तुरन्त अवगत कराएँ।
5. **यदि अनुवाद में किसी भी प्रकार की कोई अस्पष्टा हो तो अंग्रेजी वाले पाठ को ही सही माना जायेगा।**
6. रफ कार्य परीक्षा पुस्तिका में इस प्रयोजन के लिए दी गई खाली जगह पर करें।
7. सभी उत्तर केवल OMR उत्तर पत्र पर ही अंकित करें। अपने उत्तर ध्यानपूर्वक अंकित करें। उत्तर बदलने हेतु श्वेत रंजक का प्रयोग निषिद्ध है।
8. प्रत्येक प्रश्न के सामने उचित वृत का चिन्हांकन करके अपना उत्तर लिखें। वृत्त को बिना कोई स्थान छोड़े चिन्हांकित करें।

INSTRUCTIONS FOR CANDIDATES

1. The OMR Answer Sheet is inside this Test Booklet. When you are directed to open the Test Booklet, take out the Answer Sheet and fill in the particulars on Side-1 and Side-2 carefully with blue ball point pen only.
2. The test is of 2½ hours duration and consists of 150 questions. **There is no negative marking.**
3. Use Blue Ball Point Pen only for writing particulars on this page / marking responses in the Answer Sheet.
4. Make sure that the CODE printed on the Answer Sheet is the same as that on this booklet. Also ensure that your Test Booklet No. and Answer Sheet No. are the same. In case of discrepancy, the candidate should immediately report the matter to the Invigilator for replacement of both the Test Booklet and the Answer Sheet.
5. **In case of any ambiguity in translation, the English version will be deemed authentic.**
6. Rough work should be done only in the space provided in the Test Booklet for the same.
7. The answers are to be recorded on the OMR Answer Sheet only. Mark your responses carefully. No whitener is allowed for changing answers.
8. Mark your Answer by shading the appropriate circle against each question. The circle should be shaded completely without leaving any space.

परीक्षार्थी का नाम (बड़े अक्षरों में):
Name of the Candidate (in Capitals): ____________________

अनुक्रमांक (अंकों में):
Roll Number: (in figures): ____________________

(शब्दों में):
(in words): ____________________

परीक्षा केन्द्र (बड़े अक्षरों में) :
Centre of Examination (in Capitals): ____________________

परीक्षार्थी के हस्ताक्षर:
Candidate's Signature: ____________________

निरीक्षक के हस्ताक्षर :
Invigilator's Signature : ____________________

Facsimile signature stamp of
Centre Superintendent ____________________

1. Choose the option which best expresses the meaning of the highlighted idiom/phrase in the sentence.

The foolish young man soon "made ducks and drakes" of the vast property his father left him.

(1) squandered
(2) distributed
(3) spent
(4) gave in charity

2. Convert the given sentence into Direct / Indirect Speech

The teacher said to the student, "Why were you absent yesterday?"

(1) The teacher asked the student why had been he absent the previous day.
(2) The teacher asked the student why had he been absent the previous day.
(3) The teacher informed the student that why he had been absent the next day.
(4) The teacher asked the student why he had been absent the previous day.

3. Fill in the blank.

Hamid ______ in Mumbai for three years when his parents came to visit.

(1) has lived
(2) had lived
(3) was living
(4) had been living

4. The synonym of the given word is?
GARNISH

(1) paint
(2) adorn
(3) garner
(4) banish

5. Choose the one word which can be substituted for the given sentence/ words.

A place where government/public records are kept

(1) archive
(2) museum
(3) shelf
(4) cellar

6. Choose the correctly spelt word

(1) pharmaceautical
(2) pharmacutical
(3) pharmaceutical
(4) farmaceutical

7. Convert the given sentence into Active / Passive Voice

He likes people to call him Sir.

(1) He likes to be called Sir by people.
(2) He likes to be call Sir by people.
(3) He likes people who call him Sir.
(4) To call him Sir is liked by people.

8. Arrange the following jumbled part of the sentence in correct order.

1. The salmon fish pushed themselves
P. to return to their spawning grounds
Q. and fertilised them
R. but once they laid their eggs
S. to their limits
6. they died.

(1) S Q P R
(2) R S Q P
(3) S P R Q
(4) R P S Q

9. Which part of the following sentences has error in it?

He is one of those writers (P) who has won acclaim (Q) the world over. (R) No error (S).

(1) P (2) Q (3) R (4) S

10. Which part of the following sentences has error in it?

Having broken down (P) the driver sent the car (Q) to the garage. (R) No error (S).

(1) P (2) Q (3) R (4) S

11. 'त' या 'द' का उच्चारण स्थान है
(1) दन्त्य
(2) ओष्ठ्य
(3) दन्तोष्ठ्य
(4) मूर्धन्य

12. निम्न में से किस शब्द की वर्तनी शुद्ध है?
(1) समपनता
(2) सम्पनता
(3) सम्पन्नता
(4) समपन्नता

13. "जयचंदों" के कारण देश पराधीन हुआ में संज्ञा है
(1) व्यक्तिवाचक
(2) भाववाचक
(3) जातिवाचक
(4) कोई नहीं

14. बहिर्गमन में कौन सा उपसर्ग है?
(1) बहि
(2) बहिर
(3) बहि:
(4) बहिर्

15. गवैया में कौन सा प्रत्यय है?
(1) ऐया
(2) वैया
(3) या
(4) एया

16. पवन का संधि विच्छेद होगा
(1) पो+अन
(2) पो:+अन
(3) पा:+अन
(4) प:+अन

17. इस गली में तीसरा मकान मेरा है। तीसरा शब्द व्याकरण की दृष्टि से क्या है
(1) अव्यय
(2) विशेषण
(3) संज्ञा
(4) सर्वनाम

18. "उसके वचनों पर ध्यान दो।" में प्रयुक्त कारक है
(1) संबंध
(2) अधिकरण
(3) कर्म
(4) सम्प्रदान

19. "जो बिना वेतन के काम करे" के लिए एक उपयुक्त शब्द है
(1) अवैतनिक
(2) वेतनहीन
(3) नि:शुल्क
(4) मुफ्त में

20. "रातोंरात" में समास है
(1) द्वन्द
(2) द्विगु
(3) कर्मधारय
(4) अव्ययीभाव

Space for Rough Work / कच्चे कार्य के लिए स्थान

21. Who developed the concept of email?
(1) Bill Gates
(2) Arthur C. Clark
(3) Ray Tomlinson
(4) Sabir Bhatia

21. ईमेल की अवधारणा किसने विकसित की?
(1) बिल गेट्स
(2) आर्थर सी क्लार्क
(3) रे टॉमलिन्सन
(4) सबीर भाटिया

22. A compact disc (CD) is a data storage system of the type
(1) magnetic
(2) optical
(3) electrical
(4) electro-mechanical

22. एक कॉम्पैक्ट डिस्क (सीडी) प्रकार की डेटा स्टोरेज सिस्टम है
(1) चुंबकीय
(2) ऑप्टिकल
(3) बिजली
(4) विद्युत यांत्रिक

23. In a computer, what does RAM stand for?
(1) Ready to Access Memory
(2) Read At-a-time Memory
(3) Random Access Memory
(4) Readily Available Memory

23. कंप्यूटर में, रैम का अर्थ है?
(1) Ready to Access Memory
(2) Read At-a-time Memory
(3) Random Access Memory
(4) Readily Available Memory

24. The basic application of an 'AND' gate in computers is for:
(1) addition
(2) subtraction
(3) multiplication
(4) division

24. निम्न में से 'एंड' गेट का उपयोग कंप्यूटर में किस लिए किया जाता हैं:
(1) जोड़ना
(2) घटाना
(3) गुणन
(4) विभाजन

25. What is an organisation's introductory web page called?
(1) Portal
(2) Vortal
(3) Homepage
(4) Web site

25. संगठन के प्रारंभिक वेब पेज को क्या कहा जाता है?
(1) पोर्टल
(2) वोर्टल
(3) मुखपृष्ठ
(4) वेबसाइट

26. The first computer language developed was
(1) COBOL
(2) BASIC
(3) FORTRAN
(4) PASCAL

26. पहली विकसित कंप्यूटर की भाषा थी
(1) कोबोल
(2) बेसिक
(3) फोर्टरान
(4) पास्कल

27. Which among the following is a distinctive feature by which a CD ROM drive is classified in a personal computer?
(1) Software bundle
(2) Data transfer rate
(3) Memory capacity

27. निम्नलिखित में से कौन सी एक विशिष्ट विशेषता है जिसके द्वारा एक व्यक्तिगत कंप्यूटर में सीडी रोम ड्राइव को वर्गीकृत किया जाता है?
(1) सॉफ्टवेयर बंडल
(2) डाटा ट्रांसफर दर
(3) मेमोरी क्षमता

(4) Storage period

(4) भंडारण अवधि

28. Processing of a data file to reduce its size for storage on disk is termed:

(1) Amplification
(2) Reduction
(3) Compression
(4) Rarefaction

28. डिस्क पर भंडारण के लिए अपने आकार को कम करने के लिए डेटा फ़ाइल की प्रोसेसिंग को कहा जाता है:

(1) प्रवर्धन
(2) में कमी
(3) संपीड़न
(4) विरलीकरण

29. The period of the Second Generation Computers was

(1) 1946 - 1958
(2) 1940 - 1960
(3) 1959 - 1964
(4) 1965 - 1975

29. द्वितीय पीढ़ी के कंप्यूटर की अवधि थी

(1) 1946 - 1958
(2) 1940 - 1960
(3) 1959 - 1964
(4) 1965 - 1975

30. Who among the following developed World Wide Web (WWW), which gave a new type of information exhibition?

(1) Bob Cohen
(2) Tim Berners-Lee
(3) Robert Morris Jr.
(4) Michel Derstuses

30. निम्नलिखित में से किसने वर्ल्ड वाइड वेब (WWW) विकसित किया, जिसने एक नए प्रकार की सूचना प्रदर्शनी दी?

(1) बॉब कोहेन
(2) टिम बर्नर्स-ली
(3) रॉबर्ट मॉरिस जूनियर
(4) मिशेल देर्स्तुसेस

Space for Rough Work / कच्चे कार्य के लिए स्थान

General Awareness

31. At which of the following place, weight of an object is maximum?
(1) At poles
(2) At equator
(3) At tropic of Capricorn
(4) At tropic of cancer

31. निम्नलिखित में से किस स्थान पर, किसी वस्तु का वजन अधिकतम होगा?
(1) ध्रुव रेखा पर
(2) भूमध्य रेखा पर
(3) मकर रेखा पर
(4) कर्क रेखा पर

32. Netscape Navigator is a ______
(1) web browser
(2) processor
(3) graphical user interface
(4) programming language

32. नेटस्केप नेविगेटर एक ______ है
(1) वेब ब्राउज़र
(2) प्रोसेसर
(3) ग्राफिकल यूजर इंटरफेस
(4) प्रोग्रामिंग भाषा

33. Which among the following is not an example of emulsion?
(1) Butter
(2) Curd
(3) Chocolate-Milk
(4) Whipped Cream

33. निम्नलिखित में से कौन पायस का एक उदाहरण नहीं है?
(1) मक्खन
(2) दही
(3) चॉकलेट दूध
(4) फेंटी हुई मलाई

34. 'Lucky Grahak Yojana' and 'Digi Dhan Vyapar Yojana' to give cash awards to the customers and merchants was launched by which government body?
(1) National Institution for Transforming India
(2) National Payments Corporation of India
(3) Financial Stability and Development Council
(4) Reserve Bank of India

34. 'लक्की ग्राहक योजना' और 'डीजी धन व्यापार योजना' को ग्राहकों और व्यापारियों को नकद पुरस्कार देने के लिए किस सरकारी निकाय ने शुरू किया था?
(1) राष्ट्रीय भारत परिवर्तन संस्था
(2) भारतीय राष्ट्रीय भुगतान निगम
(3) वित्तीय स्थिरता और विकास परिषद
(4) भारतीय रिज़र्व बैंक

35. Wimbledon' is a place associated with which of the following sports?
(1) Lawn tennis
(2) Badminton
(3) Hockey
(4) Cricket

35. विंबलडन 'किस खेल से संबंधित है?
(1) लॉन टेनिस
(2) बैडमिंटन
(3) हॉकी
(4) क्रिकेट

36. Medium term loans are provided for a period of ______.
(1) 1 year to 2 years
(2) 15 month s to 3 years
(3) 15 months to 4 years
(4) 1 year to 3 years

36. मध्य अवधि ऋण ______ की अवधि के लिए प्रदान किए जाते हैं
(1) 1 साल से 2 साल
(2) 15 महीने से 3 साल तक
(3) 15 महीने से 4 साल
(4) 1 साल से 3 साल

37. Under which article, President of India can proclaim financial emergency?
(1) Article 3

37. किस अनुच्छेद के तहत, भारत के राष्ट्रपति वित्तीय आपात स्थिति को लागू कर सकते हैं?
(1) अनुच्छेद 32

(2) Article 349
(3) Article 360
(4) Article 355

(2) अनुच्छेद 349
(3) अनुच्छेद 360
(4) अनुच्छेद 355

38. In which year (in AD) was the East India Company established?
(1) 1664
(2) 1632
(3) 1600
(4) 1608

38. ईस्ट इंडिया कंपनी किस साल (ईसवीं) में स्थापित हुई थी?
(1) 1664
(2) 1632
(3) 1600
(4) 1608

39. 'Norwesters' are thunder storms which are prominent in ______
(1) India and Bhutan
(2) Bhutan and Nepal
(3) India and Bangladesh
(4) Bangladesh and Myanmar

39. नॉरवेस्टर्स' या कालबैसाखी एक गड़गड़ाहट तूफान हैं जो ______ में प्रमुख हैं।
(1) भारत और भूटान
(2) भूटान और नेपाल
(3) भारत और बांग्लादेश
(4) बांग्लादेश और म्यांमार

40. Which of the following is the largest mammal?
(1) Whale
(2) Rhinoceros
(3) Elephant
(4) Human

40. इनमें से कौन सा सबसे बड़ा स्तनपायी है?
(1) व्हेल
(2) गैंडा
(3) हाथी
(4) मानव

Space for Rough Work / कच्चे कार्य के लिए स्थान

Reasoning

41. A woman walking with a boy meets another woman on the way and on being asked about her relationship with the boy, she says, "My maternal uncle and his maternal uncle's maternal uncle are brothers." How is the boy related to the woman?

(1) Son
(2) Brother-in-law
(3) Nephew
(4) Grandson

42. From the given alternative, select the word which cannot be formed using the letters of the given words.

Depreciate

(1) Credit
(2) Pride
(3) Peace
(4) Reprieve

43. In the following question, select the related number from the given alternatives.

363 : 3 : : 572 :?

(1) 5 (2) 6 (3) 7 (4) 8

44. Four positions of a cube are shown below. Identify the number at the bottom when the number at top is 3?

(1) 2 (2) 4 (3) 5 (4) 6

45. What number should come in the place of "?"

5		4	7		1	?		5
	2			5			4	
11		4	13		3	20		3

(1) 10 (2) 12 (3) 18 (4) 16

46. Raman is stronger than Madan but not as strong as Gopal. Sripal is stronger than Gopal but not as strong as Amar. Amar is weaker than Tarun but not as weak as Varun. Who is the strongest among them?

(1) Madan
(2) Amar

41. लड़के के साथ जाती हुई महिला किसी दूसरी महिला से रास्ते में मिलती है तथा लड़के से उसके संबंध के विषय में पूछे जाने पर वह कहती है कि मेरे मामा तथा इसके मामा के मामा भाई हैं। लड़का महिला से किस प्रकार संबंधित हैं?

(1) पुत्र
(2) बहनोई
(3) भतीजा
(4) पोता

42. निम्नलिखित विकल्पों में से, वह शब्द चुनिए जो दिए गए शब्दों का प्रयोग करके नहीं बनाया जा सकता है।

Depreciate

(1) Credit
(2) Pride
(3) Peace
(4) Reprieve

43. निम्न प्रश्न में दिए विकल्पों में से संबंधित संख्या को चुनिए।

363 : 3 : : 572 :?

(1) 5 (2) 6 (3) 7 (4) 8

44. एक पासे की चार स्थितियाँ नीचे दी गई हैं। यदि शिखर पर संख्या 3 हो तो तल की संख्या ज्ञात करें।

(1) 2 (2) 4 (3) 5 (4) 6

45. "?" के स्थान पर कौन सी संख्या आनी चाहिये?

5		4	7		1	?		5
	2			5			4	
11		4	13		3	20		3

(1) 10 (2) 12 (3) 18 (4) 16

46. रमन, मदन से बलवान है लेकिन गोपाल जितना बलवान नहीं है। श्रीपाल, गोपाल से बलवान है लेकिन अमर जितना बलवान नहीं है। अमर, तरुण से कमज़ोर है लेकिन वरुण जितना कमज़ोर नहीं है। इनमें से सबसे बलवान कौन है?

(1) मदन
(2) अमर
(3) तरुण

(3) Tarun
(4) Sripal

47. The next number in the given series will be

2, 6, 12, 20, 30, 42, 56,?

(1) 60 (2) 64 (3) 72 (4) 78

48. Five persons M, N, O, P and Q are sitting in a row facing you such that P is on the left of O and N is on the right of Q. M is on the right of O and N is on the left of P. If Q occupies a corner position, then who is sitting in the centre?

(1) M (2) N (3) O (4) P

49. In the Venn figures, chose the one which show the relationship between given objects

Atmosphere, Hydrogen and Oxygen

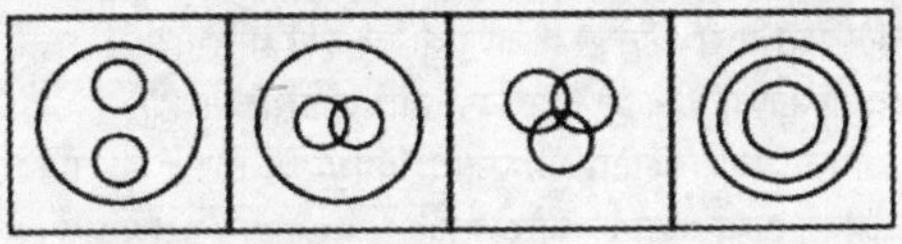

(1) (2) (3) (4)

50. If ÷ means +, – means ÷, × means – and + means ×, then $\dfrac{(36\times4)-8\times4}{4+8\times2+16\div1}=?$

(1) 16 (2) 8
(3) 12 (4) 0

(4) श्रीपाल

47. दी गई श्रृंखला में अगली संख्या क्या होगी?

2, 6, 12, 20, 30, 42, 56,?

(1) 60 (2) 64 (3) 72 (4) 78

48. पांच व्यक्ति M, N, O, P तथा Q आपके समक्ष किसी पंक्ति में इस प्रकार बैठे है कि P, O के दाएं बैठा है तथा N, Q के M, O के दाएं बैठा है तथा N, P के बाएं बैठा है। यदि Q किसी एक छोर पर बैठा है, तो मध्य में कौन बैठा हुआ है।

(1) M (2) N (3) O (4) P

49. दी गयी वेन आकृतियों में से वह चुनें जो प्रश्न में दिए गए वर्गों के सम्बन्ध को सही प्रकार से दर्शाती हैं

वायुमंडल, हाइड्रोजन तथा आक्सीजन

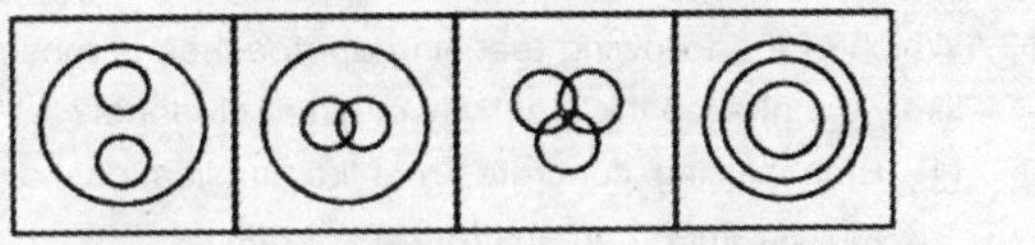

(1) (2) (3) (4)

50. यदि ÷ का अर्थ है +, – का अर्थ है ÷, × का अर्थ है – व + का अर्थ है ×, तो $\dfrac{(36\times4)-8\times4}{4+8\times2+16\div1}=?$

(1) 16 (2) 8
(3) 12 (4) 0

Space for Rough Work / कच्चे कार्य के लिए स्थान

51. Education as sub system of the society
(1) Brings changes in the society and makes it modern.
(2) Creates rift between education and uneducated in the society
(3) Dominates the society
(4) Accepts dominance of the society.

51. सामाजिक उपव्यवस्था के रूप में शिक्षा-:
(1) समाज में परिवर्तन लाती हैं और उसे आधुनिक बनाती है।
(2) समाज में शिक्षित और अशिक्षित के मध्य दरार डालती है।
(3) समाज को प्रभावित करती हैं।
(4) समाज के प्रभुत्व को स्वीकार करती है।

52. An organized cluster of knowledge about a particular object or event is called a:
(1) semantic network.
(2) conceptual hierarchy.
(3) schema.
(4) retrieval cue.

52. किसी विशेष वस्तु या घटना के बारे में ज्ञान का एक संगठित समूह कहा जाता है:
(1) सिमेंटिक नेटवर्क
(2) वैचारिक पदानुक्रम
(3) स्कीमा
(4) पुनर्प्राप्ति संकेत

53. Which of the following teaching approaches is most likely to enhance the creativity of gifted students?
(1) Emphasizing concrete, real-life applications of topics rather than abstract concepts
(2) Structuring assignments in ways that encourage divergent thinking
(3) Accelerating coverage of required content to allow time for creative activities
(4) Encouraging students to choose their own educational goals and to seek out their own resources

53. निम्नलिखित में से कौन से शिक्षण दृष्टिकोण से प्रतिभाशाली छात्रों की रचनात्मकता के बढ़ने की सबसे अधिक संभावना है?
(1) अमूर्त अवधारणाओं के बजाय विषयों के ठोस, वास्तविक जीवन अनुप्रयोगों पर जोर देना
(2) अपसारी चिंतन को प्रोत्साहित करने वाले तरीकों से संरचनाओं का निर्माण
(3) रचनात्मक गतिविधियों के लिए समय की अनुमति देने के लिए आवश्यक सामग्री के व्याप्ति को तेज करना
(4) छात्रों को अपने स्वयं के शैक्षणिक लक्ष्यों को चुनने और अपने संसाधनों की तलाश करने के लिए प्रोत्साहित करना

54. Prateek asks his mother for Rs. 400 so that he can go to the school trip. His mother tells him that if he contributes Rs.200 of his own money, she will contribute the other Rs.200. A week before the trip, Prateek tells his mother that he will need Rs.300 from her because he was only able to save Rs.100. She gives him the Rs.300. Prateek later tells his younger sister that he actually had Rs.200 but lied to their mother so that he could have pocket money for the trip. What would Prateek's sister do if she is at Kohlberg's stage 2 of moral development?
(1) make a deal with Prateek that if he will keep a secret for his sister in the future, she will not tell their mother
(2) tell their mother because the sister could also be punished if Prateek gets caught
(3) urge Prateek to confess his action to their mother because he broke the rules by lying,

54. प्रतीक ने अपनी मां से 400 रुपये मांगे ताकि वह स्कूल की यात्रा में जा सके। उनकी मां ने उसे कहा कि यदि वह अपने पैसे के 200 रुपये का योगदान देता है, तो वह अन्य 200 रुपये का योगदान देगी। यात्रा से एक सप्ताह पहले, प्रतीक ने अपनी मां से कहा कि उसे 300 रुपये चाहिए क्योंकि वह केवल 100 रुपये बचा पाया है। प्रतीक की मां उसे 300 रुपये दे देती है। बाद में प्रतीक ने अपनी छोटी बहन को बताया कि उसके पास वास्तव में 200 रुपये थे लेकिन उसने मां से झूठ बोला ताकि वह यात्रा के लिए जेबखर्च भी ले जा सके। प्रतीक की बहन क्या करेगी यदि वह कोहल्बर्ग के नैतिक विकास के चरण 2 में है?
(1) प्रतीक के साथ सौदा करेगी कि अगर वह भविष्य में अपनी बहन की एक बात गुप्त रखेगा, तो वह यह बात अपनी मां को नहीं बताएगी
(2) अपनी मां को बताएगी क्योंकि प्रतीक का झूठ पकड़े जाने पर बहन को भी दंडित किया जा सकता है
(3) प्रतीक से कहे कि वह अपनी मां को अपनी करतूत बता दे क्योंकि उसने झूठ बोलकर नियम को तोड़ा है और लोगों को कभी झूठ नहीं बोलना चाहिए

and people should never tell lies

(4) encourage Prateek to confess his action to their mother because he must be responsible for his own behavior

(4) प्रतीक से कहे कि वह अपनी मां को अपनी करतूत बता दे क्योंकि वह अपने व्यवहार के लिए स्वयं ज़िम्मेदार होना चाहिए

55. Which of the following statement is true?

(1) Piaget's interpretation of private speech in children stimulated other psychologists to explore this phenomenon.

(2) Private speech is an important means of thought development, self-guidance, and expression for children.

(3) The private speech of children is most strongly influenced by adult social speech.

(4) The third and most important stage of children's private speech involves the creation of plans of action.

55. निम्नलिखित में से कौन सा कथन सत्य है?

(1) बच्चों में निजी वाक् की पियाजे की व्याख्या ने इस घटना का पता लगाने के लिए अन्य मनोवैज्ञानिकों को अभिप्रेरित किया।

(2) निजी वाक् बच्चों के लिए विचार विकास, आत्म-मार्गदर्शन और अभिव्यक्ति का एक महत्वपूर्ण माध्यम है।

(3) बच्चों का निजी वाक् वयस्क सामाजिक वाक् से सबसे अधिक प्रभावित होता है।

(4) बच्चों के निजी वाक् के तीसरे और सबसे महत्वपूर्ण चरण में कार्रवाई की योजनाओं का निर्माण शामिल है।

56. Prateek's parents are told that their son has an IQ score of 100. According to the intelligence test scoring method used today, this means that Prateek

(1) has a mental age that is higher than his chronological age.

(2) scored higher than half the children in his age group.

(3) can now be considered to be a gifted child.

(4) shows about average skill at divergent thinking.

56. प्रतीक के माता-पिता को बताया जाता है कि उनके बेटे के पास 100 का आईक्यू स्कोर है। बुद्धि परीक्षण स्कोरिंग विधि के अनुसार आज इसका मतलब है कि प्रतीक

(1) की मानसिक उम्र उसकी कालक्रम उम्र से अधिक है।

(2) ने अपने आयु वर्ग में आधे बच्चों से अधिक अंक प्राप्त किये हैं।

(3) को एक प्रतिभाशाली बच्चा माना जा सकता है।

(4) अपसारी चिंतन में औसत कौशल रखता है।

57. According to Bloom's Taxonomy of Educational Objectives, which of the following level of Cognitive Domain is best described in the Question "How a cylindrical shape is different from conical shape"?

(1) Knowledge

(2) Comprehension

(3) Application

(4) Analysis

57. ब्लूम के शैक्षिक उद्देश्यों के वर्गीकरण के अनुसार, निम्नलिखित में से संज्ञानात्मक क्षेत्र का कौन सा स्तर दिए गए प्रश्न का सबसे अच्छा वर्णन करता है एक बेलनाकार आकृति शंकु आकृति से " "कैसे अलग है

(1) ज्ञान

(2) अवबोधन

(3) अनुप्रयोग

(4) विश्लेषण

58. A systematic collection of work, often include work in progress, revisions, student self analyses and reflections on what student has learned, is better described as a:

(1) Journal

(2) Portfolio

(3) Exhibition

(4) Scoring rubrics

58. कार्य के एक व्यवस्थित संकलन में प्रायप्रगति पर कार्य :, संशोधन, विद्यार्थी का स्वविश्लेषण एवं विद्यार्थी ने जो सीखा है उस पर मनन को अक्सर सम्मिलित किया जाता है, इसे बेहतर रूप से कहा जाता है:

(1) जर्नल

(2) पोर्टफोलिओ

(3) प्रदर्शनी

(4) शीर्षकों (रुबरिक्स) का प्रबंध लेखन

59. In which of the following situations assessment as learning is possible?

59. निम्नलिखित में से किस परिस्थिति में अधिगम के रूप में आकलन संभव है?

(1) Group test
(2) Collaborative learning
(3) Group learning
(4) Unit test

(1) समूह (ग्रुप) परीक्षा
(2) सहयोगी अधिगम
(3) समूह (ग्रुप) अधिगम
(4) इकाई परीक्षा

60. A students says 'I must master problem solving skills in mathematics and become a great mathematician and to achieve this I am working hard' The students has:
(1) Intrinsic motivation
(2) Extrinsic motivation
(3) Mathematical motivation
(4) Higher motivation

60. एक विद्यार्थी कहता हैं कि मुझे एक महान गणितज्ञ बन्ने के लिए समस्या निराकरण कौशल्य पर प्रभुत्व प्राप्त करना चाहिए और उसी की प्राप्ति के लिए मैं कठिन परिश्रम कर रहा हूँ। इस विद्यार्थी में ______ हैं।
(1) आंतरिक प्रेरणा
(2) बाह्य प्रेरणा
(3) गणितीय प्रेरणा
(4) उच्च प्रेरणा

61. Students with learning disabilities are more likely than students without disabilities to exhibit which of the following?
(1) Clear dominance of the left brain for learning
(2) Deficits in long-term memory retrieval
(3) Selective attention disorders
(4) Characteristics of giftedness in artistic expression

61. अधिगम अक्षमता वाले छात्र बिना किसी अक्षमता वाले छात्रों की तुलना में किस की अधिक संभावनाएं प्रदर्शित कर सकते हैं?
(1) सीखने के लिए बाएं मस्तिष्क का अधिक प्रभुत्व
(2) दीर्घकालिक स्मृति पुनर्प्राप्ति में कमी
(3) चुनिंदा ध्यान विकार
(4) कलात्मक अभिव्यक्ति में प्रतिभा की विशेषताएं

62. The least restrictive environment requires that students with a disability be
(1) educated with nondisabled peers only for elective courses
(2) educated with nondisabled peers to the greatest extent possible
(3) educated in a special school so that there is no interaction with nondisabled peers
(4) educated with the most assistance, whether or not it be in the same environment as with nondisabled peers

62. न्यूनतम प्रतिबंधक पर्यावरण की मांग है कि अक्षमता वाले छात्रों को
(1) केवल वैकल्पिक पाठ्यक्रमों में बिना अक्षमता के समवयस्कों के साथ शिक्षित किया जाए
(2) बिना अक्षमता के समवयस्कों के साथ अधिकतम सीमा तक शिक्षित किया जाए
(3) एक विशेष स्कूल में शिक्षित किया जाए ताकि बिना अक्षमता के समवयस्कों के साथ उनकी कोई अंत:क्रिया न हो
(4) सबसे अधिक सहायता के साथ शिक्षित किया जाए, भले ही यह वैसे ही वातावरण में हो, जैसा कि बिना अक्षमता के समवयस्कों के साथ होता है

63. Which of the following characteristics is considered a strength of a flexible ability group?
(1) Reducing student stigmatization by teaching the same curriculum
(2) Providing opportunities for more able students to assist less able peers in learning
(3) Providing student-specific instruction in areas where students struggle
(4) Maintaining high level of expectations for all students

63. निम्नलिखित में से कौन सी विशेषताओं को लचीला क्षमता समूह की ताकत माना जाता है?
(1) एक ही पाठ्यक्रम को पढ़कर छात्र दोषारोपण को कम करना
(2) अधिक सक्षम छात्रों के लिए सीखने में कम सक्षम सहकर्मियों की सहायता करने के अवसर प्रदान करना
(3) छात्रों को संघर्ष करने वाले क्षेत्रों में छात्र-विशिष्ट निर्देश प्रदान करना
(4) सभी छात्रों के लिए उच्च स्तर की उम्मीदों को बनाए रखना

64. All of the following statements are true in relation to progressive education except

64. निम्नलिखित सभी कथन प्रगतिशील शिक्षा के संबंध में सत्य हैं सिवाय

(1) School is a task to be tolerated.
(2) School is a challenging and fun part of life.
(3) Learners are active participants, problem solvers, and planners.
(4) Teachers are facilitators, guides who foster thinking.

(1) स्कूल सहन करने का एक काम है।
(2) स्कूल जीवन का एक चुनौतीपूर्ण और मजेदार हिस्सा है।
(3) शिक्षार्थियों सक्रिय प्रतिभागी, समस्या हल करने वाले, और योजनाकार हैं।
(4) शिक्षक सुविधा देने वाले गाइड हैं जो सोचने को बढ़ावा देते हैं।

65. A psychologist using the behavioral perspective would be most likely to study
(1) the effect of school uniforms on classroom behaviors.
(2) the hidden meaning in children's themes and drawings.
(3) the age at which children can learn algebra.
(4) whether certain mathematical abilities appear to be inherited.

65. व्यवहारिक परिप्रेक्ष्य का उपयोग कर एक मनोवैज्ञानिक अध्ययन करने की सबसे अधिक संभावना होगी
(1) कक्षा व्यवहार पर स्कूल की वर्दी का प्रभाव।
(2) बच्चों के विषयों और चित्रों में छिपा अर्थ।
(3) वह उम्र जिस पर बच्चे बीजगणित सीख सकते हैं।
(4) क्या कुछ गणितीय क्षमताओं को विरासत में मिला है।

66. For whom an instructional plan is meant for?
(1) Teachers, students, and parents
(2) Teachers
(3) Students
(4) Teachers, students, and educational planners

66. अनुदेशात्मक योजना किसके लिए होती है?
(1) शिक्षकों, विद्यार्थियों एवं अभिभावकों हेतु
(2) शिक्षकों हेतु
(3) विद्यार्थियों हेतु
(4) शिक्षकों, विद्यार्थियों एवं शैक्षिक योजनाकारों हेतु

67. According to National Curriculum Framework (NCF 2005) at which stage the assessment must be purely qualitative?
(1) Whole of Upper Primary stage
(2) ECCE and Classes I and II of the elementary stages
(3) Classes III to V of the elementary stages
(4) Whole of Primary stage

67. राष्ट्रीय पाठ्यचर्या ढाँचा -.एफ.सी.एन)2005) के अनुसार किस अवस्था पर आकलन पूर्ण रूप से गुणात्मक होना चाहिए?
(1) संपूर्ण उच्च प्राथमिक स्तर
(2) पूर्व प्राथमिक शिक्षा (ई.सी.सी.ई.) तथा प्रारंभिक स्तर की कक्षाएँ एवं।
(3) प्रारंभिक स्तर की कक्षा।। से V तक
(4) संपूर्ण प्राथमिक स्तर

68. The idea of educational technology does not imply:
(1) Use of ICT only
(2) Use of computers and mobiles for education
(3) Use of fossils for teaching
(4) Use of technology after industrial revolution for education, only

68. शैक्षिक प्रौद्योगिकी के विचार में अंतर्निहित नहीं होता:
(1) केवल आई.सी.टी. का उपयोग
(2) शिक्षा हेतु कम्प्यूटर्स एवं मोबाइल्स का उपयोग
(3) शिक्षण हेतु जीवाश्मों का उपयोग
(4) औद्योगिक क्रांति के बाद केवल शिक्षा हेतु प्रौद्योगिकी का उपयोग

69. A teacher is teaching students that they should not get irritated with others views even if they are against their views. He is taking care of their ______.
(1) Cognitive Development
(2) Emotional Development
(3) Physical Development
(4) Social Development

69. एक अध्यापक विद्यार्थियों को पढ़ा रहा हैं कि यदि दूसरों के विचार आपके विचारों के विपरीत हो तो भी उन्हें उत्तेजित नहीं होना चाहिए। वह उनके ______ का ध्यान रख रहा हैं।
(1) संज्ञानात्मक विकास
(2) भावात्मक विकास
(3) शारीरिक विकास
(4) सामाजिक विकास

70. The main agency of informal education is:

(1) Home

(2) Society

(3) Radio and TV

(4) Newspaper

70. अनौपचारिक शिक्षा की प्रमुख एजेन्सी हैं:

(1) घर

(2) समाज

(3) रेडियों तथा टी.वी .

(4) समाचार पत्र

Space for Rough Work / कच्चे कार्य के लिए स्थान

71. Listening comprehension is a:
(1) Hearing skill
(2) Receptive skill
(3) Creative skill
(4) Productive skill

72. Listening to a good speaker helps a learner:
(1) In developing his psychomotor skills,
(2) In improving his/her habit formation.
(3) In making him/her selective listener.
(4) In avoiding communication errors.

73. Language is the ability to acquire and use:
(1) Some of its basic skills.
(2) Complex systems of communication.
(3) Some of its components.
(4) A set of grammatical rules.

74. Which one of the following practices will help most in developing oral language skill?
(1) Participating in role plays
(2) Chorus reading of a chapter in the textbook after the teacher
(3) Practicing correct pronunciation of words in chorus after the teacher
(4) Reciting poems individually and in chorus

75. English belongs to:
(1) Indo-European family of languages
(2) European-Celtic family of languages
(3) Nordic family of languages
(4) Indo-Aryan family of languages

Instruction (Q.No.76–80): Study the following paragraph and answer the questions that follow.

In the late summer of that year we lived in a village that looked across the river and the plain to the mountains. In the bed of the river there were pebbles and boulders, dry and white in the sun, and the water was clear and swiftly moving and blue in the channels. Troops went by the house and down the road and the dust they raised powdered the leaves of the trees. The trunks of the trees too were dusty and the leaves fell early that year and we saw the troops marching along the road and the dust rising and leaves, stirred by the breeze, falling and the soldiers marching and afterwards the road bare and white except for the leaves.

The plain was rich with crops; there were many orchards of fruit trees and beyond the plain the mountains were brown and bare. There was fighting in the mountains and at night we could see the flashes from the artillery. In the dark it was like summer lightning, but the nights were cool and there was not the feeling of a storm coming.

Sometimes in the dark we heard the marching under the window and guns troops going past pulled by motor-tractors. There was much traffic at night, and many mules on the roads with boxes of ammunition on each side of their pack saddles and grey motor - trucks that carried men, and other trucks with loads covered with canvas that moved slower in the traffic. To the north we could look across a valley and see the chestnut trees and the branches were bare and the trunks black with rain.

76. As a result of the soldiers' march:
(1) The leaves were crushed under the feet.
(2) The leaves were falling on the ground.
(3) A view of the hills was not possible.
(4) The trees got covered with dust.

77. From his house in the village the narrator did not see:
(1) Plain and mountains in the distance.
(2) Soldiers clearing the road of the leaves.
(3) Bare and white road with leaves on it.
(4) Clear and swiftly moving water in the river.

78. The troops were marching:
(1) Without any hope of victory.
(2) Away from the battlefield.
(3) To the battlefield in the mountains.
(4) Towards the North.

79. There was fighting in the mountains. The word, 'fighting' is a/an:
(1) Verb
(2) Adjective

(3) Adverb

(4) Noun

80. Which one of the following statements is FALSE?

(1) Across the plains there were the snow covered mountains.

(2) The guns were flashing like lightning.

(3) The nights were cool even in summer.

(4) The soldiers had not destroyed the crops.

भाषा विषय: हिन्दी

81. पठन - प्रक्रिया में सबसे महत्वपूर्ण है

(1) डिकोडिंग

(2) प्रवाहशीलता

(3) अर्थग्रहण

(4) अक्षर-ज्ञान

82. भाषा और लिपि के बीच:

(1) कोई निश्चित संबंध नहीं होता

(2) तार्किक संबंध होता है

(3) वैश्विक संबंध होता है

(4) एक निश्चित संबंध होता है

83. कक्षा में समृद्ध भाषिक परिवेश का निर्माण करने में सहायक हैं:

(1) बाल साहित्य, पोस्टर, सूक्ति वाक्य

(2) बाल साहित्य, पोस्टर, पत्रिकाएँ

(3) पत्रिकाएँ, सूक्ति वाक्य, पाठ्य-पुस्तकें

(4) सूक्ति वाक्य, बाल साहित्य, पत्रिकाएँ

84. भाषा शिक्षण का एक महत्वपूर्ण उद्देश्य है:

(1) पढ़ी गई सामग्री का विश्लेषण कर अपनी राय प्रकट करना

(2) छंद, अलंकार आदि की समझ को दृढ़ करना

(3) कविता, कहानियों की रचना कर सकना

(4) भाषा की पाठ्य-पुस्तकों को पूर्ण कर देना

85. बोली गई भाषा की प्रकृति अस्थायी होती है और लिखित भाषा की तुलना में काफी तेजी से बदलती है। यह कथन:

(1) पूर्णत: सत्य नहीं है

(2) आंशिक सत्य है

(3) आंशिक सत्य नहीं है

(4) पूर्णत: सत्य है

निर्देश (Q.No.86–90): दिए गए गद्यांश को पढ़कर उसके नीचे लिखे प्रश्नों के सबसे उचित विकल्प को चुनिए।

यह कहना कितना सत्य है कि जैसे सोने का प्रत्येक धागा मूल्यवान होता है, उसी तरह समय का प्रत्येक क्षण भी मूल्यवान होता है? समय निरंतर गतिमान है। न तो वह कभी रुकता है और न ही कभी लौटकर वापस आता है। मिनट, घंटे, सप्ताह, महीने और वर्ष बीत जाते हैं। इतना समय व्यर्थ जाने के बाद हमें यह समझ में आता है कि हमने केवल अपना कीमती समय ही बर्बाद किया है। एक प्रसिद्ध विचारक ने कहा है – 'सोने से पहले अपने सारे क्रियाकलापों को एक डायरी में लिखो। सुबह उठकर उसे पढ़ो और मनन करो कि बीते कल का तुमने कितना सदुपयोग किया? कल तुमने क्या खोया, क्या पाया? तुम्हारे कल के कर्म भावी जीवन पर क्या प्रभाव डाल सकते हैं? तब तुम्हें अपने वर्त्तमान और भविष्य की सच्ची तस्वीर दिखाई देगी। तुमको पता चल जाएगा कि तुम अपना कितना समय अकारण गँवा रहे हो? यह भी जान पाओगे कि क्यों तुम्हारे सपने पूरे नहीं हो रहे? 'पिछले समय का लेखा - जोखा करके हम अपने जीवन से बहुत कुछ सीख सकते हैं। किस काम को करने से हमें कितनी हानि हुई और किस काम को करने से कितना लाभ हुआ – यह हमें सबसे पहले देखना चाहिए। किसी उद्योगपति को एक सौदा तय करने सुबह दस बजे जाना था, मगर आलस्य के कारण वह साढ़े दस बजे पहुँचा। दूसरा व्यापारी जा चुका था। वह उसके नाम एक पुर्जा छोड़ गया था, जिस पर लिखा था,'जो व्यक्ति समय का पाबन्द नहीं, उससे क्या सौदा किया जाए? वह वादे के अनुसार समय पर कभी माल नहीं भेज सकता?' पर्ची पढ़ते ही उस उद्योगपति की हवाइयाँ उड़ गई। लाखों के नुकसान से उसने एक सबक सीखा - समय की पाबंदी। हम लापरवाही में दूसरों के समय की कीमत नहीं समझते, तो उनके द्वारा हम ठुकरा दिए जाते हैं। इसलिए पछताने से अच्छा है कि समय का सदुपयोग करके अपने जीवन का उद्देश्य प्राप्त करें।

86. नीचे लिखे शब्दों में से उसे छांटिए जो शेष से भिन्न हो:

(1) प्राचीन

(2) भूत

(3) भविष्य

(4) वर्त्तमान

87. 'हवाइयाँ उड़ना' मुहावरे का सही प्रयोग है:

(1) दिवाली में शाम होते ही हवाइयाँ उड़ने लगीं

(2) पुलिस को सामने देखकर चोर के चेहरे पर हवाइयाँ उड़ने लगीं

(3) वायुयान से यात्रा करने में चारों ओर हवाइयाँ उड़ती हैं

(4) बेटे को पाकर माँ के चेहरे पर हवाइयाँ उड़ने लगीं

88. 'निरंतर गतिमान' उसे कहेंगे जो:

(1) कभी नहीं रुकता

(2) कभी एक - सा नहीं रहता
(3) सदा निरंतर रहता है
(4) कभी नहीं चलता

89. 'भविष्य' की सही वर्तनी है:
(1) भ + अ + व् + इ + ष + अ + य
(2) भ + अ + व् + इ + ष + य + अ
(3) भ + व् + इ + ष + य + अ
(4) भ + अ + व् + इ + ष + य

90. निम्न में से कौन-सा शब्द - युग्म परस्पर विलोम शब्दों का नहीं है?
(1) सदुपयोग - दुरूपयोग
(2) क्रिया - किलाप
(3) मूल्यवान - मूल्यहीन
(4) हानि - लाभ

Space for Rough Work / कच्चे कार्य के लिए स्थान

91. Match the statements of Column A with those of Column B.

Column A	Column B
I. Moment of couple	A. First order levers
II. Scissors	B. Third order levers
III. Bottle opener	C. Nm

(1) I – A, II – C, III – B
(2) I – C, II – A, III – B
(3) I – B, II – A, III – C
(4) I – A, II – B, III – C

91. कॉलम A के कथनों को कॉलम B के कथनों से सुमेलित कीजिए।

कॉलम A	कॉलम B
I. जोड़े का आघूर्ण	A. प्रथम प्रकार का उत्तोलक
II. कैंची	B. तीसरे प्रकार का उत्तोलक
III. बोतल ओपनर	C. Nm

(1) I – A, II – C, III – B
(2) I – C, II – A, III – B
(3) I – B, II – A, III – C
(4) I – A, II – B, III – C

92. Choose the correct statement that describes arteries.
(1) They have thick elastic walls, blood flows under high pressure; collect blood from different organs and bring it back to the heart
(2) They have thin walls with valves inside, blood flows under low pressure and carry blood away from the heart to various organs of the body
(3) They have thick elastic walls, blood flows under low pressure; carry blood from the heart to various organs of the body
(4) They have thick elastic walls without valves inside, blood flows under high pressure and carry blood away from the heart to different parts of the body.

92. धमनियों का वर्णन करने के लिए सही कथन चुनिए:
(1) इनकी भित्तियाँ मोटी और प्रत्यास्थ होती हैं, इनमें रुधिर उच्च दाब के साथ बहता है, ये विभिन्न अंगों से रुधिर एकत्रित करके वापस हृदय में पहुंचाती हैं
(2) इनकी भित्तियाँ पतली होती हैं और इनके भीतर कपाट होते हैं, इनमें रुधिर कम दाब के साथ बहता है, और ये रुधिर को हृदय से दूर शरीर के विभिन्न भागों तक ले जाती हैं
(3) इनकी भित्तियाँ मोटी एवं प्रत्यास्थ होती हैं, इनमें रुधिर कम दाब के साथ बहता है, ये रुधिर को हृदय से ले जाकर शरीर के विभिन्न भागों में पहुंचाती हैं
(4) इनकी भित्तियाँ मोटी एवं प्रत्यास्थ होती हैं, इनमें रुधिर उच्च दाब के साथ बहता है और ये रुधिर को हृदय से दूर शरीर के विभिन्न भागों तक ले जाति हैं

93. Which of the following statement is not true for organic manure?
(1) It enhances water holding capacity of soil.
(2) It has a balance of all plant nutrients.
(3) It provides humus to soil.
(4) It improves texture of soil.

93. जैव खाद के संदर्भ में निम्नलिखित में से कौन-सा कथन सही नहीं है?
(1) यह मृदा की जलधारिता क्षमता को बढ़ा देती है।
(2) इसमें सभी पादप पोषक संतुलित मात्रा में होते हैं।
(3) यह मृदा को ह्यूमस प्रदान करती है।
(4) इससे मृदा की बनावट बेहतर हों जाती है।

94. The substance that will be flattened on beating with a hammer is:
(1) crystal of iodine
(2) lump of sulphur
(3) piece of coal
(4) zinc granule

94. पदार्थ जो एक हथौड़े से पीटने पर चपटा हो जाता है -
(1) आयोडीन का क्रिस्टल
(2) सल्फर का टुकड़ा
(3) कोयले का टुकड़ा
(4) जिंक का दाना

95. Air is a natural resource and cannot be exhausted by human activities. It is known as inexhaustible natural resource. Which of the following is another inexhaustible natural resource?

95. वायु एक प्राकृतिक संसाधन है और मानवीय गतिविधियों से यह समाप्त नहीं हो सकती। यह अक्षय प्राकृतिक संसाधन के रूप में जानी जाती है। निम्नलिखित में से एक अक्षय प्राकृतिक संसाधन कौन-सा है?

(1) coal (2) petroleum
(3) sun-light (4) minerals

(1) कोयला (2) पेट्रोलियम
(3) सूरज की रोशनी (4) खनिज

96. A suitable term for the various components of cells is:
(1) tissue (2) cell organelles
(3) chromosomes (4) genes

96. कोशिकाओं के विभिन्न घटकों के लिए एक उपयुक्त शब्द है:
(1) ऊतक (2) कोशिकांग
(3) गुणसूत्र (4) जीन

97. In humans, the development of fertilised egg takes place in the:
(1) ovary (2) testis
(3) oviduct (4) uterus

97. मनुष्यों में, निषेचित अंडा का विकास होता है:
(1). अंडाशय (2). वृषण
(3). डिंबवाहिनी (4). गर्भाशय

98. In the circuit shown in Fig. when the circuit is completed, the hammer strikes the gong. Which of the following force is responsible for the movement of hammer?

(1) gravitational force alone
(2) electrostatic force alone
(3) magnetic force alone
(4) frictional force alone

98. चित्र मे दर्शाए गए परिपथ को पूरा किया जाता है तो हथौड़ा घंटी से टकराता है। हथौड़े की गति के लिए निम्नलिखित में से कौन-सा बल उत्तरदायी है?

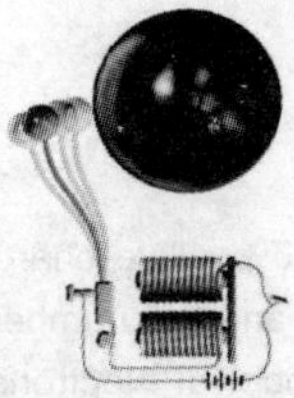

(1) गुरुत्वाकर्षण बल
(2) स्थिर वैघुट बल
(3) चुम्बकीय बल
(4) घर्षण बल

99. Major earthquakes are less likely to occur in
(1) North East India
(2) Rajasthan
(3) Rann of Kutch
(4) Orissa

99. विनाशकारी भूकंपों के आने की संभावना सबसे कम है
(1) उत्तर पूर्व भारत में
(2) राजस्थान में
(3) कच्छ के रन में
(4) उड़ीसा में

100. Which of the following statements are incorrect:
I. The planet nearest to us is Jupiter.
II. All the stars are at the same distance from us.
III. The planets do not emit light of their own.
IV. The planets keep changing their position with respect to stars.
V. The planet Venus appears in the eastern sky before sunrise.
VI. The plane in which the earth revolves around the sun is called equatorial plane of earth.
(1) I, II, V and VI
(2) II, III, IV, V and VI
(3) II, IV, V, and VI

100. निम्नलिखित में से कौन सा कथन गलत है:
I. हमारे सबसे निकट ग्रह बृहस्पति है।
II. सभी तारे हमारे समान दूरी पर हैं।
III. ग्रह अपना स्वयं का प्रकाश उत्सर्जित नहीं करते।
IV. ग्रह तारों के सापेक्ष अपनी स्थिति बदलते रहते हैं।
V. ग्रह शुक्र सूर्य निकलने से पहले आकाश के पूर्वी भाग में दिखाई देता है।
VI. जिस तल में पृथ्वी सूर्य के चारों ओर परिक्रमा है उसे पृथ्वी विषुवतीय तल कहते हैं।
(1) I, II, V और VI
(2) II, III, IV, V और VI
(3) II, IV, V, और VI
(4) I, II और VI

(4) I, II and VI

101. Two substances, A and B were made to react to form a third substance, A_2B according to the following reaction

$$2A + B \longrightarrow A_2B$$

Which of the following statements concerning this reaction are incorrect?

I. The product A_2B shows the properties of substances A and B

II. The product will always have a fixed composition

III. The product so formed cannot be classified as a compound

IV. The product so formed is an element

(1) I, II and III,
(2) II, III and IV
(3) I, III and IV
(4) II, III and IV

102. The ion of an element has 3 positive charges. Mass number of the atom is 27 and the number of neutrons is 14. What is the number of electrons in the ion?

(1) 13 (2) 10 (3) 14 (4) 16

103. The undefined nuclear region of prokaryotes are also known as

(1) nucleus
(2) nucleolus
(3) nucleic acid
(4) nucleoid

104. If the displacement of an object is proportional to square of time, then the object moves with

(1) uniform velocity
(2) uniform acceleration
(3) increasing acceleration
(4) decreasing acceleration

105. In the relation $F = GMm/d^2$, the quantity G

(1) depends on the value of g at the place of observation
(2) is used only when the earth is one of the two masses
(3) is greatest at the surface of the earth
(4) is universal constant of nature

101. निम्नलिखित अभिक्रिया अनुसार दो पदार्थ A तथा B अभिक्रिया कर तृतीय पदार्थ A_2B बनाते हैं

$$2A + B \longrightarrow A_2B$$

निम्नलिखित में से कौन-से कथन इस अभिक्रिया के संदर्भ में सही नहीं हैं?

I. उत्पाद A_2B, पदार्थ A तथा B के गुण प्रदर्शित करता है

II. उत्पाद का सदैव एक निश्चित संघटन होगा

III. इस प्रकार का बना उत्पाद यौगिक के रूप में वर्गीकृत नहीं किया जा सकता है

IV. इस प्रकार का ब्नौत्पद एक तत्व है

(1) I, II तथा III,
(2) II, III तथा IV
(3) I, III तथा IV
(4) II, III तथा IV

102. एक तत्व के आयन पर 3 धन आवेश हैं। परमाणु की द्रव्यमान संख्या 27 और न्युट्रॉनों की संख्या 14है। आयन में कितने इलेक्ट्रॉन उपस्थित हैं?

(1) 13 (2) 10 (3) 14 (4) 16

103. प्रोकैरियोट का अपरिभाषित केंद्रक क्षेत्र कहलाता है-

(1) केंद्रक
(2) केंद्रिका
(3) न्यूक्लिक अम्ल
(4) केन्द्रकाभ

104. यदि किसी पिंड का विस्थापन, समय के वर्ग के अनुक्रमानुपाती है, तो वह वस्तु गमन करती है –

(1) एकसमान वेग से
(2) एकसमान त्वरण से
(3) बढ़ते त्वरण से
(4) घटते त्वरण से

105. संबंध $F = GMm/d^2$ में राशी G

(1) परीक्षण स्थल पर g के मान पर निर्भर करती है
(2) का उपयोग दो द्रव्यमानों में से एक पृथ्वी होने पर ही किया जाता है
(3) पृथ्वी की सतह पर अधिकतम होता है
(4) प्रकृति का सार्वत्रिक नियतांक है

106. A key of a mechanical piano struck gently and then struck again but much harder this time. In the second case

(1) sound will be louder but pitch will not be different
(2) sound will be louder and pitch will also be higher
(3) sound will be louder but pitch will be lower
(4) both loudness and pitch will remain unaffected

107. The laws of reflection hold good for

(1) plane mirror only
(2) concave mirror only
(3) convex mirror only
(4) all mirrors irrespective of their shape

108. What is the maximum resistance which can be made using five resistors each of $1/5\Omega$?

(1) $1/5\Omega$ (2) 10Ω (3) 5Ω (4) 1Ω

109. A constant current flows in a horizontal wire in the plane of the paper from east to west as shown in figure. The direction of magnetic field at a point will be North to South

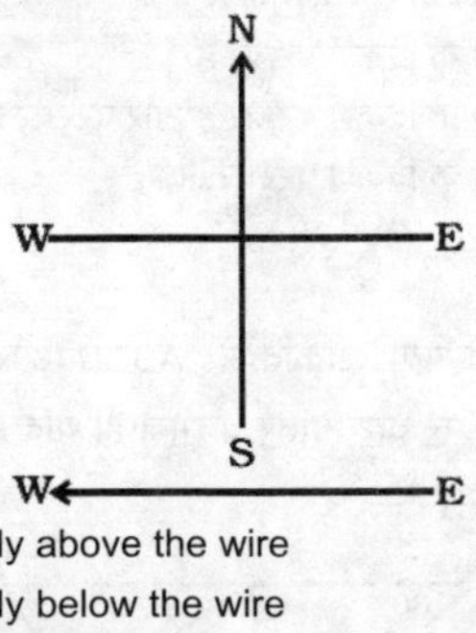

(1) directly above the wire
(2) directly below the wire
(3) at a point located in the plane of the paper, on the north side of the wire
(4) at a point located in the plane of the paper, on the south side of the wire

110. Which is a thermosetting plastic?

(1) Melamine (2) Polythene
(3) PVC (4) Nylon

106. यांत्रिक पियानो की किसी कुंजी को पहले धीरे से और फिर जोर से दबाया गया। दूसरी बार उत्पन्न ध्वनि –

(1) पहली ध्वनि से प्रबल होगी परन्तु इसका तारत्व भिन्न नहीं होगा
(2) पहली ध्वनि से प्रबल होगी और इसका तारत्व भी अपेक्षाकृत उच्च होगा
(3) पहली ध्वनि से प्रबल होगी परन्तु इसका तारत्व अपेक्षाकृत निम्न होगा
(4) प्रबलता और तारत्व दोनों ही प्रभावित नहीं होंगे

107. परावर्तन के नियम लागू होते हैं;

(1) केवल समतल दर्पण पर
(2) केवल अवतल दर्पण पर
(3) केवल उत्तल दर्पण पर
(4) सभी दर्पणों पर चाहें उनकी आकृति कैसी भी क्यों न हों

108. पाँच प्रतिरोधकों, जिनमें प्रत्येक का प्रतिरोध $1/5\Omega$ है, का उपयोग करके कितना अधिकतम प्रतिरोध बनाया जा सकता है?

(1) $1/5\Omega$ (2) 10Ω (3) 5Ω (4) 1Ω

109. चित्र में दर्शाए अनुसार कागज के तल में स्थित किसी क्षैतिज तार में प्रूव से पश्चिम की ओर कोई नियत धारा प्रवाहित हों रही है। चुंबकीय क्षेत्र की दिशा उत्तर से दक्षिण की ओर उस बिंदु पर होगी जो

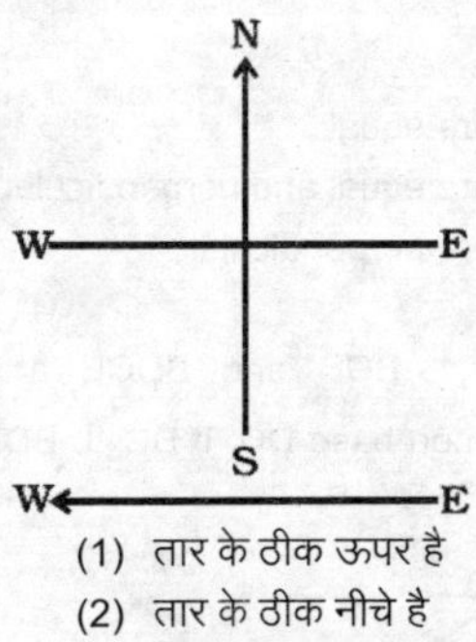

(1) तार के ठीक ऊपर है
(2) तार के ठीक नीचे है
(3) कागज के तल में तार के उत्तर में स्थित है
(4) कागज के तल में तार के दक्षिण में स्थित है

110. निम्नलिखित में से थर्मोसेटिंग प्लास्टिक का चयन कीजिए।

(1) मेलामाइन (2) पॉलिथीन
(3) पीवीसी (4) नायलॉन

111. We have 4 congruent equilateral triangles. What do we need more to make a pyramid?
(1) An equilateral triangle.
(2) A square with same side length as of triangle.
(3) 2 equilateral triangles with side length same as triangle.
(4) 2 squares with side length same as triangle.

112. Arpita's present age is thrice of Shilpa. If Shilpa's age three years ago was x. Then Arpita's present age is
(1) 3(x – 3) (2) 3x + 3
(3) 3x – 9 (4) 3(x + 3)

113. In ΔABC, AB = AC and $\angle B = 50°$. Then $\angle C$ is equal to
(1) 40° (2) 50°
(3) 80° (4) 130°

114. The figure formed by joining the mid-points of the sides of a quadrilateral ABCD, taken in order, is a square only if,
(1) ABCD is a rhombus
(2) diagonals of ABCD are equal
(3) diagonals of ABCD are equal and perpendicular
(4) diagonals of ABCD are perpendicular.

115. In the given figure, ABCD and BDCE are parallelograms with common base DC. If $BC \perp BD$, then $\angle BEC$ =

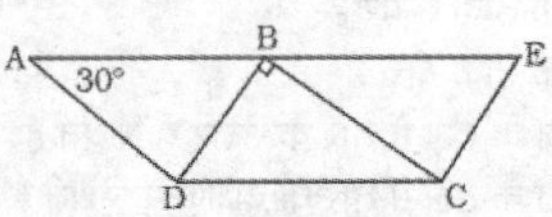

(1) 60° (2) 30° (3) 150° (4) 120°

116. If x + 0 = 0 + x = x, which is rational number, then 0 is called
(1) identity for addition of rational numbers.
(2) additive inverse of x.
(3) multiplicative inverse of x.
(4) reciprocal of x.

111. हमारे पास 4 सर्वागसम समबाहु त्रिभुज है। एक पिरामिड बनाने के लिए, हमे और किसकी आवश्यकता है?
(1) एक समबाहु त्रिभुज।
(2) एक वर्ग जिसकी भुजा की लंबाई त्रिभुज की भुजा के बराबर हो।
(3) 2 समबाहु त्रिभुज जिनकी भुजाएँ त्रिभुज की भुजाओ के बराबर हो।
(4) 2 वर्ग जिनकी भुजाओ की लंबाईयां त्रिभुज की भुजाओ के बराबर हो।

112. अर्पिता की वर्तमान आयु शिल्पा की आयु की तिगुनी है| यदि 3 वर्ष पहले शिल्पा की आयु x वर्ष थी, तो अर्पिता की वर्तमान आयु है-
(1) 3(x – 3) (2) 3x + 3
(3) 3x – 9 (4) 3(x + 3)

113. ΔABC, AB = AC और $\angle B = 50°$ है, तब $\angle C$ बराबर है
(1) 40° (2) 50°
(3) 80° (4) 130°

114. एक चतुर्भुज ABCD की भुजाओ क मध्य-बिंदुओ को, एक ही क्रम में, मिलाने पर प्राप्त आकृति केवल एक वर्ग है, यदि
(1) ABCD एक समचतुर्भुज है
(2) ABCD के विकर्ण बराबर है
(3) ABCD के विकर्ण बराबर है और परस्पर लंब है
(4) ABCD के विकर्ण परस्पर लंब है

115. नीचे दी गयी आक्रति में, ABCD और BDCE एक ही आधार DC. पर दो समांतर चतुर्भुज है। यदि $BC \perp BD$ है, तो $\angle BEC$ बराबर है-

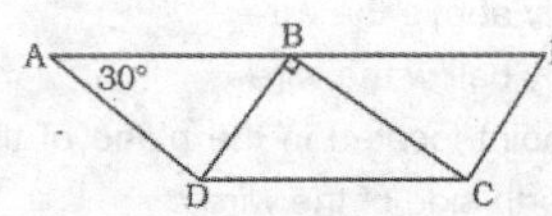

(1) 60° (2) 30° (3) 150° (4) 120°

116. यदि x + 0 = 0 + x = x, है, जो एक परिमेय संख्या है, तो 0 कहलाता है-
(1) परिमेय संख्याए के योग के लिए तत्समक
(2) x का योज्य प्रतिलोम
(3) x का गुणन प्रतिलोम
(4) x का व्युत्क्रम

117. What is the probability of choosing a vowel from the alphabets?

(1) $\frac{21}{26}$ (2) $\frac{5}{26}$

(3) $\frac{1}{26}$ (4) $\frac{3}{26}$

117. अंग्रेज़ी वर्णमाला में से एक स्वर चुनने की प्रायिकता है-

(1) $\frac{21}{26}$ (2) $\frac{5}{26}$

(3) $\frac{1}{26}$ (4) $\frac{3}{26}$

118. The sum of three consecutive multiples of 7 is 357. Find the smallest multiple.

(1) 112 (2) 126

(3) 119 (4) 116

118. 7 के तीन क्रमागत गुणजो का योग 357 है| तब, इनमे सबसे छोटा गुणज है-

(1) 112 (2) 126

(3) 119 (4) 116

119. A quadrilateral whose all sides, diagonals and angles are equal is a

(1) square (2) trapezium

(3) rectangle (4) rhombus

119. एक चतुर्भुज जिसकी सभी भुजाएँ, विकर्ण और कोण बराबर हो, होता है एक

(1) वर्ग (2) समलंब

(3) आयत (4) समचतुर्भुज

120. The sum of angles of a concave quadrilateral is

(1) more than 360° (2) less than 360°

(3) equal to 360° (4) twice of 360°

120. एक अवतल चतुर्भुज के कोणों का योग होता है-

(1) 360° से ज्यादा (2) 360° से कम

(3) 360° के बराबर (4) 360° का दो गुना

121. Side of a square garden is 30 m. If the scale used to draw its picture is 1cm: 5m, the perimeter of the square in the picture is

(1) 20 cm (2) 24 cm

(3) 28 cm (4) 30 cm

121. एक वर्गाकार बगीचे की भुजा 30cm है। इसका चित्र खीचने के लिए स्केल 1cm : 5m का प्रयोग किया गया है। तब, चित्र में इस बगीचे का परिमाप होगा-

(1) 20 cm (2) 24 cm

(3) 28 cm (4) 30 cm

122. Common factor of 17abc, $34ab^2$, $51a^2b$ is

(1) 17abc (2) 17ab

(3) 17ac (4) $17a^2b^2c$

122. 17abc, $34ab^2$ और $51a^2b$ में सार्व गुणनखंड है-

(1) 17abc (2) 17ab

(3) 17ac (4) $17a^2b^2c$

123. Shyama purchases a scooter costing Rs 36,450 and the rate of sales tax is 9%, then the total amount paid by her is

(1) Rs 36,490.50 (2) Rs 39,730.50

(3) Rs 36,454.50 (4) Rs 33,169.50

123. श्यामा एक स्कूटर खरीदती है जिसकी लागत Rs 36,450 है और इस पर 9% की दर से बिक्री कर देय है। तब, उसके द्वारा दी गयी कुल धनराशि है-

(1) Rs 36,490.50 (2) Rs 39,730.50

(3) Rs 36,454.50 (4) Rs 33,169.50

124. Meenakshee cycles to her school at an average speed of 12 km/h and takes 20 minutes to reach her school. If she wants to reach her school in 12 minutes, her average speed should be

(1) $\frac{20}{3}$ km/h (2) 16 km/h

(3) 20 km/h (4) 15 km/h

124. मीनाक्षी साइकिल पर 12 km/h की औसत चाल से अपने स्कूल जाती है तथा स्कूल पहुँचने में 20 मिनट का समय लेती है। यदि वह 12 मिनट में स्कूल पहुँचना चाहती है, तो उसकी चाल होनी चाहिए-

(1) $\frac{20}{3}$ km/h (2) 16 km/h

(3) 20 km/h (4) 15 km/h

125. The figure ABCD is a quadrilateral in which AB

125. नीचे दी गयी आकृति में, ABCD एक चतुर्भुज है, जिसमे

= CD and BC = AD. Its area is

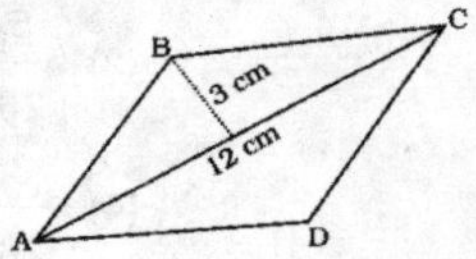

(1) 72 cm^2 (2) 36 cm^2

(3) 24 cm^2 (4) 18 cm^2

126. A six-digit number is formed by repeating a three-digit number. For example 256256, 678678, etc. Any number of this form is divisible by

(1) 7 only (2) 11 only

(3) 13 only (4) 1001

127. One of the zeros of the polynomial $2x^2 + 7x - 4$ is

(1) 2

(2) $\frac{1}{2}$

(3) $-\frac{1}{2}$

(4) –2

128. The angles of a triangle are in the ratio 2 : 3 : 4. Find the angles of the triangle.

(1) 40°, 60°, 80° (2) 30°, 60°, 90°

(3) 40°, 50°, 90° (4) 30°, 60°, 80°

129. If bisectors of ∠A and ∠B of a quadrilateral ABCD intersect each other at P, of ∠B and ∠C at Q, of ∠C and ∠D at R and of ∠D and ∠A at S, then PQRS is a

(1) rectangle

(2) rhombus

(3) parallelogram

(4) quadrilateral whose opposite angles are supplementary

130. If AB = 12 cm, BC = 16 cm and AB is perpendicular to BC, then the radius of the circle passing through the points A, B and C is:

(1) 6 cm (2) 8 cm

(3) 10 cm (4) 12 cm

AB=CD और BC=AD है। इसका क्षेत्रफल है-

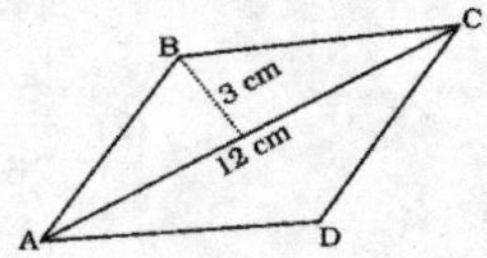

(1) 72 cm^2 (2) 36 cm^2

(3) 24 cm^2 (4) 18 cm^2

126. एक तीन अंको की संख्या को दो बार लिखकर एक 6 अंको की संख्या बनायी जाती है। उदाहरणार्थ, 256256, 678678 इत्यादि। इस प्रकार की संख्या निम्न से विभाज्य होगी-

(1) केवल 7 (2) केवल 11

(3) केवल 13 (4) 1001

127. बहुपद $2x^2 + 7x - 4$ के शून्यको में से एक है:

(1) 2

(2) $\frac{1}{2}$

(3) $-\frac{1}{2}$

(4) –2

128. किसी त्रिभुज के कोणों का अनुपात 2 : 3 : 4 है। इस त्रिभुज के तीनो कोण ज्ञात कीजिए।

(1) 40°, 60°, 80° (2) 30°, 60°, 90°

(3) 40°, 50°, 90° (4) 30°, 60°, 80°

129. यदि चतुर्भुज ABCD के ∠A और ∠B के समद्विभाजक परस्पर P पर प्रतिच्छेद करते है, ∠B और ∠C के समद्विभाजक Q पर, ∠C और ∠D के R पर तथा ∠D और ∠A के S पर प्रतिच्छेद करते है, तो PQRS है एक

(1) आयत

(2) समचतुर्भुज

(3) समांतर चतुर्भुज

(4) चतुर्भुज जिसके सम्मुख कोण संपूरक है।

130. यदि AB = 12 cm, BC = 16 cm और AB रेखाखंड BC पर लंब है, तो A, B और C से होकर जाने वाले व्रत की त्रिज्या है

(1) 6 cm (2) 8 cm

(3) 10 cm (4) 12 cm

131. Which of the following are not earthquake waves?
(1) Surface waves
(2) Longitudinal waves
(3) Harbour waves
(4) Transverse waves

131. निम्नलिखित में से कौन-सी भूकंपीय तरंगें नहीं हैं?
(1) पृष्ठीय तरंगें
(2) अनुदैर्ध्य तरंगें
(3) पोताश्रय तरंगें
(4) अनुप्रस्थ तरंगें

132. What is EDUSAT?
(1) The rocket that carries man-made satellites to be placed in the orbit around the Sun
(2) A newly discovered planet in the solar system
(3) An asteroid found between the orbits of Mars and Jupiter
(4) A man-made Indian satellite

132. एडुसैट (EDUSAT) से क्या अभिप्राय है?
(1) रॉकेट जिसका उपयोग मानव-निर्माण उपग्रहों को सूर्य की कक्षा में स्थापित करने के लिए किया जाता है
(2) सैरमंडल में खोजा गया एक नया ग्रह
(3) एक क्षुद्र ग्रह जो मंगल और बृहस्पति की कक्षाओं के बीच पाया जाता है
(4) एक मानव-निर्मित भारतीय उपग्रह

133. Which of the following spheres has living organisms including humans that are majority affected as a result of global warming?
(1) Biosphere
(2) Hydrosphere
(3) Lithosphere
(4) Atmosphere

133. निम्नलिखित परिमंडलों में से किसमें मानव सहित जीवित जीव पाए जाते हैं, जो बहुसंख्या में भूतापन के कारण प्रभावित होते हैं?
(1) जीवमंडल
(2) जलमंडल
(3) स्थलमंडल
(4) वायुमंडल

134. In which of the following categories of rocks does Deccan Plateau of India, made up of basalt rocks, fall?
(1) Sedimentary rocks
(2) Extrusive igneous rocks
(3) Intrusive igneous rocks
(4) Metamorphic rocks

134. भारत का दक्कन पठार, जो बेसाल्ट शैलों से बना है, निम्नलिखित में से शैलों की किस क्षेणी के अंतर्गत आता है?
(1) अवसादी शैल
(2) बहीर्भेदी आग्नेय शैल
(3) अन्तर्भेदी आग्नेय शैल
(4) कायांतरित शैल

135. All of the following are parameters of measuring human development index except
(1) Health
(2) Education
(3) Income
(4) Expenditure

135. निम्नलिखित सभी मानव विकास सूचकांक को मापने के पैरामीटर हैं सिवाय
(1) स्वास्थ्य
(2) शिक्षा
(3) आय
(4) व्यय

136. The Paramhans Mandali was founded in 1840 to work for the abolition of caste in
(1) Calcutta
(2) Poona
(3) Bombay
(4) Madras

136. परमहंस मंडली की स्थापना 1840 में जाति के उन्मूलन के लिए काम करने के लिए कहाँ की गई थी
(1) कलकत्ता
(2) पूना
(3) बम्बई
(4) मद्रास

137. 2011 Census is Indias's ______ Census since

137. 2011 की जनगणना स्वतंत्रता के बाद से भारत की ______

independence and ______ since 1872?
(1) 7th, 15th
(2) 15th, 30th
(3) 8th, 10th
(4) 6th, 16th

जनगणना और 1872 से ______ है?
(1) 7 वीं, 15 वीं
(2) 15 वीं, 30 वीं
(3) 8 वीं, 10 वीं
(4) 6 वीं, 16 वीं

138. Wild buffalo is an endangered species because
(1) its population is diminishing
(2) it has become extinct
(3) it is found exclusively in a particular area
(4) its poaching is strictly prohibited

138. जंगली भैंस एक लुप्तप्राय प्रजाति है क्योंकि
(1) इसकी जनसंख्या कम हो रही है
(2) यह विलुप्त हो गया है
(3) यह विशेष रूप से किसी विशेष क्षेत्र में पाया जाता है
(4) इसका शिकार सख्ती से प्रतिबंधित है

139. Among the given options, which one is not correct for the use of large amount of fertilizers and pesticides?
(1) They are eco-friendly
(2) They turn the fields barren after some time
(3) They adversally affect the useful component from the soil
(4) They destroy the soil fertility

139. उर्वरक और पीडकनाशी की अधिक मात्र के उपयोग की सलाह नहीं दी जाती क्योंकि –
(1) वे पारि-हितैषी हैं
(2) कुछ समय बाद खेत को बंजर कर देते है
(3) वे मृदा के लाभदायक अवयवों पर प्रतिकूल असर डालते है
(4) वे मृदा की उर्वरता को नष्ट कर देते है

140. Soil erosion can be prevented by
(1) raising forests
(2) deforestation
(3) excessive use of fertilizer
(4) overgrazing by animals

140. मृदा अपरदन इसके द्वारा रोका जा सकता है-
(1) वनों का विकास करके
(2) वनों की कटाई
(3) उर्वरक का अत्यधिक उपयोग
(4) जंतुओं द्वारा अतिचारण

141. Vectors can be defined as
(1) animals carry the infecting agents from sick person to another healthy person
(2) microorganisms which cause many diseases
(3) infected person
(4) diseased plants

141. वेक्टर (संवाहक) की सही परिभाषा कोन-सी है?
(1) वह जीव जो संक्रामक कारकों को एक रोगग्रस्त व्यक्ति से दुसरे स्वस्थ व्यक्ति तक ले जाता है
(2) सूक्ष्मजीव जो बहुत से रोगों को फैलता है
(3) संक्रमित व्यक्ति
(4) रोगग्रस्त पादप

142. Accumulation of non-biodegradable pesticides in the food chain in increasing amount at each higher trophic level is known as
(1) eutrophication
(2) pollution
(3) biomagnification
(4) accumulation

142. किसी आहार-श्रृंखला में गैर-जैवनिम्नीकरणीय पीड्कनाशियों का प्रत्येक उच्चतर पोशी स्तर पर बढ़ती हुई मात्रा में एकत्रित होते जाना क्या कहलाता है?
(1) सुपोषण
(2) प्रदूषण
(3) जैव आवर्धन
(4) एकत्रीकरण

143. The pH of water sample collected from a river was found to be acidic in the range of 3.5 – 4.5, on the banks of the river were several factories that were discharging effluents into the river. The effluents of which one of the following factories is the most likely cause for lowering the pH of river water?

143. किसी नदी के तट पर से, जहां अनेक फेक्टरियों के बहि:स्राव आकर जल में प्रवाहित हों रहे थे, एकत्रित किए जल-नमूने को pH 3.5 – 4.5 की परास में अम्लीय पाया गया। निम्नलिखित फैक्ट्रियों में से कौन-से फैक्ट्री के बहि:स्राव के कारण नदी के जल का pH कम हो गया?
(1) साबुन और अपमार्जक फैक्ट्री

(1) Soap and detergent factory
(2) Lead battery manufacturing factory
(3) Plastic cup manufacturing factory
(4) Alcohol distillery

(2) सीसे की बैटरी बनाने वाली फैक्ट्री
(3) प्लास्टिक के प्यालों का निर्माण करने वाली फैक्ट्री
(4) अल्कोहल फैक्ट्री

144. Agasthyamalai biosphere reserves is located in
(1) Andhra Pradesh (2) Kerala
(3) Karnataka (4) Telangana

144. अग्रस्थमालाई जीवमंडल भंडार कहाँ स्थित है
(1) आंध्र प्रदेश (2) केरल
(3) कर्नाटक (4) तेलंगाना

145. World Energy Conservation Day is celebrated on
(1) 14 December
(2) 06 October
(3) 12 November
(4) 18 October

145. विश्व ऊर्जा संरक्षण दिवस मनाया जाता है
(1) 14 दिसंबर
(2) 06 अक्टूबर
(3) 12 नवंबर
(4) 18 अक्टूबर

146. The Nagoya Protocol was adopted in which convention on biological diversity
(1) Ninth (2) Eleventh
(3) Twelfth (4) Tenth

146. नागोया प्रोटोकॉल को किस जैविक विविधता सम्मेलन में अपनाया गया था
(1) नौवीं (2) ग्यारहवीं
(3) बारहवीं (4) दसवीं

147. The first ever National Biodiversity Congress of India in 2012 was held at
(1) Thiruvananthapuram, Kerala
(2) Chennai, Tamilnadu
(3) Bengaluru, Karnataka
(4) Coimbatore, Karnataka

147. 2012 में भारत की पहली राष्ट्रीय जैव विविधता कांग्रेस कहाँ आयोजित की गई थी
(1) तिरुवनंतपुरम, केरल
(2) चेन्नई, तमिलनाडु
(3) बेंगलुरु, कर्नाटक
(4) कोयंबटूर, कर्नाटक

148. Eleventh five year plan of India was prepared and launched by
(1) D.P. Dhar
(2) Y.U. Mahalanobis
(3) C.Rangarajan
(4) R.S.Gadgil

148. भारत की ग्यारहवीं पंचवर्षीय योजना तैयार की गई थी और इसे लॉन्च किया गया था
(1) डी.पी. धार
(2) वाय.यू. महालनोबिस
(3) सी.रंगराजन
(4) आर.एस. गद्जिल

149. Full form of IUCN is
(1) International Union for Conservation of Nature
(2) International United Convention of Nature
(3) International United Committee of Nature
(4) International United Commission of Nature

149. IUCN का पूरा नाम क्या है?
(1) International Union for Conservation of Nature
(2) International United Convention of Nature
(3) International United Committee of Nature
(4) International United Commission of Nature

150. Hemis National Park is located in
(1) Goa
(2) Kerala
(3) Karnataka
(4) Jammu and Kashmir

150. हेमिस राष्ट्रीय उद्यान कहाँ स्थित है
(1) गोवा
(2) केरल
(3) कर्नाटक
(4) जम्मू-कश्मीर

उत्तर पत्रिका / Answer Sheet – Kendriya Vidyalaya Sangathan

Name of the Candidate: ____________________ **Fathers' Name:** ____________________

Roll Number: ____________________, **Examination Centre:** ____________________

Paper of the Candidate: ____________________, **Test Booklet Code:** ____________________

Mark your Answer by shading the appropriate circle against each question. The circle should be shaded completely without leaving any space. The correct method of shading is given below.

प्रत्येक प्रश्न के सामने उचित वृत का चिन्हांकन करके अपना उत्तर लिखें। वृत्त को बिना कोई स्थान छोड़े चिन्हांकित करें। चिन्हांकित करने का सही तरीका नीचे दिया गया है।

Correct Method : सही तरीका : ○ ● ○ ○ Wrong Method : गलत तरीका : ⊗ ✓ ⊙ ◑

001	① ② ③ ④	031	① ② ③ ④	061	① ② ③ ④	091	① ② ③ ④	121	① ② ③ ④
002	① ② ③ ④	032	① ② ③ ④	062	① ② ③ ④	092	① ② ③ ④	122	① ② ③ ④
003	① ② ③ ④	033	① ② ③ ④	063	① ② ③ ④	093	① ② ③ ④	123	① ② ③ ④
004	① ② ③ ④	034	① ② ③ ④	064	① ② ③ ④	094	① ② ③ ④	124	① ② ③ ④
005	① ② ③ ④	035	① ② ③ ④	065	① ② ③ ④	095	① ② ③ ④	125	① ② ③ ④
006	① ② ③ ④	036	① ② ③ ④	066	① ② ③ ④	096	① ② ③ ④	126	① ② ③ ④
007	① ② ③ ④	037	① ② ③ ④	067	① ② ③ ④	097	① ② ③ ④	127	① ② ③ ④
008	① ② ③ ④	038	① ② ③ ④	068	① ② ③ ④	098	① ② ③ ④	128	① ② ③ ④
009	① ② ③ ④	039	① ② ③ ④	069	① ② ③ ④	099	① ② ③ ④	129	① ② ③ ④
010	① ② ③ ④	040	① ② ③ ④	070	① ② ③ ④	100	① ② ③ ④	130	① ② ③ ④
011	① ② ③ ④	041	① ② ③ ④	071	① ② ③ ④	101	① ② ③ ④	131	① ② ③ ④
012	① ② ③ ④	042	① ② ③ ④	072	① ② ③ ④	102	① ② ③ ④	132	① ② ③ ④
013	① ② ③ ④	043	① ② ③ ④	073	① ② ③ ④	103	① ② ③ ④	133	① ② ③ ④
014	① ② ③ ④	044	① ② ③ ④	074	① ② ③ ④	104	① ② ③ ④	134	① ② ③ ④
015	① ② ③ ④	045	① ② ③ ④	075	① ② ③ ④	105	① ② ③ ④	135	① ② ③ ④
016	① ② ③ ④	046	① ② ③ ④	076	① ② ③ ④	106	① ② ③ ④	136	① ② ③ ④
017	① ② ③ ④	047	① ② ③ ④	077	① ② ③ ④	107	① ② ③ ④	137	① ② ③ ④
018	① ② ③ ④	048	① ② ③ ④	078	① ② ③ ④	108	① ② ③ ④	138	① ② ③ ④
019	① ② ③ ④	049	① ② ③ ④	079	① ② ③ ④	109	① ② ③ ④	139	① ② ③ ④
020	① ② ③ ④	050	① ② ③ ④	080	① ② ③ ④	110	① ② ③ ④	140	① ② ③ ④
021	① ② ③ ④	051	① ② ③ ④	081	① ② ③ ④	111	① ② ③ ④	141	① ② ③ ④
022	① ② ③ ④	052	① ② ③ ④	082	① ② ③ ④	112	① ② ③ ④	142	① ② ③ ④
023	① ② ③ ④	053	① ② ③ ④	083	① ② ③ ④	113	① ② ③ ④	143	① ② ③ ④
024	① ② ③ ④	054	① ② ③ ④	084	① ② ③ ④	114	① ② ③ ④	144	① ② ③ ④
025	① ② ③ ④	055	① ② ③ ④	085	① ② ③ ④	115	① ② ③ ④	145	① ② ③ ④
026	① ② ③ ④	056	① ② ③ ④	086	① ② ③ ④	116	① ② ③ ④	146	① ② ③ ④
027	① ② ③ ④	057	① ② ③ ④	087	① ② ③ ④	117	① ② ③ ④	147	① ② ③ ④
028	① ② ③ ④	058	① ② ③ ④	088	① ② ③ ④	118	① ② ③ ④	148	① ② ③ ④
029	① ② ③ ④	059	① ② ③ ④	089	① ② ③ ④	119	① ② ③ ④	149	① ② ③ ④
030	① ② ③ ④	060	① ② ③ ④	090	① ② ③ ④	120	① ② ③ ④	150	① ② ③ ④

परीक्षार्थी का नाम Name of candidate (In Capital Letters)	परीक्षार्थी के हस्ताक्षर Signature of candidate (In Running Hand)	परीक्षार्थी के बाएं अंगूठे का निशान Left hand thumb impression of the candidate	निरीक्षक के हस्ताक्षर Signature of invigilator (In Running Hand)
			Prateek Shivalik

Answer Key KVS Test Set - 05															
Q	A	Q	A	Q	A	Q	A	Q	A	Q	A	Q	A	Q	A
1	1	21	3	41	1	61	3	81	3	101	3	121	2	141	1
2	4	22	2	42	4	62	2	82	4	102	2	122	2	142	3
3	4	23	3	43	1	63	2	83	2	103	4	123	2	143	2
4	2	24	3	44	3	64	1	84	1	104	2	124	3	144	2
5	1	25	4	45	2	65	1	85	4	105	4	125	2	145	1
6	3	26	3	46	3	66	4	86	1	106	1	126	4	146	4
7	1	27	2	47	3	67	2	87	2	107	4	127	2	147	1
8	3	28	3	48	4	68	4	88	1	108	4	128	1	148	3
9	2	29	3	49	1	69	2	89	2	109	2	129	4	149	1
10	2	30	2	50	4	70	2	90	2	110	1	130	3	150	4
11	1	31	1	51	1	71	1	91	2	111	2	131	3		
12	3	32	1	52	3	72	4	92	4	112	4	132	4		
13	3	33	2	53	2	73	2	93	2	113	2	133	1		
14	3	34	1	54	1	74	3	94	4	114	3	134	2		
15	1	35	1	55	2	75	1	95	3	115	1	135	4		
16	1	36	4	56	2	76	2	96	2	116	1	136	3		
17	2	37	3	57	4	77	2	97	4	117	2	137	1		
18	2	38	3	58	2	78	3	98	3	118	1	138	1		
19	1	39	3	59	2	79	1	99	4	119	1	139	1		
20	4	40	1	60	1	80	1	100	4	120	3	140	1		

Prateek Shivalik KVS PRT

Code 06

इस परीक्षा पुस्तिका को तब तक न खोलें जब तक कहा न जाए।
Do not open this Test Booklet until you are asked to do so.
इस परीक्षा पुस्तिका के पिछले आवरण पर दिए गये निर्देशों को ध्यान से पढ़ें।
Read carefully the Instructions on the Back Cover of this Test Booklet.

परीक्षार्थियों के लिए निर्देश

1. OMR उत्तर पत्र इस परीक्षा के अन्दर रखा है। जब आपको परीक्षा पुस्तिका खोलने को कहा जाए, तो उत्तर पत्र निकाल कर पृष्ठ-1 एवं पृष्ठ-2 पर ध्यान से केवल नीले बॉल पॉइंट पेन से विवरण भरें।
2. परीक्षा की अवधि 2½ घंटे है एवं परीक्षा में 150 प्रश्न है। **कोई ऋणात्मक अंकन नहीं है।**
3. इस पृष्ठ पर विवरण अंकित करने एवं उत्तर पत्र पर निशान लगाने के लिए केवल नीले बॉल पॉइंट पेन का प्रयोग करें।
4. यह सुनिश्चित कर लें की इस पुस्तिका का संकेत, उत्तर पत्र के पृष्ठ पर छपे संकेत से मिलता है। यह भी सुनिश्चित कर लें की परीक्षा संख्या और उत्तर पत्र संख्या मिलते है। अगर यह भिन्न हों तो परीक्षार्थी दूसरी प्रश्न पुस्तिका और उत्तर पत्र लेने के लिए निरीक्षक को तुरन्त अवगत कराएँ।
5. **यदि अनुवाद में किसी भी प्रकार की कोई अस्पष्टा हो तो अंग्रेजी वाले पाठ को ही सही माना जायेगा।**
6. रफ कार्य परीक्षा पुस्तिका में इस प्रयोजन के लिए दी गई खाली जगह पर करें।
7. सभी उत्तर केवल OMR उत्तर पत्र पर ही अंकित करें। अपने उत्तर ध्यानपूर्वक अंकित करें। उत्तर बदलने हेतु श्वेत रंजक का प्रयोग निषिद्ध है।
8. प्रत्येक प्रश्न के सामने उचित वृत का चिन्हांकन करके अपना उत्तर लिखें। वृत्त को बिना कोई स्थान छोड़े चिन्हांकित करें।

INSTRUCTIONS FOR CANDIDATES

1. The OMR Answer Sheet is inside this Test Booklet. When you are directed to open the Test Booklet, take out the Answer Sheet and fill in the particulars on Side-1 and Side-2 carefully with blue ball point pen only.
2. The test is of 2½ hours duration and consists of 150 questions. **There is no negative marking.**
3. Use Blue Ball Point Pen only for writing particulars on this page / marking responses in the Answer Sheet.
4. Make sure that the CODE printed on the Answer Sheet is the same as that on this booklet. Also ensure that your Test Booklet No. and Answer Sheet No. are the same. In case of discrepancy, the candidate should immediately report the matter to the Invigilator for replacement of both the Test Booklet and the Answer Sheet.
5. **In case of any ambiguity in translation, the English version will be deemed authentic.**
6. Rough work should be done only in the space provided in the Test Booklet for the same.
7. The answers are to be recorded on the OMR Answer Sheet only. Mark your responses carefully. No whitener is allowed for changing answers.
8. Mark your Answer by shading the appropriate circle against each question. The circle should be shaded completely without leaving any space.

परीक्षार्थी का नाम (बड़े अक्षरों में):
Name of the Candidate (in Capitals): ____________________

अनुक्रमांक (अंकों में):
Roll Number: (in figures): ____________________

(शब्दों में):
(in words): ____________________

परीक्षा केन्द्र (बड़े अक्षरों में) :
Centre of Examination (in Capitals): ____________________

परीक्षार्थी के हस्ताक्षर:
Candidate's Signature: ____________________

निरीक्षक के हस्ताक्षर :
Invigilator's Signature : ____________________

Facsimile signature stamp of
Centre Superintendent ____________________

1. The antonym of the given word is?
INQUISITIVE
(1) insincere
(2) indifferent
(3) insensitive
(4) insulting

2. Choose the one word which can be substituted for the given sentence/ words.
A jocular person who is full of amusing anecdotes
(1) wile
(2) yokel
(3) wag
(4) aeon

3. Choose the option which best expresses the meaning of the highlighted idiom/phrase in the sentence.
"turn a deaf ear"
(1) disregard
(2) defy
(3) disobey
(4) dismiss

4. Choose the incorrectly spelt word
(1) admonish
(2) aborigin
(3) aberration
(4) agrarian

5. Arrange the following jumbled part of the sentence in correct order.
1. Phobic reactions are strong, irrational fears of specific objects or situations
P. But there is no objective danger
Q. For example, when a person is extremely fearful of birds, snakes, heights or closed places, the label phobia is applied to the person's fear and avoidance
R. He usually recognizes that his fear is irrational
S. A person suffering from phobic neurosis knows what he is afraid of
6. But he cannot control it.
(1) QPSR
(2) SRQP
(3) SQPR
(4) RSQP

6. Which part of the following sentences has error in it?
Patience as well as perseverance (P) are necessary (Q) for success. (R) No error (S).
(1) P (2) Q (3) R (4) S

7. Which part of the following sentences has error in it?
The passer-by told us (P) where was the marriage hall (Q) and even led us to it. (R) No error (S).
(1) P (2) Q (3) R (4) S

8. Convert the given sentence into Active / Passive Voice
People speak English all over the world.
(1) English is spoken all over the world.
(2) English was spoken all over the world.
(3) English was spoken by people.
(4) English is spoken by people.

9. Convert the given sentence into Direct / Indirect Speech
"Doctor", the patient cried, please tell me how much time I have."
(1) The patient pleaded the doctor how much time she will have.
(2) The patient exclaimed to the doctor that how much time she had.
(3) The patient pleaded with the doctor to tell her how much time she had.
(4) The patient cried to the doctor that how much time had she.

10. Fill in the blank.
Will those of you who have objection to this proposal ______ put up your hands, please?
(1) discussed
(2) being discussed
(3) having discussed
(4) discussing

11. हिन्दी वर्णमाला में स्वरों की संख्या है
(1) 12
(2) 11
(3) 15
(4) 16

12. मुझे पांच किलो दूध दो यहाँ विशेषण है
(1) परिमाणवाचक
(2) संख्यावाचक
(3) गुणवाचक
(4) कोई नहीं

13. "जिसकी आयु बड़ी हो" के लिए एक उपयुक्त शब्द है
(1) सआयु
(2) दीर्घायु
(3) शाश्वत
(4) अल्पायु

14. शिव को "नीलकंठ" भी कहते है। चिह्नांकित शब्द है
(1) रूढ़
(2) यौगिक
(3) योगरूढ़
(4) कोई नहीं

15. "हम दही के साथ रोटी खाते है।" में प्रयुक्त कारक है
(1) करण
(2) सम्प्रदान
(3) संबंध
(4) सभी

16. "गुरु दक्षिणा" में समास है
(1) सम्प्रदान तत्पुरुष
(2) सम्बन्ध तत्पुरुष
(3) नञ् तत्पुरुष
(4) कोई नहीं

17. संतोष में कौन सा उपसर्ग है?
(1) सं
(2) सन
(3) सम्
(4) सन

18. आइंदा में कौन सा प्रत्यय है?
(1) दा
(2) ईन्दा
(3) इंदा
(4) इन्दा

19. निम्न में से किस शब्द की वर्तनी शुद्ध है?
(1) ऋषि
(2) ऋशि
(3) रिषि
(4) ऋषी

20. दिग्गज का संधि विच्छेद होगा
(1) दिक्+गज
(2) दिग्+गज
(3) दि:+गज
(4) दिक्+अगज

Space for Rough Work / कच्चे कार्य के लिए स्थान

21. Rearranging and allocating space in memory to provide for multiple computing tasks is called
(1) Networking
(2) Multiprogramming
(3) Multitasking
(4) Memory Management

21. एकाधिक कंप्यूटिंग कार्यों को प्रदान करने के लिए स्मृति में स्थान को पुनर्व्यवस्थित करना और आवंटित करना कहलाता है
(1) नेटवर्किंग
(2) बहु क्रमादेशन
(3) मल्टीटास्किंग
(4) मेमोरी प्रबंधन

22. PSW stands for
(1) Program status word
(2) Processor status word
(3) Process status word
(4) Primitive status word

22. पीएसडब्ल्यू का मतलब है
(1) Program status word
(2) Processor status word
(3) Process status word
(4) Primitive status word

23. In the field of internet, WWW stands for
(1) World Wide Wrestling
(2) World Wide Web
(3) World Wide Wordstar
(4) World Without Wrestling

23. इंटरनेट के क्षेत्र में, WWW का अर्थ है
(1) World Wide Wrestling
(2) World Wide Web
(3) World Wide Wordstar
(4) World Without Wrestling

24. Which of the following is used as a primary memory of computer?
(1) Optical storge device
(2) Magnetic storage device
(3) RAM
(4) Magneto-Optical storage device

24. निम्नलिखित में से कौन सा कंप्यूटर की प्राथमिक स्मृति के रूप में उपयोग किया जाता है?
(1) ऑप्टिकल स्टोरेज डिवाइस
(2) चुंबकीय भंडारण उपकरण
(3) रैम
(4) मैग्नेटो-ऑप्टिकल स्टोरेज डिवाइस

25. Which of the following is in the ascending order of Data hierarchy?
(1) Byte–Bit–File–Record–Database–Field
(2) Field–Byte–Bit–Record–File– Database
(3) Bit–Byte–Record–Field–Database–File
(4) Bit–Byte–Field–Record–File– Database

25. निम्नलिखित में से कौन सा डेटा पदानुक्रम के आरोही क्रम में है?
(1) बाइट-बिट-फ़ाइल-रिकार्ड डाटाबेस-फील्ड
(2) फील्ड-बाइट-बिट-रिकॉर्ड-फ़ाइल- डेटाबेस
(3) बिट-बाइट-रिकार्ड फील्ड-डाटाबेस फ़ाइल
(4) बिट-बाइट-फील्ड-रिकॉर्ड-फ़ाइल- डेटाबेस

26. A computer executes programs in the sequence of:
(1) Execute, Fetch, Decode
(2) Store, Fetch, Execute
(3) Fetch, Decode, Execute
(4) Decode, Fetch, Execute

26. कंप्यूटर एक अनुक्रम में प्रोग्राम निष्पादित करता है:
(1) निष्पादित करें, प्राप्त करें, डीकोड करें
(2) स्टोर, लाओ, निष्पादित करें
(3) प्राप्त करें, डीकोड, निष्पादित करें
(4) डीकोड, प्राप्त करें, निष्पादित करें

27. Which of the following was used as circuitry for first generation of computers?
(1) Vacuum tube
(2) Transistors
(3) Integrated circuits
(4) Microprocessors

27. निम्नलिखित में से कौन सा कंप्यूटर पहली पीढ़ी के कंप्यूटर के लिए सर्किट्री के रूप में इस्तेमाल किया गया था?
(1) वैक्यूम ट्यूब
(2) ट्रांजिस्टर
(3) एकीकृत सर्किट
(4) माइक्रोप्रोसेसर

28. What is the specialty of WINDOWS–NT?
(1) supports real–time processing
(2) supports LAN and WAN
(3) supports Batch processing
(4) supports multi–processing

28. विन्डोज़-एनटी की विशेषता क्या है?
(1) वास्तविक समय प्रसंस्करण का समर्थन करता है
(2) लैन और वैन का समर्थन करता है
(3) बैच प्रसंस्करण का समर्थन करता है
(4) बहु प्रसंस्करण का समर्थन करता है

29. After 'PROM' is programmed, we can only ____ the information.
(1) read
(2) write
(3) read and write
(4) remove

29. 'प्रोम' को प्रोग्राम किए जाने के बाद, हम केवल जानकारी को ____ सकते हैं।
(1) पढ़
(2) लिख
(3) पढ़ और लिख
(4) हटा

30. A _____ is a computer, appliance, or router that sits between the trusted and untrusted systems.
(1) bridge
(2) switch
(3) firewall
(4) hub

30. एक _____ कंप्यूटर, उपकरण, या राउटर है जो विश्वसनीय और अविश्वसनीय सिस्टम के बीच बैठता है।
(1) पुल
(2) स्विच
(3) फ़ायरवॉल
(4) हब

Space for Rough Work / कच्चे कार्य के लिए स्थान

General Awareness

31. Which among the following is not an account under Balance of Payment?
(1) Current Account
(2) Capital Account
(3) Official Reserves Account
(4) Unilateral Payments Account

31. निम्नलिखित में से कौन सा भुगतान संतुलन के अंतर्गत एक खाता नहीं है?
(1) चालू खाता
(2) पूँजीगत खाता
(3) आधिकारिक आरक्षित खाता
(4) एक-तरफा भुगतान खाता

32. What is the literal meaning of 'Certiorari'?
(1) To command
(2) To forbid
(3) To have the body of
(4) To be certified (or) to be informed

32. 'उत्प्रेषणादेश या 'उत्प्रेषण' से क्या अभिप्राय है?
(1) परमादेश
(2) क्षमा करना
(3) बंदी को सशरीर प्रस्तुत करना
(4) प्रमाणित करना (या) या जानकारी देना

33. Where was the 'Azad Hind Fauj' founded?
(1) Singapore
(2) Thailand
(3) Britain
(4) Italy

33. 'आजाद हिंद फौज' की स्थापना कहां की गई थी?
(1) सिंगापुर
(2) थाईलैंड
(3) ब्रिटेन
(4) इटली

34. The latitude which passes through Sikkim also passes through _____.
(1) Haryana
(2) Rajasthan
(3) Uttarakhand
(4) Himachal Pradesh

34. सिक्किम से गुजरने वाला अक्षांश _____ से भी गुजरता है।
(1) हरियाणा
(2) राजस्थान
(3) उत्तराखंड
(4) हिमाचल प्रदेश

35. Nephron is related to which of the following system of human body?
(1) Circulatory system
(2) Excretory system
(3) Reproductive system
(4) Respiratory system

35. नेफ्रॉन मानव शरीर की निम्नलिखित प्रणाली से संबंधित है?
(1) परिसंचरण प्रणाली
(2) उत्सर्जन प्रणाली
(3) जनन प्रणाली
(4) श्वसन प्रणाली

36. Speed of light is maximum in _____.
(1) vacuum
(2) solids
(3) liquids
(4) gases

36. प्रकाश की गति _____ में अधिकतम है|
(1) निर्वात
(2) ठोस पदार्थ
(3) तरल पदार्थ
(4) गैस

37. An IP address is _____ bit number.
(1) 8
(2) 32
(3) 64
(4) 104

37. एक आईपी एड्रेस _____ बिट संख्या है।
(1) 8
(2) 32
(3) 64
(4) 104

38. Anions are formed by _____.
(1) losing of electrons
(2) gaining of electrons
(3) gaining of neutrons
(4) losing of neutrons

39. Who is known for the invention of 'World Wide Web'?
(1) Maxwell
(2) S A Forbes
(3) Sir Tim-Berners-Lee
(4) Martin Cooper

40. Which of the following pair is incorrect?
(1) Muthuswami Dikshitar - Carnatic Music
(2) Parveen Sultana – Singer
(3) M.S. Gopalakrishnan – Violinist
(4) Nandlal Bose – Flute

38. ऋणायन _____ द्वारा बनते हैं|
(1) इलेक्ट्रॉन प्रदान
(2) इलेक्ट्रॉन प्राप्ति
(3) न्यूट्रॉन प्राप्ति
(4) न्यूट्रॉन प्रदान

39. 'वर्ल्ड वाइड वेब' के आविष्कार के लिए किसे जाना जाता है?
(1) मैक्सवेल
(2) एस ए फ़ोर्ब्स
(3) सर टिम-बर्नर्स-ली
(4) मार्टिन कूपर

40. निम्न में से कौन- सा जोड़ा गलत है?
(1) मुत्तुस्वामी दीक्षित - कर्नाटक संगीत
(2) परवीन सुल्ताना - गायक
(3) एम.एस. गोपालकृष्णन – वायलिनवादक
(4) नंदलाल बोस - बांसुरी

Space for Rough Work / कच्चे कार्य के लिए स्थान

41. Find the number of triangles in the given figure.

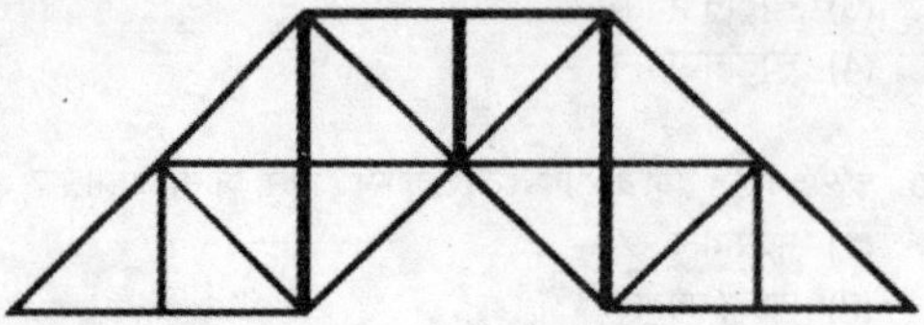

(1) 23 (2) 27
(3) 29 (4) 31

42. From the four positions of a dice given below, find the colour which is opposite to yellow?

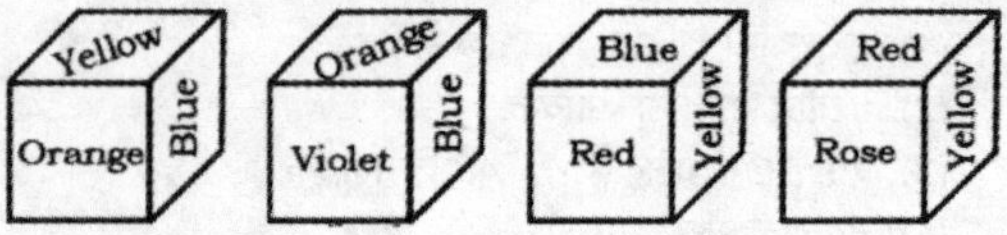

(1) Violet (2) Red
(3) Rose (4) Blue

43. Choose the figure which is different from the others?

(1) (2) (3) (4) (5)

(1) Both 1 and 5 (2) 2
(3) 3 (4) 4

44. What number should come in the place of?

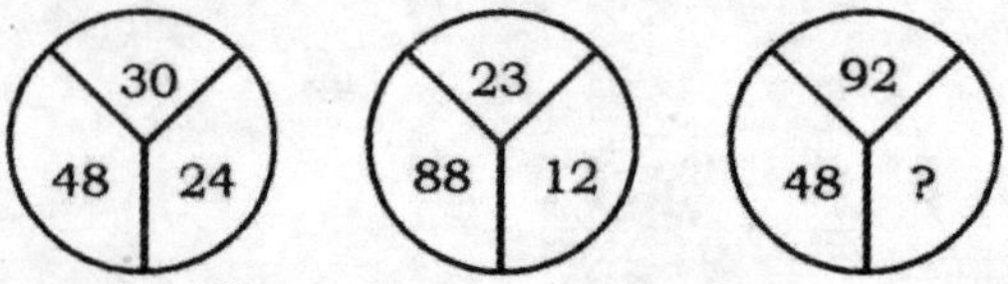

(1) 60 (2) 46
(3) 86 (4) 75

45. If FRIEND is coded as HUMJTK. How is SANDLE written in that code?

(1) UDRIRL (2) DCQHQK
(3) DEQJQM (4) UYOBOC

46. Starting from a point P, Sachin covered a distance of 20 metres towards South. He turned left and walked 30 metres. He then turned left and walked 20 metres. He again turned left and walked 40 metres and reached a point Q. How far and in which

41. दिए गए चित्र में त्रिभुजों की संख्या ज्ञात करें?

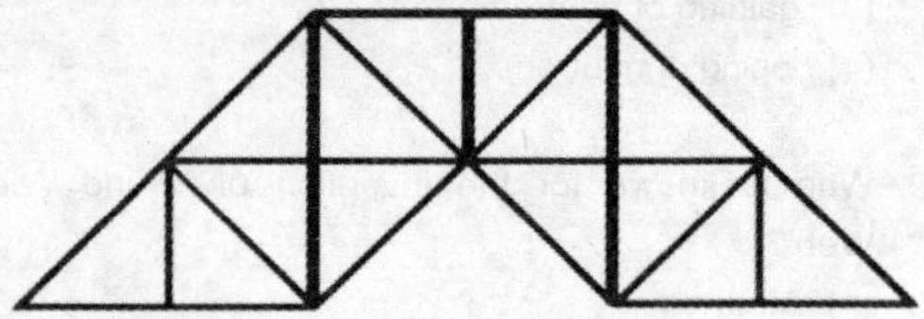

(1) 23 (2) 27
(3) 29 (4) 31

42. नीचे दिए गए पासे के चार पदों में से, उस रंग का चयन करें जो पीले रंग के विपरीत है?

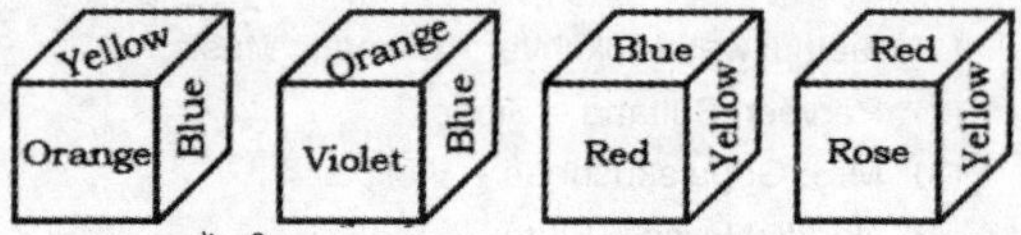

(1) बैंगनी (2) लाल
(3) गुलाब (4) नीला

43. उस आकृति का चयन करें जो दूसरों से भिन्न है।

(1) (2) (3) (4) (5)

(1) Both 1 and 5 (2) 2
(3) 3 (4) 4

44. "?" के स्थान पर कौन सी संख्या आनी चाहिये?

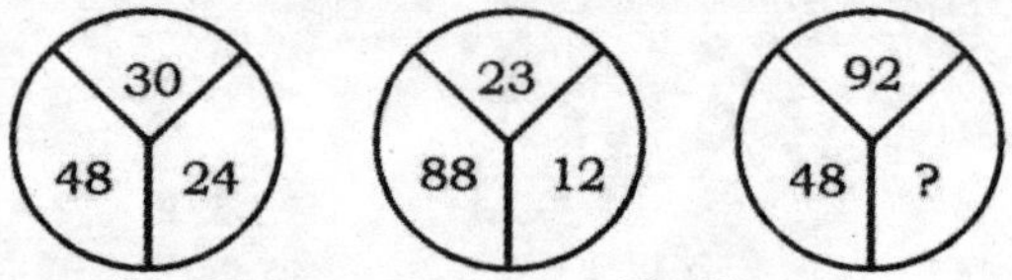

(1) 60 (2) 46
(3) 86 (4) 75

45. यदि FRIEND को HUMJTK के रूप में कोडित किया गया है, तो उस कोड में SANDLE कैसे लिखा जाएगा?

(1) UDRIRL (2) DCQHQK
(3) DEQJQM (4) UYOBOC

46. किसी P बिन्दु से सचिन दक्षिण दिशा में 20 मी. की दूरी तय करता है। वह बाएं मुड़ता है तथा 30 मी. की दूरी तय करता है। वह फिर बाएं मुड़ता है और 20 मी. की दूरी तय करता है। पुनः वह बाएं मुड़ता है तथा 40 मी. की दूरी तय करके बिंदु Q पर पहुँचता है। बिंदु Q, बिंदु P से कितनी दूरी पर तथा किस दिशा में

direction is the point Q from the point P?

(1) 30metres, West
(2) 10 metres, West
(3) 30 metres, North
(4) 10 metres, North

हैं?

(1) 30 मी., पश्चिम
(2) 10 मी., पश्चिम
(3) 30 मी., उत्तर
(4) 10 मी., उत्तर

47. A dog runs 20 metre towards East and turns to right, runs 10 metre and turns to right, runs 9 metre and again turns to left, runs 5 metre and then turns to left, runs 12 metre and finally he turns to left and runs 6 metre. Now which direction is the dog facing?

(1) East (2) North
(3) West (4) South

47. एक कुत्ता पूर्व की ओर 20 मी. दौड़ता है और दाएं मुड़ता है, 10 मी. दौड़ता है और दाएं मुड़ता है, 9 मी. दौड़ता है और फिर बाएं मुड़ता है, 5 मी. दौड़ता है और बाएं मुड़ता है, 12 मी. दौड़ता है और अंत में वह बाएं मुड़ता है और 6 मी. दौड़ता है। अब कुत्ता किस दिशा में देख रहा है?

(1) पूर्व (2) उत्तर
(3) पश्चिम (4) दक्षिण

48. Looking at the portrait of a man, Harsh said, "His mother is the wife of my father's son. I am the single child of my parent." At whose portrait was Harsh looking?

(1) His child (2) His father
(3) His grandson (4) His nephew

48. एक व्यक्ति की तस्वीर की ओर देखकर हर्ष ने कहा – " उसकी माँ मेरे पिता के बेटे की पत्नी है। मै अपने माता-पिता की इकलौती संतान हूँ" हर्ष किसकी तस्वीर देख रहा था?

(1) उसका बच्चा (2) उसके पिता
(3) उसका पोता (4) उसका भांजा

49. In a certain code, SIKKIM is written as THLJJL. How is TRAINING written in that code?

(1) SQBHOHOF (2) UQBHOIOF
(3) UQBHOHOI (4) UQBHOHOF

49. यदि किस खास कोड में SIKKIM को THLJJL के रूप में लिखा जाता है। TRAINING को उस कोड मे कैसे लिखा जाएगा?

(1) SQBHOHOF (2) UQBHOIOF
(3) UQBHOHOI (4) UQBHOHOF

50. Which of the following conclusions are true if the given statement is true?

Statements:
All the actors are girls.
All the girls are beautiful.

Conclusions:
I All the actors are beautiful.
II Some girls are actors.

(1) Only I conclusion follows
(2) Only II conclusion follows
(3) Neither Conclusion I nor II follows
(4) Both I and II follows

50. निम्नलिखित में से कौन से निष्कर्ष सही माने जायेंगे यदि दिए गए कथन सही हों?

कथन:
सभी कलाकार लड़कियाँ हैं।
सभी लड़कियाँ खुबसुरत हैं।

निष्कर्ष:
I सभी कलाकार खुबसुरत हैं।
II कुछ लडकियाँ कलाकार हैं।

(1) केवल निष्कर्ष I अनुसरण करता है।
(2) केवल निष्कर्ष II अनुसरण करता है।
(3) न ही निष्कर्ष I न ही निष्कर्ष II अनुसरण करते है|
(4) निष्कर्ष I तथा निष्कर्ष II दोनों अनुसरण करते है|

Space for Rough Work / कच्चे कार्य के लिए स्थान

51. Which of the following best characterizes the study guide approach to compacting and differentiating instruction for a gifted student?
(1) The student will work independently in the classroom to develop a deeper level of understanding about a particular concept.
(2) The student will work in the library on a self-selected topic and present a weekly progress log to the classroom teacher.
(3) The student will sign a contract to learn independently and will be excused from whole-class activities and classroom testing
(4) The student will work independently on a teacher-assigned topic and will learn to synthesize information from many different sources.

51. निम्नलिखित में से कौन सा प्रतिभाशाली छात्र के लिए निर्देशों को संपीड़ित करने और विभेद करने के लिए अध्ययन मार्गदर्शिका दृष्टिकोण का सबसे अच्छा वर्णन करता है?
(1) छात्र एक विशेष अवधारणा के बारे में समझने के गहरे स्तर को विकसित करने के लिए कक्षा में स्वतंत्र रूप से काम करेगा।
(2) छात्र लाइब्रेरी में एक स्व-चयनित विषय पर काम करेगा और कक्षा शिक्षक को साप्ताहिक प्रगति पेश करेगा।
(3) छात्र स्वतंत्र रूप से सीखने के लिए एक अनुबंध पर हस्ताक्षर करेगा और पूरे वर्ग की गतिविधियों और कक्षा परीक्षण से क्षमा किया जाएगा
(4) छात्र एक शिक्षक द्वारा निर्दिष्ट विषय पर स्वतंत्र रूप से काम करेगा और कई अलग-अलग स्रोतों से जानकारी को संश्लेषित करना सीखेगा।

52. The rate of physical growth of children is more:
(1) In early childhood than in later childhood
(2) In later childhood than in later adolescence
(3) In adolescence than in early childhood
(4) In adulthood than in adolescence

52. बच्चो की शारीरिक वृद्धि की दर अधिक होती हैं:
(1) पूर्व बचपन में, उत्तर बचपन की बजाय।
(2) उत्तर बचपन में, किशोरावस्था की बजाय
(3) किशोरावस्था में, पूर्व बचपन को बजाय।
(4) प्रौढ़ावस्था में, किशोरावस्था की बजाय।

53. Which one of the following is not a stage in Kohlberg's theory of moral development?
(1) Sensori-motor
(2) Pre-Conventional
(3) Conventional
(4) Post – conventional

53. कोहलबर्ग के नैतिक विकास संबंधी सिद्धांत के अंतर्गत निम्न में से कौन सी बात उस सिद्धांत कि एक अवस्था नहीं हैं?
(1) संवेदी प्रेरक
(2) पाकरुढ़िगत-
(3) रूढ़िगत
(4) पश्वरुढ़िगत-

54. Students with learning disabilities typically can benefit most from whole-language instruction if it is combined with direct instruction in
(1) auditory comprehension
(2) phonics and word recognition
(3) visual-motor integration
(4) visual memory

54. अधिगम अक्षमता वाले छात्र आमतौर पर सम्पूर्ण भाषा निर्देश से लाभ उठा सकते हैं यदि इसे सीधे निर्देश के साथ जोड़ा जाता है
(1) श्रवण समझ
(2) ध्वनिकी और शब्द पहचान
(3) दृश्य-मोटर एकीकरण
(4) दृश्य स्मृति

55. Intelligence was believed to be distributed among people:
(1) Uniformly
(2) Normally
(3) Widely
(4) Selectively

55. विभिन्न व्यक्तियों के मध्यबुद्धि को विश्वस्ततः निम्न रूप से , वितरित किया जाना था:
(1) समानता से
(2) सामान्य रूप से
(3) विस्तृत रूप से
(4) चयनात्मक रूप से

56. According to Bloom's Taxonomy of Educational

56. ब्लूम के शैक्षिक उद्देश्यों के वर्गीकरण के अनुसार, निम्नलिखित

Objectives, which of the following level of Cognitive Domain is best described in the question "Identify the solid liquid and gas from the objects inside the biology lab"?

(1) Knowledge (2) Comprehension
(3) Evaluation (4) Synthesis

में से संज्ञानात्मक क्षेत्र का कौन सा स्तर दिए गए प्रश्न का सबसे अच्छा वर्णन करता है जीवविज्ञान" की प्रयोगशाला के अंदर की वस्तुओं में से ठोस तरल और गैस की पहचान करें"

(1) ज्ञान (2) अवबोधन
(3) मूल्यांकन (4) संश्लेषण

57. Constructivism emphasizes that individuals learn best when they

(1) work in collaborative groups.
(2) actively put together knowledge and understanding.
(3) learn effective strategies for retrieving information.
(4) solve-real world problems.

57. निर्माणवाद इस बात पर बल देता है कि व्यक्ति सबसे अच्छे से तब सीखते हैं जब वे

(1) सहयोगी समूहों में कार्य करते हैं
(2) सक्रिय रूप से जानकारी और समझ को एक साथ लाते हैं
(3) सूचनाओं को पुन: प्राप्त करने के लिए प्रभावी रणनीतियाँ सीखते हैं
(4) वास्तविक जीवन संबंधी समस्याएँ हल करते हैं

58. Which of the following is not a correct statement?

(1) A test can be reliable without being valid
(2) A test cannot be valid without being reliable
(3) A test can be reliable and valid both.
(4) A test can be valid without being reliable.

58. निम्न में से कौन सा कथन सही नहीं हैं?

(1) एक परीक्षण बिना वैधता के विश्वसनीय हो सकता है।
(2) एक परीक्षण बिना विश्वसनीयता के वैध नहीं सकता।
(3) एक परीक्षण विश्वसनीय व वैध दोनों हो सकता हैं।
(4) एक परीक्षण बिना विश्वसनीयता के वैध हो सकता हैं।

59. The term assessment involves

(1) using standardized instruments.
(2) finding student errors.
(3) correcting tests.
(4) observing, gathering, recording, and interpreting information.

59. शब्द आकलन में शामिल है

(1) मानकीकृत उपकरणों का उपयोग करना
(2) छात्र त्रुटियों को ढूंढना।
(3) परीक्षण को सही करना।
(4) सूचना को देखकर, एकत्रित करना, रिकॉर्ड करना और व्याख्या करना।

60. Student centred classroom, self-directed classes, continuous assessment and focus on critical thinking, collaborative and creativity are characteristics of

(1) Inclusive schools
(2) Traditional schools
(3) Enriching schools
(4) Empowering schools

60. छात्र केंद्रित कक्षा, स्वयं निर्देशित वर्ग, निरंतर मूल्यांकन और समालोचनात्मक चिंतन, सहयोग और रचनात्मकता पर ध्यान केंद्रित करना किसकी विशेषताएं हैं

(1) समावेशी विद्यालय की
(2) पारंपरिक विद्यालय की
(3) समृद्ध विद्यालय की
(4) सशक्त विद्यालय की

61. The family imparts education to the child:

(1) Formally
(2) Informally
(3) Deliberately
(4) Regularly

61. परिवार बच्चे को निम्न प्रकार से शिक्षा ,देता हैं:

(1) औपचारिक रूप से
(2) अनौपचारिक रूप से
(3) जानबूझकर
(4) नियमित रूप से

62. Which of the following is not the social aim of education?

(1) Education for social service
(2) Education for the perfection of the individual
(3) Education for citizenship

62. निम्न में से कौन शिक्षा का सामाजिक उददेश्य नहीं हैं?

(1) समाज सेवा के लिए शिक्षा
(2) व्यक्ति की प्रवीणता के लिए शिक्षा
(3) नागरिकता के लिए शिक्षा
(4) सामाजिक कुशलता के लिए शिक्षा

(4) Education for social efficiency

63. Prateek wants his students to work hard. As a psychologist specializing in motivation, you tell Prateek that the best way to increase students' performance is to
(1) increase their incentives.
(2) allow them to set their own goals.
(3) remind them regularly of the need to do better.
(4) keep all tasks as simple as possible.

63. प्रतीक चाहता है कि उसके छात्र कड़ी मेहनत करें। प्रेरणा में विशेषज्ञता रखने वाले मनोवैज्ञानिक के रूप में, आप प्रतीक को बताते हैं कि छात्रों के प्रदर्शन को बढ़ाने का सबसे अच्छा तरीका है
(1) उनके प्रोत्साहन राशि में वृद्धि।
(2) उन्हें अपने लक्ष्य स्वयं निर्धारित करने देना।
(3) बेहतर करने की आवश्यकता के बारे में उन्हें नियमित रूप से याद दिलाना।
(4) सभी कार्यों को यथासंभव सरल रखना।

64. A mathematics teacher discussed some problems in the classroom and then asked the 'students to work out some problems given in the book. Students are practicing the law of:
(1) Configuity
(2) Reinforcement
(3) Readiness
(4) Exercise

64. गणित का एक अध्यापक कक्षा में कुछ प्रश्न करता हैं तथा इसके बाद छात्र की पुस्तक में दी गई समस्याओं को हल करने के लिए कहता हैं।इस स्थिति में छात्र जिस नियम का पालन कर रहे हैं वह हैं:
(1) निकटता का नियम
(2) पुनर्बलन का नियम
(3) तत्परता का नियम
(4) अभ्यास का नियम

65. As a social sub system the main role of education is:
(1) to pass on the social values to successive generations
(2) to point out and correct the defects in the society
(3) to introduce modernization in the society
(4) to help people lead a peaceful life

65. एक सामाजिक उप प्रणाली के रूप में शिक्षा की मुख्य भूमिका हैं:
(1) सामाजिक मूल्यों को उत्तरोत्तर पीढ़ियों में पहुँचाना।
(2) समाज में कमियों को दिखाना और सुधारना।
(3) समाज में आधुनिकीकरण को शुरुआत करना।
(4) व्यक्तियों को शांत जीवन के लिए सहायता करना।

66. As per the constitutional directives, education:
(1) Should be available to all
(2) Should be accessible to all
(3) Should be compulsory to all
(4) All the above

66. सांविधिक निर्देशों के अनुसारशिक्षा ,:
(1) सबको उपलब्ध होनी चाहिए
(2) सबको अभिगम्य होनी चाहिए
(3) सबके लिए अनिवार्य होनी चाहिए
(4) उपरोक्त सभी

67. In the context of the role of heredity and environment in personality development, which of the following is true?
(1) good heredity can make up for poor environment
(2) heredity and environment have equal contribution
(3) poor environment can suppress good heredity
(4) good environment can make up for poor heredity

67. व्यक्तित्व के विकास में विरासत तथा परिवेश की भूमिका के सम्बन्ध में निम्न में से कौन सी बात सही हैं?
(1) अच्छी विरासत, बुरे परिवेश की क्षति पूर्ति कर सकती हैं।
(2) विरासत तथा परिवेश का योगदान बराबर होता हैं।
(3) बुरा परिवेश, अच्छी विरासत को दबा सकता हैं।
(4) अच्छा परिवेश, बुरी विरासत की क्षतिपूर्ति कर सकता हैं।

68. According to Piaget, the ability to think logically about abstractions indicates
(1) concrete operational thought.
(2) egocentrism.
(3) formal operational thought.
(4) conservation.

68. पियाजे के अनुसार, अमूर्तताओं के बारे में तार्किक रूप से सोचने की क्षमता इंगित करती है
(1) मूर्त संक्रियात्मक विचार
(2) अहंकेन्द्रिता
(3) औपचारिक संक्रियात्मक विचार
(4) संरक्षण

69. Prateek is a student who is diagnosed with autism spectrum disorder. He has difficulty maintaining eye contact and makes impulsive comments during lessons. Which of the following behavioral strategies would best help Prateek?
(1) Assigning Prateek a peer buddy to help him keep on task
(2) Providing Prateek a visual menu of appropriate behaviors
(3) Seating Prateek next to the window so he can look outside
(4) Giving Prateek high-interest, low-reading level assignments

70. A referral to special educator is made
(1) if problem behavior continues despite intervention.
(2) if frequency of disruptive behavior reduces.
(3) if serious and recurring behaviors are eliminated.
(4) None of these

69. प्रतीक एक छात्र है जो ऑटिज़्म स्पेक्ट्रम विकार का पहचाना गया है। उसे आंखों के संपर्क को बनाए रखने में कठिनाई होती है और पाठों के दौरान वह आवेगपूर्ण टिप्पणियां करता है। निम्न में से कौन सी व्यवहार रणनीति प्रतीक की सबसे अधिक मदद करेगी?
(1) प्रतीक को एक सहकर्मी दोस्त द्वारा काम करने में मदद करने के लिए निर्दिष्ट करना
(2) प्रतीक को उपयुक्त व्यवहार का एक दृश्यक सूची प्रदान करना
(3) प्रतीक को खिड़की के बगल में बैठाना ताकि वह बाहर देख सके
(4) प्रतीक को अधिक पसंद का व कम पढ़ने वाले स्तर के कार्य देना

70. विशेष शिक्षक के पास एक रेफरल किया जाता है जब
(1) हस्तक्षेप के बावजूद समस्या व्यवहार जारी है।
(2) अगर विघटनकारी व्यवहार की आवृत्ति कम हो जाती है।
(3) यदि गंभीर और पुनरावर्ती व्यवहार समाप्त हो जाते हैं।
(4) इनमें से कोई नहीं

Space for Rough Work / कच्चे कार्य के लिए स्थान

71. A method is a body of _______ that a teacher adopts in the teaching – learning process.
(1) Techniques
(2) Pointers
(3) Principles
(4) Norms

72. Active vocabulary consists of words which
(1) We use frequently in our daily life.
(2) Are difficult.
(3) We recognize and understand.
(4) We use occasionally.

73. Point out the figure of speech used in the sentence given below:
The moon smiled at the stars around her.
(1) Metaphor
(2) Oxymoron
(3) Personification
(4) Simile

74. Which one of the following should a teacher not use while initiating the process writing approach?
(1) Drafting and revising
(2) Proof reading before final draft
(3) Brain storming
(4) Dictating notes

75. A passage explaining a place in such a way that a picture is formed in the reader's mind is called
(1) Expository
(2) Argumentative
(3) Descriptive
(4) Narrative

Instruction (Q.No.76–80): Study the following paragraph and answer the questions that follow.

The real indictment against colonialism was to be found in the villages of India. There was a rot at the top, too, in the thousands of young intellectuals trained in English schools for jobs that did not exist except in the limited Civil Service. The towns and cities were frothing with unhappy young men, cultured, and well educated, who could find no jobs and were not allowed by the old super-structure of empire to create them.

But the real proof of evil, I say again, was in the miserable villages. I thought I had seen poverty in China, yet when I saw the Indian villages, knew that the Chinese peasant was rich in comparison. Only the Russian peasant I had seen years before could compare with the Indian villager, although that Russian was a very different creature and inferior in many ways.

And the children, the little children of the Indian villages, how they tore at my heart: thin, big bellied, and all with huge dark eyes! I wondered that any Englishman could look at them and not excuse himself. Three hundred years of English occupation and rule, and could there be children like this? Yes, and millions of them!

And the final indictment surely was that the life span in India was only twenty-seven years. Twenty-seven years! No wonder, then that a man married very young so that there could be children, as many as possible, before he died. I loved England, remembering all the happy journeys there, but in India I saw an England I did not know.

76. However, the cities were better off than the villages because ______.
(1) The young men were happy
(2) The children, at least, were not hungry
(3) All children were highly educated
(4) The educated youth got jobs

77. During the colonial rule, the villages suffered because there was/were ______.
(1) No schools in the villages
(2) Not enough land for agriculture
(3) Not enough food for the children
(4) No jobs in the villages

78. Even the city people were not happy because ______.
(1) There were not enough jobs for all
(2) The trade was under the colonial control
(3) There was a large number of young intellectuals

(4) Business was not flourishing

79. The English rule made India ______.
(1) Technically rich
(2) Industrially strong
(3) Culturally strong
(4) Economically poor

80. The writer believes that a/an ______ should feel sorry at the sight of these poor children.
(1) Russian
(2) Indian
(3) Chinese
(4) Englishman

भाषा विषय: हिन्दी

81. भाषा सीखने को प्रभावित करता है
(1) बच्चों द्वारा किया जाने वाला सुलेख
(2) शिक्षक द्वारा ली गई लिखित परीक्षा
(3) भाषा सम्बन्धी गृहकार्य
(4) शिक्षक का भाषा शिक्षण सम्बन्धी रवैया

82. पर बच्चों की हिन्दी भाषा की क्षमता के आकलन में प्रकार्यपरक पक्ष पर बल देने का आशय है
(1) भाषा-प्रयोग पर बल देना
(2) भाषा-प्रयोग का पक्ष बताना
(3) भाषा के कार्यो की सूची बनाना
(4) भाषा के कार्यो को बढ़ावा देना

83. व्याकरण की समझ को संदर्भपरक प्रश्नों के माध्यम से आँकना
(1) पूर्णत: उचित है
(2) पूर्णत: असंभव है
(3) बिल्कुल अनुचित है
(4) आंशिक रूप से उचित है

84. भाषा-अर्जन में बच्चे भाषा को
(1) सहज और स्वाभाविक रूप से सीखते है
(2) स्वाभाविक और प्रयासपूर्ण तरीके से सीखते है
(3) सहजता और अभ्यास से सीखते है
(4) अभ्यास और यांत्रिकता से सीखते है

85. समझकर पढ़ने के संदर्भ में सर्वाधिक महत्वपूर्ण है
(1) तीव्र गति से पढ़ जाना
(2) लिखित सामग्री में शब्दों की पहचान करना
(3) किसी लिखित सामग्री का निहितार्थ समझना
(4) बोल-बोलकर शुद्ध उच्चारण के साथ पढना

निर्देश (Q.No.86–90): दिए गए गद्यांश को पढ़कर उसके नीचे लिखे प्रश्नों के सबसे उचित विकल्प को चुनिए।

पर्यावरण के प्रति गहरी संवेदनशीलता प्राचीनकाल से ही मिलती है। अथर्ववेद में लिखा है – भूमि माता है, हम पृथ्वी की संतान है। एक स्थान पर यह भी लिखा है कि हे पवित्र करने वाली भूमि, हम कोई ऐसा काम न करें जिससे तेरे हृदय को आघात पहुँचे। हृदय को आघात पहुचाने का यहाँ अर्थ है पृथ्वी की परिस्थितिकी तंत्र के साथ क्रूर छेड़छाड़। हमे प्राकृतिक संसाधनों के अप्राकृतिक और असीमित दोहन से बचना होगा। आज आवश्यकता इस बात की है कि विश्व के तमाम राष्ट्र जलवायु परिवर्तन के गंभीर खतरे को लेकर आपसी मतभेद भुला दें और अपनी-अपनी जिम्मेदारी ईमानदारी से निभाएँ, ताकि समय रहते सर्वनाश से उबरा जा सके। विश्वविनाश से निपटने के लिए सामूहिक एवं व्यक्तिगत प्रयासों की जरूरत है। इस दिशा में आन्दोलन हो रहे है। अरण्य-रोदन के बदले अरण्य-संरक्षण की बात हो रही है, सचमुच हमें आत्मरक्षा के लिए पृथ्वी की रक्षा करनी होगी। भूमि माता है और हम उसकी संतान – इस कथन को चरितार्थ करना होगा।

86. 'अरण्य-संरक्षण' का अर्थ है
(1) वनों की रक्षा
(2) प्रकृति की रक्षा
(3) पर्यावरण की रक्षा
(4) सभी की रक्षा

87. हम प्रकृति के हृदय को आघात पहुँचाते हैं यदि हम
(1) पारिस्थितिकी से छेड़छाड़ करते हैं
(2) संसाधनों का दोहन करते हैं
(3) पृथ्वी से बुरा व्यवहार करते हैं
(4) पृथ्वी की खुदाई करते हैं

88. विश्व के सभी देशों से अपेक्षा की गई है कि वे
(1) पर्यावरण की रक्षा करें
(2) व्यक्तिगत प्रयास करें
(3) मिलजुल के कार्य करें
(4) अपने उत्तरदायित्व ईमानदारी से निभाएँ

89. 'हम पृथ्वी की संतान हैं' – 'हम' से क्या तात्पर्य है
(1) संसार के सभी लोग

(2) एक खास देश के लोग
(3) हम भारतवासी
(4) हम सभी नागरिक

90. जो सम्बन्ध माँ और उसकी संतान में है, वही सम्बन्ध है
(1) पृथ्वी और पृथ्वी-निवासियों में
(2) धरती और सभी देशों में
(3) प्रकृति और पर्यावरण में
(4) माता और पुत्र में

Space for Rough Work / कच्चे कार्य के लिए स्थान

91. When the handle of a screw jack is rotated 8 times, the load is raised by 8 cm. If the length of the handle is 0.5 m, the MA is ________.

(1) 50π

(2) 10π

(3) 1000π

(4) 100π

92. Which of the following represents voltage?

(1) $\frac{\text{Work done}}{\text{Current} \times \text{Time}}$

(2) Work done x Charge

(3) $\frac{\text{Work done} \times \text{Time}}{\text{Current}}$

(4) Work done x Charge x Time

93. To convert an AC generator into DC generator

(1) split-ring type commutator must be used

(2) slip rings and brushes must be used

(3) a stronger magnetic field has to be used

(4) a rectangular wire loop has to be used

94. Study the following statements:

I. The property of metals by virtue of which they can be drawn into wires is called ductility.

II. Metals are good conductor of electricity but poor conductor of heat.

III. Articles made of metals produce ringing sound when struck hard.

IV. Oxides of non-metals and metals are acidic in nature.

V. A less reactive metal replaces a more reactive metal from its salt solution in water.

Which of the following statement/statements are correct:

(1) I and III

(2) II, IV and V

(3) III, IV and V

(4) IV and V

95. Which one of the following has the highest calorific value?

(1) kerosene (2) biogas

(3) LPG (4) Petrol

91. जब स्क्रू जैक के हैंडल को 8 बार घुमाया जाता है, तो भार 8 सेमी बढ़ जाता है। यदि हैंडल की लंबाई 0.5 मीटर है, तो MA ________ है।

(1) 50π

(2) 10π

(3) 1000π

(4) 100π

92. निम्नलिखित में से कौन वोल्टता को निरुपित करता है?

(1) किया गया कार्य / (आवेश x समय)

(2) किया गया कार्य x आवेश

(3) (किया गया कार्य x समय) / आवेश

(4) किया गया कार्य x आवेश x समय

93. AC जनित्र को DC जनित्र में परिवर्तित करने के लिए

(1) विभक्त वलय दिक्परिवर्तक का उपयोग किया जाता है

(2) सर्पी वलयों एवं ब्रुशों का उपयोग किया जाता है

(3) अधिक प्रबल चुंबकीय क्षेत्र का उपयोग किया जाता है

(4) तार के आयताकार पाश का उपयोग किया जाता है

94. निम्नलिखित बयानों का अध्ययन करें:

I. धातुओं का वह गुण जिसके कारण उन्हें खींचकर तारों में बदला जा सकता है, तन्यता कहलाता है|

II. धातु विद्युत् के अच्छे चालक होते हैं, परन्तु ऊष्मा के निम्न चालक होते है।

III. धातुओं की बनी वस्तुओं को जब जोर से धोका जाता है तो वे ध्वनी उत्पन्न करती है।

IV. अधतुओं और धातुओं के ऑक्साइड अम्लीय प्रकृति के होते हैं।

V. एक कम अभिक्रियाशील धातु एक अधिक अभिक्रियाशील धातु को उसके लवण के जलीय विलयन से विस्थापित कर देती है।

निम्नलिखित में से कौन सा कथन / कथन सही हैं:

(1) I और III

(2) II, IV और V

(3) III, IV और V

(4) IV और V

95. निम्नलिखित में से कौन सा उच्चतम कैलोरीफ मूल्य है?

(1) मिट्टी का तेल (2) बायोगैस

(3) एल.पी.जी. (4) पेट्रोल

96. The correct combination of terms with reference to an animal cell is
(1) cell wall, cell membrane, nucleus, plastid
(2) cell wall, nucleus, ribosome, chromosome
(3) cell membrane, mitochondria, ribosome, chromosome
(4) cell membrane, ribosome, mitochondria, chloroplast

96. पशु कोशिका के संदर्भ में शर्तों का सही संयोजन है
(1) कोशिका-भित्ति, कोशिका-झिल्ली, केंद्रक, प्लास्टिड (लवण)
(2) कोशिका-भित्ति, केंद्रक, राइबोसोम, गुणसूत्र
(3) कोशिका-झिल्ली, माइटोकॉन्ड्रिया, राइबोसोम, गुणसूत्र
(4) कोशिका-झिल्ली, राइबोसोम, माइटोकॉन्ड्रिया, क्लोरोप्लास्ट

97. All of the following represents a group of non-friendly microorganisms except?
(1) Yeast, Lactobacillus, Rhizobium, Bacillus anthracis
(2) Yeast, malarial parasite, Lactobacillus, Rhizobium
(3) Yeast, Lactobacillus, bread mould, Rhizobium
(4) Yeast, Lactobacillus, Rhizobium, Nitrosomonas

97. निम्नलिखित में से सभी गैर-अनुकूल सूक्ष्मजीवों के समूह को प्रतिनिधित्व करते हैं छोड़कर?
(1) खमीर, लैक्टोबैसिलस, राइज़ोबियम, बैसिलस एंथ्रेसीस
(2) खमीर, मलेरिया परजीवी, लैक्टोबैसिलस, राइज़ोबियम
(3) खमीर, लैक्टोबैसिलस, रोटी मोल्ड, Rhizobium
(4) खमीर, लैक्टोबैसिलस, राइज़ोबियम, नाइट्रोसोमोनास

98. Identify the correct statement about cells.
(1) All the cells have nucleus.
(2) Cells of an organ have similar structure.
(3) Cells of a tissue have similar structure.
(4) Shape of all types of cells is round.

98. कोशिकाओं के बारे में सही कथन चुनिए।
(1) सभी कोशिकाओं में केंद्रक होता है।
(2) एक अंग की कोशिकाओं की संरचना समान होती है।
(3) एक ऊतक की कोशिकाओं की संरचना समान होती है।
(4) सभी प्रकार की कोशिकाओं का आकृति गोल होती है।

99. Name the female hormone produced by ovaries that helps in development of mammary glands:
(1) Estrogen
(2) Adrenaline
(3) Thyroxine
(4) Testosterone

99. उस मादा हार्मोन का नाम बताइए जो अंडाशयों से उत्पन्न होता है तथा स्तन ग्रन्थियों के विकास में सहायता करता है।
(1) एस्ट्रोजेन
(2) एड्रेनालाईन
(3) थाइरॉक्सिन
(4) टेस्टोस्टेरोन

100. In a large commercial complex there are four ways to reach the main road. One of the path has loose soil, the second is laid with polished marble, the third is laid with bricks and the fourth has gravel surface. It is raining heavily and Paheli wishes to reach the main road. The path on which she is least likely to slip is:
(1) loose soil
(2) polished marble
(3) bricks
(4) gravel.

100. किसी बड़े व्यापारिक संस्थान के भवन से मुख्य सडक तक पहुँचने के लिए चार रास्ते हैं। एक रेट पर ढीली मट्टी है, दुसरे रस्ते पर पॉलिश किया हुआ संगमरमर लगा है, तीसरे रास्ते में ईंट लगी हुई हैं और चौथे रास्ते पर बजरी बिछी है तेज वर्ष हो रही है और पहेली मुख्य सडक तक पहुचना चाहती है। जिस रास्ते पर उसके फिसलने की सबसे कम सम्भावना है, वह रास्ता है जिस पर
(1) ढीली मिटटी है।
(2) पॉलिश किया हुआ संगमरमर लगा है।
(3) ईटें बिछी हैं।
(4) बजरी बिछी है।

101. The loudness of sound depends on:
(1) its amplitude
(2) its frequency
(3) its time period.
(4) its speed.

101. ध्वनि की प्रबलता निर्भर करती है:
(1) इसके आयाम पर
(2) इसकी आवृत्ति पर
(3) इसके आवर्तकाल पर
(4) इसकी चाल पर

102. Which of the following statements are incorrect:

I. Earthquakes occur all the time all over the world.

II. The plates of the outermost layer of the earth are always in continuous motion.

III. Tremors on the earth can also be caused by the eruption of a volcano.

IV. The process of electric discharge cannot occur between clouds and the earth.

V. Bathing outdoors should be avoided during thunderstorm.

(1) I and II
(2) I, II, III and V
(3) Only IV
(4) None of these

102. निम्नलिखित में से कौन सा/से कथन गलत हैं:

I. भूकंप पृथ्वी पर हर समय कहीं न कहीं आते रहते हैं।

II. पृथ्वी की सबसे ऊपरी परत की प्लेटें निरंतर गति करती रहती हैं।

III. पृथ्वी पर भुस्पंद ज्वालामुखी के फटने क़े कारण भी उत्पन्न हो सकते हैं।

IV. विद्युत विसर्जन की प्रक्रिया बादलों तथा पृथ्वी के बीच नहीं हो सकती है।

V. तड़ित झंझा के समय खुले स्थान में स्नान करने से बचना चाहिए।

(1) I तथा II
(2) I, II, III तथा V
(3) केवल IV
(4) इनमें से कोई नहीं

103. If you saw full moon on a particular day. After how many days will you be able to see the full moon again?

(1) Approximately 27 days
(2) Approximately 28 days
(3) Approximately 29 days
(4) Approximately 30 days

103. यदि आपने किसी विशेष दिन पर पूर्ण चन्द्र देखा है। कितने दिनों के पश्चात् आप फिर से पूर्ण चन्द्र देख पायेंगे?

(1) लगभग 27 दिन
(2) लगभग 28 दिन
(3) लगभग 29 दिन
(4) लगभग 30 दिन

104. Which of the following correctly represents 360g of water?

I. 2 moles of H_2O

II. 20 moles of water

III. 6.022×10^{23} molecules of water

IV. 1.2044×10^{25} molecules of water

(1) (I) and (III)
(2) (I) and (IV)
(3) (II) and (III)
(4) (II) and (IV)

104. निम्नलिखित में से कौन-सा 360g जल को सही रूप में प्रदर्शित करता है?

I. 2 मोल जल

II. 20 मोल जल

III. जल के 6.022×10^{23} अणु

IV. जल के 1.2044×10^{25} अणु

(1) (I) तथा (III)
(2) (I) तथा (IV)
(3) (II) तथा (III)
(4) (II) तथा (IV)

105. Elements with valency 1 are

(1) always metals
(2) always metalloids
(3) either metals or non-metals
(4) always non-metals

105. 1 संयोजकता वाले तत्व होते हैं –

(1) सदैव धातु
(2) सदैव उपधातु
(3) धातु या अधातु
(4) सदैव अधातु

106. Which out of the following is not a function of vacuole?

(1) Storage
(2) Providing turgidity and rigidity to the cell
(3) Waste excretion
(4) Locomotion

106. निम्नलिखित में से कौन-सा रसधरी का कार्य नहीं हैं?

(1) संग्रहण
(2) कोशिका को स्फीति एवं दृढ़ता प्रदान करना
(3) अपशिष्ट उत्सर्जन
(4) गमन

107. Suppose a boy is enjoying a ride on a merry-go-round which is moving with a constant speed of $10ms^{-1}$. It implies that the boy is

(1) at rest
(2) moving with no acceleration
(3) in accelerated motion
(4) moving with uniform velocity

107. मान लीजिए कोई लड़का $10ms^{-1}$ की नियत चाल से चल रहे "मेरी गो राउंड" झूले पर सवारी करने का आनंद ले रहा है। इससे ज्ञात होता है कि बह लड़का -

(1) विराम में है
(2) बिना त्वरण के गमन कर रहा है
(3) त्वरित गति में है
(4) एकसमान वेग से गमन कर रहा है

108. The value of quantity G in the law of gravitation

(1) depends on mass of earth only
(2) depends on radius of earth only
(3) depends on both mass and radius of earth
(4) is independent of mass and radius of the earth

108. गुरुत्वाकर्षण के नियम में राशि G का मान-

(1) केवल पृथ्वी के द्रव्यमान पर निर्भर करता है
(2) केवल पृथ्वी की त्रिज्या पर निर्भर करता है
(3) पृथ्वी के द्रव्यमान एवं त्रिज्या दोनों पर निर्भर करता है
(4) पृथ्वी के द्रव्यमान एवं त्रिज्या पर निर्भर नहीं करता है

109. Sound travels in air if

(1) particles of medium travel from one place to another
(2) there is no moisture in the atmosphere
(3) disturbance moves
(4) both particles as well as disturbance travel from one place to another.

109. ध्वनि वायु में गमन करती है यदि-

(1) माध्यम के कण एक स्थान से दुसरे स्थान पर गमन कर रहे हों
(2) वायुमंडल में आर्द्रता न हों
(3) विक्षोभ गमन करे
(4) कण एवं विक्षोभ दोनों ही एक स्थान से दुसरे स्थान को गमन करें

110. You are given water, mustard oil, glycerine and kerosene. In which of these media a ray of light incident obliquely at same angle would bend the most?

(1) Kerosene
(2) Water
(3) Mustard oil
(4) Glycerine

110. आपको जल, तारपीन को तेल, बेंजीन तथा किरोसिन दिया गया है। इनमें से किस माध्यम में समान कोण पर तिरछी आपतित कोई प्रकाश किरण सबसे अधिक मुड़ेगी?

(1) किरोसिन
(2) जल
(3) तारपीन का तेल
(4) बेंजीन

Space for Rough Work / कच्चे कार्य के लिए स्थान

111. If $3x + \frac{1}{3x} = 6$, and $x \neq 0$, then the value of $x^2 + \frac{1}{81x^2}$ is:

(1) $3\frac{4}{9}$
(2) $3\frac{7}{9}$
(3) $4\frac{2}{9}$
(4) $2\frac{2}{9}$

111. यदि $3x + \frac{1}{3x} = 6$, और $x \neq 0$ है, तब $x^2 + \frac{1}{81x^2}$ का मान है:

(1) $3\frac{4}{9}$
(2) $3\frac{7}{9}$
(3) $4\frac{2}{9}$
(4) $2\frac{2}{9}$

112. One of the factors of $(2x + 5y)^2 - 5(2x + 5y) - 14$ is:

(1) 2x + 5y - 7
(2) 2x + 5y - 2
(3) 2x – 5y + 2
(4) 2x – 5y + 7

112. $(2x + 5y)^2 - 5(2x + 5y) - 14$ का एक गुणनखंड है:

(1) 2x + 5y - 7
(2) 2x + 5y - 2
(3) 2x – 5y + 2
(4) 2x – 5y + 7

113. The runs scored in a cricket match by 11 players are as follows: 16, 9, 15, 18, 50, 100, 102, 14, 20, 80, 5. Let x, y and z be the range, mean and median respectively of this data. If $x = y + z + p$, then the value of p is:

(1) 42 (2) 43 (3) 47 (4) 40

113. एक क्रिकेट मैच में 11 खिलाड़िओं द्वारा बनाए गए रन इस प्रकार हैं: 16, 9, 15, 18, 50, 100, 102, 14, 20, 80, 5. मान लीजिये कि x, y और z इन आँकड़ों के क्रमशः परिसर, माध्य और माध्यक हैं। यदि $x = y + z + p$ है, तो p का मान है:

(1) 42 (2) 43 (3) 47 (4) 40

114. A bag contains 5 red balls, 8 white balls and 4 green balls. If one ball is drawn at random, then the probability that it is not green, is:

(1) $\frac{8}{17}$
(2) $\frac{4}{17}$
(3) $\frac{13}{17}$
(4) $\frac{5}{17}$

114. एक थैले में 5 लाल गेंदें, 8 सफ़ेद गेंदें और 4 हरी गेंदें हैं। यदि यदृच्छया एक गेंद निकाली जाए, तो इसके हरे रंग का न होने की प्रायिकता है:

(1) $\frac{8}{17}$
(2) $\frac{4}{17}$
(3) $\frac{13}{17}$
(4) $\frac{5}{17}$

115. If abc, bca and cab are three-digit numbers, and abc + bca + cab = 3 x (a + b + c) x k, then the value of k will be:

(1) 33 (2) 37 (3) 111 (4) 11

115. यदि abc, bca और cab तीन अंकों की संख्याएँ हैं, और abc + bca + cab = 3 x (a + b + c) x k है, तो k का मान होगा:

(1) 33 (2) 37 (3) 111 (4) 11

116. If F, V and E represents the number of faces, numbers of vertices and number of edges respectively of a pyramid with square base, then the value of 3F + 2V + E is:

(1) 33 (2) 38 (3) 40 (4) 28

116. यदि F, V और E क्रमशःकिसी वर्ग आधार वाले पिरामिड के फलकों, शीर्षों और किनारों की संख्याओं को प्रदर्शित करते हैं, तो 3F + 2V + E का मान है:

(1) 33 (2) 38 (3) 40 (4) 28

117. Priya sold two watches for Rs. 1232 each,

117. प्रिया ने दो घड़ियों में प्रत्येक को रु. 1232 में बेचा। एक

gaining 12% on one and losing 12% on the other. The gain/loss percent in the whole transaction is:

(1) loss, $1\frac{11}{25}\%$

(2) profit, $1\frac{71}{154}\%$

(3) loss, $1\frac{71}{154}\%$

(4) profit, $1\frac{11}{25}\%$

118. In which of the following cases, the construction of a quadrilateral ABCD is not possible?

(1) AB = 5.5 cm, BC = 4 cm, $\angle A = 60^\circ$, $\angle B = 105^\circ$ and $\angle C = 105^\circ$.

(2) AB = BC = 3 cm, AD = 5 cm, $\angle A = 90^\circ$ and $\angle B = 105^\circ$.

(3) AB = 5 cm, BC = 3.5 cm, CD = 5 cm, AD = 3 cm and AC = 8.5 cm.

(4) AB = 4.5 cm, BC = 4 cm, CD = 6.5 cm, AD = 3 cm and BD = 6.5 cm.

119. Let x be the angle (in degrees) which is 32° less than its supplement and y be the angle (in degrees) which is 24° more than its complement. The sum of x and y is:

(1) 126 (2) 131

(3) 137 (4) 121

120. In a ΔABC, D is the mid-point of BC and $\angle C = 40^\circ$. A is joined to D and AD = BD. The measure of $\angle BAC$ is:

(1) 70° (2) 90° (3) 100° (4) 60°

121. On increasing each side of a square by 25% the increase in area will be:

(1) 55% (2) 50%

(3) 56.25% (4) 25%

122. A 22 cm × 8 cm rectangular piece of paper is folded and taped without overlapping to make a cylinder of height 8 cm. The volume (in cm^3) of the cylinder so formed is:

(1) 308 (2) 616

(3) 1232 (4) 176

घड़ी पर 12% लाभ तथा दूसरी घड़ी पर 12% हानि हुई। इस सौदे में हुआ लाभ/हानि का प्रतिशत है:

(1) हानि, $1\frac{11}{25}\%$

(2) लाभ, $1\frac{71}{154}\%$

(3) हानि, $1\frac{71}{154}\%$

(4) लाभ, $1\frac{11}{25}\%$

118. निम्न स्थितियों में से किस स्थिति में चतुर्भुज ABCD की रचना संभव नहीं है?

(1) AB = 5.5 cm, BC = 4 cm, $\angle A = 60^\circ$, $\angle B = 105^\circ$ और $\angle C = 105^\circ$.

(2) AB = BC = 3 cm, AD = 5 cm, $\angle A = 90^\circ$ और $\angle B = 105^\circ$.

(3) AB = 5 cm, BC = 3.5 cm, CD = 5 cm, AD = 3 cm और AC = 8.5 cm.

(4) AB = 4.5 cm, BC = 4 cm, CD = 6.5 cm, AD = 3 cm और BD = 6.5 cm.

119. मान लीजिए कि x एक ऐसा कोण (डिग्री में) है, जो अपने संपूरक से 32° कम है और y एक ऐसा कोण (डिग्री में) है, जो अपने पूरक से 24° अधिक है। x और y का योग है:

(1) 126 (2) 131

(3) 137 (4) 121

120. ΔABC में, BC का मध्यबिंदु D है और $\angle C = 40^\circ$ है। A को D से मिलाया गया है तथा AD = BD है। $\angle BAC$ की माप है:

(1) 70° (2) 90° (3) 100° (4) 60°

121. एक वर्ग की प्रत्येक भुजा में 25% की वृद्धि करने पर इसके क्षेत्रफल में वृद्धि होगी:

(1) 55% (2) 50%

(3) 56.25% (4) 25%

122. एक 22 cm × 8 cm आयताकार कागज के टुकड़े को बिना अतिव्यापन किए, मोड़कर 8 cm ऊंचाई का एक बेलन बनाया जाता है। इस प्रकार बने बेलन का आयतन (cm^3 में) है:

(1) 308 (2) 616

(3) 1232 (4) 176

123. There are two pieces of wire each of length 30 cm. Using one piece a square is formed and from the other piece a triangle of sides 5 cm, 12 cm and 13 cm is formed. The ratio of the area of the triangle to that of the square is:

(1) 8:15 (2) 15:8
(3) 15:2 (4) 2:15

123. तार के दो टुकड़े हैं और प्रत्येक की लंबाई 30 cm है। तार के एक टुकड़े से एक वर्ग तथा दुसरे टुकड़े से भुजाओं 5 cm, 12 cm तथा 13 cm वाला एक त्रिभुज बनाया जाता है। त्रिभुज के क्षेत्रफल का वर्ग के क्षेत्रफल से अनुपात है:

(1) 8:15 (2) 15:8
(3) 15:2 (4) 2:15

124. If $x = \frac{-2}{3}$ and $y = \frac{-3}{4}$, then a rational number between $(x+y)^{-1}$ and $(x^{-1} + y^{-1})$ is:

(1) $\frac{-361}{102}$
(2) $\frac{-361}{204}$
(3) $\frac{361}{204}$
(4) $\frac{29}{204}$

124. यदि $x = \frac{-2}{3}$ और $y = \frac{-3}{4}$ है, तो $(x+y)^{-1}$ और $(x^{-1} + y^{-1})$ के मध्य एक परिमेय संख्या है:

(1) $\frac{-361}{102}$
(2) $\frac{-361}{204}$
(3) $\frac{361}{204}$
(4) $\frac{29}{204}$

125. If $0.109 + 0.2 + 0.111 - x + (0.19 \times 0.1) + (0.11 \div 0.2) = 8 \times (10)^{-1}$, then the value of x is:

(1) 0.189 (2) 0.989
(3) 0.998 (4) 0.198

125. यदि $0.109 + 0.2 + 0.111 - x + (0.19 \times 0.1) + (0.11 \div 0.2) = 8 \times (10)^{-1}$ है, तो x का मान है:

(1) 0.189 (2) 0.989
(3) 0.998 (4) 0.198

126. If $3x - 2(x+3) = 2(2x-5) - 8$, then the value of $\frac{5x-2}{3x-5}$ is:

(1) 2
(2) $2\frac{4}{7}$
(3) $2\frac{3}{7}$
(4) $\frac{11}{7}$

126. यदि $3x - 2(x+3) = 2(2x-5) - 8$ है, तो $\frac{5x-2}{3x-5}$ का मान है:

(1) 2
(2) $2\frac{4}{7}$
(3) $2\frac{3}{7}$
(4) $\frac{11}{7}$

127. If $\sqrt{768} \times \sqrt{3267} = 44 \times y$, then the value of y:

(1) 44 (2) 72 (3) 88 (4) 36

127. यदि $\sqrt{768} \times \sqrt{3267} = 44 \times y$ है, तो y का मान है:

(1) 44 (2) 72 (3) 88 (4) 36

128. If $\sqrt[3]{-2688} \times \sqrt[3]{1764} = 24 \times z$, then the value of z is:

(1) –7 (2) –16 (3) –21 (4) –3

128. यदि $\sqrt[3]{-2688} \times \sqrt[3]{1764} = 24 \times z$ है, तो z का मान है:

(1) –7 (2) –16 (3) –21 (4) –3

129. The value of $\frac{\left[\left(\frac{2}{3}\right)^2\right]^3 \times \left(\frac{1}{3}\right)^{-4} + 3^{-1} \times \frac{1}{6}}{\left(\frac{5}{8}\right)^{-3} \times \left(\frac{5}{4}\right)^2 \times 2^{-1}}$ is:

(1) $\frac{325}{48}$

(2) $\frac{215}{96}$

(3) $\frac{215}{48}$

(4) $\frac{325}{96}$

129. $\frac{\left[\left(\frac{2}{3}\right)^2\right]^3 \times \left(\frac{1}{3}\right)^{-4} + 3^{-1} \times \frac{1}{6}}{\left(\frac{5}{8}\right)^{-3} \times \left(\frac{5}{4}\right)^2 \times 2^{-1}}$ का मान है:

(1) $\frac{325}{48}$

(2) $\frac{215}{96}$

(3) $\frac{215}{48}$

(4) $\frac{325}{96}$

130. Gaurav has Rs. $(7^2 \times 10^4)$ in his account and his brother has Rs. $(2^7 \times 10^3)$ in his account. If the total amount in their accounts is written in standard form as $m \times 10^n$, then the value of m + n is:

(1) 7

(2) 11.18

(3) 12.7

(4) 9

130. गौरव के खाते में रु. $(7^2 \times 10^4)$ हैं और उसके भाई के खाते में रु. $(2^7 \times 10^3)$ हैं। यदि दोनों के खातों की कुल राशि को मानक रूप $m \times 10^n$ में लिखा जाए तो m + n का मान है:

(1) 7

(2) 11.18

(3) 12.7

(4) 9

Space for Rough Work / कच्चे कार्य के लिए स्थान

131. Human Development Index was created by
(1) Amartya Sen and Mahbub Ul Haq
(2) Abhijit Banerjee and Khurshid Ahmad
(3) Avinash Dixit and Sartaj Aziz
(4) Jagdish Bhagwati and Javed Burki

131. मानव विकास सूचकांक किसके द्वारा बनाया गया था
(1) अमर्त्य सेन और महबूब उल हक
(2) अभिजीत बनर्जी और खुर्शीद अहमद
(3) अविनाश दीक्षित और सरताज अज़ीज़
(4) जगदीश भगवती और जावेद बुर्की

132. Depletion of ozone is mainly due to
(1) chlorofluorocarbon compounds
(2) carbon monoxide
(3) methane
(4) pesticides

132. ओजोन परत का घटते जाना किसके कारण होता है?
(1) क्लोरोफ्युरोकार्बन यौगिक
(2) कार्बन मोनोऑक्साइड
(3) मीथेन
(4) पीडकनाशी

133. Which one of the following changes may occur due to desertification?
(1) Decrease in atmospheric temperature.
(2) Increase in water holding capacity of soil.
(3) Increased chances of floods.
(4) Conversion of fertile land into a desert.

133. मरुस्थलीकरण के कारण निम्नलिखित में से कौन सा परिवर्तन हो सकता है?
(1) वायुमंडलीय तापमान में कमी।
(2) मिट्टी की पानी की होल्डिंग क्षमता में वृद्धि।
(3) बाढ़ की बढ़ी संभावनाएं।
(4) उपजाऊ भूमि का एक रेगिस्तान में रूपांतरण।

134. The nitrogen molecules present in air can be converted into nitrates and nitrites by
(1) a biological process of nitrogen fixing bacteria present in soil
(2) a biological process of carbon fixing factor present in soil
(3) any of the industries manufacturing nitrogenous compounds
(4) the plants used as cereal crops in field

134. वायु में उपस्थित नाइट्रोजन के अणु निम्नलिखित के कारण नाइट्रेट तथा नाइट्राइट में परिवर्तित हों जाते हैं –
(1) मृदा में पाए जाने वाले नाइट्रोजन स्थिरीकारी जीवाणु की जैविक प्रक्रिया द्वारा
(2) मृदा में पाए जाने वाले कार्बन स्थिरीकारी कारक जैविक प्रक्रिया द्वारा
(3) नाइट्रोजन यौगिक बनाने वाले किसी उद्योग के द्वारा
(4) उन पौधों के द्वारा जिन्हें खेत में अनाज फसलों के लिए उपयोग में लाते हैं

135. What happens when rain falls on soil without vegetational cover?
(1) Rain water percolates in soil efficiently
(2) Rain water causes loss of surface soil
(3) Rain water leads to fertility of the soil
(4) Rain water does not cause any change in soil

135. वनस्पति रहित मृदा पर जब वर्षा होती है तो क्या होता है?
(1) वर्षा का जल मृदा के भीतर भली-भांति रिस जाता है
(2) वर्षा का जल मृदा सतह को हानि पहुँचाता है
(3) वर्षा का जल मृदा की उर्वरता बढाता है
(4) वर्षा का जल मृदा में कोई परिवर्तन नहीं करता है

136. Which of the following is a non-renewable source of energy?
(1) Wood (2) Sun
(3) Fossil fuels (4) Wind

136. निम्नलिखित में कौन ऊर्जा का अनवीकरणीय स्रोत है?
(1) लकड़ी (2) सूर्य
(3) जीवाश्मी ईंधन (4) पवन

137. The pH range most conducive for life of fresh water plants and animals is
(1) 6.5 – 7.5 (2) 2.0 – 3.5
(3) 3.5 – 5.0 (4) 9.0 – 10.5

137. अलवण जलीय पौधों और जंतुओं के जीवन के लिए सबसे अधिक सहायक pH परास कौन-सा है?
(1) 6.5 – 7.5 (2) 2.0 – 3.5
(3) 3.5 – 5.0 (4) 9.0 – 10.5

138. Khangchendzonga biosphere reserves is located in

(1) Sikkim (2) Tripura
(3) Meghalaya (4) Assam

138. कंचनजंगा जीवमंडल भंडार कहाँ स्थित है

(1) सिक्किम (2) त्रिपुरा
(3) मेघालय (4) असम

139. The slogan of Census 2011 was?

(1) One Census, Million Future
(2) Our Census, Our Future
(3) Our Census, Million Future
(4) One Census, One Future

139. जनगणना 2011 का नारा था?

(1) एक जनगणना, मिलियन भविष्य
(2) हमारी जनगणना, हमारा भविष्य
(3) हमारी जनगणना, मिलियन भविष्य
(4) एक जनगणना, एक भविष्य

140. 12 November is celebrated as

(1) World Nature Day
(2) World Wildlife Day
(3) World Energy Conservation Day
(4) World Birds Day

140. 12 नवंबर किसके रूप में मनाया जाता है

(1) विश्व प्रकृति दिवस
(2) विश्व वन्यजीव दिवस
(3) विश्व ऊर्जा संरक्षण दिवस
(4) विश्व पक्षी दिवस

141. The Kyoto Protocol is related to

(1) restoring world's depleted fisheries
(2) decreasing ozone depletion
(3) decreasing CO_2 emission
(4) all of these

141. क्योटो प्रोटोकॉल किससे संबंधित है

(1) दुनिया की कम हुई मत्स्य पालन बहाल करना
(2) ओजोन रिक्ति घटाना
(3) CO_2 उत्सर्जन घटाना
(4) ये सब

142. Which organization works against the use of animals in laboratory experiment and entertainment industry?

(1) NTCA (2) PETA
(3) SAVE (4) None of these

142. प्रयोगशाला प्रयोग और मनोरंजन उद्योग में जानवरों के उपयोग के खिलाफ कौन सा संगठन काम करता है?

(1) NTCA (2) PETA
(3) SAVE (4) इनमें से कोई नहीं

143. Main focus of eleventh five year plan of India was on the

(1) double the per capita income of India
(2) faster and more inclusive growth
(3) growth with justice and equity
(4) establishment of the self-sufficient economy

143. भारत की ग्यारहवीं पंचवर्षीय योजना का मुख्य केंद्र था

(1) भारत की प्रति व्यक्ति आय दोगुनी करें
(2) तेजी से और अधिक समावेशी विकास
(3) न्याय और इक्विटी के साथ विकास
(4) आत्मनिर्भर अर्थव्यवस्था की स्थापना

144. Full form of CITES is

(1) Committee of Internationally Threatened and Endangered Species
(2) Convention on International Trade in Endangered Species
(3) Commission of Internationally Threatened and Endangered Species
(4) Commission of International Trade and Endangered Species

144. CITES का पूरा नाम क्या है?

(1) Committee of Internationally Threatened and Endangered Species
(2) Convention on International Trade in Endangered Species
(3) Commission of Internationally Threatened and Endangered Species
(4) Commission of International Trade and Endangered Species

145. Bhagwan Mahavir Wildlife Sanctuary is located in

145. भगवान महावीर वन्यजीव अभयारण्य कहाँ स्थित है

(1) Jammu and Kashmir
(2) Kerala
(3) Goa
(4) Karnataka

(1) जम्मू-कश्मीर
(2) केरल
(3) गोवा
(4) कर्नाटक

146. In the second half of the nineteenth century, which movement in central India, founded by a low caste leader Ghasidas, worked among the leatherworkers to improve their social status?
(1) Arya Samaj
(2) Brahmo Sabha
(3) Prarthana Samaj
(4) Satnami

146. उन्नीसवीं शताब्दी के उत्तरार्ध में, नीची जाति के नेता घासीदास द्वारा स्थापित मध्य भारत में किस आंदोलन ने चमड़े का काम करने वालों के लिए अपनी सामाजिक स्थिति में सुधार के लिए काम किया?
(1) आर्य समाज
(2) ब्रह्मो सभा
(3) प्रार्थना समाज
(4) सतनामी

147. Which of the following landforms is largely rich in mineral deposits?
(1) Valley (2) Plain
(3) Mountain (4) Plateau

147. निम्नलिखित स्थलरूपों में से किसमें खनिज निक्षेपों की प्रचुरता पायी जाती है?
(1) घाटी (2) मैदान
(3) पर्वत (4) पठार

148. In which of the following landforms are 'Mushroom rocks' found?
(1) Desert (2) Delta
(3) Glacial Moraine (4) Sea cave

148. निम्नलिखित स्थ्लाकृतियों में से किसमें 'क्षत्रक शैल' पाए जाते हैं?
(1) रेगिस्तान (2) डेल्टा
(1) हिमनद हीमोढ (2) समुद्री गुफा

149. Consider the following two statements about elections in a democracy:
I. In a representative democracy, people participate indirectly by electing their representative who make decisions for the entire country.
II. The governments can be changed by regular elections.
Choose the correct option.
(1) Both I and II are false
(2) I is true, II are false
(3) I is false, II is true
(4) Both I and II are true

149. लोकतंत्र में चुनावों के संबंध में निम्नलिखित दो कथनों पर विचार कीजिए:
I. प्रतिनिधित्व लोकतंत्र अपने प्रतिनिधियों को चुनकर अप्रत्यक्ष रूप से भाग लेते हैं और वे प्रतिनिधि पूरे देश के लिए कानून और नियम बनाते हैं।
II. सरकारें नियमित चुनावों द्वारा बदली जा सकती हैं।
सही विकल्प को चुनिये।
(1) I और II दोनों गलत हैं
(2) I सही है, II गलत है
(3) I गलत है, II सही है
(4) I और II दोनों सही हैं

150. Which of the following statements is correct about Panchayat Raj System in India?
(1) The Secretary of the Gram Sabha is elected by its members.
(2) The Zila Parishad is the second tier of the Panchayat Raj System.
(3) The tenure of a Gram Panchayat is 4 years.
(4) Each state of the country has its own laws with regard to the Panchayat within the constitutional guidelines.

150. भारत में पंचायती राज प्रणाली के संबंध में निम्नलिखित में से कौन-सा कथन सही है?
(1) ग्राम सभा के सचिव का चुनाव उसके सदस्यों द्वारा किया जाता है।
(2) जिला परिषद पंचायती राज प्रणाली का द्वितीय स्तर है।
(3) ग्राम पंचायत की अवधि 4 वर्ष होती है।
(4) संवैधानिक दिशा-निर्देशों के अंतर्गत, देश के प्रत्येक राज्य में पंचायतों के संबंध में अपने कानून होते हैं।

उत्तर पत्रिका / Answer Sheet – Kendriya Vidyalaya Sangathan

Name of the Candidate: ______________________ **Fathers' Name:** ________________

Roll Number: ________________, **Examination Centre:** ________________________

Paper of the Candidate: ______________________, **Test Booklet Code:** __________

Mark your Answer by shading the appropriate circle against each question. The circle should be shaded completely without leaving any space. The correct method of shading is given below.

प्रत्येक प्रश्न के सामने उचित वृत का चिन्हांकन करके अपना उत्तर लिखें। वृत्त को बिना कोई स्थान छोड़े चिन्हांकित करें। चिन्हांकित करने का सही तरीका नीचे दिया गया है।

Correct Method : सही तरीका : ○ ● ○ ○ Wrong Method : गलत तरीका : ⊠ ✓ ⊙ ◑

001	① ② ③ ④	031	① ② ③ ④	061	① ② ③ ④	091	① ② ③ ④	121	① ② ③ ④
002	① ② ③ ④	032	① ② ③ ④	062	① ② ③ ④	092	① ② ③ ④	122	① ② ③ ④
003	① ② ③ ④	033	① ② ③ ④	063	① ② ③ ④	093	① ② ③ ④	123	① ② ③ ④
004	① ② ③ ④	034	① ② ③ ④	064	① ② ③ ④	094	① ② ③ ④	124	① ② ③ ④
005	① ② ③ ④	035	① ② ③ ④	065	① ② ③ ④	095	① ② ③ ④	125	① ② ③ ④
006	① ② ③ ④	036	① ② ③ ④	066	① ② ③ ④	096	① ② ③ ④	126	① ② ③ ④
007	① ② ③ ④	037	① ② ③ ④	067	① ② ③ ④	097	① ② ③ ④	127	① ② ③ ④
008	① ② ③ ④	038	① ② ③ ④	068	① ② ③ ④	098	① ② ③ ④	128	① ② ③ ④
009	① ② ③ ④	039	① ② ③ ④	069	① ② ③ ④	099	① ② ③ ④	129	① ② ③ ④
010	① ② ③ ④	040	① ② ③ ④	070	① ② ③ ④	100	① ② ③ ④	130	① ② ③ ④
011	① ② ③ ④	041	① ② ③ ④	071	① ② ③ ④	101	① ② ③ ④	131	① ② ③ ④
012	① ② ③ ④	042	① ② ③ ④	072	① ② ③ ④	102	① ② ③ ④	132	① ② ③ ④
013	① ② ③ ④	043	① ② ③ ④	073	① ② ③ ④	103	① ② ③ ④	133	① ② ③ ④
014	① ② ③ ④	044	① ② ③ ④	074	① ② ③ ④	104	① ② ③ ④	134	① ② ③ ④
015	① ② ③ ④	045	① ② ③ ④	075	① ② ③ ④	105	① ② ③ ④	135	① ② ③ ④
016	① ② ③ ④	046	① ② ③ ④	076	① ② ③ ④	106	① ② ③ ④	136	① ② ③ ④
017	① ② ③ ④	047	① ② ③ ④	077	① ② ③ ④	107	① ② ③ ④	137	① ② ③ ④
018	① ② ③ ④	048	① ② ③ ④	078	① ② ③ ④	108	① ② ③ ④	138	① ② ③ ④
019	① ② ③ ④	049	① ② ③ ④	079	① ② ③ ④	109	① ② ③ ④	139	① ② ③ ④
020	① ② ③ ④	050	① ② ③ ④	080	① ② ③ ④	110	① ② ③ ④	140	① ② ③ ④
021	① ② ③ ④	051	① ② ③ ④	081	① ② ③ ④	111	① ② ③ ④	141	① ② ③ ④
022	① ② ③ ④	052	① ② ③ ④	082	① ② ③ ④	112	① ② ③ ④	142	① ② ③ ④
023	① ② ③ ④	053	① ② ③ ④	083	① ② ③ ④	113	① ② ③ ④	143	① ② ③ ④
024	① ② ③ ④	054	① ② ③ ④	084	① ② ③ ④	114	① ② ③ ④	144	① ② ③ ④
025	① ② ③ ④	055	① ② ③ ④	085	① ② ③ ④	115	① ② ③ ④	145	① ② ③ ④
026	① ② ③ ④	056	① ② ③ ④	086	① ② ③ ④	116	① ② ③ ④	146	① ② ③ ④
027	① ② ③ ④	057	① ② ③ ④	087	① ② ③ ④	117	① ② ③ ④	147	① ② ③ ④
028	① ② ③ ④	058	① ② ③ ④	088	① ② ③ ④	118	① ② ③ ④	148	① ② ③ ④
029	① ② ③ ④	059	① ② ③ ④	089	① ② ③ ④	119	① ② ③ ④	149	① ② ③ ④
030	① ② ③ ④	060	① ② ③ ④	090	① ② ③ ④	120	① ② ③ ④	150	① ② ③ ④

परीक्षार्थी का नाम Name of candidate (In Capital Letters)	परीक्षार्थी के हस्ताक्षर Signature of candidate (In Running Hand)	परीक्षार्थी के बाएं अंगूठे का निशान Left hand thumb impression of the candidate	निरीक्षक के हस्ताक्षर Signature of invigilator (In Running Hand)
			Prateek Shivalik

Answer Key KVS Test Set - 06

Q	A	Q	A	Q	A	Q	A	Q	A	Q	A	Q	A	Q	A
1	2	**21**	4	**41**	3	**61**	2	**81**	4	**101**	1	**121**	3	**141**	3
2	3	**22**	1	**42**	1	**62**	3	**82**	1	**102**	3	**122**	1	**142**	2
3	1	**23**	2	**43**	3	**63**	2	**83**	1	**103**	3	**123**	2	**143**	2
4	2	**24**	3	**44**	3	**64**	4	**84**	1	**104**	4	**124**	2	**144**	2
5	1	**25**	4	**45**	1	**65**	4	**85**	3	**105**	3	**125**	1	**145**	3
6	2	**26**	3	**46**	2	**66**	4	**86**	1	**106**	4	**126**	2	**146**	4
7	2	**27**	1	**47**	2	**67**	3	**87**	1	**107**	3	**127**	4	**147**	4
8	1	**28**	4	**48**	1	**68**	3	**88**	1	**108**	4	**128**	1	**148**	1
9	3	**29**	1	**49**	4	**69**	2	**89**	1	**109**	3	**129**	2	**149**	3
10	2	**30**	3	**50**	4	**70**	1	**90**	1	**110**	4	**130**	2	**150**	4
11	2	**31**	3	**51**	1	**71**	1	**91**	4	**111**	2	**131**	1		
12	1	**32**	4	**52**	1	**72**	3	**92**	1	**112**	1	**132**	1		
13	2	**33**	1	**53**	1	**73**	3	**93**	1	**113**	4	**133**	4		
14	3	**34**	2	**54**	2	**74**	4	**94**	1	**114**	3	**134**	1		
15	1	**35**	2	**55**	2	**75**	3	**95**	3	**115**	2	**135**	2		
16	1	**36**	1	**56**	2	**76**	4	**96**	3	**116**	1	**136**	3		
17	3	**37**	2	**57**	2	**77**	4	**97**	4	**117**	1	**137**	1		
18	3	**38**	2	**58**	4	**78**	1	**98**	3	**118**	4	**138**	1		
19	1	**39**	3	**59**	4	**79**	4	**99**	1	**119**	2	**139**	2		
20	1	**40**	4	**60**	3	**80**	4	**100**	4	**120**	2	**140**	4		

Prateek Shivalik KVS PRT

Code 07

इस परीक्षा पुस्तिका को तब तक न खोलें जब तक कहा न जाए।

Do not open this Test Booklet until you are asked to do so.

इस परीक्षा पुस्तिका के पिछले आवरण पर दिए गये निर्देशों को ध्यान से पढ़ें।

Read carefully the Instructions on the Back Cover of this Test Booklet.

परीक्षार्थियों के लिए निर्देश

1. OMR उत्तर पत्र इस परीक्षा के अन्दर रखा है। जब आपको परीक्षा पुस्तिका खोलने को कहा जाए, तो उत्तर पत्र निकाल कर पृष्ठ-1 एवं पृष्ठ-2 पर ध्यान से केवल नीले बॉल पॉइंट पेन से विवरण भरें।
2. परीक्षा की अवधि 2½ घंटे है एवं परीक्षा में 150 प्रश्न है। **कोई ऋणात्मक अंकन नहीं है।**
3. इस पृष्ठ पर विवरण अंकित करने एवं उत्तर पत्र पर निशान लगाने के लिए केवल नीले बॉल पॉइंट पेन का प्रयोग करें।
4. यह सुनिश्चित कर लें की इस पुस्तिका का संकेत, उत्तर पत्र के पृष्ठ पर छपे संकेत से मिलता है। यह भी सुनिश्चित कर लें की परीक्षा संख्या और उत्तर पत्र संख्या मिलते है। अगर यह भिन्न हों तो परीक्षार्थी दूसरी प्रश्न पुस्तिका और उत्तर पत्र लेने के लिए निरीक्षक को तुरन्त अवगत कराएँ।
5. **यदि अनुवाद में किसी भी प्रकार की कोई अस्पष्टा हो तो अंग्रेजी वाले पाठ को ही सही माना जायेगा।**
6. रफ कार्य परीक्षा पुस्तिका में इस प्रयोजन के लिए दी गई खाली जगह पर करें।
7. सभी उत्तर केवल OMR उत्तर पत्र पर ही अंकित करें। अपने उत्तर ध्यानपूर्वक अंकित करें। उत्तर बदलने हेतु श्वेत रंजक का प्रयोग निषिद्ध है।
8. प्रत्येक प्रश्न के सामने उचित वृत का चिन्हांकन करके अपना उत्तर लिखें। वृत्त को बिना कोई स्थान छोड़े चिन्हांकित करें।

INSTRUCTIONS FOR CANDIDATES

1. The OMR Answer Sheet is inside this Test Booklet. When you are directed to open the Test Booklet, take out the Answer Sheet and fill in the particulars on Side-1 and Side-2 carefully with blue ball point pen only.
2. The test is of 2½ hours duration and consists of 150 questions. **There is no negative marking.**
3. Use Blue Ball Point Pen only for writing particulars on this page / marking responses in the Answer Sheet.
4. Make sure that the CODE printed on the Answer Sheet is the same as that on this booklet. Also ensure that your Test Booklet No. and Answer Sheet No. are the same. In case of discrepancy, the candidate should immediately report the matter to the Invigilator for replacement of both the Test Booklet and the Answer Sheet.
5. **In case of any ambiguity in translation, the English version will be deemed authentic.**
6. Rough work should be done only in the space provided in the Test Booklet for the same.
7. The answers are to be recorded on the OMR Answer Sheet only. Mark your responses carefully. No whitener is allowed for changing answers.
8. Mark your Answer by shading the appropriate circle against each question. The circle should be shaded completely without leaving any space.

परीक्षार्थी का नाम (बड़े अक्षरों में):
Name of the Candidate (in Capitals): ______________________

अनुक्रमांक (अंकों में):
Roll Number: (in figures): ______________________

(शब्दों में):
(in words): ______________________

परीक्षा केन्द्र (बड़े अक्षरों में) :
Centre of Examination (in Capitals): ______________________

परीक्षार्थी के हस्ताक्षर:
Candidate's Signature: ______________________

निरीक्षक के हस्ताक्षर :
Invigilator's Signature : ______________________

Facsimile signature stamp of
Centre Superintendent ______________________

1. Choose the option which best expresses the meaning of the highlighted idiom/phrase in the sentence.

"at one's wit's/wits' end"

(1) to work hard
(2) to be intelligent
(3) to get puzzled
(4) to be stupid

2. Choose the correctly spelt word

(1) superfluous
(2) superflous
(3) superfluos
(4) superflouss

3. The synonym of the given word is?

INFRUCTUOUS

(1) meaningless
(2) unnecessary
(3) redundant
(4) fruitless

4. Which part of the following sentences has error in it?

Scarcely did I reach the airport, (P) nervous and tense, than the plane took off, (Q) leaving me stranded in an alien place. (R) No error (S).

(1) P (2) Q (3) R (4) S

5. Which part of the following sentences has error in it?

The power to (P) distinguish between differences (Q) is the basis of science and art. (R) No error (S).

(1) P (2) Q (3) R (4) S

6. Convert the given sentence into Active / Passive Voice

The storm did much damage.

(1) Much damage was done by the storm.
(2) The storm damaged much.
(3) Much damage did the storm.
(4) The storm was damaged.

7. Convert the given sentence into Direct / Indirect Speech

Shanker said to his friend, "Look out! there is a snake behind you."

(1) Shanker told his friend to look out as there was a snake behind him.
(2) Shanker exclaimed to his friend with surprise that there was a snake behind him.
(3) Seeing a snake behind him, Shanker asked his friend to look out.
(4) Shanker warned his friend that there was a snake behind him.

8. Fill in the blank.

Just as in a family it is the willing cooperation of its members that ______ happiness and contentment, so is it in the larger family of the nation.

(1) brought
(2) will bring
(3) brings
(4) bought

9. Choose the one word which can be substituted for the given sentence/ words.

The act of killing a whole group of people, especially a whole race

(1) patricide
(2) parricide
(3) matricide
(4) genocide

10. Arrange the following jumbled part of the sentence in correct order.

1. Take a small glass phial.
P. Close the jar tightly with a plastic cover.
Q. Place this phial inside a glass jar.
R. Fill it with coloured water.
S. Then stopper it tightly.
6. Make a hole in the cover.

(1) PSRQ
(2) QSPR
(3) RSQP
(4) SRQP

11. दीवार के ऊपर "कौन" बैठा है में सर्वनाम है
(1) प्रश्नवाचक
(2) संबंधवाचक
(3) अनिश्चयवाचक
(4) कोई नहीं

12. वह मेरी बात चुपचाप सुन रहा था – में क्रिया विशेषण का रूप है
(1) कालवाचक
(2) स्थानवाचक
(3) परिमाणवाचक
(4) रीतिवाचक

13. "जो किसी अन्य के स्थान पर कार्यरत हो" के लिए एक उपयुक्त शब्द है
(1) अस्थायी
(2) अल्पकालीन
(3) स्थानापन्न
(4) कामचलाऊ

14. 'स' वर्ण का उच्चारण स्थान है
(1) तालु
(2) ओष्ट
(3) दन्त्य
(4) कोई नहीं

15. "वह घर – घर घूमता रहा।" में प्रयुक्त कारक है
(1) अधिकरण
(2) कर्म
(3) संबंध
(4) अपादान

16. असाध्य में कौन सा उपसर्ग है?
(1) अस्
(2) अ
(3) अस:
(4) सभी

17. दयालु में कौन सा प्रत्यय है?
(1) आलू
(2) लू
(3) अलू
(4) आलु

18. सन्तोष का संधि विच्छेद होगा
(1) सम्+तोष
(2) सन+अन्तोष
(3) सन्+तोष
(4) स+अंसतोष

19. निम्न में से किस शब्द की वर्तनी शुद्ध है?
(1) तुष्टिकरण
(2) तुष्टीकरण
(3) तुष्टिकर्ण
(4) तुष्टीकर्ण

20. "तन – मन" में समास है
(1) द्वन्द
(2) द्विगु
(3) कर्मधारय
(4) कोई नहीं

Space for Rough Work / कच्चे कार्य के लिए स्थान

21. Which among the following is the name given to the cursor for the computer language 'LOGO'?
(1) Robot
(2) Frog
(3) Spider
(4) Turtle

21. निम्नलिखित में से कौन सा नाम कंप्यूटर के कर्सर के लिए 'लोगो' भाषा में कहा गया है?
(1) रोबोट
(2) मेंढक
(3) मकड़ी
(4) कछुए

22. Processors contain a control unit and a __________
(1) Expansion slot
(2) Port
(3) Arithmetic logic unit (ALU)
(4) CD drive

22. प्रोसेसर में एक नियंत्रण इकाई होती है और एक __________
(1) विस्तार स्लॉट
(2) पोर्ट
(3) अंकगणितीय तर्क इकाई (एएलयू)
(4) सीडी ड्राइव

23. What is the brain of the computer called?
(1) CPU
(2) Motherboard
(3) HDD
(4) Hardware

23. कंप्यूटर के दिमाग को क्या कहा जाता है?
(1) सीपीयू
(2) मदरबोर्ड
(3) HDD
(4) हार्डवेयर

24. Data in database at a particular point of time is called as:
(1) Intension
(2) Extension
(3) Back up
(4) Application

24. किसी विशेष समय पर डेटाबेस में डेटा को क्या कहा जाता है:
(1) उत्कटता
(2) एक्सटेंशन
(3) बैक अप
(4) आवेदन

25. Which of the following is used for very high-speed searching applications?
(1) Flash Memory
(2) Content-addressable Memory
(3) Dynamic Random Access Memory
(4) Static Random Access Memory

25. निम्न में से कौन सा उच्च गति खोज अनुप्रयोगों के लिए उपयोग किया जाता है?
(1) फ्लैश मेमोरी
(2) सामग्री-पता योग्य मेमोरी
(3) गतिशील रैंडम एक्सेस मेमोरी
(4) स्टेटिक रैंडम एक्सेस मेमोरी

26. In IT terminology failure in the kernel is called as
(1) Crash
(2) Crash dump
(3) Dump
(4) Kernel error

26. आईटी शब्दावली में कर्नेल में विफलता को क्या कहा जाता है
(1) क्रैश
(2) क्रैश डंप
(3) डंप
(4) कर्नेल त्रुटि

27. What is the name of a memory buffer used to accommodate a speed differential?
(1) Cache
(2) Stack Pointer
(3) Accumulator
(4) Disc

27. गति अंतर को समायोजित करने के लिए उपयोग किए गए मेमोरी बफर का नाम क्या है?
(1) कैश
(2) स्टैक सूचक
(3) एक्यूमुलेटर
(4) डिस्क

28. Communication satellites are used to:

(1) To transmit communication signals

(2) To receive and redirect communication signals

(3) To only receive communication signal

(4) To provide information of national sources only

28. संचार उपग्रहों का उपयोग इस प्रकार किया जाता है:

(1) संचार संकेत संचारित करने के लिए

(2) संचार संकेत प्राप्त करने और पुनर्निर्देशित करने के लिए

(3) केवल संचार संकेत प्राप्त करने के लिए

(4) केवल राष्ट्रीय स्रोतों की जानकारी प्रदान करने के लिए

29. In present day computing, which code is used and is accepted worldwide?

(1) ASCII

(2) Hollerith Code

(3) EBCDIC

(4) ISCII

29. वर्तमान में कंप्यूटिंग, किस कोड का उपयोग किया जाता है और दुनिया भर में स्वीकार किया जाता है?

(1) ASCII

(2) होलीरथ कोड

(3) EBCDIC

(4) ISCII

30. What is the full form of PDA?

(1) Personal Digital Assistant

(2) Personal Data Addition

(3) Personal Digital Addition

(4) Peripheral Digital Assistant

30. पीडीए का पूरा रूप क्या है?

(1) Personal Digital Assistant

(2) Personal Data Addition

(3) Personal Digital Addition

(4) Peripheral Digital Assistant

Space for Rough Work / कच्चे कार्य के लिए स्थान

General Awareness

31. What does indifference curve represent?
(1) Levels of Income and Capital
(2) Satisfaction derived from two goods
(3) Income from two businesses
(4) Relationship between expenditure and savings

32. How many times a person can be elected as the President of India?
(1) One time
(2) Two times
(3) Three times
(4) No bar

33. Sardar Vallabhbhai Patel was the leader of ______.
(1) Bhoodan Movement
(2) Rowlatt Satyagraha
(3) Bardoli Satyagraha
(4) Swadeshi Movement

34. Which of the following has maximum diurnal temperature difference?
(1) Desert
(2) Mountains
(3) Plateau
(4) Ocean

35. The right portion of human heart receives ______ blood.
(1) pure
(2) impure
(3) mixed
(4) None of these

36. On which principle does the hydraulic lift works?
(1) Newton's law
(2) Pascal's law
(3) Archimedes' law
(4) Joule's law

37. In MICR, what does 'I' stands for?
(1) Interactive
(2) Information
(3) Ink
(4) Instruction

31. उदासीनता वक्र क्या दर्शाता है?
(1) आय तथा पूँजी का स्तर
(2) दो वस्तुओं से प्राप्त संतुष्टि
(3) दो व्यापारों से प्राप्त आय
(4) व्यय तथा बचत का संबंध

32. कोई व्यक्ति भारत के राष्ट्रपति के पद पर कितनी बार चुना जा सकता है?
(1) एक बार
(2) दो बार
(3) तीन बार
(4) कोई सीमा नहीं

33. सरदार वल्लभ भाई पटेल ______ का अग्रणी थे।
(1) भूदान आन्दोलन
(2) रॉलेट सत्याग्रह
(3) बारडोली सत्याग्रह
(4) स्वदेशी आन्दोलन

34. निम्नलिखित में से किसका दैनिक तापमान में अंतर सर्वाधिक होता है?
(1) मरुस्थल
(2) पर्वत
(3) पठार
(4) महासागर

35. मानव हृदय का दाहिना भाग ______ रक्त प्राप्त करता है।
(1) शुद्ध
(2) अशुद्ध
(3) मिश्रित
(4) इनमे से कोई नहीं

36. द्रवचालित लिफ्ट किस सिद्धांत पर कार्य करती है?
(1) न्यूटन के सिद्धांत
(2) पास्कल के सिद्धांत
(3) आर्किमिडिज के सिद्धांत
(4) जूल के सिद्धांत

37. MICR के असंक्षिप्त रूप में 'I' का क्या अर्थ है?
(1) संवादात्मक
(2) सूचना
(3) स्याही (इंक)
(4) निर्देश

38. What are the main components of Bronze Alloy?

(1) Copper and Zinc

(2) Copper and Tin

(3) Zinc and Nickel

(4) Aluminium and Nickel

38. काँसा (ब्रान्ज) मिश्र धातु का मुख्य घटक कौन से है?

(1) ताँबा तथा जस्ता

(2) ताँबा तथा राँगा

(3) जस्ता तथा निकेल

(4) एल्युमिनियम तथा निकेल

39. "Dulari Kanya", a scheme to bring down infant mortality in the state is launched by which Indian State?

(1) Uttar Pradesh

(2) Rajasthan

(3) Arunachal Pradesh

(4) Madhya Pradesh

39. राज्य में शिशु मृत्यु दर में कमी लाने के लिए दुलारी कन्या योजना किस राज्य ने शुरू की है?

(1) उत्तर प्रदेश

(2) राजस्थान

(3) अरुणाचल प्रदेश

(4) मध्य प्रदेश

40. 'Queensbury rules' is code of rules that directly influences which of the following sport?

(1) Tennis

(2) Boxing

(3) Polo

(4) Billiards

40. 'क्वीन्सबरी नियम' एक नियम-संग्रह है जो निम्नलिखित में से किस खेल पर सीधा प्रभाव डालता है?

(1) टेनिस

(2) मुक्केबाजी

(3) पोलो

(4) बिलियर्ड्स

Space for Rough Work / कच्चे कार्य के लिए स्थान

Reasoning

41. If × means ÷, – means ×, ÷ means + and + means –, then (3 – 15 ÷ 19) × 8 + 6 =?

(1) 8 (2) 4
(3) 2 (4) –1

41. यदि × का मतलब ÷, – का मतलब ×, ÷ का मतलब + तथा + का मतलब – हो, तो (3 – 15 ÷ 19) × 8 + 6 =?

(1) 8 (2) 4
(3) 2 (4) –1

42. Which of the following conclusions are true if the given statement is true?

Statements:

All green are blue.

All blue are white.

Conclusions:

1. Some blue are green.
2. Some white are green.
3. Some green are not white.
4. All white are blue.

(1) Only conclusion (1) and (2)
(2) Only conclusion (1) and (3)
(3) Only conclusion (1) and (4)
(4) Only conclusion (2) and (4)

42. निम्नलिखित में से कौन से निष्कर्ष सही माने जायेंगे यदि दिए गए कथन सही हों?

कथन:

सभी हरे नीले हैं।

सभी नीले सफ़ेद हैं।

निष्कर्ष:

1. कुछ नीले हरे है।
2. कुछ सफ़ेद हरे हैं।
3. कुछ हरे सफ़ेद नहीं हैं।
4. सभी सफ़ेद नीले हैं।

(1) केवल निष्कर्ष (1) और (2)
(2) केवल निष्कर्ष (1) और (3)
(3) केवल निष्कर्ष (1) और (4)
(4) केवल निष्कर्ष (2) और (4)

43. If in a certain code language, 'oka peru' means 'fine cloth'; 'meta lisa' means 'clear water' and 'dona lisa peru' means 'fine clear weather', which word in that language means 'weather'?

(1) peru (2) oka
(3) meta (4) dona

43. यदि किसी खास कोड भाषा में 'oka peru' का अर्थ 'fine cloth', 'meta lisa' का अर्थ 'clear water' तथा' 'dona lisa peru' का अर्थ 'fine clear weather' है, तो उस भाषा में किस शब्द का अर्थ 'weather' है?

(1) peru (2) oka
(3) meta (4) dona

44. In a school, there were five teachers. A and B taught Hindi and English. C and D taught English and Geography. D and A taught Mathematics and Hindi E and B taught History and French. Who among the teachers taught maximum number of subjects?

(1) A (2) B
(3) C (4) E

44. किसी विद्यालय में, पाँच शिक्षक थे। A तथा B हिंदी तथा अंग्रेजी सिखाते थे। C तथा D अंग्रेजी तथा भूगोल सिखाते थे। D तथा A गणित तथा हिंदी सिखाते थे। E तथा B इतिहास तथा फ्रेंच सिखाते थे। कौन सबसे ज्यादा विषयों का अध्यापन कराते थे।

(1) A (2) B
(3) C (4) E

45. If rain is water, water is road, road is cloud, cloud is sky, sky is sea and sea is path, where do aeroplanes fly?

(1) Road (2) Sea
(3) Cloud (4) Water

45. यदि वर्षा पानी है, पानी सड़क है, सड़क बादल है, बादल आकाश है, आकाश समुद्र है तथा समुद्र रास्ता है, तो हवाई जहाज कहाँ उड़ता है?

(1) सड़क (2) समुद्र
(3) बादल (4) पानी

46. Select the alternative which represents three out of the five alternative figures which when fitted into each other would form a complete square

46. उस विकल्प का चयन करे जो पाँच वैकल्पिक आंकड़ों में से 3 का प्रतिनिधित्व करता है तथा एक दूसरे में फिट करने पर एक पूर्ण वर्ग बनाता हो?

(1) (2) (3) (4) (5)

(1) 123
(2) 124
(3) 125
(4) 235

47. A cube has six different symbols drawn over its six faces. The symbols are dot, circle, triangle, square, cross and arrow. Three different positions of the cube are shown in figures X, Y, and Z. Which symbol is opposite to the dot?

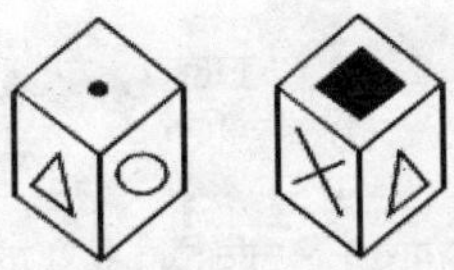

(1) Circle
(2) Triangle
(3) Arrow
(4) Cross

48. If in a certain code, TWENTY is written as 863985 and ELEVEN is written as 323039, how will TWELVE be written in that code?

(1) 863203
(2) 863684
(3) 863903
(4) 863063

49. If P + Q means P is the husband of Q; P / Q means P is the sister of Q and P × Q means P is the son of Q, which of the following shows A is the daughter of B?

(1) C × B/A
(2) B + C × A
(3) D × B + C/A
(4) A/D × B

50. Ashish leaves his house at 20 minutes to seven in the morning, reaches Kunal's house in 25 minutes, they finish their breakfast in another 15 minute and leave for their office which takes another 35 minutes, At what time do they leave Kunal's houses to reach their office?

(1) 7.40 am
(2) 7.20 am
(3) 7.45 am
(4) 8.15 am

(1) (2) (3) (4) (5)

(1) 123
(2) 124
(3) 125
(4) 235

47. किसी घन में छह प्रतीक उनके सतहों पर बनाये गए हैं | डॉट, वृत्त, त्रिकोण, वर्ग, क्रास तथा तीर विभिन्न प्रतीक हैं | घन के तीन अलग-अलग स्थितियों को X, Y तथा Z में दर्शाया गया है | डॉट के विपरीत कौन सा चिन्ह है?

(1) वृत्त
(2) त्रिभुज
(3) तीर
(4) क्रॉस

48. किसी खास कोड में TWENTY को 863985 के रूप में लिखा जाता है तथा ELEVEN को 323039 के रूप में लिखा जाता है, तो TWELVE को उस कोड में कैसे लिखा जाएगा?

(1) 863203
(2) 863684
(3) 863903
(4) 863063

49. यदि P + Q का अर्थ P, Q का पति है | P / Q का अर्थ P, Q की बहन है तथा P × Q का अर्थ P, Q का पुत्र है तो इनमे से कौन दर्शाता है कि A, B की पुत्री है |

(1) C × B/A
(2) B + C × A
(3) D × B + C/A
(4) A/D × B

50. आशीष सुबह सात बजे से 20 मिनट पूर्व अपना घर छोड देता है, वह कुणाल के घर पर 25 मिनट में पहुँचता है | वे अगले 15 मिनट में अपना नाश्ता ख़त्म करते है और ऑफिस के लिए निकलते हैं जिसके लिए उन्हें 35 मिनट और लगते है | वे कितने बजे कुणाल के घर से ऑफिस के लिए निकले थे?

(1) 7.40 am
(2) 7.20 am
(3) 7.45 am
(4) 8.15 am

Space for Rough Work / कच्चे कार्य के लिए स्थान

51. The sentence "the book ate the yellow house" is problematic because
(1) it has incorrect syntax.
(2) it has incorrect semantics.
(3) it has incorrect phonology.
(4) it has incorrect morphology.

51. वाक्य "किताब ने पीले घर को खा लिया" समस्याग्रस्त है क्योंकि
(1) इसमें गलत वाक्यविन्यास है।
(2) इसमें गलत अर्थ विज्ञान है।
(3) इसमें गलत ध्वनिकी है।
(4) इसमें गलत रूपरेखा है।

52. Which of the Sternberg's intelligence is similar to traditional definitions of intelligence and is used in thinking and problem solving?
(1) Analytical (2) Creative
(3) Practical (4) Experimental

52. स्टर्नबर्ग की बुद्धि में से कौन सी बुद्धि की पारंपरिक परिभाषाओं के समान है और सोचने और समस्या हल करने में इसका उपयोग किया जाता है?
(1) विश्लेषणात्मक (2) सृजनात्मक
(3) व्यवहारिक (4) प्रायोगिक

53. Which of the following statement about heredity and environment is incorrect
(1) Genes influence physical traits such as health and body build, as well as temperament.
(2) The relatively stable inherited characteristics influence the way we respond to social and physical stimuli.
(3) Individuals vary in traits such as adventurousness, happiness, irritability, and confidence and these differences persist over time.
(4) If two siblings were raised in the same family, but they will have different temperaments because of environment.

53. आनुवंशिकता और पर्यावरण के बारे में निम्नलिखित में से कौन सा कथन गलत है
(1) जीन शारीरिक लक्षणों जैसे कि स्वास्थ्य और शरीर का गठन, साथ ही स्वभाव को भी प्रभावित करते हैं।
(2) अपेक्षाकृत स्थिर अनुवांशिक विशेषताओं के अनुरूप हम सामाजिक और शारीरिक उत्तेजनाओं के प्रति प्रतिक्रिया देते हैं।
(3) व्यक्ति साहस, खुशी, चिड़चिड़ापन और आत्मविश्वास जैसे गुणों में भिन्न होते हैं और ये मतभेद समय के साथ काफी हद तक बने रहते हैं।
(4) यदि एक ही परिवार में दो भाई बहन पाले गए थे, लेकिन फिर भी पर्यावरण के कारण उनके स्वभाव अलग-अलग होंगे।

54. Socialization is a process of:
(1) Learning to be a member of society
(2) Being and Becoming
(3) Changing asocial into social
(4) Social changes

54. सामाजिकीकरण की प्रक्रिया हैं:
(1) समाज के सभ्य होना सीखने के लिये
(2) की 'हो जाना' और 'होने'
(3) समाजनिरपेक्ष को सामाजिक बनाने की-
(4) सामाजिक परिवर्तन की

55. Which of the following best describes instruction using Vygotsky's zone of proximal?
(1) Giving second-grade students a work sheet of two-digit addition problems to complete independently
(2) Giving first-grade students a book to read independently at their instructional reading level
(3) Using a book at a group of first-grade students' independent reading level in a guided reading group
(4) Using manipulative cubes with second grade

55. निम्न में से कौन सा वायगोत्सकी के संभावित विकास के क्षेत्र का उपयोग कर निर्देश का सबसे अच्छा वर्णन करता है?
(1) दूसरे श्रेणी के छात्रों को स्वतंत्र रूप से पूरा करने के लिए दो अंकों की अतिरिक्त समस्याओं की एक कार्य पत्र देना
(2) प्रथम श्रेणी के छात्रों को उनके निर्देशक पढ़ने के स्तर पर स्वतंत्र रूप से पढ़ने के लिए एक किताब देना
(3) एक निर्देशित पढ़ने समूह में प्रथम श्रेणी के छात्रों के स्वतंत्र पढ़ने के स्तर के एक समूह में एक पुस्तक का उपयोग करना
(4) दूसरे श्रेणी के छात्रों के साथ मैनिपुलेटिव वर्गों का उपयोग करके उन्हें पुन: समूह में सीखने में मदद करना

students to help them learn regrouping in addition

56. In which stage of moral development according to Piaget children see rules as fixed reality; which cannot be changed or broken?
(1) heteronomous morality
(2) autonomous morality
(3) morality of cooperation
(4) moral relativism

56. पियाजे के अनुसार नैतिक विकास के किस चरण में बच्चे निश्चित वास्तविकता के रूप में नियम देखते हैं; जिसे बदला या तोड़ा नहीं जा सकता है?
(1) विषमांग नैतिकता
(2) स्वायत्त नैतिकता
(3) सहयोग की नैतिकता
(4) नैतिक सापेक्षता

57. Read the following questions:
I. Name the shape in the form of a quadrilateral with one pair of parallel sides
II. Design a new proof of Pythagorean theorem using area of triangle
According to Bloom's taxonomy, which of the following is true of these objectives?
(1) I represent high level of thinking, II represent low level of thinking.
(2) I represent low level of thinking, II represent high level of thinking.
(3) They both represent low level of thinking.
(4) They both represent high level of thinking.

57. निम्नलिखित प्रश्न पढ़ें:
I. उस चतुर्भुज, जिसमें समानांतर भुजाओं की एक जोड़ी हो ,को क्या कहते हैं
II. त्रिभुज के क्षेत्रफल का उपयोग करते हुए पाइथागोरस प्रमेय का एक नया प्रमाण तैयार करें
ब्लूम की वर्गीकरण के अनुसार, इनमें से कौन सा निम्नलिखित उद्देश्यों के बारे में सत्य है?
(1) I उच्च स्तर के चिंतन का प्रतिनिधित्व करता है,II निम्न स्तर के चिंतन का प्रतिनिधित्व करता है।
(2) I निम्न स्तर के चिंतन का प्रतिनिधित्व करता है,II उच्च स्तर के चिंतन का प्रतिनिधित्व करता है।
(3) ये दोनों निम्न स्तर के चिंतन का प्रतिनिधित्व करते हैं।
(4) ये दोनों उच्च स्तर के चिंतन का प्रतिनिधित्व करते हैं।

58. The concept of equality of educational opportunity is not associated with one of the following type of the schools:
(1) Navodaya schools
(2) Public schools
(3) Government schools
(4) Ashrama schools

58. शिक्षा के समान अवसरों को अवधारणा निम्न में से किसी एक से सम्बन्ध नहीं हैं ,वह है:
(1) नवोदय विद्यालय
(2) पब्लिक विद्यालय
(3) सरकारी विद्यालय
(4) आश्रम विद्यालय

59. Activities in which assessment are deeply embedded in teaching and learning and be the source of interactive feedback, allowing students to adjust, re-think and re-learn?
I. Assessment of Learning
II. Assessment for Learning
III. Assessment as Learning
IV. Assessment in Learning

(1) I and II	(2) II and III
(3) III and IV	(4) IV and I

59. वह गतिविधियों जिनमें मूल्यांकन शिक्षण और अधिगम में गहराई से अंतर्निहित हैं और अंत:क्रियात्मक प्रतिपुष्टि का स्रोत हैं, जिससे छात्रों को समायोजित करने, फिर से सोचने और फिर से सीखने के अवसर मिलते हैं वह है?
I. सीखने का आकलन
II. सीखने के लिए आकलन
III. सीखने के रूप में आकलन
IV. सीखने में आकलन

(1) I तथाII	(2) II तथाIII
(3) III तथाIV	(4) IV तथाI

60. Which one of the following question types is the easiest to score?
(1) Multiple-choice
(2) Alternative choice

60. निम्न प्रश्नों के प्रकारों में से कौन से में स्कोर करना सबसे आसान है?
(1) बहु-विकल्प
(2) वैकल्पिक चयन

(3) Matching
(4) Brief essay

(3) मिलान
(4) संक्षिप्त निबंध

61. Rank-order the following needs according to Maslow's hierarchy: hunger, self-esteem, social relationships, safety.
(1) Social relationships must be fulfilled first, followed by hunger, safety, and finally self-esteem.
(2) Self-esteem must be fulfilled first, followed by social relationships, safety, and hunger.
(3) Hunger must be fulfilled first, followed by safety, social relationships, and finally self-esteem.
(4) Safety must be fulfilled first, followed by hunger, social relationships, and finally self-esteem.

61. मैस्लो के पदानुक्रम के अनुसार निम्नलिखित जरूरतों को रैंक-ऑर्डर क्या है: भूख, आत्म-सम्मान, सामाजिक संबंध, सुरक्षा।
(1) सामाजिक संबंधों को पहले पूरा किया जाना चाहिए, इसके बाद भूख, सुरक्षा, और अंत में आत्मसम्मान होना चाहिए।-
(2) आत्मसम्मान पहले पूरा होना चाहिए-, उसके बाद सामाजिक संबंध, सुरक्षा और भूख।
(3) भूख को पहले पूरा किया जाना चाहिए, इसके बाद सुरक्षा, सामाजिक संबंध, और अंततः आत्मसम्मान।-
(4) सुरक्षा पहले पूरी होनी चाहिए, इसके बाद भूख, सामाजिक संबंध, और अंत में आत्मसम्मान होना चाहिए।-

62. "Gender role" refers to our
(1) sense of being male or female.
(2) expectations about the way males and females should behave.
(3) biological sex.
(4) hormonally influenced differences in brain development.

62. "लिंग भूमिका" हमारे लिए संदर्भित है
(1) नर या मादा होने की भावना
(2) पुरुषों और महिलाओं के व्यवहार के तरीके के बारे में अपेक्षाएं
(3) जैविक लिंग
(4) मस्तिष्क के विकास में हार्मोन से प्रभावित भिन्नताएं

63. According to most research, the most prevalent area of difficulty for students with learning disabilities is
(1) eye-hand coordination
(2) mathematics
(3) reading
(4) oral language

63. अधिकांश शोध के अनुसार, अधिगम अक्षमता वाले छात्रों के लिए कठिनाई का सबसे प्रचलित क्षेत्र है
(1) आंखों के समन्वय
(2) गणित
(3) पढ़ना
(4) मौखिक भाषा

64. An individual who takes a constructivist approach to teaching would most likely encourage students to do which of the following?
(1) Memorize information
(2) Collaborate with others
(3) Assemble puzzles
(4) Solve math problems

64. एक व्यक्ति जो शिक्षण के लिए रचनावादी दृष्टिकोण लेता है, वह छात्रों को निम्नलिखित में से कौन सा करने के लिए प्रोत्साहित करेगा?
(1) जानकारी याद करने
(2) दूसरों के साथ सहयोग करने
(3) पहेलियाँ इकट्ठा करने
(4) गणित की समस्याओं को हल करने

65. Cognition involves
(1) manipulating information.
(2) processing information.
(3) thinking.
(4) all of the above

65. संज्ञान में शामिल है
(1) जानकारी में हेरफेर
(2) प्रसंस्करण जानकारी
(3) सोच
(4) उपर्युक्त सभी

66. Which of the following descriptors best characterizes creativity?
(1) The student's ideas are generated in spurts,

66. निम्नलिखित में से कौन सा वर्णनकर्ता रचनात्मकता का सबसे अच्छा वर्णन करता है?
(1) छात्र के विचार आवेग में उत्पन्न होते हैं, जिनमें से कुछ एक

few of which tend to be relevant to solving a specific problem
(2) The student's solutions are generally based on established perspectives or frameworks
(3) The student's solutions prove viable, although they give the initial appearance of novelty
(4) The student's abilities typically apply uniformly across all learning domains, not just one

विशिष्ट समस्या को हल करने के लिए प्रासंगिक होते हैं
(2) छात्र के समाधान आम तौर पर स्थापित दृष्टिकोण या ढांचे पर आधारित होते हैं
(3) छात्र के समाधान व्यवहार्य साबित होते हैं, हालांकि वे नवीनता की प्रारंभिक उपस्थिति देते हैं
(4) छात्र की क्षमता आम तौर पर सभी सीखने वाले क्षेत्रों में समान रूप से लागू होती है, केवल एक ही नहीं

67. Which of the following values is considered to be essential in democratic pattern of education?
(1) Quality of living
(2) Human dignity
(3) Emotional integration
(4) All of the above

67. शिक्षा के लोकतांत्रिक स्वरुप में कौन सा मूल्य अनिवार्य समझा जाता हैं?
(1) जीवन की गुणवत्ता
(2) मानव गरिमा
(3) भावात्मक समाकलन
(4) उपरोक्त सभी

68. Which of the following is not the function of guidance? Assisting an individual.
(1) To get a better job
(2) To discover his own abilities
(3) To boast over his position
(4) To discover his strengths and weaknesses

68. निम्न में से कौन सा निर्देशन का कार्य नहीं है?किसी व्यक्ति को सहायता करना:
(1) अच्छी नौकरी पाने में।
(2) अपनी क्षमताओं को पहचानने में।
(3) अपनी स्थिति पर अभिमान करने में।
(4) अपनी शक्ति तथा कमजोरी पहचानने में।

69. What is the disadvantage of ability grouping?
(1) It is easier for teachers because it allows them to keep instruction uniform for each group.
(2) It enables teachers to adjust the pace of students.
(3) It enables teachers to adjust the methods, and materials to better meet learners' needs.
(4) Different lessons and assignments are required, so monitoring students is difficult.

69. क्षमता समूहीकरण का नुकसान क्या है?
(1) शिक्षकों के लिए यह आसान है क्योंकि यह उन्हें प्रत्येक समूह के लिए निर्देश समान रखने की अनुमति देता है।
(2) यह शिक्षकों को छात्रों की गति को समायोजित करने में सक्षम बनाता है।
(3) यह शिक्षकों को शिक्षार्थियों की आवश्यकताओं को बेहतर ढंग से पूरा करने के लिए विधियों और सामग्रियों को समायोजित करने में सक्षम बनाता है।
(4) इसमें भिन्न स्तर के पाठ और कार्यों की आवश्यकता होती है, इसलिए छात्रों की निगरानी करना मुश्किल होता है।

70. Children acquire the mental operations necessary to understand conservation during the
(1) sensorimotor stage.
(2) preoperational stage.
(3) concrete operational stage.
(4) formal operational stage.

70. बच्चे किस चरण में संरक्षण को समझने के लिए आवश्यक मानसिक परिचालन प्राप्त करते हैं
(1) इन्द्रियगातिक चरण
(2) पूर्व संक्रियात्मक चरण
(3) मूर्त संक्रियात्मक चरण
(4) औपचारिक संक्रियात्मक चरण

71. Which one of the following is most important in learning a language?
(1) Language lab.
(2) Language rich environment
(3) Language class in school.
(4) Textbook

72. Listening to stories from children helps in developing their skills of:
(1) Using idioms and metaphor
(2) Using difficult words while speaking.
(3) Identifying the moral message in the story.
(4) Imagination and expression.

73. A teacher is teaching grammar to the class. She explains the rules and definition and then gives examples. What is she practicing?
(1) Deductive method
(2) Immersion method
(3) Inductive method
(4) Incidental method

74. English textbook at primary level should most important focus on:
(1) Grammatical forms
(2) Age and interest of the learners and objective of the language
(3) The strong and proper binding of book.
(4) Attractive cover page and illustration

75. Which one of the following is true of learning to write the letter of English alphabate?
(1) Start with stroke.
(2) Start with a,b,c,d (lower case).
(3) Start with slanting and standing lines and then move to curves.
(4) Start with A, B, C, D (upper case)

Instruction (Q.No.76–80): Study the following paragraph and answer the questions that follow.

June came and the hay was almost ready for cutting on midsummer's eve, which was a Saturday, Mr. Jones went into Willington and got so drunk at the red lion that he did not come back till midday on Sunday. The men had milked the cows early in the morning and then had gone out rabbiting, without bothering to feed the animal. When Mr. Jones got back he immediately went to sleep on the drawing room sofa with the news of the world over his face, so that when evening came the animal were still unfed. At last they could stand it no longer. One of the cows broke in the door of the store shed with her horn and all the animals began to help themselves from the bins.

It was just then that Mr. Jones woke up. The next moment he and his four men were in the store shed with whips in their hands, lashing out in all direction. This was more than the hunger animals could bear with one accord, through nothing of the kind had been planned before, they flung themselves upon their tormentors. Jones and his men suddenly found themselves being butted and kicked from all sides. The situation was quite out of their control. They had never seen animals behave like this before, and this sudden uprising of creatures frightened them out of their wits. They gave up trying to defend themselves and took to their heels. Soon all five of them were in full flight down the cart-track that led to the main road, with the animals pursuing them in triumph.

Mrs. Jones looked out of the bedroom window, saw what was happening, hurriedly flung a few possessions into a carpet bag, and slipped out of the farm by another way. Moses sprang off his perch and flapped after her, croaking loudly. Meanwhile the animals had chased Jones and his men out on to the road and slammed the five-barred gate behind them. And so, almost before they knew what was happening, the Rebellion had been successfully carried through: Jones was expelled, and the Manor Farm was theirs.

76. Jones, men didn't bother to feed the animal because:
(1) They just forget to do the job assigned to them.
(2) Their master had gone to Willington.
(3) Each thought the other would feed them.
(4) They were angry with their master.

77. After one of the cows had broken in the door of the store shed, the hunger animals:
(1) Started eating the fodder in the bins.
(2) Began kicking Jones' things.
(3) Started damaging things.
(4) Ran out of the shed.

78. The fierce attack launched by the animal shows that:
(1) Animal behaviour is unpredictable.
(2) Animal are thinking beings.
(3) Injustice leads to rebellion.
(4) Anger is a destructive emotion.

79. 'Tense' in the sentence "The men had milked the cows" has been correctly change into 'present perfect' in:
(1) The men have milked the cows.
(2) The men are milking the cows.
(3) The men will have milked the cows.
(4) The men milked the cows.

80. When Jones and his men started lashing out at the animals, they (the animal):
(1) Ran out of the farm house.
(2) Started bellowing agonizingly.
(3) Started kicking and butting their tormentors.
(4) Felt terrified.

भाषा विषय: हिन्दी

81. लेखन क्षमता संवर्धित करने के लिए सबसे आवश्यक है कि:
(1) बच्चो के पास लेखन के उपकरण पेंसिल आदि हो
(2) बच्चो ने वर्णों की आकृति का भरपूर अभ्यास किया हो
(3) अध्यापक को लेखन के अंकलन की तकनीक की समझ हो
(4) बच्चो को लेखन का प्रयोजन पता हो

82. बच्चो द्वारा बनाई गई आड़ी-तिरछी रेखाएँ
(1) लेखन का हिस्सा है
(2) अपने आप मे लेखन है
(3) लिखना सीखने मे महत्व नही रखती
(4) एक तरह की चित्रकारी है

83. भाषा का सतत एवं व्यापक आंकलन के संदर्भ मै कोन-सा कथन सही है?
(1) यह बच्चे के क्रमिक भाषाई विकास का अवलोकन करने पर बल देता है
(2) यहे जानने में अध्यापक की मदद करता है की बच्चो को क्या नहीं आता
(3) यहे बच्चो को सफल की श्रेणी में रखकर उपचारात्मक शिक्षण की बात करता है
(4) यहे बच्चे की प्रगति की तुलना दूसरे बच्चे की प्रगति से करने मै विश्वास रखता है

84. प्राथमिक स्तर पर बच्चे किस तरह की कविताएँ अधिक पसंद करते है?
(1) जो किसी प्रकार की शिक्षा देती है
(2) जो रोमांच पैदा करती है
(3) जो जीवन की सच्चियो से परिचय कराती है
(4) जो नवीन शब्दों से परिचय करवाती है

85. लेखन कौशल का आकलन करने के लिये सर्वाधिक महतवपूर्ण है
(1) विचारों की मौलिकता
(2) मुहावरेदार भाषा का प्रयोग
(3) शुद्ध वर्तनी का प्रयोग
(4) सुन्दर हस्तलेख

निर्देश (Q.No.86–90): दिए गए गद्यांश को पढ़कर उसके नीचे लिखे प्रश्नों के सबसे उचित विकल्प को चुनिए।

मनुष्य अपने जीवन में उम्र के कई पड़ावों से गुजरता है। उम्र का हर पड़ाव ख़ास होता है, लेकिन बचपन अपने आप में ही कुछ अलग होता है हर चिंता - फ़िक्र से परे होकर अपनी ही एक दुनिया होती है। अपने सोच, अपने विचार अपनी कल्पना शक्ति से बच्चे अपनी एक अलग दुनिया ही गढ लेते है, जो औरों से कोसो दुर होती है। बच्चो की मासूमियत भरी ये दुनिया बड़ो के लिये भले ही कुछ अटपटी सी होती है, लेकिन हकीकत मे रोमांच और जिज्ञासाओं से भरी होती है बच्चे अपने कल्पना से दुनिया की हर चीज को मुट्ठी मे कर लेना चाहते है एक बचपन ही होता है, जिसमे सब कुछ संभव होता है।
अकसर लोग बच्चों की जिज्ञासाओं और उनकी मासूमियत भरी शरारतो से तंग आकर उन्हें डांट देते है, लेकिन अगर देखा जाए, तो बच्चो कि ये उम्र ही होती है, जिसमे वह अपने जिंदगी के सपनो मे रंग भरने की कोशिश करते रहते है। हर छोटी चीज को जानने की उनकी ललक वास्तव मे उनके सुनहरे भविष्य के निर्माण की आधारशिला होती है। हमें समझना चहिए कि बच्चे अपनी इन्ही जिज्ञासाओं से ज्ञान अर्जित करते है। बच्चे पुस्तकों से कम, अपने आसपास से अधिक सीखते है। अत: हमें उनकी जिज्ञासाओं को दबाने की बजाये उसकी तृप्ति करनी चाहिए।

86. बचपन की एक विशेषता यह है कि उसमे:

(1) महत्वाकान्क्षाएं नहीं होती।

(2) रचनात्मक कार्य करने की प्रवृत्ति नहीं होती।

(3) हर चीज को जानने की इच्छा होती है।

(4) प्रतिष्ठा प्राप्त करने की ईच्छा होती है।

87. बच्चो के द्वारा जिज्ञासा व्यक्त किये जने पर अभिभावक को चाहिए की वे:

(1) बच्चो पर ध्यान न दे।

(2) बच्चो को टाल-मटोल से शांत कर दे।

(3) बच्चो को प्यार से समझा दे।

(4) बच्चो को डाट कर चुप करा दे।

88. बच्चे सर्वाधिक ज्ञान प्राप्त करते है:

(1) अपने मित्रो से

(2) अपने परिवार से

(3) अपने आसपास से

(4) पुस्तको से

89. 'जिज्ञासा' शब्द का अर्थ है।

(1) जीने की इच्छा

(2) जीतने की इच्छा

(3) प्राप्त करने की इच्छा

(4) जानने की इच्छा

90. बचपन सब अवस्था से विशेष है क्यूंकि तब हम:

(1) चिंता मुक्त रहते है

(2) अपने बात मनवा लेत है

(3) सिर्फ खेलते-कूदत रहते है

(4) प्रसन्न रहते है

Space for Rough Work / कच्चे कार्य के लिए स्थान

91. The maximum force that can be borne by the nut placed in a nut-cracker is 300 N. The length of the cracker is 15 cm and the nut is placed at a distance of 5 cm from the fulcrum. If a person can apply a maximum of 50 N of force, find the % increase in the length of the cracker so that the person can crack the nut.

(1) Zero (2) 300
(3) 200 (4) 100

91. नट-क्रैकर में रखे अखरोट द्वारा वहन किया जा सकने वाला अधिकतम बल 300 N है। नट-क्रैकर की लंबाई 15 सेमी है और अखरोट को फुलक्रम से 5 सेमी की दूरी पर रखा जाता है। यदि कोई व्यक्ति अधिकतम 50 N बल लगा सकता है, तो नट-क्रैकर की लंबाई में % वृद्धि ज्ञात कीजिए ताकि व्यक्ति अखरोट को फोड़ सके।

(1) शून्य (2) 300
(3) 200 (4) 100

92. Which of the following is not true for fertilisers?

(1) They increase the yield.
(2) Their excessive use disturbs the balance of nutrients in soil.
(3) They are generally used in small quantity.
(4) They are environment friendly.

92. उर्वरकों के संदर्भ में कौन-सी बात सही नहीं है?

(1) ये उपज बढ़ा देते है।
(2) इनके अत्यधिक प्रयोग करने से मृदा में पोषकों का संतुलन बिगड़ जाता है।
(3) आमतौर से ये कम मात्रा में उपयोग किए जाते है।
(4) ये पर्यावरण के अनुकूल होते हैं।

93. A current of 1A is drawn by a filament of an electric bulb. Number of electrons passing through a cross section of the filament in 16 seconds would be roughly

(1) 10^{20} (2) 10^{16} (3) 10^{18} (4) 10^{23}

93. किसी विद्युत् बल्ब के फिलामेंट द्वारा 1A धारा ली जाती है। फिलामेंट की अनुप्रस्थ काट से 16 सेकेंड में प्रवाहित इलेक्ट्रोनों की संख्या होगी लगभग

(1) 10^{20} (2) 10^{16} (3) 10^{18} (4) 10^{23}

94. Non-metals on beating with a hammer are generally broken into pieces. Which of the following is a non-metal?

(1) iron nail
(2) aluminium wire
(3) copper plate
(4) piece of coal

94. अधातु हथौड़े से पीटने पर सामान्यत: टूटकर चुरा हो जाते हैं। निम्नलिखित में से कौन-सी एक अधातु है?

(1) लोहे की कील
(2) एल्यूमीनियम तार
(3) कॉपर प्लेट
(4) कोयले का टुकड़ा

95. The substance that does not burn with flame is:

(1) LPG (2) camphor
(3) dry grass (4) charcoal

95. पदार्थ जो लौ के साथ जलता नहीं है:

(1) रसोई गैस (2) कपूर
(3) शुष्क घास (4) लकड़ी का कोयला

96. The jelly-like fluid substance present in cells is called:

(1) protoplasm
(2) chromosome
(3) chloroplast
(4) cytoplasm

96. कोशिकाओं के भीतर पाई जाने वाले जेली जैसे पदार्थ को कहते है -

(1) जीवद्रव्य
(2) गुणसूत्र
(3) हरितलवक
(4) कोशिका द्रव्य

97. In the list of animals given below, hen is the odd one out.

human being, cow, dog, hen

97. नीचे दी गई जंतुओं की सूचि में मुर्गी बेमेल जंतु है। इसका कारण चुनिए –

मानव, गाय, कुत्ता, मुर्गी

The reason for this is
(1) it undergoes internal fertilisation.
(2) it is oviparous.
(3) it is viviparous.
(4) it undergoes external fertilisation.

(1) इसमें आंतरिक निषेचन होता है।
(2) यह अंडप्रजन है|
(3) यह सजीवप्रजन है|
(4) इसमें बाहय निषेचन होता है।

98. During dry weather, while combing hair, sometimes we experience hair flying apart. The force responsible for this is:
(1) force of gravity
(2) electrostatic force
(3) force of friction
(4) magnetic force

98. शुष्क मौसम में, कंघी करते समय कभी-कभी हमें बालों के एक – दुसरे से दूर उड़ने का अनुभव होता है| इसके लिए उत्तरदायी बल है
(1) गुरुत्व बल
(2) स्थिर विद्युत बल
(3) घर्षण बल
(4) चुम्बकीय बल

99. The outermost layer of earth is called:
(1) mantle (2) outer core
(3) crust (4) inner core

99. पृथ्वी की सबसे बाहरी परत कहलाती है:
(1) प्रावार (2) बाह्य क्रोड
(3) भू पर्पटी (4) आंतरिक क्रोड

100. Paheli and Boojho observe a bright object in the night sky which was not twinkling. Paheli says, it is a star and Boojho says it is a planet. Who is correct?
(1) Boojho
(2) Paheli
(3) Both of them
(4) No one

100. पहेली तथा बूझो ने रात्रि के आकाश में एक चमकीला पिंड देखा जो टिमटिमा नहीं रहा था। पहेली कहती है कि यह एक तारा है और बूझो कहता है कि यह एक ग्रह है| कौन सही है?
(1) बूझो
(2) पहेली
(3) उनमें से दोनों
(4) कोई नहीं

101. Which of the following are chemical changes?
I. Decaying of wood
II. Burning of wood
III. Sawing of wood
IV. Hammering of a nail into a piece of wood
(1) I and II (2) II and III
(3) III and IV (4) I and IV

101. निम्नलिखित में से रासायनिक परिवर्तन कौन-से हैं?
I. लकड़ी का क्षरण
II. लकड़ी का दहन
III. लकड़ी का चीरना
IV. लकड़ी के एक टुकड़े में कील ठोंकना
(1) I तथा II (2) II तथा III
(3) III तथा IV (4) I तथा IV

102. Rutherford's α–particle scattering experiment showed that
I. electrons have negative charge
II. the mass and positive charge of the atom is concentrated in the nucleus
III. neutron exists in the nucleus
IV. most of the space in atom is empty
(1) I and III (2) II and IV
(3) I and IV (4) III and IV

102. रदरफोर्ड के α–कण प्रकीर्णन प्रयोग ने दर्शाया कि-
I. इलेक्ट्रॉन ऋण आवेशित होते हैं
II. नाभिक में परमाणु का द्रव्यमान और धन आवेश केंद्रित रहता है
III. नाभिक में न्युट्रॉन होते है
IV. परमाणु का अधिकांश स्थान रिक्त होता है
उपरोक्त कथनों में कौन से सही हैं?
(1) I और III (2) II और IV
(3) I और IV (4) III और IV

103. The proteins and lipids, essential for building the cell membrane, are manufactured by

103. कोशिका झिल्ली निर्माण के लिए आवश्यक प्रोटीनों एवं लिपिड का उत्पादन निम्नलिखित द्वारा किया जाता है-

(1) rough endoplasmic reticulum
(2) golgi apparatus
(3) plasma membrane
(4) mitochondria

(1) रुक्ष अंतर्द्रव्यी जालिका
(2) गॉल्जी उपकरण
(3) कोशिका झिल्ली
(4) माइटोकॉन्ड्रिया

104. The numerical ratio of displacement to distance for a moving object is
(1) always less than 1
(2) always equal to 1
(3) always more than 1
(4) equal or less than 1

104. किसी गतिमान पिंड के लिए विस्थापन तथा दुरी का आंकिक अनुपात क्या होता है-
(1) सदैव 1 से कम
(2) सदैव 1 के बराबर
(3) सदैव 1 से अधिक
(4) 1 के बराबर अथवा कम

105. An object is put one by one in three liquids having different densities. The object floats with 1/9, 2/11, and 3/7 parts of their volumes outside the liquid surface in liquids of densities d_1, d_2 and d_3 respectively. Which of the following statement is correct?
(1) $d_1 > d_2 > d_3$
(2) $d_1 > d_2 < d_3$
(3) $d_1 < d_2 > d_3$
(4) $d_1 < d_2 < d_3$

105. किसी पिंड को बारी-बारी से विभिन्न घनत्वों के तीन द्रवों में रखा जाता है। वह पिंड d_1, d_2 तथा d_3 घनत्वों के द्रवों में क्रमश: 1/9, 2/11, तथा 3/7 भाग को द्रव से बाहर रखते हुए तैरता है। घनत्वों के विषय में कौन-सा कथन सही है?
(1) $d_1 > d_2 > d_3$
(2) $d_1 > d_2 < d_3$
(3) $d_1 < d_2 > d_3$
(4) $d_1 < d_2 < d_3$

106. Note is a sound
(1) of mixture of several frequencies
(2) of mixture of two frequencies only
(3) of a single frequency
(4) always unpleasant to listen

106. स्वर एक एसी ध्वनि हैं –
(1) जिसमें कई आवृत्तियाँ होती हैं
(2) जिसमें केवल दो आवृत्तियाँ होती है
(3) जिसमें एकल आवृति होती है
(4) जिसको सुनना सदैव दुखद होता है

107. In torches, search lights and headlights of vehicles the bulb is placed
(1) between the pole and the focus of the reflector
(2) very near to the focus of the reflector
(3) between the focus and centre of curvature of the reflector
(4) at the centre of curvature of the reflector

107. टॉर्च, सर्चलाइटों तथा वाहनों की हेडलाइटों में बल्ब कहाँ लगा होता है?
(1) परावर्तक के ध्रुव एवं फोकस के बीच
(2) परावर्तक के फोकस के अत्यधिक निकट
(3) प्रवर्तक के फोकस एवं वक्रता केंद्र के बीच
(4) परावर्तक के वक्रता केंद्र पर

108. Choose the incorrect statement
(1) Fleming's right-hand rule is a simple rule to know the direction of induced current
(2) The right-hand thumb rule is used to find the direction of magnetic fields due to current carrying conductors
(3) The difference between the direct and alternating currents is that the direct current always flows in one direction, whereas the alternating current reverses its direction

108. निम्नलिखित में असत्य प्रकथन का चयन कीजिए:
(1) प्रेरित धारा की दिशा जानने के लिए फ्लेमिंग दक्षिण हस्त नियम एक सरल नियम है
(2) धारावाही चालक के चुंबकीय क्षेत्र की दिशा जान्ने के लिए दक्षिण हस्त अंगुष्ठ नियम उपयोग किया जाता है
(3) दिष्ट तथा प्रत्यावर्ती धाराओं में यह अंतर है कि दिष्ट धारा सदैव एक ही दिशा में प्रवाहित होती है, जबकि प्रत्यावर्ती धारा की दिशा आवर्ती रूप से उत्क्रमित होती है
(4) भारत में प्रत्यावर्ती धारा में प्रत्येक 1/50 सेकंड के पश्चात दिशा परिवर्तन होता है

periodically

(4) In India, the AC changes direction after every 1/50 second

109. In which of the following vertebrate group/groups, heart does not pump oxygenated blood to different parts of the body?

(1) Pisces and amphibians
(2) Amphibians and reptiles
(3) Amphibians only
(4) Pisces only

110. Which of the following is a pair of exhaustible natural resources:

(1) coal and soil
(2) air and sun-light
(3) water and petroleum
(4) wild life and minerals

109. निम्नलिखित कशेरुकी समूह/समूहों में ह्रदय ओक्सीजनित रुधिर को शरीर के विभिन्न भागों में पंप नहीं करता?

(1) पिसीज और एम्फिबिया
(2) एम्फिबिया और सरीसृप
(3) केवल एम्फिबियन प्राणी
(4) केवल पिसीज

110. निम्नलिखित में से कौन सा समाप्त होने वाले प्राकृतिक संसाधनों का एक युगल है?

(1) कोयला और मृदा
(2) हवा और सूरज की रोशनी
(3) पानी और पेट्रोलियम
(4) वन्यजीव और खनिज

Space for Rough Work / कच्चे कार्य के लिए स्थान

111. If $x=\frac{2}{3}$ and $y=\frac{3}{4}$, then a rational number between $(x-y)^{-1}$ and $(x^{-1}-y^{-1})$ is

(1) $-\frac{71}{12}$ (2) $\frac{1}{6}$

(3) $\frac{2}{3}$ (4) $-\frac{71}{2}$

111. यदि $x=\frac{2}{3}$ और $y=\frac{3}{4}$, तो $(x-y)^{-1}$ और $(x^{-1}-y^{-1})$ के मध्य एक परिमेय संख्या है

(1) $-\frac{71}{12}$ (2) $\frac{1}{6}$

(3) $\frac{2}{3}$ (4) $-\frac{71}{2}$

112. If $0.001+1.01+1.001-(1.03\times 0.1)+(1.11+0.1)+x=1.4\times\left(\frac{1}{10}\right)^{-1}$; then the value of x is

(1) 0.758 (2) 0.991

(3) 0.919 (4) 0.785

112. यदि $0.001+1.01+1.001-(1.03\times 0.1)+(1.11+0.1)+x=1.4\times\left(\frac{1}{10}\right)^{-1}$; है, तो x का मान है

(1) 0.758 (2) 0.991

(3) 0.919 (4) 0.785

113. If $3(5x-7)-4(8x-13)=2(9x-11)-17$, then the value of $\frac{7x-5}{11x-9}$ is

(1) $\frac{9}{13}$

(2) $\frac{14}{31}$

(3) $-\frac{14}{31}$

(4) $-\frac{9}{13}$

113. यदि $3(5x-7)-4(8x-13)=2(9x-11)-17$ है, तो $\frac{7x-5}{11x-9}$ का मान है

(1) $\frac{9}{13}$

(2) $\frac{14}{31}$

(3) $-\frac{14}{31}$

(4) $-\frac{9}{13}$

114. If $\frac{\sqrt{1058}\times\sqrt{648}}{x}=18$, then the value of x is

(1) 58 (2) 23 (3) 36 (4) 46

114. यदि $\frac{\sqrt{1058}\times\sqrt{648}}{x}=18$ है, तो x का मान है

(1) 58 (2) 23 (3) 36 (4) 46

115. What is the value of A such that $\sqrt[3]{500}\times\sqrt[3]{-3456}=40\times A$ is true?

(1) –15 (2) –2

(3) –3 (4) –12

115. A का क्या मान होगा, यदि $\sqrt[3]{500}\times\sqrt[3]{-3456}=40\times A$ सत्य है?

(1) –15 (2) –2

(3) –3 (4) –12

116. The value of m such that $\left(\frac{2}{9}\right)^{3}\times\left(\frac{4}{81}\right)^{-6}=\left(\frac{2}{9}\right)^{2m-1}$ is:

(1) –4 (2) 3 (3) –6 (4) 0

116. m का वह मान, जबकि $\left(\frac{2}{9}\right)^{3}\times\left(\frac{4}{81}\right)^{-6}=\left(\frac{2}{9}\right)^{2m-1}$ है:

(1) –4 (2) 3 (3) –6 (4) 0

117. Let $x=597\times 10^{22}+73.5\times 10^{21}$. When x is expressed in standard form as 6.0435×10^{m}, then the value of m is

(1) 24 (2) 21 (3) 22 (4) 23

117. मान लीजिए कि $x=597\times 10^{22}+73.5\times 10^{21}$ है। जब x को मानक रूप में 6.0435×10^{m} के द्वारा व्यक्त किया जाए, तो m का मान है

(1) 24 (2) 21 (3) 22 (4) 23

118. If $2m-\frac{1}{2m}=2$, where $m\neq 0$, then the

118. यदि $2m-\frac{1}{2m}=2$ है, जहाँ $m\neq 0$, तब

value of $m^2 + \frac{1}{16m^2}$ is

(1) $1\frac{1}{2}$ (2) 4

(3) $2\frac{1}{2}$ (4) 2

$m^2 + \frac{1}{16m^2}$ का मान है

(1) $1\frac{1}{2}$ (2) 4

(3) $2\frac{1}{2}$ (4) 2

119. One of the factors of $x^4 + 4$ is

(1) $x^2 - 2x + 2$

(2) $x^2 - 2$

(3) $x^2 + 2$

(4) $x^2 + 2x - 2$

119. $x^4 + 4$ का एक गुणनखंड है

(1) $x^2 - 2x + 2$

(2) $x^2 - 2$

(3) $x^2 + 2$

(4) $x^2 + 2x - 2$

120. The mean of the five observations x, x + 2, x + 4, x + 6, x + 8 is 11. Then the mean of the first three observations is

(1) 20 (2) 9 (3) 12 (4) 2

120. पांच प्रेक्षणों x, x + 2, x + 4, x + 6, x + 8 का माध्य 11 है। प्रथम तीन प्रेक्षणों का माध्य होगा

(1) 20 (2) 9 (3) 12 (4) 2

121. A bag has 5 red marbles, 4 green marbles and 3 blue marbles. All marbles are identical in all respects other than colour. A marble is taken out from the bag without looking into it. What is the probability that it is a non-green marble?

(1) $\frac{7}{12}$ (2) $\frac{5}{12}$

(3) $\frac{1}{3}$ (4) $\frac{2}{3}$

121. एक थैले में 5 लाल कंचे, 4 हरे कंचे और 3 नीले कंचे है। सभी कंचे रंग के अतिरिक्त सभी प्रकार से एक जैसे, अर्थात सर्वसम हैं। थैले में से बिना इसमें देखे एक कंचा बाहर निकाला जाता है। यह कंचा हरे रंग का नहीं है, इसकी क्या प्रायिकता है?

(1) $\frac{7}{12}$ (2) $\frac{5}{12}$

(3) $\frac{1}{3}$ (4) $\frac{2}{3}$

122. If AB x BA = BCB, where A, B and C stand for just one digit and $A \neq B \neq C$, then the value of A+B+C is

(1) 6 (2) 10 (3) 9 (4) 8

122. यदि AB x BA = BCB है, जहाँ A, B और C केवल एक ही अंक को प्रदर्शित करते हैं और $A \neq B \neq C$ है, तब A+B+C का मान है

(1) 6 (2) 10 (3) 9 (4) 8

123. If x, y and z represent the number of faces, number of vertices and number of edges respectively of a polyhedral, then which of the following is true?

(1) y – 2 = z + x

(2) x – 2 = z - y

(3) x + 2 = z - y

(4) z – 2 = x - y

123. यदि x, y और z क्रमशः किसी बहुफलक के फलकों, शीर्षों और किनारों की संख्याओं को प्रदर्शित करते हैं, तो निम्न में से कौन-सा सत्य है?

(1) y – 2 = z + x

(2) x – 2 = z - y

(3) x + 2 = z - y

(4) z – 2 = x - y

124. Ravi purchased two articles for Rs.1500 each. He sold them, gaining 6% on one and loosing 4% on the other. His gain/loss percent in the whole transaction is

(1) gain, 2%

(2) loss, 1%

(3) gain, 1%

124. रवि ने दो वस्तुएं प्रतेक को रु 1500 में ख़रीदा। उसने एक वस्तु को 6% लाभ पर तथा दूसरी को 4% हानि पर बेचा। इस पूरे सौदे में हुआ उसका लाभ/हानि प्रतिशत है

(1) लाभ, 2%

(2) हानि, 1%

(3) लाभ, 1%

(4) हानि, $1\frac{1}{2}$%

(4) loss, $1\frac{1}{2}$%

125. In which one of the following cases, the construction of a quadrilateral ABCD is not possible?

(1) AB=3.5 cm, ∠B = 125°, ∠C = 80°, BC=5.5 cm and CD=5 cm

(2) AB = 4 cm, BC = 6 cm, AC = 8 cm, AD = 5.5 cm and DC = 5 cm

(3) BC = 4.5 cm, AD = 5.5 cm, CD = 5 cm, AC = 5.5 cm and BD = 7 cm

(4) AB = 6 cm, BC = 9.5 cm, ∠A = 75°, ∠B = 150° and ∠C = 140°

125. निम्न स्थितियों में से किस स्थिति में चतुर्भुज ABCD की रचना संभव नहीं है?

(1) AB=3.5 cm, ∠B = 125°, ∠C = 80°, BC=5.5 cm और CD=5 cm

(2) AB = 4 cm, BC = 6 cm, AC = 8 cm, AD = 5.5 cm और DC = 5 cm

(3) BC = 4.5 cm, AD = 5.5 cm, CD = 5 cm, AC = 5.5 cm और BD = 7 cm

(4) AB = 6 cm, BC = 9.5 cm, ∠A = 75°, ∠B = 150° और ∠C = 140°

126. Let x be the angle which is equal to its complement and y be the angle which is equal to its supplement. Then 2x + 3y is equal to

(1) 360° (2) 180°
(3) 135° (4) 270°

126. मान लीजिए कि x एक ऐसा कोण है, जो अपने पूरक के समान है और y एक ऐसा कोण है, जो अपने संपूरक के समान है। तब 2x + 3y बराबर है

(1) 360° (2) 180°
(3) 135° (4) 270°

127. How many sides does a regular polygon have if its each angle is of measure 108°?

(1) 8 (2) 5 (3) 6 (4) 7

127. यदि एक समबहुभुज के प्रतेक कोण का माप 108° है, तो इसकी भुजाओं की संख्या क्या होगी?

(1) 8 (2) 5 (3) 6 (4) 7

128. ABCD is a quadrilateral in which BD = 40 cm. The lengths of the perpendicular drawn from the opposite vertices on BD are 16 cm and 12 cm. The area of the quadrilateral (in cm^2) is

(1) 600 (2) 500
(3) 560 (4) 580

128. ABCD एक चतुर्भुज है, जिसमें BD = 40 cm है। सम्मुख शीर्षों से BD पर खींचे गए लम्बों की लंबाइयां 16 cm तथा 12 cm हैं। चतुर्भुज का क्षेत्रफल (वर्ग cm में) है

(1) 600 (2) 500
(3) 560 (4) 580

129. Two sheets of paper with measure 22 cm by 28 cm are taken. Each sheet is then rolled into a cylinder, one having the height 22cm and the other of height 28cm. The difference in their volumes (in cm^3) will be

(1) 316 (2) 0
(3) 216 (4) 294

129. कागज की दो शीटें ली गई हैं, जिनका माप 22 cm × 28 cm है। प्रतेक शीट से एक बेलन बनाया गया है, जिसमें एक की ऊंचाई 22 cm और दूसरे की ऊंचाई 28 cm है। उनके आयतनों (घन cm में) में अंतर होगा।

(1) 316 (2) 0
(3) 216 (4) 294

130. A square and a circle are formed using pieces of wire of length 5024 cm each. The ratio of the area of the square to that of the circle is

(1) 8: π (2) π: 4
(3) 4: π (4) π: 8

130. तार के दो टुकड़े हैं और प्रतेक की लम्बाई 5024 cm है। तार के एक टुकड़े से एक वर्ग तथा दूसरे से एक वृत्त बनाया जाता है। वर्ग के क्षेत्रफल का वृत्त के क्षेत्रफल से अनुपात है

(1) 8: π (2) π: 4
(3) 4: π (4) π: 8

131. Viticulture is:
(1) breeding of fish in specially constructed tanks and ponds.
(2) cultivation of grapes.
(3) commercial rearing of Silkworms.
(4) growing of vegetables, flowers and fruits for commercial use.

131. द्राक्षाकृषि (वीटिकल्चर) से अभिप्राय है:
(1) विशेष रूप से निर्मित तालाबों और पोखरों मत्स्यपालन।
(2) अंगूरों की खेती।
(3) रेशम के कीटों का वाणिज्यिक पालन।
(4) वाणिज्यिक उपयोग के लिए सब्जियों, फलों और फूलों का उगाना।

132. In the given food chain, suppose the amount of energy at fourth trophic level is 5 kJ, what will be the energy available at the producer level?

Grass → Grasshopper → Frog → Snake → Hawk
(1) 5 k J
(2) 50 k J
(3) 500 k J
(4) 5000 k J

132. नीचे दी गई आहार- श्रृंखला में, मान लीजिए कि चौथे पोशी स्तर पर ऊर्जा की मात्रा 5 kJ है, तो बताइए कि उत्पादक स्तर पर कितनी ऊर्जा उपलब्ध होगी?

घास → टिड्डा → मेंढक → साँप → बाज
(1) 5 k J
(2) 50 k J
(3) 500 k J
(4) 5000 k J

133. The main cause for abundant coliform bacteria in the river Ganga is
(1) disposal of unburnt corpses into water
(2) discharge of effluents from electroplating industries
(3) washing of clothes
(4) immersion of ashes

133. गंगा नदी कॉलिफॉर्म जीवाणुओं के प्रचुर मात्रा में पाए जाने का प्रमुख कारण क्या है?
(1) जल में अधजली लाशों को प्रवाहित करना
(2) इलेक्ट्रोप्लेटिंग उद्योगों से निकलने वाले बहि:स्रावों का प्रवाहित किया जाना
(3) कपड़ें धोना
(4) भस्म को जल में प्रवाहित करना

134. It is important to make small check dams across the flooded gullies because they
(i) hold water for irrigation
(ii) hold water and prevent soil erosion
(iii) recharge ground water
(iv) hold water permanently
(1) (i) and (iv)
(2) (ii) and (iii)
(3) (iii) and (iv)
(4) (ii) and (iv)

134. बाढ़ के पानि से जलमग्न नालियों के आर-पार छोटे-छोटे रोकबाँध बनाना महत्वपूर्ण होता है क्योंकि वे-
(i) सिंचाई के लिए पानि रोके रखते है
(ii) पानी रोके रखते हैं और मृदा कटाव को नहीं होने देते
(iii) भूजल का पुनर्भरण हों जाता है
(iv) पानी को स्थायी तौर पर रोके रखते हैं
(1) (i) और (iv)
(2) (ii) और (iii)
(3) (iii) और (iv)
(4) (ii) और (iv)

135. In which type of conservation the threatened animals and plants are taken out of their natural habitat and are protected in special parks or areas like, Zoological parks, and Botanical gardens?
(1) Ex situ conservation
(2) In situ conservation
(3) Red list conservation
(4) None of these

135. किस तरह के संरक्षण में खतरे वाले जानवरों और पौधों को उनके प्राकृतिक आवास से बाहर निकाला जाता है और विशेष उद्यानों या क्षेत्रों जैसे जूलॉजिकल पार्क और बॉटनिकल गार्डन में संरक्षित किया जाता है?
(1) पूर्वोत्तर संरक्षण
(2) सीटू संरक्षण में
(3) लाल सूची संरक्षण
(4) इनमें से कोई नहीं

136. As per 2011 census, the union territory with highest

136. 2011 की जनगणना के अनुसार, सर्वोच्च साक्षरता दर वाला

literacy rate is
(1) Andaman & Nicobar Islands
(2) Chandigarh
(3) Pondicherry
(4) Lakshadweep

137. World Forest Day is celebrated on
(1) 21 March
(2) 22 March
(3) 23 March
(4) 10 April

138. World's first global environmental organization is
(1) IUCN
(2) CITES
(3) SACEP
(4) UNCED

139. The Convention on International Trade in Endangered Species was came in effect from
(1) 5 October 1948
(2) 1 July 1975
(3) 5 June 1972
(4) 5 December 1983

140. Total number of five year plans that India made is
(1) 12 (2) 11 (3) 10 (4) 13

141. Full form of SAVE is
(1) Sustainable Asia's Vultures Endangered
(2) Sustainable America's Vultures Endangered
(3) Saving America's Vultures from Extinction
(4) Saving Asia's Vultures from Extinction

142. Areas where private ownership is not allowed and reserved for the betterment of wild life, both fauna and flora wild, where they can freely use the habitats and natural resources is known as
(1) National Parks
(2) Biodiversity Hot Spots
(3) Biosphere Reserves
(4) Wildlife Sanctuaries

143. Which social organization adhered to the tradition of Bhakti in mid nineteenth century and believed in spiritual equality of all castes?
(1) Arya Samaj
(2) Prarthana Samaj

संघ क्षेत्र है
(1) अंडमान और निकोबार द्वीप समूह
(2) चंडीगढ़
(3) पांडिचेरी
(4) लक्षद्वीप

137. विश्व वन दिवस मनाया जाता है
(1) 21 मार्च
(2) 22 मार्च
(3) 23 मार्च
(4) 10 अप्रैल

138. दुनिया का पहला वैश्विक पर्यावरण संगठन है
(1) IUCN
(2) CITES
(3) SACEP
(4) UNCED

139. लुप्तप्राय प्रजातियों में अंतर्राष्ट्रीय व्यापार पर सम्मेलन प्रभावी रूप से आया था
(1) 5 अक्टूबर 1948
(2) 1 जुलाई 1975
(3) 5 जून 1972
(4) 5 दिसंबर 1983

140. भारत द्वारा बनाई गई पंचवर्षीय योजनाओं की कुल संख्या है
(1) 12 (2) 11 (3) 10 (4) 13

141. SAVE का पूरा नाम क्या है?
(1) Sustainable Asia's Vultures Endangered
(2) Sustainable America's Vultures Endangered
(3) Saving America's Vultures from Extinction
(4) Saving Asia's Vultures from Extinction

142. ऐसे क्षेत्र जहां निजी स्वामित्व की अनुमति नहीं है और वन्य जीवन के सुधार के लिए आरक्षित है, दोनों जीव और वनस्पति जंगली, जहां वे स्वतंत्र रूप से निवास और प्राकृतिक संसाधनों का उपयोग कर सकते हैं, किसके रूप में जाना जाता है
(1) राष्ट्रीय उद्यान
(2) जैव विविधता हॉट स्पॉट्स
(3) बायोस्फीयर रिजर्व
(4) वन्यजीव अभयारण्य

143. उन्नीसवीं शताब्दी के मध्य में भक्ति की परंपरा का पालन करने वाले किस सामाजिक संगठन ने सभी जातियों की आध्यात्मिक समानता में विश्वास व्यक्त किया था?
(1) आर्य समाज
(2) प्रार्थना समाज

(3) Brahmo Sabha
(4) Veda Samaj

(3) ब्रह्मो सभा
(4) वेद समाज

144. About 1800 years ago, who among the following composed the Silappadikaram, a famous Tamil epic?

(1) Ilango (2) Thiruvalluvar
(1) Nakkeerar (2) Sattanar

144. करीब 1800 साल पहले एक प्रसिद्ध तमिल महाकाव्य 'सिल्पपदिकारम' की रचना निम्नलिखित में से किसने की?

(1) इलांगों (2) थिरुवल्लुवर
(3) नक्कीरर (4) सत्तनार

145. The Buddha attained enlightenment at:

(1) Bodh Gaya (2) Magadha
(3) Sarnath (4) Varanasi

145. बुद्ध को ज्ञान प्राप्त हुआ:

(1) बोधगया में (2) मगध में
(3) सारनाथ में (4) वाराणसी में

146. The two states involved in Cauvery water disputes are:

(1) Andhra Pradesh and Tamil Nadu
(2) Karnataka and Andhra Pradesh
(3) Karnataka and Tamil Nadu
(4) Karnataka and Kerala

146. कावेरी जल विवाद से जुड़े दो राज्य हैं:

(1) आंध्र प्रदेश और तमिलनाडु
(2) कर्नाटक और आंध्र प्रदेश
(3) कर्नाटक और तमिलनाडू
(4) कर्नाटक और केरल

147. Which one of the following statements about the Chief Minister of a state is correct?

(1) She/He is appointed by the President.
(2) She/He appoints other ministers.
(3) The Chief Minister do not have separate offices.
(4) The Chief Minister is elected by the MLAs (Members of Legislative Assembly) belonging to the party winning a majority of seats.

147. किसी राज्य के मुख्य मंत्री के विषय में निम्नलिखित कथनों में से कौन-सा सही है?

(1) उसकी नियुक्ति राष्ट्रीयपति द्वारा की जाती है।
(2) वह अन्य मंत्रियों की नियुक्ति करता/ करती है।
(3) मुख्य मंत्री तथा अन्य मंत्रियों के कार्यकाल अलग-अलग नहीं होते हैं।
(4) मुख्य मंत्री का चुनाव बहुमत प्राप्त दल के विधायकों द्वारा किया जाता हैं।

148. Rainfall patterns depend on

(1) the underground water table
(2) the number of water bodies in an area
(3) the density pattern of human population in an area
(4) the prevailing season in an area

148. वर्षा प्रतिमान किस पर निर्भर करता हैं –

(1) भूमिगत जल स्तर
(2) किसी क्षेत्र में जलाशयों की संख्या
(3) किसी क्षेत्र की मानव-समष्टि का घनत्व प्रतिमान
(4) किसी क्षेत्र का प्रमुख मौसम

149. Marked temperature changes in aquatic environment can affect

(1) breeding of animals
(2) more growth of aquatic plants
(3) process of digestion in animals
(4) availability of nutrients.

149. जलीय पर्यावरण में विशेष तापक्रम परिवर्तन प्रभावित कर सकता हैं-

(1) जंतुओं में प्रजनन
(2) जलीय पौधों की अधिक वृद्धि
(3) जंतुओं में पाचन की प्रक्रिया
(4) पोषकों की उपलब्धता

150. Viruses, which cause hepatitis, are transmitted through

(1) air (2) water
(3) food (4) personal contact

150. विषाणुओं से हेपेटाइटिस रोग होता है। यह रोग निम्नलिखित में से किसी एक द्वारा संचरित होता है -

(1) वायु (2) जल
(3) भोजन (4) व्यक्तिगत संपर्क

उत्तर पत्रिका / Answer Sheet – Kendriya Vidyalaya Sangathan

Name of the Candidate: ______________________ **Fathers' Name:** ________________

Roll Number: ________________, **Examination Centre:** ______________________

Paper of the Candidate: ______________________, **Test Booklet Code:** ____________

Mark your Answer by shading the appropriate circle against each question. The circle should be shaded completely without leaving any space. The correct method of shading is given below.
प्रत्येक प्रश्न के सामने उचित वृत का चिन्हांकन करके अपना उत्तर लिखें। वृत्त को बिना कोई स्थान छोड़े चिन्हांकित करें। चिन्हांकित करने का सही तरीका नीचे दिया गया है।

Correct Method : सही तरीका : ○ ● ○ ○ Wrong Method : गलत तरीका : ⊗ ✓ ⊙ ◑

Q.	Options	Q.	Options	Q.	Options	Q.	Options	Q.	Options
001	① ② ③ ④	031	① ② ③ ④	061	① ② ③ ④	091	① ② ③ ④	121	① ② ③ ④
002	① ② ③ ④	032	① ② ③ ④	062	① ② ③ ④	092	① ② ③ ④	122	① ② ③ ④
003	① ② ③ ④	033	① ② ③ ④	063	① ② ③ ④	093	① ② ③ ④	123	① ② ③ ④
004	① ② ③ ④	034	① ② ③ ④	064	① ② ③ ④	094	① ② ③ ④	124	① ② ③ ④
005	① ② ③ ④	035	① ② ③ ④	065	① ② ③ ④	095	① ② ③ ④	125	① ② ③ ④
006	① ② ③ ④	036	① ② ③ ④	066	① ② ③ ④	096	① ② ③ ④	126	① ② ③ ④
007	① ② ③ ④	037	① ② ③ ④	067	① ② ③ ④	097	① ② ③ ④	127	① ② ③ ④
008	① ② ③ ④	038	① ② ③ ④	068	① ② ③ ④	098	① ② ③ ④	128	① ② ③ ④
009	① ② ③ ④	039	① ② ③ ④	069	① ② ③ ④	099	① ② ③ ④	129	① ② ③ ④
010	① ② ③ ④	040	① ② ③ ④	070	① ② ③ ④	100	① ② ③ ④	130	① ② ③ ④
011	① ② ③ ④	041	① ② ③ ④	071	① ② ③ ④	101	① ② ③ ④	131	① ② ③ ④
012	① ② ③ ④	042	① ② ③ ④	072	① ② ③ ④	102	① ② ③ ④	132	① ② ③ ④
013	① ② ③ ④	043	① ② ③ ④	073	① ② ③ ④	103	① ② ③ ④	133	① ② ③ ④
014	① ② ③ ④	044	① ② ③ ④	074	① ② ③ ④	104	① ② ③ ④	134	① ② ③ ④
015	① ② ③ ④	045	① ② ③ ④	075	① ② ③ ④	105	① ② ③ ④	135	① ② ③ ④
016	① ② ③ ④	046	① ② ③ ④	076	① ② ③ ④	106	① ② ③ ④	136	① ② ③ ④
017	① ② ③ ④	047	① ② ③ ④	077	① ② ③ ④	107	① ② ③ ④	137	① ② ③ ④
018	① ② ③ ④	048	① ② ③ ④	078	① ② ③ ④	108	① ② ③ ④	138	① ② ③ ④
019	① ② ③ ④	049	① ② ③ ④	079	① ② ③ ④	109	① ② ③ ④	139	① ② ③ ④
020	① ② ③ ④	050	① ② ③ ④	080	① ② ③ ④	110	① ② ③ ④	140	① ② ③ ④
021	① ② ③ ④	051	① ② ③ ④	081	① ② ③ ④	111	① ② ③ ④	141	① ② ③ ④
022	① ② ③ ④	052	① ② ③ ④	082	① ② ③ ④	112	① ② ③ ④	142	① ② ③ ④
023	① ② ③ ④	053	① ② ③ ④	083	① ② ③ ④	113	① ② ③ ④	143	① ② ③ ④
024	① ② ③ ④	054	① ② ③ ④	084	① ② ③ ④	114	① ② ③ ④	144	① ② ③ ④
025	① ② ③ ④	055	① ② ③ ④	085	① ② ③ ④	115	① ② ③ ④	145	① ② ③ ④
026	① ② ③ ④	056	① ② ③ ④	086	① ② ③ ④	116	① ② ③ ④	146	① ② ③ ④
027	① ② ③ ④	057	① ② ③ ④	087	① ② ③ ④	117	① ② ③ ④	147	① ② ③ ④
028	① ② ③ ④	058	① ② ③ ④	088	① ② ③ ④	118	① ② ③ ④	148	① ② ③ ④
029	① ② ③ ④	059	① ② ③ ④	089	① ② ③ ④	119	① ② ③ ④	149	① ② ③ ④
030	① ② ③ ④	060	① ② ③ ④	090	① ② ③ ④	120	① ② ③ ④	150	① ② ③ ④

परीक्षार्थी का नाम Name of candidate (In Capital Letters)	परीक्षार्थी के हस्ताक्षर Signature of candidate (In Running Hand)	परीक्षार्थी के बाएं अंगूठे का निशान Left hand thumb impression of the candidate	निरीक्षक के हस्ताक्षर Signature of invigilator (In Running Hand)
			Prateek Shivalik

Answer Key KVS Test Set - 07

Q	A	Q	A	Q	A	Q	A	Q	A	Q	A	Q	A	Q	A
1	3	**21**	4	**41**	3	**61**	3	**81**	4	**101**	1	**121**	4	**141**	4
2	1	**22**	3	**42**	1	**62**	2	**82**	1	**102**	2	**122**	4	**142**	1
3	4	**23**	1	**43**	4	**63**	3	**83**	1	**103**	1	**123**	2	**143**	2
4	2	**24**	2	**44**	2	**64**	2	**84**	2	**104**	4	**124**	3	**144**	1
5	2	**25**	2	**45**	2	**65**	4	**85**	1	**105**	4	**125**	4	**145**	1
6	1	**26**	1	**46**	1	**66**	3	**86**	3	**106**	1	**126**	1	**146**	3
7	2	**27**	1	**47**	4	**67**	4	**87**	3	**107**	2	**127**	2	**147**	4
8	3	**28**	2	**48**	1	**68**	3	**88**	3	**108**	4	**128**	3	**148**	2
9	4	**29**	1	**49**	4	**69**	4	**89**	4	**109**	4	**129**	4	**149**	1
10	3	**30**	1	**50**	2	**70**	3	**90**	1	**110**	4	**130**	2	**150**	2
11	1	**31**	2	**51**	2	**71**	2	**91**	4	**111**	3	**131**	2		
12	4	**32**	4	**52**	1	**72**	4	**92**	4	**112**	2	**132**	4		
13	3	**33**	3	**53**	4	**73**	1	**93**	1	**113**	1	**133**	1		
14	3	**34**	1	**54**	1	**74**	2	**94**	4	**114**	4	**134**	2		
15	1	**35**	2	**55**	4	**75**	3	**95**	4	**115**	3	**135**	1		
16	2	**36**	2	**56**	1	**76**	1	**96**	4	**116**	1	**136**	4		
17	4	**37**	3	**57**	2	**77**	1	**97**	2	**117**	1	**137**	1		
18	1	**38**	2	**58**	2	**78**	1	**98**	2	**118**	1	**138**	1		
19	1	**39**	3	**59**	2	**79**	1	**99**	3	**119**	1	**139**	2		
20	1	**40**	2	**60**	2	**80**	3	**100**	1	**120**	2	**140**	1		

Prateek Shivalik KVS PRT

Code 08

इस परीक्षा पुस्तिका को तब तक न खोलें जब तक कहा न जाए।
Do not open this Test Booklet until you are asked to do so.
इस परीक्षा पुस्तिका के पिछले आवरण पर दिए गये निर्देशों को ध्यान से पढ़ें।
Read carefully the Instructions on the Back Cover of this Test Booklet.

परीक्षार्थियों के लिए निर्देश

1. OMR उत्तर पत्र इस परीक्षा के अन्दर रखा है। जब आपको परीक्षा पुस्तिका खोलने को कहा जाए, तो उत्तर पत्र निकाल कर पृष्ठ-1 एवं पृष्ठ-2 पर ध्यान से केवल नीले बॉल पॉइंट पेन से विवरण भरें।
2. परीक्षा की अवधि 2½ घंटे है एवं परीक्षा में 150 प्रश्न है। **कोई ऋणात्मक अंकन नहीं है।**
3. इस पृष्ठ पर विवरण अंकित करने एवं उत्तर पत्र पर निशान लगाने के लिए केवल नीले बॉल पॉइंट पेन का प्रयोग करें।
4. यह सुनिश्चित कर लें की इस पुस्तिका का संकेत, उत्तर पत्र के पृष्ठ पर छपे संकेत से मिलता है। यह भी सुनिश्चित कर लें की परीक्षा संख्या और उत्तर पत्र संख्या मिलते है। अगर यह भिन्न हों तो परीक्षार्थी दूसरी प्रश्न पुस्तिका और उत्तर पत्र लेने के लिए निरीक्षक को तुरन्त अवगत कराएँ।
5. **यदि अनुवाद में किसी भी प्रकार की कोई अस्पष्टा हो तो अंग्रेजी वाले पाठ को ही सही माना जायेगा।**
6. रफ कार्य परीक्षा पुस्तिका में इस प्रयोजन के लिए दी गई खाली जगह पर करें।
7. सभी उत्तर केवल OMR उत्तर पत्र पर ही अंकित करें। अपने उत्तर ध्यानपूर्वक अंकित करें। उत्तर बदलने हेतु श्वेत रंजक का प्रयोग निषिद्ध है।
8. प्रत्येक प्रश्न के सामने उचित वृत का चिन्हांकन करके अपना उत्तर लिखें। वृत्त को बिना कोई स्थान छोड़े चिन्हांकित करें।

INSTRUCTIONS FOR CANDIDATES

1. The OMR Answer Sheet is inside this Test Booklet. When you are directed to open the Test Booklet, take out the Answer Sheet and fill in the particulars on Side-1 and Side-2 carefully with blue ball point pen only.
2. The test is of 2½ hours duration and consists of 150 questions. **There is no negative marking.**
3. Use Blue Ball Point Pen only for writing particulars on this page / marking responses in the Answer Sheet.
4. Make sure that the CODE printed on the Answer Sheet is the same as that on this booklet. Also ensure that your Test Booklet No. and Answer Sheet No. are the same. In case of discrepancy, the candidate should immediately report the matter to the Invigilator for replacement of both the Test Booklet and the Answer Sheet.
5. **In case of any ambiguity in translation, the English version will be deemed authentic.**
6. Rough work should be done only in the space provided in the Test Booklet for the same.
7. The answers are to be recorded on the OMR Answer Sheet only. Mark your responses carefully. No whitener is allowed for changing answers.
8. Mark your Answer by shading the appropriate circle against each question. The circle should be shaded completely without leaving any space.

परीक्षार्थी का नाम (बड़े अक्षरों में):
Name of the Candidate (in Capitals): ______________________

अनुक्रमांक (अंकों में):
Roll Number: (in figures): ______________________

(शब्दों में):
(in words): ______________________

परीक्षा केन्द्र (बड़े अक्षरों में) :
Centre of Examination (in Capitals): ______________________

परीक्षार्थी के हस्ताक्षर:
Candidate's Signature: ______________________

निरीक्षक के हस्ताक्षर :
Invigilator's Signature : ______________________

Facsimile signature stamp of
Centre Superintendent ______________________

1. The synonym of the given word is?

FATAL

(1) terrible
(2) deadly
(3) poisonous
(4) wrong

2. Choose the one word which can be substituted for the given sentence/ words.

A place where Jews worship according to their religion

(1) cathedral
(2) synagogue
(3) chapel
(4) demagogue

3. Choose the correctly spelt word

(1) magnificent
(2) magnificant
(3) magnificient
(4) magneficent

4. Arrange the following jumbled part of the sentence in correct order.

1. When Ali Baba returned he called his wife

P. She said to him, "Have you stolen them ?"

Q. He said, "I have bought you some jewels".

R. She said, "Our days of misery are now at an end".

S. He said, "Be quiet and do not frighten yourself".

6. He said, "Go to your brother's house and get a measure".

(1) QSRP
(2) SRPQ
(3) PSRQ
(4) QPSR

5. Which part of the following sentences has error in it?

Beside food, (P) the pilgrims carried (Q) some medicines. (R) No error. (S)

(1) P (2) Q (3) R (4) S

6. Which part of the following sentences has error in it?

Adults suffering chicken pox (P) can develop (Q) all kinds of complications (R) No error. (S)

(1) P (2) Q (3) R (4) S

7. Convert the given sentence into Active / Passive Voice

Has someone made all the necessary arrangements?

(1) Has all the necessary arrangements been made by someone?
(2) Have the necessary arrangements been all made by someone?
(3) Have all the necessary arrangements been made by someone?
(4) All the necessary arrangements have been made by one?

8. Convert the given sentence into Direct / Indirect Speech

"Call the first witness", said the judge.

(1) The judge commanded to call the first witness.
(2) The judge commanded to call them the first witness.
(3) The judge commanded that the first witness be called.
(4) The judge commanded the first witness to be called.

9. Fill in the blank.

The meeting is ______ because the funds have not arrived.

(1) put in
(2) put off
(3) put away
(4) put out

10. Choose the option which best expresses the meaning of the highlighted idiom/phrase in the sentence.

to "turn a deaf ear"

(1) to be hard of hearing
(2) to be indifferent
(3) to be attentive
(4) to be obstinate

11. संशय का संधि विच्छेद होगा
(1) सन्+शय
(2) सन:+शय
(3) सम:+शय
(4) सम्+शय

12. "जिसे रोका न गया हो" के लिए एक उपयुक्त शब्द है
(1) अवरुद्ध
(2) रुद्ध
(3) अनिरुद्ध
(4) स्थानापन्न

13. "गाड़ी चार घंटे में पहुंचेगी।" में प्रयुक्त कारक है
(1) अधिकरण
(2) सम्प्रदान
(3) संबंध
(4) सभी

14. तत्सम् शब्द ढूंढिएँ
(1) धूम्र
(2) पंछी
(3) पांच
(4) पूत

15. 'ष' कौन सा व्यंजन है
(1) उष्म
(2) स्पर्श
(3) अंतःस्थ
(4) कोई नहीं

16. मुझे थोड़ी चटनी दो – में विशेषण है
(1) संख्यावाचक
(2) सार्वनामिक
(3) परिमाणवाचक
(4) कोई नहीं

17. "अनहोनी" में समास है
(1) नञ् तत्पुरुष
(2) कर्म तत्पुरुष
(3) सम्प्रदान तत्पुरुष
(4) करण तत्पुरुष

18. निरोग में कौन सा उपसर्ग है?
(1) नि
(2) निं
(3) निर्
(4) कोई नहीं

19. सुनाई में कौन सा प्रत्यय है?
(1) वाई
(2) ई
(3) आई
(4) अई

20. निम्न में से किस शब्द की वर्तनी शुद्ध है?
(1) प्रतियेक
(2) प्रतयेक
(3) पृत्येक
(4) प्रत्येक

Space for Rough Work / कच्चे कार्य के लिए स्थान

21. Which of the following memories must be refreshed many times per second?
(1) ROM
(2) Dynamic RAM
(3) EPROM
(4) Static RAM

21. निम्नलिखित में से कौन सी यादें प्रति सेकंड कई बार ताज़ा होनी चाहिए?
(1) रोम
(2) डायनामिक रैम
(3) ईपीआरओएम
(4) स्टेटिक रैम

22. Which one of the following is odd?
(1) IMAP
(2) POP
(3) SNMP
(4) SMTP

22. निम्नलिखित में से कौन सा भिन्न है?
(1) आईएमएपी
(2) पीओपी
(3) एसएनएमपी
(4) एसएमटीपी

23. Which of the following commands is called as three-finger salute in computers?
(1) Ctrl + Alt + Delete
(2) Ctrl + Shift + Escape
(3) Ctrl + Shift + Enter
(4) Ctrl + Alt + Arrow key

23. निम्नलिखित में से कौन सा आदेश कंप्यूटर में तीन अंगुली सलाम के रूप में कहा जाता है?
(1) Ctrl + Alt + Delete
(2) Ctrl + Shift + Escape
(3) Ctrl + Shift + Enter
(4) Ctrl + Alt + Arrow key

24. In IT, means that the data available in the database is both accurate and consistent.
(1) Data Security
(2) Data Availability
(3) Data Binding
(4) Data Integrity

24. आईटी में, किसका मतलब है कि डेटाबेस में उपलब्ध डेटा सटीक और सुसंगत दोनों है।
(1) डेटा सुरक्षा
(2) डेटा उपलब्धता
(3) डेटा बाध्यकारी
(4) डेटा ईमानदारी

25. Which is not an external storage device?
(1) CD - ROM
(2) DVD-ROM
(3) Pen Drive
(4) RAM

25. निम्न में से कौन सा बाहरी स्टोरेज डिवाइस नहीं है?
(1) सीडी-रोम
(2) डीवीडी-रोम
(3) पेन ड्राइव
(4) रैम

26. A __________ is an agreement between the communicating parties on how communication is to proceed.
(1) Path
(2) SLA
(3) Bond
(4) Protocol

26. एक __________ संचार पक्षों के बीच एक समझौता है कि संचार कैसे आगे बढ़ना है।
(1) पथ
(2) एसएलए
(3) बॉण्ड
(4) प्रोटोकॉल

27. ROM stands for
(1) Real Office Manager
(2) Read Only Memory
(3) Read Only Memorandum

27. रॉम का अर्थ है है
(1) Real Office Manager
(2) Read Only Memory
(3) Read Only Memorandum

(4) Role On Memory

(4) Role On Memory

28. The term 'URL' used in Internet technology stands for:
(1) Uniform Resource Locater
(2) Unique Resource Locater
(3) Uniform Remote Locater
(4) Unique Remote Locater

28. इंटरनेट तकनीक में इस्तेमाल 'यूआरएल' शब्द का अर्थ है:
(1) Uniform Resource Locater
(2) Unique Resource Locater
(3) Uniform Remote Locater
(4) Unique Remote Locater

29. A Floppy Disc can store _____ data.
(1) 1.44 bytes
(2) 1.44 MB
(3) 1.44 KB
(4) 1.44 GB

29. एक फ्लॉपी डिस्क कितना डेटा स्टोर कर सकती थी?
(1) 1.44 बाइट्स
(2) 1.44 एमबी
(3) 1.44 केबी
(4) 1.44 जीबी

30. One Byte is equal to
(1) 8 bits
(2) 12 bits
(3) 16 bits
(4) 20 bits

30. एक बाइट बराबर है
(1) 8 बिट्स
(2) 12 बिट्स
(3) 16 बिट्स
(4) 20 बिट्स

Space for Rough Work / कच्चे कार्य के लिए स्थान

General Awareness

31. What is the minimum age for becoming a Governor of state in India?
(1) 30 years
(2) 25 years
(3) 35 years
(4) 45 years

31. भारत में राज्यपाल बनने के लिए न्यूनतम आयु कितनी है?
(1) 30 साल
(2) 25 साल
(3) 35 साल
(4) 45 साल

32. Lord Cornwallis is known for ______.
(1) permanent revenue settlement of Bengal
(2) attacking the caste system
(3) land revenue settlement of United States
(4) ryotwari settlement of Madras

32. लॉर्ड कॉर्नवॉलिस ______ के लिए जाना जाता है|
(1) बंगाल की स्थायी राजस्व व्यवस्था
(2) जाति व्यवस्था पर प्रहार
(3) संयुक्त राज्य अमेरिका की भू-राजस्व व्यवस्था
(4) मद्रास की रैयतवाडी व्यवस्था

33. How does La-Nina affect the Pacific Ocean?
(1) Decreases salinity of ocean
(2) Cools downs the temperature of water
(3) Maintains stable temperature of water
(4) Increases salinity of ocean

33. ला-नीना प्रशांत महासागर को किस प्रकार प्रभावित करता है?
(1) समुद्र की लवणता को कम करता है
(2) पानी के तापमान को कम करता है
(3) पानी का स्थिर तापमान बनाए रखता है
(4) समुद्र की लवणता बढ़ जाती है

34. Insulin is a kind of ______
(1) hormone
(2) protein
(3) enzyme
(4) vitamin

34. इंसुलिन एक प्रकार का ______ है|
(1) हॉर्मोन
(2) प्रोटीन
(3) एंजाइम
(4) विटामिन

35. Why does water tank appear shallower when viewed from the top?
(1) Due to reflection
(2) Due to refraction
(3) Due to diffraction
(4) Due to total internal reflection

35. ऊपर से देखने पर पानी का टैंक उथला क्यों दिखाई देता है?
(1) प्रतिबिंब के कारण
(2) अपवर्तन के कारण
(3) विवर्तन के कारण
(4) कुल आंतरिक प्रतिबिंब के कारण

36. What is the full form of JPEG?
(1) Joint Photographic Experts Group
(2) Joint Protocol Experts Graphics.
(3) Joint Programming Experts Graphics
(4) Joint Project Experts Group

36. JPEG का असंक्षिप्त रूप क्या है?
(1) ज्वाइंट फोटोग्राफिक एक्सपर्ट्स ग्रुप
(2) ज्वाइंट प्रोटोकॉल एक्सपर्ट्स ग्राफिक्स
(3) ज्वाइंट प्रोग्रामिंग एक्सपर्ट्स ग्राफिक्स
(4) ज्वाइंट प्रोजेक्ट एक्सपर्ट्स ग्रुप

37. Which of the following is an ore of Aluminium?
(1) Galena
(2) Cryolite
(3) Cinnabar
(4) Epsom Salt

37. निम्नलिखित में से कौन सा अल्युमिनियम का अयस्क है?
(1) गलेना
(2) क्रायोलाइट
(3) सिनाबार
(4) सेंधा नमक

38. Term ' Gambit ' is associated with which of the

38. शब्द 'गैम्बिट' निम्नलिखित में से किस खेल के संबंधित है?

following sport?

(1) Basketball
(2) Chess
(3) Boxing
(4) Golf

(1) बास्केट बॉल
(2) शतरंज
(3) मुक्केबाजी
(4) गोल्फ

39. My Story' is an autobiography of which famous cricketer?

(1) Kumar Sangakkara
(2) Kevin Peterson
(3) Brendon Mccullum
(4) Michael Clarke

39. 'माई स्टोरी' किस प्रसिद्ध क्रिकेट खिलाडी की आत्मकथा है?

(1) कुमार संगाकारा
(2) केविन पीटरसन
(3) ब्रेंडन मैक्कुलम
(4) माइकल क्लार्क

40. Which of the following country is not a member of SAARC?

(1) Nepal
(2) Maldives
(3) China
(4) Afghanistan

40. निम्न में से कौन सा देश सार्क का सदस्य नहीं है?

(1) नेपाल
(2) मालदीव
(3) चीन
(4) अफगानिस्तान

Space for Rough Work / कच्चे कार्य के लिए स्थान

41. If WINTER is written as 231117241024 and SUMMER is written as 192316171024, then how will you write AUTUMN?
(1) 12021231820
(2) 12323251820
(3) 12224261720
(4) None of these

42. Find the odd letter/word/number/image from given options.
(1) prl (2) my
(3) gst (4) jry

43. From the given answer figures, select the one in which the question figure is embedded.

Question figure:

Answer figure:

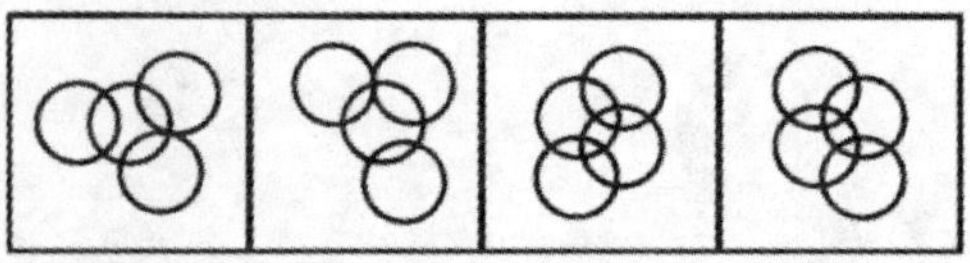

(1) (2) (3) (4)

44. If '×' stands for 'addition', '÷' stands for 'subtraction', '+' stands for 'multiplication' and '–' stands for 'division', then 20 × 8 ÷ 8 – 4 + 2 =?
(1) 80 (2) 25
(3) 24 (4) 5

45. Johnny is taller than Kitty and Carol. Kitty is taller than Sam. Kitty and Sam are taller than Nancy. Sam is shorter than Carol. Who is the shortest?
(1) Johnny (2) Nancy
(3) Sam (4) Carol

46. What is your relationship with your father's sister's mother's only daughter-in-law?
(1) Sister (2) Aunt
(3) Mother (4) Daughter

41. यदि WINTER को 231117241024 लिखा जाता है तथा SUMMER को 192316171024 लिखा जाता है तो, AUTUMN को आप कैसे लिखेंगे?
(1) 12021231820
(2) 12323251820
(3) 12224261720
(4) इनमे से कोई नहीं

42. दिए गए विकल्पों में से विषम अक्षर/शब्द/संख्या/आकृति को चुनिए।
(1) prl (2) my
(3) gst (4) jry

43. दी गयी आकृति में से उस आकृति को चुनिये जिसमें प्रश्न आकृति अन्तर्निहित है

प्रश्न आकृति:

उत्तर आकृति:

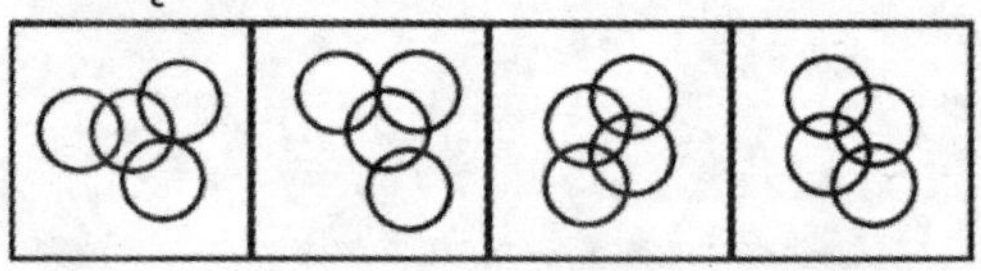

(1) (2) (3) (4)

44. यदि '×' का प्रयोग 'जोड़' के लिए, '÷' का प्रयोग 'घटाने' के लिए, '+' का प्रयोग 'गुणा' के लिए तथा '–' का प्रयोग 'भाग' के लिए किया जाता है, तो 20 × 8 ÷ 8 – 4 + 2 =?
(1) 80 (2) 25
(3) 24 (4) 5

45. जॉनी, किट्टी और कैरल से लम्बा है। किट्टी, सैम से लम्बी है। किट्टी तथा सैम, नैनसी से लम्बे हैं। सैम, कैरोल से छोटा है। इनमे सबसे छोटा/छोटी कौन है?
(1) जॉनी (2) नैनसी
(3) सैम (4) कैरोल

46. आपका अपने पिता की बहन की माँ की इकलौती बहू से क्या रिश्ता है।
(1) बहन (2) चाची
(3) माँ (4) बेटी

47. The next term in the given series will be
4, 7, 15, 29, 59, 117,?

(1) 325 (2) 235
(3) 169 (4) 196

48. What number should come in the place of?

?	T	T	F	F
S	S	E	N	T
E	T	T	F	F
S	S	E	N	T

(1) S (2) O
(3) T (4) N

49. If 0=4, 1=3, 2=3, 3=5, 4=4, 5=4, 6=3, 7=5, 8=5 and 9=4. Then, 10 =?

(1) 3 (2) 5
(3) 6 (4) 4

50. Choose the word which is not the name of the animals after including the vowels in the following words?

(1) PND (2) TD
(3) DNKY (4) PPL

47. दी गई श्रृंखला में अगला पद क्या होगा?
4, 7, 15, 29, 59, 117,?

(1) 325 (2) 235
(3) 169 (4) 196

48. "?" के स्थान पर कौन सी संख्या आनी चाहिये?

?	T	T	F	F
S	S	E	N	T
E	T	T	F	F
S	S	E	N	T

(1) S (2) O
(3) T (4) N

49. यदि 0=4, 1=3, 2=3, 3=5, 4=4, 5=4, 6=3, 7=5, 8=5 तथा 9=4 है, तो 10 =?

(1) 3 (2) 5
(3) 6 (4) 4

50. उस शब्द का चयन करें जो दिए गए शब्दों में स्वरों को सम्मिलित करने पर जानवर के प्रकार को संबंधित नहीं करता हो?

(1) PND (2) TD
(3) DNKY (4) PPL

Space for Rough Work / कच्चे कार्य के लिए स्थान

51. According to Vygotsky, giving a child help in the form of asking leading questions and providing examples is called ______.
(1) scaffolding.
(2) the zone of proximal development.
(3) private speech.
(4) habituation.

51. वायगोत्सकी के अनुसार, प्रधान प्रश्न पूछने और उदाहरण प्रदान करने के रूप में एक बच्चे की मदद करने को ______ कहा जाता है
(1) स्कैफफोल्डिंग
(2) समीपवर्ती विकास का क्षेत्र
(3) निजी वाक्
(4) आदी होना

52. In Kohlberg's preconventional stage, moral reasoning centers on
(1) parental standards and established laws.
(2) personal moral standards.
(3) a behavior's consequences, as well as rewards and punishments from the external world.
(4) loyalty to other people.

52. कोहल्बर्ग के पूर्ववर्ती चरण में, नैतिक तर्क केन्द्रित होता है
(1) अभिभावकीय मानकों और स्थापित कानून पर
(2) व्यक्तिगत नैतिक मानकों पर
(3) एक व्यवहार के परिणाम, साथ ही बाहरी दुनिया से पुरस्कार और दंड पर
(4) अन्य लोगों के प्रति वफादारी पर

53. The rules of language are known as ______, whereas the meaning of language is known as ______.
(1) phonology; morphology
(2) morphology; phonology
(3) semantics; syntax
(4) syntax; semantics

53. भाषा के नियमों को ______ के रूप में जाना जाता है, जबकि भाषा के अर्थ को ______ के रूप में जाना जाता है।
(1) स्वर विज्ञान; आकृति विज्ञान
(2) आकृति विज्ञान; स्वर विज्ञान
(3) अर्थ विज्ञान; वाक्य -विन्यास
(4) वाक्य रचना; अर्थ विज्ञान

54. The earliest IQ test was developed to
(1) identify children who needed special educational programs.
(2) help the armed forces make appropriate assignments of recruits.
(3) identify which immigrants were mentally defective and thus should not be allowed into the United States.
(4) help employers decide which employees were most appropriate for the available jobs.

54. सबसे शुरुआती बुद्धि परीक्षण विकसित किया गया था
(1) उन बच्चों की पहचान करने के लिए जिन्हें विशेष शैक्षणिक कार्यक्रम की आवश्यकता है।
(2) सशस्त्र बलों की भर्ती के उचित कार्य करने में मदद करने में।
(3) यह पहचानें में कि कौन से आप्रवासी मानसिक रूप से दोषपूर्ण थे और इस प्रकार संयुक्त राज्य अमेरिका में इसकी अनुमति नहीं दी जानी चाहिए।
(4) नियोक्ताओं को यह तय करने में सहायता करने में कि कौन से कर्मचारी उपलब्ध नौकरियों के लिए सबसे उपयुक्त थे।

55. According to Bloom's Taxonomy of Educational Objectives, which of the following level of Cognitive Domain is best described in the Question "If you were Bhagat Singh what would you plan to free India from British rule?"
(1) Application (2) Analysis
(3) Evaluation (4) Synthesis

55. ब्लूम के शैक्षिक उद्देश्यों के वर्गीकरण के अनुसार, निम्नलिखित में से संज्ञानात्मक क्षेत्र का कौन सा स्तर दिए गए प्रश्न का सबसे अच्छा वर्णन करता है "यदि आप भगत सिंह होते तो आप ब्रिटिश शासन से भारत को मुक्त करने की योजना कैसे बनाते?"
(1) अनुप्रयोग (2) विश्लेषण
(3) मूल्यांकन (4) संश्लेषण

56. A test that can measure the different achievement level of pupils is said to be:

56. विद्यार्थियों एक विभिन्न उपलब्धि स्तरों का मापन करने वाले परीक्षण को कहा जाता है:

(1) Comprehensive (2) Discriminative
(3) Reliable (4) Valid

(1) व्यापक (2) विभेदकारी
(3) विश्वसनीय (4) वैध

57. Which assessment is more connected with diagnostic assessment?
(1) Assessment of Learning
(2) Assessment for Learning
(3) Assessment as Learning
(4) Assessment in Learning

57. कौन सा आकलन निदानात्मक आकलन से अधिक जुड़ा हुआ है?
(1) सीखने का आकलन
(2) सीखने के लिए आकलन
(3) सीखने के रूप में आकलन
(4) सीखने में आकलन

58. Which of the following question types is least subject to guessing?
(1) Matching
(2) Completion
(3) Multiple-choice
(4) Alternate-choice

58. निम्नलिखित में से कौन सा प्रश्न प्रकार कम से कम अनुमान लगाने के अधीन है?
(1) मिलान
(2) निवृत्ति
(3) बहु-विकल्प
(4) वैकल्पिक चयन

59. Which of the following activities is most likely the result of extrinsic motivation?
(1) completing a crossword puzzle
(2) pursuing a career as a musician
(3) having ice cream for dessert
(4) flossing one's teeth

59. निम्नलिखित में से कौन सी गतिविधियां बाहरी प्रेरणा का परिणाम हैं?
(1) एक वर्ग-पहेली को पूरा करना
(2) संगीतकार के रूप में एक करियर बनाने की चाहत
(3) खाने के बाद आइसक्रीम मिलना
(4) किसी के दांत की फ्लोस्सिंग

60. The term for a cognitive framework for understanding what it means to be male or female in a given culture is
(1) gender role.
(2) gender identity.
(3) gender diversity.
(4) gender schema.

60. किसी दिए गए संस्कृति में नर या मादा होने का अर्थ समझने के लिए एक संज्ञानात्मक ढांचे के लिए शब्द है
(1) लिंग भूमिका
(2) लिंग पहचान
(3) लिंग विविधता
(4) लिंग स्कीमा

61. Examiners must assess students with severe disabilities using
(1) accommodations.
(2) modifications.
(3) alternate assessment.
(4) out-of-level testing.

61. परीक्षकों को गंभीर विकलांगता वाले छात्रों का आकलन करना चाहिए
(1) आवास द्वारा
(2) संशोधनों द्वारा
(3) वैकल्पिक मूल्यांकन द्वारा
(4) स्तर के बाहर परीक्षण द्वारा

62. Which of the following examples best describes a constructivist approach to teaching?
(1) A teacher demonstrating how to solve a math problem.
(2) A teacher assigning an experiment for student groups to perform and then discuss.
(3) A teacher instructing students to read silently at their desks.
(4) A teacher giving a lecture on plant life to a group of students.

62. निम्नलिखित में से कौन सा उदाहरण शिक्षण के लिए एक रचनावादी दृष्टिकोण का सबसे अच्छा वर्णन करता है?
(1) एक शिक्षक गणित की समस्या को हल करने का तरीका दिखाता है।
(2) एक शिक्षक छात्र समूहों के प्रदर्शन के लिए एक प्रयोग नियुक्त करता है और फिर चर्चा करता है।
(3) एक शिक्षक छात्रों को अपने डेस्क पर चुपचाप पढ़ने के लिए निर्देश देता है।
(4) एक शिक्षक छात्रों के एक समूह को पौधे के जीवन पर एक व्याख्यान दे रहा है।

63. A major obstacle to problem solving is fixation, which is a(n)
(1) tendency to base our judgments on vivid memories.
(2) art of framing the same question in two different ways.
(3) inability to view a problem from a new perspective.
(4) rule of thumb for judging the likelihood of an event in terms of our mental image of it.

63. समस्या हल करने में एक बड़ी बाधा निर्धारण है, जो _____ है
(1) ज्वलंत स्मृतियों पर हमारे निर्णय का आधार देने की प्रवृत्ति।
(2) एक ही प्रश्न को दो अलग-अलग तरीकों से तैयार करने की कला।
(3) एक नए परिप्रेक्ष्य से एक समस्या को देखने में असमर्थता।
(4) हमारी मानसिक छवि के संदर्भ में किसी घटना की संभावना का निर्धारण करने के लिए अंगूठे का नियम।

64. Enriching schools are
(1) Teacher centred
(2) Student centred
(3) Experience centred
(4) Self centred

64. समृद्ध स्कूल हैं
(1) शिक्षक केंद्रित
(2) छात्र केंद्रित
(3) अनुभव केंद्रित
(4) स्वयं केंद्रित

65. Parent and community involvement in schools
(1) should only be encouraged at the lower grades.
(2) should be limited.
(3) often has a positive impact on student learning.
(4) should be limited to instruction at home.

65. स्कूलों में अभिभावक और सामुदायिक भागीदारी
(1) को केवल निम्न ग्रेड पर प्रोत्साहित किया जाना चाहिए।
(2) को सीमित रखना चाहिए।
(3) अक्सर छात्र सीखने पर सकारात्मक प्रभाव डालती है।
(4) को घर पर निर्देश तक सीमित होना चाहिए।

66. Aim of education are
I. Making children capable of becoming responsible, productive and useful members of a society.
II. Satisfying the current needs and aspirations of business class and industries by providing them intelligent working class.
III. Making children capable of analysing and evaluating their experiences, learn to doubt, to question, to investigate and to think independently.
IV. Making children capable of memorizing facts and definitions, to score best possible marks in exam.
(1) I and II (2) II and III
(3) III and I (4) IV and I

66. शिक्षा का उद्देश्य हैं
I. बच्चों को समाज को जिम्मेदार, उत्पादक और उपयोगी सदस्य बनने में सक्षम बनाना।
II. बुद्धिमान मजदूर वर्ग प्रदान करके व्यापार की जरूरतों और उद्योगों की वर्तमान जरूरतों और आकांक्षाओं को संतुष्ट करना।
III. अपने अनुभवों का विश्लेषण और मूल्यांकन करने में सक्षम बच्चों को बनाना, संदेह करना, प्रश्न करना, जांच करना और स्वतंत्र रूप से सोचना सीखना।
IV. बच्चों को परीक्षा में सर्वोत्तम संभव अंक स्कोर करने के लिए, तथ्यों और परिभाषाओं को याद रखने में सक्षम बनाना।
(1) I और II (2) II और III
(3) III और I (4) IV और I

67. Prateek studies what teachers actually do when they are teaching students to read. Prateek is most likely a(n) ______ psychologist.
(1) cognitive (2) school
(3) educational (4) community

67. प्रतीक अध्ययन करता है कि शिक्षक वास्तव में क्या करते हैं जब वे पढ़ाने के लिए पढ़ रहे हैं। प्रतीक की सबसे अधिक ______ मनोवैज्ञानिक होने की संभावना है
(1) संज्ञानात्मक (2) स्कूल
(3) शैक्षिक (4) समुदाय

68. Prateek is a difficult baby. He is irritable, sleeps at irregular intervals, and cries at unpredictable times. According to research on temperament, Prateek will

68. प्रतीक एक दुष्कर बच्चा है। वह बहुत चिड़चिड़ा रहता है, अनियमित अंतराल पर सोता है, और अप्रत्याशित समय पर रोता है। स्वभाव पर शोध के अनुसार, प्रतीक की सबसे

most likely

(1) outgrow her difficult temperament and become an easier child.

(2) remain difficult in childhood, and may display aggressiveness.

(3) develop a dependent relationship with her parents.

(4) become independent and especially successful in school.

अधिक संभावना है

(1) उसके कठिन स्वभाव कम हो जायेगा और एक आसान बच्चा बनेगा।

(2) बाल्यावस्था में भी दुष्कर रहेगा, और आक्रामकता प्रदर्शित करेगा।

(3) अपने माता-पिता के साथ एक आश्रित संबंध विकसित करेगा।

(4) स्वतंत्र बनेगा और विशेष रूप से स्कूल में सफल होगा।

69. The essence of constructivist theories of learning is:

(1) based exclusively on the theories of Jean Piaget

(2) learners must surmount a series of "educational challenges" in the school systems

(3) learners must individually discover and transform complex information if they are to make it their own.

(4) theories of learning are constructed of layers of hypotheses

69. सीखने के निर्माणवादी सिद्धांतों का सार है:

(1) पूरी तरह से केवल जीन पियाजे के सिद्धांतों पर आधारित है

(2) शिक्षार्थियों को स्कूल प्रणाली में "शैक्षिक चुनौतियों" की एक श्रृंखला में आगे बढ़ना चाहिए

(3) सीखने वालों को व्यक्तिगत रूप से जटिल जानकारी की खोज और उसका परिवर्तन करना चाहिए यदि वे इसे स्वयं अपना बनाना चाहते हैं

(4) सीखने के सिद्धांतों परिकल्पनाओं की परतों से बनाये जाते हैं

70. During the preoperational stage, a young child's thinking is

(1) abstract. (2) negative.

(3) conservative. (4) egocentric.

70. पूर्व संक्रियात्मक चरण के दौरान, एक युवा बच्चे की सोच होती है

(1) अमूर्त (2) नकारात्मक

(3) रूढ़िवादी (4) अहंकेंद्रित

Space for Rough Work / कच्चे कार्य के लिए स्थान

71. Rani is from Delhi. She has taken admission in a school in Assam. In the final exams, she faces difficulty in writing a composition on 'Bihu'. The most probable reason for Rani's problem is that

(1) There is a discontinuity between her home environment and the school curriculum
(2) Her parents are unable to help her in understanding the school culture
(3) She is not a hardworking girl and is not trying to adapt to the school curriculum
(4) Her background is deficient and is not on a par with standard school culture

72. In the primary classes, it is recommended that children should be taught in their mother tongue because

(1) It enables children to comprehend
(2) It creates a natural environment
(3) Children develop self-confidence
(4) It promotes regional languages

73. A language teacher wants her students to write for an authentic audience and purpose. What would be the best writing task to achieve this?

(1) Students write a letter to the principal expressing their opinion on a school-related issue
(2) Students write answer to questions given at the end of the chapter after discussing them with each other
(3) Students write a movie review of a movie they watched recently
(4) Students write on the topic, 'My School'

74. Role play should be an integral part of every language classroom because

(1) It enables girls and boys to interact freely
(2) It is an effective classroom management technique
(3) It enables students to engage in meaningful talk
(4) It enables students to memorize the story

75. Storytelling should be used frequently in classrooms because

(1) It provides space for teachers to engage in other academic tasks
(2) It lays the foundation of logical understanding and imagination
(3) It lays the foundation for other academic engagements
(4) It allows students to imagine and relax

Instruction (Q.No.76–80): Study the following paragraph and answer the questions that follow.

Adversity provides us with an opportunity to develop our character in a natural, recurring, and powerful way that only the challenges of adversity offer. According to Solomon, adversity refines and reveals the gold and silver of our character.

A lot of times adversity comes our way as a direct or indirect result of our own actions. We make a bad choice or a bad decision, or we simply fail to do something we should have done. When I made bad investment decisions, I had to accept responsibility for my greed and naive choices. Yes, several men had misrepresented the opportunities to me, but the fact is, I am the one who made the decisions. And I experienced the very consequences, that Solomon had cautioned to your own adversity, you need to accept responsibility for it. Don't simply blame someone or something else.

Nonetheless, throughout our lives we will experience a great deal of adversity that is not a result of our own actions. It is critically important that we do not assign fault to ourselves or to those who had nothing to do with it. When a friend of mine lost his daughter to leukemia, he confided to me that he felt God was punishing him for his past sine. In other words, he was blaming himself. It is believed that adversity sometimes has a purpose that we cannot know or understand. As tempting as it may be, to try to figure out such a mystery is not only an exercise in futility, it is foolish also.

76. The author quotes Solomon to

(1) Lend force to his argument
(2) Show his veneration for him
(3) Emphasize that adversity is part of life
(4) Embellish his prose

77. The phrase 'exercise in futility' means
(1) A foolish approach
(2) Something that is pointless
(3) Hopes of future
(4) An irrational act

78. Adversity provides us with an opportunity to
(1) Introspect
(2) Develop our character
(3) Test our friends
(4) Evaluate our own character

79. Identify the correct statement.
(1) Adversity is purposeless
(2) Adversity is a curse
(3) The mystery of adversity can be easily understood
(4) Adversity helps us improve our character

80. Which of the following statements is not true?
(1) Adversity is a test of our character
(2) The bravest are bogged down by misfortunes
(3) Adversity refines our character
(4) Adversity sometimes has a purpose

भाषा विषय: हिन्दी

81. भाषा-शिक्षण में खेल का सर्वाधिक महत्वपूर्ण स्थान है, क्योंकि
(1) खेल भाषा को विस्तार देते है
(2) खेल में आनंद आता है
(3) खेल में शारीरिक विकास होता है
(4) भाषा-शिक्षक को कम श्रम करना पड़ता है

82. भाषायी कौशलों के संदर्भ में कौन-सा कथन सही है
(1) भाषायी कौशल एक-दूसरे से स्वतंत्र होते है।
(2) भाषायी कौशल एक क्रम से सीखे जाते है।
(3) भाषायी कौशल एक-दूसरे को प्रभावित नही करते।
(4) भाषायी कौशल एक साथ सीखे जाते है, क्रम से नही।

83. पठन - पाठन के अन्त में ऐसे अभ्यास एवं गतिविधिया हो जो
(1) बच्चों को स्वयं कुछ करने और सीखने का अवसर प्रदान करें
(2) केवल पाठ से ही सम्बंधित हो
(3) पाठ पर बिलकुल आधारित न हो
(4) सरल भाषा वाले हो

84. भाषा अर्जन के सम्बन्ध में कौन-सा कथन सत्य है?
(1) समाज-सांस्कृतिक परिवेश के अनुसार अर्थ-ग्रहण की प्रक्रिया स्वभाविक होती है।
(2) भाषा अर्जन में बच्चों को बहुत अधिक प्रयास करना पड़ता है।
(3) भाषा अर्जन में किसी और भाषा का व्याघात होता है।
(4) भाषा सीखना एक उद्देश्य होता है।

85. भाषा विकास के सम्बन्ध में कौन-सा कथन सही नही है?
(1) बड़ों का सम्पर्क भाषा विकास की गति को तीव्र कर देता है।
(2) भाषा विकास व्यक्ति सापेक्ष है।
(3) प्रारम्भिक भाषायी परिवेश की समृद्धता भाषायी विकास में सहायक होता है।
(4) भाषा विकास व्यक्ति निरपेक्ष है।

निर्देश (Q.No.86–90): दिए गए गद्यांश को पढ़कर उसके नीचे लिखे प्रश्नों के सबसे उचित विकल्प को चुनिए।

सारा संसार नीले गगन के तले अनंत काल से रहता आया है। हम थोड़ी दूरी पर ही देखते है क्षितिज तक, जहाँ धरती और आकाश हमें मिलते दिखाई देते है। लेकिन जब हम वहाँ पहुचते है, तो यह नजारा आगे ही खिसकता चला जाता है। और इस नजारे का कोई ओर-छोर हमें नही दिखाई देता है। ठीक इसी तरह हमारा जीवन भी है।

जिंदगी की न जाने कितनी उपमाएँ दी जा चुकी है, लेकिन कोई भी उपमा पूर्ण नही मनी गई,क्योंकि जिन्दगी के इतने पक्ष है कि कोई भी उपमा उस पर पूरी फिट नही बैठती। बर्नार्ड शा जीवन को खुली किताब मानते थे, और यह भी मानते थे कि सभी जीवो को समान रूप से जीने का हक है। वह चाहते थे की इंसान अपने स्वार्थ में अँधा होकर किसी दूसरे जीव के जीने का हक न मारे। यदि इंसान ऐसा करता है, तो यह भुत बड़ा अन्याय है। हमारे विचार स्वभाविक रूप से एक-दुसरे से मेल नही खाते हैं, लेकिन इसका मतलब यह नही होता की हम दूसरे को उसके जीने के हक से वंचित कर दे।

यह खुला आसमान, यह प्रकृति और यह पूरा भू-मंडल हम दरअसल यही बता रहा है कि हाथी से लेकर चीटीं तक, सभी को समान रूप से जीवन बिताने का हक है। जिस तरह से खुले आसमान के नीचे हर प्राणी बिना किसी डर के जीने, साँस लेने का अधिकारी है, उसी तरह से मानव - मात्र का स्वभाव भी होना चाहिए कि वह अपने जीने के साथ दूसरों से अनेक जीने का हक न छीने। यह आसमान हमें जिस तरह से भय से छुटकारा दिलाता है, उसी तरह से हमे भी मानव - जाति से इतर जीवों को डर से

छुटकारा दिलाकर उन्हें जीने के लिए पूरा अवसर देना चाहिए। दूसरों के जीने के हक को छीनने से बड़ा अपराध या पाप कुछ नहीं हो सकता।

86. 'क्षितिज' किसे कहते है?
(1) जहाँ धरती और आकाश पास-पास होते है
(2) जहाँ तक धरती दिखाई पड़ती है
(3) जहाँ से धरती और आकाश दिखाई पड़ते है
(4) जहाँ धरती और आसमान मिले हुए दिखाई देते है

87. बर्नार्ड शा ने जीवन की उपमा किस्से दी है?
(1) खुली पुस्तक से
(2) सभी जीवों से
(3) क्षितिज से
(4) पढ़ी जा रही पुस्तक से

88. यदि किसी का ओर - छोर नहीं है, तो
(1) उसका सिरा नही मिलता
(2) उसकी सीमा नही है
(3) उसका विस्तार अधिक है
(4) उसके बहुत से सिरे है

89. 'फिट' और 'इंसान' शब्द है
(1) आगत
(2) तत्सम
(3) तदभव
(4) देशज

90. हम बहुत बड़ा अन्याय कर रहे होते है, यदि
(1) किसी को लूट लेते है
(2) किसी को टिकने नही देते
(3) किसी को जीने का अधिकार नही देते
(4) किसी से दुश्मनी रखते है

Space for Rough Work / कच्चे कार्य के लिए स्थान

91. Our hand is a III order lever because _________ lies between fulcrum and __________.
(1) Load, Effort
(2) Effort, Load
(3) Elbow, fulcrum
(4) Hand, Effort

91. हमारा हाथ एक III क्रम का उत्तोलक है क्योंकि _________ फुलक्रम और __________ के बीच स्थित है।
(1) भार, प्रयास
(2) प्रयास, भार
(3) कोहनी, फुलक्रम
(4) हाथ, प्रयास

92. The most important safety method used for protecting home appliances from short circuiting or overloading is
(1) earthing
(2) use of fuse
(3) use of stabilizers
(4) use of electric meter

92. घरेलू साधित्रों को लघुपथन अथवा अतिभारण से बचाने के लिए उपयोग किया जाने वाला सर्वाधिक महत्वपूर्ण सुरक्षा उपाय क्या है?
(1) भूसंपर्कन
(2) फ्यूज का उपयोग
(3) स्टैबिलाइजर (Stabilizer) का उपयोग
(4) विद्युत् मीटर का उपयोग

93. Which one of the following represents a group of friendly microorganisms?
(1) Yeast, Lactobacillus, Rhizobium, Bacillus anthracis
(2) Yeast, malarial parasite, Lactobacillus, Rhizobium
(3) Yeast, Lactobacillus, bread mould, Rhizobium
(4) Yeast, Lactobacillus, Rhizobium, Nitrosomonas

93. निम्नलिखित में से कौन सा दोस्ताना सूक्ष्मजीवों के समूह का प्रतिनिधित्व करता है?
(1) खमीर, लैक्टोबैसिलस, राइज़ोबियम, बैसिलस एंथ्रेसीस
(2) खमीर, मलेरिया परजीवी, लैक्टोबैसिलस, राइज़ोबियम
(3) खमीर, लैक्टोबैसिलस, रोटी मोल्ड, राइज़ोबियम
(4) खमीर, लैक्टोबैसिलस, राइज़ोबियम, नाइट्रोसोमोनास

94. Study the following statements:
I. The property of metals by virtue of which they can be drawn into wires is called ductility.
II. Metals are good conductor of electricity but poor conductor of heat.
III. Articles made of metals produce ringing sound when struck hard.
IV. Oxides of non-metals and metals are acidic in nature.
V. A less reactive metal replaces a more reactive metal from its salt solution in water.

Which of the following statement/statements are incorrect:
(1) I, III and V
(2) II, IV and V
(3) III, IV and V
(4) IV and V

94. निम्नलिखित बयानों का अध्ययन करें:
I. धातुओं का वह गुण जिसके कारण उन्हें खींचकर तारों में बदला जा सकता है, तन्यता कहलाता है|
II. धातु विद्युत् के अच्छे चालक होते हैं, परन्तु ऊष्मा के निम्न चालक होते है।
III. धातुओं की बनी वस्तुओं को जब जोर से धोका जाता है तो वे ध्वनी उत्पन्न करती है।
IV. अधतुओं और धातुओं के ऑक्साइड अम्लीय प्रकृति के होते हैं।
V. एक कम अभिक्रियाशील धातु एक अधिक अभिक्रियाशील धातु को उसके लवण के जलीय विलयन से विस्थापित कर देती है।

निम्नलिखित में से कौन सा कथन / कथन गलत है:
(1) I, III और V
(2) II, IV और V
(3) III, IV और V
(4) IV और V

95. A substance which reacts with oxygen giving heat is called a combustible substance. Which, one of the following is a combustible substance?

95. एक पदार्थ जो ऑक्सीजन देने से गर्मी देता है उसे दहनशील पदार्थ कहा जाता है। कौन सा, एक दहनशील पदार्थ है?
(1) लोहे की नाखून

(1) iron nail
(2) glass
(3) stone piece
(4) wood

(2) कांच
(3) पत्थर टुकड़ा
(4) लकड़ी

96. Majority of cells cannot be seen directly with our naked eyes because:
(1) organisms are generally unicellular
(2) cells are microscopic
(3) cells are present only inside the body
(4) cells are grouped into tissues

96. अधिकांश कोशिकाओं को लेंस की सहायता के बिना नहीं देखा जा सकता है क्योंकि:
(1) जीव अधिकांशत: एक कोशिक होते हैं|
(2) कोशिकाएं सूक्ष्मदर्शी हैं|
(3) कोशिकाएं केवल शरीर के अंदर मौजूद होती हैं
(4) कोशिकाओं समूहबद्ध होकर ऊतक बनाती है।

97. Which of the following statements are true for eukaryotic cells?
(I) They do not have a nuclear membrane.
(II) They have a well organised nucleus.
(III) They have a nuclear membrane.
(IV) Blue green algae are eukaryotic cells.
(1) II and IV
(2) II and III
(3) I and II
(4) I and IV

97. यूकेरियोटस के सन्दर्भ में निम्नलिखित कथनों में से कौन सा कथन सही है?
(I) इनमें केंद्रकीय झिल्ली नहीं होती।
(II) उनमें एक सुव्यवस्थित केंद्रक होता है।
(III) इनमें एक केंद्रक-झिल्ली होती है।
(IV) नीले-हरित शैवाल यूकेरियोटिक कोशिकाएं हैं।
(1) II और IV
(2) II और III
(3) I और II
(4) I और IV

98. Name the hormone that is released by testes at the onset of puberty:
(1) Estrogen
(2) Adrenaline
(3) Thyroxine
(4) Testosterone

98. यौवनारम्भ पर वृषणों से उत्सर्जित होने वाले हार्मोन का नाम बताइए।
(1) एस्ट्रोजेन
(2) एड्रेनालाईन
(3) थाइरॉक्सिन
(4) टेस्टोस्टेरोन

99. A boy rolls a rubber ball on a wooden surface. The ball travels a short distance before coming to rest. To make the same ball travel longer distance before coming to rest, he may:
(1) spread a carpet on the wooden surface.
(2) cover the ball with a piece of cloth.
(3) sprinkle talcum powder on the wooden surface.
(4) sprinkle sand on the wooden surface.

99. कोई लड़का रबड़ की गेंद को लकड़ी की किसी सतेह पर लुढ़काता है। रुकने से पहले गेंद थोड़ी-सी दुरी तय करती है। रुकने से पहले वही गेंद अधिक दुरी तय करे इसके लिए , वह
(1) लकड़ी की सतह पर कालीन बिछा सकता है।
(2) गेंद पर कपड़ा लपेट सकता है।
(3) लकड़ी की सतह पर टेल्कम पाउडर छिड़क सकता है।
(4) लकड़ी की सतह पर रेत छिड़क सकता है।

100. Which of the following statements are correct?
I. Sound is produced by vibrations.
II. Sound requires a medium for propagation.
III. Light and sound both require a medium for propagation.
IV. Sound travels slower than light.
(1) I & II only
(2) I, II & III only
(3) II, III & IV only

100. निम्नलिखित में से कौन से कथन सही हैं?
I. ध्वनि कंपन द्वारा उत्पन्न होती है।
II. ध्वनि संचरण के लिए माध्यम की आवश्यकता होती है।
III. प्रकाश तथा ध्वनि दोनों को संचरण के लिए माध्यम की आवश्यकता होती है।
IV. ध्वनि की चाल प्रकाश की चाल से कम होती है।
(1) केवल I व II
(2) केवल I, II व III
(3) केवल II, III व IV

(4) I, II & IV only

(4) केवल I, II व IV

101. Which of the following statements are correct:

I. Earthquakes occur all the time all over the world.

II. The plates of the outermost layer of the earth are always in continuous motion.

III. Tremors on the earth can also be caused by the eruption of a volcano.

IV. The process of electric discharge cannot occur between clouds and the earth.

V. Bathing outdoors should be avoided during thunderstorm.

(1) I and II
(2) I, II, III and V
(3) Only IV
(4) None of these

101. निम्नलिखित में से कौन सा/से कथन सही हैं:

I. भूकंप पृथ्वी पर हर समय कहीं न कहीं आते रहते हैं।

II. पृथ्वी की सबसे ऊपरी परत की प्लेटें निरंतर गति करती रहती हैं।

III. पृथ्वी पर भुस्पंद ज्वालामुखी के फटने के कारण भी उत्पन्न हो सकते हैं।

IV. विद्युत विसर्जन की प्रक्रिया बादलों तथा पृथ्वी के बीच नहीं हो सकती है।

V. तड़ित झंझा के समय खुले स्थान में स्नान करने से बचना चाहिए।

(1) I तथा II
(2) I, II, III तथा V
(3) केवल IV
(4) इनमें से कोई नहीं

102. Which one of the following sets of phenomena would increase on raising the temperature?

(1) Diffusion, evaporation, compression of gases
(2) Evaporation, compression of gases, solubility
(3) Evaporation, diffusion, expansion of gases
(4) Evaporation, solubility, diffusion, compression of gases

102. निम्नलिखित परिघटनाओं का कौन-सा समुच्चय ताप बढ़ाने पर बढ़ेगा -

(1) विसरण, वाष्पन, गैसों संपीड़न
(2) वाष्पन, गैसों का संपीड़न, विलेयता
(3) वाष्पन, विसरण, गैसों का प्रसार
(4) वाष्पन, विलेयता, विसरण, गैसों का संपीड़न

103. Which of the following statements is not true about an atom?

(1) Atoms are not able to exist independently
(2) Atoms are the basic units from which molecules and ions are formed
(3) Atoms are always neutral in nature
(4) Atoms aggregate in large numbers to form the matter that we can see, feel or touch

103. एक परमाणु के लिए निम्नलिखित में से कौन सा कथन सत्य नहीं है?

(1) परमाणु स्वतंत्र अस्तित्व में नहीं रह पाते हैं।
(2) परमाणु मूल इकाइयां हैं जिनसे अणुओं और आयनों का निर्माण होता है।
(3) परमाणु सदैव उदासीन प्रकृति के होते हैं।
(4) परमाणु बड़ी संख्या में परस्पर जुड़कर पदार्थ का निर्माण करते हैं, जिसे हम देख, अनुभव या स्पर्श कर सकते है।

104. The first model of an atom was given by

(1) N. Bohr
(2) E. Goldstein
(3) Rutherford
(4) J.J. Thomson

104. परमाणु का प्रथम मॉडल देने वाले का नाम है –

(1) एन. बोर
(2) ई. गोल्डस्टीन
(3) रदरफोर्ड
(4) जे.जे. टॉमसन

105. Amoeba acquires its food through a process, termed

(1) exocytosis
(2) endocytosis
(3) plasmolysis
(4) exocytosis and endocytosis both

105. अमीबा जिस प्रक्रिया के द्वारा भोजन प्राप्त करता है, वह कहलाती है-

(1) बहि:कोशिकता
(2) अंत:कोशिकता
(3) प्रद्रव्यलयन
(4) बहि: कोशिकता एवं अंत:कोशिकता दोनों

106. Area under a v – t graph represents a physical quantity which has the unit

(1) m^2
(2) m
(3) m^3
(4) ms^{-1}

106. v – t ग्राफ द्वारा घेरा गया क्षेत्रफल किसी भौतिक राशी को निरुपित करता है जिसका मात्रक है -

(1) m^2
(2) m
(3) m^3
(4) ms^{-1}

107. Two particles are placed at some distance. If the mass of each of the two particles is doubled, keeping the distance between them unchanged, the value of gravitational force between them will be

(1) ¼ times
(2) 4 times
(3) ½ times
(4) Unchanged

107. दो कण कुछ दूरी पर रखे हैं। यदि दोनों कणों के द्रव्यमान दोगुने कर दिए जाएँ तथा इनके बीच की दुरी अपरिवर्तित रखें, तो इनके बीच का गुरुत्वाकर्षण बल

(1) ¼ गुना हों जाएगा
(2) 4 गुना हों जाएगा
(3) ½ हों जाएगा
(4) अपरिवर्तित रहेगा

108. A child is standing in front of a magic mirror. She finds the image of her head bigger, the middle portion of her body of the same size and that of the legs smaller. The following is the order of combinations for the magic mirror from the top.

(1) Plane, convex and concave
(2) Convex, concave and plane
(3) Concave, plane and convex
(4) Convex, plane and concave

108. कोई बच्चा किसी जादुई दर्पण के सामने खड़ा है। वह यह देखता है कि उसके प्रतिबिंब में उसका सिर बड़ा, उसके शरीर का मध्य भाग साइज में समान तथा पैर छोटे दिखते हैं। मैजिक दर्पण में शीर्ष से दर्पणों के संयोजन का क्रम क्या है?

(1) समतल, उत्तल, अवतल
(2) उत्तल, अवतल, समतल
(3) अवतल, समतल, उत्तल
(4) उत्तल, समतल, अवतल

109. A cylindrical conductor of length *l* and uniform area of cross section *A* has resistance *R*. Another conductor of length 2*l* and resistance *R* of the same material has area of cross section

(1) *A*/2
(2) 3*A*/2
(3) 2*A*
(4) 3*A*

109. लंबाई *l* तथा एक समान अनुप्रस्थ काट क्षेत्रफल *A* के किसी बेलनाकार चालक का प्रतिरोध *R* है। समान पदार्थ के किसी अन्य चालक, जिसकी लंबाई 2*l* तथा प्रतिरोध *R* है, की अनुप्रस्थ काट का क्षेत्रफल क्या है?

(1) *A*/2
(2) 3*A*/2
(3) 2*A*
(4) 3*A*

110. When we change feeble sound to loud sound we increase its

(1) frequency
(2) amplitude
(3) velocity
(4) wavelength

110. किसी क्षीण ध्वनि को प्रबल ध्वनि में परिवर्तित करने के लिए किसमें वृद्धि करनी होगी?

(1) आवृत्ति
(2) आयाम
(3) वेग
(4) तरंगदैर्ध्य

111. Natural numbers 4 to 15 are written on different slips (one number on one slip), kept in a box and mixed well. Renu picks up one slip from the box without looking into it. What is the probability that this slip bears a prime number?

(1) $\frac{3}{11}$
(2) $\frac{1}{3}$
(3) $\frac{5}{12}$
(4) $\frac{2}{5}$

111. विभिन्न पर्चियों पर 4 से 15 तक प्राकृत संख्याएँ लिखी हुई हैं (एक पर्ची पर एक संख्या), उन्हें एक बक्से में डालकर अच्छी प्रकार से मिला दिया जाता है। बक्से के अन्दर से बिना देखे रेनु एक पर्ची निकालती है। इस पर्ची पर अभाज्य संख्या लिखे होने की प्रायिकता क्या है?

(1) $\frac{3}{11}$
(2) $\frac{1}{3}$
(3) $\frac{5}{12}$
(4) $\frac{2}{5}$

112. A sum of money amounts to Rs. 4,818 after 3 years and Rs. 7,227 after 6 years on compound interest. The sum is:

(1) Rs. 2,490
(2) Rs. 3,122
(3) Rs. 3,212
(4) Rs. 2,409

112. एक धनराशि चक्रवृद्धि ब्याज द्वारा 3 वर्षों के पश्चात रु. 4,818 और 6 वर्ष के पश्चात रु. 7,227 हो जाती है, वह धनराशि है:

(1) रु. 2,490
(2) रु. 3,122
(3) रु. 3,212
(4) रु. 2,409

113. If the weight of 18 sheets of paper is 50 grams, how many sheets of the same paper will weigh $3\frac{3}{4}$ Kg?

(1) 1314 (2) 1386
(3) 1836 (4) 1350

113. यदि कागज़ की 18 शीटों का भार 50 ग्राम है, तो उसी कागज़ की कितनी शीटों का भार $3\frac{3}{4}$ किग्रा होगा?

(1) 1314 (2) 1386
(3) 1836 (4) 1350

114. If $\frac{3x-2}{3}+\frac{2x+3}{2}=x+\frac{7}{6}$, then the value of $\frac{5x-2}{4}$ is:

(1) $\frac{-1}{3}$
(2) $\frac{1}{4}$
(3) $\frac{-1}{12}$
(4) $\frac{1}{12}$

114. यदि $\frac{3x-2}{3}+\frac{2x+3}{2}=x+\frac{7}{6}$ है, तो $\frac{5x-2}{4}$ का मान है:

(1) $\frac{-1}{3}$
(2) $\frac{1}{4}$
(3) $\frac{-1}{12}$
(4) $\frac{1}{12}$

115. If $4x^2+12xy-8x+9y^2-12y=(ax+by)(ax+by-4)$ then the value of a^2+b^2 is:

(1) 10 (2) 13 (3) 25 (4) 5

115. यदि $4x^2+12xy-8x+9y^2-12y=(ax+by)(ax+by-4)$ है, तब a^2+b^2 का मान है:

(1) 10 (2) 13 (3) 25 (4) 5

116. In the product of $(5x+2)$ and $(2x^2-3x+5)$, the sum of the coefficients of x^2 and x is:

116. $(5x+2)$ और $(2x^2-3x+5)$ के गुणनफल में x^2 और x के गुणाकों का योग है:

(1) 8 (2) 9 (3) –8 (4) –9

(1) 8 (2) 9 (3) –8 (4) –9

117. The internal base of a rectangular box is 15 cm long and $12\frac{1}{2}$ cm wide and its height is $7\frac{1}{2}$ cm. The box is filled with cubes each of side $2\frac{1}{2}$ cm. The number of cubes will be:

(1) 60 (2) 90
(3) 120 (4) 45

118. The perimeter of a trapezium is 58 cm and sum of its non – parallel sides is 20 cm. If its area is 152 cm^2 then the distance between the parallel sides, in cms, is:

(1) 8 (2) 9.8
(3) 15.2 (4) 6

119. The measure of each interior angle of a regular convex polygon is 156°. The number of sides of the polygon is:

(1) 12 (2) 10 (3) 8 (4) 15

120. If the number of sides of regular polygon is 'n', then the number of lines of symmetry is equal to:

(1) n^2
(2) $2n$
(3) n
(4) $\frac{n}{2}$

121. The sides of a triangle are 6.5 cm, 10 cm and x cm, where x is a positive number. What is the smallest possible value of x among the following?

(1) 2.8 (2) 3.5
(3) 4 (4) 4.5

122. The difference between the greatest and smallest fraction amongst $\frac{6}{7}, \frac{8}{9}, \frac{9}{10}, \frac{7}{8}$ is:

(1) $\frac{1}{56}$
(2) $\frac{1}{72}$
(3) $\frac{2}{63}$
(4) $\frac{3}{70}$

123. The additive inverse of S, where S = 1 – 2 + 3 – 4 + 5 – 6 + 7 – 8 + ... + 49 – 50, is

117. किसी आयताकार बक्से का आतंरिक आधार 15 सेमी लंबा और $12\frac{1}{2}$ सेमी चौड़ा है और इसकी ऊँचाई $7\frac{1}{2}$ सेमी है। इस बक्से को $2\frac{1}{2}$ सेमी भुजा वाले घनों से भरा जाता है। घनों की संख्या होगी:

(1) 60 (2) 90
(3) 120 (4) 45

118. किसी समलंब का परिमाप 58 सेमी है और इसकी असमांतर भुजाओं की लम्बाइयों का योग 20 सेमी है। यदि इसका क्षेत्रफल 152 सेमी^{2} हो, तो समांतर भुजाओं के बीच की दूरी, सेमी में है:

(1) 8 (2) 9.8
(3) 15.2 (4) 6

119. किसी सम उत्तल बहुभुज के प्रत्येक अंतः कोण की माप 156° है। बहुभुज की भुजाओं की संख्या है:

(1) 12 (2) 10 (3) 8 (4) 15

120. यदि एक समबहुभुज की भुजाओं की संख्या 'n' है, तो इसकी सममित रेखाओं की संख्या बराबर है:

(1) n^2
(2) $2n$
(3) n
(4) $\frac{n}{2}$

121. किसी त्रिभुज की भुजाएँ 6.5 सेमी, 10 सेमी और x सेमी हैं, जहाँ x एक घनात्मक संख्या है। निम्न में से x का न्यूनतम संभव मान क्या है?

(1) 2.8 (2) 3.5
(3) 4 (4) 4.5

122. $\frac{6}{7}, \frac{8}{9}, \frac{9}{10}, \frac{7}{8}$ में से सबसे बड़ी भिन्न और सबसे छोटी भिन्न का अंतर है:

(1) $\frac{1}{56}$
(2) $\frac{1}{72}$
(3) $\frac{2}{63}$
(4) $\frac{3}{70}$

123. S = 1 – 2 + 3 – 4 + 5 – 6 + 7 – 8 + ... + 49 – 50 हो, तो S का योज्य प्रतिलोम है:

(1) 25 (2) -25 (3) 25 (4) -25

(1) 1 (2) 0 (3) 1 (4) 0

124. If $a = 3^{129} \times 5^{128} \times 7^{22}$
$b = 3^{128} \times 5^{129} \times 7^{21}$
$c = 3^{127} \times 5^{129} \times 7^{23}$ and
$d = 3^{127} \times 5^{128} \times 7^{24}$, then
H.C.F. of a, b, c and d is:

(1) $3^{128} \times 5^{128} \times 7^{21}$
(2) $3^{128} \times 5^{129} \times 7^{21}$
(3) $3^{127} \times 5^{128} \times 7^{21}$
(4) $3^{127} \times 5^{128} \times 7^{22}$

124. यदि $a = 3^{129} \times 5^{128} \times 7^{22}$
$b = 3^{128} \times 5^{129} \times 7^{21}$
$c = 3^{127} \times 5^{129} \times 7^{23}$ और
$d = 3^{127} \times 5^{128} \times 7^{24}$ हैं, तब
a, b, c और d का म. स. (H.C.F.) है:

(1) $3^{128} \times 5^{128} \times 7^{21}$
(2) $3^{128} \times 5^{129} \times 7^{21}$
(3) $3^{127} \times 5^{128} \times 7^{21}$
(4) $3^{127} \times 5^{128} \times 7^{22}$

125. The value of $\sqrt[3]{-2300} \times \sqrt[3]{5290}$ is:

(1) –529 (2) –270
(3) 230 (4) –230

125. $\sqrt[3]{-2300} \times \sqrt[3]{5290}$ का मान है:

(1) –529 (2) –270
(3) 230 (4) –230

126. The value of $\frac{(2^a)^{bc}}{(5^b)^{ac}}$, where a = 2, b = 3 and c = 0, is:

(1) 0
(2) –1
(3) $\frac{2}{5}$
(4) 1

126. जबकि a = 2, b = 3 और c = 0 है, तो $\frac{(2^a)^{bc}}{(5^b)^{ac}}$ का मान क्या है?

(1) 0
(2) –1
(3) $\frac{2}{5}$
(4) 1

127. The value of
$4 + \frac{44}{10} + \frac{404}{100} + \frac{444}{1000} + \frac{4}{10,000}$, is:

(1) 12.8944 (2) 12.8844
(3) 12.8804 (4) 12.8224

127. $4 + \frac{44}{10} + \frac{404}{100} + \frac{444}{1000} + \frac{4}{10,000}$ का मान है:

(1) 12.8944 (2) 12.8844
(3) 12.8804 (4) 12.8224

128. The smallest value of 'y' in the number 9y8071 so that it is divisible by 11 is:

(1) 0 (2) 2 (3) 3 (4) 1

128. संख्या 9y8071, 11 से विभाज्य होगी यदि 'y' का न्यूनतम मान है:

(1) 0 (2) 2 (3) 3 (4) 1

129. $(14.96 \times 10^{10}) - (3.84 \times 10^{8})$ is expressed in standard form as:

(1) 14.9216×10^{10}
(2) 1492.16×10^{8}
(3) 1.49216×10^{11}
(4) 14921.6×10^{9}

129. $(14.96 \times 10^{10}) - (3.84 \times 10^{8})$ को मानक रूप में निम्न द्वारा व्यक्त किया जाता है:

(1) 14.9216×10^{10}
(2) 1492.16×10^{8}
(3) 1.49216×10^{11}
(4) 14921.6×10^{9}

130. The sum of mean, mode and median of data 6, 3, 9, 5, 1, 2, 3, 6, 5, 1, 3 is:

(1) 11 (2) 12 (3) 13 (4) 10

130. आँकड़ों 6, 3, 9, 5, 1, 2, 3, 6, 5, 1, 3 के माध्य, बहुलक और माध्यक का योग है:

(1) 11 (2) 12 (3) 13 (4) 10

131. One of the following processes is not a step involved in the water-cycle operating in nature
(1) evaporation
(2) transpiration
(3) precipitation
(4) photosynthesis

131. प्रकृति में चल रहे जल-चक्र में निम्नलिखित में से कौन-सी एक क्रिया सम्मिलित नहीं हैं?
(1) वाष्पन
(2) वाष्पोत्सर्जन
(3) अवक्षेपण
(4) प्रकाश संश्लेषण

132. Oxygen is harmful for
(1) ferns
(2) nitrogen fixing bacteria
(3) chara
(4) mango tree

132. ऑक्सीजन निम्नलिखित में से किसके लिए हानिकारक है
(1) फर्न
(2) नाइट्रोजन स्थिरीकरण जीवाणु
(3) चारा
(4) आम का वृक्ष

133. Which one of the following statements is true about a Biosphere Reserve?
(1) It is a protected area where only endemic species live.
(2) It is meant only for the conservation of plants and animals.
(3) It is meant to conserve both, the biodiversity and the culture of that area.
(4) There are no other protected areas within its limits.

133. बायोस्फीयर रिजर्व के बारे में निम्नलिखित में से कौन सा कथन सत्य है?
(1) यह एक संरक्षित क्षेत्र है जहां केवल स्थानिक प्रजातियां रहते हैं।
(2) यह केवल पौधों और जानवरों के संरक्षण के लिए है।
(3) यह जैव विविधता और उस क्षेत्र की संस्कृति दोनों को संरक्षित करने के लिए है।
(4) इसकी सीमाओं के भीतर कोई अन्य संरक्षित क्षेत्र नहीं हैं।

134. Acid rain happens because
(1) sun leads to heating of upper layer of atmosphere
(2) burning of fossil fuels release oxides of carbon, nitrogen and sulphur in the atmosphere
(3) electrical charges are produced due to friction amongst clouds
(4) earth atmosphere contains acids

134. अम्लीय वर्षा होने का कारण यह है कि
(1) सूर्य वायुमंडल की ऊपरी परतों को तप्त करना आरंभ करता है
(2) जीवाश्मी ईंधनों के जलने पर वायुमंडल में कार्बन, नाइट्रोजन v सल्फर के ऑक्साइड मुक्त होते हैं
(3) बादलों में घर्षण के कारण विद्युत् आवेश उत्पन्न होते हैं
(4) पृथ्वी के वायुमंडल में अम्ल होते हैं

135. Amarkantak biosphere reserves is located in
(1) Odisha
(2) Arunachal Pradesh
(3) Madhya Pradesh
(4) Chhattisgarh and Madhya Pradesh

135. अमरकंटक जीवमंडल भंडार कहाँ स्थित है
(1) ओडिशा
(2) अरुणाचल प्रदेश
(3) मध्य प्रदेश
(4) छत्तीसगढ़ और मध्य प्रदेश

136. Total estimated cost of the Census 2011 was
(1) Rs.2600 crore
(2) Rs.3200 crore
(3) Rs.2200 crore
(4) Rs.3700 crore

136. जनगणना 2011 की कुल अनुमानित लागत थी
(1) 2600 करोड़ रुपये
(2) 3200 करोड़ रुपये
(3) 2200 करोड़ रुपये
(4) 3700 करोड़ रुपये

137. World Birds Day is celebrated on
(1) 08 October
(2) 14 November
(3) 12 November
(4) 18 October

138. Kyoto Protocol was the result of
(1) UNCSD (2) UNFCCC
(3) WSSD (4) UNCED

139. The "Living Planet Report" is published every two years by which environmental organization?
(1) NTCA
(2) SAVE
(3) WWF
(4) None of these

140. Main focus of tenth five year plan of India was on the
(1) growth with justice and equity
(2) faster and more inclusive growth
(3) establishment of the self-sufficient economy
(4) double the per capita income of India

141. Full form of MoEF is
(1) Members of Environment & Forests
(2) Ministry of Endangered Forests
(3) The Ministry of Environment & Forests
(4) Members of Endangered Forests

142. Rajaji National Park is located in
(1) Jammu and Kashmir (2) Uttarakhand
(3) Goa (4) Kerala

143. As of September 2018, India's Rank in Human Development Index is
(1) 142 (2) 130 (3) 116 (4) 123

144. In the second half of the nineteenth century, the Satnami movement in central India, which worked among the leatherworkers to improve their social status, was founded by a low caste leader named
(1) Ghasidas
(2) Shri Narayana Guru
(3) Veerasalingam Pantulu
(4) Ramaswamy Naicker

145. Under whom did Bengal gradually break away from

137. विश्व पक्षी दिवस मनाया जाता है
(1) 08 अक्टूबर
(2) 14 नवंबर
(3) 12 नवंबर
(4) 18 अक्टूबर

138. क्योटो प्रोटोकॉल का नतीजा था
(1) UNCSD (2) UNFCCC
(3) WSSD (4) UNCED

139. "लिविंग प्लैनेट रिपोर्ट" हर दो साल में किस पर्यावरण संगठन द्वारा प्रकाशित की जाती है?
(1) NTCA
(2) SAVE
(3) WWF
(4) इनमें से कोई नहीं

140. भारत की दसवीं पंचवर्षीय योजना का मुख्य ध्यान था
(1) न्याय और इक्विटी के साथ विकास
(2) तेजी से और अधिक समावेशी विकास
(3) आत्मनिर्भर अर्थव्यवस्था की स्थापना
(4) भारत की प्रति व्यक्ति आय दोगुनी करें

141. MoEF का पूरा नाम क्या है?
(1) Members of Environment & Forests
(2) Ministry of Endangered Forests
(3) The Ministry of Environment & Forests
(4) Members of Endangered Forests

142. राजाजी राष्ट्रीय उद्यान कहाँ स्थित है
(1) जम्मू-कश्मीर (2) उत्तराखंड
(3) गोवा (4) केरल

143. सितंबर 2018 तक, मानव विकास सूचकांक में भारत की रैंक है
(1) 142 (2) 130 (3) 116 (4) 123

144. उन्नीसवीं शताब्दी के उत्तरार्ध में, मध्य भारत में सतनामी आंदोलन, जो कि चमड़े के काम करने वालों के सामाजिक स्थिति में सुधार के लिए काम करता था, की स्थापना निम्न जाति के किस नेता ने की थी
(1) घासीदास
(2) श्री नारायण गुरु
(3) वीरसेलिंगम पंतलु
(4) रामास्वामी नायकर

145. निम्नलिखित में से किसके नेतृत्व में बंगाल 18वीं सदी में धीरे-

the Mughal control in the 18th century?

(1) Nadir Shah
(2) Murshid Quli Khan
(3) Niram-ul-Mulk Asaf Jah
(4) Alivardi Khan

146. In 1856, who among the following Governor Generals decided that Bahadur Shah Zafar would be the last Mughal King and after his death none of the descendants would be recognized as a King?

(1) Cornwallis (2) Canning
(1) Dalhousie (2) Hastings

147. Which of the following statements is incorrect about Gandhiji's views on colonial education?

(1) Education in English distanced Indians from their social surroundings.
(2) Colonial education created a sense of inferiority in the minds of Indians.
(3) Western education valued textbooks rather than life experiences and practical knowledge.
(4) English education focused on oral knowledge rather than reading and writing.

148. Who among the following was a veteran nationalist leader of the 'Salt Satyagrah' in South India?

(1) C.Rajagopalachari
(2) Sardar Vallabhbhai Patel
(3) Potti Sriramulu
(4) Mahatma Gandhi

149. Organisms which synthesise carbohydrates from inorganic compounds using radiant energy are called

(1) decomposers (2) producers
(3) herbivores (4) carnivores

150. The three R's that will help us to conserve natural resources for long term use are

(1) recycle, regenerate, reuse
(2) reduce, regenerate, reuse
(3) reduce, reuse, redistribute
(4) reduce, recycle, reuse

धीरे मुगल नियंत्रण से अलग हो गया?

(1) नादिर शाह
(2) मुर्शिद कुली खान
(3) निजाम-उल-मुल्क असफ़ जाह
(4) अलीवर्दी खान

146. सन् 1856 में निम्नलिखित गवर्नर जनरलों में से किसने यह निर्णय किया था कि बहादुर शाह ज़फर आखिरी मुग़ल बादशाह होंगे और उनकी मृत्यु के बाद उनके किसी वंशज को बादशाह नहीं माना जाएगा?

(1) कॉर्नवालिस (2) कैनिंग
(1) डलहौज़ी (2) हेस्टिंग्स

147. औपनिवेशिक शिक्षा पर गांधीजी के विचारों के सम्बन्ध में निम्नलिखित कथनों में से कौन-सा कथन ग़लत है?

(1) अंग्रेजी में दी जा रही शिक्षा ने भारतीयों को अपने सामाजिक परिवेश से काट दिया।
(2) औपनिवेशिक शिक्षा ने भारतीयों के मस्तिष्क में हीनता का भाव पैदा कर दिया।
(3) पश्चिम शिक्षा में जीवन के अनुभवों और व्यावहारिक ज्ञान की अपेक्षा पाठ्य-पुस्तकों पर अधिक बल दिया गया।
(4) अंग्रेजी शिक्षा ने पढने और लिखने की अपेक्षा मौलिक ज्ञान पर अधिक बल दिया।

148. दक्षिण भारत में 'नमक सत्याग्रह' के एक वयोवृद्ध राष्ट्रवादी नेता निम्नलिखित में से कौन थे?

(1) सि॰ राजगोपालाचारी
(2) सरदार वल्लभभाई पटेल
(3) पोट्टी श्रीरामुलु
(4) महात्मा गाँधी

149. वे जीव जो सौर ऊर्जा का प्रयोग करते हुए अकार्बनिक यौगिकों से कार्बोहाइड्रेटो का संश्लेषण कर लेते हैं, निम्नलिखित में से क्या कहलाते हैं?

(1) अपघटक (2) उत्पादक
(3) शाकाहारी (4) माँसाहारी

150. वे तीन 'R' कौन से हैं जो हमें प्राकृतिक संसाधनों को लंबी अवधि तक संरक्षित बनाए रखने में सहायक होंगे?

(1) recycle, regenerate, reuse
(2) reduce, regenerate, reuse
(3) reduce, reuse, redistribute
(4) reduce, recycle, reuse

उत्तर पत्रिका / Answer Sheet – Kendriya Vidyalaya Sangathan

Name of the Candidate: ______________________ **Fathers' Name:** ______________

Roll Number: _________________, **Examination Centre:** ________________________

Paper of the Candidate: _______________________, **Test Booklet Code:** ____________

Mark your Answer by shading the appropriate circle against each question. The circle should be shaded completely without leaving any space. The correct method of shading is given below.

प्रत्येक प्रश्न के सामने उचित वृत का चिन्हांकन करके अपना उत्तर लिखें। वृत्त को बिना कोई स्थान छोड़े चिन्हांकित करें। चिन्हांकित करने का सही तरीका नीचे दिया गया है।

Correct Method : सही तरीका : ○ ● ○ ○ Wrong Method : गलत तरीका : ⊠ ✓ ⊙ ◑

001	① ② ③ ④	031	① ② ③ ④	061	① ② ③ ④	091	① ② ③ ④	121	① ② ③ ④
002	① ② ③ ④	032	① ② ③ ④	062	① ② ③ ④	092	① ② ③ ④	122	① ② ③ ④
003	① ② ③ ④	033	① ② ③ ④	063	① ② ③ ④	093	① ② ③ ④	123	① ② ③ ④
004	① ② ③ ④	034	① ② ③ ④	064	① ② ③ ④	094	① ② ③ ④	124	① ② ③ ④
005	① ② ③ ④	035	① ② ③ ④	065	① ② ③ ④	095	① ② ③ ④	125	① ② ③ ④
006	① ② ③ ④	036	① ② ③ ④	066	① ② ③ ④	096	① ② ③ ④	126	① ② ③ ④
007	① ② ③ ④	037	① ② ③ ④	067	① ② ③ ④	097	① ② ③ ④	127	① ② ③ ④
008	① ② ③ ④	038	① ② ③ ④	068	① ② ③ ④	098	① ② ③ ④	128	① ② ③ ④
009	① ② ③ ④	039	① ② ③ ④	069	① ② ③ ④	099	① ② ③ ④	129	① ② ③ ④
010	① ② ③ ④	040	① ② ③ ④	070	① ② ③ ④	100	① ② ③ ④	130	① ② ③ ④
011	① ② ③ ④	041	① ② ③ ④	071	① ② ③ ④	101	① ② ③ ④	131	① ② ③ ④
012	① ② ③ ④	042	① ② ③ ④	072	① ② ③ ④	102	① ② ③ ④	132	① ② ③ ④
013	① ② ③ ④	043	① ② ③ ④	073	① ② ③ ④	103	① ② ③ ④	133	① ② ③ ④
014	① ② ③ ④	044	① ② ③ ④	074	① ② ③ ④	104	① ② ③ ④	134	① ② ③ ④
015	① ② ③ ④	045	① ② ③ ④	075	① ② ③ ④	105	① ② ③ ④	135	① ② ③ ④
016	① ② ③ ④	046	① ② ③ ④	076	① ② ③ ④	106	① ② ③ ④	136	① ② ③ ④
017	① ② ③ ④	047	① ② ③ ④	077	① ② ③ ④	107	① ② ③ ④	137	① ② ③ ④
018	① ② ③ ④	048	① ② ③ ④	078	① ② ③ ④	108	① ② ③ ④	138	① ② ③ ④
019	① ② ③ ④	049	① ② ③ ④	079	① ② ③ ④	109	① ② ③ ④	139	① ② ③ ④
020	① ② ③ ④	050	① ② ③ ④	080	① ② ③ ④	110	① ② ③ ④	140	① ② ③ ④
021	① ② ③ ④	051	① ② ③ ④	081	① ② ③ ④	111	① ② ③ ④	141	① ② ③ ④
022	① ② ③ ④	052	① ② ③ ④	082	① ② ③ ④	112	① ② ③ ④	142	① ② ③ ④
023	① ② ③ ④	053	① ② ③ ④	083	① ② ③ ④	113	① ② ③ ④	143	① ② ③ ④
024	① ② ③ ④	054	① ② ③ ④	084	① ② ③ ④	114	① ② ③ ④	144	① ② ③ ④
025	① ② ③ ④	055	① ② ③ ④	085	① ② ③ ④	115	① ② ③ ④	145	① ② ③ ④
026	① ② ③ ④	056	① ② ③ ④	086	① ② ③ ④	116	① ② ③ ④	146	① ② ③ ④
027	① ② ③ ④	057	① ② ③ ④	087	① ② ③ ④	117	① ② ③ ④	147	① ② ③ ④
028	① ② ③ ④	058	① ② ③ ④	088	① ② ③ ④	118	① ② ③ ④	148	① ② ③ ④
029	① ② ③ ④	059	① ② ③ ④	089	① ② ③ ④	119	① ② ③ ④	149	① ② ③ ④
030	① ② ③ ④	060	① ② ③ ④	090	① ② ③ ④	120	① ② ③ ④	150	① ② ③ ④

परीक्षार्थी का नाम Name of candidate (In Capital Letters)	परीक्षार्थी के हस्ताक्षर Signature of candidate (In Running Hand)	परीक्षार्थी के बाएं अंगूठे का निशान Left hand thumb impression of the candidate	निरीक्षक के हस्ताक्षर Signature of invigilator (In Running Hand)

Answer Key KVS Test Set - 08

Q	A	Q	A	Q	A	Q	A	Q	A	Q	A	Q	A	Q	A
1	2	**21**	2	**41**	2	**61**	3	**81**	1	**101**	2	**121**	3	**141**	3
2	2	**22**	3	**42**	4	**62**	2	**82**	4	**102**	3	**122**	4	**142**	2
3	1	**23**	1	**43**	3	**63**	3	**83**	1	**103**	1	**123**	1	**143**	2
4	4	**24**	4	**44**	3	**64**	2	**84**	1	**104**	4	**124**	3	**144**	1
5	1	**25**	4	**45**	2	**65**	3	**85**	4	**105**	2	**125**	4	**145**	2
6	1	**26**	4	**46**	3	**66**	3	**86**	4	**106**	2	**126**	4	**146**	2
7	3	**27**	2	**47**	2	**67**	3	**87**	1	**107**	2	**127**	2	**147**	1
8	1	**28**	1	**48**	2	**68**	2	**88**	2	**108**	3	**128**	4	**148**	1
9	2	**29**	2	**49**	1	**69**	3	**89**	1	**109**	3	**129**	3	**149**	3
10	2	**30**	1	**50**	4	**70**	4	**90**	3	**110**	2	**130**	4	**150**	4
11	4	**31**	3	**51**	1	**71**	1	**91**	2	**111**	2	**131**	4		
12	3	**32**	1	**52**	3	**72**	2	**92**	2	**112**	3	**132**	2		
13	1	**33**	2	**53**	4	**73**	3	**93**	4	**113**	4	**133**	3		
14	1	**34**	1	**54**	1	**74**	3	**94**	2	**114**	3	**134**	2		
15	1	**35**	2	**55**	4	**75**	2	**95**	4	**115**	2	**135**	4		
16	3	**36**	1	**56**	2	**76**	3	**96**	2	**116**	1	**136**	3		
17	1	**37**	2	**57**	3	**77**	2	**97**	2	**117**	2	**137**	1		
18	3	**38**	2	**58**	2	**78**	2	**98**	4	**118**	1	**138**	2		
19	3	**39**	4	**59**	3	**79**	4	**99**	3	**119**	4	**139**	3		
20	4	**40**	3	**60**	2	**80**	2	**100**	4	**120**	3	**140**	4		

Prateek Shivalik

KVS PRT

Code 09

इस परीक्षा पुस्तिका को तब तक न खोलें जब तक कहा न जाए।
Do not open this Test Booklet until you are asked to do so.
इस परीक्षा पुस्तिका के पिछले आवरण पर दिए गये निर्देशों को ध्यान से पढ़ें।
Read carefully the Instructions on the Back Cover of this Test Booklet.

परीक्षार्थियों के लिए निर्देश

1. OMR उत्तर पत्र इस परीक्षा के अन्दर रखा है। जब आपको परीक्षा पुस्तिका खोलने को कहा जाए, तो उत्तर पत्र निकाल कर पृष्ठ-1 एवं पृष्ठ-2 पर ध्यान से केवल नीले बॉल पॉइंट पेन से विवरण भरें।
2. परीक्षा की अवधि 2½ घंटे है एवं परीक्षा में 150 प्रश्न है। **कोई ऋणात्मक अंकन नहीं है।**
3. इस पृष्ठ पर विवरण अंकित करने एवं उत्तर पत्र पर निशान लगाने के लिए केवल नीले बॉल पॉइंट पेन का प्रयोग करें।
4. यह सुनिश्चित कर लें की इस पुस्तिका का संकेत, उत्तर पत्र के पृष्ठ पर छपे संकेत से मिलता है। यह भी सुनिश्चित कर लें की परीक्षा संख्या और उत्तर पत्र संख्या मिलते है। अगर यह भिन्न हों तो परीक्षार्थी दूसरी प्रश्न पुस्तिका और उत्तर पत्र लेने के लिए निरीक्षक को तुरन्त अवगत कराएँ।
5. **यदि अनुवाद में किसी भी प्रकार की कोई अस्पष्टा हो तो अंग्रेजी वाले पाठ को ही सही माना जायेगा।**
6. रफ कार्य परीक्षा पुस्तिका में इस प्रयोजन के लिए दी गई खाली जगह पर करें।
7. सभी उत्तर केवल OMR उत्तर पत्र पर ही अंकित करें। अपने उत्तर ध्यानपूर्वक अंकित करें। उत्तर बदलने हेतु श्वेत रंजक का प्रयोग निषिद्ध है।
8. प्रत्येक प्रश्न के सामने उचित वृत का चिन्हांकन करके अपना उत्तर लिखें। वृत्त को बिना कोई स्थान छोड़े चिन्हांकित करें।

INSTRUCTIONS FOR CANDIDATES

1. The OMR Answer Sheet is inside this Test Booklet. When you are directed to open the Test Booklet, take out the Answer Sheet and fill in the particulars on Side-1 and Side-2 carefully with blue ball point pen only.
2. The test is of 2½ hours duration and consists of 150 questions. **There is no negative marking.**
3. Use Blue Ball Point Pen only for writing particulars on this page / marking responses in the Answer Sheet.
4. Make sure that the CODE printed on the Answer Sheet is the same as that on this booklet. Also ensure that your Test Booklet No. and Answer Sheet No. are the same. In case of discrepancy, the candidate should immediately report the matter to the Invigilator for replacement of both the Test Booklet and the Answer Sheet.
5. **In case of any ambiguity in translation, the English version will be deemed authentic.**
6. Rough work should be done only in the space provided in the Test Booklet for the same.
7. The answers are to be recorded on the OMR Answer Sheet only. Mark your responses carefully. No whitener is allowed for changing answers.
8. Mark your Answer by shading the appropriate circle against each question. The circle should be shaded completely without leaving any space.

परीक्षार्थी का नाम (बड़े अक्षरों में):
Name of the Candidate (in Capitals): ____________________

अनुक्रमांक (अंकों में):
Roll Number: (in figures): ____________________

(शब्दों में):
(in words): ____________________

परीक्षा केन्द्र (बड़े अक्षरों में) :
Centre of Examination (in Capitals): ____________________

परीक्षार्थी के हस्ताक्षर:
Candidate's Signature: ____________________

निरीक्षक के हस्ताक्षर :
Invigilator's Signature : ____________________

Facsimile signature stamp of
Centre Superintendent ____________________

1. The synonym of the given word is?
GRUFF
(1) hard (2) rough (3) tough (4) sturdy

2. Which part of the following sentences has error in it?
John is working very hardly (P) as the examinations (Q) are fast approaching. (R) No error (S).
(1) P (2) Q (3) R (4) S

3. Which part of the following sentences has error in it?
He ate (P) nothing (Q) since yesterday (R). No error (S)
(1) P (2) Q (3) R (4) S

4. Fill in the blank.
You have all come well prepared. I ______ you to pass this exam.
(1) wish
(2) except
(3) hope
(4) expect

5. Choose the one word which can be substituted for the given sentence/ words.
A person without training or experience in a skill or subject
(1) chaplain
(2) mason
(3) artisan
(4) novice

6. Choose the option which best expresses the meaning of the highlighted idiom/phrase in the sentence.
to "face the music"
(1) to be greeted rudely
(2) to be offered warm hospitality
(3) to enjoy a music programme
(4) to bear the consequences

7. Choose the correctly spelt word
(1) irrepairable
(2) irreparable
(3) irreparrable
(4) irepairable

8. Convert the given sentence into Active / Passive Voice
We are reaching the end of this exercise.
(1) This exercise is ended by us.
(2) The end of this exercise is being reached by us.
(3) This is our end to the exercise.
(4) The exercise has reached its; end by us.

9. Convert the given sentence into Direct / Indirect Speech
"I Suppose, you children go out for a nice long walk", she said.
(1) She proposed that the children went out for a nice long walk.
(2) She advised that the children go out for a nice long walk.
(3) She suggested that the children go out for a nice long walk.
(4) She suggested that the children should go out for a nice long walk.

10. Arrange the following jumbled part of the sentence in correct order.
1. In China there is no man in the moon.
P. They are exchanged between friends while children receive toy pagodas made of clay.
Q. These cakes are circular to symbolize the full moon.
R. Instead, there is a toad in the moon as well as moon rabbits and a goddess.
S. All these appear as decorations on moon cakes, baked to celebrate the moon's birthday in September.
6. The birthday marks the end of the harvest when debts are meant to be settled.
(1) RQPS
(2) RPQS
(3) RSQP
(4) RPSQ

11. "स्वामी रहित जानवर" के लिए एक उपयुक्त शब्द है
(1) अन्ना
(2) मवेशी
(3) लावारिस
(4) अस्वामी

12. 'व' और 'फ' का उच्चारण स्थान है
(1) तालव्य
(2) मूर्धन्य
(3) ओष्ठ्य
(4) कंठ्य

13. "काला" का भाववाचक संज्ञा है
(1) कालू
(2) कालिख
(3) कालिमा
(4) कोई नहीं

14. दिन जल्दी–जल्दी ढल रहा है – में यह क्रिया विशेषण का रूप है
(1) कालवाचक
(2) स्थानवाचक
(3) परिमाणवाचक
(4) रीतिवाचक

15. "ये मेरे मित्र है।" में प्रयुक्त कारक है
(1) संबंध
(2) कर्म
(3) करण
(4) कर्ता

16. "भरपेट" में समास है
(1) द्वन्द
(2) अव्ययीभाव
(3) बहुब्रीहि
(4) सम्बन्ध तत्पुरुष

17. विलक्षण में कौन सा उपसर्ग है?
(1) विल
(2) वि
(3) वि:
(4) कोई नहीं

18. लुटेरा में कौन सा प्रत्यय है?
(1) ऐरा
(2) एरा
(3) रा
(4) सभी

19. दुष्कर का संधि विच्छेद होगा
(1) दुस+अकर
(2) दुः+कर
(3) दुस+कर
(4) दु+अष्कर

20. निम्न में से किस शब्द की वर्तनी शुद्ध है?
(1) छुटी
(2) छूटटी
(3) छुट्टी
(4) छुटटी

Space for Rough Work / कच्चे कार्य के लिए स्थान

21. In Networks, WEP stands for
(1) Wireless Equivalent Privacy
(2) Wired Extra Privacy
(3) Wired Equivalent Privacy
(4) Wireless Embedded Privacy

21. नेटवर्क में, WEP का अर्थ है
(1) Wireless Equivalent Privacy
(2) Wired Extra Privacy
(3) Wired Equivalent Privacy
(4) Wireless Embedded Privacy

22. The first computer made available for commercial use was
(1) MANIAC
(2) ENIAC
(3) UNIVAC
(4) EDSAC

22. वाणिज्यिक उपयोग के लिए उपलब्ध पहला कंप्यूटर था
(1) मैनीएक
(2) ईनीएक
(3) यूनिवैक
(4) एडसैक

23. Which of the following computer memories is non-volatile?
(1) DRAM
(2) SRAM
(3) ROM
(4) RAM

23. निम्नलिखित में से कौन सी कंप्यूटर स्मृति स्थिर है?
(1) DRAM
(2) SRAM
(3) ROM
(4) RAM

24. USB is _____ type of storage device.
(1) Auxillary
(2) Primary
(3) Secondary
(4) Tertiary

24. यूएसबी _____ प्रकार का स्टोरेज डिवाइस है।
(1) सहायक
(2) प्राथमिक
(3) माध्यमिक
(4) तृतीयक

25. The father of computer is
(1) Oliver Twist
(2) Charles Dickens
(3) Charles Babbage
(4) Love Lice

25. कंप्यूटर का पिता है
(1) ओलिवर ट्विस्ट
(2) चार्ल्स डिकेंस
(3) चार्ल्स बैबेज
(4) लव लिसे

26. Which application is used for accessing the information on internet?
(1) operating system
(2) web browser
(3) microsoft word
(4) system software

26. इंटरनेट पर जानकारी तक पहुँचने के लिए किस एप्लिकेशन का उपयोग किया जाता है?
(1) ऑपरेटिंग सिस्टम
(2) वेब ब्रॉज़र
(3) माइक्रोसॉफ्ट शब्द
(4) सिस्टम सॉफ्टवेयर

27. _____ is required to boot a computer.
(1) Loader
(2) Operating system
(3) Assembler
(4) Compiler

27. _____ कंप्यूटर को बूट करने की आवश्यक होता है।
(1) लोडर
(2) ऑपरेटिंग सिस्टम
(3) असेंबलर
(4) संकलक

28. _____ is the part of the Central Processing Unit (CPU).

(1) Monitor

(2) Arithmetic and Logic Unit

(3) Keyboard

(4) Printer

28. _____ केंद्रीय प्रसंस्करण इकाई (सीपीयू) का हिस्सा है।

(1) मॉनिटर

(2) अंकगणितीय और तर्क इकाई

(3) कीबोर्ड

(4) प्रिंटर

29. Who invented E-Mail?

(1) Tim Berners-Lee

(2) James Gosling

(3) Vinton Cerf

(4) VA Shiva Ayyadurai

29. ई-मेल का आविष्कार किसने किया?

(1) टिम बर्नर्स-ली

(2) जेम्स गोस्लिंग

(3) विंटन सर्फ

(4) वीए शिव अय्यादुई

30. _______ is a type of computing that performs computation, storage and even applications as a service across a network.

(1) Cloud Computing

(2) Distributed Computing

(3) Parallel Computing

(4) Virtual Computing

30. _______ कंप्यूटिंग का एक प्रकार है जो एक नेटवर्क में सेवा के रूप में गणना, भंडारण और यहाँ तक कि अनुप्रयोगों को भी करता है।

(1) क्लाउड कंप्यूटिंग

(2) वितरित कंप्यूटिंग

(3) समांतर कंप्यूटिंग

(4) वर्चुअल कंप्यूटिंग

Space for Rough Work / कच्चे कार्य के लिए स्थान

General Awareness

31. Which organisation monitors the banks in actually maintaining cash balance?
(1) State Bank of India
(2) Reserve Bank of India
(3) Grameen Bank of India
(4) None of these

31. कौन सी संस्था नज़र रखती है कि बैंक वास्तव में नकद शेष बनाए हुए है?
(1) भारतीय स्टेट बैंक
(2) भारतीय रिज़र्व बैंक
(3) भारतीय ग्रामीण बैंक
(4) इनमे से कोई नहीं

32. In the Indian Parliamentary System, 'Vote on Account' is valid for how many months (except the year of elections)?
(1) 2 months
(2) 3 months
(3) 6 months
(4) 9 months

32. भारतीय संसदीय प्रणाली में, 'खाते पर वोट' की वैधता कितने महीनों तक के लिए होती है (चुनाव के वर्ष को छोड़ कर)?
(1) 2 महीने
(2) 3 महीने
(3) 6 महीने
(4) 9 महीने

33. Who is the most prominent god of 'Rig Veda'?
(1) Indra
(2) Agni
(3) Pashupati
(4) Vishnu

33. 'ऋग्वेद' में सबसे प्रमुख देवता कौन है?
(1) इंद्र
(2) अग्नि
(3) पशुपति
(4) विष्णु

34. Which is the highest peak in Andaman and Nicobar islands?
(1) Mount Koya
(2) Mount Diavolo
(3) Saddle Peak
(4) Mount Thuiller

34. अंडमान तथा निकोबार द्वीप समूह में सबसे ऊँची चोटी कौन सी है?
(1) माउंट कोया
(2) माउंट दिअवोलो
(3) सैडल चोटी
(4) माउंट थुईलर

35. What is the full form of DNA?
(1) Diribo nucleic acid
(2) Di nucleic acid
(3) Dual nitrogen acid
(4) Deoxyribonucleic acid

35. डी.एन.ए. का असंक्षिप्त रूप क्या है?
(1) डीराइबोन्यूक्लिक अम्ल
(2) डी न्यूक्लिक अम्ल
(3) डूअल नाइट्रोजन अम्ल
(4) डीओक्सीराइबोन्यूक्लिक अम्ल

36. Which among the following is/are female hormones?
(i) Estrogen
(ii) Progesterone
(iii) Testosterone
(1) (i) and (iii)
(2) (i) and (ii)
(3) (ii) and (iii)
(4) Only (iii)

36. निम्नलिखित में से कौन सा/कौन से हॉर्मोन स्त्रियों में पाया/पाये जाता/जाते है/हैं?
(i) एस्ट्रोजन
(ii) प्रोजेस्टेरोन
(iii) टेस्टोस्टेरोन
(1) (i) तथा (iii)
(2) (i) तथा (ii)
(3) (ii) तथा (iii)
(4) केवल (iii)

37. What is the value of the Least Distance of Distinct

37. एक सामान्य मनुष्य के लिए सुस्पष्ट दृष्टि की न्यूनतम दूरी (सेमी.

vision (in cm) for a normal human being?

(1) 2.5
(2) 25
(3) 58
(4) 60

में) कितनी होती है?

(1) 2.5
(2) 25
(3) 58
(4) 60

38. Which among the following is used to treat Indigestion?

(1) Antacid
(2) Antiseptic
(3) Analgesic
(4) Antibiotic

38. निम्नलिखित में से किसे अजीर्ण के इलाज के लिए उपयोग किया जाता है?

(1) एंटासिड
(2) एंटीसेप्टिक
(3) एनल्जेसिक
(4) एंटीबायोटिक

39. Minamata disease is a nervous disorder caused by eating fish, polluted with ______.

(1) Iron
(2) Mercury
(3) Lead
(4) Nickel

39. मिनामाता रोग एक तंत्रिका विकार है, जो ______ से ग्रसित मछली के सेवन से होता है।

(1) लोह
(2) पारा
(3) सीसा
(4) निकल

40. Match the following.

Trophy/Cup	Sport
1. Irani Trophy	a. Football
2. Santosh Trophy	b. Cricket
3. Azlan Shah Cup	c. Hockey

(1) 1-b, 2- c, 3-a
(2) 1-b, 2-a, 3-c
(3) 1-a, 2-c, 3-b
(4) 1-a, 2-b, 3-c

40. निम्नलिखित का मिलन कीजिए।

ट्रॉफी/कप	खेल
1. ईरानी ट्रॉफी	a) फुटबॉल
2. संतोष ट्रॉफी	b) क्रिकेट
3. अजलन शाह कप	c) हॉकी

(1) 1-b, 2- c, 3-a
(2) 1-b, 2-a, 3-c
(3) 1-a, 2-c, 3-b
(4) 1-a, 2-b, 3-c

Space for Rough Work / कच्चे कार्य के लिए स्थान

41. From the given alternative words, select the word which cannot be formed using the letters of the given word.

AUTOBIOGRAPHY

(1) TROPHY
(2) BRIGHT
(3) GRAPHIC
(4) TROOP

42. Arrange the following words as per order in the dictionary.

1. Necessary, 2. Navigate, 3. Nautical, 4. Naval

(1) 4, 3, 2, 1
(2) 3, 4, 2, 1
(3) 3, 2, 4, 1
(4) 2, 4, 3, 1

43. Two positions of a die are given below. Identify the number at the bottom, when top is 5.

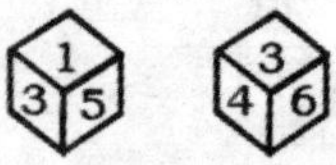

(1) 2
(2) 3
(3) 4
(4) 1

44. What is the angle between the two hands of a clock when the time shown by the clock is 6 : 30?

(1) 0°
(2) 50°
(3) 30°
(4) 15°

45. If SUNDAY = 18, MONSOON = 21, YEAR = 12, then THURSDAY =?

(1) 24
(2) 26
(3) 42
(4) 28

46. If 18th February, 1997 falls on Wednesday, then what was the day on 18th February, 1999?

(1) Monday
(2) Tuesday
(3) Friday

41. निम्नलिखित विकल्पों में से वह शब्द चुनिए जो दिए गए शब्द के अक्षरों का प्रयोग करके नहीं बनाया जा सकता है।

AUTOBIOGRAPHY

(1) TROPHY
(2) BRIGHT
(3) GRAPHIC
(4) TROOP

42. निम्नलिखित शब्दों को शब्दकोष में दिए गए क्रम के अनुसार लिखें

1. Necessary, 2. Navigate, 3. Nautical, 4. Naval

(1) 4, 3, 2, 1
(2) 3, 4, 2, 1
(3) 3, 2, 4, 1
(4) 2, 4, 3, 1

43. एक पासे की दो स्थितियाँ नीचे दी गई हैं। यदि शिखर पर संख्या 5 हो तो तल की संख्या ज्ञात करें।

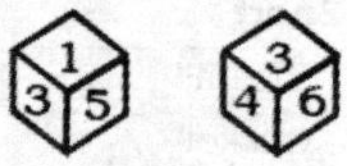

(1) 2
(2) 3
(3) 4
(4) 1

44. एक घडी के दोनों सुइओं क बीच का कोण क्या होगा यदि घडी में समय 6:30 बज रहा है?

(1) 0°
(2) 50°
(3) 30°
(4) 15°

45. यदि SUNDAY = 18, MONSOON = 21, YEAR = 12, तो THURSDAY =?

(1) 24
(2) 26
(3) 42
(4) 28

46. यदि 18 फरवरी 1997 को बुधवार था, तो 18 फरवरी 1999?

(1) सोमवार
(2) मंगलवार
(3) शुक्रवार
(4) बुधवार

(4) Wednesday

47. If '–' denotes '+', '+' denotes '×', '÷' denotes '–', '×' denotes '÷' then 27 × 3 ÷ 6 + 9 – 8 =?

(1) 41

(2) – 41

(3) – 37

(4) 37

48. The next numbers in the given series will be

720, 180, 176, 44, 40, 10,?,?

(1) 6, 2

(2) 4, 2

(3) 6, 1.5

(4) 8, 6.5

49. Kamlesh is the brother of Anil. Sundari is sister of Madan. Anil is the son of Sundari. How is Kamlesh related to Sundari?

(1) Nephew

(2) Son

(3) Brother

(4) Father

50. What number should come in the place of "?"

1		4	4		1	5		6
	4			3			?	
4		7	1		3	6		8

(1) 2

(2) 3

(3) 5

(4) 7

47. यदि '–' दर्शाता है '+', '+' दर्शाता है '×', '÷' दर्शाता है '–', '×' दर्शाता है '÷' तो 27 × 3 ÷ 6 + 9 – 8 =?

(1) 41

(2) – 41

(3) – 37

(4) 37

48. दी गई श्रृंखला में अगली संख्याएं क्या होगी?

720, 180, 176, 44, 40, 10,?,?

(1) 6, 2

(2) 4, 2

(3) 6, 1.5

(4) 8, 6.5

49. कमलेश, अनिल का भाई है। सुंदरी, मदन की बहन है। अनिल, सुंदरी का पुत्र है। कमलेश, सुंदरी से कैसे संबंधित है?

(1) भतीजा

(2) पुत्र

(3) भाई

(4) पिता

50. "?" के स्थान पर कौन सी संख्या आनी चाहिये?

1		4	4		1	5		6
	4			3			?	
4		7	1		3	6		8

(1) 2

(2) 3

(3) 5

(4) 7

Space for Rough Work / कच्चे कार्य के लिए स्थान

51. According to Bloom's Taxonomy of Educational Objectives, which of the following level of Cognitive Domain is best described in the Question "Between herons formula and half base x height formula, which one is better in this case of triangle and why?"?
(1) Comprehension
(2) Application
(3) Analysis
(4) Evaluation

51. ब्लूम के शैक्षिक उद्देश्यों के वर्गीकरण के अनुसार, निम्नलिखित में से संज्ञानात्मक क्षेत्र का कौन सा स्तर दिए गए प्रश्न का सबसे अच्छा वर्णन करता है "हीरो का सूत्र और आधे आधार गुणा ऊंचाई वाले सूत्र में से, त्रिकोण के इस मामले में कौन सा बेहतर है और क्यों?"
(1) अवबोधन
(2) अनुप्रयोग
(3) विश्लेषण
(4) मूल्यांकन

52. After seeing dogs catching Frisbees in the park, Prateek decides that he wants to teach his dog Tommy to do it too. He takes Tommy to the park and sits with him, making sure that he watches the other dogs successfully catching Frisbees. What technique is Prateek using on Tommy, and what are the chances for success?
(1) He is using associative learning, and his chances for success are very good, because dogs and humans both learn this way.
(2) He is using operant conditioning, and his chances for success are very good, because dogs and humans both learn this way.
(3) He is using observational learning, and his chances for success are pretty bad, because dogs are not as likely as people to learn in this way.
(4) He is using classical conditioning, and his chances for success are pretty bad, because dogs are much less likely than people to learn in this way.

52. पार्क में फ्रिसबी को पकड़ने वाले कुत्तों को देखने के बाद, प्रतीक का फैसला है कि वह अपने कुत्ते टॉमी को भी ऐसा करना सिखाना चाहता है। वह टॉमी को पार्क में ले जाता है और उसके साथ बैठता है, वह यह सुनिश्चित कर रहा है कि टॉमी अन्य कुत्तों को सफलतापूर्वक फ्रिसबी पकड़ने को देखे। टॉमी पर उपयोग करने वाली प्रतीक की क्या तकनीक है, और इस से सफलता की संभावना क्या है?
(1) वह सहयोगी शिक्षा का उपयोग कर रहा है, और सफलता की संभावना बहुत अच्छी है, क्योंकि कुत्ते और इंसान दोनों इस तरह से सीखते हैं।
(2) वह सक्रीय अनुबंधन का उपयोग कर रहा है, और सफलता की संभावना बहुत अच्छी है, क्योंकि कुत्ते और इंसान दोनों इस तरह से सीखते हैं।
(3) वह अवलोकनात्मक अधिगम का उपयोग कर रहा है, और सफलता की संभावना बहुत कम है, क्योंकि कुत्तों को इस तरह से सीखाने की संभावना नहीं है।
(4) वह शास्त्रीय अनुबंधन का उपयोग कर रहा है, और सफलता की संभावना बहुत खरा कम है, क्योंकि कुत्तों को इस तरह से सीखाने की बहुत कम संभावना है।

53. Although Piaget's stage theory continues to inform our understanding of children's thinking, many researchers believe that
(1) Piaget's "stages" begin earlier and development is more continuous than he realized.
(2) children do not progress as rapidly as Piaget predicted.
(3) few children really progress to the concrete operational stage.
(4) there is no way of testing much of Piaget's theoretical work.

53. यद्यपि पियाजे का चरणों का सिद्धांत बच्चों की सोच की हमारी समझ को बढाता रहा है, लेकिन कई शोधकर्ता मानते हैं कि
(1) पियाजे के "चरण "पहले शुरू होते हैं और विकास हमारी समझ से कहीं अधिक निरंतर होता है।
(2) बच्चों की उतनी तेजी से प्रगति नहीं होती है जैसी पियाजे ने भविष्यवाणी की थी।
(3) कुछ बच्चे वास्तव में मूर्त संक्रियात्मक चरण में प्रगति करते हैं।
(4) पियाजे के सैद्धांतिक काम का अधिक परीक्षण करने का कोई तरीका नहीं है।

54. Which of the following makes the statement "Classroom management is the most important challenge facing beginning teachers" true?
(1) Classroom management forms a necessary condition for cognitive learning.
(2) Classroom management principles can only be learned through experience.
(3) Classroom management forms a necessary condition for student self-esteem.
(4) Classroom management is one area of teaching with a weak research base.

54. निम्नलिखित में से कौन सा कथन "शुरुआती शिक्षक के लिए कक्षा प्रबंधन सबसे महत्वपूर्ण चुनौती है" के बारे में सही है?
(1) कक्षा प्रबंधन ,संज्ञानात्मक शिक्षा के लिए आवश्यक है।
(2) कक्षा प्रबंधन सिद्धांत केवल अनुभव के माध्यम से ही सीखा जा सकता है।
(3) छात्र आत्मनिर्भरता के लिए कक्षा प्रबंधन आवश्यक है।
(4) कक्षा प्रबंधन एक कमजोर अनुसंधान पर आधारित शिक्षण का एक क्षेत्र है।

55. A person who does not do something because he or she is fearful of getting in trouble is at the level of moral reasoning called
(1) preconventional.
(2) conventional.
(3) postconventional.
(4) formal operational.

55. एक व्यक्ति जो कुछ नहीं करता है क्योंकि वह परेशानी में पड़ने से डरता है वह नैतिक तर्क के स्तर पर होता है
(1) पूर्व पारंपरिक
(2) पारंपरिक
(3) पश्च पारंपरिक
(4) औपचारिक संक्रियात्मक

56. Children who spend their early years isolated from human contact and the sound of adult language are unable to develop adult language skills despite extensive training efforts later. This phenomenon provides evidence for the notion that
(1) there is a critical period in language development.
(2) children are born with a language acquisition device.
(3) there are no fixed stages in language acquisition.
(4) speech is acquired only through imitation.

56. जो बच्चे अपने प्रारंभिक वर्षों को मानवीय संपर्क और वयस्क भाषा से अलग रहते हैं, बाद में व्यापक प्रशिक्षण प्रयासों के बावजूद वयस्क भाषा कौशल विकसित करने में असमर्थ रहते हैं। यह घटना इस धारणा के साक्ष्य प्रदान करती है कि
(1) भाषा विकास में एक महत्वपूर्ण अवधि होती है।
(2) बच्चे एक भाषा अधिग्रहण यंत्र के साथ पैदा होते हैं।
(3) भाषा अधिग्रहण में कोई निश्चित चरण नहीं हैं।
(4) भाषण का केवल अनुकरण के माध्यम से अधिग्रहण किया जाता है।

57. Prateek is applying for a chef school. He takes an entrance exam that poses a series of questions on food preparation. This sounds most like a test of _______ intelligence.
(1) fluid
(2) analytic
(3) practical
(4) creative

57. प्रतीक एक शेफ स्कूल के लिए आवेदन कर रहा है। वह एक प्रवेश परीक्षा देता है जिसमे खाना बनाने से संबंधित कई प्रश्न पूछे गए हैं। यह सबसे अधिक _______ बुद्धि परीक्षण की तरह लगता है।
(1) तरल
(2) विश्लेषणात्मक
(3) व्यावहारिक
(4) रचनात्मक

58. Chaman and Jasim are both personality theorists. Chaman believes that personalities are largely determined before birth. Jasim believes that personalities arise from life experiences. The dimension on which they disagree is
(1) learning process versus innate behavior.

58. चमन और जासिम दोनों व्यक्तित्व सिद्धांतकार हैं चमन का मानना है कि व्यक्तित्व बड़े पैमाने पर जन्म से पहले निर्धारित कर रहे हैं। जसीम का मानना है कि व्यक्तित्व जीवन के अनुभवों से उत्पन्न होते हैं। वह आयाम जिस पर ये दोनों असहमत हैं वह है
(1) सीखने की प्रक्रियायें बनाम सहज व्यवहार
(2) चेतना बनाम बेहोशी

(2) consciousness versus unconsciousness.
(3) inner disposition versus outer situation.
(4) heredity versus environment.

(3) आंतरिक स्थिति बनाम बाहरी स्थिति
(4) आनुवंशिकता बनाम पर्यावरण

59. Pradeep used this term to describe the process whereby a more knowledgeable person helps a less knowledgeable person to master a problem beyond his or her current level of development:
(1) bridging
(2) scaffolding
(3) inquiry training
(4) zone of proximal development

59. प्रदीप ने इस पद का इस्तेमाल इस प्रक्रिया का वर्णन करने के लिए किया है जिससे एक अधिक जानकार व्यक्ति कम जानकार व्यक्ति को अपने वर्तमान स्तर के विकास से परे एक समस्या पर मास्टीर करने में मदद करता है:
(1) ब्रिजिंग
(2) अस्थाई सहायता
(3) जांच प्रशिक्षण
(4) समीपवर्ती विकास का क्षेत्रफल

60. Which of the following statements most accurately reflects current research regarding acceleration of gifted students?
(1) Acceleration of gifted students is best accomplished at all ages through early entrance into school programs.
(2) High-ability students who have been accelerated often report dissatisfaction with the acceleration experience.
(3) Underage gifted students are often identified as being immature and look to same-aged peers for interactions.
(4) Underage students in gifted programs are as socially and emotionally well-adjusted as their older classmates.

60. निम्नलिखित में से कौन सा कथन प्रतिभाशाली छात्रों के त्वरण के संबंध में वर्तमान शोध को सटीक रूप से दर्शाता है?
(1) प्रतिभाशाली छात्रों के त्वरण स्कूल कार्यक्रमों के प्रारंभिक प्रवेश के माध्यम से सभी उम्र में सबसे अच्छा पूरा किया जाता है।
(2) उच्च क्षमता वाले छात्रों को त्वरित रूप से त्वरण अनुभव के साथ असंतोष प्रदर्शित करते हैं।
(3) अल्पसंख्यक प्रतिभाशाली छात्रों को अक्सर अपरिपक्व होने के रूप में पहचाना जाता है और बातचीत के लिए समान आयु वर्ग के साथियों को देखा जाता है।
(4) प्रतिभाशाली कार्यक्रमों में कम आयु के छात्रों को अपने ने आयु में अधिक सहपाठियों के साथ सामाजिक और भावनात्मक रूप से अच्छी तरह से समायोजित किया जाता है।

61. Recording of information after the events have occurred is known as
(1) running record.
(2) anecdotal record.
(3) event recording.
(4) latency recording.

61. घटनाओं के बाद जानकारी रिकॉर्डिंग के रूप में जाना जाता है
(1) रिकॉर्ड चल रहा है।
(2) अनेकडोटल रिकॉर्ड।
(3) घटना रिकॉर्डिंग।
(4) विलंबता रिकॉर्डिंग।

62. Which of the following is NOT part of the evidence presented to support the view that humans are strongly motivated by a need to belong?
(1) Students who rated themselves as "very happy" also tended to have satisfying close relationships.
(2) Social exclusion—such as exile or solitary confinement—is considered a severe form of punishment.
(3) As adults, adopted children tend to resemble their biological parents and to yearn for an affiliation with them.

62. निम्नलिखित में से कौन सा साक्ष्य इस बात का समर्थन करने के लिए प्रस्तुत साक्ष्य का हिस्सा नहीं है कि मनुष्यों को संबंधित होने की आवश्यकता से दृढ़ता से प्रेरित किया जाता है?
(1) जो छात्रों ने खुद को के रूप में रेट किया है "बहुत खुश", वे भी करीबी रिश्ते को संतुष्ट करने के लिए प्रतिबद्ध हैं।
(2) निर्वासन या अकेले बंधन जैसे सामाजिक बहिष्कार को दंड का एक गंभीर रूप माना जाता है।
(3) वयस्कों के रूप में, गोद लिए गए बच्चे अपने जैविक माता-पिता के समान बनने की कोशिश करते हैं और उनके साथ संबद्धता के लिए उत्सुक होते हैं।
(4) जिन बच्चों को बेहद उपेक्षित किया जाता है वे गुमसुम रहने लग जाते हैं, भयभीत और चुप रहते हैं।

(4) Children who are extremely neglected become withdrawn, frightened, and speechless.

63. Among other factors, the development of gender involves
(1) personality factors.
(2) cognitive factors.
(3) sensory factors.
(4) all of these

63. अन्य कारकों के अलावा, लिंग के विकास में शामिल है
(1) व्यक्तित्व कारक
(2) संज्ञानात्मक कारक
(3) संवेदी कारक
(4) सभी

64. Students with disabilities must receive an evaluation every
(1) every year.
(2) every 3 years.
(3) every 5 years.
(4) there is no set time.

64. विकलांग छात्रों का मूल्यांकन कब करना चाहिए
(1) हर साल।
(2) हर 3 साल में
(3) हर 5 साल में
(4) कोई निर्धारित समय नहीं है।

65. ______ is a social constructivist program that focuses on literacy development.
(1) Fostering a Community of Learners
(2) Children Teaching Children
(3) Reciprocal Teaching
(4) Schools for Thought

65. ______ एक सामाजिक निर्माणवादी कार्यक्रम है जो साक्षरता विकास पर केंद्रित है।
(1) शिक्षार्थियों के एक समुदाय को बढ़ावा देना
(2) बच्चे बच्चों को पढ़ाते हैं
(3) पारस्परिक शिक्षण
(4) चिंतन के लिए स्कूल

66. All of the following are characteristic of creative thinkers except
(1) inner motivation.
(2) functional fixedness.
(3) objectivity.
(4) risk taking.

66. निम्नलिखित सभी सृजनात्मक विचारकों की विशेषता है सिवाय
(1) आंतरिक प्रेरणा
(2) कार्यात्मक स्थिरता
(3) वस्तुनिष्ठता
(4) जोखिम लेना

67. All of the following statements are true in relation to progressive education except
(1) Assessment is norm-referenced, external, and graded.
(2) Assessment is benchmarked, has many forms, and is progress-oriented.
(3) Success is determined through application over time, through collaboration.
(4) Products are subsumed by process considerations.

67. निम्नलिखित सभी कथन प्रगतिशील शिक्षा के संबंध में सत्य हैं सिवाय
(1) आकलन मानक-संदर्भित, बाहरी, और वर्गीकृत है।
(2) आकलन बेंचमार्क किया गया है, इसमें कई रूप हैं, और प्रगति उन्मुख है।
(3) सफलता को सहयोग के माध्यम से, समय के साथ आवेदन के माध्यम से निर्धारित किया जाता है।
(4) उत्पाद प्रक्रिया विचारों से कम हो जाते हैं।

68. Which of the following is not characteristic of a productive learning community?
(1) A climate where students feel positive about themselves
(2) A climate where students are motivated primarily by extrinsic rewards

68. निम्नलिखित में से कौन सा उत्पादक शिक्षण समुदाय की विशेषता नहीं है?
(1) एक ऐसा वातावरण जहां छात्रों को खुद के बारे में सकारात्मक लगता है
(2) एक वातावरण जहां छात्र मुख्य रूप से बाहरी पुरस्कार से प्रेरित हैं

(3) A setting where students persist with academic work

(4) A setting where students have sufficient group skills to accomplish classroom demands

(3) एक ऐसी सेटिंग जहां छात्रों को अकादमिक कार्य के साथ जारी रहना पड़ता है

(4) एक ऐसा माहौल जहां छात्रों को कक्षा की मांग पूरी करने के लिए पर्याप्त समूह कौशल हैं

69. Good learning depends upon:

(1) The teacher

(2) Active interest of the pupil

(3) Active teaching methods

(4) Judicious use of teaching aids

69. अच्छा अधिगम निर्भर करता हैं:

(1) शिक्षक

(2) छात्रों की सक्रीय रूचि

(3) अच्छी शिक्षण विधियां

(4) शिक्षण सहायक सामग्री का न्यायोचित उपयोग

70. Traditional schools were

(1) Teacher centred

(2) Student centred

(3) Experience centred

(4) Self centred

70. पारंपरिक स्कूल थे

(1) शिक्षक केंद्रित

(2) छात्र केंद्रित

(3) अनुभव केंद्रित

(4) स्वयं केंद्रित

Space for Rough Work / कच्चे कार्य के लिए स्थान

71. Which of the following is not a form of literature?
(1) One - Act Play
(2) Dictionary
(3) Memoir
(4) Travelogue

72. While teaching language to learners, a teacher should teach.
(1) By giving instructions
(2) Through imitation
(3) In isolation
(4) In an integrated manner

73. Functional grammar stands for using / teaching grammar in / through :
(1) Explanation of literary content
(2) Context
(3) Isolation
(4) Parsing

74. Communicative language teaching lays emphasis on :
(1) Grammatical competency
(2) Language use
(3) Form
(4) Writing

75. An intonation may not be a _____ tone.
(1) Sliding
(2) Rising
(3) Falling
(4) Loud

Instruction (Q.No.76–80): Study the following paragraph and answer the questions that follow.

The Mahatma's remarkable wife, Kasturabai, did not object when he failed to set aside any part of his wealth for the use of her and their children. Married in early youth, Gandhi and his wife took the vow of celibacy after the birth of several sons. A tranquil heroine in the intense drama that has been their life together, Kasturabai has followed her husband to prison, shared his three - week fasts, and fully borne her share of his endless responsibilities. She has paid Gandhi the following tribute:

I thank you for having had the privilege of being your lifelong companion and helpmate. I thank you for the most perfect marriage in the world, based on Brahmacharya (self-control) and not on sex.

I thank you for having considered me your equal in your lifework for India. I thank you for not being one of those husbands who spend their time in gambling, racing, women, wine, and song, tiring of their wives and children as the little boy quickly tires of his childhood toys. How thankful I am that you were not one of those husbands who devote their time to growing rich on the exploitation of the labor of others. How thankful I am that you put God and country before bribes, that you had the courage of your convictions and a complete and implicit faith in God. How thankful I am for a husband that put God and his country before me. I am grateful to you for your tolerance of me and my shortcomings of youth, when I grumbled and rebelled against the change you made in our mode of living, from so much to so little.

As a young child, I lived in your parents - home; your mother was a great and good woman; she trained me, taught me how to be a brave, courageous wife and how to keep the love and respect of her son, my future husband. As the years passed and you became India's most beloved leader, I had none of the fears that beset the wife who may be cast aside when her husband has climbed the ladder of success, as so often happens in other countries. I knew that death would still find us husband and wife.

76. Kasturabai's relationship with her mother-in-law can be described as:
(1) Respectful
(2) Formal
(3) Conventional
(4) Informal

77. How did Kasturabai react to Gandhiji's will?
(1) She felt quite unhappy.
(2) She was astonished.
(3) She accepted his decision without arguing.

(4) She decided to discuss the matter with her parents.

78. The author's attitude to Kasturabai is :
(1) Sympathetic
(2) Commendatory
(3) Neutral
(4) Ambivalent

79. The word opposite in meaning to lifelong is :
(1) Weak
(2) Ardent
(3) Temporary
(4) Brief

80. The word 'tranquil' as used in the passage means
(1) Loyal
(2) Sober
(3) Gentle
(4) Calm

भाषा विषय: हिन्दी

81. 'पढ़ना' सीखने के लिए कौन सा उपकौशल अनिवार्य नहीं है?
(1) वर्णमाला याद करने का कौशल
(2) अनुमान लगाने का कौशल
(3) भाषा की संरचना की समझ
(4) भावनात्मक संबंध

82. निम्नलिखित में से किसके आभाव में हम पढ़ नहीं सकते?
(1) बारहखड़ी से परिचय
(2) वर्णमाला की क्रमबद्धता का ज्ञान
(3) संयुक्ताक्षरों की पहचान
(4) लिपि से परिचय

83. भाषा शिक्षक होने के नाते आपकी सर्वाधिक महत्वपूर्ण भूमिका है:
(1) बच्चों को वाद - विवाद के लिए तैयार करना
(2) विद्यार्थियों को सर्वाधिक अंक प्राप्त करने के लिए तैयार करना
(3) कक्षा में पाठ्य - पुस्तक का अच्छी तरह से निर्वाह करना
(4) बच्चों की भाषाई क्षमता के विकास के लिए तरह - तरह के अवसर जुटाना

84. दूसरी कक्षा में पढ़ने वाला रोहित हिन्दी की कक्षा में अपनी मातृभाषा में बात करता है। आप क्या करेंगे?
(1) बाकी बच्चों से उसकी भाषा सीखने के लिए कहेंगे
(2) उसे डांटेंगे की वह कक्षा में मातृभाषा का प्रयोग न करे
(3) उसे बिलकुल अनदेखा कर पढ़ाते रहेंगे
(4) उसकी भाषा को समझने की कोशिश करेंगे

85. भाषा - शिक्षण के सन्दर्भ में सर्वाधिक महत्वपूर्ण है कि बच्चे:
(1) लिखी / छपी सामाग्री को बोल - बोलकर पढ़ सकें
(2) अक्षरों को जोड़-जोड़कर पढ़ सकें
(3) शब्दों को जोड़-जोड़कर वाक्य पढ़ सकें
(4) लिखी / छपी सामाग्री का अर्थ समझ सकें

निर्देश (Q.No.86–90): दिए गए गद्यांश को पढ़कर उसके नीचे लिखे प्रश्नों के सबसे उचित विकल्प को चुनिए।

लघु उद्योग उन उद्योगों को कहा जाता है जिनके समारम्भ एवं आयोजन के लिए भारी - भरकम साधनों की आवश्यकता नहीं पड़ती। वे थोड़े से स्थान पर, थोड़ी पूँजी और अल्प साधनों से ही आरंभ किये जा सकते हैं। फिर भी उनसे सुनियोजित ढंग से अधिकाधिक लाभ प्राप्त करके देश की निर्धनता, गरीबी और विषमताओं से एक सीमा तक लड़ा जा सकता है। अपने आकार - प्रकार तथा साधनों के लघुता व अल्पता के कारण ही इस प्रकार के उद्योग - धंधों को कुटीर - उद्योग भी कहा जाता है। इस प्रकार के उद्योग धंधे अपने घर में भी आरंभ किये जा सकते हैं और अपने सीमित साधनों का सदुपयोग करके आर्थिक लाभ कमाया जा सकता है और सुखी-समृद्ध बना जा सकता है। भारत जैसे देश के लिए तो इस प्रकार के लघु उद्योगों का महत्त्व और भी बढ़ जाता है क्योंकि यहाँ युवाओं की एक बहुत बड़ी संख्या बेरोजगार है। इसी कारण महात्मा गांधी ने मशीनीकरण का विरोध किया था। उनकी यह स्पष्ट धारणा थी कि लघु उद्योगों को प्रश्रय देने से लोग स्वावलंबी बनेंगे, मजदूर - किसान फसलों की बुआई - कटाई से फुर्सत पाकर अपने खाली समय का सदुपयोग भी करेंगे। इस प्रकार आर्थिक समृद्धि तो बढ़ेगी ही, साथ ही लोगों को अपने घर के पास रोजगार भी मिल सकेगा।

86. 'मशीनीकरण' से तात्पर्य है:
(1) मशीनों का अधिकाधिक निर्माण
(2) मशीनों की अधिकाधिक उपलब्धता
(3) मशीनों की अधिकाधिक खरीद
(4) मशीनों का अधिकाधिक उपयोग

87. 'समृद्ध' शब्द में भाव है:

(1) रोजगार पाने का
(2) खुशहाल होने का
(3) धनी होने का
(4) समर्थ होने का

88. लघु उद्योगों को प्रश्रय देने के सन्दर्भ में गांधीजी की क्या धारणा थी?
(1) मशीनीकरण का विरोध किया जा सके
(2) लोगों को आर्थिक रूप से आत्मनिर्भर बनाया जा सके
(3) समय का सदुपयोग किया जा सके
(4) किसानों को बुआई-कटाई से फुर्सत मिल सके

89. उन उद्योगों को लघु उद्योग कहा जाता है:
(1) जिनसे अल्प लाभ मिलता है
(2) जो अल्प अवधि तक चलते हैं
(3) जो कम साधनों से शुरू किये जा सकते हैं
(4) जिन्हें निर्धन व्यक्ति आयोजित करते हैं

90. भारत जैसे देश के लिए लघु उद्योग - धंधों का महत्त्व क्यों बढ़ जाता है?
(1) क्योंकि यहाँ के युवा वर्ग को मशीनों पर काम करना नहीं आता
(2) क्योंकि यहाँ कम पूँजी वाले लोग अधिक संख्या में हैं
(3) क्योंकि यहाँ बहुत से लोगों को काम की जरूरत है
(4) क्योंकि यहाँ मशीनों की उपलब्धता बहुत कम है

Space for Rough Work / कच्चे कार्य के लिए स्थान

91. In a simple machine, the displacement of the effort and displacement of load are 8 cm and 24 cm, respectively. What will be the velocity ratio?

(1) $\frac{1}{3}$ (2) 3
(3) 192 (4) 0.33

91. एक साधारण मशीन में, प्रयास का विस्थापन और भार का विस्थापन क्रमशः 8 सेमी और 24 सेमी है। वेग अनुपात क्या होगा?

(1) $\frac{1}{3}$ (2) 3
(3) 192 (4) 0.33

92. Which of the following is not a ductile material?

(1) silver (2) copper
(3) sulphur (4) aluminium

92. पदार्थ जिनको खींचकर तारों में बदल सकते हैं, तनी कहलाते हैं। निम्नलिखित में से कौन-सा तनी पदार्थ नहीं है?

(1) सोडियम (2) कॉपर
(3) सल्फर (4) एल्यूमीनियम

93. Coal is processed in industries to get some useful products. Which of the following is not obtained from coal?

(1) coke (2) coal tar
(3) coal gas (4) CNG

93. उद्योगों में उपयोगी उत्पाद प्राप्त करने के लिए कोयले का प्रक्रमण किया जाता है। निम्नलिखित में से कौन-सा उत्पाद कोयले से प्राप्त नहीं होता?

(1) कोक (2) कोलतार
(3) कोल गैस (4) सी. एन. जी

94. On placing an inverted tumbler over a burning candle, the flame extinguishes after some time. This is because of non-availability of:

(1) oxygen (2) water vapours
(3) carbon dioxide (4) wax

94. एक ज्वलंत मोमबत्ती पर एक उलटा टम्बलर रखने पर, लौ कुछ समय बाद बुझ जाती है। यह गैर-उपलब्धता की वजह से है:

(1) ऑक्सीजन (2) पानी वाष्प
(3) कार्बन डाइऑक्साइड (4) मोम

95. The pair that belongs to the group prokaryotes is

(1) moss and sponge
(2) yeast and Amoeba
(3) bacteria and blue-green alga
(4) penicillium and Spirogyra

95. निम्नलिखित जीवों के प्रोकैरियोटिक कोशिका की जोड़ियों को देखिए -

(1) मॉस और स्पंज
(2) यीस्ट और अमीबा
(3) जीवाणु और नीले-हरित शैवाल
(4) पेनिसिलियम और स्पाइरोगाइरा

96. Animals exhibiting external fertilisation produce a large number of gametes. Pick the appropriate reason from the following.

(1) The animals are small in size and want to produce more off springs.
(2) Food is available in plenty in water.
(3) To ensure better chance of fertilisation.
(4) Water promotes production of large number of gametes.

96. जिन प्राणियों में बाहय निषेचन होता है उनमें बड़ी संख्या में युग्मक उत्पन्न होते है। निम्नलिखित में से उपयुक्त कारण चुनिए-

(1) प्राणी छोटे आकार के होते है और बड़ी संख्या में संतति उत्पन्न करना चाहते हैं।
(2) पानी में भोजन भरपूर मात्रा में उपलब्ध होता है।
(3) निषेचन के बेहतर अवसर होते हैं।
(4) जल बड़ी संख्या में युग्मक बनने को प्रोत्साहित करता है।

97. Fig. shows a container filled with water. Which of the following statements is correct about pressure of water?

97. चित्र में जल से भरा एक बर्तन दर्शाया गया है। जल के दाब के सन्दर्भ में निम्नलिखित में से कौन-सा कथन सही है?

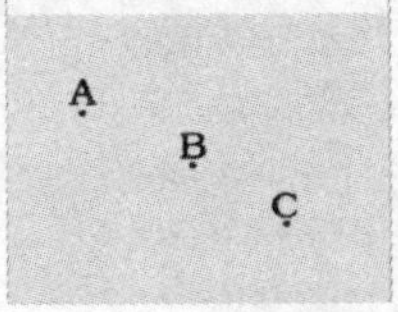

(1) Pressure at A> Pressure at B> Pressure at C
(2) Pressure at A=Pressure at B=Pressure at C
(3) Pressure at A< Pressure at B>Pressure at C
(4) Pressure at A< Pressure at B<Pressure at C

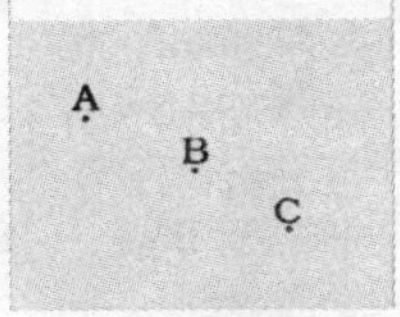

(1) A पर दाब > B पर दाब > C पर दाब
(2) A पर दाब = B पर दाब = C पर दाब
(3) A पर दाब < B पर दाब > C पर दाब
(4) A पर दाब < B पर दाब < C पर दाब

98. Given below are statements about the harmful effects of weeds on crop plants.

I. They interfere in harvesting.
II. They help crop plants to grow healthily.
III. They compete with crop plants for water, nutrients, space and light.
IV. They affect plant growth.

Choose the correct combination of statements.

(1) I, III, and IV
(2) III only
(3) III, and IV
(4) I, II, III, and IV

98. फ़सल पर खरपतवारों के दुष्प्रभावों के बारे में नीचे कुछ कथन दिए गए हैं -

I. वे फ़सल कटाई सस्यकर्तन में व्यवधान डालते हैं।
II. वे फ़सल की स्वस्थ वृद्धि में सहायता करते हैं।
III. वे फ़सल के पौधों के साथ जल, स्थान और प्रकाश के लिए प्रतिस्पर्धा करते है।
IV. वे पौधों की वृद्धि पर प्रभाव डालते है।

कथनों के सही समुच्चयों को चुनिए -

(1) I, III, और IV
(2) केवल III
(3) III, और IV
(4) I, II, III, और IV

99. The boundaries of the earth's plate are known as:

I. Seismic Zone
II. Fault Zone
III. Mantle
IV. Inner Core

(1) I and II
(2) I and III
(3) III and IV
(4) II, III and IV

99. पृथ्वी की प्लेट की सीमाओं को इस प्रकार जाना जाता है:

I. भूकंपी क्षेत्र
II. भ्रंश क्षेत्र
III. प्रावार
IV. आंतरिक क्रोड

(1) I तथा II
(2) I तथा III
(3) III तथा IV
(4) II, III तथा IV

100. The change in seasons on the earth occurs because:

(1) the distance between the earth and the sun is not constant
(2) the axis of rotation of the earth is parallel to the plane of its orbit
(3) the axis of rotation of the earth is perpendicular to the plane of its orbit
(4) the axis of rotation of the earth is tilted with respect to the plane of its orbit

100. पृथ्वी पर ऋतुएं बदलती रहती है क्योंकि:

(1) पृथ्वी और सूर्य के बीच की दूरी नियत नहीं है
(2) पृथ्वी का घूर्णन अक्ष इसकी कक्षा के तल के समानांतर है
(3) पृथ्वी का घूर्णन अक्ष इसकी कक्षा के तल के लंबवत है
(4) पृथ्वी का घूर्णन अक्ष इसकी कक्षा के तल के सापेक्ष झुका हुआ है

101. Which of the following are physical changes?

I. Melting of iron metal
II. Rusting of iron

101. निम्नलिखित में से भौतिक परिवर्तन कौन-से हैं?

I. लौह धातु का पिघलना
II. लौह में जंग लगना

III. Bending of an iron rod
IV. Drawing a wire of iron metal
(1) I, II and III
(2) I, II and IV
(3) I, III and IV
(4) II, III and IV

III. एक लौह छड को मोड़ना
IV. लौह धातु का एक तार खींचना
(1) I, II तथा III
(2) I, II तथा IV
(3) I, III तथा IV
(4) II, III तथा IV

102. In the Thomson's model of atom, which of the following statements are correct?
I. the mass of the atom is assumed to be uniformly distributed over the atom
II. the positive charge is assumed to be uniformly distributed over the atom
III. the electrons are uniformly distributed in the positively charged sphere
IV. the electrons attract each other to stabilize the atom
(1) I, II and III (2) I and III
(3) I and IV (4) I, III and IV

102. टॉमसन के परमाणु मॉडल हेतु निम्नलिखित में से कौन-से कथन सत्य है?
I. यह परमाणु में परमाणु द्रव्यमान को समान रूप से वितरित मानता है।
II. परमाणु में धनावेश समान रूप से वितरित माना गया।
III. धन आवेशित गोले में इलेक्ट्रॉनों का वितरण समान रूप से होता है।
IV. परमाणु के स्थायित्व के लिए इलेक्ट्रॉन परस्पर एक दुसरे को आकर्षित करते हैं।
(1) I, II और III (2) I और III
(3) I और IV (4) I, III और IV

103. A body is thrown vertically upward with velocity u, the greatest height h to which it will rise is,
(1) u/g (2) $u^2/2g$
(3) u^2/g (4) u/2

103. एक पिंड, वेग 'u' से ऊर्ध्वाधर ऊपर फेंका जाता है। इसके ऊपर उठने की अधिकतम ऊँचाई 'h' होगी -
(1) u/g (2) $u^2/2g$
(3) u^2/g (4) u/2

(5)

104. A body is falling from a height h. After it has fallen a height h/2 it will possess
(1) only potential energy
(2) only kinetic energy
(3) half potential and half kinetic energy
(4) more kinetic and less potential energy

104. एक पिंड h ऊंचाई से गिर रहा है। h/2 ऊँचाई गिरने के पश्चात इसमें होगी –
(1) केवल स्थितिज ऊर्जा
(2) केवल गतिज ऊर्जा
(3) आधि स्थितिज और आधी गतिज ऊर्जा
(4) अधिक गतिज ऊर्जा और कम स्थितिज ऊर्जा

105. A boy is whirling a stone tied with a string in a horizontal circular path. If the string breaks, the stone
(1) will continue to move in the circular path
(2) will move along a straight line towards the centre of the circular path
(3) will move along a straight line tangential to the circular path
(4) will move along a straight line perpendicular to the circular path away from the boy

105. कोई लड़का डोरी से बंधे पत्थर को किसी क्षैतिज वृत्ताकार पथ में घुमा रहा है। यदि डोरी टूट जाए, तो वह पत्थर –
(1) वृत्ताकार पथ में गति करेगा
(2) वृत्ताकार पथ के केन्द्र की ओर सरल रेखा के अनुदिश गति करेगा
(3) वृत्ताकार पथ पर किसी सरल रेखीय स्पर्शी के अनुदिश गति करेगा
(4) लडके से दूर वृत्ताकार पथ के अभिलंबवत सरल रेखा के अनुदिश गति करेगा

106. A full length image of a distant tall building can definitely be seen by using
(1) a concave mirror
(2) a convex mirror

106. निम्नलिखित में से किसके द्वारा निश्चित रूप से किसी दूरस्थ ऊंचे भवन का पुरी लंबाई का प्रतिबिंब देखा जा सकता है?
(1) अवतल दर्पण
(2) उत्तल दर्पण

(3) a plane mirror
(4) both concave as well as plane mirror

(3) समतल दर्पण
(4) अवतल और समतल दोनों दर्पण से

107. Single circulation i.e., blood flows through the heart only once during one cycle of passage through the body, is exhibited by
(1) Labeo, Chameleon, Salamander
(2) Hippocampus, Exocoetus, Anabas
(3) Hyla, Rana, Draco
(4) Whale, Dolphin, Turtle

107. एकल परिसंचरण, अर्थात शरीर में होकर एक चक्र के दौरान रुदिह्र का हृदय में होकर केवल एक बार प्रवाहित होना, निम्नलिखित में से किन में पाया जाता है?
(1) लैबियों, कैमेलिऑन, सैलामेंडर
(2) हिप्पोकैंपस, एक्जोसीट्स, ऐनाबस
(3) हायला, राना, ड्रैको
(4) ह्वेल, डॉल्फिन, कछुआ।

108. Electrical resistivity of a given metallic wire depends upon
(1) its length
(2) its thickness
(3) its shape
(4) nature of the material

108. किसी दिए गए धातु के तार की वैद्युत प्रतिरोधकता निर्भर करती है तार
(1) की लंबाई पर
(2) की मोटाई पर
(3) की आकृति पर
(4) के पदार्थ की प्रकृति पर

109. In the arrangement shown in figure there are two coils wound on a non-conducting cylindrical rod. Initially the key is not inserted. Then the key is inserted and later removed. Then

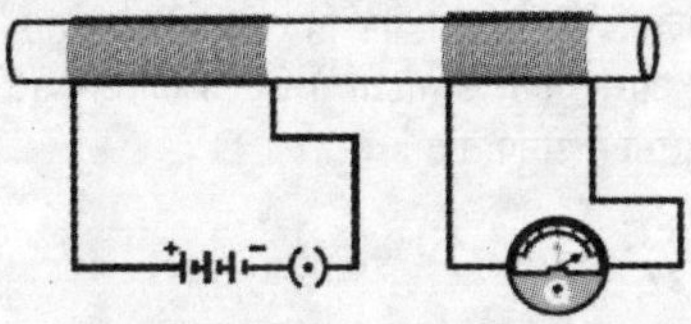

(1) the deflection in the galvanometer remains zero throughout
(2) there is a momentary deflection in the galvanometer but it dies out shortly and there is no effect when the key is removed
(3) there are momentary galvanometer deflections that die out shortly; the deflections are in the same direction
(4) there are momentary galvanometer deflections that die out shortly; the deflections are in opposite directions

109. दर्शायी गयी व्यवस्था में दो कुंडलियाँ किसी अचालक बेलनाकार छड पर लिपटी हैं। आरंभ में प्लग में कुंजी नहीं लगी है। इसके पश्चात प्लग में कुंजी लगाकर फिर हटा ली जाती है। तब

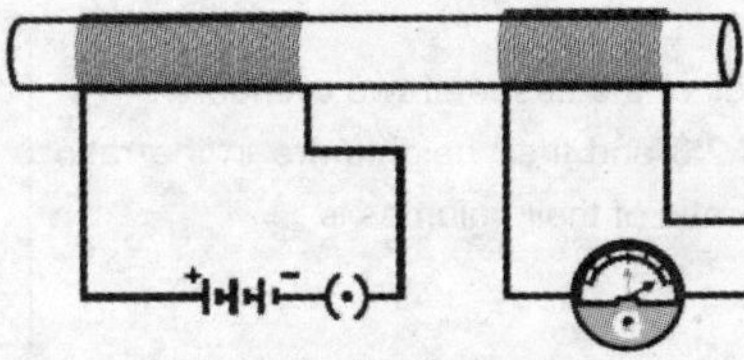

(1) गैल्वेनोमीटर में सदैव शून्य रहता है
(2) गैल्वेनोमीटर में क्षणिक विक्षेप होता है परन्तु यह शीघ्र ही समाप्त हों जाता है तथा प्लग को हटाने पर इस पर कोई प्रभाव नहीं पड़ता
(3) गैल्वेनोमीटर में क्षणिक विक्षेप होते है जो शीघ्र ही समाप्त हों जाते हैं। ये विक्षेप समान दिशा में होते हैं
(4) गैल्वेनोमीटर में क्षणिक विक्षेप होते हैं जो शीघ्र ही समाप्त हों जाते हैं। ये विक्षेप विपरीत दिशाओं में होते हैं

110. Which cell organelle plays a crucial role in detoxifying many poisons and drugs in a cell?
(1) Golgi apparatus
(2) Lysosomes
(3) Smooth endoplasmic reticulum
(4) Vacuoles

110. कौन-सा कोशिकाअंगक कोशिका के अंदर विषैले पदार्थ एवं औषधि (ड्रग्स) को आविष-रहित करने में मुख्य भूमिका निभाता है?
(1) गॉल्जी उपकरण
(2) लाइसोसोम
(3) चिकनी अंतर्द्रव्यी जालिका
(4) रसधारी

111. The value of a machine which was purchased two years ago, depreciates at 12% per annum. If its present value is ₹ 9,680, for how much was it purchased?
(1) ₹ 12,500
(2) ₹ 10,200
(3) ₹ 11,350.50
(4) ₹ 12,142.60

111. दो वर्ष पहले खरीदी गई किसी मशीन के मूल्य में 12% वार्षिक दर से अवमूल्यन होता है। यदि इसका वर्तमान मूल्य ₹ 9,680, है, तो इसका क्रय मूल्य कितना था?
(1) ₹ 12,500
(2) ₹ 10,200
(3) ₹ 11,350.50
(4) ₹ 12,142.60

112. The scale of a map is $1 : 3 \times 10^6$ Two cities are 9 cm apart on the map. The actual distance (in km) between the cities is
(1) 360 (2) 135
(3) 270 (4) 180

112. एक मानचित्र का पैमाना (scale) $1 : 3 \times 10^6$ है। मानचित्र में दो नगर 9 सेमी की दूरी पर हैं। नगरों के बीच वास्तविक दूरी (किमी में) है
(1) 360 (2) 135
(3) 270 (4) 180

113. In the product $(x^2 - 2)(1 - 3x + 2x^2)$ the sum of coefficients of x^2 and x is
(1) 6 (2) 2 (3) 3 (4) 5

113. गुणनफल $(x^2 - 2)(1 - 3x + 2x^2)$ में x^2 और x के गुणांकों का योगफल है
(1) 6 (2) 2 (3) 3 (4) 5

114. The radii of the bases of two cylinders are in the ratio of 2:3 and their heights are in the ratio of 5:3. The ratio of their volumes is
(1) 4 : 9
(2) 20 : 27
(3) 10 : 9
(4) 7 : 6

114. दो बेलनों के आधारों की त्रिज्याओं में 2 : 3 का अनुपात है और उनकी ऊंचाइयों में 5 : 3 का अनुपात है। उनके आयतनों में अनुपात है
(1) 4 : 9
(2) 20 : 27
(3) 10 : 9
(4) 7 : 6

115. If each edge of a solid cube is increased by 150%, the percentage increase in the surface area is
(1) 625 (2) 150
(3) 225 (4) 525

115. यदि किसी ठोस घन की प्रत्येक भुजा में 150% की वृद्धि की जाए, तो इसके पृष्ठीय क्षेत्रफल में हुई प्रतिशत वृद्धि है
(1) 625 (2) 150
(3) 225 (4) 525

116. The perimeter of a trapezium is 104 cm, the lengths of its non-parallel sides are 18 cm and 22 cm, and its altitude is 16 cm. the area (in cm^2) of the trapezium is
(1) 512
(2) 320
(3) 640
(4) 1024

116. किसी समलम्ब का परिमाप 104 सेमी है, उसकी दोनों असमान्तर भुजाओं की लम्बाइयाँ 18 सेमी तथा 22 सेमी हैं, तथा उसकी ऊँचाई 16 सेमी है। समलम्ब का क्षेत्रफल (सेमी^{2} में) है
(1) 512
(2) 320
(3) 640
(4) 1024

117. In ΔDEF and ΔPQR, if PQ = DE, EF = PR and FD = QR, then

117. ΔDEF और ΔPQR में, यदि PQ = DE, EF = PR और FD = QR है, तब

(1) $\Delta DEF \cong \Delta QRP$
(2) $\Delta DEF \cong \Delta PQR$
(3) $\Delta DEF \cong \Delta QPR$
(4) $\Delta DEF \cong \Delta RPQ$

118. The mean of range, mode and median of the data; 4, 3, 2, 2, 7, 2, 2, 0, 3, 4, 4 is
(1) 5 (2) 2 (3) 3 (4) 4

119. In a quadrilateral ABCD, ∠D = 60° and ∠C = 100°. The bisectors of ∠A and ∠B meet at the point P. the measure of ∠APB is
(1) 100°
(2) 60°
(3) 70°
(4) 80°

120. The value of $1+\frac{11}{10}+\frac{11}{100}+\frac{111}{1000}+\frac{111}{10000}$ is
(1) 2.3321
(2) 2.245
(3) 2.432
(4) 3.3221

121. One of the factors of $4x^2+y^2+14x-7y-4xy+12$ is
(1) 2x + y – 4
(2) 2x – y + 3
(3) 2x – y – 3
(4) 2x + y + 4

122. The sum of all interior angles of a regular convex polygon is 1080°. The measure of each of its interior angles is
(1) 72°
(2) 120°
(3) 135°
(4) 108°

123. The values of y for which the 4-digit number 51y3 is divisible by 9 is
(1) 0 or 3
(2) 3 or 9
(3) 0 or 9

(1) $\Delta DEF \cong \Delta QRP$
(2) $\Delta DEF \cong \Delta PQR$
(3) $\Delta DEF \cong \Delta QPR$
(4) $\Delta DEF \cong \Delta RPQ$

118. आँकड़ों 4, 3, 2, 2, 7, 2, 2, 0, 3, 4, 4; के परिसर, बहुलक और माध्यक का माध्य है
(1) 5 (2) 2 (3) 3 (4) 4

119. एक चतुर्भुज ABCD में, ∠D = 60° और ∠C = 100° है। ∠A और ∠B के समद्विभाजक बिन्दु P पर मिलते हैं। ∠APB की माप है
(1) 100°
(2) 60°
(3) 70°
(4) 80°

120. $1+\frac{11}{10}+\frac{11}{100}+\frac{111}{1000}+\frac{111}{10000}$ का मान है
(1) 2.3321
(2) 2.245
(3) 2.432
(4) 3.3221

121. $4x^2+y^2+14x-7y-4xy+12$ के गुणनखंडों में से एक गुणनखंड है
(1) 2x + y – 4
(2) 2x – y + 3
(3) 2x – y – 3
(4) 2x + y + 4

122. एक उत्तल सम बहुभुज के सभी अन्तः कोणों का योगफल 1080° है। इसके प्रत्येक अन्तः कोण की माप है
(1) 72°
(2) 120°
(3) 135°
(4) 108°

123. y के मान जिससे 4 – अंकों वाली संख्या 51y3, 9 से विभाज्य हो, निम्न है:
(1) 0 या 3
(2) 3 या 9
(3) 0 या 9

(4) 2 or 3

(4) 2 या 3

124. The value of $\sqrt[3]{-91125} - \sqrt[3]{512}$ is

(1) 73 (2) -37 (3) 42 (4) -53

124. $\sqrt[3]{-91125} - \sqrt[3]{512}$ का मान है

(1) 73 (2) -37 (3) 42 (4) -53

125. The least number which must be added to 893304 to obtain a perfect square is

(1) 1612 (2) 945

(3) 1042 (4) 1521

125. वह सबसे छोटी संख्या जिसे 893304 में जोड़ने पर एक पूर्ण वर्ग प्राप्त हो, निम्न है:

(1) 1612 (2) 945

(3) 1042 (4) 1521

126. In standard form, 0.00001278 is expressed as $k \times 10^n$ The value of (k + n) is

(1) -3.722 (2) 4.722

(3) -3.278 (4) 3.278

126. 0.00001278 को मानक रूप में $k \times 10^n$ द्वारा व्यक्त किया जाता है। (k + n) का मान है

(1) -3.722 (2) 4.722

(3) -3.278 (4) 3.278

127. The product of integers between -7 and -3 is

(1) -120 (2) 840

(3) -360 (4) 120

127. -7 और -3 के बीच स्थित पूर्णांकों का गुणनफल है

(1) -120 (2) 840

(3) -360 (4) 120

128. What should be subtracted from $\frac{-5}{7}$ to get $\frac{-2}{3}$?

(1) $\frac{-29}{21}$

(2) $\frac{1}{21}$

(3) $\frac{-1}{21}$

(4) $\frac{29}{21}$

128. $\frac{-5}{7}$ में से क्या घटाया जाए कि $\frac{-2}{3}$ प्राप्त हो?

(1) $\frac{-29}{21}$

(2) $\frac{1}{21}$

(3) $\frac{-1}{21}$

(4) $\frac{29}{21}$

129. LCM of 22, 54, 135 and 198 is

(1) $2 \times 3^3 \times 5 \times 11$

(2) $2^2 \times 3^2 \times 5 \times 11$

(3) $2^3 \times 3^2 \times 5 \times 11$

(4) $2^2 \times 3^3 \times 5 \times 11$

129. 22, 54, 135 और 198 का ल.स. (LCM) है

(1) $2 \times 3^3 \times 5 \times 11$

(2) $2^2 \times 3^2 \times 5 \times 11$

(3) $2^3 \times 3^2 \times 5 \times 11$

(4) $2^2 \times 3^3 \times 5 \times 11$

130. Which one of the following statements is correct?

(1) A composite number can be odd

(2) There is no even prime number

(3) '1' is the smallest prime number

(4) Sum of two prime numbers is always a prime number

130. निम्नलिखित में से कौन – सा कथन सही है?

(1) एक भाज्य संख्या विषम संख्या हो सकती है।

(2) कोई सम अभाज्य संख्या नहीं है।

(3) सबसे छोटी अभाज्य संख्या '1' है।

(4) दो अभाज्य संख्याओं का योगफल सदैव अभाज्य संख्या होता है।

Environmental Studies

131. In the second half of the nineteenth century schools for girls were established in Maharashtra by the
(1) Ishwarchandra Vidyasagar
(2) Veerasalingam Pantulu
(3) Jyotirao Phule
(4) Tarabai Shinde

131. उन्नीसवीं शताब्दी के उत्तरार्ध में महाराष्ट्र में किस ने लड़कियों के लिए स्कूलों की स्थापना की थी
(1) ईश्वरचंद्र विद्यासागर
(2) वीरसेलिंगम पंतलु
(3) ज्योतिराव फुले
(4) ताराबाई शिंदे

132. Which one of the following statements is incorrect about democracy?
(1) In a democracy people can raise question about the decisions.
(2) In a democracy the country's citizens are allowed to elect whomever they want.
(3) In a democracy citizens enjoy certain freedoms.
(4) In a democracy a Ruler has absolute powers to rule the country.

132. निम्नलिखित कथनों में से कौन-सा कथन लोकतंत्र के सम्बन्ध में गलत है?
(1) लोकतंत्र में लोग लिए गए निर्णयों पर प्रशन उठा सकते हैं।
(2) लोकतंत्र में देश के नागरिकों को अपनी पसंद का नेता चुनने की छुट होती है।
(3) लोकतंत्र में नागरिकों को कुछ स्वतंत्रताएँ प्राप्त होती हैं।
(4) लोकतंत्र में एक शासक के पास देश पर शासन करने की संपूर्ण ताकत होती है।

133. Major source of mineral in soil is the
(1) parent rock from which soil is formed
(2) plants
(3) animals
(4) bacteria

133. मृदा में खनिज का प्रमुख स्रोत कौन-सा है
(1) जनक शैल जिससे मृदा बनती है
(2) पादप
(3) जंतु
(4) जीवाणु

134. Which one of the following causes kala-azar?
(1) Ascaris (2) Trypanosoma
(3) Leishmania (4) Bacteria

134. निम्नलिखित में से कौन-सा रोगजनक कालाजार का कारण होता है।
(1) एस्केरिस (2) ट्रिपैनोसोमा
(3) लीशमैनिया (4) बैक्टीरिया

135. Choose the correct statement
(1) Sun can be taken as an inexhaustible source of energy
(2) There is infinite storage of fossil fuel inside the earth
(3) Hydro and wind energy plants are non polluting sources of energy
(4) Waste from a nuclear power plant can be easily disposed off

135. सही प्रकथन चुनिए:
(1) सूर्य को ऊर्जा के अक्षय (असीम) स्रोत के रूप में लिया जा सकता है
(2) पृथ्वी के भीतर जीवाश्मी ईंधन के अनंत (असीमित) भंडार है
(3) जल तथा पवन शक्ति संयंत्र प्रदूषण न फैलाने वाले ऊर्जा स्रोत हैं
(4) नाभिकीय शक्ति संयंत्रों के अपशिष्टों का निपटारा आसानी से किया जा सकता है

136. What will happen if deer is missing in the food chain given below?
Grass ⟶ Deer ⟶ Tiger
(1) The population of tiger increases
(2) The population of grass decreases
(3) Tiger will start eating grass
(4) The population of tiger decreases and the

136. नीचे दी गई आहार-श्रृंखला में से यदि हिरन को निकाल दिया जाए तो क्या होगा?
घास ⟶ हिरन ⟶ बाघ
(1) बाघ समष्टि में वृद्धि हों जाएगी
(2) घास समष्टि घट जाएगी
(3) बाघ घास खाने लगेंगे
(4) बाघ समष्टि घट जाएगी और घास-समष्टि में वृद्धि हों जाएगी।

population of grass increases

137. Select the wrong statement

(1) Forests provide variety of products

(2) Forests have greater plant diversity

(3) Forests do not conserve soil

(4) Forests conserve water

138. Large areas of protected land for conservation of wild life, plant and animal resources and traditional life of the tribals living in the area is known as

(1) Biodiversity Hot Spots

(2) National Parks

(3) Wildlife Sanctuaries

(4) Biosphere Reserves

139. As per 2011 Census, the Union Territory in India with the lowest rural population?

(1) Lakshadweep

(2) Chandigarh

(3) Daman and Diu

(4) Andaman Nicobar

140. World Environment Day is celebrated on

(1) 22 April (2) 08 May

(3) 05 June (4) 22 May

141. Which is an inter-governmental organization, established by the governments of South Asia to support protection of the environment

(1) SUNEP (2) ACEP

(3) UNEP (4) SACEP

142. Full form of ESCAP is

(1) Economic and Social Commission for Asia and Pacific

(2) Endangered Species Commission for Asia and Pacific

(3) Endangered Species Convention of Asia and Pacific

(4) Economic and Sustainable Commission for Asia and Pacific

143. Study the following statements:

I. There can be a wildlife sanctuary within a biosphere reserve.

II. Plants of a particular area are collectively termed as fauna.

137. गलत कथन चुनिए:

(1) वनों में विभिन्न प्रकार के उत्पाद मिलते हैं

(2) वनों में अपेक्षाकृत अधिक पादप जैव-विविधता पाई जाती है

(3) वनों में मृदा संरक्षण नहीं होता

(4) वनों से जल संरक्षण होता है

138. जंगली जीवन, पौधे और पशु संसाधनों के संरक्षण के लिए संरक्षित भूमि के बड़े क्षेत्र और क्षेत्र में रहने वाले आदिवासियों के पारंपरिक जीवन के रूप में जाना जाता है

(1) जैव विविधता हॉट स्पॉट्स

(2) राष्ट्रीय उद्यान

(3) वन्यजीव अभयारण्य

(4) बायोस्फीयर रिजर्व

139. 2011 की जनगणना के अनुसार, भारत में सबसे कम ग्रामीण आबादी वाला राज्य?

(1) लक्षद्वीप

(2) चंडीगढ़

(3) दमन और दीव

(4) अंडमान निकोबार

140. विश्व पर्यावरण दिवस मनाया जाता है

(1) 22 अप्रैल (2) 08 मई

(3) 05 जून (4) 22 मई

141. पर्यावरण की सुरक्षा का समर्थन करने के लिए दक्षिण एशिया की सरकारों द्वारा स्थापित एक अंतर सरकारी संगठन कौन सा है

(1) SUNEP (2) ACEP

(3) UNEP (4) SACEP

142. ESCAP का पूरा नाम क्या है?

(1) Economic and Social Commission for Asia and Pacific

(2) Endangered Species Commission for Asia and Pacific

(3) Endangered Species Convention of Asia and Pacific

(4) Economic and Sustainable Commission for Asia and Pacific

143. निम्नलिखित कथनों का अध्ययन करें:

I. एक जीवमंडल रिजर्व के भीतर वन्यजीव अभयारण्य हो सकता है।

II. किसी विशेष क्षेत्र के पौधों को सामूहिक रूप से जीवों के रूप में जाना जाता है।

III. वनों की कटाई मिट्टी की पानी की होल्डिंग क्षमता में वृद्धि की ओर

III. Deforestation leads to an increase in the water holding capacity of the soil.
IV. Bison is an endemic fauna of Pachmarhi Biosphere Reserve.

Which of the following statements are correct:

(1) I and II (2) I and IV
(3) II and III (4) II and IV

ले जाती है।
IV. बाइसन पचमढ़ी बायोस्फीयर रिजर्व का एक स्थानिक जीव है।

निम्नलिखित में से कौन सा कथन सही है:

(1) I और II (2) I और IV
(3) II और III (4) II और IV

144. Bhadra Wildlife Sanctuary is located in
(1) Gujarat (2) Kerala
(3) Madhya Pradesh (4) Karnataka

144. भाद्र वन्यजीव अभयारण्य कहाँ स्थित है
(1) गुजरात (2) केरल
(3) मध्य प्रदेश (4) कर्नाटक

145. Which one of the following states of India is popular for the 'Kalamkari print'?
(1) Tamil Nadu
(2) Karnataka
(3) Andhra Pradesh
(4) Punjab

145. भारत का निम्नलिखित में से कौन-सा राज्य 'कलमकारी छापे' के लिए लोकप्रिय है?
(1) तमिल नाडु
(2) कर्नाटक
(3) आंध्र प्रदेश
(4) पंजाब

146. Which of the following tribal group is mainly centalised in uttarakhand?
(1) Gonds (2) Mala irular
(3) Bheel (4) Bhotia

146. निम्नलिखित जनजातीय समूहों में से कौन-सा मुख्यत: उत्तराखंड में संकेन्द्रित है?
(1) गोंड (2) माला इरुलर
(3) भील (4) भोटिया

147. Which one of the following is not considered as a fossil fuel?
(1) Petroleum (2) Natural gas
(3) Firewood (4) Coal

147. निम्नलिखित में से किस एक को जीवाश्मी ईंधन माना जाता है?
(1) पेट्रोलियम (2) प्राकृतिक गैस
(3) जलाऊ लकड़ी (4) कोयला

148. Which one of the following may cause tremendous destruction only on the coastal areas?
(1) Tsunami (2) Volcano
(3) Tides (4) Earthquake

148. निम्नलिखित में से कौन-सा एक केवल तटीय क्षेत्रों में अत्यधिक विनाश कर सकता है?
(1) सुनामी (2) ज्वालामुखी
(3) ज्वार-भाटा (4) भूकंप

149. The Environment Protection Act 1986 passed under which article of Indian constitution
(1) Article 253 (2) Article 235
(3) Article 355 (4) Article 335

149. पर्यावरण संरक्षण अधिनियम 1986 भारतीय संविधान के किस अनुच्छेद के तहत पारित किया गया
(1) अनुच्छेद 253 (2) अनुच्छेद 235
(3) अनुच्छेद 355 (4) अनुच्छेद 335

150. Main focus of forth five year plan of India was on the
(1) agricultural development of the country
(2) industrial development of the country
(3) poverty eradication and technological self-reliance
(4) achievement of stable growth and self-reliance

150. भारत की पांच साल की योजना का मुख्य फोकस था
(1) देश के कृषि विकास
(2) देश के औद्योगिक विकास
(3) गरीबी उन्मूलन और तकनीकी आत्मनिर्भरता
(4) स्थिर विकास और आत्मनिर्भरता की उपलब्धि

उत्तर पत्रिका / Answer Sheet – Kendriya Vidyalaya Sangathan

Name of the Candidate: ______________________ **Fathers' Name:** ________________

Roll Number: ________________, **Examination Centre:** ______________________

Paper of the Candidate: ______________________, **Test Booklet Code:** ____________

Mark your Answer by shading the appropriate circle against each question. The circle should be shaded completely without leaving any space. The correct method of shading is given below.
प्रत्येक प्रश्न के सामने उचित वृत का चिन्हांकन करके अपना उत्तर लिखें। वृत्त को बिना कोई स्थान छोड़े चिन्हांकित करें। चिन्हांकित करने का सही तरीका नीचे दिया गया है।

Correct Method : सही तरीका : ○ ● ○ ○ Wrong Method : गलत तरीका : ⊠ ✓ ⊙ ◐

001	① ② ③ ④	031	① ② ③ ④	061	① ② ③ ④	091	① ② ③ ④	121	① ② ③ ④
002	① ② ③ ④	032	① ② ③ ④	062	① ② ③ ④	092	① ② ③ ④	122	① ② ③ ④
003	① ② ③ ④	033	① ② ③ ④	063	① ② ③ ④	093	① ② ③ ④	123	① ② ③ ④
004	① ② ③ ④	034	① ② ③ ④	064	① ② ③ ④	094	① ② ③ ④	124	① ② ③ ④
005	① ② ③ ④	035	① ② ③ ④	065	① ② ③ ④	095	① ② ③ ④	125	① ② ③ ④
006	① ② ③ ④	036	① ② ③ ④	066	① ② ③ ④	096	① ② ③ ④	126	① ② ③ ④
007	① ② ③ ④	037	① ② ③ ④	067	① ② ③ ④	097	① ② ③ ④	127	① ② ③ ④
008	① ② ③ ④	038	① ② ③ ④	068	① ② ③ ④	098	① ② ③ ④	128	① ② ③ ④
009	① ② ③ ④	039	① ② ③ ④	069	① ② ③ ④	099	① ② ③ ④	129	① ② ③ ④
010	① ② ③ ④	040	① ② ③ ④	070	① ② ③ ④	100	① ② ③ ④	130	① ② ③ ④
011	① ② ③ ④	041	① ② ③ ④	071	① ② ③ ④	101	① ② ③ ④	131	① ② ③ ④
012	① ② ③ ④	042	① ② ③ ④	072	① ② ③ ④	102	① ② ③ ④	132	① ② ③ ④
013	① ② ③ ④	043	① ② ③ ④	073	① ② ③ ④	103	① ② ③ ④	133	① ② ③ ④
014	① ② ③ ④	044	① ② ③ ④	074	① ② ③ ④	104	① ② ③ ④	134	① ② ③ ④
015	① ② ③ ④	045	① ② ③ ④	075	① ② ③ ④	105	① ② ③ ④	135	① ② ③ ④
016	① ② ③ ④	046	① ② ③ ④	076	① ② ③ ④	106	① ② ③ ④	136	① ② ③ ④
017	① ② ③ ④	047	① ② ③ ④	077	① ② ③ ④	107	① ② ③ ④	137	① ② ③ ④
018	① ② ③ ④	048	① ② ③ ④	078	① ② ③ ④	108	① ② ③ ④	138	① ② ③ ④
019	① ② ③ ④	049	① ② ③ ④	079	① ② ③ ④	109	① ② ③ ④	139	① ② ③ ④
020	① ② ③ ④	050	① ② ③ ④	080	① ② ③ ④	110	① ② ③ ④	140	① ② ③ ④
021	① ② ③ ④	051	① ② ③ ④	081	① ② ③ ④	111	① ② ③ ④	141	① ② ③ ④
022	① ② ③ ④	052	① ② ③ ④	082	① ② ③ ④	112	① ② ③ ④	142	① ② ③ ④
023	① ② ③ ④	053	① ② ③ ④	083	① ② ③ ④	113	① ② ③ ④	143	① ② ③ ④
024	① ② ③ ④	054	① ② ③ ④	084	① ② ③ ④	114	① ② ③ ④	144	① ② ③ ④
025	① ② ③ ④	055	① ② ③ ④	085	① ② ③ ④	115	① ② ③ ④	145	① ② ③ ④
026	① ② ③ ④	056	① ② ③ ④	086	① ② ③ ④	116	① ② ③ ④	146	① ② ③ ④
027	① ② ③ ④	057	① ② ③ ④	087	① ② ③ ④	117	① ② ③ ④	147	① ② ③ ④
028	① ② ③ ④	058	① ② ③ ④	088	① ② ③ ④	118	① ② ③ ④	148	① ② ③ ④
029	① ② ③ ④	059	① ② ③ ④	089	① ② ③ ④	119	① ② ③ ④	149	① ② ③ ④
030	① ② ③ ④	060	① ② ③ ④	090	① ② ③ ④	120	① ② ③ ④	150	① ② ③ ④

परीक्षार्थी का नाम Name of candidate (In Capital Letters)	परीक्षार्थी के हस्ताक्षर Signature of candidate (In Running Hand)	परीक्षार्थी के बाएं अंगूठे का निशान Left hand thumb impression of the candidate	निरीक्षक के हस्ताक्षर Signature of invigilator (In Running Hand)

Answer Key KVS Test Set - 09

Q	A	Q	A	Q	A	Q	A	Q	A	Q	A	Q	A	Q	A
1	2	**21**	3	**41**	3	**61**	2	**81**	1	**101**	3	**121**	2	**141**	4
2	1	**22**	3	**42**	2	**62**	3	**82**	4	**102**	1	**122**	3	**142**	1
3	1	**23**	3	**43**	3	**63**	2	**83**	4	**103**	2	**123**	3	**143**	2
4	4	**24**	3	**44**	4	**64**	2	**84**	4	**104**	3	**124**	4	**144**	4
5	4	**25**	3	**45**	1	**65**	1	**85**	4	**105**	3	**125**	1	**145**	3
6	4	**26**	2	**46**	3	**66**	2	**86**	4	**106**	2	**126**	1	**146**	4
7	2	**27**	2	**47**	3	**67**	1	**87**	2	**107**	2	**127**	1	**147**	3
8	2	**28**	2	**48**	3	**68**	2	**88**	2	**108**	4	**128**	3	**148**	1
9	4	**29**	4	**49**	2	**69**	1	**89**	3	**109**	4	**129**	1	**149**	1
10	3	**30**	1	**50**	3	**70**	1	**90**	3	**110**	3	**130**	1	**150**	4
11	1	**31**	2	**51**	4	**71**	2	**91**	1	**111**	1	**131**	3		
12	3	**32**	1	**52**	3	**72**	4	**92**	3	**112**	3	**132**	4		
13	3	**33**	1	**53**	1	**73**	2	**93**	4	**113**	3	**133**	1		
14	4	**34**	3	**54**	1	**74**	2	**94**	1	**114**	2	**134**	3		
15	1	**35**	4	**55**	1	**75**	4	**95**	3	**115**	4	**135**	1		
16	2	**36**	2	**56**	1	**76**	1	**96**	3	**116**	1	**136**	4		
17	2	**37**	2	**57**	3	**77**	3	**97**	4	**117**	3	**137**	3		
18	2	**38**	1	**58**	4	**78**	2	**98**	1	**118**	4	**138**	4		
19	2	**39**	2	**59**	2	**79**	3	**99**	1	**119**	4	**139**	1		
20	3	**40**	2	**60**	4	**80**	4	**100**	4	**120**	1	**140**	3		

Prateek Shivalik   KVS PRT

Code 10

इस परीक्षा पुस्तिका को तब तक न खोलें जब तक कहा न जाए।

Do not open this Test Booklet until you are asked to do so.

इस परीक्षा पुस्तिका के पिछले आवरण पर दिए गये निर्देशों को ध्यान से पढ़ें।

Read carefully the Instructions on the Back Cover of this Test Booklet.

परीक्षार्थियों के लिए निर्देश

1. OMR उत्तर पत्र इस परीक्षा के अन्दर रखा है। जब आपको परीक्षा पुस्तिका खोलने को कहा जाए, तो उत्तर पत्र निकाल कर पृष्ठ-1 एवं पृष्ठ-2 पर ध्यान से केवल नीले बॉल पॉइंट पेन से विवरण भरें।
2. परीक्षा की अवधि 2½ घंटे है एवं परीक्षा में 150 प्रश्न है। **कोई ऋणात्मक अंकन नहीं है।**
3. इस पृष्ठ पर विवरण अंकित करने एवं उत्तर पत्र पर निशान लगाने के लिए केवल नीले बॉल पॉइंट पेन का प्रयोग करें।
4. यह सुनिश्चित कर लें की इस पुस्तिका का संकेत, उत्तर पत्र के पृष्ठ पर छपे संकेत से मिलता है। यह भी सुनिश्चित कर लें की परीक्षा संख्या और उत्तर पत्र संख्या मिलते है। अगर यह भिन्न हों तो परीक्षार्थी दूसरी प्रश्न पुस्तिका और उत्तर पत्र लेने के लिए निरीक्षक को तुरन्त अवगत कराएँ।
5. **यदि अनुवाद में किसी भी प्रकार की कोई अस्पष्टा हो तो अंग्रेजी वाले पाठ को ही सही माना जायेगा।**
6. रफ कार्य परीक्षा पुस्तिका में इस प्रयोजन के लिए दी गई खाली जगह पर करें।
7. सभी उत्तर केवल OMR उत्तर पत्र पर ही अंकित करें। अपने उत्तर ध्यानपूर्वक अंकित करें। उत्तर बदलने हेतु श्वेत रंजक का प्रयोग निषिद्ध है।
8. प्रत्येक प्रश्न के सामने उचित वृत का चिन्हांकन करके अपना उत्तर लिखें। वृत्त को बिना कोई स्थान छोड़े चिन्हांकित करें।

INSTRUCTIONS FOR CANDIDATES

1. The OMR Answer Sheet is inside this Test Booklet. When you are directed to open the Test Booklet, take out the Answer Sheet and fill in the particulars on Side-1 and Side-2 carefully with blue ball point pen only.
2. The test is of 2½ hours duration and consists of 150 questions. **There is no negative marking.**
3. Use Blue Ball Point Pen only for writing particulars on this page / marking responses in the Answer Sheet.
4. Make sure that the CODE printed on the Answer Sheet is the same as that on this booklet. Also ensure that your Test Booklet No. and Answer Sheet No. are the same. In case of discrepancy, the candidate should immediately report the matter to the Invigilator for replacement of both the Test Booklet and the Answer Sheet.
5. **In case of any ambiguity in translation, the English version will be deemed authentic.**
6. Rough work should be done only in the space provided in the Test Booklet for the same.
7. The answers are to be recorded on the OMR Answer Sheet only. Mark your responses carefully. No whitener is allowed for changing answers.
8. Mark your Answer by shading the appropriate circle against each question. The circle should be shaded completely without leaving any space.

परीक्षार्थी का नाम (बड़े अक्षरों में):
Name of the Candidate (in Capitals): ____________________

अनुक्रमांक (अंकों में):
Roll Number: (in figures): ____________________

(शब्दों में):
(in words): ____________________

परीक्षा केन्द्र (बड़े अक्षरों में) :
Centre of Examination (in Capitals): ____________________

परीक्षार्थी के हस्ताक्षर:
Candidate's Signature: ____________________

निरीक्षक के हस्ताक्षर :
Invigilator's Signature : ____________________

Facsimile signature stamp of
Centre Superintendent ____________________

General English

1. Convert the given sentence into Direct / Indirect Speech

The teacher said to Ashok, "I shall report the matter to the Principal if you misbehave again."

(1) The teacher told Ashok that he would be reporting the matter to the Principal if he misbehaved again.
(2) The teacher warned Ashok that he would report the matter to the Principal if he misbehaved again.
(3) The teacher threatened Ashok to report the matter to the Principal if he would misbehave again.
(4) The teacher cautioned Ashok about reporting the matter to the Principal if he misbehaved again.

2. Fill in the blank.

As he proved inefficient the company _______ him.

(1) rejected
(2) ejected
(3) evicted
(4) expelled

3. The antonym of the given word is?

AUTONOMY

(1) slavery
(2) subordination
(3) dependence
(4) submissiveness

4. Which part of the following sentences has error in it?

The long-distance train (P) which met with an accident (Q) was carrying some army personal. (R) No error. (S)

(1) P (2) Q (3) R (4) S

5. Which part of the following sentences has error in it?

The young men from Japan (P) found the assent of the mountain (Q) hard going. (R) No error. (S)

(1) P (2) Q (3) R (4) S

6. Convert the given sentence into Active / Passive Voice

It is time to take tea.

(1) It was time that tea was taken
(2) It is time for tea to be taken
(3) It is time that tea should be taken
(4) It is time that tea had been taken

7. Choose the one word which can be substituted for the given sentence/ words.

Simple, fast-spreading plant without flowers or leaves, which can often cause disease

(1) bacteria (2) amoeba (3) virus (4) fungus

8. Choose the option which best expresses the meaning of the highlighted idiom/phrase in the sentence.

to "end in smoke"

(1) to have a smoking session
(2) to be on fire
(3) to come to nothing
(4) to burn slowly

9. Choose the incorrectly spelt word

(1) competent
(2) repentent
(3) penitent
(4) consistent

10. Arrange the following jumbled part of the sentence in correct order.

(1) It was nine o'clock in the evening and Rajan was reading.

P. At first he thought nothing of it.

Q. The walls were a moving mass of big ants.

R. Suddenly, he heard faint noises.

S. When he went to his bedroom later, however, he was shocked by what he saw.

(6) They covered everything — the book case, the shelves, the chest of drawers.

(1) PSRQ (2) SRPQ (3) RPSQ (4) QSRP

11. "दूध – दही" में समास है
(1) द्वन्द
(2) द्विगु
(3) बहुब्रीहि
(4) सम्बन्ध तत्पुरुष द्वन्द

12. अत्यन्त में कौन सा उपसर्ग है?
(1) अत्
(2) अति
(3) अत्य
(4) अ

13. लकडहारा में कौन सा प्रत्यय है?
(1) आरा
(2) हारा
(3) आ
(4) अरा

14. "जो केवल एक आँख वाला हो" के लिए एक उपयुक्त शब्द है
(1) शुक्राचार्य
(2) समदर्शी
(3) एकाक्षी
(4) अक्षविहीन

15. उद्गम के आधार पर शब्दों के भेद है
(1) 2
(2) 3
(3) 4
(4) 5

16. रावन को "दशानन" भी कहते है चिन्हांकित शब्द है
(1) रूढ़
(2) यौगिक
(3) योगरूढ़
(4) कोई नहीं

17. "जैसी" करनी, "वैसी" भरनी में सर्वनाम है
(1) प्रश्नवाचक
(2) निश्चयवाचक
(3) निजवाचक
(4) संबंधवाचक

18. "हे भगवान ! मुझे दु:खो से बचाइए।" में प्रयुक्त कारक है
(1) अपादान
(2) सम्बोधन
(3) संबंध
(4) करण

19. गुरोपदेश का संधि विच्छेद होगा
(1) गुरो+पदेश
(2) गुरु+उपदेश
(3) गुरो+उपदेश
(4) गुर+उपदेश

20. निम्न में से किस शब्द की वर्तनी शुद्ध है?
(1) उदंड
(2) उदन्ड
(3) उद्दड
(4) उदण्ड

Space for Rough Work / कच्चे कार्य के लिए स्थान

21. Related to computers, what is 'Wetware'?
(1) Computer programs
(2) Circuitory
(3) Human brain
(4) Chemical storage devices

21. कंप्यूटर से संबंधित, 'Wetware' क्या है?
(1) कंप्यूटर प्रोग्राम
(2) सर्किटरी
(3) मानव मस्तिष्क
(4) रासायनिक भंडारण उपकरण

22. CPU Scheduler is also known as _____ .
(1) Job Scheduler
(2) Resource Scheduler
(3) Short-term Scheduler
(4) Process Scheduler

22. सीपीयू शेड्यूलर को _____ भी कहा जाता है।
(1) नौकरी अनुसूचक
(2) संसाधन अनुसूचक
(3) शॉर्ट टर्म शेड्यूलर
(4) प्रक्रिया अनुसूचक

23. Which of the following statement is true?
(1) A Primary key is also a candidate key
(2) Each relation has at least one foreign key
(3) Foreign keys can't have null values
(4) A Primary key is also an alternate key

23. निम्नलिखित में से कौन सा कथन सत्य है?
(1) एक प्राथमिक कुंजी भी एक उम्मीदवार कुंजी है
(2) प्रत्येक संबंध में कम से कम एक विदेशी कुंजी है
(3) विदेशी कुंजी के पास शून्य मान नहीं हो सकते हैं
(4) एक प्राथमिक कुंजी भी एक वैकल्पिक कुंजी है

24. When a group of computers is connected together in a small area without the help of telephone lines, it is called:
(1) Remote Communication Network (RCN)
(2) Local Area Network (LAN)
(3) Wide Area Network (WAN)
(4) Value Added Network (VAN)

24. जब टेलीफोन लाइनों की सहायता के बिना कंप्यूटर के समूह को एक छोटे से क्षेत्र में एक साथ जोड़ा जाता है, तो इसे कहा जाता है:
(1) दूरस्थ संचार नेटवर्क (आरसीएन)
(2) लोकल एरिया नेटवर्क (लैन)
(3) वाइड एरिया नेटवर्क (डब्ल्यूएएन)
(4) वैल्यू एडेड नेटवर्क (वीएएन)

25. PDA stands for
(1) Personal Digital Assistant
(2) Personal Development Agency
(3) Personal Data Authority
(4) Personal Data Array

25. पीडीए का मतलब है
(1) Personal Digital Assistant
(2) Personal Development Agency
(3) Personal Data Authority
(4) Personal Data Array

26. Cache memory acts between
(1) CPU and RAM
(2) CPU and ROM
(3) RAM and ROM
(4) CPU and Hard disk

26. कैश मेमोरी के बीच कार्य करता है
(1) सीपीयू और रैम
(2) सीपीयू और रॉम
(3) रैम और रॉम
(4) सीपीयू और हार्ड डिस्क

27. The unit of measurement of a word length is
(1) Metre
(2) Byte
(3) Bit
(4) Millimetre

27. शब्द लंबाई की माप की इकाई है
(1) मीटर
(2) बाइट
(3) बिट
(4) मिलीमीटर

28. Which of the following manages the computer

28. निम्नलिखित में से कौन सा कंप्यूटर संसाधन प्रबंधित करता है?

resources?

(1) Boot
(2) Programmes
(3) Texts
(4) Exit

(1) बूट
(2) कार्यक्रम
(3) ग्रंथों
(4) एक्ज़िट

29. Find the "odd one out".

(1) Linux
(2) Windows 98
(3) C++
(4) Windows 7

29. इनमें से "एक विषम" खोजें।

(1) लिनक्स
(2) विंडोज 98
(3) सी ++
(4) विंडोज 7

30. Money transfer through mobile is called ________.

(1) IFSC
(2) ATM
(3) IMPS
(4) IFS

30. मोबाइल के माध्यम से धन हस्तांतरण ________ कहा जाता है।

(1) आईएफ़एससी
(2) एटीएम
(3) आईएमपीएस
(4) आईएफ़एस

Space for Rough Work / कच्चे कार्य के लिए स्थान

31. Which amongst the following is not a component of monetary policy in India?
(1) Repo rate
(2) Public Debt
(3) Moral suasion
(4) Credit Rationing

31. इनमें से कौन सा भारत में मौद्रिक नीति का एक घटक नहीं है?
(1) रेपो दर
(2) लोक ऋण
(3) नैतिक दबाव
(4) क्रेडिट रेशनिंग

32. Which article of Indian constitution has the provision for National Emergency?
(1) Article 350
(2) Article 352
(3) Article 312
(4) Article 280

32. भारतीय संविधान के किस अनुच्छेद में राष्ट्रीय आपातकाल का प्रावधान है?
(1) अनुच्छेद 350
(2) अनुच्छेद 352
(3) अनुच्छेद 312
(4) अनुच्छेद 280

33. Who is known as the 'Father of Indian Unrest'?
(1) Anant Singh
(2) Bhagat Singh
(3) Bal Gangadhar Tilak
(4) Dadabhai Naoroji

33. 'भारतीय अशांति का पिता' किन्हें कहा जाता है?
(1) अनंत सिंह
(2) भगत सिंह
(3) बाल गंगाधर तिलक
(4) दादाभाई नौरोजी

34. The final boundary between the Earth and the outer space is called _____.
(1) ionosphere
(2) mesopause
(3) magnetosphere
(4) magnetopause

34. पृथ्वी और बाह्य अंतरिक्ष के बीच अंतिम रेखा को _____ कहा जाता है?
(1) आयन मंडल
(2) मध्य सीमा
(3) चुंबकीय मंडल
(4) चुंबकत्वी मंडल सीमा

35. Photosynthesis takes place in the presence of chlorophyll and _________.
(1) water
(2) nutrients
(3) carbon-dioxide
(4) sunlight

35. प्रकाश संश्लेषण क्लोरोफिल और _________ की उपस्थिति में होता है|
(1) पानी
(2) पोषक तत्व
(3) कार्बन डाइऑक्साइड
(4) सूर्य के प्रकाश

36. If objects appear enlarged and inverted in a rear view mirror, then which type of mirror is used?
(1) Concave
(2) Convex
(3) Cylindrical
(4) Plane

36. यदि रियर व्यू दर्पण में वस्तुएँ बड़ी और उल्टी दिखाई देती हैं, तो किस तरह के दर्पण का उपयोग किया गया है?
(1) अवतल
(2) उत्तल
(3) बेलनाकार
(4) साधारण

37. CAD stands for _____.
(1) Common Aided Design
(2) Computer Aided Design
(3) Complex Aided Design

37. सी.ए.डी _____ के लिए है
(1) कॉमन ऐडड डिजाइन
(2) कंप्यूटर एडेड डिजाइन
(3) कॉम्प्लेक्स एडेड डिज़ाइन

(4) Communication Aided Design

(4) कम्यूनिकेशन एडेड डिजाइन

38. What is the chemical formula for Sodium Chloride (Salt)?

(1) NaCl2
(2) NaCl
(3) Na2Cl
(4) Na2C

38. सोडियम क्लोराइड (नमक) का रासायनिक सूत्र क्या है?

(1) NaCl2
(2) NaCl
(3) Na2Cl
(4) Na2C

39. Which of the following was invented by Sir Humphry Davy?

(1) Safety Pin
(2) X-Rays
(3) Steam Engine
(4) Safety Lamp

39. सर हंफ्री डेवी ने निम्न में से किसका आविष्कार किया था?

(1) सेफ्टी पिन
(2) एक्स-रे
(3) भाप का इंजन
(4) सेफ्टी लैंप

40. Which of the following country doesn't matches to its famous tourist place?

(1) China – Great Wall of China
(2) Bhutan – Paro Taktsang
(3) Nepal – Pashupatinath Temple
(4) Sri Lanka – Padmanabhaswamy Temple

40. निम्न में से कौन सा देश अपने प्रसिद्ध पर्यटन स्थल से मेल नहीं खाता?

(1) चीन - चीन की विशाल दीवार
(2) भूटान – तक्तसांग
(3) नेपाल - पशुपतिनाथ मंदिर
(4) श्रीलंका - पद्मनाभस्वामी मंदिर

Space for Rough Work / कच्चे कार्य के लिए स्थान

41. Select a combination of numbers so that letters arranged accordingly, form a meaningful word.

1	2	3	4	5	6
O	A	E	S	N	S

(1) 4, 6, 3, 5, 2, 1
(2) 5, 6, 4, 1, 3, 2
(3) 4, 3, 2, 6, 1, 5
(4) 4, 6, 5, 2, 3, 1

42. Which of the following conclusions are true if the given statement is true?

Statements:

Some ants are parrots.
All the parrots are apples.

Conclusions:

1. All the apples are parrots.
2. Some ants are apples.

(1) Only conclusion 1 follows
(2) Only conclusion 2 follows
(3) Both 1 or 2 follows
(4) Neither 1 nor 2 follows

43. The next number in the given series will be

8, 11, 21, 15, 18, 21, 22, ___, ___

(1) 25, 18 (2) 25, 21
(3) 25, 29 (4) 24, 21

44. What number should come in the place of?

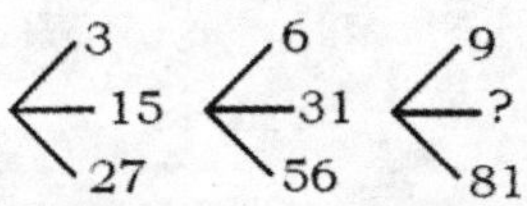

(1) 45 (2) 41
(3) 32 (4) 40

45. A, P, R, X, S and Z are sitting in a row. S and Z are in the centre. A and P are at the extreme ends. R is sitting to the left of A. Who is sitting to the right of P?

(1) A (2) X
(3) S (4) Z

46. Find the minimum number of straight lines required to make the given figure?

41. एक अर्थपूर्ण शब्द बनाने के लिए किसी एक संख्याओं के संचय का चयन करें।

1	2	3	4	5	6
O	A	E	S	N	S

(1) 4, 6, 3, 5, 2, 1
(2) 5, 6, 4, 1, 3, 2
(3) 4, 3, 2, 6, 1, 5
(4) 4, 6, 5, 2, 3, 1

42. निम्नलिखित में से कौन से निष्कर्ष सही माने जायेंगे यदि दिए गए कथन सही हों?

कथन:

कुछ चीटियां तोतें हैं।
सभी तोतें सेब हैं।

निष्कर्ष:

1. सभी सेब तोतें हैं।
2. कुछ चीटियां सेब हैं।

(1) केवल निष्कर्ष 1 अनुसरण करता है।
(2) केवल निष्कर्ष 2 अनुसरण करता है।
(3) निष्कर्ष 1 तथा निष्कर्ष 2 अनुसरण करते हैं|
(4) न तो निष्कर्ष 1 न ही निष्कर्ष 2 अनुसरण करता हैं|

43. दी गई श्रृंखला में अगली संख्या क्या होगी?

8, 11, 21, 15, 18, 21, 22, ___, ___

(1) 25, 18 (2) 25, 21
(3) 25, 29 (4) 24, 21

44. "?" के स्थान पर कौन सी संख्या आनी चाहिये?

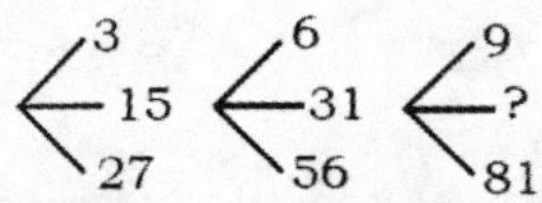

(1) 45 (2) 41
(3) 32 (4) 40

45. A, P, R, X, S, तथा Z एक पंक्ति में खड़े हैं। S तथा Z मध्य में हैं| A तथा P अंतिम सिरों पर हैं। R, A के बाएं बैठा है| P के दाहिनें कौन बैठा है?

(1) A (2) X
(3) S (4) Z

46. दिए हुए आकृति को बनाने के लिए कुल कितनी सरल रेखाएं चाहिए?

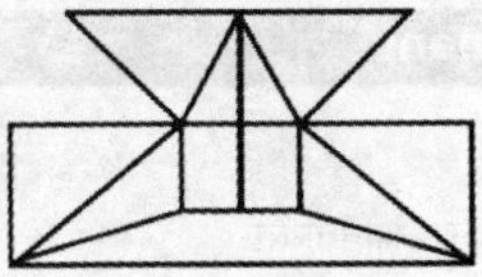

(1) 16 (2) 17
(3) 18 (4) 19

47. Complete the given series

ab _ aa _ bbb _ aaa _ bbba

(1) abba (2) baab
(3) aaab (4) abab

48. Which one of the given options would be a meaningful order of the following?

1. Family, 2. City, 3. Member
4. Locality, 5. Country

(1) 3, 1, 4, 2, 5 (2) 3, 1, 2, 4, 5
(3) 3, 1, 2, 5, 4 (4) 3, 1, 4, 5, 2

49. Which digit will appear on the face opposite to the number 4 in the given dice?

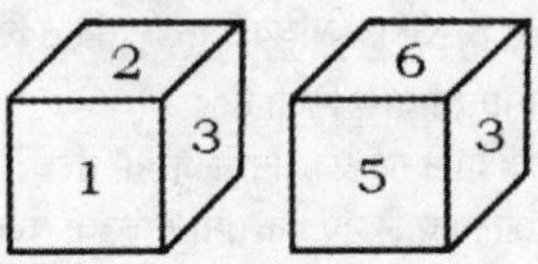

(1) 3 (2) 5
(3) 6 (4) 2/3

50. Starting from the point X, Jayant walked 15 m towards west. He turned left and walked 20 m. He then turned left and walked 15 m. After this he turned to his right and walked 12 m. How far and in which directions is Jayant now from the point X?

(1) 32 m, South (2) 47 m, East
(3) 42 m, North (4) 27 m, South

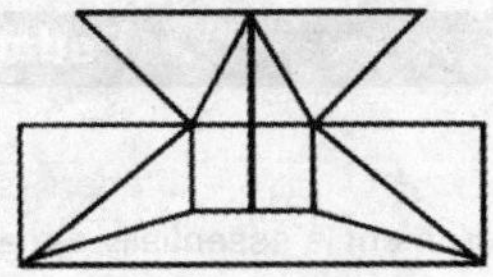

(1) 16 (2) 17
(3) 18 (4) 19

47. दी गई श्रृंखला को पूरा करें

ab _ aa _ bbb _ aaa _ bbba

(1) abba (2) baab
(3) aaab (4) abab

48. निम्न विकल्पों में से कौन सा विकल्प दिए गए शब्दों का सार्थक क्रम दर्शाता है?

1. परिवार, 2. शहर, 3. सदस्य
4. इलाका, 5. देश

(1) 3, 1, 4, 2, 5 (2) 3, 1, 2, 4, 5
(3) 3, 1, 2, 5, 4 (4) 3, 1, 4, 5, 2

49. दिए गए पासे में संख्या 4 के विपरीत मुख पर कौन सी संख्या आएगी?

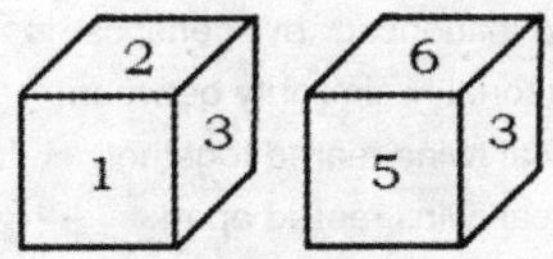

(1) 3 (2) 5
(3) 6 (4) 2/3

50. बिंदु X से चलते हुए जयन्त पश्चिम की तरफ़ चलता है। वह बाएं मुड़कर 20 मी. चलता है। वह फिर से बाएं मुड़ता है और 15 मी. चलता है। उसके पश्चात वह अपने दाहिने मुड़कर 12 मी. चलता है। जयन्त बिंदु X से कितनी दूरी पर तथा किस दिशा में हैं?

(1) 32 मी. / दक्षिण (2) 47 मी. / पूर्व
(3) 42 मी. / उत्तर (4) 27 मी. / दक्षिण

Space for Rough Work / कच्चे कार्य के लिए स्थान

51. Social development is essentially a matter of:
(1) Conformity to the demands of the social order
(2) The integration of one's purposes with those of the social order
(3) Achievement of social security and acceptance
(4) The development of social skills

51. सामाजिक विकास अनिवार्यत:
(1) सामाजिक व्यवस्था कि अपेक्षाओं के साथ अनुसारिता का मामला है
(2) सामाजिक व्यवस्था और व्यक्ति के उद्देश्यों के समाकलन से संबंधित है
(3) सामाजिक सुरक्षा और स्वीकरण की प्राप्ति का मामला है
(4) सामाजिक कौशलों के विकास से जुड़ा है

52. Prateek is a child whose thought is marked by egocentrism and centration. With respect to Piaget's theory, you infer that Prateek is in the ______ stage of development.
(1) sensorimotor
(2) preoperational
(3) concrete operations
(4) formal operations

52. प्रतीक एक बच्चा है जिसकी सोच अहंकेंद्रिता और केन्द्रीकरण द्वारा चिह्नित है। पियाजे के सिद्धांत के संबंध में, आप अनुमान लगा सकते हैं कि प्रतीक विकास के ______ चरण में है।
(1) ज्ञानेन्द्रिय
(2) पूर्व संक्रियात्मक
(3) मूर्त संक्रियात्मक
(4) औपचारिक संक्रियात्मक

53. The strongest support for the theory that personality is heavily influenced by genetics is provided by strong personality similarity between:
(1) identical twins reared together.
(2) identical twins reared apart.
(3) fraternal twins reared together.
(4) non twins reared together.

53. इस सिद्धांत को, कि व्यक्तित्व आनुवंशिकी से बहुत अधिक प्रभावित होता है, सबसे अधिक समर्थन किनके बीच व्यक्तित्व में अत्यधिक समानता द्वारा मिला है:
(1) एक साथ पाले गए एकसमान जुड़वाँ बच्चे
(2) अलग अलग पाले गए एकसमान जुड़वाँ बच्चे
(3) एक साथ पाले गए असमान जुड़वाँ बच्चे
(4) एक साथ पाले गए गैर जुड़वा बच्चे

54. The perspective in psychology that focuses on how behavior and thought differ from situation to situation and from culture to culture is the
(1) cognitive perspective.
(2) behavioral perspective.
(3) social-cultural perspective.
(4) neuroscience perspective.

54. मनोविज्ञान में परिप्रेक्ष्य जो इस बात पर केंद्रित है कि व्यवहार और विचार स्थिति से स्थिति और संस्कृति से संस्कृति में कैसे भिन्न होता है
(1) संज्ञानात्मक परिप्रेक्ष्य।
(2) व्यवहार परिप्रेक्ष्य।
(3) सामाजिक-सांस्कृतिक परिप्रेक्ष्य।
(4) तंत्रिका विज्ञान परिप्रेक्ष्य।

55. In which stage of moral development according to Piaget children realize that life is not fair and bad things can happen to innocent people?
(1) heteronomous morality
(2) autonomous morality
(3) morality of constraint
(4) moral realism

55. पियाजे के अनुसार नैतिक विकास के किस चरण में बच्चे यह समझने लगते हैं कि जीवन निष्पक्ष नहीं है और निर्दोष लोगों के साथ भी बुरी चीजें हो सकती है?
(1) विषमांग नैतिकता
(2) स्वायत्त नैतिकता
(3) विवशता की नैतिकता
(4) नैतिक यथार्थवाद

56. If Prateek believes that "mommy" applies to all women, that is an _______. If he believes that "mommy" applies only to his own mother, that is an

56. यदि प्रतीक को लगता है कि सभी महिलायें "माँ "होती है, तो यह एक _______ है। अगर उस को लगता है कि" माँ "केवल

_______.

(1) contrast; overextension
(2) underextension; hypothesis
(3) hypothesis; contrast
(4) overextension; underextension

उसकी माँ पर लागू होता है, बाकि महिलाओं पर नहीं ,तो यह एक ________ है।

(1) विरोध; अतिसामान्यीकरण
(2) निम्नसामान्यीकरण; परिकल्पना
(3) परिकल्पना; विरोध
(4) अतिसामान्यीकरण; निम्नसामान्यीकरण

57. According to Gardner's Theory of Multiple Intelligences, sensitivity to the meaning and order of words and the varied uses of language is

(1) Linguistic Intelligence
(2) Logical-Mathematical Intelligence
(3) Musical Intelligence
(4) Spatial Intelligence

57. गार्डनर के बहु बुद्धि सिद्धांत के अनुसार, शब्दों के अर्थ और क्रम की संवेदनशीलता और भाषा के विभिन्न उपयोगों की संवेदनशीलता है

(1) भाषाई बुद्धि
(2) तार्किक-गणितीय बुद्धि
(3) संगीतीय बुद्धि
(4) स्थानिक बुद्धि

58. Read the following questions:

I. Name the shape in the form of a quadrilateral with one pair of parallel sides

II. Classify the given -2D shapes on the basis of their sides

According to Bloom's taxonomy, which of the following is true of these objectives?

(1) I represent high level of thinking, II represent low level of thinking.
(2) I represent low level of thinking, II represent high level of thinking.
(3) They both represent low level of thinking.
(4) They both represent high level of thinking.

58. निम्नलिखित प्रश्न पढ़ें:

I. उस चतुर्भुज, जिसमें समानांतर भुजाओं की एक जोड़ी हो ,को क्या कहते हैं

II. दी गई दो आयामी आकृतियों को उनके गुणधर्मों के आधार पर वर्गीकृत करें

ब्लूम की वर्गीकरण के अनुसार, इनमें से कौन सा निम्नलिखित उद्देश्यों के बारे में सत्य है?

(1) I उच्च स्तर के चिंतन का प्रतिनिधित्व करता है,II निम्न स्तर के चिंतन का प्रतिनिधित्व करता है।
(2) I निम्न स्तर के चिंतन का प्रतिनिधित्व करता है,II उच्च स्तर के चिंतन का प्रतिनिधित्व करता है।
(3) ये दोनों निम्न स्तर के चिंतन का प्रतिनिधित्व करते हैं।
(4) ये दोनों उच्च स्तर के चिंतन का प्रतिनिधित्व करते हैं।

59. Another name for observational learning is

(1) replication.
(2) modeling.
(3) trial-and-error learning.
(4) visualization.

59. अवलोकनात्मक अधिगम के लिए एक और नाम है

(1) प्रतिकृति
(2) मॉडलिंग
(3) परीक्षण और त्रुटि सीखना
(4) दृश्य

60. 69. Which of the following measuring tools are used to assess co-scholastic performances of students?

I. Checklists
II. Rating scales
III. Self report inventories
IV. Projective tests

(1) II and III
(2) III and IV
(3) I and II
(4) I and IV

60. 69. विद्यार्थियों के सह-विद्यालयी निष्पत्तियों के आकलन हेतु निम्नलिखित मापन उपकरणों में से किनका प्रयोग किया जाता है?

I. जाँच सूचियाँ (चेक लिस्टस)
II. निर्धारण मापनियाँ
III. स्वरिपोर्ट सूचियाँ-
IV. प्रक्षेपी परीक्षण

(1) II और III
(2) II और IV
(3) I और II
(4) I और IV

61. 64. Which one of the following is not an accepted feature of an evaluation tool?
(1) Usefulness
(2) Validity
(3) Reliability
(4) Subjectivity

61. 64. निम्नलिखित में से कौन एक मूल्यांकन उपकरण की स्वीकृत विशेषता नहीं है?
(1) उपयोगिता
(2) वैधता
(3) विश्वसनीयता
(4) विषयनिष्ठता

62. Which of the following is NOT a characteristic of a creative person?
(1) Expertise
(2) Extrinsic motivation
(3) A venturesome personality
(4) Imaginative thinking skills

62. इनमें से कौन-सा रचनात्मक व्यक्ति की विशेषता नहीं है?
(1) विशेषज्ञता
(2) बाहरी प्रेरणा
(3) एक उद्यमशील व्यक्तित्व
(4) कल्पनाशील सोच कौशल

63. Prateek wanted to leave a note for his wife but couldn't find a pen, so he wrote the note with her lipstick. Prateek was able to overcome the obstacle to problem solving called
(1) absence of information.
(2) multiple hypotheses.
(3) confirmation bias.
(4) functional fixedness.

63. प्रतीक अपनी पत्नी के लिए एक नोट छोड़ना चाहता था लेकिन उसे कलम नहीं मिला, इसलिए उसने उसके लिपस्टिक का उपयोग कर नोट लिखा। प्रतीक समस्या हल करने में उस बाधा को दूर करने में सक्षम रहा जिसे कहते हैं
(1) जानकारी की अनुपस्थिति
(2) एकाधिक परिकल्पना
(3) पुष्टि पूर्वाग्रह
(4) कार्यात्मक स्थिरता

64. Empowering schools are
(1) Teacher centred
(2) Student centred
(3) Experience centred
(4) Self centred

64. सशक्ति स्कूल हैं
(1) शिक्षक केंद्रित
(2) छात्र केंद्रित
(3) अनुभव केंद्रित
(4) स्वयं केंद्रित

65. A teacher must know educational psychology so that he may:
(1) understand the goal of education
(2) develop appropriate methods of teaching
(3) make selection of appropriate content
(4) devise suitable techniques of evaluation

65. एक अध्यापक को शैक्षिक मनोविज्ञान का ज्ञान अवश्य होना चाहिए ताकि वह:
(1) शिक्षा के उद्येश्यों को समझ सके।
(2) उचित शिक्षण विधियों का विकास आकर सके।
(3) उचित विषय-वस्तु का चयन कर सके
(4) मूल्यांकन की सही विधियाँ अपना सके।

66. Of the following, the individual who will likely perform best is someone with
(1) high extrinsic motivation.
(2) low extrinsic motivation.
(3) high intrinsic motivation.
(4) low intrinsic motivation.

66. निम्नलिखित में से, जो व्यक्ति संभवतः सर्वश्रेष्ठ प्रदर्शन करेगा वह व्यक्ति है
(1) उच्च बाह्य प्रेरणा।
(2) कम बाह्य प्रेरणा।
(3) उच्च आंतरिक प्रेरणा।
(4) कम आंतरिक प्रेरणा।

67. As a consequence of the gender assigned to us by society, we develop a gender identity, which means that we
(1) exhibit traditional masculine or feminine roles.

67. समाज द्वारा हमें दिए गए लिंग के परिणामस्वरूप, हम एक लिंग पहचान विकसित करते हैं, जिसका अर्थ है कि हम
(1) पारंपरिक मर्दाना या स्त्री भूमिकाएं प्रदर्शित करेंगे।
(2) सामाजिक रूप से नर या मादा के रूप में वर्गीकृत हैं।

(2) are socially categorized as male or female.
(3) have a sense of being male or female.
(4) have an ambiguous biological sex.

(3) नर या मादा होने की भावना रखते हैं।
(4) एक संदिग्ध जैविक लिंग है।

68. Developmental profiles of individuals with learning disabilities can best be characterized as
(1) uneven (2) delayed
(3) flat (4) accelerated

68. अधिगम अक्षमता वाले व्यक्तियों के विकासात्मक प्रोफाइल को सर्वश्रेष्ठ रूप में वर्णित किया जा सकता है
(1) असमान (2) विलंबित
(3) समान (4) त्वरित

69. According to constructivist learning theory, attainment of higher-order cognitive functioning is contingent on:
(1) having a teacher or mentor who guides instruction
(2) adequate nutrition
(3) cooperative learning
(4) operant conditioning

69. रचनात्मक अधिगम के सिद्धांत के अनुसार, उच्च-क्रम संज्ञानात्मक कार्यवाही की प्राप्ति होना किस पर निर्धारित है?
(1) एक शिक्षक या गुरु का होना जो निर्देश देता है
(2) पर्याप्त पोषण
(3) सहकारी शिक्षा
(4) सक्रिय अनुबंधन

70. Which one of the following is most appropriate to develop higher order cognitive skills?
(1) Lecture-demonstration
(2) Role play
(3) Discussion Session
(4) Inquiry learning

70. उच्च स्तरीय ज्ञानात्मक कौशलों का विकास करने में निम्न में से कौन सा सर्वाधिक उपयुक्त है?
(1) व्याख्यान निदर्शन
(2) भूमिका अभिनय
(3) चर्चा सत्र
(4) पूछताछ सीखना

Space for Rough Work / कच्चे कार्य के लिए स्थान

71. While teaching children to read, at which point should the teacher focus on comprehension?
(1) When children reach class II
(2) After children have learned how to decode
(3) Right from the beginning
(4) Once children have mastered phonics

72. Here is a list of tasks commonly included in a language classroom. Which of these sees children as active learners?
(1) Children work in groups to generate interpretations of a poem
(2) Children carefully memorize correct answer to questions on a poem
(3) Children write answer to questions given at the end of a poem
(4) Children carefully note down answer from the blackboard

73. The assessment of students writing should most importantly focus on
(1) Keeping to the word limit
(2) Using idioms and metaphors
(3) Correct spelling and grammar
(4) Expressions and ideas

74. Children's oral language development forms an important foundation for learning literacy. Which of the following classroom practices enables oral language development?
(1) Memorizing and reciting poems individually or in a chorus
(2) Chorus reading of a story in the textbook along with the teacher
(3) Practicing the correct pronunciation of words in a chorus
(4) Participating in role-plays on favourite stories

75. A teacher realizes that vocabulary development is an important factor in enabling students to become better readers. Of the following, which might be a good strategy for vocabulary development?
(1) Students underline difficult words from a text and make sentences with them
(2) Students learn to use the context to guess the meaning of new words
(3) Students memorize extensive word - lists of synonyms and antonyms
(4) Students consult a dictionary whenever they come across a new word

Instruction (Q.No.76–80): Study the following paragraph and answer the questions that follow.

As District Employment Officer, my father was given a jeep by the government. There was no garage in the office, so the jeep was parked in our house. My Father refused to use it to commute to the office. He told us that the jeep is an expensive resource given by the government - he reiterated to us that it was not 'his jeep' but the government's jeep. Insisting that he would use it only to tour the interiors, he would walk to his office on normal days. He also made sure that we never sat in the government jeep – we could sit in it only when it was stationary. That was our early childhood lesson in government – a lesson that corporate manager learns the hard way, some never do.

The driver of the jeep was treated with respect due to any other member of my father's office. As small children, we were taught not to call him by his name. We had to use the suffix 'dada' whenever we were to refer to him in public. When I grew up to own a car and a driver by the name of Raju was appointed, I repeated the lesson to my two small daughters. They have, as a result, grown up calling him 'Raju Uncle' – very different from many of their friends who refer to their family drivers as 'my driver'. When I hear that term from a school or college going person, I cringe. To me, the lesson was significant – you treat small people with more respect than you treat big people. It is more important to respect your subordinates then your superiors.

76. The author's father would not allow his family to use the jeep because
(1) It was not their private vehicle
(2) The roads were full of potholes
(3) He was afraid of accidents
(4) The jeep was in a bad condition

77. The author taught his children to
(1) Be firm with servants
(2) Treat small people with respect
(3) Maintain a discreet distance from servants
(4) Be kind to small people

78. The author's attitude towards servants can be described as
(1) Respectful
(2) Indifferent
(3) Rational
(4) Affectionate

79. The word that can replace 'reiterated' is
(1) Revised
(2) repeated
(3) Recalled
(4) Reconsidered

80. The author was critical of his children's friends because their attitude to servants smacked of
(1) Weakness
(2) Coarseness
(3) Arrogance
(4) Loftiness

भाषा विषय: हिन्दी

81. उच्च प्राथमिक स्तर पर पाठ्य-पुस्तकों को न केवल विषय - वस्तुओं के लिए स्थान उपलब्ध करवाना चाहिए बल्कि
(1) मानक हिंदी के लिए स्थान उपलब्ध करवाना चाहिए
(2) विविध भाषाओँ के लिए भी स्थान उपलब्ध करवाना चाहिए
(3) व्याकरण पर भी अत्यंत बल देना चाहिए
(4) मानक भाषा के प्रयोग पर अत्यंत बल देना चाहिए

82. भाषा और लिपि के संदर्भ में कौन - सा कथन सही है?
(1) एक भाषा विशेष को एक लिपि विशेष में ही लिखा जा सकता है।
(2) भाषा की समृद्धि के लिए केवल लिपि ही उत्तरदायी है।
(3) किसी भी भाषा को किसी भी लिपि में लिखा जा सकता है।
(4) प्रत्येक भाषा की एक निश्चित लिपि होती है।

83. हिंदी भाषा की कक्षा में
(1) सभी बच्चे समान रूप से हिंदी सीखते हैं।
(2) सभी बच्चे समान रूप से हिंदी बोलते हैं।
(3) सभी बच्चे एक ही भाषा के होते हैं।
(4) सभी बच्चे एक ही भाषा के नहीं होते हैं।

84. व्याकरण - शिक्षण के संदर्भ में आपका बल किस बिंदु पर होगा?
(1) व्याकरण के नियमों की सैद्धांतिक विवेचना पर
(2) व्याकरणिक कोटियों की पहचान पर
(3) व्याकरणिक नियमों को कंठस्थ करने पर
(4) व्याकरण के व्यवहारिक पक्ष पर

85. बहुभाषिक कक्षाओं की आवश्यक्ताओं को संबोधित करने में सर्वाधिक सहायक है -
(1) विविध स्वरूपी लिखित परीक्षाएँ
(2) एक से अधिक बार भाषाई आकलन
(3) एक से अधिक पाठ्य - पुस्तक
(4) विविध स्वरूपी पाठ्य - सामग्री

निर्देश (Q.No.86–90): दिए गए गद्यांश को पढ़कर उसके नीचे लिखे प्रश्नों के सबसे उचित विकल्प को चुनिए।

स्वामी विवेकानंद जी एक ऐसे संत थे जिनका रोम-रोम राष्ट्रभक्ति से ओतप्रोत था। उनके सारे चिंतन का केंद्रबिंदु राष्ट्र था। अपने राष्ट्र की प्रगति एवं उत्थान के लिए जितना चिंतन एवं कर्म इस तेजस्वी सन्यासी ने किया उतना पूर्ण समर्पित राजनीतिज्ञों ने भी संभवतः नहीं किया। अंतर यह है कि इन्होंने सीधे राजनितिक धारा में भाग नहीं लिया किन्तु इनके कर्म एवं चिंतन की प्रेरणा से हजारों ऐसे कार्यकर्त्ता तैयार हुए जिन्होंने राष्ट्र - रथ को आगे बढ़ाने के लिए अपना जीवन समर्पित कर दिया।
इन्होंने निजी मुक्ति को जीवन का लक्ष्य नहीं बनाया था बल्कि करोड़ों देशवासियों के उत्थान को ही अपना जीवन लक्ष्य बनाया। राष्ट्र के दीं-हीन जनों की सेवा को ही ईश्वर की सच्ची पूजा मानते थे। सत्य की अनवरत खोज उन्हें दक्षिणेश्वर के संत श्री रामकृष्ण परमहंस तक ले गई और परमहंस ही वह सच्चे गुरु सिद्ध हुए जिनका सानिन्ध्य पाकर इनकी ज्ञान - पिपासा शांत हुई। उनतालीस वर्ष के संक्षिप्त जीवनकाल में स्वामी जी जो कार्य कर गए वे आने वाली अनेक शताब्दियों तक पीढ़ियों का मार्गदर्शन करते रहेंगे।
तीस वर्ष की आयु में इन्होंने शिकागो, अमेरिका के विश्व धर्म - सम्मलेन में हिन्दू धर्म का प्रतिनिधित्व किया और इसे सार्वभौमिक पहचान दिलवायी। तीन वर्ष तक वे अमेरिका में रहे और वहाँ के

लोगों को भारतीय तत्त्व - ज्ञान की अदभुति ज्योति प्रदान की। "अध्यात्म-विद्या और भारतीय दर्शन के बिना विश्व अनाथ हो जाएगा" यह स्वामी जी का दृढ़ विश्वास था।

वे केवल संत ही नहीं, एक महान देशभक्त, वक्ता, विचारक, लेखक और मानव - प्रेमी भी थे। अमेरिका से लौटकर उन्होंने आज़ादी की लड़ाई में योगदान देने के लिए देशवासियों का आवाहन किया और जनता ने स्वामी जी की पुकार का उत्तर दिया। गाँधी जी को आज़ादी की लड़ाई में जो जन समर्थन मिला था, वह स्वामी जी के आवाहन का ही फल था। उन्नीसवीं सदी के आखिरी दौर में वे लगभग सशक्त क्रांति के जरिए भी देश को आज़ाद कराना चाहते थे। परन्तु उन्हें जल्द ही यह विश्वास हो गया था कि परिस्थितियां उन इरादों के लिए अभी परिपक्व नहीं हैं। इसके बाद उन्होंने एक परिव्राजक के रूप में भारत और दुनिया को खंगाल डाला।

स्वामी जी इस बात से अश्वस्थ्येय कि धरती की गोद में यदि कोई देश है जिसने मनुष्य की हर तरह की बेहतरी के लिए ईमानदार कोशिशें की हैं , तो वह भारत ही है। उनकी दृष्टि में हिन्दू धर्म के सर्वश्रेष्ठ चिंतकों के विचार का निचोड़ पूरी दुनिया के लिए अब भी आश्चर्य का विषय है। स्वामी जी ने संकेत दिया था कि विदेशों में भौतिक समृद्धि तोह है और उसकी भारत को जरुरत भी है लेकिन हमें याचक नहीं बनना चाहिए। हमारे पास उससे ज्यादा बहुत कुछ है जो जम पश्चिम को दे सकते हैं और पश्चिम को उसकी बेसाख्ता जरुरत है।

86. "गाँधी जी को आज़ादी की लड़ाई में जो जन समर्थन मिला था, वह स्वामी विवेकानन्द जी के आवाहन का फल था।" निम्नलिखित में से कौन सा कथन इसके भाव को सही रूप में व्यक्त करता है?

(1) आज़ादी की लड़ाई में गाँधी जी को जो समर्थन मिला उसकी नींव स्वामी विवेकानन्द जी ने ही रखी थी

(2) आज़ादी की लड़ाई में स्वामी विवेकानंद जी गाँधी जी की सहायता करना चाहते थे।

(3) स्वामी विवेकानंद जी में जनता को जागृत करने की क्षमता गाँधी जी से अधिक थी

(4) यदि स्वामी जी ने प्रयास न किया होता तो गाँधी जी को इतना अधिक जन-समर्थन प्राप्त नहीं होता।

87. मनुष्य की बढ़ोतरी के लिए <u>ईमानदार</u> कोशिश की है। वाक्य में रेखांकित किए गए विशेषण का उपभेद बताईये।

(1) अवस्था बोधक

(2) स्थिति बोधक

(3) दशा बोधक

(4) गुण बोधक

88. निम्नलिखित में से कौन - सा स्वामी विवेकानंद जी के चिंतन का सबसे प्रमुख बिंदु था?

(1) अध्यात्मिक विकास

(2) आत्मिक विकास

(3) राष्ट्र का विकास

(4) जन-जन का विकास

89. निम्नलिखित शब्दों में से कौन - सा उर्दू भाषा का है?

(1) खंगाल

(2) रोम-रोम

(3) बेसाख्ता

(4) राष्ट्र

90. स्वामी विवेकानन्द जी का शिकागो विश्व धर्म - सम्मलेन भाग लेने का उद्देश्य था

(1) हिन्दू धर्म में निहित तत्त्व ज्ञान से विश्व को परिचित कराना

(2) स्वयं को हिन्दू धर्म के सर्वश्रेष्ठ प्रचारक के रूप में प्रतिष्ठितकरना

(3) हिन्दू धर्म का प्रचार-प्रसार करना

(4) हिन्दू धर्म को अन्य धर्मों की तुलना में श्रेष्ठ सिद्ध करना

Space for Rough Work / कच्चे कार्य के लिए स्थान

91. If the angle of inclination of inclined plane is 45°, its mechanical advantage is ________.

(1) 2

(2) $\sqrt{5}$

(3) $\sqrt{2}$

(4) $\sqrt{3}$

91. यदि झुके हुए तल का झुकाव कोण 45° है, तो इसका यांत्रिक लाभ ________ है।

(1) 2

(2) $\sqrt{5}$

(3) $\sqrt{2}$

(4) $\sqrt{3}$

92. Study the following statements:

I. Oxygen in air is an exhaustible natural resource.

II. Resources which are present in unlimited quantity in nature are called exhaustible natural resources.

III. Wildlife is an exhaustible natural resource.

IV. Under high temperature and pressure, dead plants get slowly converted to coal.

V. CNG is less polluting fuel than petrol and diesel.

Which of the following statements are incorrect:

(1) I and II

(2) I, II, III and V

(3) II, III and IV

(4) All of these

92. निम्नलिखित बयानों का अध्ययन करें:

I. हवा में ऑक्सीजन एक संपूर्ण प्राकृतिक संसाधन है।

II. संसाधन जो प्रकृति में असीमित मात्रा में मौजूद हैं उन्हें संपूर्ण प्राकृतिक संसाधन कहा जाता है।

III. वन्यजीवन एक संपूर्ण प्राकृतिक संसाधन है।

IV. उच्च तापमान और दबाव के तहत, मृत पौधे धीरे-धीरे कोयले में परिवर्तित हो जाते हैं।

V. सीएनजी पेट्रोल और डीजल से कम प्रदूषण ईंधन है।

निम्नलिखित में से कौन सा कथन गलत है:

(1) I और II

(2) I, II, III और V

(3) II, III और IV

(4) ये सब

93. Study the following statements:

I. Air is necessary for combustion.

II. Magnesium is a non-combustible metal.

III. Carbon dioxide is an excellent fire extinguisher.

IV. Calorific value of wood is higher than that of coal.

Which of the following statements are correct:

(1) I and IV

(2) II and III

(3) I and III

(4) All of these

93. निम्नलिखित कथनों का अध्ययन करें:

I. वायु दहन के लिए आवश्यक है।

II. मैग्नीशियम एक गैर-दहनशील धातु है।

III. कार्बन डाइऑक्साइड एक उत्कृष्ट आग बुझाने की कल है।

IV. लकड़ी का कैलोरीफ मूल्य कोयले की तुलना में अधिक है।

निम्नलिखित में से कौन सा कथन सही है:

(1) I और IV

(2) II और III

(3) I और III

(4) इनमें से सभी

94. Which of the following feature will help you in distinguishing a plant cell from an animal cell?

(1) cell wall

(2) cell membrane

(3) mitochondria

(4) nucleus

94. निम्नलिखित में से कौन सा ऐसा लक्षण है जो तुम्हें पादप-कोशिका को प्राणि-कोशिका से अलग करके पहचानने में मदद करेगी?

(1) कोशिका-भित्ति

(2) कोशिका-झिल्ली

(3) माइटोकॉन्ड्रिया

(4) केंद्रक

95. AIDS can spread from an infected person to another person through:

(1) sharing food

(2) blood transfusion

(3) sharing comb

95. AIDS किसी संक्रमित व्यक्ति से दूसरे व्यक्ति में किसके जरिए फैल सकता है –

(1) भोजन करने से

(2) रुधिराधान से

(3) साझे कंधे के प्रयोग से

(4) a mosquito bite

96. The loudness of sound is determined by the
(1) amplitude of vibration
(2) ratio of amplitude and frequency of vibration
(3) frequency of vibration
(4) product of amplitude and frequency of vibration

97. In the figure of the human eye, the cornea is represented by the letter:

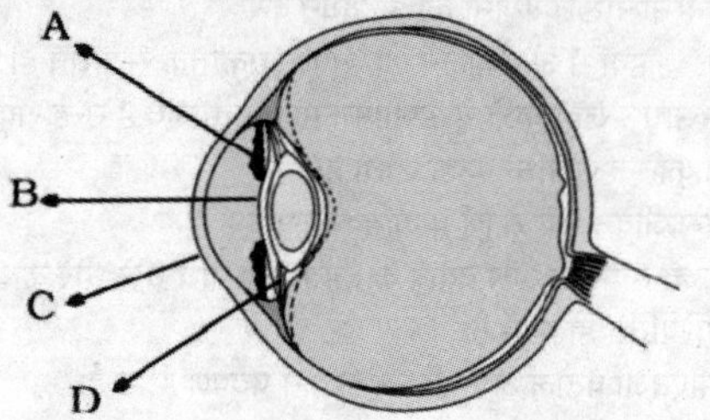

(1) A (2) B
(3) C (4) D

98. A few substances are arranged in the increasing order of 'forces of attraction' between their particles. Which one of the following represents a correct arrangement?
(1) Water, air, wind
(2) Air, sugar, oil
(3) Oxygen, water, sugar
(4) Salt, juice, air

99. The disease caused by a protozoan and spread by an insect is ______.
(1) dengue
(2) malaria
(3) polio
(4) measles

100. A fibre similar to wool is ______.
(1) Nylon
(2) Acrylic
(3) Melamine
(4) Teflon

101. Which non-metal is used to disinfect water?
(1) Sulphur
(2) Chlorine
(3) Oxygen
(4) Iodine

(4) मच्छर के काटने से

96. ध्वनि की प्रबलता का निर्धारण होता है
(1) कंपन के आयाम द्वारा
(2) कंपन के आयाम तथा इसकी आवृत्ति के अनुपात द्वारा
(3) कंपन की आवृत्ति के द्वारा
(4) कंपन के आयाम तथा इसकी आवृत्ति के गुणनफल द्वारा

97. मानव आंख की आकृति में, कॉर्निया को किस अक्षर द्वारा दर्शाया गया है:

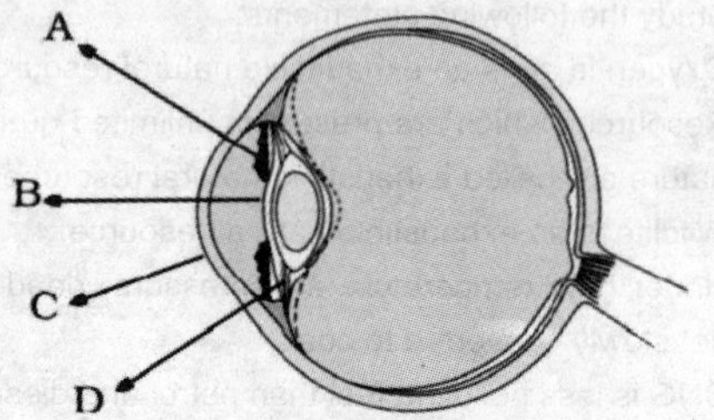

(1) A (2) B
(3) C (4) D

98. कुछ पदार्थो को उनके कणों के मध्य आकर्षण बलों के बढ़ते हुए क्रम में व्यवस्थित किया गया है। निम्नलिखित में से कौन-सा सही व्यवस्था को निरुपित करता है?
(1) जल, वायु, पवन
(2) वायु, शर्करा, तेल
(3) ऑक्सीजन, जल, शर्करा
(4) नमक, रस, वायु

99. वह रोग जो एक प्रोटोज़ोआ प्राणी द्वारा उत्पन्न होता है और कीट द्वारा फैलता है।
(1) डेंगू
(2) मलेरिया
(3) पोलियो
(4) खसरा

100. ऊन जैसा लगने वाला रेशा ______ है।
(1) नायलॉन
(2) एक्रिलिक
(3) मेलामाइन
(4) टेफ्लॉन

101. कौन सी अधातु जल के दूषण को दूर करने के काम आती है?
(1) सल्फर
(2) क्लोरीन
(3) ऑक्सीजन

(4) आयोडीन

102. Which of the following has maximum number of atoms?
(1) 18g of H_2O
(2) 18g of O_2
(3) 18g of CO_2
(4) 18g of CH_4

102. निम्नलिखित में से किसमें परमाणुओं की संख्या अधिकतम होगी?
(1) H_2O के 18g
(2) O_2 के 18g
(3) CO_2 के 18g
(4) CH_4 के 18g

103. Kitchen of the cell is
(1) mitochondria
(2) endoplasmic reticulum
(3) chloroplast
(4) golgi apparatus

103. निम्नलिखित में से किसको कोशिका की 'रसोई' कहा जाता है?
(1) माइटोकॉन्ड्रिया
(2) अंतर्द्रव्यी जालिका
(3) हरितलवक
(4) गॉल्जी उपकरण

104. Which of the following statement is not correct for an object moving along a straight path in an accelerated motion?
(1) Its speed keeps changing
(2) Its velocity always changes
(3) It always goes away from the earth
(4) A force is always acting on it

104. सरल रेखीय पथ के अनुदिश त्वरित गति से गतिमान किसी पिंड के लिए नीचे दिए गए कथनों में कौन-सा सही नहीं है?
(1) इसकी चाल परिवर्तित होती रहती है
(2) इसका वेग सदैव परिवर्तित होता है
(3) यह सदैव पृथ्वी से दूर जाता है
(4) इस पर सदैव एक्ब्ल कार्य करता है

105. An object weighs 10N in air. When immersed fully in water, it weighs only 8N. The weight of the liquid displaced by the object will be
(1) 2N (2) 8N
(3) 10N (4) 12N

105. किसी पिंड का वायु में भार 10N है। जल में पूरा डूबने पर इसका भार केवल 8N है। पिन द्वारा विस्थापित जल का भार होगा
(1) 2N (2) 8N
(3) 10N (4) 12N

106. Before playing the orchestra in a musical concert, a sitarist tries to adjust the tension and pluck the string suitably. By doing so, he is adjusting
(1) intensity of sound only
(2) amplitude of sound only
(3) frequency of the sitar string with the frequency of other musical instruments
(4) loudness of sound

106. किसी संगीत समारोह में वृंदवाद्य बजाने से पूर्व कोई सितार वादक तनाव को समायोजित करते हुए डोरी को उचित प्रकार से झंकृत करने का प्रयास करता है। ऐसा करके वह क्या समायोजित करता है?
(1) केवल ध्वनि की तीव्रता
(2) केवल ध्वनि का आयाम
(3) सितार की डोरी की आवृत्ति को अन्य वाद्य यंत्रों की आवृत्ति के साथ
(4) ध्वनि की प्रबलता

107. Which is the correct sequence of parts in human alimentary canal?
(1) Mouth $\rightarrow$ stomach $\rightarrow$ small intestine $\rightarrow$ oesophagus $\rightarrow$ large intestine
(2) Mouth $\rightarrow$ oesophagus $\rightarrow$ stomach $\rightarrow$ large intestine $\rightarrow$ small intestine
(3) Mouth $\rightarrow$ stomach $\rightarrow$ oesophagus $\rightarrow$ small

107. मानव के आहार-नाल के विभिन्न भागों का सही क्रम कौन-सा है?
(1) मुख $\rightarrow$ आमाशय $\rightarrow$ छोटी आंत $\rightarrow$ ग्रसिका $\rightarrow$ बड़ी आंत (बृहदांत्र)
(2) मुख $\rightarrow$ ग्रसिका $\rightarrow$ आमाशय $\rightarrow$ बड़ी आंत (बृहदांत्र) $\rightarrow$ छोटी आंत
(3) मुख $\rightarrow$ आमाशय $\rightarrow$ ग्रसिका $\rightarrow$ छोटी आंत $\rightarrow$ बड़ी

intestine → large intestine

(4) Mouth → oesophagus → stomach → small intestine → large intestine

आंत (बृहदांत्र)

(4) मुख → ग्रसिका → आमाशय → छोटी आंत → बड़ी आंत (बृहदांत्र)

108. At noon the sun appears white as

(1) light is least scattered

(2) all the colours of the white light are scattered away

(3) blue colour is scattered the most

(4) red colour is scattered the most

108. दोपहर के समय सूर्य श्वेत प्रतीत होता है, क्योंकि तब:

(1) प्रकाश का न्यूनतम प्रकीर्णन होता है

(2) श्वेत-प्रकाश के सभी वर्णों का प्रकीर्णन होता है

(3) नीले वर्ण का सर्वाधिक प्रकीर्णन होता है

(4) लाल वर्ण का सर्वाधिक प्रकीर्णन होता है

109. In an electrical circuit three incandescent bulbs A, B and C of rating 40W, 60W and 100W respectively are connected in parallel to an electric source. Which of the following is likely to happen regarding their brightness?

(1) Brightness of all the bulbs will be the same

(2) Brightness of bulb A will be the maximum

(3) Brightness of bulb B will be more than that of A

(4) Brightness of bulb C will be less than that of B

109. किसी विद्युत् परिपथ में विद्युत् स्रोत के साथ तीन तापदीप्त बल्ब A, B, C जिनके अनुमतांक क्रमश: 40W, 60W तथा 100W हैं, पार्श्वक्रम में संयोजित हैं। इसकी चमक के संबंध में कौन-सा प्रकथन सत्य है?

(1) सभी बल्बों की चमक समान होगी

(2) बल्ब A की चमक अधिकतम होगी

(3) बल्ब B की चमक बल्ब A की तुलना में अधिक होगी

(4) बल्ब C की चमक बल्ब B की तुलना में कम होगी

110. Arrange the following atomic models in the order of their chronological order

I. Rutherford's atomic model

II. Thomson's atomic model

III. Bohr's atomic model

(1) I, II and III

(2) II, III and I

(3) II, I and III

(4) III, II and I

110. परमाणु मॉडलों का समय के साथ सुधार होता रहा है। निम्नलिखित परमाणु मॉडलों को उनके कलानुक्रमानुसार व्यवस्थित कीजिए-

I. रदरफोर्ड का परमाणु मॉडल

II. टॉमसन का परमाणु मॉडल

III. बोर का परमाणु मॉडल

(1) I, II और III

(2) II, III और I

(3) II, I और III

(4) III, II और I

Space for Rough Work / कच्चे कार्य के लिए स्थान

111. Numbers $\frac{-11}{20}, \frac{7}{-15}, \frac{17}{-30}$ and $\frac{-3}{10}$ are written in descending order as

(1) $\frac{17}{-30} > \frac{-11}{20} > \frac{-3}{10} > \frac{7}{-15}$
(2) $\frac{-3}{10} > \frac{7}{-15} > \frac{-11}{20} > \frac{17}{-30}$
(3) $\frac{-3}{10} > \frac{-11}{20} > \frac{7}{-15} > \frac{17}{-30}$
(4) $\frac{-11}{20} > \frac{17}{-30} > \frac{-3}{10} > \frac{7}{-15}$

112. What should be subtracted from $\frac{-5}{7}$ to get -1?

(1) $\frac{-2}{7}$
(2) $\frac{4}{7}$
(3) $\frac{2}{7}$
(4) $\frac{-4}{7}$

113. If $a = \sqrt{(2013)^2 + 2013 + 2014}$, then the value of a is

(1) 1002 (2) 1007
(3) 2013 (4) 2014

114. If a, b and c are different integers such that a < b < c < 0, then which of the following statements is true?

(1) $a + c < b$
(2) $ab < c$
(3) $a + b > c$
(4) $ac > ab$

115. In standard form, the number 829030000 is expressed as $k \times 10^n$ The value of k + n is

(1) 90.903 (2) 16.2903
(3) 15.2903 (4) 91.903

116. LCM of two prime numbers x and y, (x > y), is 161 The value of $3y - x$ is

(1) 2 (2) –2 (3) –5 (4) 62

111. संख्याएँ $\frac{-11}{20}, \frac{7}{-15}, \frac{17}{-30}$ और $\frac{-3}{10}$ अवरोही क्रम में किस प्रकार से लिखी जाती हैं?

(1) $\frac{17}{-30} > \frac{-11}{20} > \frac{-3}{10} > \frac{7}{-15}$
(2) $\frac{-3}{10} > \frac{7}{-15} > \frac{-11}{20} > \frac{17}{-30}$
(3) $\frac{-3}{10} > \frac{-11}{20} > \frac{7}{-15} > \frac{17}{-30}$
(4) $\frac{-11}{20} > \frac{17}{-30} > \frac{-3}{10} > \frac{7}{-15}$

112. $\frac{-5}{7}$ में से क्या घटाया जाए कि -1 प्राप्त हो?

(1) $\frac{-2}{7}$
(2) $\frac{4}{7}$
(3) $\frac{2}{7}$
(4) $\frac{-4}{7}$

113. यदि $a = \sqrt{(2013)^2 + 2013 + 2014}$ है, तब a का मान है

(1) 1002 (2) 1007
(3) 2013 (4) 2014

114. यदि a, b और c विभिन्न पूर्णांक इस प्रकार हैं कि a < b < c < 0, तब निम्न में से कौन - सा कथन सत्य है?

(1) $a + c < b$
(2) $ab < c$
(3) $a + b > c$
(4) $ac > ab$

115. संख्या 829030000 को मानक रूप में $k \times 10^n$ द्वारा व्यक्त किया जाता है। k + n का मान है

(1) 90.903 (2) 16.2903
(3) 15.2903 (4) 91.903

116. दो अभाज्य संख्याओं x और y, (x > y), का लघूत्तम समापवर्त्य 161 है। $3y - x$ का मान है

(1) 2 (2) –2 (3) –5 (4) 62

117. What is the probability that a randomly selected factor from positive factors of 72 is less than 11?

(1) $\frac{5}{12}$
(2) $\frac{7}{11}$
(3) $\frac{7}{12}$
(4) $\frac{7}{10}$

117. इसकी क्या प्रायिकता है कि 72 के धनात्मक गुणनखण्डों में से यादृच्छया चुना गया एक गुणनखंड 11 से कम है?

(1) $\frac{5}{12}$
(2) $\frac{7}{11}$
(3) $\frac{7}{12}$
(4) $\frac{7}{10}$

118. The Value of $\sqrt[3]{500} \times \sqrt[3]{16}$ is

(1) 16 (2) 20 (3) 25 (4) 18

118. $\sqrt[3]{500} \times \sqrt[3]{16}$ का मान है

(1) 16 (2) 20 (3) 25 (4) 18

119. If x is an integer, then $(x+1)^4 - (x-1)^4$ is always divisible by

(1) 6 (2) 8 (3) 9 (4) 12

119. यदि x एक पूर्णांक है, तब $(x+1)^4 - (x-1)^4$ सदैव ही निम्न से विभाज्य है:

(1) 6 (2) 8 (3) 9 (4) 12

120. The hundreds digit of a three-digit number is 7 more than the units digit. The digits of the number are reversed, and the resulting number is subtracted from the original three - digit number. The units digit of the final number so obtained is

(1) 0 (2) 1 (3) 2 (4) 3

120. तीन अंकों वाली एक संख्या मे सैकड़े का अंक इकाई से 7 बड़ा है। इस संख्या के अंकों को पलटने पर जो संख्या प्राप्त होती है, उसे वास्तविक तीन अंकों वाली संख्या में से घटाया जाता है। अब इस प्रकार जो संख्या प्राप्त होती है उसका इकाई का अंक है

(1) 0 (2) 1 (3) 2 (4) 3

121. A has 20% more money than B, and C has 20% less money than B. What percent more money does A have than C?

(1) 30 (2) 50 (3) 17 (4) 43

121. A के पास B से 20% अधिक धन है, और C के पास B से 20% कम धन है। A के पास C से कितने प्रतिशत अधिक धन है?

(1) 30 (2) 50 (3) 17 (4) 43

122. Rani, who is y years old at present, is x years older than Hamid. Fifteen years ago, Hamid's age was $\frac{1}{4}$ of the age of Rani. Which of the following is true?

(1) $3y - 4x = 45$
(2) $2y - x = 15$
(3) $\frac{y}{x} - 15 = \frac{1}{4}$
(4) $3x - 4y = 45$

122. रानी, जो इस समय y वर्ष की है, वह हमीद से x वर्ष बड़ी है। पंद्रह वर्ष पूर्व, हमीद की आयु रानी की आयु की $\frac{1}{4}$ थी। निम्न में से कौन सा सत्य है?

(1) $3y - 4x = 45$
(2) $2y - x = 15$
(3) $\frac{y}{x} - 15 = \frac{1}{4}$
(4) $3x - 4y = 45$

123. Cost price of 20 articles is equal to selling price of x articles. If the profit is 25% , then the value of x is

(1) 15 (2) 16 (3) 18 (4) 25

123. 20 वस्तुओं का क्रय मूल्य, x वस्तुओं के विक्रय मूल्य के बराबर है। यदि लाभ 25% है, तब x का मान है

(1) 15 (2) 16 (3) 18 (4) 25

124. The value of a machine depreciates at the

124. किसी मशीन के मूल्य का 10% प्रति वर्ष की दर से

rate of 10% per year. It was purchased 3 years ago. If its present value is Rs 1,45,800, for how much was it purchased?

(1) Rs. 1,75,800
(2) Rs. 1,80,000
(3) Rs. 2,00,000
(4) Rs. 2,10,000

अवमूल्यन होता है। इसे तीन वर्ष पहले खरीदा गया था। यदि इसका वर्तमान मूल्य रुपए 1,45,800 है, तो इसे कितने में खरीदा गया था?

(1) रुपए 1,75,800
(2) रुपए 1,80,000
(3) रुपए 2,00,000
(4) रुपए 2,10,000

125. The base of an isosceles ΔABC is 48 cm and its area is 168 cm^2. The length of one of its equal sides is

(1) 8 cm (2) 15 cm
(3) 17 cm (4) 25 cm

125. एक समद्विबाहु त्रिभुज ABC के आधार की लंबाई 48 cm है और इसका क्षेत्रफल 168 cm^2 है। इसकी समान भुजाओं में से एक की लंबाई है

(1) 8 cm (2) 15 cm
(3) 17 cm (4) 25 cm

126. The area of a square is $\frac{16}{\pi}$ of the area of a circle. The ratio of the side of the square to the diameter of the circle is

(1) 3 : 1 (2) 2 : 1
(3) $\pi : 1$ (4) $\sqrt{2\pi} : 1$

126. किसी एक वर्ग का क्षेत्रफल किसी एक वृत्त के क्षेत्रफल किसी एक वृत्त के क्षेत्रफल का $\frac{16}{\pi}$ है। वर्ग की भुजा और वृत्त के व्यास में अनुपात है

(1) 3 : 1 (2) 2 : 1
(3) $\pi : 1$ (4) $\sqrt{2\pi} : 1$

127. The sum of all interior angles of a polygon is 1440°. The number of sides of the polygon is

(1) 8 (2) 9 (3) 10 (4) 12

127. किसी बहुभुज के सभी अन्तःकोणों का योगफल 1440° है। इस बहुभुज की भुजाओं की संख्या है

(1) 8 (2) 9 (3) 10 (4) 12

128. If a, b and c are respectively the number of faces, edges and vertices of a pentagonal pyramid, then the, value of $\left(\frac{a-b+c}{2}\right)^2 - 2$ is

(1) -1.5 (2) 2
(3) 1.75 (4) –1

128. यदि एक पंचभुजीय पिरामिड के फलकों, किनारों और शीर्षों की संख्या क्रमशः a, b और c है, तब $\left(\frac{a-b+c}{2}\right)^2 - 2$ का मान है

(1) -1.5 (2) 2
(3) 1.75 (4) –1

129. If one angle of a triangle is 130°, then the angle between the bisectors of the other two angles is

(1) 65° (2) 115°
(3) 130° (4) 155°

129. यदि किसी त्रिभुज का एक कोण 130° का हो, तो शेष दो कोणों के समद्विभाजकों के बीच बने कोण की माप है

(1) 65° (2) 115°
(3) 130° (4) 155°

130. Four times the area of the curved surface of a cylinder is equal to 6 times the sum of the areas of its bases. If its height is 12 cm, then its volume, in cm^3, is

(1) 48π (2) 384π
(3) 546π (4) 768π

130. एक बेलन के वक्र पृष्ठीय क्षेत्रफल का चार गुना उसके आधारों के क्षेत्रफलों के योगफल के 6 गुने के बराबर है। यदि इस बेलन की ऊँचाई 12 cm है, तो इसका आयतन, cm^3 में, है

(1) 48π (2) 384π
(3) 546π (4) 768π

131. Children are vaccinated because
(1) vaccination kills the polio causing microorganisms
(2) prevents the entry of polio causing organism
(3) it creates immunity in the body
(4) all the above

131. आप अपने शहर में पोलियो उन्मूलन कार्यक्रम के बारे में जागरूक हैं। इसके लिए बच्चों का टीकाकरण किया जाता है क्योंकि-
(1) टीकाकरण, पोलियो फैलाने वाले सूक्ष्मजीवों को नष्ट कर देता है
(2) पोलियो फैलाने वाले जीवों का प्रवेश रोक देता है
(3) यह शरीर में रोग प्रतिरोधकता को उत्पन्न करता है
(4) उपरोक्त सभी

132. An ecosystem includes
(1) all living organisms
(2) non-living objects
(3) both living organisms and non-living objects
(4) sometimes living organisms and sometimes non-living objects

132. एक पारितंत्र में निम्नलिखित में से कुआँ शामिल होता है?
(1) सभी जीवधारी
(2) निर्जीव प्राणी
(3) जीवधारी और निर्जीव दोनों
(4) कभी जीवधारी और कभी निर्जीव वस्तुएँ

133. The most appropriate definition of a natural resource is that it is a substance/commodity that is
(1) present only on land
(2) a gift of nature which is very useful to mankind
(3) a man-made substance placed in nature
(4) available only in the forest

133. प्राकृतिक संसाधन की सबसे उपयुक्त परिभाषा यह है कि यह ऐसा उपयोगी वस्तु/पदार्थ हैं जो
(1) केवल पृथ्वी पर विद्यमान है
(2) प्रकृति की एक एसी डें जो मानव जाती के लिए बहुत लाभप्रद है
(3) मानव द्वारा निर्मित एक पदार्थ जिसे प्रिक्ती को सौन्दिया गया है
(4) केवल वनों में पाया जाता है

134. Select the eco-friendly activity among the following
(1) Using car for transportation
(2) Using polybags for shopping
(3) Using dyes for colouring clothes
(4) Using windmills to generate power for irrigation

134. निम्नलिखित में से पारिहितैषी क्रियाकलाप चुनिए:
(1) परिवहन के लिए मोटर गाड़ी का उपयोग करना
(2) खरीददारी के लिए पोलीथिन की थैलियों का उपयोग करना
(3) कपड़े रंगने के लिए रंगों का उपयोग करना
(4) सिंचाई के लिए बिजली के उत्पादन हेतु पवन-मिलों का उपयोग करना

135. In which type of the endangered species are protected in their natural habitat with entire ecosystem?
(1) Ex situ conservation
(2) In situ conservation
(3) Red list conservation
(4) None of these

135. लुप्तप्राय प्रजातियों के किस प्रकार में अपने पारिस्थितिक तंत्र के साथे अपने प्राकृतिक आवास में संरक्षित किया जाता है?
(1) पूर्वोत्तर संरक्षण
(2) सीटू संरक्षण में
(3) लाल सूची संरक्षण
(4) इनमें से कोई नहीं

136. According to 2011 census, the literacy rate among men in India?
(1) 82.14 (2) 85.14
(3) 84.14 (4) 86.14

136. 2011 की जनगणना के अनुसार, भारत में पुरुषों के बीच साक्षरता दर?
(1) 82.14 (2) 85.14
(3) 84.14 (4) 86.14

137. World Water & Sanitation Day is celebrated on
(1) 21 March (2) 23 March
(3) 22 March (4) 10 April

137. विश्व जल और स्वच्छता दिवस मनाया जाता है
(1) 21 मार्च (2) 23 मार्च
(3) 22 मार्च (4) 10 अप्रैल

138. Which organization publish Red List of Threatened Species™ to catalogue plants and animals that are facing a higher risk of global extinction
(1) CITES (2) SACEP
(3) UNCED (4) IUCN

138. कौन सा संगठन वैश्विक विलुप्त होने के उच्च जोखिम का सामना कर रहे पौधों और जानवरों को सूचीबद्ध करने के लिए खतरे वाली प्रजातियों की लाल सूची प्रकाशित करता है
(1) CITES (2) SACEP
(3) UNCED (4) IUCN

139. The United Nations Environment Program was founded on
(1) 5 October 1948
(2) 1 July 1975
(3) 5 June 1972
(4) 5 December 1983

139. संयुक्त राष्ट्र पर्यावरण कार्यक्रम की स्थापना की गई थी
(1) 5 अक्टूबर 1948
(2) 1 जुलाई 1975
(3) 5 जून 1972
(4) 5 दिसंबर 1983

140. The process of nitrogen-fixation by bacteria does not take place in the presence of
(1) molecular form of hydrogen
(2) elemental form of oxygen
(3) water
(4) elemental form of nitrogen

140. जीवाणु द्वारा नाइट्रोजन-स्थिरीकरण की क्रिया निम्नलिखित में से किसकी उपस्थिति में नहीं होती है-
(1) हाइड्रोजन का आणविक रूप
(2) ऑक्सीजन का तत्व रूप
(3) जल
(4) नाइट्रोजन का तत्व रूप

141. Growth of Lichens on barren rocks is followed by the growth of
(1) moss (2) ferns
(3) gymnosperms (4) algae

141. बंजर शैल पर लाइकेस की वृद्धि के बाद किसकी वृद्धि होती है?
(1) मॉस (2) फर्न
(3) जिम्नोस्पर्म (4) शैवाल

142. First five year plan of India was based on
(1) Mahalanobis Model
(2) Dhar Model
(3) Harrod-Domar Model
(4) Rangarajan Model

142. भारत की पहली पंचवर्षीय योजना किस पर आधारित थी
(1) महालानोबिस मॉडल
(2) धार मॉडल
(3) हैरोड-डोमर मॉडल
(4) रंगराजन मॉडल

143. Which social reformer, in the second half of the nineteenth century, translated an old Buddhist text that was critical of caste to criticize caste inequalities in India?
(1) Raja Rammohun Roy
(2) Ishwarchandra Vidyasagar
(3) Veerasalingam Pantulu
(4) Swami Dayanand Saraswati

143. उन्नीसवीं शताब्दी के उत्तरार्ध में कौन से सामाजिक सुधारक ने, भारत में जाति असमानताओं की आलोचना करने के लिए जाति की आलोचना करने वाले एक पुराने बौद्ध पाठ का अनुवाद किया था?
(1) राजा राममोहन रॉय
(2) ईश्वरचंद्र विद्यासागर
(3) वीरसेलिंगम पंतलु
(4) स्वामी दयानंद सरस्वती

144. Which one the following statements about the Rajya Sabha is correct?
(1) It selects the executive.

144. राज्य सभा के बारे में निम्नलिखित कथनों में से कौन-सा सही हैं?
(1) यह कार्यपालिका का चयन करती हैं।

(2) It represents the states of India in the Parliament.
(3) It consists of 245 nominated members.
(4) It is led by the Prime Minister.

(2) यह संसद में भारत के राज्यों का प्रतिनिधित्व करती है।
(3) इसमें 245 मनोनीत सदस्य होते हैं।
(4) इसका मुखिया प्रधान मंत्री होता है।

145. The final interpreter of the constitution of India is:
(1) the Executive
(2) the Judiciary
(3) the citizens of India
(4) the Legislature

145. भारत के संविधान की अंतिम व्याख्या करने वाला/वाली है:
(1) कार्यपालिका
(2) न्यायपालिका
(3) भारत के नागरिक
(4) विधायिका

146. Civil laws deal with:
(1) any harm or injury to the rights of individuals.
(2) disputes between states.
(3) disputes between the Central Government and a State Government.
(4) conduct or acts that the law defines as offences.

146. दीवानी क़ानूनों का संबंध है:
(1) व्यक्ति विशेष के अधिकारों के उल्लंघन या अवहेलना से।
(2) राज्यों के बीच टकराव से।
(3) केंद्रीय एवं राज्य सरकार के बीच टकराव से।
(4) ये ऐसे व्यवहारों या क्रियाओं से जिन्हें कानून में अपराध माना जाता है।

147. Which one of the following statements is incorrect about First Information Report (FIR)?
(1) The identity of the accused person and witnesses if known is mentioned.
(2) It states the name and address of the complainant.
(3) The complainant can get a copy of the FIR by paying a prescribed fee.
(4) It is compulsory to be registered in case of a cognizable offence.

147. प्रथम सूचना रिपोर्ट (एफ.आई. आर.) के विषय में निम्नलिखित कथनों में से कौन-सा सही नहीं है?
(1) यदि अपराधी व्यक्ति की पहचान और गवाहों की जानकारी है, तो उनका उल्लेख किया जाता है।
(2) एफ.आई. आर. में शिकायत दर्ज कराने वाले का नाम और पता लिखा होता है।
(3) शिकायत करने वाला एफ.आई. आर. की एक नकल निर्धारित शुल्क प्रदान कर, प्राप्त कर सकता है।
(4) संज्ञेय अपराध के मामले में एफ.आई. आर. दर्ज कर्ण अनिवार्य है।

148. The main latitude that passes almost halfway through India is
(1) The Arctic Circle
(2) The Equator
(3) The Tropic of Capricorn
(4) The Tropic of Cancer

148. भारत के लगभग मध्य भाग से होकर गुजरने वाला प्रमुख अक्षांश है
(1) आर्कटिक वृत्त
(2) भूमध्यरेखा (विशुवत-वृत्त)
(3) मकररेखा (मकर-वृत्त)
(4) कर्करेखा (कर्क-वृत्त)

149. Full form of NTCA is
(1) National Tiger Committee of Asia
(2) Nationwide Tiger Committee of Assam
(3) National Tiger Conservation Authority
(4) National Tiger Commission of Assam

149. NTCA का पूरा नाम क्या है?
(1) National Tiger Committee of Asia
(2) Nationwide Tiger Committee of Assam
(3) National Tiger Conservation Authority
(4) National Tiger Commission of Assam

150. The first national park of the world is
(1) Hailey National Park, England
(2) Yellow stone in U.S.A.
(3) Jim Corbett National Park, Uttarakhand
(4) Ranthambore National Park, Rajasthan

150. दुनिया का पहला राष्ट्रीय उद्यान है
(1) हैली राष्ट्रीय उद्यान, इंग्लैंड
(2) यू.एस.ए. में येल्लो स्टोन
(3) जिम कॉर्बेट राष्ट्रीय उद्यान, उत्तराखंड
(4) रणथंभौर राष्ट्रीय उद्यान, राजस्थान

उत्तर पत्रिका / Answer Sheet – Kendriya Vidyalaya Sangathan

Name of the Candidate: ____________________ **Fathers' Name:** ______________

Roll Number: ______________, **Examination Centre:** ____________________

Paper of the Candidate: ____________________, **Test Booklet Code:** __________

Mark your Answer by shading the appropriate circle against each question. The circle should be shaded completely without leaving any space. The correct method of shading is given below.
प्रत्येक प्रश्न के सामने उचित वृत का चिन्हांकन करके अपना उत्तर लिखें। वृत्त को बिना कोई स्थान छोड़े चिन्हांकित करें। चिन्हांकित करने का सही तरीका नीचे दिया गया है।

Correct Method :
सही तरीका :

Wrong Method :
गलत तरीका :

001	① ② ③ ④	031	① ② ③ ④	061	① ② ③ ④	091	① ② ③ ④	121	① ② ③ ④
002	① ② ③ ④	032	① ② ③ ④	062	① ② ③ ④	092	① ② ③ ④	122	① ② ③ ④
003	① ② ③ ④	033	① ② ③ ④	063	① ② ③ ④	093	① ② ③ ④	123	① ② ③ ④
004	① ② ③ ④	034	① ② ③ ④	064	① ② ③ ④	094	① ② ③ ④	124	① ② ③ ④
005	① ② ③ ④	035	① ② ③ ④	065	① ② ③ ④	095	① ② ③ ④	125	① ② ③ ④
006	① ② ③ ④	036	① ② ③ ④	066	① ② ③ ④	096	① ② ③ ④	126	① ② ③ ④
007	① ② ③ ④	037	① ② ③ ④	067	① ② ③ ④	097	① ② ③ ④	127	① ② ③ ④
008	① ② ③ ④	038	① ② ③ ④	068	① ② ③ ④	098	① ② ③ ④	128	① ② ③ ④
009	① ② ③ ④	039	① ② ③ ④	069	① ② ③ ④	099	① ② ③ ④	129	① ② ③ ④
010	① ② ③ ④	040	① ② ③ ④	070	① ② ③ ④	100	① ② ③ ④	130	① ② ③ ④
011	① ② ③ ④	041	① ② ③ ④	071	① ② ③ ④	101	① ② ③ ④	131	① ② ③ ④
012	① ② ③ ④	042	① ② ③ ④	072	① ② ③ ④	102	① ② ③ ④	132	① ② ③ ④
013	① ② ③ ④	043	① ② ③ ④	073	① ② ③ ④	103	① ② ③ ④	133	① ② ③ ④
014	① ② ③ ④	044	① ② ③ ④	074	① ② ③ ④	104	① ② ③ ④	134	① ② ③ ④
015	① ② ③ ④	045	① ② ③ ④	075	① ② ③ ④	105	① ② ③ ④	135	① ② ③ ④
016	① ② ③ ④	046	① ② ③ ④	076	① ② ③ ④	106	① ② ③ ④	136	① ② ③ ④
017	① ② ③ ④	047	① ② ③ ④	077	① ② ③ ④	107	① ② ③ ④	137	① ② ③ ④
018	① ② ③ ④	048	① ② ③ ④	078	① ② ③ ④	108	① ② ③ ④	138	① ② ③ ④
019	① ② ③ ④	049	① ② ③ ④	079	① ② ③ ④	109	① ② ③ ④	139	① ② ③ ④
020	① ② ③ ④	050	① ② ③ ④	080	① ② ③ ④	110	① ② ③ ④	140	① ② ③ ④
021	① ② ③ ④	051	① ② ③ ④	081	① ② ③ ④	111	① ② ③ ④	141	① ② ③ ④
022	① ② ③ ④	052	① ② ③ ④	082	① ② ③ ④	112	① ② ③ ④	142	① ② ③ ④
023	① ② ③ ④	053	① ② ③ ④	083	① ② ③ ④	113	① ② ③ ④	143	① ② ③ ④
024	① ② ③ ④	054	① ② ③ ④	084	① ② ③ ④	114	① ② ③ ④	144	① ② ③ ④
025	① ② ③ ④	055	① ② ③ ④	085	① ② ③ ④	115	① ② ③ ④	145	① ② ③ ④
026	① ② ③ ④	056	① ② ③ ④	086	① ② ③ ④	116	① ② ③ ④	146	① ② ③ ④
027	① ② ③ ④	057	① ② ③ ④	087	① ② ③ ④	117	① ② ③ ④	147	① ② ③ ④
028	① ② ③ ④	058	① ② ③ ④	088	① ② ③ ④	118	① ② ③ ④	148	① ② ③ ④
029	① ② ③ ④	059	① ② ③ ④	089	① ② ③ ④	119	① ② ③ ④	149	① ② ③ ④
030	① ② ③ ④	060	① ② ③ ④	090	① ② ③ ④	120	① ② ③ ④	150	① ② ③ ④

परीक्षार्थी का नाम Name of candidate (In Capital Letters)	परीक्षार्थी के हस्ताक्षर Signature of candidate (In Running Hand)	परीक्षार्थी के बाएं अंगूठे का निशान Left hand thumb impression of the candidate	निरीक्षक के हस्ताक्षर Signature of invigilator (In Running Hand)
			Prateek Shivalik

Answer Key KVS Test Set - 10

Q	A	Q	A	Q	A	Q	A	Q	A	Q	A	Q	A	Q	A
1	2	**21**	3	**41**	3	**61**	4	**81**	2	**101**	2	**121**	2	**141**	1
2	4	**22**	3	**42**	2	**62**	2	**82**	4	**102**	4	**122**	1	**142**	3
3	3	**23**	1	**43**	2	**63**	4	**83**	4	**103**	3	**123**	2	**143**	1
4	3	**24**	2	**44**	1	**64**	3	**84**	4	**104**	3	**124**	3	**144**	2
5	2	**25**	1	**45**	2	**65**	2	**85**	4	**105**	1	**125**	4	**145**	2
6	2	**26**	1	**46**	2	**66**	3	**86**	1	**106**	3	**126**	2	**146**	4
7	4	**27**	3	**47**	2	**67**	3	**87**	4	**107**	4	**127**	3	**147**	4
8	3	**28**	2	**48**	1	**68**	1	**88**	3	**108**	1	**128**	4	**148**	4
9	2	**29**	3	**49**	1	**69**	1	**89**	3	**109**	3	**129**	4	**149**	3
10	3	**30**	3	**50**	1	**70**	4	**90**	1	**110**	3	**130**	4	**150**	2
11	1	**31**	2	**51**	2	**71**	3	**91**	3	**111**	2	**131**	3		
12	2	**32**	2	**52**	2	**72**	1	**92**	1	**112**	3	**132**	3		
13	2	**33**	3	**53**	2	**73**	4	**93**	3	**113**	4	**133**	2		
14	3	**34**	4	**54**	3	**74**	2	**94**	1	**114**	1	**134**	4		
15	4	**35**	4	**55**	2	**75**	2	**95**	2	**115**	2	**135**	2		
16	3	**36**	1	**56**	4	**76**	1	**96**	1	**116**	2	**136**	3		
17	4	**37**	2	**57**	1	**77**	2	**97**	3	**117**	3	**137**	3		
18	2	**38**	2	**58**	3	**78**	1	**98**	3	**118**	2	**138**	4		
19	2	**39**	4	**59**	2	**79**	2	**99**	2	**119**	2	**139**	3		
20	4	**40**	4	**60**	3	**80**	3	**100**	2	**120**	4	**140**	2		

Prateek Shivalik KVS PRT

Code 11

इस परीक्षा पुस्तिका को तब तक न खोलें जब तक कहा न जाए।
Do not open this Test Booklet until you are asked to do so.
इस परीक्षा पुस्तिका के पिछले आवरण पर दिए गये निर्देशों को ध्यान से पढ़ें।
Read carefully the Instructions on the Back Cover of this Test Booklet.

परीक्षार्थियों के लिए निर्देश

1. OMR उत्तर पत्र इस परीक्षा के अन्दर रखा है। जब आपको परीक्षा पुस्तिका खोलने को कहा जाए, तो उत्तर पत्र निकाल कर पृष्ठ-1 एवं पृष्ठ-2 पर ध्यान से केवल नीले बॉल पॉइंट पेन से विवरण भरें।
2. परीक्षा की अवधि 2½ घंटे है एवं परीक्षा में 150 प्रश्न है। **कोई ऋणात्मक अंकन नहीं है।**
3. इस पृष्ठ पर विवरण अंकित करने एवं उत्तर पत्र पर निशान लगाने के लिए केवल नीले बॉल पॉइंट पेन का प्रयोग करें।
4. यह सुनिश्चित कर ले की इस पुस्तिका का संकेत, उत्तर पत्र के पृष्ठ पर छपे संकेत से मिलता है। यह भी सुनिश्चित कर लें की परीक्षा संख्या और उत्तर पत्र संख्या मिलते है। अगर यह भिन्न हों तो परीक्षार्थी दूसरी प्रश्न पुस्तिका और उत्तर पत्र लेने के लिए निरीक्षक को तुरन्त अवगत कराएँ।
5. **यदि अनुवाद में किसी भी प्रकार की कोई अस्पष्टा हो तो अंग्रेजी वाले पाठ को ही सही माना जायेगा।**
6. रफ कार्य परीक्षा पुस्तिका में इस प्रयोजन के लिए दी गई खाली जगह पर करें।
7. सभी उत्तर केवल OMR उत्तर पत्र पर ही अंकित करें। अपने उत्तर ध्यानपूर्वक अंकित करें। उत्तर बदलने हेतु श्वेत रंजक का प्रयोग निषिद्ध है।
8. प्रत्येक प्रश्न के सामने उचित वृत का चिन्हांकन करके अपना उत्तर लिखें। वृत्त को बिना कोई स्थान छोड़े चिन्हांकित करें।

INSTRUCTIONS FOR CANDIDATES

1. The OMR Answer Sheet is inside this Test Booklet. When you are directed to open the Test Booklet, take out the Answer Sheet and fill in the particulars on Side-1 and Side-2 carefully with blue ball point pen only.
2. The test is of 2½ hours duration and consists of 150 questions. **There is no negative marking.**
3. Use Blue Ball Point Pen only for writing particulars on this page / marking responses in the Answer Sheet.
4. Make sure that the CODE printed on the Answer Sheet is the same as that on this booklet. Also ensure that your Test Booklet No. and Answer Sheet No. are the same. In case of discrepancy, the candidate should immediately report the matter to the Invigilator for replacement of both the Test Booklet and the Answer Sheet.
5. **In case of any ambiguity in translation, the English version will be deemed authentic.**
6. Rough work should be done only in the space provided in the Test Booklet for the same.
7. The answers are to be recorded on the OMR Answer Sheet only. Mark your responses carefully. No whitener is allowed for changing answers.
8. Mark your Answer by shading the appropriate circle against each question. The circle should be shaded completely without leaving any space.

परीक्षार्थी का नाम (बड़े अक्षरों में):
Name of the Candidate (in Capitals): ____________________

अनुक्रमांक (अंकों में):
Roll Number: (in figures): ____________________

(शब्दों में):
(in words): ____________________

परीक्षा केन्द्र (बड़े अक्षरों में) :
Centre of Examination (in Capitals): ____________________

परीक्षार्थी के हस्ताक्षर:
Candidate's Signature: ____________________

निरीक्षक के हस्ताक्षर :
Invigilator's Signature : ____________________

Facsimile signature stamp of
Centre Superintendent ____________________

1. Which part of the following sentences has error in it?

I must complement you (P) on your good manners (Q) and your impeccable behaviour. (R) No error. (S)

(1) P (2) Q (3) R (4) S

2. Which part of the following sentences has error in it?

The sweets (P) were shared (Q) between the four girls. (R) No error. (S)

(1) P (2) Q (3) R (4) S

3. The synonym of the given word is?

ELUDE

(1) allure
(2) leave
(3) deceive
(4) escape

4. Convert the given sentence into Active / Passive Voice

The members should adhere to all the decisions.

(1) All the decisions should adhere to the members
(2) All the decisions adhered to the members
(3) All the decisions should be adhered to by the members
(4) All should adhere to the decisions of the members

5. Convert the given sentence into Direct / Indirect Speech

I said, "When it gets dark, light the lantern and hang it out."

(1) I said that when it got dark he light the lantern and hung it out.
(2) I requested that when it got dark he may light the lantern and hang it out.
(3) I said that when it got dark he should light the lantern and hang it out.
(4) I told that when it got dark he should light the lantern and hang it out.

6. Fill in the blank.

Most people are influenced by ______ advertisements and tend to believe the claims made about the product.

(1) colourful
(2) aggressive
(3) efficient
(4) vigorous

7. Choose the correctly spelt word

(1) consience
(2) conscience
(3) consciens
(4) consiens

8. Arrange the following jumbled part of the sentence in correct order.

1. The head of the family returned home from office.
P. Wife told that there was no coffee powder.
Q. Wife again told that there was no milk either.
R. Husband wanted atleast a cup of tea.
S. He wanted a cup of coffee.
6. Husband told finally that a glass of water was enough.

(1) SQRP
(2) SPRQ
(3) QSRP
(4) RPSQ

9. Choose the one word which can be substituted for the given sentence/ words.

One who is greedy

(1) voracious
(2) avaricious
(3) carnivorous
(4) omnivorous

10. Choose the option which best expresses the meaning of the highlighted idiom/phrase in the sentence.

to "have something up one's sleeves"

(1) having a practical plan
(2) having an important project
(3) having an ambitious plan
(4) having a secret plan

11. 'ए – ऐ' का उच्चारण स्थान है
(1) कण्ठ
(2) कण्ठतालु
(3) कण्ठोष्ठ
(4) दन्त्य

12. "कोई" गा रहा है शब्द में सर्वनाम है
(1) निश्चयवाचक
(2) अनिश्चयवाचक
(3) संबंधवाचक
(4) पुरुषवाचक

13. धावक में कौन सा प्रत्यय है?
(1) क
(2) अक
(3) वक
(4) आवक

14. नीरस का संधि विच्छेद होगा
(1) निः+रस
(2) नी+रस
(3) निर+अस
(4) नी+अरस

15. निम्न में से किस शब्द की वर्तनी शुद्ध है?
(1) साम्प्रदायिक
(2) सामप्रदायिक
(3) साम्प्रदायीक
(4) सम्पर्दायिक

16. उतना खाओ, जितना पचा सको – में क्रिया विशेषण का रूप है
(1) परिमाणवाचक
(2) रीतिवाचक
(3) कालवाचक
(4) स्थानवाचक

17. "राम ने भिखारी को पैसे दिए।" में प्रयुक्त कारक है
(1) कर्म
(2) सम्प्रदान
(3) करण
(4) संबंध

18. "बारह सिंगो वाला" में समास है
(1) द्वन्द
(2) द्विगु
(3) बहुब्रीहि
(4) करण तत्पुरुष

19. व्याकरण में कौन सा उपसर्ग है?
(1) वि+आ
(2) व्या+आ
(3) व्या+अ
(4) वी+आ

20. "बरसात के चार महीने" के लिए एक उपयुक्त शब्द है
(1) पावस
(2) वर्षाऋतु
(3) हरितमास
(4) चतुर्मास

Space for Rough Work / कच्चे कार्य के लिए स्थान

21. DTP stands for
(1) Digital Transmission Protocol
(2) Desktop Publishing
(3) Data Type Programming
(4) Document Type Processing

21. डीटीपी का मतलब है
(1) Digital Transmission Protocol
(2) Desktop Publishing
(3) Data Type Programming
(4) Document Type Processing

22. The . Indian Supercomputer built by CRL, Pune which ranked fourth fastest in the world and most powerful in Asia is called
(1) Virgo (2) Param
(3) EKA (4) SAGA

22. सीआरएल, पुणे द्वारा निर्मित भारतीय सुपरकंप्यूटर जो दुनिया में सबसे तेज में चौथे स्थान पर है और एशिया में सबसे शक्तिशाली है
(1) कन्या (2) परम
(3) एका (4) सागा

23. The popular search engine "Google" derives its name from the word "Googol". What does the word mean?
(1) To search
(2) To index
(3) To crawl
(4) The numeral one followed by a hundred zeros

23. लोकप्रिय खोज इंजन "Google" का नाम "गूगोल" शब्द से लिया गया है। इस शब्द का मतलब क्या है?
(1) खोजने के लिए
(2) सूचकांक के लिए
(3) क्रॉल करने के लिए
(4) अंक एक के बाद सौ शून्य

24. A computer program that translates one program instruction one at a time into machine language is called a/an
(1) Interpreter (2) Compiler
(3) Simulator (4) Commander

24. एक कंप्यूटर प्रोग्राम जो मशीन प्रोग्राम में एक समय में एक प्रोग्राम निर्देश का अनुवाद करता है उसे क्या कहा जाता है
(1) दुभाषिया (2) संकलक
(3) सिम्युलेटर (4) कमांडर

25. Which component is mainly responsible for doing calculation in computer?
(1) Random access memory
(2) Control unit
(3) Arithmetic logic unit
(4) Hard disk

25. कंप्यूटर में गणना करने के लिए मुख्य रूप से कौन सा घटक ज़िम्मेदार है?
(1) यादृच्छिक अभिगम स्मृति
(2) नियंत्रण इकाई
(3) अंकगणितीय तर्क इकाई
(4) हार्ड डिस्क

26. Hard copies can be obtained from
(1) Scanner (2) Speaker
(3) Printer (4) Recorder

26. हार्ड प्रतियां प्राप्त की जा सकती हैं
(1) स्कैनर से (2) स्पीकर से
(3) प्रिंटर से (4) रिकॉर्डर से

27. In a computer system, which device is functionally opposite of a Key-board?
(1) Trackball (2) Joystick
(3) Mouse (4) Printer

27. कंप्यूटर सिस्टम में, कौन सा डिवाइस कुंजी-बोर्ड के कार्यात्मक रूप से विपरीत है?
(1) ट्रैकबॉल (2) जॉयस्टिक
(3) माउस (4) प्रिंटर

28. RAM is used as a short memory in a computer because it:
(1) Is volatile

28. रैम कंप्यूटर में एक छोटी स्मृति के रूप में प्रयोग किया जाता है क्योंकि यह:
(1) अस्थिर है

(2) Is programmable
(3) Has less capacity
(4) Is very expensive

29. An aspect of Input/Output controller of data logic is called
(1) General Buffering
(2) Zero Buffering
(3) Buffering
(4) Data Buffering

30. The most advanced form of Read Only Memory (ROM) is
(1) PROM (2) RAM
(3) Cache Memory (4) EEPROM

(2) प्रोग्राम करने योग्य है
(3) कम क्षमता है
(4) बहुत महंगा है

29. डेटा तर्क के इनपुट / आउटपुट नियंत्रक के एक पहलू को क्या कहा जाता है
(1) जनरल बफरिंग
(2) शून्य बफरिंग
(3) बफरिंग
(4) डेटा बफरिंग

30. रीड ओनली मैमोरी (रोम) का सबसे उन्नत रूप है
(1) प्रोम (2) रैम
(3) कैश मेमोरी (4) ईईप्रोम

Space for Rough Work / कच्चे कार्य के लिए स्थान

General Awareness

31. Which of the following is called GDP Deflator?
(1) Ratio of nominal to real GDP
(2) Ratio of nominal to real GNP
(3) Ratio of nominal to real CPI
(4) Ratio of real to nominal GNP

31. निम्नलिखित में से कौन जी.डी.पी. अपस्फीतिकारक कहलाता है?
(1) अवास्तविक से वास्तविक जी.डी.पी. का अनुपात
(2) अवास्तविक से वास्तविक जी.एन.पी. का अनुपात
(3) अवास्तविक से वास्तविक सी.पी.आई. का अनुपात
(4) वास्तविक से अवास्तविक जी.एन.पी. का अनुपात

32. Which of the following Country doesn't have a written Constitution?
(1) Australia
(2) Bangladesh
(3) United Kingdom
(4) United States of America

32. निम्नलिखित में से किस देश के पास लिखित संविधान नही है?
(1) ऑस्ट्रेलिया
(2) बांग्लादेश
(3) यूनाइटेड किंगडम
(4) संयुक्त राज्य अमेरिका

33. Takshashila University was located between which two rivers?
(1) Indus and Jhelum
(2) Jhelum and Ravi
(3) Beas and Indus
(4) Sutlej and Indus

33. तक्षशिला विश्वविद्यालय किन दो निदयों के बीच स्थित था?
(1) सिंधु तथा झेलम
(2) झेलम तथा रावी
(3) व्यास तथा सिंधु
(4) सतलुज तथा सिंधु

34. Which Indian state has the largest share of the Wastelands in India?
(1) Gujarat
(2) Rajasthan
(3) Andhra Pradesh
(4) Madhya Pradesh

34. भारत में बंजर भूमि का सबसे बड़ा हिस्सा किस राज्य का है?
(1) गुजरात
(2) राजस्थान
(3) आंध्र प्रदेश
(4) मध्य प्रदेश

35. How does a Unicellular Organism reproduce?
(1) Cell division
(2) Cell reproduction
(3) Cell synthesis
(4) Fragmentation

35. एककोशिकीय जीव कैसे प्रजनन करता है?
(1) कोशिका विभाजन
(2) कोशिका प्रजनन
(3) कोशिका संश्लेषण
(4) विखंडन

36. For which of the following game, players must have the knowledge of Pascal's law?
(1) Climbing
(2) Paragliding
(3) Rafting
(4) Scuba diving

36. निम्नलिखित में से किस खेल में खिलाडियों के पास पास्कल के नियम का ज्ञान होना आवश्यक है?
(1) चढाई
(2) पैराग्लाइडिंग
(3) राफ्टिंग
(4) स्कूबा डाइविंग

37. What is the full form of ISDN?
(1) International Service Digital network
(2) Indian Service Digital Network
(3) Integrated Service Digital Network

37. आई.एस.डी.एन. का असंक्षिप्त रूप क्या है?
(1) इंटरनेशनल सर्विस डिजिटल नेटवर्क
(2) इंडियन सर्विस डिजिटल नेटवर्क
(3) इंटीग्रेटेड सर्विस डिजिटल नेटवर्क

(4) Internal Service Digital Network

(4) इंटरनल सर्विस डिजिटल नेटवर्क

38. Which of the following cannot be beaten into Sheets?
(1) Gold
(2) Silver
(3) Potassium
(4) Aluminum

38. निम्नलिखित में से किसे चादर के आकार में परिवर्तित नही किया जा सकता?
(1) सोना
(2) चाँदी
(3) पोटैशियम
(4) ऐल्युमीनियम

39. Who invented the Centigrade scale?
(1) Anders Celsius
(2) Daniel Gabriel Fahrenheit
(3) William Thomson
(4) Wright Brothers

39. सेंटीग्रेड माप (स्केल) के आविष्कारक कौन है?
(1) एंडर्स सेल्सियस
(2) डैनियल गेब्रियल फारेनहाइट
(3) विलिअम थामसन
(4) राइट ब्रदर्स

40. Jallikattu practiced in Tamil Nadu is a part of which festival?
(1) Onam
(2) Pongal
(3) Natyanjali
(4) Hampi

40. तमिलनाडु में जल्लीकटूट किस त्योहार का एक हिस्सा है?
(1) ओनम
(2) पोंगल
(3) नाट्यांजलि
(4) हम्पी

Space for Rough Work / कच्चे कार्य के लिए स्थान

41. In a code language CAT = 243 and GO = 222, then CLOUD =?

(1) 545 (2) 555
(3) 535 (4) 455

41. किसी कूट भाषा में CAT = 243 तथा GO = 222 हो, तो CLOUD=?

(1) 545 (2) 555
(3) 535 (4) 455

42. Five persons A, B, C, D and E are being compared in weight and height. The second heaviest person D is the shortest. A is the 2nd tallest and shorter than E. The heaviest person is the third tallest person. There is only one person shorter than B in height, who is lighter than E and A respectively. Who is the second heaviest person?

(1) A (2) B (3) C (4) D

42. पाँच व्यक्ति A, B, C, D तथा E के वजन ऊँचाई में तुलना की जा रही है| दूसरा सबसे भारी व्यक्ति D सबसे छोटा है। A लम्बाई में दुसरे स्थान पर है तथा E से छोटा है। सबसे भारी व्यक्ति ऊँचाई में तीसरे स्थान पर है। केवल एक ही व्यक्ति B से ऊँचाई में छोटा है जो कि क्रमंशः E तथा A से हल्का है। दूसरा सबसे भारी व्यक्ति कौन है?

(1) A (2) B (3) C (4) D

43. How many lines are appearing in below shown figure?

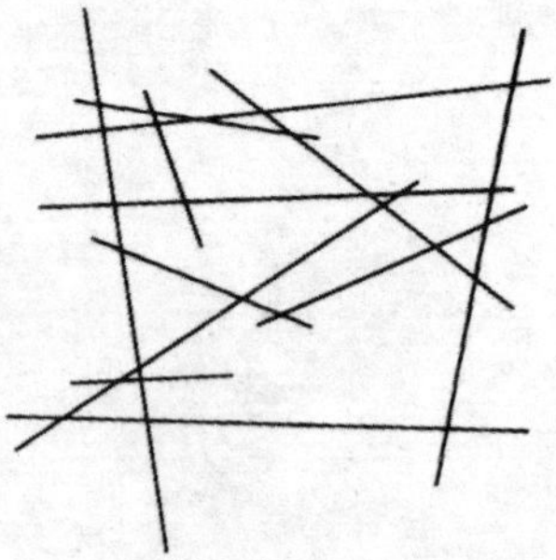

(1) 11 (2) 12
(3) 13 (4) 14

43. नीचे दिखाए गए आकृति में कितनी रेखाएं है?

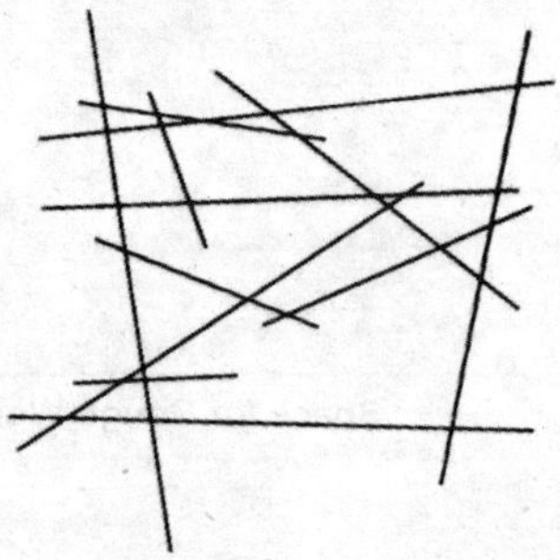

(1) 11 (2) 12
(3) 13 (4) 14

44. Pointing to a photograph, Vipul said, "She is the daughter of my grandfather's only son." How is Vipul related to the girl in the photograph?

(1) Father
(2) Brother
(3) Cousion
(4) Data inadequate

44. किसी तस्वीर की ओर इशारा करते हुए विपुल नए कहा, "वह मेरे दादा के इकलौते पुत्र की पुत्री है।" विपुल तस्वीर वाली लड़की से किस प्रकार संबंधित है?

(1) पिता
(2) भाई
(3) चचेरा भाई
(4) आंकडे अपर्याप्त

45. In the following questions, select the missing number from the given responses

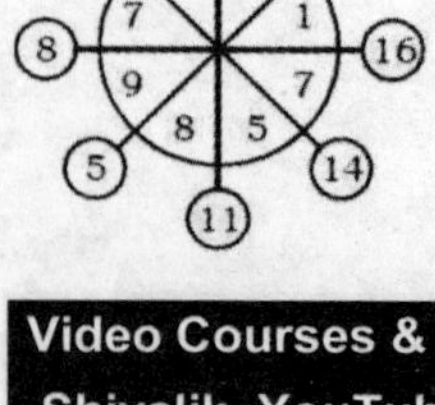

45. निम्नलिखित प्रश्नों में दिए गए विकल्पों में से लुप्त संख्या ज्ञात कीजिए।

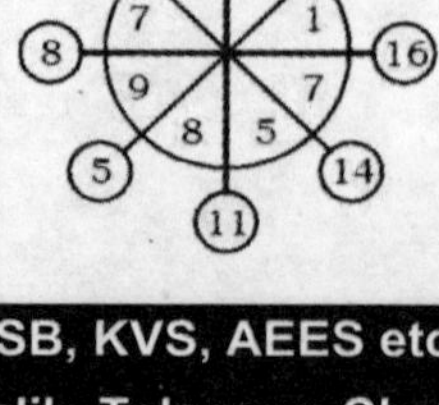

(1) 18 (2) 17
(3) 16 (4) 21

46. Which of the following relates to FLOWER in the same way as REATLR relates to SECTOR?
(1) ELMWBR
(2) EMLBRW
(3) ELMRWB
(4) ELBMWR

47. If '×' means '÷', '–' means '×', '÷' means '+' and '+' means '–', then (3 – 15 ÷ 19) × 8 + 6 =?
(1) 8 (2) 4 (3) 2 (4) -1

48. In the following question, select the related letter/word/number from the given alternatives.
11 : 24 :: 37 :?
(1) 68 (2) 92
(3) 78 (4) 86

49. In the following question, select the odd letter/word/number from the given alternatives.
(1) New Delhi
(2) Lakshadweep
(3) Chandigarh
(4) Lucknow

50. Understand the below mentioned Clock Puzzle and find the time in the last watch.

(1) 5 : 46
(2) 4 : 56
(3) 6 : 54
(4) 6 : 45

(1) 18 (2) 17
(3) 16 (4) 21

46. निम्न में से कौन FLOWER से उसी प्रकार संबंधित है जैसा कि REATLR, SECTOR से संबंधित है?
(1) ELMWBR
(2) EMLBRW
(3) ELMRWB
(4) ELBMWR

47. यदि '×'का अर्थ '÷', '–' का अर्थ '×', '÷' का अर्थ '+' तथा '+' का अर्थ '–' हो, तो (3 – 15 ÷ 19) × 8 + 6 =?
(1) 8 (2) 4 (3) 2 (4) -1

48. निम्नलिखित प्रश्न मे दिए गए विकल्पों में से संबंधित शब्द/अक्षर/संख्या चुनिए
11 : 24 :: 37 :?
(1) 68 (2) 92
(3) 78 (4) 86

49. निम्नलिखित प्रश्न मे दिए गए विकल्पों में से विषम शब्द/अक्षर/संख्या चुनिए
(1) नई दिल्ली
(2) लक्षद्वीप
(3) चंडीगढ़
(4) लखनऊ

50. घड़ी के निम्नलिखित पहली को समझें तथा अंतिम घड़ी का समय ज्ञात करें।

(1) 5 : 46
(2) 4 : 56
(3) 6 : 54
(4) 6 : 45

Space for Rough Work / कच्चे कार्य के लिए स्थान

51. What do children learn when they take part in Play Groups?
(1) Competition (2) Cooperation
(3) Conflict (4) All of these

51. जब बच्चे खेल समूहों में भाग लेते हैं तब वे क्या सीखते हैं?
(1) प्रतिस्पर्धा (2) सहयोग
(3) संघर्ष (4) ये सभी

52. Psychology generally deals with human
(1) feelings (2) thoughts
(3) behaviour (4) All of these

52. मनोविज्ञान सामान्यतया मानव के किस से संबन्धित होता है।
(1) भावनाओं (2) विचारों
(3) आचरण (4) ये सभी

53. Physical growth and development is called
(1) maturation (2) readiness
(3) heredity (4) mobility

53. शारीरिक वृद्धि और विकास कहलाता है
(1) परिपक्वन (2) तत्परता
(3) आनुवंशिकता (4) गतिशीलता

54. Which of the following best describes the extent of the effect of heredity upon development?
(1) Heredity is the primary determinant of how far we can go
(2) Heredity determines how far we can go
(3) Heredity is the primary determinant of how far we will go
(4) Heredity determines how far we will go

54. निम्नलिखित में से कौन सा कथन व्यक्ति के विकास पर आनुवंशिकता के प्रभाव को सर्वश्रेष्ठ रूप में वर्णित करता है?
(1) आनुवंशिकता यह बताने के लिए कि हम किस सीमा तक जा सकते हैं एक मूलभूत निर्धारक है
(2) आनुवंशिकता यह निर्धारित करता है कि हम कहाँ तक जा सकते हैं
(3) आनुवंशिकता यह बताने के लिए कि हम किस सीमा तक जाएँगे, एक मूलभूत निर्धारक है
(4) आनुवंशिकता यह निर्धारित करता है कि हम कहाँ तक जाएँगे

55. Pick out the term which has not been used by Piaget:
(1) Assimilation (2) Organization
(3) Schema (4) Sublimation

55. पियाजे द्वारा प्रयुक्त न किया नाम खोजे:
(1) आत्मीकरण (2) संघठन
(3) स्कीमा (4) उद्दाजीकरण

56. Linguistics is
(1) origin of language.
(2) relationship among languages.
(3) how languages change over time.
(4) All of these

56. भाषा विज्ञान है
(1) भाषा का उद्गम
(2) भाषाओं के बीच संबंध
(3) इसका विवरण कि समय के साथ भाषाएँ कैसे बदलती हैं
(4) ये सभी

57. Sternberg's three aspects of intelligence are
(1) spatial, academic, and artistic.
(2) musical, athletic, and academic.
(3) academic, practical, and creative.
(4) emotional, practical, and spatial.

57. स्टर्नबर्ग के बुद्धिमता के तीन पहलू हैं
(1) स्थानिक, अकादमिक, और कलात्मक
(2) संगीत, एथलेटिक, और अकादमिक
(3) अकादमिक, व्यावहारिक, और रचनात्मक
(4) भावनात्मक, व्यावहारिक, और स्थानिक

58. Which one of the following is the most significant in promoting learning?
(1) Elaborate and good text books.
(2) Anxious parents.

58. पढ़ाई को बढ़ावा देने में निम्नलिखित में से क्या सबसे महत्त्पूर्ण महत्त्पूर्ण है?
(1) विस्तृत और अच्छी पाठ्य – पुस्तकें
(2) चिंतित माता – पिता

(3) Busy school schedule.
(4) Stimulating a learning environment.

(3) व्यस्त स्कूल कार्यक्रम
(4) पढ़ाई का प्रेरणादायक माहौल

59. According to Bloom's Taxonomy of Educational Objectives, which of the following level of Cognitive Domain is best described in the Question "Design a newproof of Pythagorean theorem using area of triangle"?

(1) Application (2) Analysis
(3) Evaluation (4) Synthesis

59. ब्लूम के शैक्षिक उद्देश्यों के वर्गीकरण के अनुसार, निम्नलिखित में से संज्ञानात्मक क्षेत्र का कौन सा स्तर दिए गए प्रश्न का सबसे अच्छा वर्णन करता है "त्रिभुज के क्षेत्रफल का उपयोग करते हुए पाइथागोरस प्रमेय का एक नया प्रमाण तैयार करें"

(1) अनुप्रयोग (2) विश्लेषण
(3) मूल्यांकन (4) संश्लेषण

60. Which of the following is usually considered as the most common fear by school children?

(1) Inadequate adjustment.
(2) Non-acceptance by the peer group.
(3) Failure in the examination.
(4) Dislike by the teacher.

60. निम्नलिखित में से किसे सामान्यतया स्कूली बच्चों का सबसे आम डर मन जाता है?

(1) ताल – मेल की अपर्याप्तता
(2) समकक्ष समूह द्वारा अस्वीकार्यता
(3) परीक्षा में असफलता
(4) शिक्षक द्वारा नापसंद किया जाना

61. A teacher uses audio – visual aids and physical activities in his / her teaching because they

(1) provide diversion to learners
(2) provide relief to the teacher
(3) utilize maximum number of senses to enhance learning
(4) facilitate effective assessment

61. दृश्य – श्रव्य और शारीरिक गतिविधियां एक शिक्षक को शिक्षण में मदद करते हैं क्योंकि वे

(1) शिक्षार्थियों को दिशा प्रदान करते हैं
(2) शिक्षक को राहत प्रदान करते हैं
(3) इंद्रियों का अधिकतम उपयोग करके सीखने में सहयोगी होते हैं
(4) प्रभावी मूल्यांकन की सुविधा प्रदान करते हैं

62. A student is working hard and solving mathematical problems as his father has promised to give him a cycle if he gets good marks. This means that students has:

(1) Intrinsic motivation
(2) Extrinsic motivation
(3) Mathematical motivation
(4) Intrinsic and extrinsic motivation

62. एक छात्र गणित के प्रश्न हल करने में बहुत परिश्रम कर रहा हैं क्योकि उसके पिता ने उसे अच्छे अंक लाने पर साइकिल देने का वायदा किया हैं। इसका अर्थ हैं कि छात्र में:

(1) आन्तरिक प्रेरणा हैं।
(2) बाह्य प्रेरणा हैं।
(3) गणितीय प्रेरणा हैं।
(4) आन्तरिक तथा बाह्य प्रेरणा हैं।

63. In case you are transferred to a place where you do not know the local language, you would

(1) try to get yourself transferred to another place.
(2) try to learn the local language.
(3) become depressed and feel dejected.
(4) take long leave and stay at home.

63. यदि आपका स्थानांतरण किसी ऐसी जगह कर दिया जाता है जहाँ आप स्थानीय भाषा नहीं जानते तो आप क्या करेंगे?

(1) अपना स्थानांतरण किसी और जगह कराने की कोशिश करेंगे
(2) स्थानीय भाषा सीखनेकी कोशिश करेंगे
(3) अवसादग्रस्त हो जाएँगे और उदासी महसूस करेंगे
(4) लंबी छुट्टी लेंगे और घर पर रहेंगे

64. Which of the following is most likely to be a primary consideration in the selection of a curriculum model for gifted students?

(1) The model should be focused primarily on content that is appropriate for gifted students,

64. प्रतिभाशाली छात्रों के लिए पाठ्यक्रम मॉडल के चयन में निम्नलिखित में से कौन सा प्राथमिक विचार होने की संभावना होनी चाहिए?

(1) मॉडल मुख्य रूप से उस सामग्री पर केंद्रित होना चाहिए जो प्रतिभाशाली छात्रों के लिए उपयुक्त है, व्यक्तिगत शिक्षक तक

leaving process-related decisions up to the individual teacher.
(2) The model should be a feasible adjunct to the regular curriculum.
(3) The model should maximize opportunities for the integration of gifted and regular students in instructional activities.
(4) The model should provide multiple paths to reach specified goals.

प्रक्रिया से संबंधित निर्णय छोड़कर।
(2) मॉडल नियमित पाठ्यक्रम के लिए एक व्यवहार्य सहायक होना चाहिए।
(3) मॉडल को निर्देशित गतिविधियों में प्रतिभाशाली और नियमित छात्रों के एकीकरण के अवसरों को अधिकतम करना चाहिए।
(4) मॉडल निर्दिष्ट लक्ष्यों तक पहुंचने के लिए कई पथ प्रदान करने वाला होना चाहिए।

65. The activity technique is
(1) Student centred
(2) Teacher centred
(3) Class centred
(4) Subject centred

65. क्रियाकलाप तकनीक होती है
(1) छात्र – केन्द्रित
(2) शिक्षक – केन्द्रित
(3) कक्षा – केन्द्रित
(4) विषय – केन्द्रित

66. Inductive reasoning starts at ______ and goes to ______.
(1) the general; the specific
(2) the specific; the general
(3) fixation; function
(4) function; fixation

66. आगमनात्मक तर्क ______ पर शुरू होता है और ______ पर जाता है।
(1) सामान्य; विशिष्ट
(2) विशिष्ट; सामान्य
(3) निर्धारण; समारोह
(4) समारोह; निर्धारण

67. Education should enable a person to make his life
(1) better.
(2) satisfying.
(3) more meaningful.
(4) significant to all concern.

67. शिक्षा को किसी व्यक्ति की अपनी ज़िंदगी कैसा बनाने में सक्षम बनाने वाली होना चाहिए।
(1) बेहतर
(2) संतोषजनक
(3) और सार्थक
(4) सभी संबंधितों के लिए महत्त्वपूर्ण

68. How do children learn concepts and attach labels to them?
(1) From direct contact with the physical world.
(2) From social situations where language plays no part in the learning process.
(3) From social situations where language does play a definite part.
(4) All of these.

68. बच्चे संकल्पनाओं और उन्हें लेबल देने के बारे में किस प्रकार सीखते हैं?
(1) भौतिक जगत के साथ सीधे संपर्क से
(2) सामाजिक परिस्थितियों से जहां सीखने की प्रक्रिया में भाषा की कोई भूमिका नही होती
(3) सामाजिक परिस्थितियों से जहां भाषा की एक निश्चित भूमिका होती है
(4) ये सभी

69. Which of the following statements concerning the validity and reliability of a test is more accurate?
(1) A test cannot be valid unless it is reliable
(2) A test cannot be reliable unless it is valid
(3) A test cannot be valid unless it is objective
(4) A test cannot be reliable unless it is standardized

69. किसी परीक्षण की वैधता तथा विश्वस्तता के संबंध में निम्नलिखित में से कौन-सा कथन सर्वाधिक सही है?
(1) जब तक कोई परीक्षण विश्वसनीय नहीं होगा वह वैध नहीं होगा
(2) यदि कोई परीक्षण वैध नहीं है तो वह विश्वसनीय भी नहीं होगा
(3) जब तक कोई परीक्षण वस्तुनिष्ठ नहीं होगा, वह वैध नहीं हो सकता
(4) कोई परीक्षण यदि मानकीकृत नहीं है तो वह विश्वसनीय भी

नहीं होगा

70. The curriculum of the school exists for the purpose of:
(1) Setting standards of academic attainments
(2) Providing the child with skills necessary for effective and meaningful living
(3) Providing uniformity in Indian education
(4) Providing the child with organized meaningful educative experiences

70. विद्यालयी पाठ्यचर्या का उद्देश्य होता है:
(1) शैक्षिक उपलब्धि के मानक स्थापित करना
(2) बच्चे को एक प्रभावी और अर्थपूर्ण जीवनयापन के लिए अपेक्षित कौशल प्रदान करना
(3) भारतीय शिक्षा को एकरूपता प्रदान करना
(4) बच्चे को संघटित अर्थपूर्ण शैक्षिक अनुभूतियाँ प्रदान करना

Space for Rough Work / कच्चे कार्य के लिए स्थान

71. The most important aspect of effective language classroom is to provide learners with an opportunity to:
(1) Interfere
(2) Assess
(3) Imitate
(4) Interact

72. When language development is a deliberate and conscious effort, language is:
(1) Brushed up
(2) Learned
(3) Acquired
(4) Honed

73. Travelouge is a genre of:
(1) Bibliography
(2) Literature
(3) Poetry
(4) Critisicm

74. A shorter form of a group of words, which usually occurs in an auxiliary verb, is:
(1) Connector
(2) Contraction
(3) Conjunction
(4) Connotation

75. A word with same spelling and same pronunciation as another, but with different meaning is a/an:
(1) Homophone
(2) Antonym
(3) Synonym
(4) Homonym

Instruction (Q.No.76–80): Study the following paragraph and answer the questions that follow.

The art of Madhubani painting is the traditional style developed in the Mithila region, in the villages around Madhubani, Bihar. Madhubani literally means a forest of honey. This style of painting has been traditionally used by the women of the region, though today men are also involved to meet the demand. The work is done on freshly plastered mud walls. For commercial purposes, it is now being done on paper, cloth, etc.
The paintings are basically of religious nature. They are done in the special rooms of their homes (in the Pooja room, ritual area, bridal room), on the main village walls, etc., for ceremonial or ritualistic purposes. The women offer prayers to the deity before starting the work. Figures from nature and mythology are adapted to suite their style. The themes and designs widely painted are the worship of Hindu deities such as Krishna, Rama, Shiva, Durga, Lakshmi, Saraswati, Sun and Moon, Tulsi plant, court scenes, wedding scenes and other social events taking place around them.
Floral, animal and bird motifs, geometrical designs are used to fill up all the gaps. There is hardly any empty space in this style. Cotton wrapped around a bamboo stick forms the brush. The colours applied are prepared by the artists. The skill is handed down the generations, and hence the traditional designs and patterns are widely maintained. It is believed that the genesis of Madhubani paintings came about when King Janaka asked for paintings to be developed for his daughter Sita's wedding.

76. A Madhubani painting shows only:
(1) A balanced portrayal of all of them
(2) Hindu deities
(3) Flowers and plants
(4) Geometrical designs

77. The art of Madhubani painting is learnt in the:
(1) Ashrams of Madhubani
(2) Schools of art
(3) Families at home
(4) Homes of renowned artists

78. Madhubani paintings are no longer done exclusively by women on walls:
(1) Because cloth is more durable
(2) To meet their widespread demand
(3) As men are better painters
(4) As paper is cheaper

79. Madhubani paintings are essentially of religious nature when they are done
(1) In the Pooja room
(2) In the bridal room
(3) On the village walls
(4) Using figures from nature

80. These paintings become secular when they depict:
(1) Court scenes
(2) Worship of Saraswati
(3) Tulsi plant
(4) Wedding scenes

भाषा विषय: हिन्दी

81. 'सन्दर्भ में व्याकरण' का शैक्षिक निहितार्थ है:
(1) पाठ के सन्दर्भ में व्याकरण जानना जरूरी नहीं है
(2) व्याकरण और सन्दर्भ दोनों अलग है
(3) व्याकरण का सन्दर्भ पाठ्य - पुस्तक में ही होता है
(4) व्याकरण पाठ के सन्दर्भ में सिखाया जाता है

82. बच्चों को कहानी सुनाने की उपयोगिता सिद्ध होती है:
(1) कहानी से मिलने वाली ज्ञान - विज्ञान की जानकारी द्वारा
(2) कहानी से मिलने वाली सीख द्वारा
(3) कहानी कहने के तरीके द्वारा
(4) कहानी में गुँथे हुए नैतिक मूल्यों के आधार पर

83. भाषा शिक्षण के सन्दर्भ में बाल - साहित्य का उद्देश्य है:
(1) बच्चों को उत्साही पाठक बनाने के लिए प्रोत्साहित करना
(2) बच्चों को साहित्यिक विधाओं से परिचित करवाना
(3) बच्चों को जीवन-कौशल सिखाना
(4) बच्चों को भाषा के नियमों की जानकारी देना

84. भाषा - शिक्षण का उद्देश्य है बच्चों को:
(1) सहज अभिव्यक्ति का अवसर देना
(2) मातृभाषा की लिपि की पहचान करवाना
(3) व्याकरणिक नियमों को कंठस्थ करवाना
(4) अक्षरों की बनावट के प्रति सचेत करना

85. अवलोकन को आकलन का भाग तभी कहा जा सकता है जब अवलोकन:
(1) अनिवार्यतः औपचारिक रूप से किया जा रहा हो
(2) नियमित रूप से किया जा रहा हो
(3) प्रतिदिन प्रत्येक बच्चे का किया जा रहा हो
(4) लड़के - लड़कियों का अलग - अलग किया जा रहा हो

निर्देश (Q.No.86–90): दिए गए गद्यांश को पढ़कर उसके नीचे लिखे प्रश्नों के सबसे उचित विकल्प को चुनिए।

हमें स्वतन्त्र हुए 15 वर्ष ही हुए थे कि पड़ोसी चीन ने हमारी पीठ में छुरा भोंक दिया। उत्तरी सीमा की सफ़ेद बर्फीली चोटियाँ शहीदों के खून से सनकर लाल हो गई। हजारों माँओं की गोदें सूनी गई, हजारों की माँग का सिंदूर पुंछ गया और लाखों अभागे बच्चे पिता के प्यार से वंचित हो गए।
गणतंत्र दिवस निकट आ रहा था। देश का हौसला पस्त था। कोई उमंग नहीं रह गई थी पर्व मनाने कि तब यह सोचा गया कि जानी - मानी फ़िल्मी हस्तियाँ आयोजन में शामिल हों तो भीड़ उमड़ेगी। वहाँ कोई ऐसा गीत प्रस्तुत हो जो लोगों के दिलों को छूकर उन्हें झकझोर सके। चुनौती फिल्म जगत तक पहुँची। एक नौजवान गीतकार प्रदीप ने चुनौती स्वीकारने का मन बनाया और गीत लिखना शुरू किया। लेकिन सुर और स्वर के बिना गीत का क्या ! प्रदीप संगीत निर्देशक सी० रामचन्द्र के पास पहुँचे। उन्हें गीत पसंद आया और रक्षा मंत्रालय को सूचना दे दी गई।
26 जनवरी का शुभ दिन आया। लाखों की भीड़ बड़ी उत्सुकता से प्रतीक्षा कर रही थी। जब तक जो धुन बज रही थी वह हटी और थोड़ी देर शांति रही। तभी उस शान्ति को चीरता हुआ लता मंगेशकर का वेदना और चुनौती भरा स्वर सूनाई पडा - "ऐ मेरे वतन के लोगो, ज़रा आँख में भर लो पानी।" समय जैसे थम गया। सभी के मन एक ही भाव, एक ही रस में डूब गए। गीत समाप्त हुआ तो लगभग दो लाख लोग सिसक रहे थे। आँसू थे कि थमते ही न थे।

86. भारत में 26 जनवरी का पर्व मनाने की उमंग न रहने का कारण था:
(1) चीन का दबाव
(2) हज़ारों युवकों का शहीद होना
(3) सैनिकों के द्वारा मार्च-पास्ट से इनकार
(4) रक्षा मंत्रालय की अनिच्छा

87. रक्षा मंत्रालय को क्या सूचना दी गई होगी?
(1) प्रदीप और सी० रामचंद्र भी दिल्ली आएँगे
(2) 26 जनवरी का पर्व मनाया जाए
(3) फ़िल्मी हस्तियाँ भाग लेंगी
(4) गीत प्रस्तुत करने की चुनौती स्वीकार है

88. देश का हौसला पस्त था, क्योंकि:
(1) फ़िल्मी हस्तियाँ साथ नहीं दे रही थी
(2) चीन से मात खाई थी

(3) तैयारियाँ नहीं की गई थी
(4) कोई उमंग शेष नहीं था

89. "ऐ मेरे वतन के लोगो....." गीत के बारे में क्या सच नहीं है?
(1) लता मंगेशकर ने स्वर दिया
(2) प्रदीप ने लिखी
(3) मन्ना डे ने सुर दिया
(4) सी० रामचंद्र ने संगीत दिया

90. जानी - मानी फ़िल्मी हस्तियों को बुलाने का निर्णय क्यों लिया गया?
(1) शहीदों को श्रद्धांजली देने के लिए
(2) गणतंत्र दिवस मनाने के लिए
(3) भीड़ जुटाने के लिए
(4) लता मंगेशकर का गीत सुननेके लिए

Space for Rough Work / कच्चे कार्य के लिए स्थान

91. In a simple machine, the displacement of the load and velocity ratio are 5 cm and 6, respectively. What is the displacement of the effort (in cm)?

(1) 30 (2) 3×10^{11}
(3) 3×10^{-13} (4) 3×10^{-14}

91. एक साधारण मशीन में, भार और वेग अनुपात का विस्थापन क्रमशः 5 सेमी और 6 सेमी है। प्रयास का विस्थापन (सेमी में) क्या है?

(1) 30 (2) 3×10^{11}
(3) 3×10^{-13} (4) 3×10^{-14}

92. Slope of a velocity – time graph gives

(1) the distance (2) the displacement
(3) the acceleration (4) the speed

92. वेग-समय ग्राफ की प्रवणता से प्राप्त होता है –

(1) दूरी (2) विस्थापन
(3) त्वरण (4) चाल

93. The force of attraction between two unit point masses separated by a unit distance is called

(1) gravitational potential
(2) acceleration due to gravity
(3) gravitational field
(4) universal gravitational constant

93. एकांक दुरी पर स्थित दो एकांक द्रव्यमानों के बीच आकर्षण बल कहलाता है-

(1) गुरुत्वीय विभव
(2) गुरुत्वीय त्वरण
(3) गुरुत्वीय क्षेत्र
(4) सार्वत्रिक गुरुत्वीय नियतांक

94. Name the process in yeast that converts sugars into alcohol:

(1) Fixation
(2) Conversion
(3) Fermentation
(4) Anaerobic Respiration

94. यीस्ट में होने वाली उस प्रक्रिया का नाम बताइए जो शर्करा को ऐल्कोहॉल में बदल देती है:

(1) फिक्सेशन
(2) रूपांतरण
(3) किण्वन
(4) एनारोबिक श्वसन

95. Study the following statements:

I. The fabric terywool is obtained by mixing terylene and wool.
II. Synthetic fibres do not melt on heating.
III. It is risky to wear synthetic clothes while working in the kitchen.
IV. Most of the plastics are biodegradable.

Among the statements which is/are false:

(1) I, II and IV
(2) II and IV
(3) III and IV
(4) IV only

95. निम्नलिखित कथनों को पढ़िये।

I. टेरीवुल कपड़े टेरीलीन और ऊन को मिश्रिण करके बनाया जाता है।
II. संश्लेषित रेशे गरम् करने पर पिघलते नहीं है।
III. रसोईघर में काम करते समय संश्लेषित कपड़े पहनना खतरनाक होता है।
IV. अधिकांश प्लास्टिक जैवनिम्नीकरणीय होते हैं।

इनमे से गलत कथन को पहचानिए।

(1) I, II और IV
(2) II और IV
(3) III और IV
(4) केवल IV

96. Zinc sulphate forms a colourless solution in water. Will you observe any colour on adding copper turning in it?

(1) Yes (2) No
(3) May be (4) Data inadequate

96. जिंक सल्फेट जल में रंगहीन विलयन बनाता है। इस विलयन में कॉपर की छीलन डालने पर उसके रंग में क्या परिवर्तन होगा?

(1) हाँ (2) नहीं
(3) हो सकता है (4) डेटा अपर्याप्त

97. Which group represents inexhaustible natural resources:

97. कौन सा समूह अविश्वसनीय प्राकृतिक संसाधनों का प्रतिनिधित्व करता है:

(1) air, coal, natural gas, sunlight
(2) sunlight, petroleum, minerals, forests
(3) air, sunlight, petroleum, minerals
(4) air, sunlight, oxygen, water

(1) वायु, कोयले, प्राकृतिक गैस, सूरज की रोशनी
(2) सूरज की रोशनी, पेट्रोलियम, खनिज, जंगल
(3) हवा, सूरज की रोशनी, पेट्रोलियम, खनिज
(4) हवा, सूरज की रोशनी, ऑक्सीजन, पानी

98. Study the following statements:

I. A physical process in which a substance reacts with oxygen to give off heat is called combustion.
II. Water is the best extinguisher for fires involving electrical equipment.
III. Alcohol, CNG and LPG are inflammable substances.
IV. Increased concentration of nitrogen in air is believed to cause global warming.
V. Greater the calorific value better is the fuel.
VI. Middle zone is the hottest zone of a flame.
VII. The substances which vapourise during burning, give flame.

Which of the following statements are correct:
(1) I, II, IV and VI
(2) II, III,V and VI
(3) III, V and VII
(4) None of these

98. निम्नलिखित कथनों का अध्ययन करें:

I. एक शारीरिक प्रक्रिया जिसमें एक पदार्थ गर्मी छोड़ने के लिए ऑक्सीजन के साथ प्रतिक्रिया करता है उसे दहन कहा जाता है।
II. जल विद्युत उपकरणों से जुड़े आग के लिए सबसे अच्छा बुझाने वाला यंत्र है।
III. शराब, सीएनजी और एलपीजी ज्वलनशील पदार्थ हैं।
IV. हवा में नाइट्रोजन की बढ़ी हुई सांद्रता ग्लोबल वार्मिंग का कारण बनती है।
V. अधिक बड़ा कैलोरीफुल वैल्यू बेहतर ईंधन है।
VI. मध्य क्षेत्र एक लौ का सबसे गर्म क्षेत्र है।
VII. पदार्थ जो जलने के दौरान वाष्पीकरण करते हैं, लौ देते हैं।

निम्नलिखित में से कौन सा कथन सही है:
(1) I, II, IV और VI
(2) II, III, V और VI
(3) III, V और VII
(4) इनमें से कोई नहीं।

99. Cheek cells do not have ________
(1) cell membrane (2) nucleus
(3) golgi apparatus (4) plastids

99. कपोल कोशिकाओं में नहीं होता ________ ।
(1) कोशिका-झिल्ली (2) केंद्रक
(3) गॉल्गी उपकरण (4) लवण

100. If we apply oil on door hinges, the friction will:
(1) increase
(2) decrease
(3) disappear altogether
(4) will remain unchanged

100. अगर हम दरवाजों के कब्जों पर तेल लगा दें तो घर्षण:
(1) बढ़ जायेगा
(2) कम हो जायेगा
(3) पूरी तरह से समाप्त हो जायेगा
(4) अपरिवर्तित रहेगा

101. In order to reduce the loudness of a sound we have to:
(1) decrease its frequency of vibration of the sound.
(2) increase its frequency of vibration of the sound.
(3) decrease its amplitude of vibration of the sound.
(4) increase its amplitude of vibration of the sound.

101. ध्वनि की प्रबलता को घटाने के लिए हमें ध्वनि के कम्पनों:
(1) की आवृति घटानी होगी
(2) की आवृति बढ़ानी होगी
(3) का आयाम घटाना होगा
(4) का आयाम बढ़ाना होगा

102. We can see a non-luminous object when light:
(1) emitted by the object falls on the eye.
(2) is reflected from the object towards our eye.
(3) completely passes through the object.
(4) gets completely absorbed by the object.

102. हम किसी अदिप्त वस्तु को देख सकते हैं जब प्रकाश:
(1) उससे उत्सर्जित होकर आंखों तक पहुँचता है।
(2) उससे हमारी आँखों की ओर परावर्तित होता है।
(3) उससे पूर्णत: आर पार गमन कर जाता है।
(4) उसके द्वारा पूर्णत: अवशोषित हो जाता है।

103. The property to flow is unique to fluids. Which

103. तरल में प्रवाह का अद्वितीय गुण होता है। निम्नलिखित में से

one of the following statements is correct?

(1) Only gases behave like fluids
(2) Gases and solids behave like fluids
(3) Gases and liquids behave like fluids
(4) Only liquids are fluids

104. The chemical symbol for sodium is
(1) So (2) Sd (3) NA (4) Na

105. The electron distribution in an aluminium atom is
(1) 2, 8, 3 (2) 2, 8, 2
(3) 8, 2, 3 (4) 2, 3, 8

106. Silver nitrate solution is used to study
(1) endoplasmic reticulum
(2) golgi apparatus
(3) nucleus
(4) mitochondria

107. Earthquake produces which kind of sound before the main shock wave begins
(1) ultrasound
(2) infrasound
(3) audible sound
(4) none of the above

108. In which of the following groups of organisms, food material is broken down outside the body and absorbed?
(1) Mushroom, green plants, Amoeba
(2) Yeast, mushroom, bread mould
(3) Paramecium, Amoeba, Cuscuta
(4) Cuscuta, lice, tapeworm

109. If the current through a resistor is increased by 100% (assume that temperature remains unchanged), the increase in power dissipated will be
(1) 100% (2) 200%
(3) 300% (4) 400%

110. A person cannot see distinctly objects kept beyond 2m. This defect can be corrected by using a lens of power
(1) + 0.5 D (2) – 0.5 D
(3) + 0.2 D (4) – 0.2 D

कौन-सा कथन सही है?

(1) केवल गैसे तरल के समान व्यवहार करते हैं
(2) गैस और ठोस तरल के समान व्यवहार करते हैं
(3) गैस और द्रव तरल के समान व्यवहार करते हैं
(4) केवल द्रव तरल के समान व्यवहार करते हैं

104. सोडियम का रासायनिक प्रतीक है-
(1) So (2) Sd (3) NA (4) Na

105. एल्युमिनियम के एक परमाणु में इलेक्ट्रॉनों का वितरण होता है -
(1) 2, 8, 3 (2) 2, 8, 2
(3) 8, 2, 3 (4) 2, 3, 8

106. सिल्वर नाइट्रेट का घोल किसी एक के अध्ययन में इस्तेमाल होता है-
(1) अंतर्द्रव्यी जालिका
(2) गॉल्जी उपकरण
(3) केंद्रक
(4) माइटोकॉन्ड्रिया

107. भूकंप मुख्य प्रघाती तरंगों से पहले किस प्रकार की ध्वनि उत्पन्न करते हैं?
(1) पराश्रव्य ध्वनि
(2) अवश्रव्य ध्वनि
(3) श्रव्य ध्वनि
(4) उपरोक्त में कोई नहीं

108. जीवों के निम्नलिखित वर्गों में से किस वर्ग के जीव खाद्य पदार्थो ओ शरीर के बाहर ही पचाकर उसका अवशोषण कर लेते हैं?
(1) मशरूम, हरे पौधे, अमीबा
(2) यीस्ट, मशरूम, ब्रेड की फफूंद
(3) पैरामिशियम, अमीबा, अमरबेल
(4) अमरबेल, जूं, फीताकृमि

109. यदि किसी प्रतिरोधक से प्रवाहित धारा में 100% वृद्धि कर दी जाए (यह मानिए कि ताप अपरिवर्तित रहता है) तो क्षयित ऊर्जा में कितनी वृद्धि होगी?
(1) 100% (2) 200%
(3) 300% (4) 400%

110. कोई व्यक्ति 2m से अधिक दुरी पर स्थित बिंबों को स्पष्ट नहीं देख सकता। इस दोष का संशोधन उस लेंस के उपयोग द्वारा किया जा सकता है जिसकी क्षमता है:
(1) + 0.5 D (2) – 0.5 D
(3) + 0.2 D (4) – 0.2 D

111. The value of 0.001 + 1.01 + 0.11 is

(1) 1.111 (2) 1.101
(3) 1.013 (4) 1.121

112. In 1999, the population of a country was 30.3 million. The number which is the same as 30.3 million is

(1) 303000000
(2) 30300000
(3) 3030000
(4) 3030000000

113. If $a^3 = 1 + 7, 3^3 = 1 + 7 + b$ and $4^3 = 1 + 7 + c$, where a, b and c are different positive integers, then the value of a + b + c is

(1) 58 (2) 68 (3) 77 (4) 79

114. We call a number perfect if it is the sum of all its positive divisors, except itself. For example, 28 is a perfect number because 28 = 1 + 2 + 4 + 7 + 14. Which of the following numbers is a perfect number?

(1) 13 (2) 10 (3) 9 (4) 6

115. If angles A, B, C and D of the quadrilateral ABCD, taken in order, are in the ratio 3:7:6:4, then ABCD is a

(1) rhombus
(2) parallelogram
(3) trapezium
(4) kite

116. The product of two whole numbers is 24. The smallest possible sum of these numbers is

(1) 8 (2) 9 (3) 10 (4) 12

117. The value of $\frac{3^{502}-3^{500}+16}{3^{500}+2}$ is

(1) 2 (2) 4 (3) 8 (4) 16

111. + 1.01 + 0.11 का मान है

(1) 1.111 (2) 1.101
(3) 1.013 (4) 1.121

112. 1999 में किसी देश की जनसंख्या 30.3 मिलियन थी। कौन सी – संख्या 30.3 मिलियन थी। कौन - सी संख्या 30.3 मिलियन के समान है?

(1) 303000000
(2) 30300000
(3) 3030000
(4) 3030000000

113. यदि $a^3 = 1 + 7, 3^3 = 1 + 7 + b$ और $4^3 = 1 + 7 + c$, जहाँ a, b और c विभिन्न धनात्मक पूर्णांक हैं, तब a + b + c का मान है

(1) 58 (2) 68 (3) 77 (4) 79

114. हम किसी संख्या को सम्पूर्ण संख्या कहते हैं यदि यह सं ख्या इसके सभी धनात्मक गुणनखण्डों के (संख्या को छोड़कर) योग के बराबर हो। उदाहरणतया 28 एक सम्पूर्ण संख्या है क्योंकि 28 = 1 + 2 + 4 + 7 + 14 है। निम्न में से कौन – सी संख्या सम्पूर्ण संख्या है?

(1) 13 (2) 10 (3) 9 (4) 6

115. यदि चतुर्भुज ABCD के कोणों A, B, C और D का, इसी क्रम में लेने पर, अनुपात 3:7:6:4 है, तो ABCD है एक

(1) समचतुर्भुज
(2) समांतर चतुर्भुज
(3) समलंब
(4) पतंग

116. दो पूर्ण संख्याओं का गुणनफल 24 है। इन संख्याओं का न्यूनतम संभव योग है

(1) 8 (2) 9 (3) 10 (4) 12

117. $\frac{3^{502}-3^{500}+16}{3^{500}+2}$ का मान है

(1) 2 (2) 4 (3) 8 (4) 16

118. If $800880 = 8 \times 10^x + 8 \times 10^y + 8 \times 10^z$ where x, y and z are whole numbers, then the value of x + y + z is

(1) 11 (2) 8 (3) 6 (4) 5

118. यदि $800880 = 8 \times 10^x + 8 \times 10^y + 8 \times 10^z$

जहाँ x, y और z पूर्ण संख्याएँ हैं, तब x + y + z का मान है

(1) 11 (2) 8 (3) 6 (4) 5

119. One factor of $x^4 + x^2 + 1$ is

(1) $x^2 + 1$
(2) $x^2 + x - 1$
(3) $x^2 - x + 1$
(4) $x^2 - x - 1$

119. $x^4 + x^2 + 1$ का एक गुणनखण्ड है

(1) $x^2 + 1$
(2) $x^2 + x - 1$
(3) $x^2 - x + 1$
(4) $x^2 - x - 1$

120. The scale of a map is given as 1:10000. On the map, a forest occupies a rectangular region measuring 10 cm x 100 cm. The actual area of the forest, in km^2, is

(1) 1000 (2) 100
(3) 10 (4) 1

120. एक मानचित्र का स्केल (scale) 1:10000 दिया है। मानचित्र पर एक जंगल को 10 cm × 100 cm की माप के एक आयताकार क्षेत्र के रूप में दिखाया गया है। इस जंगल का वास्तविक क्षेत्रफल, km^2 में, है

(1) 1000 (2) 100
(3) 10 (4) 1

121. A fraction is equivalent to $\frac{5}{8}$. Its denominator and numerator add up to 91. What is the difference between the denominator and numerator of this fraction?

(1) 3 (2) 13 (3) 19 (4) 21

121. एक भिन्न $\frac{5}{8}$ के तुल्य है। इसके हर और अंश का योग 91 है। इस भिन्न के हर और अंश में क्या अंतर है?

(1) 3 (2) 13 (3) 19 (4) 21

122. The number n is doubled and then y is added to it. The result is then divided by 2 and the original number n is subtracted from it. The final result is

(1) y
(2) $\frac{y}{2}$
(3) n + y
(4) $\frac{n+y}{2}$

122. संख्या n को दुगुना करके उसमें y को जोड़ा जाता है। इस परिणाम को 2 से भाग करके फिर उसमें से वास्तविक संख्या n को घटाया जाता है। अंतिम परिणाम है

(1) y
(2) $\frac{y}{2}$
(3) n + y
(4) $\frac{n+y}{2}$

123. A polyhedron has 6 faces and 8 vertices. How many edges does it have?

(1) 10 (2) 12 (3) 14 (4) 15

123. किसी बहुफलक के फलकों की संख्या 6 है तथा शीर्षों की संख्या 8 है। इसके कितने किनारे हैं?

(1) 10 (2) 12 (3) 14 (4) 15

124. If

124. यदि

$$\begin{array}{r} 1957 \\ -a9 \\ \hline 18b8 \end{array}$$

the sum of the digits a and b is

(1) 15 (2) 14 (3) 13 (4) 12

125. Forty - two cubes each of side 1 cm are glued together to form a solid cuboid. If the perimeter of the base of the cuboid is 18 cm, then its height, in cm, is

(1) 1 (2) 2 (3) 3 (4) 4

126. In ΔPQR, PQ = 4 cm, PR = 6 cm and QR = 3 cm. Which of the following is correct?

(1) $\angle R > \angle Q$ (2) $\angle Q > \angle R$
(3) $\angle Q = \angle R$ (4) $\angle R < \angle P$

127. In ΔABC and ΔLMN, AB = LM, AC = LN and $\angle$B = $\angle$M. Then the

(1) triangles cannot be congruent
(2) triangles must be congruent
(3) triangles will be congruent if $\angle$B is a right angle
(4) triangles are congruent only if AB=AC

128. The area of a trapezium-shaped field is 720 m^2, the distance between the two parallel sides is 20 m and the length of one of the parallel sides is 35 m. The length of the other parallel side is

(1) 35 m (2) 36 m
(3) 37 m (4) 40 m

129. If the cost price of 10 candles is equal to the selling price of 8 candles, the gain/loss percent is

(1) 25% gain (2) 20% loss
(3) 20% (4) 25% loss

130. The mean of median and mode. of the data 7, 6, 7, 9, 8, 8, 10, 8 is

(1) 5.5 (2) 8
(3) 8.5 (4) 9

$$\begin{array}{r} 1957 \\ -a9 \\ \hline 18b8 \end{array}$$

तब अंकों a और b का योग है

(1) 15 (2) 14 (3) 13 (4) 12

125. बयालिस घनों को, जिनमें से प्रत्येक की भुजा 1 cm है, एक साथ चिपकाकर एक ठोस घनाभ बनाया जाता है। यदि इस घनाभ के आधार का परिमाप 18 cm हो, तो इसकी ऊंचाई, cm में, है

(1) 1 (2) 2 (3) 3 (4) 4

126. ΔPQR में, PQ = 4 cm, PR = 6 cm और QR = 3 cm है। निम्न में से कौन - सा सत्य है?

(1) $\angle R > \angle Q$ (2) $\angle Q > \angle R$
(3) $\angle Q = \angle R$ (4) $\angle R < \angle P$

127. ΔABC और ΔLMN में, AB = LM, AC = LN और $\angle$B = $\angle$M है। तब

(1) त्रिभुजें सर्वांगसम नहीं हो सकते हैं
(2) त्रिभुजें अवश्य ही सर्वांगसम हैं
(3) त्रिभुजें सर्वांगसम होंगे, यदि $\angle$B एक समकोण है
(4) त्रिभुजें सर्वांगसम हैं केवल यदि AB = AC हो

128. समलम्ब के आकार के एक खेत का क्षेत्रफल 720 m^2 है, दो समान्तर भुजाओं के बीच की दूरी 20 m है और उनमें से एक समान्तर भुजा की लम्बाई 35 m है। दूसरी समान्तर भुजा की लम्बाई है

(1) 35 m (2) 36 m
(3) 37 m (4) 40 m

129. यदि 10 मोमबत्तियों का क्रय – मूल्य 8 मोमबत्तियों के विक्रय – मूल्य के बराबर हो, तो लाभ/हानी प्रतिशत है

(1) 25% gain (2) 20% loss
(3) 20% (4) 25% loss

130. आंकड़ों 7, 6, 7, 9, 8, 8, 10, 8 के माध्यक और बहुलक का माध्य है

(1) 5.5 (2) 8
(3) 8.5 (4) 9

Environmental Studies

131. Deep bores are made to reach mineral deposits that lie at great depths. This kind of mining is known as:

(1) quarrying
(2) open-cast mining
(3) shaft mining
(4) drilling

132. Uranium found in Ladakh is an example of:

(1) deposit resource
(2) actual resource
(3) potential resource
(4) stock resource

133. The place meant for conservation of biodiversity in their natural habitat are:

(I) Zoological garden
(II) Botanical garden
(III) Wildlife sanctuary
(IV) National park

(1) I & II (2) II & III
(3) III & IV (4) I & IV

134. The term "water-pollution" can be defined in several ways. Which of the following statements does not give the correct definition?

(1) The addition of undesirable substances to water-bodies
(2) The removal of desirable substances from water-bodies
(3) A change in pressure of the water bodies
(4) A change in temperature of the water bodies

135. Which one of the following is not a viral disease?

(1) Dengue (2) AIDS
(3) Typhoid (4) Influenza

136. Fuel used in thermal power plants is

(1) water (2) uranium
(3) biomass (4) fossil fuels

137. Given below are a few statements related to biodiversity. Pick those that correctly describe the concept of biodiversity

I. Biodiversity refers to the different species of flora and

131. अधिक गहराई में स्थित खनिज निक्षेपों तक पहुँचने के लिए गहरे छिद्र बनाये जाते हैं। इस प्रकार के खनन को कहा जाता है:

(1) उत्खनन
(2) विवृत खनन
(3) कुपकी खनन
(4) प्रवेधन

132. लद्दाख में पाया जाने वाला युरेनियम एक उदाहरण है:

(1) निक्षेप संसाधन का
(2) वास्तविक संसाधन का
(3) संभाव्य संसाधन का
(4) भंडार संसाधन का

133. उनके प्राकृतिक आवास में जैव विविधता के संरक्षण के लिए जगह है:

(I) प्राणी उद्यान
(II) वनस्पति उद्यान
(III) वन्यजीव अभयारण्य
(IV) राष्ट्रीय उद्यान

(1) I और II (2) II और III
(3) III और IV (4) I और IV

134. "जल-प्रदूषण" शब्द की परिभाषा कई प्रकार से दी जा सकती है। निम्नलिखित में से किस कथन में उचित परिभाषा नहीं है?

(1) जलाशयों में अवांछित पदार्थों का मिलाया जाना
(2) जलाशयों में अवांछित पदार्थों का निकला जाना
(3) जलाशयों के दाब में परिवर्तन होना
(4) जलाशयों के तापक्रम में परिवर्तन होना

135. निम्नलिखित में से कौन-सा विषाणु रोग नहीं है?

(1) डेंगू (2) एड्स
(3) टाइफाइड (4) इन्फ्लुएंजा

136. तापीय विद्युत् संयंत्र में उपयोग होने वाला ईंधन है:

(1) जल (2) युरियम
(3) जैवमात्रा (4) जीवाश्मी ईंधन

137. यहाँ जैव-विवधता से संबंधित कुछ कथनों में से उन कथनों को चुनिए जो जैव-विविधता की संकल्पना का सही वर्णन करते हैं।

I. जैव-विवधता का अर्थ है किसी क्षेत्र में पाए जाने वाली पादपजात और प्राणिजात की विभिन्न स्पीशीजें

fauna present in an area
II. Biodiversity refers to only the flora of a given area
III. Biodiversity is greater in a forest
IV. Biodiversity refers to the total number of individuals of a particular species living in an area
(1) I and II (2) II and IV
(3) I and III (4) II and III

II. जैव-विविधता का अर्थ है किसी क्षेत्र में पाए जाने वाला पादपजात
III. जैव-विविधता वन में अपेक्षाकृत अधिक होती है
IV. जैव-विविधता का अर्थ है किसी क्षेत्र में पाई जाने वाली एक विशेष स्पीशीज की व्यष्टियों की कुल संख्या
(1) I और II (2) II और IV
(3) I और III (4) II और III

138. Dihang-Dibang biosphere reserves is located in
(1) Tripura
(2) Arunachal Pradesh
(3) Meghalaya
(4) Assam

138. दीहांग-डिबांग जैवमंडल भंडार कहाँ स्थित है
(1) त्रिपुरा
(2) अरुणाचल प्रदेश
(3) मेघालय
(4) असम

139. In an ecosystem, the 10% of energy available for transfer from one trophic level to the next is in the form of
(1) heat energy
(2) light energy
(3) chemical energy
(4) mechanical energy

139. पारितंत्र में एक पोशी स्तर से अगले पोशी स्तर तक स्थानांतरित होने के लिए उपलब्ध 10% ऊर्जा किस रूप में जाती है?
(1) ताप ऊर्जा
(2) प्रकाश ऊर्जा
(3) रासायनिक ऊर्जा
(4) यांत्रिक ऊर्जा

140. As per 2011 census, increase in population during 2001 – 2011 is
(1) 23 crore (2) 14 crore
(3) 15 crore (4) 18 crore

140. 2011 की जनगणना के अनुसार, 2001 – 2011 के दौरान आबादी में वृद्धि हुई है
(1) 23 करोड़ (2) 14 करोड़
(3) 15 करोड़ (4) 18 करोड़

141. 06 October is celebrated as
(1) World Nature Day
(2) World Wildlife Day
(3) World Birds Day
(4) World Energy Conservation Day

141. 06 अक्टूबर किसके रूप में मनाया जाता है
(1) विश्व प्रकृति दिवस
(2) विश्व वन्यजीव दिवस
(3) विश्व पक्षी दिवस
(4) विश्व ऊर्जा संरक्षण दिवस

142. The UNCSD is also known as the
(1) All of these
(2) Earth Summit 2012
(3) Rio+20
(4) Rio 2012

142. यूएनसीएसडी को भी जाना जाता है
(1) ये सब
(2) पृथ्वी शिखर सम्मेलन 2012
(3) रियो+20
(4) रियो 2012

143. The project tiger was launched by Indian government in year
(1) 1978 (2) 1982
(3) 1992 (4) 1973

143. बाघ परियोजना किस वर्ष में भारत सरकार द्वारा शुरू किया गया था
(1) 1978 (2) 1982
(3) 1992 (4) 1973

144. Which five year plan was launched in the 50th year of independence of India
(1) Sixth five year plan

144. भारत की आजादी के 50 वें वर्ष में कौन सा पंचवर्षीय योजना शुरू की गई थी
(1) छठी पंचवर्षीय योजना

(2) Ninth five year plan
(3) Seventh five year plan
(4) Eighth five year plan

145. Full form of UNEP is
(1) Union for National Environment Program
(2) Union for National Endangered Plants
(3) United Nations Endangered Plants
(4) United Nations Environment Program

146. Silent Valley National Park is located in
(1) Kerala (2) Jammu and Kashmir
(3) Goa (4) Karnataka

147. As of September 2018, India's Rank in Human Development Index in South Asian countries is
(1) 1st (2) 2nd (3) 3rd (4) 4th

148. In the second half of the nineteenth century, Haridas Thakur's Matua sect worked for the betterment of "low" caste Chandala cultivators in
(1) Bombay (2) Eastern Bengal
(3) Poona (4) Madras

149. Jyotirao Phule dedicated his book, Ghulamgiri to which of the following?
(1) Indian soldiers who died in the Second World War.
(2) Indians who participated in the Indian freedom struggle.
(3) Americans who participated in the American Civil War to end slavery.
(4) Women who participate in the Suffragette Movement in Britain

150. Consider the following two statements about the High Courts in India:
I. The High Courts are under the State Governments and act on their behalf.
II. All judges of the High Courts are appointed in consultation with the chief Ministers of the states.
Choose the correct option.
(1) Both I and II are false.
(2) I is true, II is false.
(3) I is false, II is true.
(4) Both I and II are true.

(2) नौवीं पंचवर्षीय योजना
(3) सातवीं पंचवर्षीय योजना
(4) आठवीं पंचवर्षीय योजना

145. UNEP का पूरा नाम क्या है?
(1) Union for National Environment Program
(2) Union for National Endangered Plants
(3) United Nations Endangered Plants
(4) United Nations Environment Program

146. मूक घाटी राष्ट्रीय उद्यान कहाँ स्थित है
(1) केरल (2) जम्मू-कश्मीर
(3) गोवा (4) कर्नाटक

147. सितंबर 2018 तक, दक्षिण एशियाई देशों के मानव विकास सूचकांक में भारत की रैंक है
(1) 1st (2) 2nd (3) 3rd (4) 4th

148. उन्नीसवीं शताब्दी के उत्तरार्ध में, हरिदास ठाकुर के माटुआ संप्रदाय ने "कम" जाति चांडाल खेतिहरों के सुधार के लिए कहाँ काम किया
(1) बम्बई (2) पूर्वी बंगाल
(3) पूना (4) मद्रास

149. ज्योतिराव फुले ने अपनी पुस्तक 'गुलामगीरी' को निम्नलिखित में से किन्हें समर्पित किया?
(1) उन भारतीय सैनिकों को जो द्वितीय विश्वयुद्ध में मारे गए थे
(2) उन भारतियों को, जिन्हें भारतीय स्वाधीनता संग्राम में भाग लिया
(3) उन अमरीकियों को, जिन्होंने गुलामों को मुक्ति दिलाने के लिए अमरीकी गृहयुद्ध में भाग लिया
(4) उन महिलायों को, जिन्होंने ब्रिटिश में नारी मताधिकार आन्दोलन में भाग लिया

150. भारत में उच्च न्यायालयों के सम्बन्ध में दिए गए दो कथनों पर विचार कीजिए:
I. उच्च न्यायालय राज्य सरकारों के अंतर्गत आते हैं और उनकी ओर से ही कार्य करते हैं।
II. उच्च न्यायालयों के सभी न्यायाधीशों की नियुक्ति राज्य के मुख्य मंत्री के साथ विचार-विमर्श करने के बाद की जाती है|
सही विकल्प को चुनिए।
(1) I और I दोनों गलत हैं
(2) I सही है, II गलत है
(3) I ग़लत है, II सही है
(4) I और II दोनों सही हैं

उत्तर पत्रिका / Answer Sheet – Kendriya Vidyalaya Sangathan

Name of the Candidate: ____________________ **Fathers' Name:** ____________________

Roll Number: ________________, **Examination Centre:** ____________________

Paper of the Candidate: ____________________, **Test Booklet Code:** ____________________

Mark your Answer by shading the appropriate circle against each question. The circle should be shaded completely without leaving any space. The correct method of shading is given below.

प्रत्येक प्रश्न के सामने उचित वृत का चिन्हांकन करके अपना उत्तर लिखें। वृत्त को बिना कोई स्थान छोड़े चिन्हांकित करें। चिन्हांकित करने का सही तरीका नीचे दिया गया है।

Correct Method : सही तरीका : ○ ● ○ ○ Wrong Method : गलत तरीका : ⊠ ✓ ⊙ ◐

001	① ② ③ ④	031	① ② ③ ④	061	① ② ③ ④	091	① ② ③ ④	121	① ② ③ ④
002	① ② ③ ④	032	① ② ③ ④	062	① ② ③ ④	092	① ② ③ ④	122	① ② ③ ④
003	① ② ③ ④	033	① ② ③ ④	063	① ② ③ ④	093	① ② ③ ④	123	① ② ③ ④
004	① ② ③ ④	034	① ② ③ ④	064	① ② ③ ④	094	① ② ③ ④	124	① ② ③ ④
005	① ② ③ ④	035	① ② ③ ④	065	① ② ③ ④	095	① ② ③ ④	125	① ② ③ ④
006	① ② ③ ④	036	① ② ③ ④	066	① ② ③ ④	096	① ② ③ ④	126	① ② ③ ④
007	① ② ③ ④	037	① ② ③ ④	067	① ② ③ ④	097	① ② ③ ④	127	① ② ③ ④
008	① ② ③ ④	038	① ② ③ ④	068	① ② ③ ④	098	① ② ③ ④	128	① ② ③ ④
009	① ② ③ ④	039	① ② ③ ④	069	① ② ③ ④	099	① ② ③ ④	129	① ② ③ ④
010	① ② ③ ④	040	① ② ③ ④	070	① ② ③ ④	100	① ② ③ ④	130	① ② ③ ④
011	① ② ③ ④	041	① ② ③ ④	071	① ② ③ ④	101	① ② ③ ④	131	① ② ③ ④
012	① ② ③ ④	042	① ② ③ ④	072	① ② ③ ④	102	① ② ③ ④	132	① ② ③ ④
013	① ② ③ ④	043	① ② ③ ④	073	① ② ③ ④	103	① ② ③ ④	133	① ② ③ ④
014	① ② ③ ④	044	① ② ③ ④	074	① ② ③ ④	104	① ② ③ ④	134	① ② ③ ④
015	① ② ③ ④	045	① ② ③ ④	075	① ② ③ ④	105	① ② ③ ④	135	① ② ③ ④
016	① ② ③ ④	046	① ② ③ ④	076	① ② ③ ④	106	① ② ③ ④	136	① ② ③ ④
017	① ② ③ ④	047	① ② ③ ④	077	① ② ③ ④	107	① ② ③ ④	137	① ② ③ ④
018	① ② ③ ④	048	① ② ③ ④	078	① ② ③ ④	108	① ② ③ ④	138	① ② ③ ④
019	① ② ③ ④	049	① ② ③ ④	079	① ② ③ ④	109	① ② ③ ④	139	① ② ③ ④
020	① ② ③ ④	050	① ② ③ ④	080	① ② ③ ④	110	① ② ③ ④	140	① ② ③ ④
021	① ② ③ ④	051	① ② ③ ④	081	① ② ③ ④	111	① ② ③ ④	141	① ② ③ ④
022	① ② ③ ④	052	① ② ③ ④	082	① ② ③ ④	112	① ② ③ ④	142	① ② ③ ④
023	① ② ③ ④	053	① ② ③ ④	083	① ② ③ ④	113	① ② ③ ④	143	① ② ③ ④
024	① ② ③ ④	054	① ② ③ ④	084	① ② ③ ④	114	① ② ③ ④	144	① ② ③ ④
025	① ② ③ ④	055	① ② ③ ④	085	① ② ③ ④	115	① ② ③ ④	145	① ② ③ ④
026	① ② ③ ④	056	① ② ③ ④	086	① ② ③ ④	116	① ② ③ ④	146	① ② ③ ④
027	① ② ③ ④	057	① ② ③ ④	087	① ② ③ ④	117	① ② ③ ④	147	① ② ③ ④
028	① ② ③ ④	058	① ② ③ ④	088	① ② ③ ④	118	① ② ③ ④	148	① ② ③ ④
029	① ② ③ ④	059	① ② ③ ④	089	① ② ③ ④	119	① ② ③ ④	149	① ② ③ ④
030	① ② ③ ④	060	① ② ③ ④	090	① ② ③ ④	120	① ② ③ ④	150	① ② ③ ④

परीक्षार्थी का नाम Name of candidate (In Capital Letters)	परीक्षार्थी के हस्ताक्षर Signature of candidate (In Running Hand)	परीक्षार्थी के बाएं अंगूठे का निशान Left hand thumb impression of the candidate	निरीक्षक के हस्ताक्षर Signature of invigilator (In Running Hand)

Answer Key KVS Test Set - 11															
Q	**A**	**Q**	**A**	**Q**	**A**	**Q**	**A**	**Q**	**A**	**Q**	**A**	**Q**	**A**	**Q**	**A**
1	1	**21**	2	**41**	2	**61**	3	**81**	4	**101**	3	**121**	4	**141**	2
2	3	**22**	3	**42**	4	**62**	2	**82**	3	**102**	2	**122**	2	**142**	1
3	4	**23**	4	**43**	2	**63**	2	**83**	1	**103**	3	**123**	2	**143**	4
4	3	**24**	1	**44**	2	**64**	4	**84**	1	**104**	4	**124**	2	**144**	2
5	3	**25**	3	**45**	2	**65**	1	**85**	2	**105**	1	**125**	3	**145**	4
6	1	**26**	3	**46**	1	**66**	2	**86**	2	**106**	2	**126**	2	**146**	1
7	2	**27**	4	**47**	3	**67**	4	**87**	4	**107**	2	**127**	3	**147**	3
8	2	**28**	1	**48**	3	**68**	1	**88**	2	**108**	2	**128**	3	**148**	2
9	1	**29**	3	**49**	4	**69**	2	**89**	3	**109**	3	**129**	1	**149**	3
10	4	**30**	4	**50**	4	**70**	4	**90**	3	**110**	2	**130**	2	**150**	1
11	2	**31**	1	**51**	2	**71**	4	**91**	1	**111**	4	**131**	3		
12	2	**32**	3	**52**	4	**72**	2	**92**	3	**112**	2	**132**	3		
13	2	**33**	1	**53**	1	**73**	2	**93**	4	**113**	3	**133**	3		
14	1	**34**	2	**54**	2	**74**	2	**94**	3	**114**	4	**134**	3		
15	1	**35**	1	**55**	4	**75**	4	**95**	2	**115**	2	**135**	3		
16	1	**36**	4	**56**	4	**76**	1	**96**	2	**116**	3	**136**	4		
17	1	**37**	3	**57**	3	**77**	3	**97**	4	**117**	3	**137**	3		
18	3	**38**	3	**58**	4	**78**	2	**98**	3	**118**	2	**138**	2		
19	1	**39**	1	**59**	4	**79**	1	**99**	4	**119**	3	**139**	3		
20	4	**40**	2	**60**	3	**80**	1	**100**	2	**120**	3	**140**	4		

Prateek Shivalik

KVS PRT

Code 12

इस परीक्षा पुस्तिका को तब तक न खोलें जब तक कहा न जाए।
Do not open this Test Booklet until you are asked to do so.
इस परीक्षा पुस्तिका के पिछले आवरण पर दिए गये निर्देशों को ध्यान से पढ़ें।
Read carefully the Instructions on the Back Cover of this Test Booklet.

परीक्षार्थियों के लिए निर्देश

1. OMR उत्तर पत्र इस परीक्षा के अन्दर रखा है। जब आपको परीक्षा पुस्तिका खोलने को कहा जाए, तो उत्तर पत्र निकाल कर पृष्ठ-1 एवं पृष्ठ-2 पर ध्यान से केवल नीले बॉल पॉइंट पेन से विवरण भरें।
2. परीक्षा की अवधि 2½ घंटे है एवं परीक्षा में 150 प्रश्न है। **कोई ऋणात्मक अंकन नहीं है।**
3. इस पृष्ठ पर विवरण अंकित करने एवं उत्तर पत्र पर निशान लगाने के लिए केवल नीले बॉल पॉइंट पेन का प्रयोग करें।
4. यह सुनिश्चित कर लें की इस पुस्तिका का संकेत, उत्तर पत्र के पृष्ठ पर छपे संकेत से मिलता है। यह भी सुनिश्चित कर लें की परीक्षा संख्या और उत्तर पत्र संख्या मिलते है। अगर यह भिन्न हों तो परीक्षार्थी दूसरी प्रश्न पुस्तिका और उत्तर पत्र लेने के लिए निरीक्षक को तुरन्त अवगत कराएँ।
5. **यदि अनुवाद में किसी भी प्रकार की कोई अस्पष्टा हो तो अंग्रेजी वाले पाठ को ही सही माना जायेगा।**
6. रफ कार्य परीक्षा पुस्तिका में इस प्रयोजन के लिए दी गई खाली जगह पर करें।
7. सभी उत्तर केवल OMR उत्तर पत्र पर ही अंकित करें। अपने उत्तर ध्यानपूर्वक अंकित करें। उत्तर बदलने हेतु श्वेत रंजक का प्रयोग निषिद्ध है।
8. प्रत्येक प्रश्न के सामने उचित वृत का चिन्हांकन करके अपना उत्तर लिखें। वृत्त को बिना कोई स्थान छोड़े चिन्हांकित करें।

INSTRUCTIONS FOR CANDIDATES

1. The OMR Answer Sheet is inside this Test Booklet. When you are directed to open the Test Booklet, take out the Answer Sheet and fill in the particulars on Side-1 and Side-2 carefully with blue ball point pen only.
2. The test is of 2½ hours duration and consists of 150 questions. **There is no negative marking.**
3. Use Blue Ball Point Pen only for writing particulars on this page / marking responses in the Answer Sheet.
4. Make sure that the CODE printed on the Answer Sheet is the same as that on this booklet. Also ensure that your Test Booklet No. and Answer Sheet No. are the same. In case of discrepancy, the candidate should immediately report the matter to the Invigilator for replacement of both the Test Booklet and the Answer Sheet.
5. **In case of any ambiguity in translation, the English version will be deemed authentic.**
6. Rough work should be done only in the space provided in the Test Booklet for the same.
7. The answers are to be recorded on the OMR Answer Sheet only. Mark your responses carefully. No whitener is allowed for changing answers.
8. Mark your Answer by shading the appropriate circle against each question. The circle should be shaded completely without leaving any space.

परीक्षार्थी का नाम (बड़े अक्षरों में):
Name of the Candidate (in Capitals): ____________________
अनुक्रमाक (अंकों में):
Roll Number: (in figures): ____________________
(शब्दों में):
(in words): ____________________
परीक्षा केन्द्र (बड़े अक्षरों में) :
Centre of Examination (in Capitals): ____________________
परीक्षार्थी के हस्ताक्षर:
Candidate's Signature: ____________________
निरीक्षक के हस्ताक्षर :
Invigilator's Signature : ____________________
Facsimile signature stamp of
Centre Superintendent ____________________

1. Choose the correctly spelt word
   (1) neccesity
   (2) necessity
   (3) nesissity
   (4) necessety

2. Arrange the following jumbled part of the sentence in correct order.

1. Smoke billowed up between the plants.
P. Passengers were told to be ready to quit the ship.
Q. The rising gale fanned the smoldering fire.
R. Everyone now knew there was a fire on board.
S. Flames broke out here and there.
6. Most people bore the shock bravely.
   (1) S R Q P
   (2) Q P S R
   (3) R S P Q
   (4) Q S R P

3. The synonym of the given word is?

SUPERSTITIOUS
   (1) pious
   (2) traditional
   (3) irrational
   (4) sacred

4. Choose the one word which can be substituted for the given sentence/ words.

A sly look that is lustful
   (1) leer
   (2) lore
   (3) lark
   (4) littoral

5. Choose the option which best expresses the meaning of the highlighted idiom/phrase in the sentence.

to "smell a rat"
   (1) to experience bad smell
   (2) to misunderstand
   (3) to see a hidden meaning
   (4) to suspect a trick

6. Which part of the following sentences has error in it?

The increase in consumption is directly (P) proportional to the increase (Q) in income. (R) No error. (S).
   (1) P (2) Q (3) R (4) S

7. Which part of the following sentences has error in it?

In Singapore (P) my brother-in law with his wife (Q) were present at the function. (R) No error. (S).
   (1) P (2) Q (3) R (4) S

8. Convert the given sentence into Active / Passive Voice

Mr. Sen asked him a question.
   (1) He was asked a question Mr. Sen.
   (2) He was asked a question to Mr. Sen.
   (3) He was asked a question by Mr. Sen.
   (4) A question was being asked by Mr. Sen.

9. Convert the given sentence into Direct / Indirect Speech

"Let's give a party", said Jaya. "Let's not," said her husband.
   (1) Jaya suggested giving a party but her husband answered in the negative.
   (2) Jaya suggested giving a party but her husband opposed the idea.
   (3) Jaya suggested giving a party but her husband contradicted her.
   (4) Jaya suggested giving a party but her husband refused.

10. Fill in the blank.

At great length, that night they ______ the feasibility of their plans.
   (1) discussed about
   (2) discussed
   (3) discussed regarding
   (4) discussed on

सामान्य हिन्दी

11. रचना के आधार पर शब्दों के भेद है
(1) 2
(2) 3
(3) 4
(4) 5

12. राम एक “राजपुरुष” था। इसमें चिह्नांकित शब्द है
(1) रूढ़
(2) यौगिक
(3) योगरूढ़
(4) कोई नहीं

13. यह “स्वत:” समझ में आ गया में सर्वनाम है
(1) संबंधवाचक
(2) पुरुषवाचक
(3) निजवाचक
(4) प्रश्नवाचक

14. “मोहन स्टेशन से आया है।” में प्रयुक्त कारक है
(1) संबंध
(2) सम्प्रदान
(3) करण
(4) अपादान

15. “सिर से लेकर पैरों तक” के लिए एक उपयुक्त शब्द है
(1) पादमस्तक
(2) अपादमस्तक
(3) आपादमस्तक
(4) सिर पैर

16. “दीर्घबाहु” में समास है
(1) द्वन्द
(2) बहुब्रीहि
(3) कर्मधारय
(4) अव्ययीभाव

17. परिक्रमा में कौन सा उपसर्ग है?
(1) प्र
(2) परि
(3) परी
(4) कोई नहीं

18. महैश्वर्य का संधि विच्छेद होगा
(1) महा+एश्वर्य
(2) महो+ऐश्वर्य
(3) महै:+एश्वर्य
(4) महा+ऐश्वर्य

19. निम्न में से किस शब्द की वर्तनी शुद्ध है?
(1) लीपी
(2) लीपि
(3) लिपि
(4) लिपी

20. मोटापा में कौन सा प्रत्यय है?
(1) टापा
(2) आपा
(3) अपा
(4) पा

Space for Rough Work / कच्चे कार्य के लिए स्थान

21. Identify the odd term amongst the following group:
(1) Optical fiber
(2) Twisted pair wire
(3) Microwaves
(4) Coaxial cable

21. निम्नलिखित समूह के बीच विषम शब्द की पहचान करें:
(1) ऑप्टिकल फाइबर
(2) मुड़ जोड़ी तार
(3) माइक्रोवेव
(4) समाक्षीय केबल

22. The first computer mouse was built by
(1) Douglas Engelbart
(2) William English
(3) Oaniel Coogher
(4) Robert Zawacki

22. पहला कंप्यूटर माउस किसके द्वारा बनाया गया था
(1) डगलस एंजेलबार्ट
(2) विलियम अंग्रेजी
(3) ओनीएल कोल्हर
(4) रॉबर्ट ज़वाकी

23. What is USB?
(1) Ultimate Service Bit
(2) Universal Sent-Bit
(3) Universal Serial Bus
(4) Urgent Sent Bit

23. यूएसबी क्या है?
(1) Ultimate Service Bit
(2) Universal Sent-Bit
(3) Universal Serial Bus
(4) Urgent Sent Bit

24. Who is the founder of "Facebook" which is currently the No.1 social networking website in India?
(1) Bill Gates
(2) Martin Cooper
(3) Orkut Buyukkokten
(4) Mark Zuckerberg

24. "फेसबुक" का संस्थापक कौन है जो वर्तमान में भारत में नंबर 1 सोशल नेटवर्किंग वेबसाइट है?
(1) बिल गेट्स
(2) मार्टिन कूपर
(3) ऑर्कुट बुयुक्कोक्टेन
(4) मार्क जुकरबर्ग

25. The telephone line is connected through the ____on the computer.
(1) USB
(2) Modem
(3) Ethernet
(4) PS2

25. टेलीफोन लाइन ____ कंप्यूटर के माध्यम से जुड़ा हुआ है।
(1) यूएसबी
(2) मोडेम
(3) ईथरनेट
(4) पीएस 2

26. Example of impact printer is
(1) jet printer
(2) thermal printer
(3) laser printer
(4) daisy wheel printer

26. इम्पैक्ट प्रिंटर का उदाहरण है
(1) जेट प्रिंटर
(2) थर्मल प्रिंटर
(3) लेजर प्रिंटर
(4) डेज़ी व्हील प्रिंटर

27. What is the full form of 'LISP?
(1) List Processing
(2) List Problem
(3) Life Processing
(4) Lime Problem

27. 'LISP' का पूर्ण रूप क्या है?
(1) List Processing
(2) List Problem
(3) Life Processing
(4) Lime Problem

28. The term ODBC stands tor:

28. ओडीबीसी शब्द का अर्थ है:

(1) Object Database Communication.
(2) Open Database Communication.
(3) Open Database Connectivity.
(4) Object Database Connectivity.

(1) Object Database Communication.
(2) Open Database Communication.
(3) Open Database Connectivity.
(4) Object Database Connectivity.

29. A collection of pictures that can be inserted into documents is called:
(1) Photo Shop
(2) Auto Shapes
(3) Word Art
(4) Clip Art

29. चित्रों में डाले जा सकने वाले चित्रों का संग्रह कहा जाता है:
(1) फोटो शॉप
(2) ऑटो आकार
(3) वर्ड आर्ट
(4) क्लिप आर्ट

30. A portable, personal computer small enough to fit on your lap is called a
(1) Note-book computer
(2) PDA
(3) Mainframe computer
(4) Workstation

30. आपके गोद में आ सकने के लिए पर्याप्त पोर्टेबल, व्यक्तिगत कंप्यूटर को एक कहा जाता है
(1) नोट-बुक कंप्यूटर
(2) पीडीए
(3) मेनफ्रेम कंप्यूटर
(4) कार्य केंद्र

Space for Rough Work / कच्चे कार्य के लिए स्थान

31. Which one of the following is not an instrument of credit control in India?
(1) Rationing of credit
(2) Direct Action
(3) Open Market operations
(4) Variable cost reserve ratios

31. निम्न में से क़ौन सा भारत के ऋण नियंत्रण का एक प्रकार नहीं है?
(1) ऋण का राशन
(2) सीधी कार्यवाही
(3) खुले बाजार के क्रियाकलाप
(4) परिवर्तनीय लागत आरक्षित निधि अनुपात

32. Fundamental duties are mentioned in which of the following part of Indian Constitution?
(1) Part II
(2) Part III
(3) Part V
(4) Part IV A

32. भारतीय संविधान के किस निम्नलिखित भाग में मौलिक कर्तव्यों का उल्लेख किया गया है?
(1) भाग II
(2) भाग III
(3) भाग V
(4) भागIV A

33. Who amongst the following was the successor of Sikh Guru Har Krishan?
(1) Guru Angad Dev
(2) Guru Tegh Bahadur
(3) Guru Hargobind
(4) Guru Amar Das

33. निम्नलिखित में से कौन सिक्ख गुरु हर कृष्ण के उत्तराधिकारी थे?
(1) गुरु अंगद देव
(2) गुरु तेग बहादुर
(3) गुरु हरगोविंद
(4) गुरु अमर दास

34. 49th Parallel is the boundary line between which two countries?
(1) USA and Canada
(2) North and South Vietnam
(3) Germany and France
(4) Brazil and Chile

34. 49 वीं समानांतर सीमा रेखा किन दो देशों के मध्य में है?
(1) संयुक्त राज्य अमेरिका तथा कनाडा
(2) उत्तरी तथा दक्षिणी वियतनाम
(3) जर्मनी तथा फ्रांस
(4) ब्राजील तथा चिली

35. Cinnamon is obtained from which part of the plant?
(1) Stem
(2) Bark
(3) Roots
(4) Fruits

35. दालचीनी पौधे के किस हिस्से से प्राप्त की जाती है?
(1) तना
(2) छाल
(3) जड़ें
(4) फल

36. Which among the following carries impure blood to human heart?
(1) Aorta
(2) Vena Cava
(3) Pulmonary vein
(4) Pulmonary arteries

36. निम्नलिखित में से कौन मानव हृदय तक अशुद्ध रक्त को पहुँचाता है?
(1) महाधमनी
(2) वेना कावा
(3) फेफड़े की नस
(4) फेफड़े की धमनियाँ

37. Which colour is formed when Red and Green are mixed?
(1) Light blue
(2) Yellow

37. लाल तथा हरा रंग मिलाने पर कौन सा रंग बनता है?
(1) हल्का नीला
(2) पीला
(3) श्वेत

(3) White
(4) Grey

(4) सलेटी

38. What is an endothermic reaction?
(1) Reaction in which heat is released.
(2) Reaction in which heat is absorbed .
(3) Reaction in which neither heat is released nor absorbed.
(4) None of these

38. एक ऊष्माशोषी प्रतिक्रिया क्या है?
(1) प्रतिक्रिया जिसमें ऊष्मा विमोचित होती है।
(2) प्रतिक्रिया जिसमें ऊष्मा अवशोषित हो जाती है।
(3) प्रतिक्रिया जिसमें न तो ऊष्मा विमोचित होती है और न ही अवशोषित होती है।
(4) इनमें से कोई नहीं

39. Which of the following gas was released during Bhopal gas tragedy?
(1) Methyl isocyanate
(2) Sodium isothiocyanate
(3) Nitrogen isothiocyanate
(4) Potassium isothiocyanate

39. भोपाल गैस त्रासदी के दौरान निम्न में से किस गैस का रिसाव हुआ था?
(1) मिथाइल आइसोसाइनेट
(2) सोडियम आइसोथियोसाइनेट
(3) नाइट्रोजन आइसोथियोसाइनेट
(4) पोटेशियम आइसोथियोसाइनेट

40. Madhuri Dixit is associated with which Indian Dance form?
(1) Bharatnatyam
(2) Kuchipudi
(3) Kathak
(4) Kathakali

40. माधुरी दीक्षित किस भारतीय नृत्य के साथ संबंधित हैं?
(1) भरतनाट्यम
(2) कुचिपुड़ी
(3) कथक
(4) कथकली

Space for Rough Work / कच्चे कार्य के लिए स्थान

41. How many dots will appear opposite to the face having three dots, when the given figure is folded to form a cube?

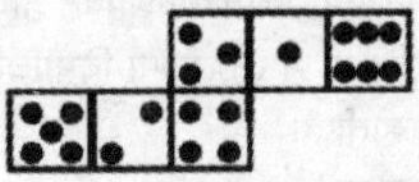

(1) 2 (2) 4
(3) 5 (4) 6

42. Find the number of triangles in the given figure?

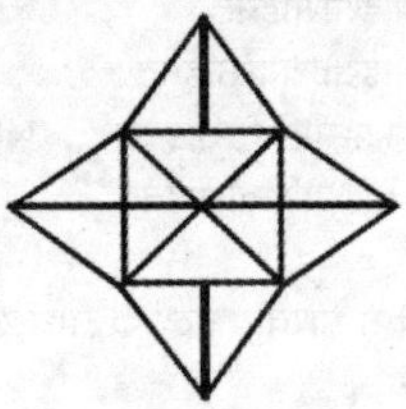

(1) 18 (2) 20
(3) 28 (4) 34

43. Choose the figure which is different from others?

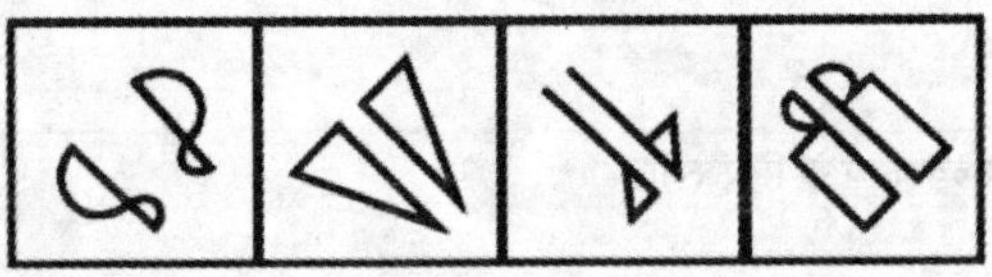

(1) (2) (3) (4)

44. Some boys are sitting in three rows. All are facing North. A is in the middle row. P is just to the right of A in the same row. Q is just behind P, while R is in the North of A. In which direction of R is Q?

(1) South (2) South-West
(3) North-East (4) South-East

45. Pointing a photograph X said to his friend Y, "She is the only daughter of the father of my mother." How is X related to the person of photograph?

(1) Daughter (2) Son
(3) Nephew
(4) Cannot be decided

46. If P $ Q means P is the brother of Q. P # Q means P is the mother of Q. P * Q means P is the daughter of Q. Then in A # B $ C * D, who is the father?

(1) D
(2) B
(3) C

41. दिए गए आकृति को एक घन बनाने के लिए मोड़ने पर तीन बिंदु वाले उपरी भाग के नीचे कितने बिंदु दिखेंगे?

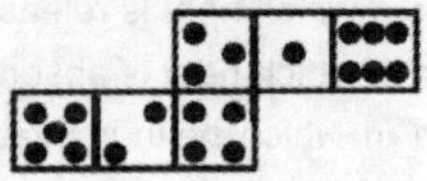

(1) 2 (2) 4
(3) 5 (4) 6

42. दिए गए आकृति के कुल कितने त्रिभुज हैं?

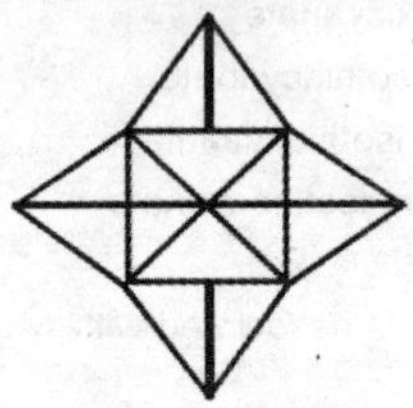

(1) 18 (2) 20
(3) 28 (4) 34

43. उस आकृति का चयन करें, जो दूसरों से भिन्न हैं?

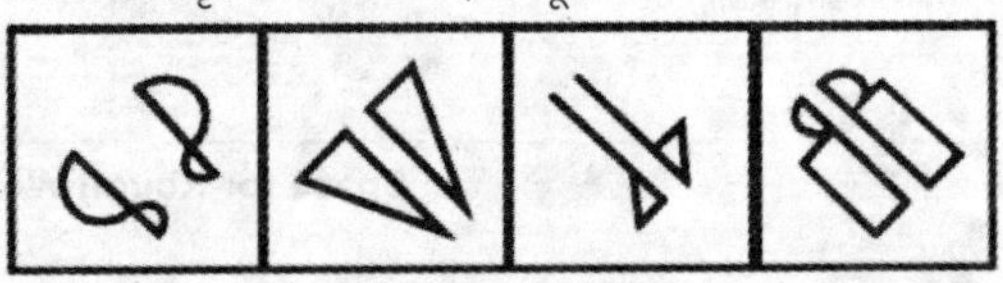

(1) (2) (3) (4)

44. कुछ लड़के तीन पंक्तियों में बैठे हैं। सभी उत्तर दिशा की ओर देख रहे हैं। A मध्य पंक्ति में बैठा है। P, A के ठीक बगल में उसी पंक्ति में हैं। Q, P के ठीक पीछे है, जबकि R, A के उत्तर में हैं। Q, R के किस दिशा में हैं?

(1) दक्षिण (2) दक्षिण-पश्चिम
(3) उत्तर-पूर्व (4) दक्षिण-पूर्व

45. एक तस्वीर की ओर इशारा करते हुए X ने अपने मित्र Y से कहा, "वह मेरे माता के पिता की इकलौती पुत्री है।" तस्वीर के व्यक्ति से X किस प्रकार सम्बंधित है?

(1) पुत्री (2) पुत्र
(3) भतीजा
(4) ज्ञात नहीं किया जा सकता

46. यदि P $ Q का अर्थ है P, Q का भाई है। P # Q का अर्थ है P, Q की माता है, P * Q का अर्थ है P, Q की पुत्री है, तो A # B $ C * D में से पिता कौन है?

(1) D
(2) B
(3) C

(4) Data inadequate

47. Some words given here are translated from an artificial language.
moolokarn means blue sky
wilkospadi means bicycle race
moolowilko means blue bicycle.
Which word could mean 'race car'?
(1) wilkozwet (2) spadiwilko
(3) moolobreil (4) spadivolo

48. The next term in the given series will be
ZA5, Y4B, XC6, W3D, ___
(1) E7V (2) V2E
(3) VE5 (4) VE7

49. Arrange the words given below in a meaningful sequence.
1. Probation, 2. Interview, 3. Selection
4. Appointment, 5. Advertisement, 6. Application
(1) 5, 6, 3, 2, 4, 1
(2) 5, 6, 4, 2, 3, 1
(3) 5, 6, 2, 3, 4, 1
(4) 6, 5, 4, 2, 3, 1

50. Which of the following conclusions are true if the given statement is true?
Statements:
All cups are books.
All books are shirts.
Conclusions:
I Some cups are not shirts.
II Some shirts are cups.
(1) Only conclusion I follows
(2) Only conclusion II follows
(3) Either Conclusion I nor II follows
(4) Neither conclusion I nor II follows

(4) डाटा अपर्याप्त है।

47. यहाँ दिए गए कुछ शब्द कृत्रिम भाषा में अनुवाद किए गए हैं।
moolokarn का अर्थ है नीला आकाश
wilkospadi का अर्थ है साईकिल दौड़
moolowilko का अर्थ है नीला साईकिल
इनमे से किस शब्द का मतलब 'रेस कार' हो सकता है।
(1) wilkozwet (2) spadiwilko
(3) moolobreil (4) spadivolo

48. दी गई श्रृंखला में अगला पद क्या होगा?
ZA5, Y4B, XC6, W3D, ___
(1) E7V (2) V2E
(3) VE5 (4) VE7

49. नीचे दिए गए शब्दों को एक सार्थक क्रम में व्यवस्थित करें।
1. परिवीक्षा, 2. साक्षात्कार, 3. चयन
4. नियुक्ति, 5. विज्ञापन, 6. आवेदन
(1) 5, 6, 3, 2, 4, 1
(2) 5, 6, 4, 2, 3, 1
(3) 5, 6, 2, 3, 4, 1
(4) 6, 5, 4, 2, 3, 1

50. निम्नलिखित में से कौन से निष्कर्ष सही माने जायेंगे यदि दिए गए कथन सही हों?
कथन:
सभी कप किताबें हैं।
सभी पुस्तक कमीज हैं।
निष्कर्ष:
I कुछ कप कमीज नहीं है।
II कुछ कमीज कप हैं।
(1) केवल निष्कर्ष I अनुसरण करता है।
(2) केवल निष्कर्ष II अनुसरण करता है।
(3) या तो निष्कर्ष I या निष्कर्ष II अनुसरण करता है।
(4) न तो निष्कर्ष I व न ही निष्कर्ष II अनुसरण करता है।

Space for Rough Work / कच्चे कार्य के लिए स्थान

51. What should be the criteria to select a class monitor?
(1) Academic performance
(2) Physical make up
(3) Choice of students
(4) Preference of the teacher

51. एक क्लास – मॉनिटर चुनने का क्या मापदंड होना चाहिए?
(1) शैक्षणिक प्रदर्शन
(2) शारीरिक गठन
(3) छात्रों की पसंद
(4) शिक्षक की पसंद

52. A good teacher derives utmost satisfaction from
(1) popularity with people around
(2) high status
(3) financial gains
(4) respect and prestige

52. एक अच्छे शिक्षक को सबसे ज्यादा संतोष किस से मिलता है|
(1) आस – पास के व्यक्तियों में अपनी लोकप्रियता
(2) ऊंची हैसियत
(3) आर्थिक लाभ
(4) सम्मान और प्रतिष्ठा

53. Environmental factors that shape development include
(1) culture
(2) quality of nutrition
(3) quality of learning
(4) All of these

53. विकास को आकार देने वाले वातावरणिक घटकों में शामिल है
(1) संस्कृति
(2) पोषण की गुणवत्ता
(3) पढ़ाई की गुणवत्ता
(4) ये सभी

54. Prateek is crying because his toy dog, moti, has fallen off the table and landed face down. He insists that her mother put a bandage on moti's nose. According to Piaget's theory, Prateek is most likely in the ______ stage of cognitive development.
(1) sensorimotor
(2) preoperational
(3) concrete operational
(4) formal operational

54. प्रतीक रो रहा है क्योंकि उसका खिलौना कुत्ता, मोती, टेबल से चेहरे के बल गिर गया है। उसने ज़ोर देकर कहा कि उनकी मां मोती की नाक पर एक पट्टी बांधे। पियाजे के सिद्धांत के अनुसार, प्रतीक संज्ञानात्मक विकास के ______ चरण में होने की सबसे अधिक संभावना है।
(1) ज्ञानेन्द्रिय
(2) पूर्व संक्रियात्मक
(3) कंक्रीट संक्रियात्मक
(4) औपचारिक संक्रियात्मक

55. When teaching is conducted keeping in view the attitude, abilities and interests, it is called
(1) Goal based teaching
(2) Logical teaching
(3) Psychological teaching
(4) None of theses

55. जब शिक्षण को मनोवृत्ति, योग्यताओं और रुचियों को ध्यान में रखकर संचालित किया जाता है, तो इसे कहते हैं
(1) लक्ष्य आधारित शिक्षण
(2) तार्किक शिक्षण
(3) मनोवैज्ञानिक शिक्षण
(4) इनमें से कोई नहीं

56. Which one of the following is often true about mental retardation?
(1) The parents of mentally retarded children are usually mentally retarded
(2) The children of extremely poor families are bound to be mentally retarded
(3) Chronic infection and diseases of the mother may cause mental retardation

56. निम्नलिखित में से कौन-सा कथन मानसिक मंदता के संबंध में सही है?
(1) मानसिक रूप से मंद बच्चों के माता-पिता भी सामान्यतः मानसिक मंदता से पीड़ित होते हैं
(2) अत्यंत गरीब परिवारों के बच्चे आवश्यक रूप से मानसिक मंदता का शिकार हो जाते हैं
(3) चिरकालिक संक्रमण तथा रोगों से पीड़ित माँ के बच्चों में मानसिक मंदता आ जाती है

(4) Almost all types of physical injuries and trauma may cause mental retardation

(4) लगभग सभी प्रकार की शारीरिक चोट और मानसिक आघात मानसिक मंदता का कारण बनता है

57. In which type of thinking does a person begin with multiple ideas and reaches "one" solution?
(1) Vertical thinking
(2) Divergent thinking
(3) Brain storming
(4) Convergent thinking

57. वह चिंतन क्या कहलाता है जिस में व्यक्ति बहुत सारे विचारों से आरंभ कर "एकल" समाधान पर पहुंचता है?
(1) ऊर्धर्व चिंतन
(2) अपसारी चिंतन
(3) विचारावेश
(4) अभिसारी चिंतन

58. When school children become mischievous, explosive, rebellious, or apathetic, the teacher should first look into:
(1) The atmosphere of the home which the child comes from
(2) The sociometric structure of the class
(3) The appropriateness of the work assigned and the demands made on them
(4) The undermining influence of home and community

58. जब विद्यालयी बच्चे शरारती, विस्फोटक, विद्रोही अथवा भावशून्य हो जाएं तो अध्यापक को सर्वप्रथम, ध्यान देना चाहिए:
(1) उसके घर के वातावरण की ओर जहाँ से बच्चा आता है
(2) कक्षा की समाज मितीय संरचना की ओर
(3) निर्धारित कार्य की उपयुक्तता तथा बच्चों से की गई अपेक्षाओं की ओर
(4) घर और समुदाय को गुप्त रूप से दुर्बल बनाने वाला प्रभाव की ओर

59. Recognition of alphabets commences at the age of
(1) 6 years (2) 4 years
(3) 3 years (4) 5 years

59. वर्णमाला की पहचान किस वर्ष की आयु में शुरू होती है।
(1) 6 (2) 4
(3) 3 (4) 5

60. The existence of savant syndrome; limited mental ability combined with an exceptional specific skill—seems to support
(1) Sternberg's three aspects of intelligence.
(2) Spearman's notion of general intelligence, or g factor.
(3) Gardner's theory of multiple intelligences.
(4) Thorndike's view of social intelligence.

60. सावान्ट सिंड्रोम का अस्तित्व; असाधारण विशिष्ट कौशल के साथ संयुक्त सीमित मानसिक क्षमता, बुद्धि के किस सिद्धांत का समर्थन करता है
(1) स्टर्नबर्ग के बुद्धिमता के तीन पहलु
(2) स्पीरमैन की सामान्य बुद्धि, या जी कारक की धारणा
(3) गार्डनर के बहु बुद्धिमताओं का सिद्धांत
(4) सामाजिक बुद्धि पर थोर्नडाईक के विचार

61. According to Bloom's Taxonomy of Educational Objectives, which of the following best describes as Synthesis level of Cognitive Domain?
(1) The ability to solve problems to new situations by using acquired knowledge, facts, techniques and rules in a different way. Use information or relate learning to new real-life situations
(2) The ability to break down information into parts to see how the parts relate to the whole. Make inferences and find evidence to support generalizations.
(3) The ability to present and defend opinions by making judgments about information, validity of ideas, or quality of work based on a set of

61. ब्लूम के शैक्षिक उद्देश्यों के वर्गीकरण के अनुसार, निम्नलिखित में से कौन सा संज्ञानात्मक क्षेत्र संश्लेषण स्तर के रूप का सबसे अच्छा वर्णन करता है?
(1) अधिग्रहित ज्ञान, तथ्यों, तकनीकों और नियमों का एक अलग तरीके से उपयोग करके नई परिस्थितियों में समस्याओं को हल करने की क्षमता। जानकारी का प्रयोग करना या नई वास्तविक जीवन स्थितियों में अधिगम से संबंधित करना
(2) यह देखने के लिए कि भागों का पुरे से कैसा संबंध है , जानकारी को भागों में तोड़ने की क्षमता। सामान्यीकरण को समर्थन करने के लिए निष्कर्ष निकालना और प्रमाणित करना।
(3) मानदंडों के सेट के आधार पर जानकारी, विचारों की वैधता, या काम की गुणवत्ता के बारे में निर्णय लेकर राय प्रस्तुत

criteria.

(4) The ability to compile information together in a different way by combining elements in a new pattern or proposing alternative solutions.

करने और उनकी रक्षा करने की क्षमता।

(4) एक नए पैटर्न में तत्वों को जोड़कर या वैकल्पिक समाधान प्रस्तावित करके एक साथ अलग तरीके से जानकारी संकलित करने की क्षमता।

62. The most important factor that makes classroom teaching more interesting is

(1) Content of topic.
(2) Lesson plan.
(3) Teacher's personality.
(4) Teaching method.

62. कक्षा में पढाई को और रोचक बनाने का सबसे महत्त्वपूर्ण घटक है

(1) पाठ की विषयवस्तु
(2) पाठ योजना
(3) शिक्षक का व्यक्तित्व
(4) पढ़ाने की विधि

63. Which of the following is not true about teaching?

(1) As a result of teaching the students must learn
(2) Teaching is characterized by a special relationship between the teacher and the taught
(3) Teaching involves the intention that someone must learn something
(4) Teaching is necessary but not a sufficient condition of education

63. अध्यापन के विषय में निम्नलिखित में कौन-सा कथन सही नहीं है?

(1) अध्यापन के परिणाम स्वरूप बच्चे अनिवार्यतः सीखते ही हैं
(2) अध्यापन की यह विशेषता है कि अध्यापक और अध्येता के मध्य एक विशेष संबंध होता है
(3) अध्यापन में यह भावना निहित होती है कि कोई कुछ न कुछ सीखता ही है
(4) अध्यापन, शिक्षा की एक आवश्यक शर्त तो होती है परन्तु पर्याप्त नहीं

64. The best method to teach the concept of the germination of a seed is to

(1) provide detailed explanations
(2) show pictures of seed growth
(3) make students plant seeds and observe germination
(4) draw pictures on the board and give descriptions

64. बीज के अंकुरण की अवधारणा को पढ़ाने के लिए सबसे अच्छा तरीका कौनसा है।

(1) विस्तृत व्याख्या प्रदान करना
(2) बीज विकास की तस्वीरें दिखाना
(3) छात्रों के द्वारा बीज लगाना और अंकुरण का निरीक्षण करना
(4) बोर्ड पर चित्र बनाना और विवरण देना

65. Maslow's theory of hierarchy of needs is related to

(1) Performance.
(2) Learning.
(3) Attitudes.
(4) Motivation.

65. आवश्यकताओं के अनुक्रम का 'मास्लो' का सिद्धांत _______ से संबंधित है।

(1) कार्य -निष्पादन
(2) ज्ञान
(3) अभिवृति
(4) अभिप्रेरण

66. Which of the following is an example of a Specific Learning Disability?

(1) Mental Retardation
(2) ADHD
(3) Dyslexia
(4) Autistic Spectrum Disorders

66. निम्नलिखित में से कौन सा विशिष्ट अधिगम निःशक्तता का उदाहरण है?

(1) मानसिक मंदन
(2) ए.डी.एच.डी
(3) पठनवैकल्य
(4) आटिस्टिक स्पैक्ट्रम विकार

67. Gifted students are

(1) independent in their judgments
(2) introvert in nature
(3) independent of teachers

67. प्रतिभाशाली छात्र

(1) फैसले लेने में स्वतंत्र होते हैं
(2) अंतर्मुखी प्रकृति के होते हैं
(3) को शिक्षकों की आवश्यकता नहीं होती

(4) non – assertive of their needs

(4) अपनी जरूरतों के मामले में गैर – मुखर होते हैं

68. Of the following, cognitive constructivism most emphasizes:

(1) the ability of learners to work on their own.

(2) individualized instruction.

(3) the ability of students to take personal responsibility for their learning.

(4) individual, internal development of knowledge.

68. निम्नलिखित में से, संज्ञानात्मक निर्माणवाद सर्वाधिक बल देता है:

(1) अधिगमकर्ता की स्वयं कार्य करने की क्षमता

(2) व्यक्तिगत अनुदेशन

(3) विद्यार्थियों की स्वयं के अधिगम का व्यक्तिगत दायित्व लेने की क्षमता

(4) ज्ञान का व्यक्तिगत, आतंरिक विकास

69. Deductive reasoning starts at ______ and goes to ______.

(1) the general; the specific

(2) the specific; the general

(3) fixation; function

(4) function; fixation

69. निगमनात्मक तर्क ______ पर शुरू होता है और ______ पर जाता है।

(1) सामान्य; विशिष्ट

(2) विशिष्ट; सामान्य

(3) निर्धारण; समारोह

(4) समारोह; निर्धारण

70. Stimuli is normally given to get

(1) Action

(2) Thought process

(3) Responses

(4) None of these

70. उद्दीपक सामान्यतः क्या प्राप्त करने के लिए दिया जाता है

(1) क्रिया

(2) विचार प्रक्रिया

(3) प्रतिक्रियाएं

(4) इनमें से कोई नहीं

Space for Rough Work / कच्चे कार्य के लिए स्थान

71. A good paragraph writing in English involves:
(1) Ideas, presentation and coherence
(2) Flowery language
(3) Legible handwriting
(4) Correct punctuation marks

72. In order to know the correct pronunciation of English words, the learner should
(1) Know how to write the words.
(2) Know the spelling, meanings and how they are pronounced.
(3) Know the meanings only.
(4) Know the spelling.

73. Scanning and skimming are strategies for:
(1) Speaking
(2) Thinking
(3) Reading
(4) Writing

74. The first generation learners are those who are:
(1) Learning Hindi for the first time.
(2) Learning English for the first time.
(3) The first from their family to come to school.
(4) Coming first time to school to seek admission.

75. The whole language perspective is:
(1) Teaching of language skills in an integrated manner.
(2) Teaching for application.
(3) Teaching of micro skills first.
(4) Teaching of LSRW separately.

Instruction (Q.No.76–80): Study the following paragraph and answer the questions that follow.

One of the unhealthiest emotions is anger. It destroys our ability to think clearly, properly and in totality. Anger also has adverse impact on health. If you ask a selection of people what triggers their anger, you would get a wide range of answers. However, whatever the cause, even a single word spoken in anger can leave a lasting impression on a person's heart and has the ability to ruin the sweetness of any relationship.

A sage once said, "How can there be peace on earth if the hearts of men are like volcanoes?" We can live in harmony with others only when we overcome anger and make room for peace. So how can we set about creating that sense of peace within ourselves? It starts with the realization that we do have the choice to think and feel the way we want to. If we look at what it is that makes us angry, we might discover there is nothing that has the power to make us feel this way. We can only allow something to trigger our anger – the anger is a way in which we respond to an event or person. But because we are so used to reacting on impulse, we forget to choose how we want to feel, and end up reacting inappropriately, leaving ourselves with angry feelings.

Meditation helps us create personal space within ourselves so that we have the chance to look, weigh the situation, and respond accordingly, remaining in a state of self – control. At that moment, we are in a state of internal chaos, and anger can be a very destructive force.

Stability that comes from practice of meditation can create a firm foundation, a kind of positive stubbornness. Others can say whatever they want, and it may also be true, but we don't lose our peace or happiness on account of that. This is to respect what is eternal within each of us.

We give ourselves the opportunity to maintain our own peace of mind , because let's face it , no one's going to turn up at our door with a box full of peace and say , "Here , I think you could do with some of this today !" There is a method which could be described as sublimation, or the changing of form. With daily practice and application of spiritual principles in our practical life, experience of inner peace can come naturally.

76. Getting angry __________.
(1) Makes us feel ashamed of ourselves
(2) Affects our digestive system
(3) Affects the clarity of our mind
(4) Gives us a feeling of superiority

77. How can we get peace of mind?
(1) By enjoying good health
(2) By overcoming anger
(3) Through prolonged medication
(4) By accepting life as it comes

78. What is anger?
(1) It is release of our pent up emotions.
(2) It is an effort to avenge ourselves.
(3) It is loss of control over our temper.
(4) It is our reaction to an event or person.

79. To overcome anger, meditation helps us by __________.
(1) Remaining in a state of self-control
(2) Offering us a wide range of answers
(3) Removing the trigger
(4) Giving us the choice to think

80. Why should we not get angry with a friend?
(1) It ruins our relationship.
(2) It damages our intellectual ability.
(3) It may give us a heart attack.
(4) It affects over health.

भाषा विषय: हिन्दी

81. हिन्दी भाषा के शिक्षक के रूप में आपके लिए सबसे कम महत्त्वपूर्ण है –
(1) भाषा – प्रयोग की क्षमता का विकास
(2) व्याकरणिक नियमों की जानकारी
(3) भाषा – कौशलों का ज्ञान
(4) संवैधानिक मूल्यों की जानकारी

82. भाषा – शिक्षण के संदर्भ में किसी शिक्षक के लिए सर्वाधिक महत्त्वपूर्ण है –
(1) पाठ्यचर्या सहगामी क्रियाओं का आयोजन करना।
(2) भाषा – प्रयोग के अधिक अवसर प्रदान करना।
(3) निर्धारित पाठ्यक्रम को पूरा करना।
(4) परीक्षा का आयोजन करना।

83. किसी रचना के बारे में स्वतंत्र राय बनाने का आत्मविश्वास विकसित करने के लिए आवश्यक है –
(1) कवि और साहित्य बोध
(2) साहित्य – बोध और ऐतिहासिक बोध
(3) साहित्य – बोध और छन्द – बोध
(4) भाषा – बोध और साहित्य – बोध

84. साहित्य की किस विधा के शिक्षण में सस्वर पठन सर्वाधिक अपेक्षित है?
(1) आत्मकथा
(2) संस्मरण
(3) एकांकी
(4) जीवनी

85. भाषा – शिक्षण का एक महत्त्वपूर्ण उद्देश्य है –
(1) भाषा की नियमबद्ध प्रकृति को पहचानना।
(2) भाषा के आलंकारिक रूप को पहचानना।
(3) भाषा के व्याकरण को कंठस्थ करना।
(4) साहित्यिक विधाओं में रचना करना।

निर्देश (Q.No.86–90): दिए गए गद्यांश को पढ़कर उसके नीचे लिखे प्रश्नों के सबसे उचित विकल्प को चुनिए।

"किसी को देखने के लिए आँख की नहीं, दृष्टि की आवश्यकता होती है" – स्वामी विवेकानंद का यह कथन इस महिला के जीवन का दर्शन बन गया है। इसी जीवन दर्शन के सहारे उन्होंने एक ओर कठिनाइयों का सामना किया तो दूसरी ओर सफलता का मार्ग ढूंढा और उस पर निर्भयता से बढ़ चलीं। जी हाँ, हम बात कर रहे हैं मुंबई की रेवती रॉय की।
रेवती रॉय वह महिला हैं जिन्होने महिलाओं की कठिनाइयों को ध्यान में रख केवल उन्ही की सुविधा के लिए 'फोरशी' नाम से कैब – सेवा प्रारम्भ की। उद्देश्य स्पष्ट था – कामकाजी और जरूरतमंद महिलाओं को अपने शहर में सुरक्षित सफ़र का भरोसा देना। यह सेवा उन महिलाओं के लिए वरदान साबित हुई जिन्हे महानगरों में मुँह बाए बैठे अपराधी तत्वों और परपीड़ा में आनंद लेने वालों से प्राय: रोज़ ही जूझना पड़ता है।
खतरों और आशंकाओं से भरी सड़क – परिवहन की जिंदगी में कदम रखने का निर्णय लेना रेवती के लिए सरल नहीं था। लेकिन कभी - कभी विवशता भी प्रेरणा देती है। ऐसे ही अवसरों पर 'आँख नहीं, दृष्टि' वाला दर्शन प्रेरक होता है। गंभीर बीमारी से जूझ रहे पति के इलाज में सारी जमापूँजी चुक जाने के बाद रेवती को अपने अस्तित्व के लिए कुछ – न – कुछ करना था। सो उन्होने एकदम नया रास्ता चुना – कैब के द्वारा महिलाओं को सुरक्षित यात्रा का आश्वासन।

86. कैब सेवा प्रारम्भ करने के पीछे कारण था –
(1) स्माजसेवा की भावना
(2) महिलाओं की कठिनाइयाँ
(3) सामाजिक दबाव
(4) पारिवारिक विवशता

87. गद्यांश के प्रारम्भ में उद्धृत कथन किसके जीवन का दर्शन बना?
(1) संघर्षशील व्यक्ति के
(2) रेवती रॉय के
(3) विवेकानंद के
(4) असुरक्षित महिलाओं के

88. रेवती रॉय की कैब सेवा मूलत: किसके लिए है?
(1) कामकाजी महिलाओं के लिए
(2) महानगरों के लिए
(3) जरूरतमंद लोगों के लिए
(4) मुंबई के निवासियों के लिए

89. निम्न में से कौन – सा विकल्प गद्यांश के मुख्य भाव के सबसे निकट है?
(1) साहस और खतरे
(2) पहले घर फिर बाहर
(3) हिम्मत और ज़िंदगी
(4) हिम्मत करे इंसान तो क्या काम है मुश्किल

90. कामकाजी महिलाओं को प्राय: नित्या ही जूझना पड़ता है –
(1) मनमानी करने वाले चालकों से
(2) परिवहन की समस्याओं से
(3) गृहस्थी की समस्याओं से
(4) परपीडक और अपराधी लोगों से

Space for Rough Work / कच्चे कार्य के लिए स्थान

Science

91. The radii of the wheel and the axle are increased to 5 times and 3 times, respectively. The new M.A of the wheel and axel is ________ times the initial M.A.

(1) $\frac{5}{3}$
(2) $\frac{3}{2}$
(3) $\frac{9}{4}$
(4) $\frac{25}{9}$

91. पहिया और धुरी की त्रिज्या क्रमशः 5 गुना और 3 गुना तक बढ़ा दी जाती है। व्हील और एक्सल का नया M.A प्रारंभिक M.A का ________ गुना है।

(1) $\frac{5}{3}$
(2) $\frac{3}{2}$
(3) $\frac{9}{4}$
(4) $\frac{25}{9}$

92. Which of the following statement is correct?

(1) A person with myopia can see distant objects clearly
(2) A person with hypermetropia can see nearby objects clearly
(3) A person with myopia can see nearby objects clearly
(4) A person with hypermetropia cannot see distant objects clearly

92. निम्नलिखित प्रकथनों में से कौन-सा सही है?

(1) निकट दृष्टि वाला व्यक्ति दूर की वस्तुओं को स्पष्ट देख सकता है
(2) दीर्घ दृष्टि वाला व्यक्ति पास की वस्तुओं को स्पष्ट देख सकता है
(3) निकट दृष्टि वाला व्यक्ति पास की वस्तुओं को स्पष्ट देख सकता है
(4) दीर्घ दृष्टि वाला व्यक्ति दूर की वस्तुओं को स्पष्ट नहीं देख सकता है

93. Which of the following metals can be cut with a knife?

(1) iron
(2) sodium
(3) gold
(4) magnesium

93. धातु सामान्यत: कठोर होती हैं। निम्नलिखित में से कौन सी धातु अपवाद है और आसानी से चाकू से काटी जा सकती है?

(1) लोहा
(2) सोडियम
(3) सोना
(4) मैग्नीशियम

94. Exhaustible natural resources are:

(1) unlimited in quantity.
(2) not dependent on nature.
(3) limited in quantity.
(4) not exhausted by human activities.

94. समाप्त होने वाले प्राकृतिक स्रोत होते हैं -

(1) मात्रा में असीमित
(2) प्रकृति पर निर्भर नहीं
(3) मात्रा में सीमित
(4) मानवीय गतिविधियों से समाप्त न होने वाले

95. Reproduction by budding takes place in:

(1) hydra
(2) amoeba
(3) paramecium
(4) bacteria

95. मुकुलन द्वारा जनन होता है –

(1) हाइड्रा में
(2) अमीबा में
(3) पैरामीशियम में
(4) जीवाणु में

96. Which one of the following forces is a contact force?

(1) force of gravity
(2) force of friction
(3) magnetic force
(4) electrostatic force

96. निम्नलिखित बलों में से कौन-सा बल सम्पर्क बल है?

(1) गुरुत्व बल
(2) घर्षण बल
(3) चुम्बकीय बल
(4) स्थिर वैद्युट बल

97. The earth's plate responsible for causing earthquakes is:
(1) the crust of the earth
(2) the mantle of the earth
(3) the inner core of the earth
(4) the outer core of the earth

98. Suppose a new planet is discovered between Uranus and Neptune. Its time period would be
(1) less than that of Neptune
(2) more than that of Neptune
(3) equal to that of Neptune or Uranus
(4) less than that of Uranus

99. Which of the following are homogeneous in nature?
(1) ice and soil (2) wood and air
(3) ice and air (4) soil and air

100. Which of the following are true for an element?
I. Atomic number = number of protons + number of electrons
II. Mass number = number of protons + number of neutrons
III. Atomic mass = number of protons = number of neutrons
IV. Atomic number = number of protons = number of electrons
(1) I and II
(2) I and III
(3) II and III
(4) II and IV

101. Which of the following is not a common property of plastics?
(1) Non-reactive
(2) Light in weight
(3) Durable
(4) Good conductor of electricity

102. Find out the correct sentence
(1) Enzymes packed in Lysosomes are made through RER (rough endoplasmic reticulum)
(2) Rough endoplasmic reticulum and smooth endoplasmic reticulum produce lipid and protein respectively
(3) Endoplasmic reticulum is related with the

97. भूकंप के लिए उत्तरदायी पृथ्वी की प्लेटें पाई जाती हैं:
(1) भू पर्पटी में
(2) पृथ्वी के प्रावार में
(3) पृथ्वी के आंतरिक क्रोड में
(4) पृथ्वी के बाह्य क्रोड में

98. मान लीजिए कि यूरेनस और नेप्च्यून के बीच एक नया ग्रह खोजा गया है। इसका आवर्त काल होगा
(1) नेप्च्यून के आवर्त काल की अपेक्षा कम
(2) नेप्च्यून के आवर्त काल की अपेक्षा अधिक
(3) नेप्च्यून या यूरेनस के आवर्त काल के बराबर
(4) यूरेनस के आवर्त काल की अपेक्षा कम

99. निम्नलिखित में से कौन समांगी प्रकृति के हैं?
(1) बर्फ और मिट्टी (2) लकड़ी और हवा
(3) बर्फ और हवा (4) मिट्टी और हवा

100. एक तत्व के लिए निम्नलिखित में से कौन-सा विकल्प सही हैं?
I. परमाणु संख्या = प्रोटॉनों की संख्या + इलेक्ट्रॉनों की संख्या
II. द्रव्यमान संख्या = प्रोटॉनों की संख्या + न्युट्रॉनों संख्या
III. परमाणु द्रव्यमान = प्रोटॉनों की संख्या = न्युट्रॉनों संख्या
IV. परमाणु संख्या = प्रोटॉनों की संख्या = इलेक्ट्रॉनों की संख्या
(1) I और II
(2) I और III
(3) II और III
(4) II और IV

101. निम्नलिखित में से कौन-सा प्लास्टिक का एक सामान्य गुण नहीं है?
(1) अक्रियाशील
(2) भार में हल्का
(3) अधिक चलने वाला
(4) विद्युत का अच्छा चालक

102. सही वाक्य को ढूंढिए-
(1) लाइसोसोम में भरे हुए एंजाइम रुक्ष अंतर्द्रव्यी जालिका (RER) से बने होते है
(2) रुक्ष अंतर्द्रव्यी जालिका एवं चिकनी अंतर्द्रव्यी जालिका क्रमश: लिपिड एवं प्रोटीन बनती हैं
(3) अंतर्द्रव्यी जालिका का कोशिका झिल्ली के नष्ट होने से संबंध है

destruction of plasma membrane
(4) Nucleoid is present inside the nucleoplasm of eukaryotic nucleus

(4) यूकैरियोटिक केंद्रक के केंद्रकद्रव्य में केंद्रकाभ होता है

103. A particle is moving in a circular path of radius r. The displacement after half a circle would be:
(1) Zero (2) πr
(3) 2r (4) $2\pi r$

103. कोई कण त्रिज्या (r) के वृत्ताकार पथ में गमन कर रहा है। अर्धवृत्त पूरा करने के पश्चात इसका विस्थापन होगा -
(1) शून्य (2) πr
(3) 2r (4) $2\pi r$

104. The gravitational force between two objects is F. If masses of both objects are halved without changing distance between them, then the gravitational force would become
(1) F/4 (2) F/2
(3) F (4) 2F

104. दो पिंडों के बीच गुरुत्वाकर्षण बल F है। यदि दोनों पिंडों के द्रव्यमान उनके बीच की दुरी को समान रखते हुए आधे कर दिए जाएँ, तो गुरुत्वाकर्षण बल हों जाएगा-
(1) F/4 (2) F/2
(3) F (4) 2F

105. Water stored in a dam possesses
(1) no energy
(2) electrical energy
(3) kinetic energy
(4) potential energy

105. बाँध के संग्रहित जल में –
(1) कोई ऊर्जा नहीं होती
(2) विद्युत् ऊर्जा होती है
(3) गतिज ऊर्जा होती है
(4) स्थितिज ऊर्जा होती है

106. Rays from Sun converge at a point 15 cm in front of a concave mirror. Where should an object be placed so that size of its image is equal to the size of the object?
(1) 15 cm in front of the mirror
(2) 30 cm in front of the mirror
(3) between 15 cm and 30 cm in front of the mirror
(4) more than 30 cm in front of the mirror

106. किसी अवतल दर्पण पर आपतित सूर्य की किरणें दर्पण के सामने 15 cm दुरी पर अभिसरित होती हैं। इस दर्पण के सामने किसी बिंब को कहाँ रखें कि इसका समान साइज का प्रतिबिंब बने?
(1) दर्पण से 15 cm की दुरी पर
(2) दर्पण से 30 cm की दुरी पर
(3) दर्पण से 15 cm तथा 30 cm के बीच
(4) दर्पण से 30 cm से अधिक दुरी पर

107. Commercial electric motors do not use
(1) an electromagnet to rotate the armature
(2) effectively large number of turns of conducting wire in the current carrying coil
(3) a permanent magnet to rotate the armature
(4) a soft iron core on which the coil is wound

107. व्यापारिक विद्युत् मोटरों में निम्नलिखित में से किसका उपयोग नहीं किया जाता है?
(1) आर्मेचर को घूर्णित करने के लिए विद्युत् चुंबक
(2) विद्युतवाही कुंडली में चालक तार के फेरों की प्रभावी अधिक संख्या
(3) आर्मेचर को घूर्णित करने के लिए स्थायी चुंबक
(4) कुंडली को लपेटने के लिए नर्म लोह या कोड

108. What prevents backflow of blood inside the heart during contraction?
(1) Valves in heart
(2) Thick muscular walls of ventricles
(3) Thin walls of atria
(4) All of the above

108. संकुचन के दौरान निम्नलिखित में से कौन-सी संरचना हृदय के भीतर रुधिर को वापस विपरीत दिशा में बहने से रोकती है?
(1) हृदय के भीतर स्थित कपाट
(2) निलयों की मोती पेशीय भित्तियाँ
(3) अलिंदों की पतली भित्तियाँ
(4) उपरोक्त सभी

109. If a person's clothes catches fire, the best way to extinguish the fire is to:

(1) throw water on the clothes.

(2) use fire extinguisher.

(3) cover the person with a woolen blanket.

(4) cover the person with a polythene sheet.

110. Read the following terms and select the pair that is related to inheritance of characters.

(1) cell wall and cell membrane

(2) chromosome and mitochondria

(3) chloroplast and cell membrane

(4) chromosome and genes

109. अगर किसी व्यक्ति के कपड़े आग पकड़ते हैं, तो अग्नि बुझाने का सबसे अच्छा तरीका यह है:

(1) कपड़े पर पानी फेंक दें।

(2) आग बुझाने की कल का उपयोग करें।

(3) एक ऊनी कंबल के साथ व्यक्ति को कवर करें।

(4) एक पॉलिथिन शीट के साथ व्यक्ति को कवर करें।

110. नीचे दिये गए शब्दों को देखिए और उस जोड़ी को चुनिए जो वंशागति के लक्षणों से संबंधित है।

(1) कोशिका भित्ति और कोशिका झिल्ली

(2) गुणसूत्र और माइटोकॉन्ड्रिया

(3) हरितलवण और कोशिक-झिल्ली

(4) गुणसूत्र और जीन

Space for Rough Work / कच्चे कार्य के लिए स्थान

111. The number of integers less than –3 but greater than –8 is

(1) 2 (2) 3
(3) 4 (4) 6

111. –3 से छोटी पर –8 से बड़ी पूर्णांकों की संख्या है

(1) 2 (2) 3
(3) 4 (4) 6

112. The distance between two places is 12 km. A map scale is 1:25000. The distance between the two places on the map, in cm, is

(1) 24 (2) 36
(3) 48 (4) 60

112. दो स्थानों के बीच की दूरी 12 किमी है। एक मानचित्र का स्केल 1:25000 है। मानचित्र पर इन दो स्थानों के बीच की दूरी, सेमी में, है

(1) 24 (2) 36
(3) 48 (4) 60

113. The reciprocal of $\frac{-3}{8} \times \left(\frac{-7}{13}\right)$ is

(1) $\frac{104}{21}$
(2) $\frac{-104}{21}$
(3) $\frac{21}{104}$
(4) $\frac{-21}{104}$

113. $\frac{-3}{8} \times \left(\frac{-7}{13}\right)$ का व्युत्क्रम है

(1) $\frac{104}{21}$
(2) $\frac{-104}{21}$
(3) $\frac{21}{104}$
(4) $\frac{-21}{104}$

114. The number of vertices in a polyhedron which has 30 edges and 12 faces is

(1) 12 (2) 15 (3) 20 (4) 24

114. किसी बहुफलक के 30 किनारे तथा 12 फ़लक हैं। इस बहुफलक के शीर्षों की संख्या है

(1) 12 (2) 15 (3) 20 (4) 24

115. When half of a number is increased by 15, the result is 39. The sum of digits of the original number is

(1) 6 (2) 7 (3) 9 (4) 12

115. जब किसी संख्या के आधे में 15 जोड़ दिया जाए तो परिणाम 39 है। वास्तविक संख्या के अंकों का योग है

(1) 6 (2) 7 (3) 9 (4) 12

116. In ΔPQT, PQ = PT. The points R and S are on QT such that PR = PS. If $\angle$PTS = 62° and $\angle$RPS = 34°, then measure of $\angle$QPR is

(1) 11° (2) 13°
(3) 15° (4) 17°

116. ΔPQT में, PQ = PT है। बिन्दु R और S भुजा QT पर इस प्रकार हैं कि PR = PS है। यदि $\angle$PTS = 62° तथा $\angle$RPS = 34° हो, तो $\angle$QPR की माप है

(1) 11° (2) 13°
(3) 15° (4) 17°

117. If for ΔABC and ΔDEF, the correspondence CAB $\leftrightarrow$ EDF gives a congruence, then which of the following is not true?

(1) AC = DE
(2) AB = EF
(3) $\angle A = \angle D$
(4) $\angle B = \angle F$

117. यदि ΔABC और ΔDEF सुमेलन CAB $\leftrightarrow$ EDF के अंतर्गत सर्वांगसम हो, तो निम्न में से कौन – सा सत्य नहीं है?

(1) AC = DE
(2) AB = EF
(3) $\angle A = \angle D$
(4) $\angle B = \angle F$

118. 40% of (100 – 20% of 300) is equal to

(1) 16 (2) 20 (3) 64 (4) 140

118. (100 – 300 का 20%) का 40% बराबर है

(1) 16 (2) 20 (3) 64 (4) 140

119. HCF of two numbers is 28 and their LCM is 336. If one number is 112, then the other number is

(1) 56 (2) 70 (3) 84 (4) 98

119. दो संख्याओं का महत्तम समापवर्तक (HCF) 28 तथा उनका लघुत्तम समापवर्त्य (LCM) 336 है। यदि एक संख्या 112 हो, तो दूसरी संख्या है

(1) 56 (2) 70 (3) 84 (4) 98

120. If $\frac{2}{3}x = 0.6$ and $0.02y = 1$, then the value of $x + y^{-1}$ is

(1) 0.92 (2) 1.1

(3) 49.1 (4) 50.9

120. यदि $\frac{2}{3}x = 0.6$ और $0.02y = 1$ है, तब $x + y^{-1}$ का मान है

(1) 0.92 (2) 1.1

(3) 49.1 (4) 50.9

121. If $y = \frac{x-2}{x+1}, y \neq 1$, then x equals

(1) $\frac{y+2}{1-y}$

(2) $\frac{y+2}{y-1}$

(3) $\frac{y-2}{y+1}$

(4) $\frac{2-y}{1-y}$

121. यदि $y = \frac{x-2}{x+1}, y \neq 1$ है, तब x बराबर है

(1) $\frac{y+2}{1-y}$

(2) $\frac{y+2}{y-1}$

(3) $\frac{y-2}{y+1}$

(4) $\frac{2-y}{1-y}$

122. A square and a circle have equal perimeters. The ratio of the area of the square to the area of the circle is

(1) 1:1 (2) 1:4

(3) $\pi : 2$ (4) $\pi : 4$

122. एक वर्ग और एक वृत्त के परिमाप बराबर हैं। वर्ग के क्षेत्रफल का वृत्त के क्षेत्रफल से अनुपात है

(1) 1:1 (2) 1:4

(3) $\pi : 2$ (4) $\pi : 4$

123. ABCD is a square with $\mathrm{AB} = (\mathrm{x} + 16)$ cm and $\mathrm{BC} = (3\mathrm{x})$ cm. The perimeter (in cm) of the square is

(1) 16 (2) 24 (3) 32 (4) 96

123. ABCD एक वर्ग है जिसमें $\mathrm{AB} = (\mathrm{x} + 16)$ सेमी तथा $\mathrm{BC} = (3\mathrm{x})$ सेमी है। वर्ग का परिमाप (सेमी में) है

(1) 16 (2) 24 (3) 32 (4) 96

124. The mean of 10 numbers is 0. If 72 and –12 are included in these numbers, the new mean will be

(1) 0 (2) 5 (3) 6 (4) 60

124. दस संख्याओं का माध्य 0 है। यदि इन संख्याओं में 72 और –12 और सम्मिलित कर लिए जाएँ, तो नया माध्य होगा

(1) 0 (2) 5 (3) 6 (4) 60

125. The circumference of the base of a right circular cylinder is 44 cm and its height is 15 cm. The volume (in cm^3) of the cylinder is $\left(\pi = \frac{22}{7}\right)$:

(1) 770 (2) 1155

(3) 1540 (4) 2310

125. किसी लंबवृत्तीय बेलन के आधार की परिधि 44 सेमी तथा उसकी ऊँचाई 15 सेमी है। बेलन का आयतन (सेमी^{3} में) है $\left(\pi = \frac{22}{7}\right)$:

(1) 770 (2) 1155

(3) 1540 (4) 2310

126. If $p = 3^{2000} + 3^{-2000}$ and $q = 3^{2000} - 3^{-2000}$, then the value of $p^2 - q^2$ is

(1) 1 (2) 2 (3) 3 (4) 4

127. The square of 9 is divided by the cube root of 125. The remainder is

(1) 1 (2) 2 (3) 3 (4) 4

128. The value of $\sqrt{16\sqrt{8\sqrt{4}}}$ is

(1) 16
(2) 8
(3) $8\sqrt[3]{2}$
(4) $16\sqrt{2}$

129. One-half of 1.2×10^{30} is

(1) 6.0×10^{30}
(2) 6.0×10^{29}
(3) 0.6×5^{30}
(4) 1.2×10^{15}

130. If $\frac{2}{3}, \frac{23}{30}, \frac{9}{10}, \frac{11}{15}$ and $\frac{4}{5}$ are written in ascending order, then the fraction in the middle most will be

(1) $\frac{23}{30}$
(2) $\frac{4}{5}$
(3) $\frac{2}{3}$
(4) $\frac{11}{15}$

126. यदि $p = 3^{2000} + 3^{-2000}$ और $q = 3^{2000} - 3^{-2000}$ हो, तब $p^2 - q^2$ का मान है

(1) 1 (2) 2 (3) 3 (4) 4

127. 9 के वर्ग को 125 के घनमूल से भाग देने पर शेषफल है

(1) 1 (2) 2 (3) 3 (4) 4

128. $\sqrt{16\sqrt{8\sqrt{4}}}$ का मान है

(1) 16
(2) 8
(3) $8\sqrt[3]{2}$
(4) $16\sqrt{2}$

129. 1.2×10^{30} का आधा है

(1) 6.0×10^{30}
(2) 6.0×10^{29}
(3) 0.6×5^{30}
(4) 1.2×10^{15}

130. यदि $\frac{2}{3}, \frac{23}{30}, \frac{9}{10}, \frac{11}{15}$ तथा $\frac{4}{5}$ को आरोही क्रम में लिखा जाए, तो बीचों बीच जो भिन्न होगी, वह है

(1) $\frac{23}{30}$
(2) $\frac{4}{5}$
(3) $\frac{2}{3}$
(4) $\frac{11}{15}$

Space for Rough Work / कच्चे कार्य के लिए स्थान

131. Main focus of first five year plan of India was on the
(1) industrial development of the country
(2) achievement of stable growth and self-reliance
(3) poverty eradication and technological self-reliance
(4) agricultural development of the country

131. भारत की पहली पंचवर्षीय योजना का मुख्य फोकस था
(1) देश के औद्योगिक विकास
(2) स्थिर विकास और आत्मनिर्भरता की उपलब्धि
(3) गरीबी उन्मूलन और तकनीकी आत्मनिर्भरता
(4) देश के कृषि विकास

132. Full form of WWF is
(1) World Wide Fauna of Nature
(2) World Wide Fund for Nature
(3) World Wide Flora of Nature
(4) World Wide Fauna and Flora of Nature

132. WWF का पूरा नाम क्या है?
(1) World Wide Fauna of Nature
(2) World Wide Fund for Nature
(3) World Wide Flora of Nature
(4) World Wide Fauna and Flora of Nature

133. The two forms of oxygen found in the atmosphere are
(1) water and ozone
(2) water and oxygen
(3) ozone and oxygen
(4) water and carbon-dioxide

133. वायुमंडल में मिलने वाली ऑक्सीजन के दो रूप कौन-से हैं?
(1) जल और ओजोन
(2) जल और ऑक्सीजन
(3) ओजोन और ऑक्सीजन
(4) जल और कार्बन डाइऑक्साइड

134. In a food chain, the third trophic level is always occupied by
(1) carnivores
(2) herbivores
(3) decomposers
(4) producers

134. एक आहार- श्रृंखला में, तीसरे पोशी स्तर पर हमेशा कौन होता है?
(1) माँसाहारी प्राणी
(2) शाकाहारी प्राणी
(3) अपघटक
(4) उत्पादक

135. The most rapidly dwindling natural resource in the world is
(1) water
(2) forests
(3) wind
(4) sunlight

135. विश्व का सबसे तेजी के साथ घटता जा रहा प्राकृतिक संसाधन कौन-सा है?
(1) जल
(2) वन
(3) पवन
(4) सूर्य का प्रकाश

136. Pick the right combination of terms which has no fossil fuel.
(1) Wind, ocean and coal
(2) Kerosene, wind and tide
(3) Wind, wood, sun
(4) Petroleum, wood, sun

136. शब्दों के उस सही संयोजन को चुनिए जिसमें जीवाश्मी ईंधन नहीं होता:
(1) पवन, महासागर और कोयला
(2) केरोसीन, पवन और ज्वार
(3) पवन, काष्ठ, सूर्य
(4) पेट्रोलियम, काष्ठ, सूर्य

137. How many biosphere reserves are there in India?
(1) 78 (2) 104
(3) 18 (4) 543

137. भारत में कितने जीवमंडल भंडार हैं?
(1) 78 (2) 104
(3) 18 (4) 543

138. As per 2011 census, the literacy rate among women in India?
(1) 66.46% (2) 65.46%
(3) 67.46% (4) 62.46%

138. 2011 की जनगणना के अनुसार, भारत में महिलाओं के बीच साक्षरता दर?
(1) 66.46% (2) 65.46%
(3) 67.46% (4) 62.46%

139. Which of the following part of the Sun is visible to humans?
(1) Photosphere
(2) Corona
(3) Chromospheres
(4) Core

139. सूर्य का निम्नलिखित में से कौन सा भाग मनुष्यों को दिखाई देता है?
(1) फोटोस्फीयर
(2) कोरोना
(3) क्रोमोस्फीयर
(4) कोर

140. Which document contains lists of species whose continued existence is threatened
(1) Endangered Species List
(2) List of Threatened and Endangered Species
(3) Red Data Book
(4) World Environment Organization

140. किस दस्तावेज़ में प्रजातियों की सूचियां हैं जिनके अस्तित्व को निरंतर खतरा है
(1) लुप्तप्राय प्रजाति सूची
(2) खतरनाक और लुप्तप्राय प्रजातियों की सूची
(3) लाल डेटा बुक
(4) विश्व पर्यावरण संगठन

141. The International Centre for Integrated Mountain Development was founded on
(1) 5 October 1948
(2) 1 July 1975
(3) 5 June 1972
(4) 5 December 1983

141. इंटरनेशनल सेंटर फॉर इंटीग्रेटेड माउंटेन डेवलपमेंट की स्थापना की गई थी
(1) 5 अक्टूबर 1948
(2) 1 जुलाई 1975
(3) 5 जून 1972
(4) 5 दिसंबर 1983

142. 'Chinook', a local wind, blows in which of the following regions?
(1) The Pampas
(2) The Velds
(3) The Prairies
(4) The Savanna

142. निम्नलिखित क्षेत्रों में से किसमें 'चिनूक' स्थानीय पवन चलती है?
(1) पम्पास
(2) वेल्ड
(3) प्रेअरी
(4) सवाना

143. Which one of the following atmospheric layers helps in radio transmission?
(1) Thermosphere
(2) Stratosphere
(3) Troposphere
(4) Mesosphere

143. वायुमंडलीय परतों में से कौन-सी परत रेडियो प्रसारण में सहायता करती है?
(1) बह्यामंडल
(2) समतापमंडल
(3) क्षोभमंडल
(4) मध्यमंडल

144. Which one of the following is a variety of 'gold wrought'?
(1) Jute (2) Silk
(3) Cotton (4) Nylon

144. 'सुनहरी ज़री' निम्नलिखित में से किसकी एक किस्म है?
(1) जूट (2) सिल्क
(3) सूती-वस्त्र (4) नायलॉन

145. The first national park of the India is
(1) Bandipur National Park, Karnataka
(2) Kaziranga National Park, Assam

145. भारत का पहला राष्ट्रीय उद्यान है
(1) बंदीपुर राष्ट्रीय उद्यान, कर्नाटक
(2) काजीरंगा राष्ट्रीय उद्यान, असम

(3) Jim Corbett National Park, Uttarakhand
(4) Ranthambore National Park, Rajasthan

(3) जिम कॉर्बेट राष्ट्रीय उद्यान, उत्तराखंड
(4) रणथंभौर राष्ट्रीय उद्यान, राजस्थान

146. The Child Marriage Restraint Act, according to which no man below the age of 18 and woman below the age of 16 could marry, was passed in the year
(1) 1829 (2) 1856
(3) 1891 (4) 1929

146. बाल विवाह प्रतिबंध अधिनियम, जिसके अनुसार 18 साल से कम उम्र का कोई पुरुष और 16 वर्ष से कम उम्र की महिला शादी नहीं कर सकती है, किस वर्ष में पारित किया गया था?
(1) 1829 (2) 1856
(3) 1891 (4) 1929

147. Which one of the following defines 'Earth Day'?
(1) The days on which the days and nights are equal all over the earth
(2) The motion of the earth around the sun in its orbit
(3) The distances between the longitudes
(4) The period of one rotation of the earth around its axis

147. निम्नलिखित में से कौन-सी 'पृथ्वी दिन' की परिभाषा है?
(1) वे दिन जिन पर पूरी पृथ्वी पर दिन और रात बराबर होते हैं
(2) पृथ्वी की गति जो सूर्य के चारों ओर कक्ष में होती है
(3) देशांतरों के मध्य की दूरियाँ
(4) पृथ्वी का अपने अक्ष पर एक चक्कर पूरा करने में लगा समय

148. India's research stations named 'Maitri' and 'Dakshin Gangotri' are located in which one of the following continents?
(1) Europe
(2) Australia
(3) Africa
(4) Antarctica

148. 'मैत्री' और 'दक्षिण गंगोत्री' नामक भारत के शोध संस्थान निम्नलिखित महाद्वीपों में से कहाँ स्थित हैं?
(1) यूरोप
(2) ऑस्ट्रेलिया
(3) अफ्रीका
(4) अंतर्कटिका

149. Low visibility during cold weather is due to
(1) formation of fossil fuel
(2) unburnt carbon particles or hydrocarbons suspended in air
(3) lack of adequate power supply
(4) none of these

149. ठंडे मौसम में कम दृश्यता का कारण -
(1) जीवाश्म ईंधन का निर्माण
(2) बिना दहन हुए कार्बन कण या वायु में निलंबित हाइड्रोकार्बन
(3) पर्याप्त विद्युत् आपूर्ति में कमी
(4) उपरोक्त में से कोई नहीं

150. We should not allow mosquitoes to breed in our surroundings because they
(1) multiply very fast and cause pollution
(2) are vectors for many diseases
(3) bite and cause skin diseases
(4) are not important insects

150. हमें अपने वातावरण में मच्छरों के प्रजनन को रोकना चाहिए क्योंकि वे-
(1) बहुत तीव्र गति से गुणन करते हैं और प्रदूषण फैलाते हैं
(2) बहुत से बीमारियों के रोगवाहक हैं
(3) काटते हैं और त्वचा की बीमारियों का कारण बनते हैं
(4) विशेष कीट नहीं हैं

Space for Rough Work / कच्चे कार्य के लिए स्थान

उत्तर पत्रिका / Answer Sheet – Kendriya Vidyalaya Sangathan

Name of the Candidate: ______________________ **Fathers' Name:** ________________

Roll Number: ________________, **Examination Centre:** ______________________

Paper of the Candidate: ______________________, **Test Booklet Code:** ____________

Mark your Answer by shading the appropriate circle against each question. The circle should be shaded completely without leaving any space. The correct method of shading is given below.
प्रत्येक प्रश्न के सामने उचित वृत का चिन्हांकन करके अपना उत्तर लिखें। वृत्त को बिना कोई स्थान छोड़े चिन्हांकित करें। चिन्हांकित करने का सही तरीका नीचे दिया गया है।

Correct Method : सही तरीका : ○ ● ○ ○ Wrong Method : गलत तरीका : ⊠ ✓ ⊙ ◑

001	① ② ③ ④	031	① ② ③ ④	061	① ② ③ ④	091	① ② ③ ④	121	① ② ③ ④
002	① ② ③ ④	032	① ② ③ ④	062	① ② ③ ④	092	① ② ③ ④	122	① ② ③ ④
003	① ② ③ ④	033	① ② ③ ④	063	① ② ③ ④	093	① ② ③ ④	123	① ② ③ ④
004	① ② ③ ④	034	① ② ③ ④	064	① ② ③ ④	094	① ② ③ ④	124	① ② ③ ④
005	① ② ③ ④	035	① ② ③ ④	065	① ② ③ ④	095	① ② ③ ④	125	① ② ③ ④
006	① ② ③ ④	036	① ② ③ ④	066	① ② ③ ④	096	① ② ③ ④	126	① ② ③ ④
007	① ② ③ ④	037	① ② ③ ④	067	① ② ③ ④	097	① ② ③ ④	127	① ② ③ ④
008	① ② ③ ④	038	① ② ③ ④	068	① ② ③ ④	098	① ② ③ ④	128	① ② ③ ④
009	① ② ③ ④	039	① ② ③ ④	069	① ② ③ ④	099	① ② ③ ④	129	① ② ③ ④
010	① ② ③ ④	040	① ② ③ ④	070	① ② ③ ④	100	① ② ③ ④	130	① ② ③ ④
011	① ② ③ ④	041	① ② ③ ④	071	① ② ③ ④	101	① ② ③ ④	131	① ② ③ ④
012	① ② ③ ④	042	① ② ③ ④	072	① ② ③ ④	102	① ② ③ ④	132	① ② ③ ④
013	① ② ③ ④	043	① ② ③ ④	073	① ② ③ ④	103	① ② ③ ④	133	① ② ③ ④
014	① ② ③ ④	044	① ② ③ ④	074	① ② ③ ④	104	① ② ③ ④	134	① ② ③ ④
015	① ② ③ ④	045	① ② ③ ④	075	① ② ③ ④	105	① ② ③ ④	135	① ② ③ ④
016	① ② ③ ④	046	① ② ③ ④	076	① ② ③ ④	106	① ② ③ ④	136	① ② ③ ④
017	① ② ③ ④	047	① ② ③ ④	077	① ② ③ ④	107	① ② ③ ④	137	① ② ③ ④
018	① ② ③ ④	048	① ② ③ ④	078	① ② ③ ④	108	① ② ③ ④	138	① ② ③ ④
019	① ② ③ ④	049	① ② ③ ④	079	① ② ③ ④	109	① ② ③ ④	139	① ② ③ ④
020	① ② ③ ④	050	① ② ③ ④	080	① ② ③ ④	110	① ② ③ ④	140	① ② ③ ④
021	① ② ③ ④	051	① ② ③ ④	081	① ② ③ ④	111	① ② ③ ④	141	① ② ③ ④
022	① ② ③ ④	052	① ② ③ ④	082	① ② ③ ④	112	① ② ③ ④	142	① ② ③ ④
023	① ② ③ ④	053	① ② ③ ④	083	① ② ③ ④	113	① ② ③ ④	143	① ② ③ ④
024	① ② ③ ④	054	① ② ③ ④	084	① ② ③ ④	114	① ② ③ ④	144	① ② ③ ④
025	① ② ③ ④	055	① ② ③ ④	085	① ② ③ ④	115	① ② ③ ④	145	① ② ③ ④
026	① ② ③ ④	056	① ② ③ ④	086	① ② ③ ④	116	① ② ③ ④	146	① ② ③ ④
027	① ② ③ ④	057	① ② ③ ④	087	① ② ③ ④	117	① ② ③ ④	147	① ② ③ ④
028	① ② ③ ④	058	① ② ③ ④	088	① ② ③ ④	118	① ② ③ ④	148	① ② ③ ④
029	① ② ③ ④	059	① ② ③ ④	089	① ② ③ ④	119	① ② ③ ④	149	① ② ③ ④
030	① ② ③ ④	060	① ② ③ ④	090	① ② ③ ④	120	① ② ③ ④	150	① ② ③ ④

परीक्षार्थी का नाम Name of candidate (In Capital Letters)	परीक्षार्थी के हस्ताक्षर Signature of candidate (In Running Hand)	परीक्षार्थी के बाएं अंगूठे का निशान Left hand thumb impression of the candidate	निरीक्षक के हस्ताक्षर Signature of invigilator (In Running Hand)
			Prateek Shivalik

Answer Key KVS Test Set - 12

Q	A	Q	A	Q	A	Q	A	Q	A	Q	A	Q	A	Q	A
1	2	**21**	3	**41**	4	**61**	4	**81**	4	**101**	4	**121**	1	**141**	4
2	4	**22**	1	**42**	3	**62**	4	**82**	2	**102**	1	**122**	4	**142**	3
3	3	**23**	3	**43**	3	**63**	1	**83**	4	**103**	3	**123**	4	**143**	1
4	1	**24**	4	**44**	4	**64**	3	**84**	3	**104**	1	**124**	2	**144**	1
5	4	**25**	2	**45**	2	**65**	4	**85**	1	**105**	4	**125**	4	**145**	3
6	4	**26**	4	**46**	1	**66**	3	**86**	4	**106**	2	**126**	4	**146**	4
7	3	**27**	1	**47**	4	**67**	2	**87**	2	**107**	3	**127**	1	**147**	4
8	3	**28**	3	**48**	4	**68**	4	**88**	1	**108**	1	**128**	2	**148**	4
9	2	**29**	4	**49**	3	**69**	1	**89**	4	**109**	3	**129**	2	**149**	2
10	2	**30**	1	**50**	2	**70**	3	**90**	4	**110**	4	**130**	1	**150**	2
11	2	**31**	4	**51**	3	**71**	1	**91**	1	**111**	3	**131**	4		
12	2	**32**	4	**52**	4	**72**	2	**92**	3	**112**	3	**132**	2		
13	3	**33**	2	**53**	4	**73**	3	**93**	2	**113**	1	**133**	3		
14	4	**34**	1	**54**	2	**74**	3	**94**	3	**114**	3	**134**	1		
15	3	**35**	2	**55**	3	**75**	1	**95**	1	**115**	4	**135**	2		
16	2	**36**	4	**56**	3	**76**	3	**96**	2	**116**	1	**136**	3		
17	2	**37**	2	**57**	4	**77**	2	**97**	1	**117**	2	**137**	3		
18	4	**38**	2	**58**	1	**78**	4	**98**	1	**118**	1	**138**	2		
19	3	**39**	1	**59**	3	**79**	1	**99**	3	**119**	3	**139**	1		
20	4	**40**	3	**60**	3	**80**	1	**100**	4	**120**	1	**140**	3		

Prateek Shivalik

KVS PRT

Code 13

इस परीक्षा पुस्तिका को तब तक न खोलें जब तक कहा न जाए।
Do not open this Test Booklet until you are asked to do so.
इस परीक्षा पुस्तिका के पिछले आवरण पर दिए गये निर्देशों को ध्यान से पढ़ें।
Read carefully the Instructions on the Back Cover of this Test Booklet.

परीक्षार्थियों के लिए निर्देश

1. OMR उत्तर पत्र इस परीक्षा के अन्दर रखा है। जब आपको परीक्षा पुस्तिका खोलने को कहा जाए, तो उत्तर पत्र निकाल कर पृष्ठ-1 एवं पृष्ठ-2 पर ध्यान से केवल नीले बॉल पॉइंट पेन से विवरण भरें।
2. परीक्षा की अवधि 2½ घंटे है एवं परीक्षा में 150 प्रश्न है। **कोई ऋणात्मक अंकन नहीं है।**
3. इस पृष्ठ पर विवरण अंकित करने एवं उत्तर पत्र पर निशान लगाने के लिए केवल नीले बॉल पॉइंट पेन का प्रयोग करें।
4. यह सुनिश्चित कर लें की इस पुस्तिका का संकेत, उत्तर पत्र के पृष्ठ पर छपे संकेत से मिलता है। यह भी सुनिश्चित कर लें की परीक्षा संख्या और उत्तर पत्र संख्या मिलते है। अगर यह भिन्न हों तो परीक्षार्थी दूसरी प्रश्न पुस्तिका और उत्तर पत्र लेने के लिए निरीक्षक को तुरन्त अवगत कराएँ।
5. **यदि अनुवाद में किसी भी प्रकार की कोई अस्पष्टा हो तो अंग्रेजी वाले पाठ को ही सही माना जायेगा।**
6. रफ कार्य परीक्षा पुस्तिका में इस प्रयोजन के लिए दी गई खाली जगह पर करें।
7. सभी उत्तर केवल OMR उत्तर पत्र पर ही अंकित करें। अपने उत्तर ध्यानपूर्वक अंकित करें। उत्तर बदलने हेतु श्वेत रंजक का प्रयोग निषिद्ध है।
8. प्रत्येक प्रश्न के सामने उचित वृत का चिन्हांकन करके अपना उत्तर लिखें। वृत्त को बिना कोई स्थान छोड़े चिन्हांकित करें।

INSTRUCTIONS FOR CANDIDATES

1. The OMR Answer Sheet is inside this Test Booklet. When you are directed to open the Test Booklet, take out the Answer Sheet and fill in the particulars on Side-1 and Side-2 carefully with blue ball point pen only.
2. The test is of 2½ hours duration and consists of 150 questions. **There is no negative marking.**
3. Use Blue Ball Point Pen only for writing particulars on this page / marking responses in the Answer Sheet.
4. Make sure that the CODE printed on the Answer Sheet is the same as that on this booklet. Also ensure that your Test Booklet No. and Answer Sheet No. are the same. In case of discrepancy, the candidate should immediately report the matter to the Invigilator for replacement of both the Test Booklet and the Answer Sheet.
5. **In case of any ambiguity in translation, the English version will be deemed authentic.**
6. Rough work should be done only in the space provided in the Test Booklet for the same.
7. The answers are to be recorded on the OMR Answer Sheet only. Mark your responses carefully. No whitener is allowed for changing answers.
8. Mark your Answer by shading the appropriate circle against each question. The circle should be shaded completely without leaving any space.

परीक्षार्थी का नाम (बड़े अक्षरों में):
Name of the Candidate (in Capitals): ______________________

अनुक्रमांक (अंकों में):
Roll Number: (in figures): ______________________

(शब्दों में):
(in words): ______________________

परीक्षा केन्द्र (बड़े अक्षरों में) :
Centre of Examination (in Capitals): ______________________

परीक्षार्थी के हस्ताक्षर:
Candidate's Signature: ______________________

निरीक्षक के हस्ताक्षर :
Invigilator's Signature : ______________________

Facsimile signature stamp of
Centre Superintendent ______________________

1. Choose the incorrectly spelt word

(1) courageous

(2) stampede

(3) temple

(4) saliloquy

2. Which part of the following sentences has error in it?

I have (P) seen her only once (Q) but I'm liking her a lot. (R) No error (S).

(1) P (2) Q (3) R (4) S

3. Which part of the following sentences has error in it?

I told him (P) that we enjoyed very much (Q) at the party. (R) No error (S).

(1) P (2) Q (3) R (4) S

4. Convert the given sentence into Active / Passive Voice

I expect you to complete this work before sunset.

(1) I expect you to be completed this work before sunset.

(2) I am expected you to complete this work before sunset.

(3) You are expected to complete this work before sunset.

(4) You are expected to be completed this work before sunset.

5. Convert the given sentence into Direct / Indirect Speech

The teacher said to Ram, "Would you like to go on a trip to Kashmir?" Ram said, "Yes"

(1) The teacher asked if Ram would like to go on a trip to Kashmir and Ram replied yes.

(2) The teacher asked Ram if he would like to go on a trip to Kashmir and Ram replied yes.

(3) The teacher asked Ram if he would have liked to go on a trip to Kashmir and Ram replied in the affirmative.

(4) The teacher asked Ram if he would like to go on a trip to Kashmir and Ram replied in the affirmative.

6. Fill in the blank.

Children enjoy ______ the TV programmes.

(1) to see

(2) to watch

(3) to look at

(4) watching

7. Choose the one word which can be substituted for the given sentence/ words.

One who stays away from school without permission

(1) pedant

(2) supplicant

(3) mendicant

(4) truant

8. Choose the option which best expresses the meaning of the highlighted idiom/phrase in the sentence.

to "take someone to task"

(1) to scold someone

(2) to assign work to someone

(3) to take someone to his place of work

(4) to praise someone for the work done

9. Arrange the following jumbled part of the sentence in correct order.

1. When he was quite young, Le Corbusier became interested in art.

P. At the age of nineteen, he travelled around Europe.

Q. But the buildings which impressed him most were those of the ancient Greeks in Athens.

R. At the age of thirteen, he went to an art school.

S. Everywhere he went he admired the magnificent buildings of the past.

6. After his visit to Athens Le Corbusier decided to become an architect.

(1) RPSQ (2) PSRQ (3) RQPS (4) QPSR

10. The antonym of the given word is?

FACILITATE

(1) help

(2) propagate

(3) hinder

(4) reject

11. "जिसने राष्ट्रहित में बलिदान किया हो" के लिए एक उपयुक्त शब्द है
(1) राष्ट्रपुत्र
(2) देशभक्त
(3) शहीद
(4) बलिदानी

12. "नीलगाय" में समास है
(1) द्विगु
(2) कर्मधारय
(3) सम्बन्ध तत्पुरुष
(4) बहुब्रीहि

13. तुम दोनों किधर जा रहे हो – में क्रिया विशेषण का रूप है
(1) स्थानवाचक
(2) कालवाचक
(3) रीतिवाचक
(4) कोई नहीं

14. "अरुण ने पेंसिल से चित्र बनाया।" में प्रयुक्त कारक है
(1) कर्म
(2) संबंध
(3) कर्ता
(4) करण

15. स्वंयसेवक में कौन सा उपसर्ग है?
(1) स्व
(2) स्वयम्
(3) स्वंय:
(4) स्वयं

16. आमदनी में कौन सा प्रत्यय है?
(1) नी
(2) ई
(3) दनी
(4) अनी

17. परिच्छेद का संधि विच्छेद होगा
(1) पर+अच्छेद
(2) परा+ अच्छेद
(3) परि+अच्छेद
(4) परि+छेद

18. निम्न युग्मो में किस स्वर युग्मों का उच्चारण स्थान ओष्ठ है
(1) अ– इ
(2) उ – ई
(3) उ – ऊ
(4) ऊ – इ

19. धीर शब्द का भववाचक संज्ञा है
(1) धैर्य
(2) धीरज
(3) धीरता
(4) कोई नहीं

20. निम्न में से किस शब्द की वर्तनी शुद्ध है?
(1) पधति
(2) पद्धति
(3) पद्धत्ति
(4) पद्धती

Space for Rough Work / कच्चे कार्य के लिए स्थान

21. Nano technology deals with objects with dimensions in the range of
(1) 10^{-3} m
(2) 10^{-6} m
(3) 10^{-9} m
(4) 10^{-12} m

21. नैनो प्रौद्योगिकी किस सीमा के आयाम वाले वस्तुओं के मापन के लिए है
(1) 10^{-3} m
(2) 10^{-6} m
(3) 10^{-9} m
(4) 10^{-12} m

22. Correct expansion of the term 'http' in Internet address is
(1) higher text transfer protocol
(2) higher transfer text protocol
(3) hybrid text transfer protocol
(4) hypertext transfer protocol

22. इंटरनेट पते में 'http' शब्द का सही विस्तार है
(1) higher text transfer protocol
(2) higher transfer text protocol
(3) hybrid text transfer protocol
(4) hypertext transfer protocol

23. A computer virus is
(1) a chemical that attacks silicon.
(2) a micro-organism that destroys integrated circuits.
(3) data that the computer fails to handle.
(4) a special kind of computer programme

23. एक कंप्यूटर वायरस है
(1) एक रसायन जो सिलिकॉन पर हमला करता है।
(2) एक सूक्ष्मजीव जो एकीकृत सर्किट को नष्ट कर देता है।
(3) डेटा जो कंप्यूटर संभालने में विफल रहता है।
(4) एक विशेष प्रकार का कंप्यूटर प्रोग्राम

24. Processor's speed of a computer is measured in
(1) BPS
(2) MIPS
(3) Baud
(4) Hertz

24. कंप्यूटर की प्रोसेसर की गति में मापा जाता है
(1) बीपीएस
(2) एमआईपीएस
(3) बॉड
(4) हर्ट्ज

25. What is the commonly used unit for measuring the speed of data transmission?
(1) Mega Hertz
(2) Characters per second
(3) Bits per second
(4) Nano seconds

25. डेटा ट्रांसमिशन की गति को मापने के लिए आमतौर पर उपयोग की जाने वाली इकाई क्या होती है?
(1) मेगा हर्ट्ज
(2) प्रति सेकेंड अक्षर
(3) प्रति सेकेंड बिट्स
(4) नैनो सेकंड्स

26. In which of the following areas, a spreadsheet software is more useful?
(1) Psychology
(2) Publishing
(3) Statistics
(4) Message sending

26. निम्नलिखित क्षेत्रों में से एक स्प्रेडशीट सॉफ्टवेयर अधिक उपयोगी है?
(1) मनोविज्ञान
(2) प्रकाशन
(3) सांख्यिकी
(4) संदेश भेजना

27. 'C' language is a
(1) Low level language
(2) High level language
(3) Machine level language

27. 'सी' भाषा एक है
(1) निम्न स्तर की भाषा
(2) उच्च स्तरीय भाषा
(3) मशीन स्तर की भाषा

(4) Assembly level language

(4) विधानसभा स्तर की भाषा

28. In a 14" TV or computer monitor, the dimension of 14" stands for
(1) the length of the screen
(2) the breadth of the screen
(3) the diagonal of the screen
(4) the maximum length of the screen

28. टीवी या कंप्यूटर मॉनीटर में 14" मे, 14 के माप का अर्थ है
(1) स्क्रीन की लंबाई
(2) स्क्रीन की चौड़ाई
(3) स्क्रीन के विकर्ण
(4) स्क्रीन की अधिकतम लंबाई

29. Who is called the Father of Computer?
(1) Charles Babbage
(2) Stephen Hawking
(3) W.G. Grace
(4) John Lennon

29. कंप्यूटर के पिता कौन कहा जाता है?
(1) चार्ल्स बैबेज
(2) स्टीफन हॉकिंग
(3) डब्ल्यूजी ग्रेस
(4) जॉन लेनन

30. Where was India's first computer installed?
(1) Indian Institute of Technology, Delhi
(2) Indian Institute of Science, Bangalore
(3) Indian Iron'& Steel Co. Ltd., Burnpur
(4) Indian Statistical Institute, Calcutta

30. भारत का पहला कंप्यूटर कहाँ स्थापित किया गया था?
(1) भारतीय प्रौद्योगिकी संस्थान, दिल्ली
(2) भारतीय विज्ञान संस्थान, बैंगलोर
(3) इंडियन आयरन एंड स्टील कं लिमिटेड, बर्नपुर
(4) भारतीय सांख्यिकी संस्थान, कलकत्ता

Space for Rough Work / कच्चे कार्य के लिए स्थान

31. Which of the following equation is/are INCORRECT?

I. NI = NDP + Net Foreign Income

II. GNP = GDP + Net Foreign Income

III. NDP = GNP – Depreciation

(1) Only (III)

(2) Only (II)

(3) Only (I) and (II)

(4) Only (II) and (III)

31. निम्नलिखित में से कौन सा/से समीकरण सही नहीं है/हैं?

I. एन.आई. = एन.डी.पी. + निवल विदेशी आय

II. जी.एन.पी. = जी.डी.पी. + निवल विदेशी आय

III. एन.डी.पी. = जी.एन.पी. – अवमूल्यन

(1) केवल (III)

(2) केवल (II)

(3) केवल (I) तथा (II)

(4) केवल (II) तथा (III)

32. Who is the custodian of Contingency Fund of India?

(1) The Prime Minister

(2) Judge of Supreme Court

(3) The President

(4) The Finance Minister

32. भारत के आकस्मिकता निधि का संरक्षक कौन है?

(1) प्रधानमंत्री

(2) सर्वोच्च न्यायालय

(3) राष्ट्रपति

(4) वित्त मंत्री

33. Who was the first Governor General of India?

(1) Lord William Bentinck

(2) Lord Dalhousie

(3) Lord Cornwallis

(4) None of these

33. भारत के प्रथम गवर्नर जनरल कौन थे?

(1) लार्ड विलियम बेंटिक

(2) लार्ड डलहौज़ी

(3) लार्ड कार्नवालिस

(4) इनमे से कोई नहीं

34. Which of the following imaginary lines join places with same level of rainfalls?

(1) Contour lines

(2) Isobaths lines

(3) Isohyets lines

(4) Isobar lines

34. निम्नलिखित में से किस काल्पनिक रेखा के द्वारा समान वर्षा स्तर वाले स्थानों को जोड़ा जाता है?

(1) समोच्च रेखाएँ

(2) समगंभीरता रेखाएँ

(3) समवर्षा रेखाएँ

(4) समताप रेखाएँ

35. Which of the following bacteria is responsible for the formation of curd?

(1) Lycopodium

(2) Yeast

(3) Lactobacillus

(4) Fungus

35. निम्नलिखित में से कौन सा जीवाणु दही के गठन के लिए उत्तरदायी होता है?

(1) लाइकोपोडियम

(2) खमीर

(3) लैक्टोबैसिलस

(4) फफूंद या कवक

36. When a ball is thrown vertically upwards, which of the following quantities remains constant during its motion?

(1) Energy

(2) Displacement

(3) Velocity

36. एक गेंद को लंबपूर्वक से ऊपर फेंके जाने पर उसकी चाल के दौरान निम्नलिखित में से कौन-सी भौतिक मात्रा स्थिर रहती है?

(1) ऊर्जा

(2) विस्थापन

(3) गति

(4) त्वरण

(4) Acceleration

37. Which system is used by the Digital Computers to encode data and Programs?

(1) Decimal

(2) Binary

(3) Hexadecimal

(4) Octal

37. अंकीय संगणक (कम्प्यूटर) द्वारा डाटा तथा प्रोग्राम को सांकेतिक शब्दों में बदलने के लिए किस प्रणाली का उपयोग होता है?

(1) दशमलव

(2) बाइनरी या द्विगुण

(3) षोडश आधारी

(4) अष्टाधारी

38. Which of the following is an ore of iron?

(1) Dolomite

(2) Epsom Salt

(3) Siderite

(4) Galena

38. निम्नलिखित में से कौन सा एक लोहे का अयस्क हैं?

(1) डोलोमाइट

(2) सेंधा नमक

(3) लोह-उल्का

(4) गलेना

39. Albert Sabin is known for developing ______.

(1) polio vaccine

(2) penicillin

(3) smallpox vaccine

(4) hepatitis B vaccine

39. अल्बर्ट साबिन को ______ विकसित करने के लिए जाना जाता है।

(1) पोलियो का टीका

(2) पेनिसिलिन

(3) चेचक का टीका

(4) हेपेटाइटिस बी का टीका

40. Who has written the book 'The Ministry of Utmost Happiness?

(1) Amitav Ghosh

(2) Arundhati Roy

(3) Chaitanya Padukone

(4) Pramod Kapoor

40. 'द मिनिस्ट्री ऑफ अटमोस्ट हैप्पीनेस' पुस्तक किसने लिखी है?

(1) अमिताव घोष

(2) अरुंधति रॉय

(3) चैतन्य पादुकोण

(4) प्रमोद कपूर

Space for Rough Work / कच्चे कार्य के लिए स्थान

Reasoning

41. From the given alternative, select the word which cannot be formed using the letters of the given words.

GOVERNMENT ROCKS !

(1) Some
(2) Rome
(3) Come
(4) Tent

42. If JANUARY = 12, FEBRUARY = 15, MARCH = 04, then DECEMBER = ?

(1) 15
(2) 12
(3) 26
(4) 40

43. Arrange the following words as per order in the dictionary.

1. Naughty, 2. Night, 3. Narmada, 4. Novel

(1) 4, 3, 2, 1
(2) 3, 4, 2, 1
(3) 3, 1, 2, 4
(4) 2, 4, 3, 1

44. What numbers occur at the bottom face in the given three positions of the same die?

(1) 6, 6, 2
(2) 5, 6, 1
(3) 5, 5, 5
(4) 6, 5, 2

45. P is the brother of D. X is the sister of P. A is the brother of F. F is daughter of D. M is the father of X. Who is the uncle of A?

(1) X
(2) P
(3) F
(4) M

46. What is the reflex angle between the two hands of a clock when the time shown by the clock is 9: 25?

(1) 132.5°

41. निम्नलिखित विकल्पों में से, वह शब्द चुनिए जो दिए गए शब्दों के अक्षरों का प्रयोग करके नहीं बनाया जा सकता है।

GOVERNMENT ROCKS !

(1) Some
(2) Rome
(3) Come
(4) Tent

42. यदि JANUARY = 12, FEBRUARY = 15, MARCH = 04, तो DECEMBER = ?

(1) 15
(2) 12
(3) 26
(4) 40

43. दिए गए शब्दों को शब्दकोष में दिए गए क्रमानुसार व्यवस्थित करें

1. Naughty, 2. Night, 3. Narmada, 4. Novel

(1) 4, 3, 2, 1
(2) 3, 4, 2, 1
(3) 3, 1, 2, 4
(4) 2, 4, 3, 1

44. दिए गए पासे के तीनों स्थितियों में निचली सतह पर कौन सी संख्या आएगी?

(1) 6, 6, 2
(2) 5, 6, 1
(3) 5, 5, 5
(4) 6, 5, 2

45. P, D का भाई है। X, P की बहन है। A, F का भाई है। F, D की पुत्री है। M, X का पिता है। A का मामा कौन है?

(1) X
(2) P
(3) F
(4) M

46. किसी घडी के दोनों सुइयों के बीच की वृहतकोण क्या होगा यदि घडी में समय 09:25 बज रहा है?

(1) 132.5°

(2) 162.5°
(3) 227.5°
(4) 197.5°

47. What number should come in the place of "?"

	6			5			3	
15	[22]	2	6	[19]	3	14	[?]	2
	5			2			10	

(1) 40
(2) 10
(3) 18
(4) 24

48. If lead is called 'stick', stick is called 'nib', nib is called 'needle', needle is called 'rope' and rope is called 'thread', what will be fitted in a pen to write with it?
(1) Stick
(2) Nib
(3) Needle
(4) Thread

49. The next number in the given series will be

3, 8, 22, 63, 185,?

(1) 550
(2) 310
(3) 295
(4) 285

50. In a row of 10 boys, when position of Ashutosh got shifted by two places towards the left, his position became seventh from the left end. What was his earlier position from the right end of the row.
(1) First
(2) Second
(3) Fourth
(4) Sixth

(2) 162.5°
(3) 227.5°
(4) 197.5°

47. "?" के स्थान पर कौन सी संख्या आनी चाहिये?

	6			5			3	
15	[22]	2	6	[19]	3	14	[?]	2
	5			2			10	

(5) 40
(6) 10
(7) 18
(8) 24

48. यदि lead को 'stick' कहा जाता है, Stick को 'nib' कहा जाता है, nib को 'needle' कहा जाता है, needle को 'rope' कहा जाता है तथा rope को 'thread' कहा जाता है, तो लिखने के लिए कलम से क्या फिट किया जाएगा?
(1) Stick
(2) Nib
(3) Needle
(4) Thread

49. दी गई श्रृंखला में अगली संख्या क्या होगी?

3, 8, 22, 63, 185,?

(1) 550
(2) 310
(3) 295
(4) 285

50. 10 लड़कों की किसी पंक्ति में, आशुतोष को बाएं ओर 2 स्थान स्थानांतरित किया गया, उसका स्थान बाएं छोर से सातवां बन गया। पंक्ति के दाहिने छोर से उसकी प्रारम्भिक स्तिथि क्या थी?
(1) पहला
(2) दुसरा
(3) चौथा
(4) छठा

Space for Rough Work / कच्चे कार्य के लिए स्थान

51. Micro-teaching is
(1) Teaching at micro level
(2) Practicing different teaching skills separately
(3) Providing detailed explanations of concepts and principles
(4) Teaching micro-concepts of the subject

51. सूक्ष्म शिक्षण से अभिप्राय है:
(1) सूक्ष्म स्तर पर अध्यापन करना
(2) विभिन्न अध्यापन कौशलों का पृथक रूप में अभ्यास करना
(3) अवधारणाओं तथा सिद्धांतों का विस्तृत विवरण देना
(4) विषय की सूक्ष्म अवधारणाओं को समझाना

52. Which of the following cannot be achieved by using objective type test items?
(1) Objectivity in scoring
(2) Problem solving ability
(3) Wide content coverage
(4) High degree of reliability

52. निम्नलिखित में से किस की संप्राप्ति वस्तुनिष्ठ प्रकार के परीक्षणों मदों का प्रयोग करने से नहीं की जा सकती है?
(1) समंकन प्रक्रिया में वस्तुनिष्ठता
(2) समस्या समाधान योग्यता
(3) विषयवस्तु का व्यापक विस्तार
(4) उच्च कोटि की विश्वसनीयता

53. Objectives of education are not helpful in:
(1) Understanding child development
(2) Designing learning experiences
(3) Selecting instructional material
(4) Preparing evaluation tools

53. शिक्षा के उद्देश्य निम्नलिखित में से किसमें सहायक नहीं होते?
(1) बच्चे के विकास को समझने में
(2) अधिगम अनुभवों के निर्माण में
(3) अनुदेशात्मक सामग्री के चयन में
(4) मूल्यांकन उपकरण को तैयार करने में

54. Development starts from
(1) pre – childhood stage
(2) pre – natal stage
(3) the stage of infancy
(4) post – childhood stage

54. विकास कहाँ से शुरू होता है।
(1) बचपन काल के पूर्व
(2) प्रसव काल के पूर्व
(3) बचपन काल की अवस्था
(4) बचपन काल के बाद

55. When two-year-old Prateek sees a scuba diver emerge on the beach, he says "Big fish!" According to Piaget, Prateek used ______ to try to understand the new stimulus of a scuba diver.
(1) assimilation
(2) accommodation
(3) object permanence
(4) conservation

55. जब दो वर्षीय प्रतीक समुद्र तट पर एक स्कूबा डाइवर को उभरता देखता है, तो वह कहता है, ""बड़ी मछली "!पियाजे के अनुसार, प्रतीक ने स्कूबा डाइवर के नए अनुभव को समझने के लिए ______ का उपयोग किया है।
(1) आत्मसातकारण
(2) समायोजन
(3) वस्तु स्थायीता
(4) संरक्षण

56. What is the advantage of home work for students?
(1) To make them work harder.
(2) To reduce wastage of time by students.
(3) To develop habit of self study.
(4) All these

56. छात्रों के लिए गृह – कार्य का क्या लाभ है?
(1) उनसे और कड़ी मेहनत करवाना
(2) छात्रों द्वारा समय की बर्बादी को कम करना
(3) खुद से पढाई करने की आदत विकसित करना
(4) ये सभी

57. Prateek took an intelligence test that included items requiring him to say what he would do if he were stranded in a large city with no money and how he would teach music to children who had no musical

57. प्रतीक ने एक बुद्धि परीक्षण दिया जिसमें इस तरह के प्रश्न थे कि वह क्या करेगा यदि वह एक बड़े शहर में बिना किसी पैसे के फंसे हुए थे और वह उन बच्चों को संगीत कैसे सिखाएंगे, जिनके पास संगीत वाद्य यंत्र नहीं थे। यह परीक्षण संभाव्यत :सबसे अधिक पर

instruments. This test was most likely based on
(1) Sternberg's triarchic theory of intelligence.
(2) Gardner's concept of multiple intelligences.
(3) Terman's giftedness theory.
(4) the Wechsler Adult Intelligence Scale.

58. According to Bloom's Taxonomy of Educational Objectives, which of the following best describes as Application level of Cognitive Domain?
(1) The ability to recognize and recall information. Exhibit memory of previously learned material by recalling facts, terms, basic concepts, and answers.
(2) The ability to translate information into one's own words to show understanding of facts and ideas by organizing, comparing, translating, interpreting, giving descriptions, and stating main ideas.
(3) The ability to solve problems to new situations by using acquired knowledge, facts, techniques and rules in a different way. Use information or relate learning to new real-life situations
(4) The ability to compile information together in a different way by combining elements in a new pattern or proposing alternative solutions.

59. The lecture method would be most appropriate when used to:
(1) Hold the attention of the unruly class
(2) Ensure complete coverage of material
(3) Develop interest and supplement the text
(4) Teach controversial topics

60. What is the significance of an educational tour for students?
(1) Provide enjoyment to students
(2) Gain knowledge through tour experience
(3) Satisfy parents/guardian
(4) Reduce the burden of regular classes

61. Which one of the following is not applicable in the case of a personalized teaching system?
(1) Teacher is the centre of education
(2) Teacher can understand the attitude of the student
(3) Student receives full attention
(4) Student gets a chance to work according to his interest/taste

आधारित था
(1) स्टर्नबर्ग त्रितंत्र बुद्धि सिद्धांत पर
(2) गार्डनर बहुबुद्धि सिद्धांत की अवधारणा पर
(3) टर्मन के सिद्धांत पर
(4) वेश्लर के वयस्क बुद्धि मापनी पर

58. ब्लूम के शैक्षिक उद्देश्यों के वर्गीकरण के अनुसार, निम्नलिखित में से कौन सा संज्ञानात्मक क्षेत्र अनुप्रयोग स्तर के रूप का सबसे अच्छा वर्णन करता है?
(1) जानकारी को पहचानने और याद करने की क्षमता। तथ्यों, शर्तों, बुनियादी अवधारणाओं और उत्तरों को याद करके पहले से सीखी हुई सामग्री की स्मृति को प्रदर्शित करना।
(2) तथ्यों और विचारों को व्यवस्थित करने, तुलना करने, अनुवाद करने, व्याख्या करने, विवरण देने और मुख्य विचारों को बताकर तथ्यों और विचारों को समझाने के लिए जानकारी को अपने स्वयं के शब्दों में विवेचना करने की क्षमता।
(3) अधिग्रहित ज्ञान, तथ्यों, तकनीकों और नियमों का एक अलग तरीके से उपयोग करके नई परिस्थितियों में समस्याओं को हल करने की क्षमता। जानकारी का प्रयोग करना या नई वास्तविक जीवन स्थितियों में अधिगम से संबंधित करना
(4) एक नए पैटर्न में तत्वों को जोड़कर या वैकल्पिक समाधान प्रस्तावित करके एक साथ अलग तरीके से जानकारी संकलित करने की क्षमता।

59. व्याख्यान विधि किस स्थिति में सर्वाधिक उपयुक्त विधि होगी?
(1) उपद्रवी कक्षा का ध्यान आकृष्ट करने के लिए
(2) जब पाठ्य सामग्री का पूर्ण रूप से प्रतिपादन करना हो
(3) अभिरुचि के विकास और पाठ्य सामग्री के संपूरक के रूप में
(4) जब विवादास्पद विषयों को पढ़ाना हो

60. विद्यार्थियों के लिए शैक्षिक भ्रमण का क्या महत्व है?
(1) छात्रों को आनंद प्रदान करना
(2) भ्रमण के अनुभव से ज्ञान प्राप्त करना
(3) माता-पिता/अभिभावक को संतुष्ट करना
(4) नियमित कक्षाओं का बोझ कम करें

61. व्यक्तिगत शिक्षण प्रणाली के मामले में निम्नलिखित में से कौन सा एक लागू नहीं होता है?
(1) शिक्षक शिक्षा का केंद्र है
(2) शिक्षक छात्र के दृष्टिकोण को समझ सकता है
(3) विद्यार्थी को पूरा ध्यान मिलता है
(4) विद्यार्थी को उसकी रुचि/स्वाद के अनुसार कार्य करने का अवसर मिलता है

62. The relationship between psychology and education is considered
(1) Intimate
(2) Not significant
(3) Non - existent
(4) Not quite relevant

62. मनोविज्ञान और शिक्षा के बीच संबंध माना जाता है
(1) अंतरंग
(2) महत्वपूर्ण नहीं
(3) अस्तित्वहीन
(4) काफी प्रासंगिक नहीं है

63. Psychology is a science which is concerned with
(1) Behavior
(2) Religion
(3) Culture
(4) All these

63. मनोविज्ञान एक विज्ञान है जिसका संबंध से है
(1) व्यवहार
(2) धर्म
(3) संस्कृति
(4) ये सभी

64. The chief "selling point" of the essay examination is its:
(1) High validity
(2) High reliability
(3) High diagnostic value
(4) Ability to measure skill in summarizing and organizing

64. "निबंधात्मक परीक्षण" की इतनी लोकप्रियता का मुख्य कारण है:
(1) इसकी उच्च वैधता
(2) इसकी उच्च विश्वसनीयता
(3) इसके उच्च निदानात्मक मूल्य
(4) इसकी संक्षेपण तथा संगठन कौशल को मापने की योग्यता

65. A good teacher is one who
(1) maintains strict discipline.
(2) teaches students how to get good marks.
(3) teaches in an interesting manner so that children enjoy learning.
(4) never takes leave.

65. अच्छा शिक्षक वह होता है जो
(1) सख्त अनुशासन बनाए रखता है
(2) छात्रों को अच्छे अंक पाने के तरीके सिखाता है
(3) रोचक तरीके से पढ़ाता है ताकि बच्चों को पढ़ाई में मजा आए
(4) कभी छुट्टी नहीं लेता

66. Which one of the following is the proper order of the Maslow's hierarchy of human needs?
(1) Physiological, love or belongingness, safety, self-esteem, self-actualization
(2) self-esteem, Physiological, love/ belongingness, safety, self-actualization
(3) love/ belongingness, Physiological, self-esteem, safety, self-actualization
(4) Physiological, safety, love/ belongingness, self-esteem, self-actualization

66. निम्नलिखित में से कौन-सा अधिक्रम मैसलो द्वारा प्रतिपादित मानव आवश्यकता अधिक्रम का उपयुक्त क्रम है?
(1) शारीरिक, स्नेह या अपनापन, सुरक्षा, स्वाभिमान, स्वानुभूति
(2) स्वाभिमान, शारीरिक, स्नेह/अपनापन, सुरक्षा, स्वानुभूति
(3) स्नेह/अपनापन, शारीरिक, स्वाभिमान, सुरक्षा, स्वानुभूति
(4) शारीरिक, सुरक्षा, स्नेह/अपनापन, स्वाभिमान, स्वानुभूति

67. Integrated education for the disabled implies:
(1) Admitting disabled children in special school pertaining to their abilities
(2) Only special teachers to teach such children
(3) Providing them education along with normal children from the beginning
(4) Part schooling in special schools and then part in normal schools

67. निःशक्त बच्चों की समेकित शिक्षा से अभिप्राय है:
(1) बच्चों की योग्यताओं के अनुसार निःशक्त बच्चों को विशेष विद्यालय में दाखिल करना
(2) विशेष बच्चों का अध्यापन विशेष अध्यापक ही कराते हैं
(3) आरंभ से ही उन्हें सामान्य बालकों के साथ शिक्षा देना
(4) आंशिक शिक्षा विशेष विद्यालयों में, तत्पश्चात सामान्य विद्यालयों में

68. Which of the following activities would encourage divergent thinking in a young, intellectually gifted elementary student?
(1) Classifying pictures of rocks using a teacher-prepared guide
(2) Reading an encyclopedia article on rocks and minerals
(3) Collecting rocks and deciding on multiple ways to organize them
(4) Drawing pictures of rocks found in the neighborhood

69. The centre of the teaching process is
(1) Teacher.
(2) Learning material.
(3) Curriculum.
(4) Student.

70. Which of the following domains do the emotions belong to?
(1) Cognitive
(2) Affective
(3) Motivational
(4) All the above domain

68. निम्नलिखित में से कौन सी गतिविधियां एक युवा, बौद्धिक रूप से प्रतिभाशाली प्राथमिक छात्र में अपसारी चिंतन को प्रोत्साहित करती हैं?
(1) शिक्षक द्वारा तैयार मार्गदर्शिका का उपयोग करके चट्टानों की तस्वीरें वर्गीकृत करना
(2) चट्टानों और खनिजो पर एक विश्वकोष लेख पढ़ना
(3) चट्टानों को इकट्ठा करना और उन्हें व्यवस्थित करने के कई तरीकों पर निर्णय लेना
(4) पड़ोस में पाए गए चट्टानों की तस्वीरें खींचना

69. पढ़ाने की प्रक्रिया का केंद्र होता है
(1) शिक्षक
(2) पढाई की सामग्री
(3) पाठ्यक्रम
(4) छात्र

70. निम्न में से किस प्रभाव क्षेत्र से यह भावनाएं सम्बन्ध हैं?
(1) संज्ञानात्मक
(2) भावनात्मक
(3) अभिप्रेरणात्मक
(4) उपरोक्त समस्त प्रभाव क्षेत्रो से

Space for Rough Work / कच्चे कार्य के लिए स्थान

71. During the process of language learning, students lack confidence in their pronunciation. How can one overcome this?
(1) Reading aloud in the classroom.
(2) Organizing play like tasks in which children can talk to one another.
(3) Providing scope for special activities with the help of language experts for removing speaking defects.
(4) Correcting mistakes immediately

72. Which approach emphasizes interaction as the means and the goal of learning a language?
(1) Immersion
(2) Silent way
(3) Communicative
(4) Oral-aural

73. Maximum participation of students during teaching in a language classroom is possible through:
(1) Inductive method
(2) Discussion and demonstration methods
(3) Lecture method
(4) Translation method

74. What is the main purpose of poetry recitation in a language classroom?
(1) To become aware of the poet and her works.
(2) To know the historical background of the poem.
(3) To appreciate and enjoy the poem.
(4) To give their opinions about the poem.

75. Under which activity do recognizing sounds and deducing meanings from them come?
(1) Reading
(2) Writing
(3) Speaking
(4) Listening

Instruction (Q.No.76–80): Study the following paragraph and answer the questions that follow.

One Sunday morning, I was travelling on a subway in Mumbai. People were sitting quietly – some reading newspapers, some lost in thought it was a calm, peaceful scene.

Then suddenly, a man and his children entered the subway car. The children were so loud and rambunctious that instantly the whole climate changed.

The man sat next to me and closed his eyes, apparently oblivious to the situation. The children were yelling back and forth, throwing things, even grabbing people's papers it was very disturbing and yet, the man sitting next to me did nothing.

It was difficult not to feel irritated. I could not believe that he could be so insensitive as to let his children run wild and do nothing about it and it was easy to see that everyone else on the subway felt irritated, too. So finally, I turned to him and said, "sir, your children are really disturbing a lot of people. I wonder if you couldn't control them a little more."

The man lifted his gaze as if to come to a consciousness of the situation for the first time and said softly, "Oh, you're right. I guess I should do something about it. We just came from the hospital where their mother died an hour ago. I don't know what to think and I guess they don't know how to handle it either.

Can you imagine what I felt at that moment? My paradigm shifted. Suddenly I saw things differently, and because I saw things differently, I thought, felt, and behaved differently my irritation vanished; my heart was filled with the man's pain. Feelings of sympathy and compassion flowed freely. "Your wife just died? Oh, I am sorry! Can you tell me about it? What can I do to help? Everything changed in an instant.

76. How did the man (children's father) react to the unruly behavior of his children?
(1) He did nothing.
(2) He enjoyed their antics.
(3) He rebuked them.
(4) He tried to control them.

77. The children's behavior on the subway was:

(1) Shocking
(2) Amusing
(3) Irritating
(4) Disgusting

78. The primary purpose of the author is to:
(1) Show a radical shift in attitude.
(2) Highlight the problems of subway travellers.
(3) Narrate an amusing incident.
(4) Show how indulgent parents spoil their children.

79. It can be inferred from the man's behavior that he was:
(1) Unsocial
(2) Insensitive
(3) An indulgent parent
(4) Mentally disturbed

80. When the writer learnt the truth:
(1) He decided to help the man out.
(2) He felt apologetic.
(3) His heart was filled with the man's suffering.
(4) He was angry with himself for being judgmental.

भाषा विषय: हिन्दी

81. भाषा की कक्षाओं में लोकतांत्रिकता बनाए रखने के लिए क्या जरुरी है?
(1) बच्चों को हर समय बोलने के लिए कहना
(2) लोकतंत्र पर निबंध पढ़ाना – लिखवाना
(3) स्वतंत्र एवम् मौलिक अभिव्यक्ति के अवसर देना
(4) राज्य भाषा को अनिवार्यत: पढ़ाना

82. भाषा – अर्जन के संबंध में कौन – सा कथन उचित नहीं है?
(1) बिना विद्यालय गए भाषा – अर्जन संभव है
(2) सभी बच्चों में भाषा – अर्जन की स्वाभाविक क्षमता होती है
(3) भाषा – अर्जन के लिए नियम सिखाए जाते हैं
(4) भाषा – अर्जन को सहज बनाने के लिए समृद्ध भाषिक परिवेश होना चाहिए

83. बच्चों की भाषायी क्षमताओं के आकलन में सबसे अधिक कारगर है :
(1) रेटिंग स्केल
(2) लिखित परीक्षा
(3) पोर्टफोलियो
(4) जांच सूची

84. भाषा की पढ़ाई :
(1) बेहद जटिल और संवेदनशील है
(2) भाषा की पाठ्य – पुस्तक से ही संभव है
(3) समूची पाठ्यचर्या में व्याप्त है
(4) समूची पाठ्यचर्या का केवल एक हिस्सा है

85. भाषा की कक्षा में बच्चों को किसी त्यौहार विशेष के बारे में बताना है, आप
(1) उस त्योहार पर गृहकार्य के रूप में निबंध लिखकर लाने के लिए कहेंगे
(2) श्यामपट्ट पर उस त्योहार विशेष के बारे में लिख देंगे
(3) किसी पुस्तक से उस त्योहार के बारे में पढ़कर सुनाएंगे
(4) बच्चों को उस त्योहार के बारे में अपने – अपने अनुभव सुनाने के लिए कहेंगे

निर्देश (Q.No.86–90): दिए गए गद्यांश को पढ़कर उसके नीचे लिखे प्रश्नों के सबसे उचित विकल्प को चुनिए।

क्यों? एक ऐसा सवाल है , जिसका जवाब देने का प्रयास हम माता – पिता हमेशा से करते आए हैं। यह अच्छी बात है कि बच्चे सवाल पूछते हैं। सीखने का इससे बढ़िया कोई और तरीका नहीं हो सकता। सभी बच्चों के पास सीखने के दो स्त्रोत होते हैं – कल्पनाशीलता और उत्सुकता। माता – पिता के रूप में आप अपने बच्चे की कल्पनाशीलता व उत्सुकता को बढ़ावा देकर उसे सीखने के आनंद से सराबोर कर सकते हैं। शिक्षण और सीखना महज स्कूल की चारदीवारी के भीतर संपन्न होने वाली रहस्यमय गतिविधियां नहीं हैं। वे तब भी होती हैं , जब माता – पिता और बच्चे बेहद आसान चीजों को साथ – साथ करते हैं। उदाहरण के लिए , धुलने वाले कपड़ों के ढेर से मोजों को उनके जोड़ों के हिसाब से छांटकर गणित और विज्ञान की गुत्थियां सुलझा सकते हैं। साथ मिलकर खाना बना सकते हैं , क्योंकि खाना बनाने से गणित और विज्ञान के अलावा अच्छी सेहत की भी सीख मिलती है। एक – दूसरे को कहानियाँ सुना सकते हैं। कहानी सुनाना पढ़ने और लिखने का आधार है। उछल - कूद वाले खेलों से बच्चे गिनती सीखते हैं और जीवन – पर्यंत अच्छी सेहत का पाठ पढ़ते हैं। बच्चों के साथ मिलकर कुछ करने से आप समझ जाएँगे कि सीखना मनोरंजक और बेहद महत्त्वपूर्ण क्रिया – कलाप है।

86. सीखने का बढिया तरीका है :

(1) पुस्तक पढना

(2) प्रश्न पूछना

(3) उत्तर देना

(4) विस्तार से समझाना

87. गद्यांश के आधार पर कहा जा सकता है कि:

(1) कहानी सुनाना ही सीखने का एकमात्र आधार है

(2) सीखना स्कूल के भीतर ही संभव है

(3) माता – पिता को बच्चों के सवालों के जवाब नहीं देने चाहिए

(4) बच्चे रोजमर्रा के कार्यों से भी बहुत कुछ सीख सकते हैं।

88. किनके 'क्यों?' प्रश्न का उत्तर देने का प्रयास हम करते आए हैं?

(1) शिक्षकों के

(2) माता – पिता के

(3) बच्चों के

(4) समाज के

89. बच्चों के पास सीखने के स्त्रोतों में से एक है :

(1) पाठ्य – पुस्तक

(2) माता – पिता

(3) उत्सुकता

(4) अध्यापक

90. सीखना तब भी होता है , जब माता – पिता और बच्चे :

(1) केवल छोटे और आसन काम करें

(2) साथ – साथ काम करें

(3) गृहकार्य मिलकर करें

(4) मिलकर खाना बनाना सीखें

Space for Rough Work / कच्चे कार्य के लिए स्थान

Science

91. What is its angle of inclination, if the mechanical advantage of an inclined plane is $\frac{2}{\sqrt{3}}$?

(1) 15°　(2) 45°
(3) 30°　(4) 60°

92. Under a microscope Paheli observes a cell that has a cell wall but no distinct nucleus. The cell that she observes is:

(1) a plant cell
(2) an animal cell
(3) a nerve cell
(4) a bacterial cell

93. For the metamorphosis of tadpoles which of the following elements must be available in water?

(1) chlorine　(2) carbon
(3) sulphur　(4) iodine

94. A toy car released with the same initial speed will travel farthest on:

(1) muddy surface
(2) polished marble surface
(3) cemented surface
(4) brick surface

95. Loudness of sound is measured in units of

(1) decibel
(2) hertz
(3) metre
(4) metre/second

96. Which of the following statements is correct regarding rods and cones in the human eye?

(1) Cones are sensitive to dim light.
(2) Cones are sensitive to bright light.
(3) Rods are sensitive to bright light.
(4) Rods can sense colour.

97. During summer, water kept in an earthen pot becomes cool because of the phenomenon of

(1) diffusion
(2) transpiration
(3) osmosis
(4) evaporation

91. इसका झुकाव कोण क्या है, यदि एक झुके हुए विमान का यांत्रिक लाभ $\frac{2}{\sqrt{3}}$ है?

(1) 15°　(2) 45°
(3) 30°　(4) 60°

92. पहेली ने सूक्ष्मदर्शी की सहायता से एक ऐसी कोशिका को देखा जिसमें स्पष्ट कोशिका-भित्ति तो थी किन्तु स्पष्ट केंद्रक नहीं था। उसने कौन-सी कोशिका देखी-

(1) पादप कोशिका
(2) प्राणी-कोशिका
(3) तंत्रिका-कोशिका
(4) जीवाणु कोशिका

93. टेडपोलों के कायांतरण के लिए कौन-सा तत्व पानी में उपलब्ध होना चाहिए –

(1) क्लोरीन　(2) कार्बन
(3) गंधक　(4) आयोडीन

94. एक ही प्रारंभिक चाल से चलती हुई कोई खिलौना कार सबसे अधिक दूरी चलेगी:

(1) मिट्टी की कच्ची सतह पर
(2) पॉलिश की हुई संगमरमर की सतह पर
(3) सीमेंट की पक्की सतह पर
(4) ईंट की सतह पर

95. ध्वनि की प्रबलता का मात्रक है

(1) डेसिबल
(2) हर्ट्ज
(3) मीटर
(4) मीटर / सेकेंड

96. मानव नेत्र की तंत्रिका कोशिकाओं, शलाकाओं तथा शंकुओं के विषय में निम्नलिखित में से कौन सा कथन सही है?

(1) शंकु मंद प्रकाश के लिए सुग्राही होते हैं।
(2) शंकु तीव्र प्रकाश के लिए सुग्राही होते हैं।
(3) शलाकाएँ तीव्र प्रकाश के लिए सुग्राही होती हैं।
(4) शलाकाएँ रंगों की पहचान करती हैं।

97. ग्रीष्मकाल में जल को मिटटी के बर्तन में रखने पर किस परिघटना के कारण वह ठंडा हों जाता है ?

(1) विसरण
(2) वाष्पोत्सर्जन
(3) परासरण
(4) वाष्पन

98. Which of the following would weigh the highest?
(1) 0.2 mole of sucrose ($C_{12}H_{22}O_{11}$)
(2) 2 moles of CO_2
(3) 2 moles of $CaCO_3$
(4) 10 moles of H_2O

98. निम्नलिखित में किसका भार सबसे अधिक होगा ?
(1) सुक्रोस ($C_{12}H_{22}O_{11}$) के 0.2 मोल
(2) CO_2 के 2 मोल
(3) $CaCO_3$ के 2 मोल
(4) H_2O के 10 मोल

99. Which of the following statement is always correct?
(1) An atom has equal number of electrons and protons.
(2) An atom has equal number of electrons and neutrons.
(3) An atom has equal number of protons and neutrons.
(4) An atom has equal number of electrons, protons and neutrons.

99. निम्नलिखित में से कौन-सा कथन सर्वदा सही है ?
(1) एक परमाणु में इलेक्ट्रॉनों और प्रोटॉनो की संख्या समान होती है।
(2) एक परमाणु में इलेक्ट्रॉनों और न्यूटॉनो की संख्या समान होती है।
(3) एक परमाणु में प्रोटॉनो और न्यूटॉनो की संख्या समान होती है।
(4) एक परमाणु में इलेक्ट्रॉनों, प्रोटॉनो और न्यूटॉनो की संख्या समान होती है।

100. Organelle other than nucleus, containing DNA is
(1) endoplasmic reticulum
(2) golgi apparatus
(3) mitochondria
(4) lysosome

100. केंद्रक के अलावा बह अंगक जिसमें डी.एन.ए. होता है-
(1) अंतर्द्रव्यी जालिका
(2) गॉल्जी उपकरण
(3) माइटोकॉन्ड्रिया
(4) लाइसोसोम

101. In which of the following cases of motions, the distance moved and the magnitude of displacement are equal?
(1) If the car is moving on straight road
(2) If the car is moving in circular path
(3) The pendulum is moving to and fro
(4) The earth is revolving around the Sun

101. नीचे दिए गए प्रकरणों में से किसमें, चली गई दुरी तथा विस्थापन के परिमाण समान होते है ?
(1) यदि कार सीधी सड़क पर गमन कर रही है
(2) यदि कार वृत्ताकार पथ में गमन कर रही है
(3) लोलक इधर-उधर गति कर रहा है
(4) पृथ्वी सूर्य की परिक्रमा कर रही है

102. The weight of an object at the centre of the earth of radius R is
(1) zero
(2) infinite
(3) R times the weight at the surface of the earth
(4) $1/R^2$ times the weight at surface of the earth

102. R त्रिज्या की पृथ्वी के केंद्र पर किसी पिंड का भार -
(1) शून्य होता है
(2) अनंत होता है
(3) पृथ्वी के पृष्ठ पर भार का R गुना होता है
(4) पृथ्वी के पृष्ठ पर भार का $1/R^2$ गुना होता है

103. Infrasound can be heard by
(1) dog
(2) bat
(3) rhinoceros
(4) human being

103. निम्नलिखित में से कौन अवश्रव्य ध्वनि सुन सकता है ?
(1) कुत्ता
(2) चमगादड़
(3) राइनोसेरस (गैंडा)
(4) मनुष्य

104. A student sitting on the last bench can read the letters written on the blackboard but is not able to read the letters written in his text book. Which of the

104. कक्षा में सबसे पीछे बेंच पर बैठा कोई विद्यार्थी श्यामपटट पर लिखे अक्षरों को पढ़ सकता है, परंतु पुस्तक में लिखे अक्षरों को नहीं पढ़ पाता। निम्नलिखित में कौन-सा प्रकथन सही हैं ?

following statements is correct?

(1) The near point of his eyes has receded away

(2) The near point of his eyes has come closer to him

(3) The far point of his eyes has come closer to him

(4) The far point of his eyes has receded away

(1) विधार्थी के नेत्र का निकट बिंदु उससे दूर हों गया है

(2) विधार्थी के नेत्र का निकट बिंदु उसके पास आ गया है

(3) विधार्थी के नेत्र का दूर बिंदु उसके पास आ गया है

(4) विधार्थी के नेत्र का दूर बिंदु उससे दूर हों गया है

105. The resistivity does not change if

(1) the material is changed

(2) the temperature is changed

(3) the shape of the resistor is changed

(4) both material and temperature are changed

105. प्रतिरोधकता में कब परिवर्तन नहीं होता ?

(1) पदार्थ परिवर्तित होने पर

(2) ताप परिवर्तित होने पर

(3) प्रतिरोधक की आकृति में परिवर्तन होने पर

(4) पदार्थ तथा ताप दोनों में परिवर्तन होने पर

106. Select the correct statement

(1) Heterotrophs do not synthesise their own food

(2) Heterotrophs utilise solar energy for photosynthesis

(3) Heterotrophs synthesise their own food

(4) Heterotrophs are capable of converting carbon dioxide and water into carbohydrates

106. सही कथन चुनिए।

(1) विषमपोषी प्राणी अपने भोजन का संश्लेषण स्वयं नहीं करते।

(2) विषमपोषी प्राणी प्रकाश/संश्लेषण प्रक्रिया के लिए सौर ऊर्जा प्रयुक्त करते हैं।

(3) विषमपोषी प्राणी अपने भोजन का संश्लेषण स्वयं करते हैं।

(4) विषमपोषी प्राणी कार्बन डाइऑक्साइड और जल को कार्बोहाइड्रेटों में बदलने में समर्थ होते हैं।

107. You dug two pits, A and B, in your garden. In pit A, you put a polythene bag packed with some agricultural waste. In pit B, you dumped the same kind of waste but without packing it in a polythene bag. You then covered both the pits with soil. What did you observe after a month?

(1) Waste in pit A degraded faster than that in pit B.

(2) Waste in pit B degraded faster than that in pit A.

(3) Waste in both pits degraded almost equally.

(4) Waste in both pits did not degrade at all.

107. आपने अपने बगीचे में दो गड्ढे A और B खोदे। उसने खेती के कुछ बचे-कुचे अंशों को पॉलिथीन की थैली में भरकर A गड्ढे में डाल दिया। उसने उन्हीं चीजों को पॉलिथीन की थैली में भरे बगैर ही B गड्ढे में डाल दिया। बाद में उसने दोनों गड्ढो को मिटटी से ढँक दिया। एक महीने के बाद आपने क्या देखा?

(1) गड्ढे A में अपशिष्ट गड्ढे B से तेज अवक्रमित हुए।

(2) गड्ढे B में अपशिष्ट गड्ढे A से तेज अवक्रमित हुए।

(3) दोनों गड्ढे में अपशिष्ट लगभग समान रूप से अवक्रमित हुए

(4) दोनों गड्ढे में अपशिष्ट बिल्कुल अवक्रमित नहीं हुए।

108. A purple coloured non-metal forms a brown solution in alcohol which is applied on wounds as an antiseptic:

(1) Sulphur

(2) Chlorine

(3) Oxygen

(4) Iodine

108. बैंगनी रंग की एक अधातु ऐल्कोहॉल में भूरे रंग का विलयन बनाती है, जिसे घावों पर एंटीसेप्टिक के रूप में उपयोग किया जाता है| अधातु का नाम बताइए।

(1) सल्फर

(2) क्लोरीन

(3) ऑक्सीजन

(4) आयोडीन

109. Study the following statements:

I. Oxygen in air is an exhaustible natural resource.

II. Resources which are present in unlimited quantity in nature are called exhaustible natural resources.

III. Wildlife is an exhaustible natural resource.

IV. Under high temperature and pressure, dead plants get slowly converted to coal.

V. CNG is less polluting fuel than petrol and diesel.

109. निम्नलिखित बयानों का अध्ययन करें:

I. हवा में ऑक्सीजन एक क्षयकारी प्राकृतिक संसाधन है।

II. संसाधन जो प्रकृति में असीमित मात्रा में मौजूद हैं उन्हें क्षयकारी प्राकृतिक संसाधन कहा जाता है।

III. वन्यजीवन एक क्षयकारी प्राकृतिक संसाधन है।

IV. उच्च तापमान और दबाव के तहत, मृत पौधे धीरे-धीरे कोयले में परिवर्तित हो जाते हैं।

V. सीएनजी पेट्रोल और डीजल से कम प्रदूषण ईंधन है।

Which of the following statements are correct:

(1) I and II
(2) I, II, III and V
(3) II, III and IV
(4) I, IV and V

निम्नलिखित में से कौन सा कथन सही है:

(1) I और II
(2) I, II, III और V
(3) II, III और IV
(4) III, IV और V

110. Study the following statements:

I. A physical process in which a substance reacts with oxygen to give off heat is called combustion.
II. Water is the best extinguisher for fires involving electrical equipment.
III. Alcohol, CNG and LPG are inflammable substances.
IV. Increased concentration of nitrogen in air is believed to cause global warming.
V. Greater the calorific value better is the fuel.
VI. Middle zone is the hottest zone of a flame.
VII. The substances which vapourise during burning, give flame.

Which of the following statements are incorrect:

(1) I, II, IV and VI
(2) II, III, V and VI
(3) All of these
(4) None of these

110. निम्नलिखित कथनों का अध्ययन करें:

I. एक भौतिक प्रक्रिया जिसमें एक पदार्थ गर्मी छोड़ने के लिए ऑक्सीजन के साथ प्रतिक्रिया करता है उसे दहन कहा जाता है।
II. विद्युत उपकरणों से जुड़े आग के लिए सबसे अच्छा बुझाने वाला यंत्र जल है।
III. शराब, सीएनजी और एलपीजी ज्वलनशील पदार्थ हैं।
IV. हवा में नाइट्रोजन की बढ़ी हुई सांद्रता ग्लोबल वार्मिंग का कारण बनती है।
V. ग्रेटर कैलोरीफुल वैल्यू बेहतर ईंधन है।
VI. मध्य क्षेत्र एक लौ का सबसे गर्म क्षेत्र है।
VII. पदार्थ जो जलने के दौरान वाष्पीकरण करते हैं, लौ देते हैं।

निम्नलिखित में से कौन सा कथन गलत है:

(1) I, II, IV और VI
(2) II, III, V और VI
(3) इनमें से सभी
(4) इनमें से कोई नहीं।

Space for Rough Work / कच्चे कार्य के लिए स्थान

111. The sum of the smallest and the largest of $\frac{3}{10}, \frac{9}{20}, \frac{12}{25}, \frac{27}{50}, \frac{49}{100}$ is

(1) 0.84 (2) 0.75
(3) 0.78 (4) 0.79

112. If $8210 = 8.21 \times 10^x$ then the value of x is

(1) 1 (2) 2 (3) 3 (4) 4

113. A polyhedron has 6 faces and 8 vertices. The number of its edges is

(1) 10 (2) 12 (3) 14 (4) 16

114. $n^2 - (n+1)^2 - (n+2)^2 + (n+3)^2$ is equal to

(1) 0 (2) 2 (3) 4 (4) 6

115. The product of two natural numbers is 24. The smallest possible sum of these numbers is

(1) 8 (2) 9 (3) 10 (4) 14

116. If p = 1000 and q = 0.01, then which of the following gives the largest value?

(1) p + q
(2) p − q
(3) pq
(4) p/q

117. In a basket, the ratio of the number of apples to the number of oranges is 1 : 4; the ratio of number of oranges to the number of lemons is 5 : 2. Ratio of the number of apples to the number of lemons is

(1) 5 : 8 (2) 1 : 2
(3) 4 : 5 (4) 5 : 7

118. Prime factorization of three numbers x, y and z are:

$x = 2^3 \times 3 \times 5$
$y = 2^5 \times 3^2$

111. $\frac{3}{10}, \frac{9}{20}, \frac{12}{25}, \frac{27}{50}, \frac{49}{100}$ में से सबसे छोटी तथा सबसे बड़ी संख्या का योग है

(1) 0.84 (2) 0.75
(3) 0.78 (4) 0.79

112. यदि $8210 = 8.21 \times 10^x$ हो, तब x का मान है

(1) 1 (2) 2 (3) 3 (4) 4

113. किसी बहुफलक के 6 फ़लक और 8 शीर्ष हैं। इस बहुफलक के किनारों की संख्या है

(1) 10 (2) 12 (3) 14 (4) 16

114. $n^2 - (n+1)^2 - (n+2)^2 + (n+3)^2$ बराबर है

(1) 0 (2) 2 (3) 4 (4) 6

115. दो प्राकृत संख्याओं का गुणनफल 24 है। इन संख्याओं का सबसे छोटा संभाविक योग है

(1) 8 (2) 9 (3) 10 (4) 14

116. यदि p = 1000 और q = 0.01 हो, तो निम्न में से कौन सा मान सबसे बड़ा है?

(1) p + q
(2) p − q
(3) pq
(4) p/q

117. किसी बास्केट में सेबों की संख्या का संतरों की संख्या से अनुपात 1 : 4 है, संतरों की संख्या का नींबूओं की संख्या से अनुपात 5 : 2 है। सेबों की संख्या का नींबूओं की संख्या से अनुपात है

(1) 5 : 8 (2) 1 : 2
(3) 4 : 5 (4) 5 : 7

118. तीन संख्याओं x, y और z के अभाज्य गुणनखंडन हैं:

$x = 2^3 \times 3 \times 5$
$y = 2^5 \times 3^2$

$z = 2 \times 3 \times 5^2$

then their LCM is equal to

(1) $2^5 \times 3 \times 5$

(2) $2 \times 3 \times 5^2$

(3) $2^5 \times 3^2 \times 5$

(4) $2^5 \times 3^2 \times 5^2$

$z = 2 \times 3 \times 5^2$

तब उनका ल.स. (LCM) बराबर है

(1) $2^5 \times 3 \times 5$

(2) $2 \times 3 \times 5^2$

(3) $2^5 \times 3^2 \times 5$

(4) $2^5 \times 3^2 \times 5^2$

119. The product of the mean and median of the numbers 8, 11, 6, 9, 16 is

(1) 60 (2) 64 (3) 80 (4) 90

119. संख्याओं 8, 11, 6, 9, 16 के माध्य तथा माध्यक का गुणनफल है

(1) 60 (2) 64 (3) 80 (4) 90

120. The expression $1 - p^2 - 2q + q^2$ is factorised as

(1) (p + q – 1) (q – p – 1)

(2) (p + q + 1) (p + q – 1)

(3) (p + q + 1) (p – q + 1)

(4) (p – q – 1) (p – q + 1)

120. व्यंजक $1 - p^2 - 2q + q^2$ का गुणनखंड है

(1) (p + q – 1) (q – p – 1)

(2) (p + q + 1) (p + q – 1)

(3) (p + q + 1) (p – q + 1)

(4) (p – q – 1) (p – q + 1)

121. Which one of the following is true?

(1) $\sqrt{0.4} = 0.2$

(2) Sum of two square numbers is a square

(3) Every rational number has its reciprocal.

(4) $(x^{-3})^{-4} = x^{12}$ for every rational x > 0

121. निम्न में से कौन सा सत्य है?

(1) $\sqrt{0.4} = 0.2$

(2) दो वर्ग संख्याओं का योगफल एक वर्ग होता है।

(3) प्रत्येक परिमेय संख्या का व्युत्क्रम होता है।

(4) सभी परिमेय संख्याओं x > 0 के लिए $(x^{-3})^{-4} = x^{12}$

122. If $800670 = 8 \times 10^x + 6 \times 10^y + 7 \times 10^z$ where x, y, z are whole numbers, then the value of x+y+z is

(1) 5 (2) 6 (3) 8 (4) 11

122. यदि $800670 = 8 \times 10^x + 6 \times 10^y + 7 \times 10^z$ हो, जहाँ x, y, z पूर्ण संख्याएँ हैं, तो x+y+z का मान है

(1) 5 (2) 6 (3) 8 (4) 11

123. Angles of an isosceles triangle can be

(1) 30°, 60°, 90°

(2) 70°, 70°, 50°

(3) 50°, 50°, 60°

(4) 54°, 72°, 54°

123. किसी समद्विबाहु त्रिभुज के कोण हो सकते हैं

(1) 30°, 60°, 90°

(2) 70°, 70°, 50°

(3) 50°, 50°, 60°

(4) 54°, 72°, 54°

124. The total surface area of a solid cube is 24 cm^2. The volume of the cube is

(1) 4 cm^3 (2) 8 cm^3

(3) 24 cm^3 (4) 27 cm^3

124. किसी ठोस घन का संपूर्ण पृष्ठीय क्षेत्रफल 24 सेमी^{2} है। घन का आयतन है

(1) 4 सेमी^{3} (2) 8 सेमी^{3}

(3) 24 सेमी^{3} (4) 27 सेमी^{3}

125. The circumference of the base of a right cylindrical vessel is 132 cm and its height is 25 cm. How many litres of water can it hold?

(1) 11.55 (2) 23.12
(3) 34.65 (4) 35.56

126. In the figure, ACE and BCD are line segments, the value of y is

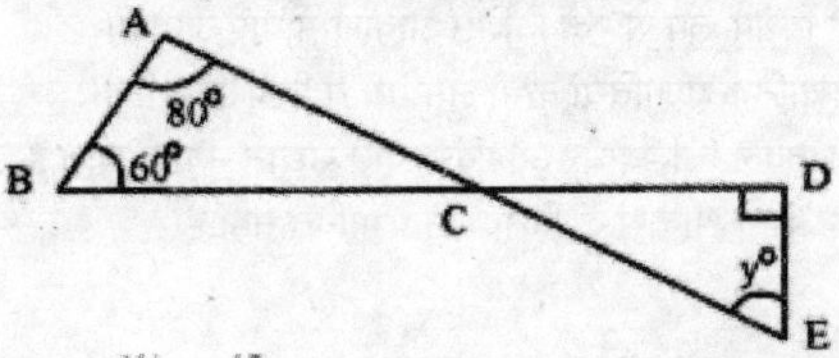

(1) 40 (2) 45 (3) 50 (4) 60

127. The minimum number of tiles each measuring 6 cm x 4 cm needed to form a square (without overlapping) is

(1) 4 (2) 6 (3) 8 (4) 12

128. The sum of two integers is –4 and their product is –21. The greater integer is

(1) -7 (2) -1 (3) 3 (4) 7

129. Twelve million added to twelve thousand is

(1) 12012000
(2) 12120000
(3) 120120000
(4) 120012000

130. $\frac{7}{10}+\frac{3}{100}+\frac{9}{1000}$ equals

(1) 0.937 (2) 0.739
(3) 0.0739 (4) 0.9037

125. एक लंब वृत्तीय बेलनाकार बर्तन के आधार की परिधि 132 सेमी तथा ऊँचाई 25 सेमी है। बर्तन में कितने लीटर पानी आ सकता है?

(1) 11.55 (2) 23.12
(3) 34.65 (4) 35.56

126. आकृति में, ACE एवं BCD रेखाखंड है, y का मान है,

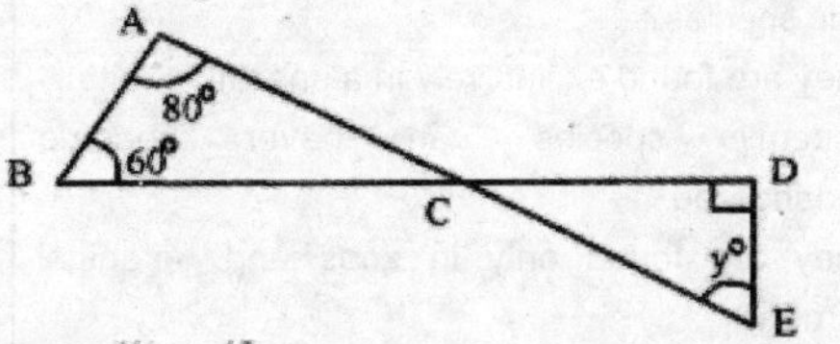

(1) 40 (2) 45 (3) 50 (4) 60

127. एक वर्ग बनाने के लिए 6 सेमी x 4 सेमी के माप वाली टाइलों की न्यूनतम संख्या (जबकि किन्हीं दो टाइलों में कोई उभयनिष्ट भाग न हो) है

(1) 4 (2) 6 (3) 8 (4) 12

128. दो पूर्णांकों का योग –4 और उनका गुणनफल –21 है। उनमें से बड़ा पूर्णांक है

(1) -7 (2) -1 (3) 3 (4) 7

129. बारह मिलियन को बारह हजार में जोड़ने पर प्राप्त होता है

(1) 12012000
(2) 12120000
(3) 120120000
(4) 120012000

130. $\frac{7}{10}+\frac{3}{100}+\frac{9}{1000}$ बराबर है

(1) 0.937 (2) 0.739
(3) 0.0739 (4) 0.9037

131. Which one of the following is not a bacterial disease?
(1) Cholera (2) Tuberculosis
(3) Anthrax (4) Influenza

131. निम्नलिखित में से कौन-सा जीवाणु रोग नहीं है
(1) हैजा (2) तपेदिक
(3) एंथ्रेक्स (4) इन्फ्लुएंजा

132. Which one of the following statements is true about endemic species?
(1) They are found exclusively in a specific habitat.
(2) Endemic species can never become endangered.
(3) They are found only in zoos and botanical gardens.
(4) They are not affected by the destruction of their habitat.

132. निम्नलिखित में से कौन सा कथन स्थानिक प्रजातियों के बारे में सच है?
(1) वे विशेष रूप से एक विशिष्ट आवास में पाए जाते हैं।
(2) स्थानिक प्रजातियां कभी लुप्तप्राय नहीं हो सकती हैं।
(3) वे केवल चिड़ियाघर और वनस्पति उद्यान में पाए जाते हैं।
(4) वे अपने आवास के विनाश से प्रभावित नहीं हैं।

133. Which of the following is not a green house gas?
(1) Methane
(2) Carbon dioxide
(3) Carbon monoxide
(4) Ammonia

133. निम्नलिखित में से कौन-सी ग्रीन हाउस गैस नहीं है?
(1) मीथेन
(2) कार्बन डाइऑक्साइड
(3) कार्बन मोनोऑक्साइड
(4) अमोनिया

134. In a hydro power plant
(1) Potential energy possessed by stored water is converted into electricity
(2) Kinetic energy possessed by stored water is converted into potential energy
(3) Electricity is extracted from water
(4) Water is converted into steam to produce electricity

134. जल विद्युत् संयंत्र में
(1) संचित जल की स्थितिज ऊर्जा विद्युत् में रूपांतरित हों जाती है
(2) संचित जल की गतिज ऊर्जा स्थितिज ऊर्जा में रूपांतरित हों जाती है
(3) जल से विद्युत् निष्कर्ष की जाती है
(4) विद्युत् प्राप्त करने के लिए जल को भाप में रूपांतरित किया जाता है

135. Among the statements given below select the ones that correctly describe the concept of sustainable development
(i) Planned growth with minimum damage to the environment
(ii) Growth irrespective of the extent of damage caused to the environment
(iii) Stopping all developmental work to conserve the environment
(iv) Growth that is acceptable to all the stakeholders
(1) (i) and (iv) (2) (ii) and (iii)
(3) (ii) and (iv) (4) (iii) only

135. यहाँ दिए गए कथनों में से उन कथनों को चुनिए जो दीर्घोपयोगी विकास की संकल्पना का सही वर्णन करते हैं:
(i) पर्यावरण को कम-से-कम क्षति पहुचाए बिना योजनाबद्ध वृद्धि
(ii) पर्यावरण को होने वाली क्षति की सीमा की चिंता किये बिना वृद्धि
(iii) पर्यावरण का संरक्षण करने के लिए सभी विकास कार्यों को रोक देना
(iv) एसी वृद्धि जो सभी पणधारियों को मान्य हो
(1) (i) और (iv) (2) (ii) और (iii)
(3) (ii) और (iv) (4) केवल (iii)

136. Simlipal biosphere reserves is located in
(1) Odisha (2) Arunachal Pradesh
(3) Madhya Pradesh (4) Chhattisgarh

136. सिमलीपाल बायोस्फीयर भंडार कहाँ स्थित है
(1) ओडिशा (2) अरुणाचल प्रदेश
(3) मध्य प्रदेश (4) छत्तीसगढ़

137. As per 2011 census, males' Population of India is
(1) 51.54% (2) 48.46%
(3) 57.54% (4) 46.46%

138. World Wildlife Day is celebrated on
(1) 03 March (2) 12 November
(3) 14 November (4) 18 October

139. The Johannesburg Declaration of 2015 was related to
(1) decreasing CO_2 emission
(2) decreasing ozone depletion
(3) all of these
(4) restoring world's depleted fisheries

140. The National Tiger Conservation Authority (NTCA) was established in
(1) December 2005 (2) November 2007
(3) October 2003 (4) January 2002

141. Main focus of ninth five year plan of India was on the
(1) growth with justice and equity
(2) double the per capita income of India
(3) faster and more inclusive growth
(4) establishment of the self-sufficient economy

142. Full form of SACEP is
(1) South Asia Co-operative Environment Program
(2) South Asian Commission for Endangered Plants
(3) South African Committee for Endangered Plants
(4) South African Co-operative Environment Program

143. Dandeli Wildlife Sanctuary is located in
(1) Jammu and Kashmir (2) Goa
(3) Kerala (4) Karnataka

144. Consider the following two statements on fundamental Rights:
I. All Fundamental Rights laid down in the Constitution of India are enforceable in court.
II. The Right against Exploitation allows a citizen to move the higher court if he/she believes that the decision taken by a lower court is unjust.
Choose the correct option.

137. 2011 की जनगणना के अनुसार, पुरुषों की जनसंख्या भारत है
(1) 51.54% (2) 48.46%
(3) 57.54% (4) 46.46%

138. विश्व वन्यजीव दिवस मनाया जाता है
(1) 03 मार्च (2) 12 नवंबर
(3) 14 नवंबर (4) 18 अक्टूबर

139. 2015 की जोहान्सबर्ग घोषणा किससे संबंधित थी
(1) CO_2 उत्सर्जन घटाना
(2) ओजोन रिक्ति घटाना
(3) से सभी
(4) दुनिया की कम हुई मत्स्य पालन बहाल करना

140. राष्ट्रीय बाघ संरक्षण प्राधिकरण (एनटीसीए) की स्थापना हुई थी
(1) दिसंबर 2005 (2) नवंबर 2007
(3) अक्टूबर 2003 (4) जनवरी 2002

141. भारत की नौवीं पंचवर्षीय योजना का मुख्य ध्यान था
(1) न्याय और इक्विटी के साथ विकास
(2) भारत की प्रति व्यक्ति आय दोगुनी करें
(3) तेजी से और अधिक समावेशी विकास
(4) आत्मनिर्भर अर्थव्यवस्था की स्थापना

142. SACEP का पूरा नाम क्या है?
(1) South Asia Co-operative Environment Program
(2) South Asian Commission for Endangered Plants
(3) South African Committee for Endangered Plants
(4) South African Co-operative Environment Program

143. डांदेली वन्यजीव अभयारण्य कहाँ स्थित है
(1) जम्मू-कश्मीर (2) गोवा
(3) केरल (4) कर्नाटक

144. मौलिक अदिकारों के विषय में निम्नलिखित दो कथनों पर विचार कीजिए:
I. भारत के संविधान में दिए गए सभी मौलिक अधिकार न्यायालय में बाध्यकारी हैं।
II. शोषण के विरुद्ध अधिकार नागरिक को उच्च स्तर के न्यायलय में जाने के लिए अनुमति प्रदान करता है यदि वह समझता है कि निचले स्तर के न्यायालय द्वारा दिया गया निर्णय अन्यायपूर्ण है।
सही विकल्प को चुनिए

(1) Both I and II are false
(2) I is true, II is false
(3) I is false, II is true
(4) Both I and II are true

(1) I और II दोनों गलत हैं
(2) I सही है, II गलत है
(3) I गलत है, II सही है
(4) I और II दोनों सही हैं

145. Which one of the following styles of painting specifically depicted India as a quaint land to be explored by travelling British artists?
(1) Mural painting
(2) Picturesque landscape painting
(3) Scroll painting
(4) Portrait painting

145. निम्नलिखित चित्रशैलियों में से किसमें भारत को एक अनूठे भू-प्रदेश के रूप में चित्रित किया जाता था, जिसकी ब्रिटिश कलाकार सैलानियों को पड़ताल करनी थी?
(1) भित्तिचित्र चित्रशैली
(2) मनोहारी भू-दृश्य चित्रशैली
(3) खर्रा चित्रशैली
(4) रूपचित्रकारी चित्रशैली

146. As of September 2018, India's Rank in Human Development Index in BRICS countries is
(1) 2nd (2) 3rd (3) 4th (4) 5th

146. सितंबर 2018 तक, ब्रिक्स देशों में मानव विकास सूचकांक में भारत की रैंक है
(1) 2nd (2) 3rd (3) 4th (4) 5th

147. In what is present-day Kerala, which guru from among low caste Ezhavas, proclaimed the ideals of unity of all people in a single caste?
(1) Veerasalingam Pantulu
(2) Ramaswamy Naicker
(3) Shri Narayana Guru
(4) Ghasidas

147. वर्तमान के केरल में, एझावाओं, जो कि एक निम्न मानी जाने वाली जाति के गुरु है, ने एक जाति में सभी लोगों की एकता के आदर्शों की घोषणा की?
(1) वीरसेलिंगम पंतलु
(2) रामास्वामी नायक
(3) श्री नारायण गुरु
(4) घासीदास

148. Hot springs are found as a result of heat energy obtained from:
(1) geothermal energy (2) solar energy
(3) tidal energy (4) wind energy
(5)

148. गर्म जल के झरने ________ से प्राप्त ताप उर्जा के परिणामस्वरूप बनते हैं।
(1) भूतापीय उर्जा (2) सौर उर्जा
(3) ज्वारीय उर्जा (4) पवन उर्जा

149. From among the following, select the correct features of plantation farming practiced in the world.
(1) In this type of farming, farmers work with the help of their family members for an intensive use of land.
(2) This cultivation is practiced in the interior of the semi-arid lands of the mid-latitudes.
(3) There is low yield per acre.
(4) This is a commercial type of farming practiced on large estates.

149. संसार में प्रचलित रोपण कृषि की सही विशेषता का चयन निम्नलिखित में से कीजिए।
(1) इस प्रकार की कृषि में भूमि का गहन उपयोग करने के लिए कृषक अपने पुरे परिवार के साथ लगा रहता है।
(2) यह कृषि मध्य-अक्षांशों के आंतरिक अर्ध-शुष्क प्रदेशों में की जाती है।
(3) इसमें प्रति एकड़ उपज कम होती है।
(4) यह वाणिज्यिक प्रकार की कृषि है, जो विस्तृत क्षेत्रों पर की जाती है।

150. Organisms of a higher trophic level which feed on several types of organisms belonging to a lower trophic level constitute the
(1) food web (2) ecological pyramid
(3) ecosystem (4) food chain
(5)

150. किसी उच्चतर पोशी स्तर के जीव, जो निम्नतर पोशी स्तर के अंतर्गत आने बाले अनेक प्रकार के जीवों से अपना भरण-पोषण प्राप्त करते हैं, क्या बनाते है?
(1) आहार-जाल (2) पारिस्थितिक पिरैमिड
(3) पारितंत्र (4) आहार- श्रृंखला

उत्तर पत्रिका / Answer Sheet – Kendriya Vidyalaya Sangathan

Name of the Candidate: ____________________ **Fathers' Name:** ____________________

Roll Number: ____________________, **Examination Centre:** ____________________

Paper of the Candidate: ____________________, **Test Booklet Code:** ____________________

Mark your Answer by shading the appropriate circle against each question. The circle should be shaded completely without leaving any space. The correct method of shading is given below.
प्रत्येक प्रश्न के सामने उचित वृत का चिन्हांकन करके अपना उत्तर लिखें। वृत्त को बिना कोई स्थान छोड़े चिन्हांकित करें। चिन्हांकित करने का सही तरीका नीचे दिया गया है।

Correct Method : सही तरीका : ○ ● ○ ○ Wrong Method : गलत तरीका : ⊗ ✓ ⊙ ◑

Q	Options	Q	Options	Q	Options	Q	Options	Q	Options
001	① ② ③ ④	031	① ② ③ ④	061	① ② ③ ④	091	① ② ③ ④	121	① ② ③ ④
002	① ② ③ ④	032	① ② ③ ④	062	① ② ③ ④	092	① ② ③ ④	122	① ② ③ ④
003	① ② ③ ④	033	① ② ③ ④	063	① ② ③ ④	093	① ② ③ ④	123	① ② ③ ④
004	① ② ③ ④	034	① ② ③ ④	064	① ② ③ ④	094	① ② ③ ④	124	① ② ③ ④
005	① ② ③ ④	035	① ② ③ ④	065	① ② ③ ④	095	① ② ③ ④	125	① ② ③ ④
006	① ② ③ ④	036	① ② ③ ④	066	① ② ③ ④	096	① ② ③ ④	126	① ② ③ ④
007	① ② ③ ④	037	① ② ③ ④	067	① ② ③ ④	097	① ② ③ ④	127	① ② ③ ④
008	① ② ③ ④	038	① ② ③ ④	068	① ② ③ ④	098	① ② ③ ④	128	① ② ③ ④
009	① ② ③ ④	039	① ② ③ ④	069	① ② ③ ④	099	① ② ③ ④	129	① ② ③ ④
010	① ② ③ ④	040	① ② ③ ④	070	① ② ③ ④	100	① ② ③ ④	130	① ② ③ ④
011	① ② ③ ④	041	① ② ③ ④	071	① ② ③ ④	101	① ② ③ ④	131	① ② ③ ④
012	① ② ③ ④	042	① ② ③ ④	072	① ② ③ ④	102	① ② ③ ④	132	① ② ③ ④
013	① ② ③ ④	043	① ② ③ ④	073	① ② ③ ④	103	① ② ③ ④	133	① ② ③ ④
014	① ② ③ ④	044	① ② ③ ④	074	① ② ③ ④	104	① ② ③ ④	134	① ② ③ ④
015	① ② ③ ④	045	① ② ③ ④	075	① ② ③ ④	105	① ② ③ ④	135	① ② ③ ④
016	① ② ③ ④	046	① ② ③ ④	076	① ② ③ ④	106	① ② ③ ④	136	① ② ③ ④
017	① ② ③ ④	047	① ② ③ ④	077	① ② ③ ④	107	① ② ③ ④	137	① ② ③ ④
018	① ② ③ ④	048	① ② ③ ④	078	① ② ③ ④	108	① ② ③ ④	138	① ② ③ ④
019	① ② ③ ④	049	① ② ③ ④	079	① ② ③ ④	109	① ② ③ ④	139	① ② ③ ④
020	① ② ③ ④	050	① ② ③ ④	080	① ② ③ ④	110	① ② ③ ④	140	① ② ③ ④
021	① ② ③ ④	051	① ② ③ ④	081	① ② ③ ④	111	① ② ③ ④	141	① ② ③ ④
022	① ② ③ ④	052	① ② ③ ④	082	① ② ③ ④	112	① ② ③ ④	142	① ② ③ ④
023	① ② ③ ④	053	① ② ③ ④	083	① ② ③ ④	113	① ② ③ ④	143	① ② ③ ④
024	① ② ③ ④	054	① ② ③ ④	084	① ② ③ ④	114	① ② ③ ④	144	① ② ③ ④
025	① ② ③ ④	055	① ② ③ ④	085	① ② ③ ④	115	① ② ③ ④	145	① ② ③ ④
026	① ② ③ ④	056	① ② ③ ④	086	① ② ③ ④	116	① ② ③ ④	146	① ② ③ ④
027	① ② ③ ④	057	① ② ③ ④	087	① ② ③ ④	117	① ② ③ ④	147	① ② ③ ④
028	① ② ③ ④	058	① ② ③ ④	088	① ② ③ ④	118	① ② ③ ④	148	① ② ③ ④
029	① ② ③ ④	059	① ② ③ ④	089	① ② ③ ④	119	① ② ③ ④	149	① ② ③ ④
030	① ② ③ ④	060	① ② ③ ④	090	① ② ③ ④	120	① ② ③ ④	150	① ② ③ ④

परीक्षार्थी का नाम Name of candidate (In Capital Letters)	परीक्षार्थी के हस्ताक्षर Signature of candidate (In Running Hand)	परीक्षार्थी के बाएं अंगूठे का निशान Left hand thumb impression of the candidate	निरीक्षक के हस्ताक्षर Signature of invigilator (In Running Hand)
			Prateek Shivalik

Answer Key KVS Test Set - 13

Q	A	Q	A	Q	A	Q	A	Q	A	Q	A	Q	A	Q	A
1	4	**21**	3	**41**	4	**61**	1	**81**	3	**101**	1	**121**	4	**141**	1
2	3	**22**	4	**42**	1	**62**	1	**82**	3	**102**	1	**122**	3	**142**	1
3	2	**23**	4	**43**	3	**63**	1	**83**	3	**103**	3	**123**	4	**143**	4
4	3	**24**	4	**44**	3	**64**	4	**84**	3	**104**	1	**124**	2	**144**	4
5	4	**25**	3	**45**	2	**65**	3	**85**	4	**105**	3	**125**	3	**145**	2
6	4	**26**	3	**46**	3	**66**	4	**86**	2	**106**	1	**126**	3	**146**	4
7	4	**27**	2	**47**	2	**67**	3	**87**	4	**107**	2	**127**	2	**147**	3
8	1	**28**	3	**48**	3	**68**	3	**88**	3	**108**	4	**128**	3	**148**	1
9	3	**29**	1	**49**	1	**69**	4	**89**	3	**109**	4	**129**	1	**149**	4
10	3	**30**	4	**50**	2	**70**	2	**90**	2	**110**	1	**130**	2	**150**	1
11	3	**31**	1	**51**	2	**71**	2	**91**	4	**111**	1	**131**	4		
12	2	**32**	3	**52**	2	**72**	3	**92**	4	**112**	3	**132**	1		
13	1	**33**	1	**53**	1	**73**	2	**93**	4	**113**	2	**133**	4		
14	4	**34**	3	**54**	2	**74**	3	**94**	2	**114**	3	**134**	1		
15	4	**35**	3	**55**	1	**75**	3	**95**	1	**115**	3	**135**	1		
16	2	**36**	1	**56**	4	**76**	1	**96**	2	**116**	4	**136**	1		
17	4	**37**	2	**57**	1	**77**	3	**97**	4	**117**	1	**137**	1		
18	3	**38**	3	**58**	3	**78**	1	**98**	2	**118**	4	**138**	1		
19	3	**39**	1	**59**	2	**79**	4	**99**	1	**119**	4	**139**	4		
20	3	**40**	2	**60**	2	**80**	3	**100**	3	**120**	1	**140**	1		

Prateek Shivalik

KVS PRT

Code 14

इस परीक्षा पुस्तिका को तब तक न खोलें जब तक कहा न जाए।

Do not open this Test Booklet until you are asked to do so.

इस परीक्षा पुस्तिका के पिछले आवरण पर दिए गये निर्देशों को ध्यान से पढ़ें।

Read carefully the Instructions on the Back Cover of this Test Booklet.

परीक्षार्थियों के लिए निर्देश

1. OMR उत्तर पत्र इस परीक्षा के अन्दर रखा है। जब आपको परीक्षा पुस्तिका खोलने को कहा जाए, तो उत्तर पत्र निकाल कर पृष्ठ-1 एवं पृष्ठ-2 पर ध्यान से केवल नीले बॉल पॉइंट पेन से विवरण भरें।
2. परीक्षा की अवधि 2½ घंटे है एवं परीक्षा में 150 प्रश्न है। **कोई ऋणात्मक अंकन नहीं है।**
3. इस पृष्ठ पर विवरण अंकित करने एवं उत्तर पत्र पर निशान लगाने के लिए केवल नीले बॉल पॉइंट पेन का प्रयोग करें।
4. यह सुनिश्चित कर लें की इस पुस्तिका का संकेत, उत्तर पत्र के पृष्ठ पर छपे संकेत से मिलता है। यह भी सुनिश्चित कर लें की परीक्षा संख्या और उत्तर पत्र संख्या मिलते है। अगर यह भिन्न हों तो परीक्षार्थी दूसरी प्रश्न पुस्तिका और उत्तर पत्र लेने के लिए निरीक्षक को तुरन्त अवगत कराएँ।
5. **यदि अनुवाद में किसी भी प्रकार की कोई अस्पष्टा हो तो अंग्रेजी वाले पाठ को ही सही माना जायेगा।**
6. रफ कार्य परीक्षा पुस्तिका में इस प्रयोजन के लिए दी गई खाली जगह पर करें।
7. सभी उत्तर केवल OMR उत्तर पत्र पर ही अंकित करें। अपने उत्तर ध्यानपूर्वक अंकित करें। उत्तर बदलने हेतु श्वेत रंजक का प्रयोग निषिद्ध है।
8. प्रत्येक प्रश्न के सामने उचित वृत का चिन्हांकन करके अपना उत्तर लिखें। वृत्त को बिना कोई स्थान छोड़े चिन्हांकित करें।

INSTRUCTIONS FOR CANDIDATES

1. The OMR Answer Sheet is inside this Test Booklet. When you are directed to open the Test Booklet, take out the Answer Sheet and fill in the particulars on Side-1 and Side-2 carefully with blue ball point pen only.
2. The test is of 2½ hours duration and consists of 150 questions. **There is no negative marking.**
3. Use Blue Ball Point Pen only for writing particulars on this page / marking responses in the Answer Sheet.
4. Make sure that the CODE printed on the Answer Sheet is the same as that on this booklet. Also ensure that your Test Booklet No. and Answer Sheet No. are the same. In case of discrepancy, the candidate should immediately report the matter to the Invigilator for replacement of both the Test Booklet and the Answer Sheet.
5. **In case of any ambiguity in translation, the English version will be deemed authentic.**
6. Rough work should be done only in the space provided in the Test Booklet for the same.
7. The answers are to be recorded on the OMR Answer Sheet only. Mark your responses carefully. No whitener is allowed for changing answers.
8. Mark your Answer by shading the appropriate circle against each question. The circle should be shaded completely without leaving any space.

परीक्षार्थी का नाम (बड़े अक्षरों में):
Name of the Candidate (in Capitals): ______________________

अनुक्रमांक (अंकों में):
Roll Number: (in figures): ______________________

(शब्दों में):
(in words): ______________________

परीक्षा केन्द्र (बड़े अक्षरों में) :
Centre of Examination (in Capitals): ______________________

परीक्षार्थी के हस्ताक्षर:
Candidate's Signature: ______________________

निरीक्षक के हस्ताक्षर :
Invigilator's Signature : ______________________

Facsimile signature stamp of
Centre Superintendent ______________________

1. Choose the one word which can be substituted for the given sentence/ words.

Deep in thought

(1) meditation
(2) pensive
(3) pesky
(4) purloin

2. Choose the option which best expresses the meaning of the highlighted idiom/phrase in the sentence.

have the "last laugh"

(1) be of a cheerful nature
(2) laugh only after understanding something
(3) to be victorious at the end of an argument
(4) to crack the final joke

3. Choose the correctly spelt word

(1) adrass
(2) address
(3) addres
(4) adrress

4. Arrange the following jumbled part of the sentence in correct order.

1. The landscape
P. with Nature displaying
Q. here is awesome
R. that are seldom
S. a range of delights
6. seen together

(1) P S R Q
(2) Q P S R
(3) R S P Q
(4) Q R S P

5. Which part of the following sentences has error in it?

He asked (P) supposing if he fails (Q) what he would do. (R) No error. (S)

(1) P (2) Q (3) R (4) S

6. Which part of the following sentences has error in it?

We had a lot of difficulty (P) to find (Q) the house. (R) No error. (S).

(1) P (2) Q (3) R (4) S

7. Convert the given sentence into Active / Passive Voice

The teacher punished the boys who had not done their home work.

(1) The boys who had not done their homework had been punished by their teacher.
(2) The boys were punished by their teacher who had not done their homework.
(3) The boys who had not done their homework were punished by the teacher.
(4) The boys who had not done their homework were being punished by the teacher.

8. Convert the given sentence into Direct / Indirect Speech

She said, "I'll give you 100 to keep your mouth shut."

(1) She said that she would give him 100 to keep his mouth shut.
(2) She offered him 100 to keep his mouth shut.
(3) She suggested to him that she would give him 100 to keep his mouth shut.
(4) She proposed that she would give him 100 to keep his mouth shut.

9. Fill in the blank.

She had frequent toothaches. So she decided to ________

(1) remove her teeth
(2) removing her teeth
(3) have her teeth removed
(4) having her teeth removed

10. The synonym of the given word is?

RAVAGE

(1) destroy
(2) break
(3) demolish
(4) abolish

11. वर्ण को कहते है
(1) मौखिक ध्वनि
(2) लघुतम अक्षर
(3) मूल ध्वनि
(4) बृहत्तम अक्षर

12. "सब कुछ जानने वाला" के लिए एक उपयुक्त शब्द है
(1) ज्ञानी
(2) सर्वेश्वर
(3) सर्वज्ञ
(4) सहकर्मी

13. सालाना में कौन सा प्रत्यय है?
(1) ना
(2) अना
(3) लाना
(4) आना

14. इनमें से कौन सा यौगिक है
(1) आसमान
(2) निज
(3) कमल
(4) राजकुमार

15. वहाँ कोई पांच सौ खिलाडी होंगे में विशेषण है
(1) गुणवाचक
(2) परिमाणवाचक
(3) संख्यावाचक
(4) कोई नहीं

16. "दुधिया ग्राहक को दूध दे रहा है।" में प्रयुक्त कारक है
(1) कर्ता
(2) अपादान
(3) संबंध
(4) कर्म

17. "आना – जाना" में समास है
(1) द्वन्द
(2) द्विगु
(3) बहुब्रीहि
(4) कर्मधारय

18. निम्न में से किस शब्द की वर्तनी शुद्ध है?
(1) तिलांजली
(2) तिलंजलि
(3) तिलांजलि
(4) तिल्लांजलि

19. चिरंजीवी में कौन सा उपसर्ग है?
(1) चि
(2) चिर
(3) चिरं
(4) चिर्

20. भवन का संधि विच्छेद होगा
(1) भु+अन
(2) भु+वन
(3) भो+वन
(4) भो+अन

Space for Rough Work / कच्चे कार्य के लिए स्थान

21. In networks, a small message used to pass between one station to another is known as
(1) Token
(2) Byte
(3) Word
(4) Ring

21. नेटवर्क में, एक स्टेशन से दूसरे स्टेशन के बीच जाने के लिए उपयोग किया जाने वाला एक छोटा संदेश इस रूप में जाना जाता है
(1) टोकन
(2) बाइट
(3) शब्द
(4) रिंग

22. In IT networking, which of the following device is used in physical layer?
(1) Repeater
(2) Router
(3) Transport Gateway
(4) Bridge

22. आईटी नेटवर्किंग में, निम्न में से कौन सा डिवाइस भौतिक परत में उपयोग किया जाता है?
(1) पुनरावर्तक
(2) रूटर
(3) परिवहन गेटवे
(4) पुल

23. Direct access of file is also known as
(1) random access
(2) relative access
(3) file access
(4) sequential access

23. फ़ाइल तक सीधी पहुँच को इस रूप में भी जाना जाता है
(1) यादृच्छिक अभिगम
(2) सापेक्ष पहुंच
(3) फ़ाइल का उपयोग
(4) अनुक्रमिक पहुंच

24. WIMAX stands for
(1) Wireless Interoperability for Microwave Access
(2) Wired Interoperability for Microwave Access
(3) Worldwide Interoperability for Microwave Access
(4) Worldwide Infrastructure for Microwave Access

24. WIMAX का अर्थ है
(1) WirelessInteroperability for Microwave Access
(2) WiredInteroperability for Microwave Access
(3) WorldwideInteroperability for Microwave Access
(4) WorldwideInfrastructure for Microwave Access

25. In IT the technique that is used to increase the bandwidth is
(1) Memory Management
(2) Memory Interleaving
(3) Memory Intraleaving
(4) Memory Leaving

25. आईटी में बैंडविड्थ बढ़ाने के लिए उपयोग की जाने वाली तकनीक है
(1) मेमोरी प्रबंधन
(2) मेमोरी इंटरलीविंग
(3) मेमोरी इंट्रालेविंग
(4) मेमोरी छोड़ना

26. The complete form of 'IC' in electronics is
(1) Internal circuit
(2) Independent circuit
(3) Integrated circuit
(4) Inbuilt circuit

26. इलेक्ट्रॉनिक्स में 'आईसी' का पूरा रूप है
(1) आंतरिक सर्किट
(2) स्वतंत्र सर्किट
(3) एकीकृत सर्किट
(4) इनबिल्ट सर्किट

27. C. P. U. consists of
(1) Arithmetic and Logical unit and Register
(2) Arithmetic and Logical unit, Register and Control unit

27. सी पी यू में शामिल हैं
(1) अंकगणितीय और तार्किक इकाई और रजिस्टर
(2) अंकगणितीय और तार्किक इकाई, रजिस्टर और नियंत्रण इकाई

(3) System unit and Memory
(4) Hard disk and Control unit

(3) सिस्टम यूनिट और मेमोरी
(4) हार्ड डिस्क और नियंत्रण इकाई

28. Which country has the largest internet users?
(1) USA
(2) China
(3) India
(4) Russia

28. किस देश में सबसे अधिक इंटरनेट उपयोगकर्ता हैं?
(1) संयुक्त राज्य अमेरिका
(2) चीन
(3) भारत
(4) रूस

29. What is 'net neutrality'?
(1) Internet Service Providers and governments should treat all data on the internet equally
(2) Piracy in internet must be curbed
(3) Internet users must give out balanced opinions in social media sites
(4) Internet should be kept free from malware and virus

29. "नेट तटस्थता" क्या है?
(1) इंटरनेट सेवा प्रदाता और सरकारों को इंटरनेट पर सभी डेटा का समान रूप से व्यवहार करना चाहिए
(2) इंटरनेट में पाइरेसी को कम किया जाना चाहिए
(3) इंटरनेट उपयोगकर्ताओं को सोशल मीडिया साइटों में संतुलित राय देना चाहिए
(4) इंटरनेट मैलवेयर और वायरस से मुक्त रखा जाना चाहिए

30. Which of the following is not a weighted code?
(1) Excess 3-Code
(2) Binary Number System
(3) Decimal Number System
(4) BCD Number System

30. इनमें से कौन सा भारित कोड नहीं है?
(1) अतिरिक्त 3-कोड
(2) बाइनरी संख्या प्रणाली
(3) दशमलव संख्या प्रणाली
(4) बीसीडी संख्या प्रणाली

Space for Rough Work / कच्चे कार्य के लिए स्थान

General Awareness

31. Which among the following is not a direct tax?
(1) Income tax
(2) Wealth tax
(3) Corporate tax
(4) None of these

31. निम्नलिखित में से कौन सा एक प्रत्यक्ष कर नहीं है?
(1) आयकर
(2) संपत्ति कर
(3) कॉर्पोरेट कर
(4) इनमे से कोई नहीं

32. Which of the following Amendments is also known as the 'Mini Constitution' of India?
(1) 7th Amendment
(2) 42nd Amendment
(3) 44th Amendment
(4) 74th Amendment

32. निम्नलिखित संशोधनों में से किसे भारत का लघु संविधान भी कहा जाता है?
(1) 7 वां संशोधन
(2) 42 वां संशोधन
(3) 44 वां संशोधन
(4) 74 वां संशोधन

33. In which battle was Siraj-ud-Daulah defeated by Lord Clive?
(1) Battle of Plassey
(2) Battle of Buxar
(3) Battle of Panipat
(4) Battle of Haldighati

33. लार्ड क्लाइव ने सिराजुद्दौला को किस युद्ध में हराया था?
(1) प्लासी का युद्ध
(2) बक्सर का युद्ध
(3) पानीपत का युद्ध
(4) हल्दीघाटी क युद्ध

34. What is the full form of ITCZ?
(1) Intertropical converter zone
(2) Intertropical convergence zone
(3) Intertropical centre zone
(4) None of these

34. ITCZ का असंक्षिप्त रूप क्या है?
(1) अंतर ऊष्णकटिबंधीय परिवर्तक क्षेत्र
(2) अंतर ऊष्णकटिबंधीय अभिसरण क्षेत्र
(3) अंतर ऊष्णकटिबंधीय केन्द्रीय क्षेत्र
(4) इनमे से कोई नहीं

35. Which among the following is also called as 'powerhouse of the cell'?
(1) Plastids
(2) Mitochondria
(3) Golgi bodies
(4) Cell wall

35. निम्नलिखित में से किसको कोशिका का शक्तिगृह भी कहा जाता है?
(1) लवक
(2) सूत्रकणिका
(3) गौल्जीकाय
(4) कोशिका भित्ति

36. Which among the following determines the pitch of a sound?
(1) Amplitude
(2) Frequency
(3) Loudness
(4) Wavelength

36. निम्नलिखित में से ध्वनी स्वरमान (पिच) को कौन निर्धारित करता है?
(1) आयम
(2) आवृत्ति
(3) प्रबलता
(4) तरंगदैर्घ्य

37. Who is called as 'Father of Modern Computer'?
(1) Alexander Fleming

37. आधुनिक कम्प्यूटर का जनक किसे कहा जाता है?
(1) अलेक्जेंडर फ्लेमिंग

(2) Bill Gates
(3) Michael Faraday
(4) Charles Babbage

(2) बिल गेट्स
(3) माइकल फैराडे
(4) चार्ल्स बैबेज

38. What is the common characteristic of the elements of the same group in the periodic table?
(1) Electrons in outermost shell
(2) Total number of electrons
(3) Total number of protons
(4) Atomic weight

38. आवर्त-सारणी में समान तत्वों के समूह की सामान्य विशेषता क्या होती है?
(1) बाह्यतमकक्ष में इलेक्ट्रॉन
(2) कुल इलेक्ट्रॉनो की संख्या
(3) कुल प्रोटोनों की संख्या
(4) परमाणु भार

39. Who pioneered diagnostic ultrasound?
(1) Ian Donald
(2) A Laveran
(3) Alexander Fleming
(4) Robert Koch

39. नैदानिक अल्ट्रासाउंड की खोज किसने की?
(1) इयान डोनाल्ड
(2) ए. लैवेरन
(3) अलेक्जेंडर फ्लेमिंग
(4) रोबर्ट कोच

40. Who is the author of the book 'Akhada: The Authorized Biography of Mahavir Singh Phogat'?
(1) Rabi Thapa
(2) Saurabh Duggal
(3) Salman Rushdie
(4) Tana French

40. अखाडा: महावीर सिंह फोगत की अधिकृत जीवनी' किताब का लेखक कौन है?
(1) रबी थापा
(2) सौरभ दुगल
(3) सलमान रुश्दी
(4) ताना फ्रेंच

Space for Rough Work / कच्चे कार्य के लिए स्थान

41. In a queue of children, Arun is fifth from the left and Suresh is sixth from the right. When they interchange their places among themselves, Arun becomes thirteenth position from the left. Then, what will be Suresh's position from the right?

(1) 8th (2) 14th

(3) 15th (4) 16th

42. Choose the figure which is different from others

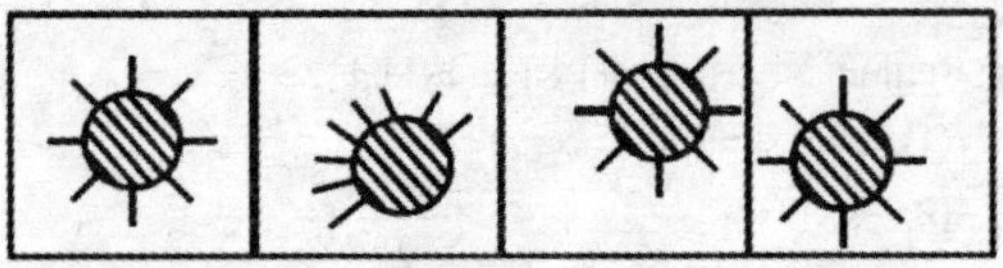

(1) (2) (3) (4)

43. Here 4 positions of a cube are shown. Which sign will be opposite to '+'?

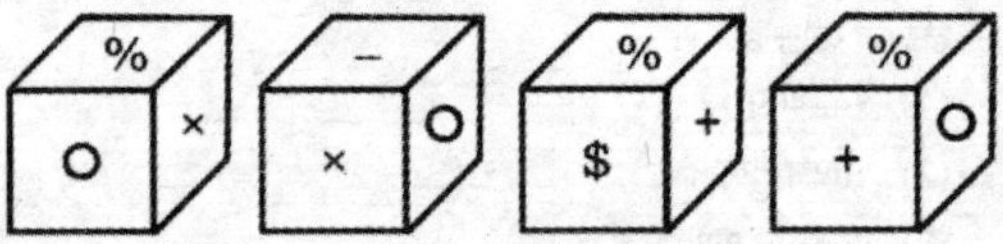

(1) % (2) –

(3) × (4) $

44. If A $ B means A is the brother of B; A @ B means A is the wife of B; A # B means A is the daughter of B and A * B means A is the father of B. Which of the following indicates that U is the father-in-law of P?

(1) P @ Q $ T # U * W

(2) P @ W $ Q * T # U

(3) P @ Q $ W * T # U

(4) P @ Q $ T # W * U

45. Which of the following conclusions are true if the given statement is true?

Statements:

Some mangoes are yellow.

Some taxis are mangoes.

Conclusions:

1. Some mangoes are green.
2. All taxi are yellow

(1) Only conclusion 1 follows

(2) Only conclusion 2 follows

(3) Both 1 or 2 follows

(4) Neither 1 nor 2 follows

41. बच्चों की एक कतार में, अरुण बाएं से पांचवे तथा सुरेश दाएं से छठे स्थान पर है। वे आपस मे अपना स्थान बदलते हैं , तब अरुण बाएं से 13वें स्थान पर हो जाता है। फिर सुरेश की दाएं से स्थिति क्या होगी?

(1) 8 वां (2) 14 वां

(3) 15 वां (4) 16 वां

42. उस आकृति का चयन करें को अन्य आकृतियों से भिन्न हों

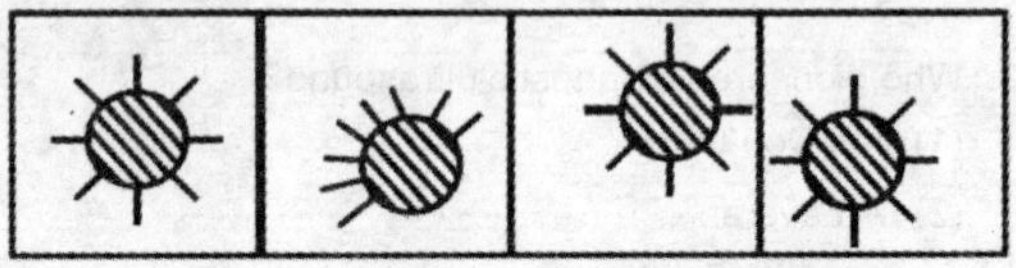

(1) (2) (3) (4)

43. यहाँ घन की चार स्थितियों को दर्शाया गया है। '+' के विपरीत कौन सा चिन्ह है?

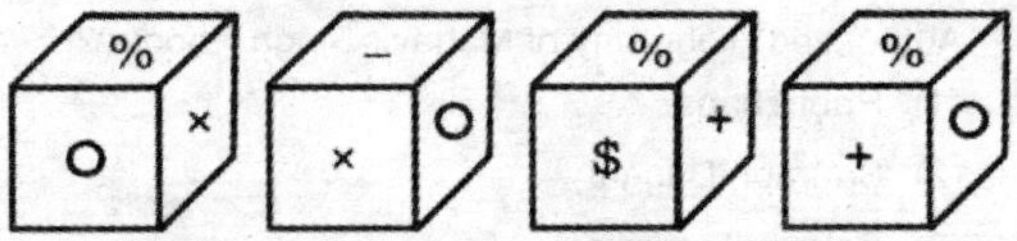

(1) % (2) –

(3) × (4) $

44. यदि A $ B का मतलब A, B का भाई है, A @ B का मतलब A, B की पत्नी है, A # B का मतलब A, B की पुत्री है तथा A * B का मतलब A, B का पिता है। निम्न मे से कौन दर्शाता है कि U, P का ससुर है।

(1) P @ Q $ T # U * W

(2) P @ W $ Q * T # U

(3) P @ Q $ W * T # U

(4) P @ Q $ T # W * U

45. निम्नलिखित में से कौन से निष्कर्ष सही माने जायेंगे यदि दिए गए कथन सही हों?

कथन:

कुछ आम पीले हैं।

कुछ टैक्सी आम हैं।

निष्कर्ष:

1. कुछ आम पीले हैं।
2. कुछ टैक्सी आम हैं।

(1) केवल निष्कर्ष 1 अनुसरण करता है।

(2) केवल निष्कर्ष 2 अनुसरण करता है।

(3) निष्कर्ष 1 तथा निष्कर्ष 2 अनुसरण करते है।

(4) न तो निष्कर्ष 1 न ही निष्कर्ष 2 अनुसरण करता है।

46. The next number in the given series will be

1, 3, 4, 8, 15, 27,?

(1) 45 (2) 50
(3) 55 (4) 60

47. Umesh went from P to Q which is 9 feet distant. Then he turns to the right and walked 4 feet. After this he turned to the right and walked some distance which is equal to the distance from P to Q. Finally he turned to the right and walked 3 feet. How far is he now from P?

(1) 6 feet (2) 5 feet
(3) 1 feet (4) 0 feet

48. What number should come in the place of?

13	54	?
7	45	32
27	144	68

(1) 4 (2) 6
(3) 36 (4) 42

49. Pointing to a girl Sandeep said, "She is the daughter of the only sister of my father." How is Sandeep related to the girl?

(1) Uncle (2) Cousin
(3) Father (4) Grandfather

50. Sukanya went to see a movie 9 days ago. She goes to see movies only on Thursday. What day of the week is today?

(1) Friday (2) Saturday
(3) Tuesday (4) Thursday

46. दी गई श्रृंखला में अगली संख्या क्या होगी?

1, 3, 4, 8, 15, 27,?

(1) 45 (2) 50
(3) 55 (4) 60

47. उमेश P से Q की ओर गया जो कि 9 फीट की दूरी पर है। उसके पश्चात वह अपने दाहिने मुड़ता है तथा 4 फीट चलता है। उसके बाद वह अपने दाहिने मुड़ता है और कुछ दूर चलता है जो कि P से Q की दूरी के बराबर है। अंततः वह अपने दाहिने मुड़ता है तथा 3 फीट चलता है। अब वह P से कितनी दूर है।

(1) 6 फीट (2) 5 फीट
(3) 1 फीट (4) 0 फीट

48. "?" के स्थान पर कौन सी संख्या आनी चाहिये?

13	54	?
7	45	32
27	144	68

(1) 4 (2) 6
(3) 36 (4) 42

49. एक महिला की ओर इशारा करते हुए संदीप ने कहा, " वह मेरे पिता का इकलौती बहन की बेटी है। संदीप महिला से किस प्रकार संबंधित है"?

(1) चाचा (2) चचेरा भाई
(3) पिता (4) दादा

50. सुकन्या 9 दिन पूर्व फिल्म देखने गई थी। वह गुरुवार को ही फिल्मों के लिए जाती है। आज सप्ताह का कौन सा दिन है?

(1) शुक्रवार (2) शनिवार
(3) मंगलवार (4) बृहस्पतिवार

Space for Rough Work / कच्चे कार्य के लिए स्थान

Pedagogy and Child Development

51. In your view, the major objective of co-education is to
(1) Check inferiority complex of female students
(2) To let boys and girls understand each other
(3) To reduce expenditure on education
(4) To avoid opening separate schools for girls

51. आपके विचार में सह-शिक्षा का प्रमुख उद्देश्य है-
(1) छात्राओं की हीन भावना की जाँच करें
(2) लड़के और लड़कियों को एक दूसरे को समझने देना
(3) शिक्षा पर खर्च कम करने के लिए
(4) लड़कियों के लिए अलग स्कूल खोलने से बचने के लिए

52. These days what is the main reason for the reduction of the dignity of teachers in our society?
(1) Inadequate attention of teachers towards students
(2) Indiscipline of students
(3) Uncalled political interference
(4) A tendency of teachers to earn more money through tuitions

52. इन दिनों हमारे समाज में शिक्षकों की गरिमा में कमी का मुख्य कारण क्या है?
(1) छात्रों के प्रति शिक्षकों का अपर्याप्त ध्यान
(2) छात्रों की अनुशासनहीनता
(3) अवांछित राजनीतिक हस्तक्षेप
(4) शिक्षकों की ट्यूशन के माध्यम से अधिक पैसा कमाने की प्रवृत्ति

53. Why should children with special needs be educated in an integrated setting?
(1) So that they can observe sympathy
(2) They have to be somehow educated
(3) They should learn to adjust to the general life-process
(4) None of these

53. विशेष आवश्यकता वाले बच्चों को एक एकीकृत परिवेश में क्यों शिक्षित किया जाना चाहिए?
(1) ताकि वे सहानुभूति देख सकें
(2) उन्हें किसी तरह शिक्षित होना है
(3) उन्हें सामान्य जीवन-प्रक्रिया के साथ तालमेल बिठाना सीखना चाहिए
(4) इनमें से कोई नहीं

54. Which of the following qualities is considered most essential for a teacher?
(1) Should be an expert of the subject.
(2) Should be a learned person.
(3) Must be a well – dressed person.
(4) Should have lots of patience.

54. निम्नलिखित में से कौन – सा गुण एक शिक्षक के लिए सबसे अनिवार्य माना जाता है?
(1) उसे विषय का विशेषज्ञ होना चाहिए
(2) उसे एक विद्वान व्यक्ति होना चाहिए
(3) उसे अनिवार्य रूप से अच्छे पहनावे वाला व्यक्ति होना चाहिए
(4) उसमें भरपूर धैर्य (संयम) होना चाहिए

55. Information and communication technology in schools provide an opportunity to teachers to transform their practices by providing them
(1) improved educational content.
(2) more effective teaching and learning methods.
(3) more interactive educational materials.
(4) All these

55. स्कूलों में सूचना एवं संचार प्रौद्योगिकी शिक्षकों को ______ मुहैया कराते हुए उन्हें अपने प्रचलनों का रूपांतरण करने का अवसर प्रदान करती है।
(1) बेहतर शैक्षणिक विषय – वस्तु
(2) अधिक प्रभावी शिक्षण एवं अधिगम विधियाँ
(3) अधिक अंत: क्रियात्मक शैक्षणिक सामग्री
(4) ये सभी

56. If a child develops logical operations from simple associations and can add subtract multiply and divide, then the stage of development he has reached is:
(1) Sensory motor

56. यदि एक बच्चा साधारण साहचर्य क्रियाओं से तार्किक क्रियाओं तक विकसित हो चुका हो तथा धन, ऋण गुना तथा भाग कर सकता हो तो विकास के जिस स्तर पर वह पहुँच गया हैं वह हैं:
(1) सेंसरी मोटर

(2) Pre-operational
(3) Concrete operational
(4) Formal operational

(2) प्री-ऑपरेशनल
(3) कंक्रीट ऑपरेशनल
(4) फॉर्मल ऑपरेशनल

57. What should be the main objective of teaching?
(1) Prepare students to pass the examination.
(2) To dictate good notes.
(3) Provide required information related to the subject.
(4) To develop thinking power of students.

57. शिक्षण का मुख्य उद्देश्य क्या होना चाहिए?
(1) छात्रों को परीक्षा पास करने के लिए तैयार करना
(2) अच्छे नोट बोलकर लिखवाना
(3) विषय से संबंधित अपेक्षित सूचना मुहैया कराना
(4) छात्रों की सोचने की शक्ति विकसित करना

58. When you start teaching a new topic to a class, the foremost precaution to be observed would be to.
(1) See that it is important to impress upon the class first.
(2) See that students do not raise questions in the course of your teaching.
(3) Create the feeling among students that the new topic has logical relation with what they knew before.
(4) None of these

58. जब आप कक्षा में कोई नया विषय पढ़ाना आरंभ करते है तो सबसे महत्वपूर्ण एहतियात आप क्या बरतना चाहोंगे?
(1) यह देखना की कक्षा में पहले प्रभाव जमाना महत्वपूर्ण है
(2) यह देखना की आपके पढाने के क्रम में विद्यार्थी प्रश्न न पूछें
(3) विद्यार्थियो के बीच यह विचार उत्पन्न करना कि वे जो कुछ पहले से जानते है उससे नए विषय का तर्कसंगत सम्बंध है
(4) इनमे से कोई नहीं

59. Which of the following recommendation is the most appropriate for a teacher?
(1) Focus only on the needs of the best students.
(2) Understand student's expectations from a teacher
(3) Teaching should involve only academic aspects, not social or cultural aspects.
(4) Expect complete attention and cooperation from students at all times.

59. निम्नलिखित में से कौन सा सुझाव एक शिक्षक के लिए सबसे उपयुक्त है?
(1) केवल सर्वश्रेष्ठ विद्यार्थियों की जरूरतों पर ध्यान देना
(2) विद्यार्थी की एक शिक्षक से प्रत्याशा समझना
(3) शिक्षण में केवल शैक्षणिक पहलू होने चाहिए न की सामाजिक या सांस्कृतिक पहलू
(4) विद्यार्थियो से हमेशा पुरे ध्यान और सहयोग की आशा करना

60. According to Bloom's Taxonomy of Educational Objectives, which of the following best describes as Analysis level of Cognitive Domain?
(1) The ability to recognize and recall information. Exhibit memory of previously learned material by recalling facts, terms, basic concepts, and answers.
(2) The ability to translate information into one's own words to show understanding of facts and ideas by organizing, comparing, translating, interpreting, giving descriptions, and stating main ideas.
(3) The ability to solve problems to new situations by using acquired knowledge, facts, techniques and rules in a different way. Use information or relate learning to new real-life situations

60. ब्लूम के शैक्षिक उद्देश्यों के वर्गीकरण के अनुसार, निम्नलिखित में से कौन सा संज्ञानात्मक क्षेत्र विश्लेषण स्तर के रूप का सबसे अच्छा वर्णन करता है?
(1) जानकारी को पहचानने और याद करने की क्षमता। तथ्यों, शर्तों, बुनियादी अवधारणाओं और उत्तरों को याद करके पहले से सीखी हुई सामग्री की स्मृति को प्रदर्शित करना।
(2) तथ्यों और विचारों को व्यवस्थित करने, तुलना करने, अनुवाद करने, व्याख्या करने, विवरण देने और मुख्य विचारों को बताकर तथ्यों और विचारों को समझाने के लिए जानकारी को अपने स्वयं के शब्दों में विवेचना करने की क्षमता।
(3) अधिग्रहित ज्ञान, तथ्यों, तकनीकों और नियमों का एक अलग तरीके से उपयोग करके नई परिस्थितियों में समस्याओं को हल करने की क्षमता। जानकारी का प्रयोग करना या नई वास्तविक जीवन स्थितियों में अधिगम से संबंधित करना

(4) The ability to break down information into parts to see how the parts relate to the whole. Make inferences and find evidence to support generalizations.

(4) यह देखने के लिए कि भागों का पुरे से कैसा संबंध है , जानकारी को भागों में तोड़ने की क्षमता। सामान्यीकरण को समर्थन करने के लिए निष्कर्ष निकालना और प्रमाणित करना।

61. What should a teacher do to develop spirit of labour in students?

(1) Give example of people who put in labour.
(2) Teacher should indulge in labour.
(3) Give detailed lectures on importance of labour.
(4) Give opportunities to students to do labour often

61. छात्रों में श्रम (मेहनत) की भावना विकसित करने के लिए एक शिक्षक को क्या करना चाहिए?

(1) मेहनत करने वाले लोगों का उदाहरण देना चाहिए
(2) शिक्षक को मेहनत के काम में लगना चाहिए
(3) मेहनत के महत्त्व पर विस्तृत व्याख्यान देना चाहिए
(4) छात्रों को प्राय: मेहनत करने के मौके देने चाहिए

62. Which of Gardner's intelligences is involved in an activity calling for self-understanding and accessing one's feelings?

(1) Naturalist skills
(2) Interpersonal skills
(3) Verbal skills
(4) Intrapersonal skills

62. गार्डनर के किस बुद्धि प्रकार में आत्म-समझ और स्वयं की भावनाओं की समझ शामिल होती है?

(1) प्राकृतिक कौशल
(2) पारस्परिक कौशल
(3) मौखिक कौशल
(4) अंतरावैयाक्तिक कौशल

63. Which of the following is not a characteristic of a good achievement test?

(1) Validity
(2) Reliability
(3) Ambiguity
(4) Objectivity

63. एक अच्छी उपलब्धि जांच का एक अभिलक्षण निम्नलिखित में से क्या नहीं है?

(1) विधिमान्यता
(2) विश्वसनीयता
(3) द्विअर्थकता
(4) वस्तुनिष्ठता

64. A very important quality of a good student is to

(1) always obey the teacher.
(2) observe punctuality in school.
(3) make an effort to understand what is taught.
(4) behave well in the school.

64. एक अच्छे छात्र का एक अत्यंत महत्त्वपूर्ण गुण है

(1) हमेशा शिक्षक की आज्ञा का पालन करना
(2) स्कूल में समयनिष्ठता का पालन करना
(3) जो पढाया जा रहा है उसे समझने का प्रयास करना
(4) स्कूल में अच्छा आचरण करना

65. What do you think is the best tool to motivate students?

(1) Use audio – visual aids
(2) Make lessons most interesting
(3) Seek cooperation of students
(4) Meet parents regularly

65. आपकी राय में छात्रों को प्रेरित करने के लिए सर्वोत्म साधन क्या है?

(1) दृश्य – श्रव्य सहायता – सामग्री का प्रयोग
(2) पाठ को सबसे रोचक बनाना
(3) छात्रों का सहयोग लेना
(4) छात्रों के माता – पिता से नियमित रूप से मिलना

66. During educational tours, what should NOT be your expectations from children?

(1) Children should enjoy the tour.
(2) Children should observe and ask questions.
(3) Children should not ask any questions.
(4) Children should observe and note questions in their diaries.

66. शैक्षणिक दौरों के दौरान अपने बच्चों से आपकी क्या अपेक्षाएँ नहीं होनी चाहिए?

(1) बच्चों को दौरों का आनंद लेना चाहिए
(2) बच्चों को अवलोकन करके प्रश्न पूछने चाहिए
(3) बच्चों को कोई भी प्रश्न नहीं पूछना चाहिए
(4) बच्चों को अवलोकन करके अपनी डायरी में प्रश्न लिख लेने चाहिए

67. Which of the following principles is most appropriate for guiding the development of a gifted education program?

(1) Gifted students should be given multiple educational opportunities to realize their potential to the fullest extent possible.

(2) The primary aim of instruction for gifted students should be to provide students with learning experiences that help translate the affective domain into thoughts and actions.

(3) Gifted students should be instructed in homogeneous groupings to the maximum extent possible.

(4) Education for the gifted should be administered as a separate program from the regular education program to maximize available funding and other resources.

67. एक प्रतिभाशाली शिक्षा कार्यक्रम के विकास के मार्गदर्शन के लिए निम्नलिखित में से कौन सा सिद्धांत सबसे उपयुक्त है?

(1) प्रतिभाशाली छात्रों को पूरी तरह से संभव सीमा तक अपनी क्षमता का एहसास करने के लिए कई शैक्षणिक अवसर दिए जाने चाहिए।

(2) प्रतिभाशाली छात्रों के लिए निर्देश का प्राथमिक उद्देश्य छात्रों को सीखने के अनुभव प्रदान करना चाहिए जो भावात्मक क्षेत्र को विचारों और कार्यों में अनुवाद करने में मदद करते हैं।

(3) प्रतिभाशाली छात्रों को समरूप समूह में अधिकतम सीमा तक निर्देशित किया जाना चाहिए।

(4) प्रतिभाशाली छात्रों के लिए शिक्षा नियमित शिक्षा कार्यक्रम से एक अलग कार्यक्रम के रूप में प्रशासित किया जाना चाहिए ताकि उपलब्ध वित्त पोषण और अन्य संसाधनों को अधिकतम किया जा सके।

68. While dealing with group dynamics of students, which of the following is true about students?

(1) Students are immature.

(2) Students are unable to discriminate between good or bad.

(3) Students are impatient and sensitive.

(4) All these

68. विद्यार्थियों की समूह सक्रियता से निपटने के क्रम में उनके बारे में निम्नलिखित में से कौन-सा कथन सही है?

(1) विद्यार्थी अपरिपक्व होते हैं

(2) विद्यार्थी अच्छे या बुरे में अंतर कर पाने में असक्षम होते हैं

(3) विद्यार्थी अधीर और संवेदनशील होते हैं

(4) ये सभी

69. While on a trip to a hill – station, one of your students misbehaves with an old lady , you would

(1) not accept his fault as you all are from a very reputed school.

(2) argue with lady and ask her to call the police.

(3) make your student apologise and say sorry to the old lady.

(4) take all the students away from the scene immediately.

69. किसी हिल – स्टेशन की यात्रा के दौरान यदि आपका एक छात्र किसी वृद्ध महिला के साथ दुर्व्यवहार करता है तो आप क्या करेंगे?

(1) उसकी गलती स्वीकार नहीं करेंगे क्योंकि आप सभी एक अत्यंत प्रतिष्ठित स्कूल से आते हैं

(2) उस महिला से बहस करेंगे और उसे पुलिस बुलाने के लिए कहेंगे

(3) अपने छात्र को उस वृद्ध महिला से माफी मांगने के लिए कहेंगे

(4) सभी छात्रों को तुरंत उस जगह से दूर लेकर जाएंगे

70. In case parent/guardian of a students does not come to see the teacher then teacher should

(1) Personally go to meet him

(2) Punish the student

(3) Write to the parent/guardian about the need of his her visit

(4) Ignore the child henceforth

70. यदि किसी छात्र के माता-पिता/अभिभावक शिक्षक को देखने नहीं आते हैं तो शिक्षक को चाहिए

(1) व्यक्तिगत रूप से उससे मिलने जाओ

(2) छात्र को दंडित करना

(3) माता-पिता/अभिभावक को उनकी यात्रा की आवश्यकता के बारे में लिखें

(4) अब से बच्चे पर ध्यान न दें

71. A good listener can ______.
(1) Correctly respond to every question asked
(2) Pronounce each and every word correctly
(3) Understand how to spell a word
(4) Recognize how intonation is used

72. A phoneme is a ______.
(1) Technique to improve pronunciation
(2) Sound pattern
(3) Lexical item
(4) Single sound unit

73. In order to improve the learners' pronunciation, a teacher first needs to ______.
(1) Use recorded model of sounds
(2) Show the documentary / films of the target language
(3) Ask them to read more
(4) Do pronunciation drills

74. Intensive reading stands for ______.
(1) Reading for enrichment of vocabulary
(2) Reading for developing literary sensitivity
(3) Reading the text in parts for details
(4) Reading for pleasure

75. Scanning is a reading activity which helps the learners to ______ from/of the text.
(1) Draw out information
(2) Develop competence in the linguistic items
(3) Know the meanings of the words
(4) Enrich the vocabulary

Instruction (Q.No.76–80): Study the following paragraph and answer the questions that follow.

The nation is proud of its scientists and scholars, though, of course, many of them would reply that they doubt whether the nation cares for them at all. When asked why many of our best and brightest have gone abroad to make a living, they opine that this is because as a nation we have not cared for the talented and meritorious.
There is some truth in what they say. However, by and large, compared to the situation before independence, government assistance has provided a tremendous opportunity for higher education. If today Indian scientists, technologists and scholars' indifferent fields are respected worldwide, it is because of the education system we have built up.
Our excellence is evident within the confines of the limited opportunities which are available for research and development in the universities and the national R&D laboratories. We believe and appeal that scientists, researchers, and scholars should shed their pessimism. There are many reasons for it.
We know the problems they face, especially the younger ones, and also those who are not in positions of power in these institutions, the so-called middle levels and the lower levels. We appeal to these people to think big, because they are the only ones who understand the forces of technological modernization and the new energies that can be unleashed through technologies. They also have the capability to absorb the knowledge base which is growing at an expensive rate.

76. Our scientists have proved to be excellent even if ______.
(1) We have excellent research centres
(2) We pay them well
(3) We offer them limited opportunities
(4) We offer them excellent opportunities

77. The writer wants our scientists to ______.
(1) Go abroad to make a living
(2) Be optimistic ion their attitude
(3) Become part of the scientific community
(4) Be pessimistic in their approach

78. Which one of the following is true?
(1) Our scientists are respected all over the world.
(2) We have the best research facilities in India.
(3) We care for our scientists.
(4) Our scientists are not talented.

79. What is ironic about our pride in our scientists?
(1) They go abroad to make a living
(2) They are held in high esteem

(3) The nation cares for them
(4) They are talented and meritorious

80. What happens to our best scientists?

(1) They get government grants
(2) They start teaching in colleges
(3) They start doing research
(4) They don't get respectable jobs here

भाषा विषय: हिन्दी

81. दी गई सहायक सामग्री में से शेष से भिन्न सहायक सामग्री चुनिए:
(1) टेलीविजन
(2) पत्र – पत्रिकाएं
(3) बाल साहित्य
(4) समाचार – पत्र

82. एक अध्यापिका "संज्ञा" पढ़ते समय पहले "संज्ञा" की परिभाषा बताती है। उसके बाद उससे सम्बन्धित उदाहरण समझाती है। अध्यापिका व्याकरण शिक्षण की कौन – सी विधि अपनाती है?
(1) सूत्र विधि
(2) आगमन विधि
(3) निगमन विधि
(4) प्रत्यक्ष विधि

83. बच्चों की लेखन क्षमता के आकलन में सबसे कम महत्वपूर्ण है
(1) विचारों की स्पष्टता
(2) मौलिकता
(3) कल्पनाशीलता
(4) मानक – वर्तनी

84. सुनयना अकसर "स" को "श" कहती है। भाषा शिक्षक होने के नाते आप क्या करेंगे?
(1) उसके इस तरह के प्रयोग पर बिल्कुल ध्यान नहीं देंगे
(2) यह क्षेत्रीय प्रभाव हो सकता है इसलिए उसे स्वयं ही सुधार करने के लिए पर्याप्त समय देंगे
(3) उसे 'स' और 'श' के उच्चारण – स्थान की पूर्ण जानकारी देंगे
(4) वह जब भी 'स' को 'श' कहेगी,उसे टोकेंगी ताकि उसमे सुधार हो सके

85. हिन्दी भाषा सीखने का सर्वोपरि उद्देश्य है
(1) भाषा की कठिन बातों को सरलता से समझना
(2) भाषा के मानक स्वरूप को पूर्णतः आत्मसात् करना
(3) भाषा के व्याकरणिक नियमों को पूर्णतः आत्मसात् करना
(4) भाषा के विभिन्न प्रयोगों की क्षमता का विकास करना

निर्देश (Q.No.86–90): दिए गए गद्यांश को पढ़कर उसके नीचे लिखे प्रश्नों के सबसे उचित विकल्प को चुनिए।

आसमान में मुक्का मरना कोई बुद्धिमानी का काम नहीं समझा जाता। बिना लक्ष्य के तर्क करना बुद्धिमानी नहीं है। हमे भली – भांति समझ लेने की आवश्यकता है, कि हमारा लक्ष्य क्या है? हम जो कुछ प्रयत्न करने जा रहे है वह किसके लिए है? साहित्य हम किसके लिए रचते है, इतिहास और दर्शन क्यों लिखते और पढ़ते है? राजनीतिक आन्दोलन किस महान उद्देश्य की सिद्धि के लिए करते है? मनुष्य ही वह बड़ी चीज है जिसके लिए सब यह किया करते है। हमारे सब प्रयत्नों का एक लक्ष्य है, मनुष्य वर्तमान दुर्गति के पंक से उद्धार पाए और भविष्य में सुख और शांति से रह सके। वह शास्त्र, वह ग्रंथ, वह कला, वह नृत्य, वह राजनीति, वह समाज – सुधार जंजाल – मात्र है जिससे मनुष्य का भला न होता हो। मनुष्य आज हाहाकार के भीतर त्राहि – त्राहि पुकार रहा है। हमारे राजनीतिक और सामाजिक सुधार से अन्न – वस्त्र की समस्या सुलझ सकती है फिर भी मनुष्य सुखी नहीं बनेगा। उसे सिर्फ़ अन्न – वस्त्र से ही संतोष नहीं होगा। इसके बाद भी उसका मनुष्य बनना बाकी रह जाता है। साहित्य वही काम करता है। मनुष्य नामक प्राणी तो पशुओ में ही एक विकसित प्रजाति है और यदि मनुष्यता के गुण और मूल्य उसमे नहीं है तो वह मनुष्य नामक पशु ही है, मनुष्य नहीं। भोजन करना, सोना और वंश – वृद्धि जैसे काम प्रकृति के द्वारा तय है, सच्चा मानव बनने के लिए उसे जो द्रष्टि चाहिए उसे पाने में साहित्य सहायक हो सकता है।

86. साहित्य, कला, नृत्य आदि व्यर्थ है यदि उनसे
(1) लक्ष्य न पाया जा सके
(2) धन न कमाया जा सके
(3) यश प्राप्त न हो सके
(4) मनुष्य का हित न हो सके

87. अन्न – वस्त्र आदि की समस्याएँ हल हो सकती है
(1) आवश्यकताओ की पूर्ती से
(2) सामाजिक सुधारो से
(3) राजनीतिक आन्दोलनों से
(4) अच्छे साहित्य से

88. मनुष्य के लिए प्रक्रति द्वारा तय कामों में नहीं है

(1) वंश – वृद्धि
(2) सोना
(3) भोजन करना
(4) अन्न – वस्त्र की पूर्ती

89. आसमान में मुक्का मारने से आशय है
(1) अपनी श्रेष्ठता सिद्ध करना
(2) वीरतापूर्ण कार्य करना
(3) निरर्थक कार्य करना
(4) लोगों का ध्यान आकर्षित करना

90. बुद्धिमानी नहीं है
(1) राजनीतिक आंदोलन करना
(2) आसमान में मुक्का मरना
(3) निष्फल कार्य करना
(4) निरुद्देश्य तर्क करना

Space for Rough Work / कच्चे कार्य के लिए स्थान

91. If the number of teeth in the first gear in a vehicle is n_1 and the number of teeth in the second gear is n_2, then ________.

(1) $n_1 > n_2$
(2) $n_1 < n_2$
(3) $n_1 = n_2$
(4) $n_1 = n_1^2$

91. यदि किसी वाहन के पहले गियर में दांतों की संख्या n_1 है और दूसरे गियर में दांतों की संख्या n_2 है, तो ________।

(1) $n_1 > n_2$
(2) $n_1 < n_2$
(3) $n_1 = n_2$
(4) $n_1 = n_1^2$

92. Which of the following groups contain all synthetic substances?

(1) Nylon, Terylene, Wool
(2) Cotton, Polycot, Rayon
(3) PVC, Polythene, Bakelite
(4) Acrylic, Silk, Wool

92. निम्नलिखित में से कौन-सा संश्लेषित पदार्थो का समूह हैं?

(1) नायलॉन, टेरीलीन, ऊन
(2) कपास, पॉलीकॉट, रेयन
(3) पी वी सी, पॉलिथिन, बैकेलाइट
(4) एक्रिलिक, रेशम, ऊन

93. Fossil fuels are obtained from:

(1) remains of non-living materials.
(2) dead remains of birds only.
(3) dead remains of insects only.
(4) dead remains of living organisms

93. जीवाश्म ईंधन जिनके अवशेषों से प्राप्त होते है:

(1) गैर जीवित सामग्री के अवशेष।
(2) केवल मृत पक्षी
(3) केवल मृत कीट
(4) मृत जीव

94. The substance expected to have the highest ignition temperature out of the following is:

(1) kerosene (2) petrol
(3) coal (4) alcohol

94. पदार्थ में निम्नलिखित में से उच्चतम इग्निशन तापमान होने की उम्मीद है:

(1) मिट्टी का तेल (2) पेट्रोल
(3) कोयला (4) शराब

95. Choose the correct statement:

(1) Genes are located in the chromosomes.
(2) Cell is located in the nucleus.
(3) Chromosomes are located in the nucleolus.
(4) Cell membrane surrounds the nucleus.

95. सही कथन चुनें:

(1) जीन गुणसूत्रों के भीतर स्थित होती हैं।
(2) कोशिका केंद्रक के भीतर स्थित होती है।
(3) गुणसूत्र केंद्रिका के भीतर स्थित होती हैं।
(4) कोशिका झिल्ली केंद्रक के चारो तरफ स्थित होती है।

96. Which of the following statements about reproduction in humans is correct?

(1) Fertilisation takes place externally.
(2) Fertilisation takes place in the testes.
(3) During fertilisation egg moves towards the sperm.
(4) Fertilisation takes place in the human female.

96. मानवों में जनन के लिये निम्नलिखित में से कौन-सा कथन सही है?

(1) बाहय निषेचन होता है।
(2) निषेचन वृषणों में होता है।
(3) निषेचन के दौरान अंडाणु शुक्राणु की तरफ गति करता है।
(4) निषेचन स्त्री के भीतर होता है।

97. A water tank has four taps fixed at points A, B, C, D as shown in Fig. The water will flow out at the same pressure from taps at:

97. पानी के एक टैंक में चित्र में दर्शाए अनुसार A, B, C तथा D बिंदुओं पर चार टोंटिया से पानी बराबर दाब से बहार की ओर प्रवाहित होगा?

(1) B and C
(2) A and B
(3) C and D
(4) A and C

(1) B तथा C
(2) A तथा B
(3) C तथा D
(4) A तथा C

98. Which of the following is not likely to cause Tsunami?
(1) A major nuclear explosion under sea
(2) Earthquake
(3) Volcanic eruption
(4) Lightning

98. निम्नलिखित में से किस के कारण सुनामी नहीं आ सकती है?
(1) समुद्र के अंदर एक बड़ा परमाणु विस्फोट
(2) भूकंप
(3) ज्वालामुखीय उद्भेदन
(4) बिजली

99. Which of the following metal is in the liquid state at room temperature?
(1) mercury (2) silver
(3) aluminium (4) sodium

99. धातु सामान्यत: ठोस होती है| निम्नलिखित में से कौन-से धातु कमरे के ताप पर द्रव अवस्था में होती है?
(1) पारा (2) चांदी
(3) एल्यूमीनियम (4) सोडियम

100. An astronaut standing on the surface of the moon throws a ball upwards. The ball would:
(1) directly fall down from the point it is released
(2) hang in space
(3) go up and then come back to the surface of the moon
(4) keep going up never to come back

100. चंद्रमा की सतह पर खड़ा हुआ एक अंतरिक्ष यात्री किसी गेंद ऊपर की ओर फेंकता है। गेंद:
(1) छोड़े गए बिंदु से सीधा नीचे गिर जाएगी
(2) अंतरिक्ष में लटकी रहेगी
(3) ऊपर जाएगी और फिर चंद्रमा की सतह पर वापस आ जाएगी
(4) ऊपर जाती रहेगी और कभी वापस नहीं आएगी

101. Find out the false sentences
(1) Golgi apparatus is involved with the formation of lysosomes
(2) Nucleus, mitochondria and plastid have DNA; hence they are able to make their own structural proteins
(3) Mitochondria is said to be the power house of the cell as ATP is generated in them.
(4) Cytoplasm is called as protoplasm

101. गलत वाक्य को ढूंढिए-
(1) गोल्जी उपकरण, लाइसोसोम के बनने में शामिल होता है
(2) केंद्रक, माइटोकॉन्ड्रिया एवं लवक में डी.एन.ए. होता है, इसलिए ये अपनी स्च्नात्मक प्रोटीन बनाने में समर्थ हैं
(3) माइटोकॉन्ड्रिया को कोशिका का पावर हाउस कहा जाता है क्योंकि इनमें ए.टी.पी. का उत्पादन होता है
(4) कोशिकाद्रव्य को प्रद्रव्य भी कहा जाता है

102. Select the odd one out
(1) The movement of water across a semi permeable membrane is affected by the amount of substances dissolved in it.
(2) Membranes are made of organic molecules like proteins and lipids

102. निम्नलिखित कथनों में से विसंगत कथन को चुनिए –
(1) अर्धपारगम्य झिल्ली में से होकर जाने वाले जल की गति उसमें घुले हुए पदार्थो की मात्र से प्रभावित होती है
(2) झिल्ली, कार्बनिक अणुओं जैसे प्रोटीन और लिपिड से बनी होती है
(3) कार्बनिक विलायक में घुलनशील अणु झिल्ली में से होक

(3) Molecules soluble in organic solvents can easily pass through the membrane.
(4) Plasma membranes contain chitin sugar in plants

आसानी से गुजर जाते हैं
(4) पादपों में कोशिका झिल्ली में काइटिन शर्करा होती है

103. The value of acceleration due to gravity
(1) is same on equator and poles
(2) is least on poles
(3) is least on equator
(4) increases from pole to equator

103. गुरुत्वीय त्वरण का मान-
(1) विषुवत वृत्त तथा ध्रुवों पार समान होगा है
(2) ध्रुवों पर न्यूनतम होता है
(3) विषुवत वृत्त पर न्यूनतम होता है
(4) ध्रुओं से विषुवत वृत्त की ओर बढ़ता है

104. The work done on an object does not depend upon the
(1) displacement
(2) force applied
(3) angle between force and displacement
(4) initial velocity of the object

104. किसी पिंड पर किया गया कार्य निम्नलिखित में किस पर निर्भर नहीं करता?
(1) विस्थापन
(2) लगाया गया बल
(3) बल एवं विस्थापन के बीच के कोण
(4) पिंड का आरंभिक वेग

105. Magnification produced by a rear view mirror fitted in vehicles
(1) is less than one
(2) is more than one
(3) is equal to one
(4) can be more than or less than one depending upon the position of the object in front of it

105. वाहनों में पीछे के दृश्य को देखने के लिए लगे दर्पण द्वारा आवर्धन:
(1) एक से कम होता है
(2) एक से अधिक होता है
(3) एक होता है
(4) एक से कम अथवा अधिक हों सकता है। यह इसके सामने रखे बिंब की स्थिति पर निर्भर करता है

106. The focal length of the eye lens increases when eye muscles
(1) are relaxed and lens becomes thinner
(2) contract and lens becomes thicker
(3) are relaxed and lens becomes thicker
(4) contract and lens becomes thinner

106. नेत्र लेंस की फॉक्स दुरी में वृद्धि हों जाती है जब नेत्र की पेशियाँ:
(1) शिथिल होती हैं तथा लेंस पतला हों जाता है
(2) सिकुड़ती हैं तथा लेंस मोटा हों जाता है
(3) शिथिल होती हैं तथा लेंस मोटा हों जाता है
(4) सिकुड़ती है तथा लेंस पतला हों जाता है

107. A uniform magnetic field exists in the plane of paper pointing from left to right as shown in figure. In the field an electron and a proton move as shown. The electron and the proton experience

107. दर्शाए अनुसार कागज के तल में बाएँ से दायीं ओर संकेत करते हुए कोई एक समान चुंबकीय क्षेत्र है। चित्र में दर्शाए अनुसार एक इलेक्ट्रोन तथा एक प्रोटोन इस चुंबकीय क्षेत्र में गति करते हैं। इलेक्ट्रोन तथा प्रोटोन द्वारा अनुभव बलों की दिशाएँ क्या हैं?

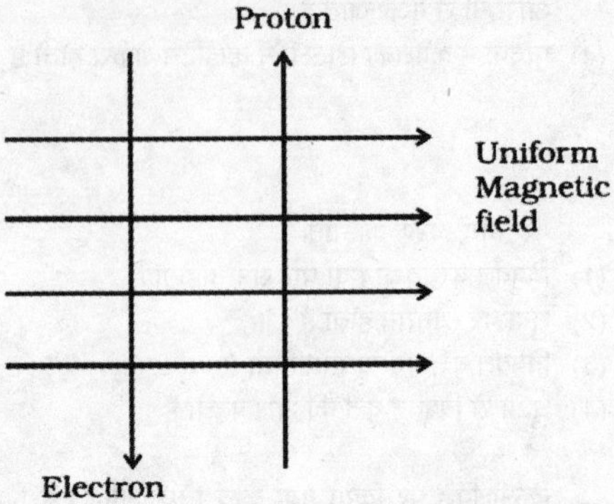

(1) forces both pointing into the plane of paper
(2) forces both pointing out of the plane of paper
(3) forces pointing into the plane of paper and out of the plane of paper, respectively
(4) force pointing opposite and along the direction of the uniform magnetic field respectively

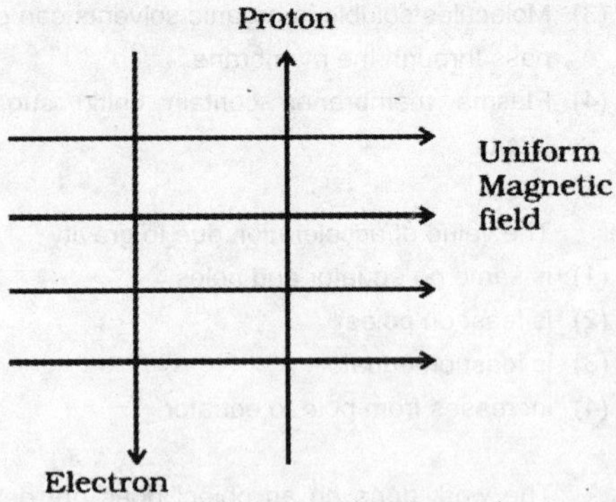

(1) दोनों पर कागज के तल की ओर संकेत करते हुए
(2) दोनों पर कागज के तल से बाहर की ओर संकेत करते हुए
(3) इलेक्ट्रोन पर कागज के तल की ओर तथा प्रोटोन पर कागज के तल से बाहर की ओर संकेत करते हुए
(4) इलेक्ट्रोन पर एक समान चुंबकीय क्षेत्र की दिशा के विपरीत तथा प्रोटोन पर क्षेत्र की दिशा के अनुदिश संकेत करते हुए

108. During respiration exchange of gases take place in
(1) trachea and larynx
(2) alveoli of lungs
(3) alveoli and throat
(4) throat and larynx

108. श्वसन के दौरान, गैसों का विनिमय कहाँ होता है?
(1) श्वासनली और कंठ में
(2) फेफड़ों की कुपिकाओं में
(3) कुपिकाओं और गले में
(4) गले और कंठ में

109. Tincture of iodine has antiseptic properties. This solution is made by dissolving
(1) iodine in potassium iodide
(2) iodine in vaseline
(3) iodine in water
(4) iodine in alcohol

109. आयोडीन का टिंक्चर पूतिरोधी गुण रखता है। यह विलयन निम्नलिखित में से किसको घोलने पर बनता है?
(1) पोटेशियम आयोडाइड में आयोडीन
(2) वैसलीन में आयोडीन
(3) जल में आयोडीन
(4) अल्कोहन में आयोडीन

110. Which of the following statements about Rutherford's model of atom are correct?
I. considered the nucleus as positively charged
II. established that the α–particles are four times as heavy as a hydrogen atom
III. can be compared to solar system
IV. was in agreement with Thomson's model
(1) I and III
(2) II and III
(3) I and IV
(4) only I

110. रदरफोर्ड के नाभिकीय प्रतिरूप के संबंध में कौन-से कथन सही हैं?
I. नाभिक को धन आवेशित माना
II. प्रमाणित किया की α–कण, हाइड्रोजन परमाणु से चार गुना भारी है
III. सौर परिवार से तुलना की जा सकती है
IV. टॉमसन मॉडल से सहमति दर्शाता है
(1) I और III
(2) II और III
(3) I और IV
(4) केवल I

111. Which of the following fractions is greater than $\frac{1}{2}$ and less than $\frac{3}{4}$?

$\frac{3}{8}, \frac{4}{5}, \frac{31}{40}, \frac{9}{20}, \frac{7}{10}$

(1) $\frac{31}{40}$
(2) $\frac{9}{20}$
(3) $\frac{4}{5}$
(4) $\frac{7}{10}$

111. निम्न भिन्नों में से कौन - सी भिन्न $\frac{1}{2}$ से बड़ी तथा $\frac{3}{4}$ से छोटी है?

$\frac{3}{8}, \frac{4}{5}, \frac{31}{40}, \frac{9}{20}, \frac{7}{10}$

(1) $\frac{31}{40}$
(2) $\frac{9}{20}$
(3) $\frac{4}{5}$
(4) $\frac{7}{10}$

112. Which of the numbers $-20, -\frac{3}{4}, \frac{1}{2}, 10$ is greater than its square?

(1) $\frac{1}{2}$
(2) $-\frac{3}{4}$
(3) 10
(4) -20

112. संख्याओं $-20, -\frac{3}{4}, \frac{1}{2}, 10$ में से कौन सी संख्या अपने वर्ग से बड़ी है?

(1) $\frac{1}{2}$
(2) $-\frac{3}{4}$
(3) 10
(4) -20

113. $3 \times 10^5 + 4 \times 10^3 + 7 \times 10^2 + 5$ is equal to

(1) 3004705 (2) 3475×10^{10}
(3) 304705 (4) 347500

113. $3 \times 10^5 + 4 \times 10^3 + 7 \times 10^2 + 5$ बराबर है

(1) 3004705 (2) 3475×10^{10}
(3) 304705 (4) 347500

114. Sum of two numbers is 32. If one of them is -36, then the other number is

(1) -4 (2) 4
(3) -68 (4) 68

114. दो संख्याओं का योगफल 32 है। उनमें से यदि एक संख्या -36 हो, तो दूसरी संख्या है

(1) -4 (2) 4
(3) -68 (4) 68

115. In 2010, the population of a city is 30.3 million. This number is same as

(1) 30300000 (2) 303000000
(3) 3030000 (4) 30030000

115. 2010 में, किसी नगर की जनसंख्या 30.3 मिलियन है। यह संख्या निम्न के बराबर है

(1) 30300000 (2) 303000000
(3) 3030000 (4) 30030000

116. If $a^3 = 1 + 7, 3^3 = 1 + 7 + b, 4^3 = 1 + 7 + c$, then the value of a+b+c is

(1) 58 (2) 75 (3) 77 (4) 110

116. यदि $a^3 = 1 + 7, 3^3 = 1 + 7 + b, 4^3 = 1 + 7 + c$ हो, तो a+b+c का मान है

(1) 58 (2) 75 (3) 77 (4) 110

117. $2^{10} - 1$ is divisible by

(1) 2 (2) 3 (3) 4 (4) 10

117. $2^{10} - 1$ निम्न से विभाज्य है

(1) 2 (2) 3
(3) 4 (4) 10

118. Sum of HCF and LCM of 4, 20 and 28 is

(1) 74 (2) 136

118. संख्याओं 4, 20 और 28 के म.स. (HCF) तथा ल.स. (LCM) का योगफल है

(3) 140 (4) 144

119. Expressed as a percent 0.33 ÷ 0.11 is

(1) $\frac{1}{300}$
(2) $\frac{1}{3}$
(3) 30
(4) 300

120. Sum of mean and median of the numbers 5·02, 5·18, 5·12, 5·007 and 5·018 is

(1) 10.089 (2) 10.73
(3) 10.71 (4) 10.89

121. Two squares have sides x cm and (2x + 1) cm, respectively. The sum of their perimeters is 100 cm. Area (in cm^2) of the bigger square is

(1) 64 (2) 81
(3) 225 (4) 289

122. The number of lines of symmetry of the figure is

(1) 1 (2) 3 (3) 4 (4) 6

123. If the circumference of a circle is 3 cm, then its area, in cm^2, is

(1) $\frac{9}{4\pi}$ (2) $\frac{4}{9\pi}$
(3) $\frac{9\pi}{4}$ (4) $\frac{3\pi}{2}$

124. The area of a rectangle is A cm^2 and length is l cm. Its perimeter (in cm) is

(1) $2l + 2A$
(2) $2l + \frac{A}{2l}$
(3) $2l + \frac{A}{l}$
(4) $2l + \frac{2A}{l}$

125. A car goes one kilometer at 30 km per hour and then goes another kilometer at 40 km per hour. The

(1) 74 (2) 136
(3) 140 (4) 144

119. 0.33 ÷ 0.11 को प्रतिशत के रूप में व्यक्त करने पर प्राप्त होता है

(1) $\frac{1}{300}$
(2) $\frac{1}{3}$
(3) 30
(4) 300

120. संख्याओं 5.02, 5.18, 5.12, 5.007 और 5.018 के माध्य और माध्यिका का योगफल है

(1) 10.089 (2) 10.73
(3) 10.71 (4) 10.89

121. दो वर्गों की भुजाएँ क्रमशः x सेमी तथा (2x + 1) सेमी हैं। उनके परिमापों का योगफल 100 सेमी है। उनमें से बड़े वर्ग का क्षेत्रफल (सेमी^{2} में) है

(1) 64 (2) 81
(3) 225 (4) 289

122. आकृति में सममिति रेखाओं की संख्या है

(1) 1 (2) 3 (3) 4 (4) 6

123. यदि किसी वृत्त की परिधि 3 सेमी है, तो इसका क्षेत्रफल, सेमी^{2} में, है

(1) $\frac{9}{4\pi}$ (2) $\frac{4}{9\pi}$
(3) $\frac{9\pi}{4}$ (4) $\frac{3\pi}{2}$

124. किसी आयत का क्षेत्रफल A सेमी^{2} है और इसकी लंबाई l सेमी है। इसका परिमाप (सेमी में) है

(1) $2l + 2A$
(2) $2l + \frac{A}{2l}$
(3) $2l + \frac{A}{l}$
(4) $2l + \frac{2A}{l}$

125. एक कार एक किलोमीटर की दूरी 30 किमी प्रति घंटा की चाल से और उसके बाद अगले किलोमीटर की दूरी 40 किमी

average speed (in km/hour) of the car for 2 km is

(1) 35 (2) $34\frac{2}{7}$

(3) $33\frac{3}{7}$ (4) $33\frac{5}{7}$

126. A cube has a volume 125 cm^3. Area of its one face is

(1) 5 cm^2 (2) 20 cm^2

(3) 25 cm^2 (4) 30 cm^2

127. In the figure, ABC is a triangle. Measure of, ∠ABD, in degrees, is

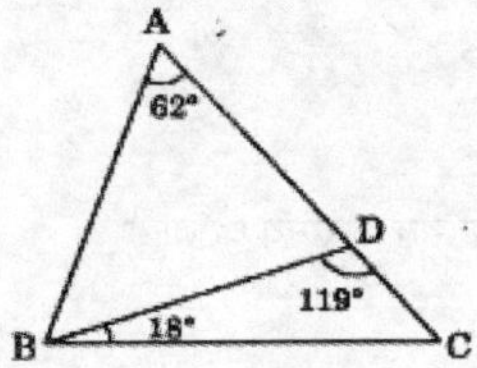

(1) 57 (2) 61 (3) 72 (4) 80

128. ΔPQR and ΔTQR are on the same base QR and on the same side of QR. If PQ = TR and PR = TQ, then which of the following is correct?

(1) $\Delta PQR \cong \Delta TQR$

(2) $\Delta PQR \cong \Delta TRQ$

(3) $\Delta PQR \cong \Delta RQT$

(4) $\Delta PQR \cong \Delta QTR$

129. A factor common to $x^2 + 7x + 10$ and $x^2 - 3x - 10$ is

(1) x - 5 (2) x + 5

(3) x + 2 (4) x – 2

130. The sum of two positive numbers is 63. If one number x is double the other, then the equation is

(1) $\frac{x}{x-63} = 2$

(2) $\frac{63-x}{x} = 2$

(3) $\frac{x-63}{x} = 2$

(4) $\frac{x}{63-x} = 2$

प्रति घंटा की चाल से चलती है। 2 किमी के लिए कार की औसत चाल (किमी/घंटा में) है

(1) 35 (2) $34\frac{2}{7}$

(3) $33\frac{3}{7}$ (4) $33\frac{5}{7}$

126. किसी घन का आयतन 125 सेमी^{3} है। इसके एक फलक का क्षेत्रफल है

(1) 5 सेमी^{2} (2) 20 सेमी^{2}

(3) 25 सेमी^{2} (4) 30 सेमी^{2}

127. आकृति में, ABC एक त्रिभुज है। ∠ABD की माप, डिग्री में, है

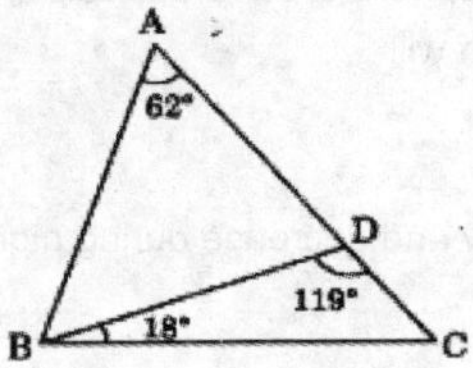

(1) 57 (2) 61 (3) 72 (4) 80

128. ΔPQR और ΔTQR एक ही आधार QR पर तथा QR के एक ही ओर बने हुए हैं। यदि PQ = TR तथा PR = TQ हो, तो निम्न में से कौन - सा सही है?

(1) $\Delta PQR \cong \Delta TQR$

(2) $\Delta PQR \cong \Delta TRQ$

(3) $\Delta PQR \cong \Delta RQT$

(4) $\Delta PQR \cong \Delta QTR$

129. $x^2 + 7x + 10$ और $x^2 - 3x - 10$ का एक उभयनिष्ठ गुणनखंड है

(1) x - 5 (2) x + 5

(3) x + 2 (4) x – 2

130. दो धनात्मक संख्याओं का योगफल 63 है। यदि उनमें से एक संख्या x, दूसरी संख्या की दुगुनी हो, तब समीकरण है

(1) $\frac{x}{x-63} = 2$

(2) $\frac{63-x}{x} = 2$

(3) $\frac{x-63}{x} = 2$

(4) $\frac{x}{63-x} = 2$

Space for Rough Work / कच्चे कार्य के लिए स्थान

131. Who is the Minister of Environment & Forests in India
(1) Dharmendra Pradhan
(2) Harsh Vardhan
(3) Jagat Prakash Nadda
(4) Anant Geete

131. भारत में पर्यावरण और वन मंत्री कौन हैं
(1) धर्मेंद्र प्रधान
(2) हर्षवर्धन
(3) जगत प्रकाश नड्डा
(4) अनंत गीते

132. Biotic component of biosphere is not constituted by
(1) producers (2) consumers
(3) decomposer (4) air

132. जैवमंडल के जैविक घटक का निर्माण किसके द्वारा नहीं होता है
(1) उत्पादक (2) उपभोक्ता
(3) अपघटक (4) वायु

133. If there were no atmosphere around the earth, the temperature of the earth will
(1) increase
(2) go on decreasing
(3) increase during day and decrease during night
(4) be unaffected

133. यदि पृथ्वी के चारों ओर वायुमंडल नहीं होता तो पृथ्वी का तापक्रम-
(1) बढ़ता है
(2) घटता जाता है
(3) दिन के समय बढ़ता तथा रात के समय घटता है
(4) अप्रभावित रहता है

134. Which disease is not transmitted by mosquitoes?
(1) Dengue
(2) Malaria
(3) Brain fever or encephalitis
(4) Pneumonia

134. निम्नलिखित में से कौन-सी बीमारी मच्छर द्वारा नहीं फैलती है?
(1) डेंगू
(2) मलेरिया
(3) मस्तिष्क बुखार या एनसेफेलिटिस
(4) न्यूमोनिया

135. Choose the incorrect statement regarding wind power
(1) It is expected to harness wind power to minimum in open space
(2) The potential energy content of wind blowing at high altitudes is the source of wind power
(3) Wind hitting at the blades of a windmill causes them to rotate The rotation thus achieved can be utilised further
(4) One possible method of utilising the energy of rotational motion of the blades of a windmill is to run the turbine of an electric generator

135. पवन शक्ति के संदर्भ में असत्य प्रकथन का चयन कीजिए।
(1) खुले स्थानों पर न्यूनतम पवन ऊर्जा की अपेक्षा की जाती है
(2) अधिक ऊँचाई वाले स्थानों पर पवनों की स्थितिज ऊर्जा पवन शक्ति का स्रोत होती है
(3) पवन चक्की की पंखुड़ियों से टकराने वाली पवने पवन चक्की में घूर्णन उत्पन्न कृत हैं, इस प्रकार प्राप्त घूर्णन का उपयोग किया जा सकता है
(4) पवन चक्की की पंखुड़ियों के घूर्णन की ऊर्जा के उपयोग की एक संभावित विधि विद्युत् जनित्र के टरबाइन को घुमाना है

136. If a grass hopper is eaten by a frog, then the energy transfer will be from
(1) producer to decomposer
(2) producer to primary consumer
(3) primary consumer to secondary consumer
(4) secondary consumer to primary consumer

136. यदि मेंढक टिड्डे को खा जाए तो ऊर्जा-स्थानांतरण किस दिशा में होगा?
(1) उत्पादक से अपघटक की दिशा में
(2) उत्पादक से प्राथमिक उपभोक्ता की दिशा में
(3) प्राथमिक उपभोक्ता से द्वितीयक उपभोक्ता की दिशा में
(4) द्वितीयक उपभोक्ता से प्राथमिक उपभोक्ता की दिशा में

137. Ground water will not be depleted due to

137. भूजल की कमी किसके कारण नहीं होती?

(1) afforestation
(2) thermal power plants
(3) loss of forest, and decreased rainfall
(4) cropping of high water demanding crops

(1) वनोंमूलन
(2) ताप बिजली घर
(3) वनों का ह्रास और वर्ष में कमी
(4) एसी फसलों की खेती करना जिनके लिए अधिक पानि आवश्यकता होती है

138. Which of the following is not a biodiversity hot spot of India?
(1) Western Ghats
(2) Eastern Ghats
(3) Himalaya
(4) Indo-Burma

138. इनमें से कौन सा भारत का जैव विविधता हॉट स्पॉट नहीं है?
(1) पश्चिमी घाट
(2) पूर्वी घाट
(3) हिमालय
(4) भारत-बर्मा

139. As per 2011 census, highest sex ratio in union territory
(1) Lakshadweep
(2) Daman and Diu
(3) Pondicherry
(4) Andaman Nicobar

139. 2011 की जनगणना के अनुसार, किस केंद्र क्षेत्र में उच्चतम लिंग अनुपात है
(1) लक्षद्वीप
(2) दमन और दीव
(3) पांडिचेरी
(4) अंडमान निकोबार

140. World Migratory Bird Day is celebrated on
(1) 22 April (2) 22 May
(3) 08 May (4) 05 June

140. विश्व प्रवासी पक्षी दिवस मनाया जाता है
(1) 22 अप्रैल (2) 22 मई
(3) 08 मई (4) 05 जून

141. Bering Strait is a narrow stretch of shallow water that connects
(1) Pacific Ocean and Atlantic Ocean
(2) Arctic Ocean and Pacific Ocean
(3) Indian Ocean and Pacific Ocean
(4) Atlantic Ocean and Indian Ocean

141. बेरिंग जलडमरूमध्य पानी का संकरा भाग है जो जोड़ता है
(1) प्रशांत महासागर और अटलांटिक महासागर
(2) आर्कटिक महासागर और प्रशांत महासागर
(3) हिन्द महासागर और प्रशांत महासागर
(4) अटलांटिक महासागर और हिन्द महासागर

142. "On 21st march and 23rd September, the whole Earth experiences equal days and nights." This is because
(1) Direct rays of the Sun fall on the equator and at this position, none of the poles is tilted towards the Sun
(2) Direct rays of the Sun fall on the Tropic of Cancer and at this position, one of the poles is tilted towards the Sun
(3) Direct rays of the Sun fall on the equator and at this position, one of the poles is tilted towards the Sun
(4) Direct rays of the Sun fall on the Tropic of Capricorn and at this position, none of the poles is tilted towards the Sun

142. "21 मार्च और 23 सितम्बर को पूरी पृथ्वी पर दिन और रात बराबर होते है" इसका कारण है
(1) सूर्य की किरणें विषुवत-वृत पर सीधी पड़ती हैं और इस स्थिति में कोई भी ध्रुव सूर्य की ओर झुका नहीं होता है।
(2) सूर्य की किरणें कर्क रेखा पर सीधी पड़ती है और इस स्थिति में एक ध्रुव का झुकाव सूर्य की ओर होता है।
(3) सूर्य की किरणें विषुवत-वृत पर सीधी पड़ती हैं और इस स्थिति में एक ध्रुव का झुकाव सूर्य की ओर होता है।
(4) सूर्य की किरणें मकर रेखा पर सीधी पड़ती हैं और इस स्थिति में कोई भी ध्रुव सूर्य की ओर झुका नहीं होता है।

143. The Members of Legislative Assembly are

143. विधान सभा के सदस्य

(1) Elected by the people
(2) Appointed by the Governor
(3) Appointed by the Prime Minister
(4) Appointed by the Chief Minister

(1) लोगों (जनता) द्वारा चुने जाते हैं|
(2) राज्यपाल द्वारा नियुक्त किए जाते हैं|
(3) प्रधान मंत्री द्वारा नियुक्त किए जाते हैं|
(4) मुख्य मंत्री द्वारा नियुक्त किए जाते हैं|

144. The Convention on Biological Diversity was came in effect from
(1) 21 March 1994
(2) 16 February 2005
(3) 29 December 1993
(4) 1 October 2003

144. जैविक विविधता पर सम्मेलन प्रभावी रूप से कब लागू हुआ था
(1) 21 मार्च 1994
(2) 16 फरवरी 2005
(3) 29 दिसंबर 1993
(4) 1 अक्टूबर 2003

145. Main focus of second five year plan of India was on the
(1) agricultural development of the country
(2) achievement of stable growth and self-reliance
(3) industrial development of the country
(4) poverty eradication and technological self-reliance

145. भारत की दूसरी पंचवर्षीय योजना का मुख्य फोकस था
(1) देश के कृषि विकास
(2) स्थिर विकास और आत्मनिर्भरता की उपलब्धि
(3) देश के औद्योगिक विकास
(4) गरीबी उन्मूलन और तकनीकी आत्मनिर्भरता

146. Full form of NBA is
(1) National Biological Authority of India
(2) Nationale Biologique Autorité International
(3) National Biodiversity Authority of India
(4) Nationale Biodiversité Autorité International

146. NBA का पूरा नाम क्या है?
(1) National Biological Authority of India
(2) Nationale Biologique Autorité International
(3) National Biodiversity Authority of India
(4) Nationale Biodiversité Autorité International

147. Keoladeo Ghana National Park is located in
(1) Uttarakhand (2) Karnataka
(3) Assam (4) Rajasthan

147. केओलादेव घाना राष्ट्रीय उद्यान कहाँ स्थित है
(1) उत्तराखंड (2) कर्नाटक
(3) असम (4) राजस्थान

148. In the early twentieth century which social reformer started schools for Muslim girls in Patna and Calcutta?
(1) Begum Rokeya Hossain
(2) Mumtaz Ali
(3) Sayyid Ahmed Khan
(4) None of these

148. बीसवीं शताब्दी की प्रारम्भ में किस सामाजिक सुधारक ने पटना और कलकत्ता में मुस्लिम लड़कियों के लिए स्कूल शुरू किए थे?
(1) बेगम रोकेया हुसैन
(2) मुमताज अली
(3) सय्यद अहमद खान
(4) इनमें से कोई नहीं

149. Which one of the following grasslands is the homelands of Native Americans?
(1) Steppe (2) Pampas
(3) Velds (4) Prairies

149. निम्नलिखित घासभूमियों में से कौन-सी अमेरिकी मूल निवासियों का निवास स्थल है?
(1) स्टेपी (2) पम्पास
(3) वेल्ड्स (4) प्रेअरिज

150. Breeding of fish in specially constructed tanks and ponds is known as
(1) Pisciculture (2) Horticulture
(3) Sericulture (4) Viticulture

150. विशेष रूप से निर्मित तालाबों और पोखरों में मत्स्य पालन को जाना जाता है
(1) पिसीकल्चर (2) हार्टीकल्चर
(3) सेरिकल्चर (4) विटिकल्चर

उत्तर पत्रिका / Answer Sheet – Kendriya Vidyalaya Sangathan

Name of the Candidate: ______________________ **Fathers' Name:** ________________

Roll Number: ________________, **Examination Centre:** ________________________

Paper of the Candidate: ________________________, **Test Booklet Code:** ____________

Mark your Answer by shading the appropriate circle against each question. The circle should be shaded completely without leaving any space. The correct method of shading is given below.

प्रत्येक प्रश्न के सामने उचित वृत का चिन्हांकन करके अपना उत्तर लिखें। वृत्त को बिना कोई स्थान छोड़े चिन्हांकित करें। चिन्हांकित करने का सही तरीका नीचे दिया गया है।

Correct Method : सही तरीका : ○ ● ○ ○ Wrong Method : गलत तरीका : ⊗ ✓ ⊙ ◑

001	① ② ③ ④	031	① ② ③ ④	061	① ② ③ ④	091	① ② ③ ④	121	① ② ③ ④
002	① ② ③ ④	032	① ② ③ ④	062	① ② ③ ④	092	① ② ③ ④	122	① ② ③ ④
003	① ② ③ ④	033	① ② ③ ④	063	① ② ③ ④	093	① ② ③ ④	123	① ② ③ ④
004	① ② ③ ④	034	① ② ③ ④	064	① ② ③ ④	094	① ② ③ ④	124	① ② ③ ④
005	① ② ③ ④	035	① ② ③ ④	065	① ② ③ ④	095	① ② ③ ④	125	① ② ③ ④
006	① ② ③ ④	036	① ② ③ ④	066	① ② ③ ④	096	① ② ③ ④	126	① ② ③ ④
007	① ② ③ ④	037	① ② ③ ④	067	① ② ③ ④	097	① ② ③ ④	127	① ② ③ ④
008	① ② ③ ④	038	① ② ③ ④	068	① ② ③ ④	098	① ② ③ ④	128	① ② ③ ④
009	① ② ③ ④	039	① ② ③ ④	069	① ② ③ ④	099	① ② ③ ④	129	① ② ③ ④
010	① ② ③ ④	040	① ② ③ ④	070	① ② ③ ④	100	① ② ③ ④	130	① ② ③ ④
011	① ② ③ ④	041	① ② ③ ④	071	① ② ③ ④	101	① ② ③ ④	131	① ② ③ ④
012	① ② ③ ④	042	① ② ③ ④	072	① ② ③ ④	102	① ② ③ ④	132	① ② ③ ④
013	① ② ③ ④	043	① ② ③ ④	073	① ② ③ ④	103	① ② ③ ④	133	① ② ③ ④
014	① ② ③ ④	044	① ② ③ ④	074	① ② ③ ④	104	① ② ③ ④	134	① ② ③ ④
015	① ② ③ ④	045	① ② ③ ④	075	① ② ③ ④	105	① ② ③ ④	135	① ② ③ ④
016	① ② ③ ④	046	① ② ③ ④	076	① ② ③ ④	106	① ② ③ ④	136	① ② ③ ④
017	① ② ③ ④	047	① ② ③ ④	077	① ② ③ ④	107	① ② ③ ④	137	① ② ③ ④
018	① ② ③ ④	048	① ② ③ ④	078	① ② ③ ④	108	① ② ③ ④	138	① ② ③ ④
019	① ② ③ ④	049	① ② ③ ④	079	① ② ③ ④	109	① ② ③ ④	139	① ② ③ ④
020	① ② ③ ④	050	① ② ③ ④	080	① ② ③ ④	110	① ② ③ ④	140	① ② ③ ④
021	① ② ③ ④	051	① ② ③ ④	081	① ② ③ ④	111	① ② ③ ④	141	① ② ③ ④
022	① ② ③ ④	052	① ② ③ ④	082	① ② ③ ④	112	① ② ③ ④	142	① ② ③ ④
023	① ② ③ ④	053	① ② ③ ④	083	① ② ③ ④	113	① ② ③ ④	143	① ② ③ ④
024	① ② ③ ④	054	① ② ③ ④	084	① ② ③ ④	114	① ② ③ ④	144	① ② ③ ④
025	① ② ③ ④	055	① ② ③ ④	085	① ② ③ ④	115	① ② ③ ④	145	① ② ③ ④
026	① ② ③ ④	056	① ② ③ ④	086	① ② ③ ④	116	① ② ③ ④	146	① ② ③ ④
027	① ② ③ ④	057	① ② ③ ④	087	① ② ③ ④	117	① ② ③ ④	147	① ② ③ ④
028	① ② ③ ④	058	① ② ③ ④	088	① ② ③ ④	118	① ② ③ ④	148	① ② ③ ④
029	① ② ③ ④	059	① ② ③ ④	089	① ② ③ ④	119	① ② ③ ④	149	① ② ③ ④
030	① ② ③ ④	060	① ② ③ ④	090	① ② ③ ④	120	① ② ③ ④	150	① ② ③ ④

परीक्षार्थी का नाम Name of candidate (In Capital Letters)	परीक्षार्थी के हस्ताक्षर Signature of candidate (In Running Hand)	परीक्षार्थी के बाएं अंगूठे का निशान Left hand thumb impression of the candidate	निरीक्षक के हस्ताक्षर Signature of invigilator (In Running Hand)

Answer Key KVS Test Set - 14

Q	A	Q	A	Q	A	Q	A	Q	A	Q	A	Q	A	Q	A
1	2	**21**	1	**41**	2	**61**	4	**81**	1	**101**	1	**121**	4	**141**	2
2	3	**22**	1	**42**	2	**62**	4	**82**	3	**102**	4	**122**	4	**142**	1
3	2	**23**	1	**43**	3	**63**	3	**83**	4	**103**	3	**123**	1	**143**	1
4	2	**24**	3	**44**	1	**64**	3	**84**	2	**104**	4	**124**	4	**144**	3
5	2	**25**	2	**45**	4	**65**	2	**85**	4	**105**	1	**125**	2	**145**	3
6	2	**26**	3	**46**	2	**66**	3	**86**	4	**106**	1	**126**	3	**146**	3
7	3	**27**	2	**47**	3	**67**	1	**87**	2	**107**	1	**127**	1	**147**	4
8	4	**28**	2	**48**	3	**68**	4	**88**	4	**108**	2	**128**	2	**148**	1
9	3	**29**	1	**49**	2	**69**	3	**89**	3	**109**	4	**129**	3	**149**	4
10	3	**30**	1	**50**	2	**70**	1	**90**	3	**110**	1	**130**	4	**150**	1
11	3	**31**	4	**51**	2	**71**	1	**91**	1	**111**	4	**131**	2		
12	3	**32**	2	**52**	3	**72**	4	**92**	3	**112**	1	**132**	4		
13	4	**33**	1	**53**	4	**73**	1	**93**	4	**113**	3	**133**	3		
14	4	**34**	2	**54**	4	**74**	3	**94**	3	**114**	4	**134**	4		
15	3	**35**	2	**55**	4	**75**	1	**95**	1	**115**	1	**135**	2		
16	4	**36**	2	**56**	3	**76**	3	**96**	4	**116**	3	**136**	3		
17	1	**37**	4	**57**	4	**77**	4	**97**	1	**117**	2	**137**	1		
18	3	**38**	1	**58**	3	**78**	1	**98**	4	**118**	4	**138**	2		
19	4	**39**	1	**59**	2	**79**	1	**99**	1	**119**	4	**139**	3		
20	4	**40**	2	**60**	4	**80**	4	**100**	3	**120**	1	**140**	3		

Prateek Shivalik KVS PRT

Code 15

इस परीक्षा पुस्तिका को तब तक न खोलें जब तक कहा न जाए।
Do not open this Test Booklet until you are asked to do so.
इस परीक्षा पुस्तिका के पिछले आवरण पर दिए गये निर्देशों को ध्यान से पढ़ें।
Read carefully the Instructions on the Back Cover of this Test Booklet.

परीक्षार्थियों के लिए निर्देश

1. OMR उत्तर पत्र इस परीक्षा के अन्दर रखा है। जब आपको परीक्षा पुस्तिका खोलने को कहा जाए, तो उत्तर पत्र निकाल कर पृष्ठ-1 एवं पृष्ठ-2 पर ध्यान से केवल नीले बॉल पॉइंट पेन से विवरण भरें।
2. परीक्षा की अवधि 2½ घंटे है एवं परीक्षा में 150 प्रश्न है। **कोई ऋणात्मक अंकन नहीं है।**
3. इस पृष्ठ पर विवरण अंकित करने एवं उत्तर पत्र पर निशान लगाने के लिए केवल नीले बॉल पॉइंट पेन का प्रयोग करें।
4. यह सुनिश्चित कर लें की इस पुस्तिका का संकेत, उत्तर पत्र के पृष्ठ पर छपे संकेत से मिलता है। यह भी सुनिश्चित कर लें की परीक्षा संख्या और उत्तर पत्र संख्या मिलते है। अगर यह भिन्न हों तो परीक्षार्थी दूसरी प्रश्न पुस्तिका और उत्तर पत्र लेने के लिए निरीक्षक को तुरन्त अवगत कराएँ।
5. **यदि अनुवाद में किसी भी प्रकार की कोई अस्पष्टा हो तो अंग्रेजी वाले पाठ को ही सही माना जायेगा।**
6. रफ कार्य परीक्षा पुस्तिका में इस प्रयोजन के लिए दी गई खाली जगह पर करें।
7. सभी उत्तर केवल OMR उत्तर पत्र पर ही अंकित करें। अपने उत्तर ध्यानपूर्वक अंकित करें। उत्तर बदलने हेतु श्वेत रंजक का प्रयोग निषिद्ध है।
8. प्रत्येक प्रश्न के सामने उचित वृत का चिन्हांकन करके अपना उत्तर लिखें। वृत्त को बिना कोई स्थान छोड़े चिन्हांकित करें।

INSTRUCTIONS FOR CANDIDATES

1. The OMR Answer Sheet is inside this Test Booklet. When you are directed to open the Test Booklet, take out the Answer Sheet and fill in the particulars on Side-1 and Side-2 carefully with blue ball point pen only.
2. The test is of 2½ hours duration and consists of 150 questions. **There is no negative marking.**
3. Use Blue Ball Point Pen only for writing particulars on this page / marking responses in the Answer Sheet.
4. Make sure that the CODE printed on the Answer Sheet is the same as that on this booklet. Also ensure that your Test Booklet No. and Answer Sheet No. are the same. In case of discrepancy, the candidate should immediately report the matter to the Invigilator for replacement of both the Test Booklet and the Answer Sheet.
5. **In case of any ambiguity in translation, the English version will be deemed authentic.**
6. Rough work should be done only in the space provided in the Test Booklet for the same.
7. The answers are to be recorded on the OMR Answer Sheet only. Mark your responses carefully. No whitener is allowed for changing answers.
8. Mark your Answer by shading the appropriate circle against each question. The circle should be shaded completely without leaving any space.

परीक्षार्थी का नाम (बड़े अक्षरों में):
Name of the Candidate (in Capitals): ____________________

अनुक्रमांक (अंकों में):
Roll Number: (in figures): ____________________
(शब्दों में):
(in words): ____________________

परीक्षा केन्द्र (बड़े अक्षरों में) :
Centre of Examination (in Capitals): ____________________

परीक्षार्थी के हस्ताक्षर:
Candidate's Signature: ____________________

निरीक्षक के हस्ताक्षर :
Invigilator's Signature : ____________________

Facsimile signature stamp of
Centre Superintendent ____________________

General English

1. Convert the given sentence into Active / Passive Voice

His subordinates accused him of various offences.

(1) They accused him of various offences

(2) It was accused by his subordinates that he had done various offences

(3) His subordinates accused that he had done various offences

(4) He was accused of various offences by his subordinates

2. Convert the given sentence into Direct / Indirect Speech

The queen said to her son, "You must go to the forest and remain there till your father calls you back."

(1) The queen ordered her son to go to the forest and remain there till his father calls him back.

(2) The queen told her son that he must go to the forest and remain there till his father called him back.

(3) The queen told his son that you must go to the forest and remain there till your father called you back.

(4) The queen told her son to go to the forest and remained there till his father called him back.

3. Fill in the blank.

The cost of ______ is rising rapidly in this city.

(1) being

(2) existing

(3) surviving

(4) living

4. Which part of the following sentences has error in it?

The well-known pianist (P) had to practice for several hours a day (Q) even after he rose to fame. (R) No error. (S)

(1) P (2) Q (3) R (4) S

5. The antonym of the given word is?

AFFIRM

(1) refuse

(2) negate

(3) neglect

(4) avoid

6. Choose the one word which can be substituted for the given sentence/ words.

An area of land that is controlled by a ruler

(1) colony

(2) dominion

(3) country

(4) municipality

7. Choose the option which best expresses the meaning of the highlighted idiom/phrase in the sentence.

to "take to one's heels"

(1) to run off

(2) to show one's heels

(3) to turn around

(4) to walk leisurely

8. Which part of the following sentences has error in it?

The Prime Minister was asked (P) to write a forward (Q) to the book. (R) No error. (S)

(1) P (2) Q (3) R (4) S

9. Choose the incorrectly spelt word

(1) assure

(2) insure

(3) sensure

(4) ensure

10. Arrange the following jumbled part of the sentence in correct order.

1. Guru is a university professor.

P. It was about strange beings called KUNUS who live in holes in the ground.

Q. The book is very popular now.

R. Thirty years ago he wrote a strange novel called "Queen of the Mars".

S. He is also a famous writer.

6. In a recent interview on television Prof. Guru talked about the novel.

(1) PRSQ (2) QPRS (3) SRPQ (4) RQSP

11. 'ञ' तथा 'य' का उच्चारण स्थान है
(1) तालव्य
(2) मूर्धन्य
(3) ओष्ठ्य
(4) वत्सर्य

12. कमाऊ में कौन सा प्रत्यय है?
(1) उ
(2) आऊ
(3) ऊ
(4) कोई नहीं

13. निर्बल का संधि विच्छेद होगा
(1) निर+बल
(2) निअ+बल
(3) निरा+बल
(4) नि:+बल

14. निम्न में से किस शब्द की वर्तनी शुद्ध है?
(1) आपहरण
(2) अपहरन
(3) अपाहरण
(4) अपहरण

15. "जल्दी चलने वाला" के लिए एक उपयुक्त शब्द है
(1) तेज
(2) हवा
(3) द्रुतगामी
(4) अंतरिक्ष

16. "चोर" का भाववाचक संज्ञा है
(1) चुराना
(2) चोरी
(3) चोरीत्व
(4) कोई नहीं

17. मोर नाचता है में क्रिया है
(1) अकर्मक
(2) सकर्मक
(3) प्रेरणात्मक
(4) कोई नहीं

18. "वह नदी से जल लाया है" में प्रयुक्त कारक है
(1) सम्प्रदान
(2) अपादान
(3) करण
(4) अधिकरण

19. "धनहीन" में समास है
(1) द्विगु
(2) अपादान तत्पुरुष
(3) करण तत्पुरुष
(4) कर्मधारय

20. अलंकार में कौन सा उपसर्ग है?
(1) अलम्
(2) अलं
(3) अ
(4) अं

Space for Rough Work / कच्चे कार्य के लिए स्थान

21. The process of writing on an optical disc is called
(1) Ripping (2) Fetching
(3) Scanning (4) Burning

21. ऑप्टिकल डिस्क पर लिखने की प्रक्रिया को बुलाया जाता है
(1) रिपपिंग (2) फेत्चिंग
(3) स्कैनिंग (4) बर्निंग

22. A place through which, data can enter or leave a computer is called
(1) bus (2) dock
(3) mouse (4) port

22. एक जगह जिसके माध्यम से, डेटा कंप्यूटर में प्रवेश कर सकता है या बाहर आ सकता है
(1) बस (2) गोदी
(3) माउस (4) पोर्ट

23. Which of the following is not a secondary storage unit?
(1) RAM
(2) DVD
(3) Floppy
(4) Magnetic tape

23. इनमें से कौन सी माध्यमिक भंडारण इकाई नहीं है?
(1) रैम
(2) डीवीडी
(3) फ्लॉपी
(4) चुंबकीय टेप

24. "Booting the System" means
(1) loading the operating system
(2) dismissing the computer
(3) running an application program called "Booting".
(4) physically kicking the computer

24. "सिस्टम बूटिंग" का अर्थ है
(1) ऑपरेटिंग सिस्टम लोड हो रहा है
(2) कंप्यूटर को खारिज कर दिया है
(3) "बूटिंग" नामक एक एप्लिकेशन प्रोग्राम चला रहा है।
(4) शारीरिक रूप से कंप्यूटर लात मारना

25. Programs stored in a ROM are called
(1) Software
(2) Freeware
(3) Firmware
(4) None of these

25. रोम में संग्रहीत कार्यक्रमों को बुलाया जाता है
(1) सॉफ्टवेयर
(2) फ्रीवेयर
(3) फर्मवेयर
(4) इनमें से कोई नहीं

26. Which one of the following allows computers to transfer data using a telephone line?
(1) Keyboard (2) CPU
(3) Modem (4) Printer

26. निम्नलिखित में से कौन सा कंप्यूटर टेलीफोन लाइन का उपयोग कर डेटा स्थानांतरित करने की अनुमति देता है?
(1) कीबोर्ड (2) सीपीयू
(3) मोडेम (4) प्रिंटर

27. Speed of processor chip is measured in
(1) Mbps
(2) MHz
(3) Bits/second
(4) Bytes/second

27. प्रोसेसर चिप की गति में मापा जाता है
(1) एमबीपीएस
(2) मेगाहर्ट्ज
(3) बिट्स / सेकंड
(4) बाइट्स / सेकंड

28. In Windows, Icons such as Add / Remove programs, Add New Hardware, Modems etc.; are found in:
(1) Task Bar
(2) Control Panel
(3) Network Neighbourhood
(4) My Computer

28. विंडोज़ में, प्रोग्राम जैसे कि जोड़ें / निकालें, नए हार्डवेयर, मोडेम आदि जोड़ें; इसमें पाए जाते हैं:
(1) टास्क बार
(2) कंट्रोल पैनल
(3) नेटवर्क पड़ोस
(4) माइ कंप्यूटर

29. DVD is:
(1) Dynamic Video Disk
(2) Digital Video Disk
(3) Dynamic Versatile Disk
(4) Digilal Versatile Disk

30. Find the odd one out:
(1) Internet Explorer (2) Netscape
(3) Mozilla (4) Excel

29. डीवीडी है:
(1) गतिशील वीडियो डिस्क
(2) डिजिटल वीडियो डिस्क
(3) गतिशील बहुमुखी डिस्क
(4) डिजिटल बहुमुखी डिस्क

30. भिन्न एक को ढूंढें:
(1) इंटरनेट एक्सप्लोरर (2) नेटस्केप
(3) मोज़िला (4) एक्सेल

Space for Rough Work / कच्चे कार्य के लिए स्थान

31. Which among the following is not an instrument of fiscal policy?
(1) Taxation
(2) Public debt
(3) Public expenditure
(4) Credit Rationing

31. निम्नलिखित में से कौन सा एक राजकोषीय नीति का यंत्र नहीं है?
(1) कराधान
(2) लोक ऋण
(3) जन व्यय
(4) क्रेडिट राशनिंग

32. Comptroller and Auditor General of India is appointed for how many years?
(1) 2
(2) 4
(3) 6
(4) 5

32. भारत के नियंत्रक एवं महालेखापरीक्षक की नियुक्ति कितने वर्षों के लिए की जाती है?
(1) 2
(2) 4
(3) 6
(4) 5

33. Who was the first female emperor of India?
(1) Noor Jahan
(2) Razia Sultana
(3) Rani Rudrama Devi
(4) Queen Didda

33. भारत की प्रथम महिला शासक कौन थी?
(1) नूरजहाँ
(2) रजिया सुल्तान
(3) रानी रुद्रमा देवी
(4) रानी दिद्दा

34. Which of the following planet is also known as 'Earth's twin'?
(1) Mercury
(2) Venus
(3) Jupiter
(4) Saturn

34. निम्नलिखित में से कौन से गृह को 'पृथ्वी का जुड़वां' भी कहा जाता है?
(1) बुध
(2) शुक्र
(3) बृहस्पति
(4) शनि

35. What is study of fungus known as?
(1) Physiology
(2) Phrenology
(3) Mycology
(4) Biology

35. फफूंद या कवक के अध्ययन को क्या कहते है?
(1) शरीर क्रियाविज्ञान
(2) मस्तिष्क विज्ञान
(3) कवक विज्ञान
(4) जीव विज्ञान

36. How many pairs of ribs are there in human body?
(1) 13
(2) 11
(3) 12
(4) 14

36. मानव शरीर में पसलियों के कितने जोड़े हैं?
(1) 13
(2) 11
(3) 12
(4) 14

37. What is the SI unit of heat energy?
(1) Joule

37. ऊष्मा का एस. आई. मात्रक क्या है?
(1) जूल

(2) Newton

(3) Calorie

(4) Kelvin

(2) न्यूटन

(3) कैलोरी

(4) केल्विन

38. What is the common name of Sodium Bicarbonate?

(1) Baking Soda

(2) Fly Ash

(3) Washing Powder

(4) Plaster of Paris

38. सोडियम बाइकार्बोनेट का साधारण नाम क्या है?

(1) बेकिंग सोडा

(2) उड़न राख

(3) कपडे धोने का पाउडर

(4) प्लास्टर ऑफ़ पेरिस

39. Which of the following has maximum biodiversity?

(1) Desert

(2) River

(3) Polar Region

(4) Tropical Region

39. निम्नलिखित में से अधिकतम जैव विविधता किसमे होती है?

(1) मरुस्थल

(2) नदी

(3) ध्रुवीय क्षेत्र

(4) उष्णकटिबंध क्षेत्र

40. Who amongst the following is a renowned Indian classical dancer?

(1) Palghat Mani Iyer

(2) Madhumati

(3) Sonal Mansingh

(4) Siddheshwari Devi

40. निम्नलिखित में से कौन एक प्रसिद्ध भारतीय शास्त्रीय नृत्यांगना है?

(1) पलघट मनी अय्यर

(2) मधुमती

(3) सोनल मानसिंह

(4) सिद्देश्वरी देवी

Space for Rough Work / कच्चे कार्य के लिए स्थान

41. Some equations are solved on the basis of a certain system. Find the correct answer for the unsolved equation on that basis.

5 × 8 = 28, 3 × 7 = 12, 8 × 6 = 35, 13 × 13 = ?

(1) 169
(2) 130
(3) 140
(4) 144

42. If "SEQUENCE" is coded as "HVJFVMXV" then how will "CHILDREN" be coded in the same code?

(1) MVIWORSX
(2) XSRMWIVM
(3) XSROWIVM
(4) DSROWIUN

43. Number of letters skipped between adjacent letters if the series increases by one. Which of the following series observes this rule?

(1) WBKQXYF
(2) WYBFKQX
(3) YBQQFHN
(4) WZCHJMQ

44. If the letters of the English alphabet are serially numbered, one of the answers given below has a meaningful word hidden in it. Identify the answer.

(1) 13, 8, 9, 17, 14, 22
(2) 1, 12, 7, 5, 2, 18, 1
(3) 1, 7, 5, 12, 18, 1
(4) 4, 21, 7, 18, 13, 1

45. Following words are written in a code language. Study them carefully and find out the word in the given code.

CAR- □□□, SIT- □□□, WELL- □i□□, MAP- □□□,

Given code : □□□□

(1) LAMP (2) LAME
(3) LAMA (4) LAMB

46. Select the correct combination of mathematical signs to replace * signs and to balance the given equation?

41. कुछ समीकरण एक विशेष प्रणाली के आधार पर हल किये गए हैं। उसी आधार पर अनुत्तरित समीकरण का सही उत्तर ज्ञात कीजिये ?

5 × 8 = 28, 3 × 7 = 12, 8 × 6 = 35, 13 × 13 = ?

(1) 169
(2) 130
(3) 140
(4) 144

42. यदि एक कूट भाषा में "SEQUENCE" को "HVJFVMXV" लिखा जाता है तो उसी भाषा में "CHILDREN" को किस प्रकार लिखा जाएगा ?

(1) MVIWORSX
(2) XSRMWIVM
(3) XSROWIVM
(4) DSROWIUN

43. अनुक्रम में निकटतम अक्षरों के बीच में छोड़े हुए अक्षरों की संख्या एक बढती जाती है, निम्नलिखित में से कौन सी श्रृंखला इस नियम का पालन करती है ?

(1) WBKQXYF
(2) WYBFKQX
(3) YBQQFHN
(4) WZCHJMQ

44. यदि अंग्रेजी वर्णमाला के अक्षरों के क्रमानुसार अंक प्रदान किया जाए तो नीचे दिए गए उत्तरों में से किसी एक का सार्थक शब्द निकलता है, जो की निहित है। उस उत्तर को पहचानिए।

(1) 13, 8, 9, 17, 14, 22
(2) 1, 12, 7, 5, 2, 18, 1
(3) 1, 7, 5, 12, 18, 1
(4) 4, 21, 7, 18, 13, 1

45. निम्नलिखित शब्द एक कूट भाषा में लिखे गए हैं। इनका ध्यानपूर्वक अध्ययन करें और दिए गए कूट का शब्द ज्ञात करें।

CAR- □□□, SIT- □□□, WELL- □i□□, MAP- □□□,

कूट शब्द : □□□□

(1) LAMP (2) LAME
(3) LAMA (4) LAMB

46. दिए गए समीकरण को संतुलित करने तथा * चिह्नों को प्रतिस्थापित करने के लिए गणितीय समीकरण का सही उत्तर ज्ञात कीजिये ?

13 * 12 * 5 * 4

(1) = – +
(2) = + –
(3) + – =
(4) – = +

13 * 12 * 5 * 4

(1) = – +
(2) = + –
(3) + – =
(4) – = +

47. Directions: From the given options choose the missing number/letter.

15	225	30
7	70	20
3	?	8

(1) 70 (2) 12 (3) 16 (4) 24

47. निर्देश : दिए गए विकल्पों में से लुप्त संख्या/अक्षर ज्ञात कीजिए।

15	225	30
7	70	20
3	?	8

(1) 70 (2) 12 (3) 16 (4) 24

48. Choose the correct alternatives from the given ones that will complete the series.

a_c_baab_cb_

(1) abbc
(2) abab
(3) aabb
(4) bcca

48. दिए गए विकल्पों में से सही विकल्प का चयन करें जो कि श्रृंखला को पूरा करेगा।

a_c_baab_cb_

(1) abbc
(2) abab
(3) aabb
(4) bcca

49. I am facing East. I go 20 metres, then turning to the left I go 20 metres, then after turning to the right I go 40 metres and then I go 40 metres to the right. Now in which direction am I from my original position?

(1) North-West
(2) West
(3) South-East
(4) East

49. मेरा मुँह पूर्व की ओर है। मै 20 मीटर जाता हूँ, फिर बाईं ओर मुड़कर 20 मीटर जाता हूँ, फिर दाई ओर मुडकर 40 मीटर जाता हूँ और फिर मै दाई ओर 40 मीटर जाता हूँ। अपने प्रारंभिक स्थान से अब मै किस दिशा में हूँ ?

(1) उत्तर-पश्चिम
(2) पश्चिम
(3) दक्षिण-पूर्व
(4) पूर्व

50. Pointing to a man in a photograph, a woman said, "His brother's father is the only son of my grandfather." How is the woman related to the man in the photograph?

(1) Daughter
(2) Mother
(3) Aunt
(4) Sister

50. फोटोग्राफ में एक पुरुष की ओर इशारा करते हुए एक महिला ने कहा "इसके भाई के पिता मेरे दादाजी के इकलौते पुत्र है।" महिला फोटोग्राफ वाले पुरुष से कैसे संबंधित है ?

(1) पुत्री
(2) माता
(3) चाची
(4) बहन

Space for Rough Work / कच्चे कार्य के लिए स्थान

51. In which stage of moral development according to Piaget children don't view rules as fixed but see them as flexible, socially agreed upon principles that can be revised to suit the will of the majority?
(1) heteronomous morality
(2) autonomous morality
(3) morality of constraint
(4) moral realism

51. पियाजे के अनुसार नैतिक विकास के किस चरण में बच्चे नियमों को निश्चित रूप से नहीं देखते हैं, लेकिन उन्हें उन सिद्धांतों पर लचीला, सामाजिक रूप से सहमत मानते हैं जिन्हें बहुमत की इच्छा के अनुरूप संशोधित किया जा सकता है?
(1) विषमांग नैतिकता
(2) स्वायत्त नैतिकता
(3) विवशता की नैतिकता
(4) नैतिक यथार्थवाद

52. To ensure effective learning in classroom which one of the following is irrelevant?
(1) The teacher should ensure that the students are able to learn at their own paces
(2) The teacher should ensure that information to be learned is presented in small steps
(3) There should be pin-drop silence in the class so that the teacher may teach undisturbedly
(4) The students should be given immediate feedback concerning the accuracy of their learning

52. कक्षा में प्रभावी अधिगम सुनिश्चित करने के सन्दर्भ में निम्नलिखित में से कौनसा कथन अप्रासंगिक है?
(1) अध्यापक यह सुनिश्चित करें कि विद्यार्थी अपनी गति से सीखने में सक्षम हैं
(2) अध्यापक यह सुनिश्चित करें कि सीखी जानेवाली सूचना छोटे-छोटे चरणों में प्रस्तुत की जाए
(3) कक्षा में एकदम खामोशी हो ताकि अध्यापक शान्ति से पढ़ा सके
(4) बच्चों के अधिगम की परिशुद्धता के विषय में उन्हें तुरंत प्रतिपुष्टि प्रदान की जाए

53. According to Continuous and Comprehensive Evaluation in Sciences at least some formative assessments should be based on:
(1) Project work in groups
(2) Conversation skills
(3) Experiments and lab activities
(4) Writing skills

53. विज्ञान विषयों में सतत और व्यापक मूल्यांकन के अनुसार कम से कम कुछ रचनात्मक मूल्यांकन का आधार निम्नलिखित में से कौनसा होनी चाहिए?
(1) समूहों में परियोजना कार्य
(2) संवाद कौशल
(3) प्रयोगशाला क्रियाकलाप तथा प्रयोग
(4) लेखन कौशल

54. After teaching the concept of square to Class V students, a teacher asked students the following two questions:
I. What is the definition of a square?
II. Draw a square.
Identify the level of cognitive development, the two questions intend to measure?
(1) I Knowledge II Synthesis
(2) I Knowledge II Application
(3) I Understanding II Synthesis
(4) I Understanding II Application

54. कक्षा 5 के विद्यार्थियों को वर्ग का प्रत्यय पढ़ाने के बाद, एक शिक्षक ने दो प्रश्न किए:
I वर्ग की क्या परिभाषा है?
II एक वर्ग की रचना करो।
यह बताइए कि ये प्रश्न ज्ञानात्मक विकास के स्तर से संबंधित किन उद्देश्यों को मापते हैं?
(1) I ज्ञान तथा II संश्लेषण
(2) I ज्ञान तथा II ज्ञान का प्रयोग
(3) I समझ तथा II संश्लेषण
(4) I समझ तथा II ज्ञान का प्रयोग

55. Which one of the following is irrelevant when a teacher desires to adopt ICT based teaching learning approach for students?
(1) There should be internet connection available

55. यदि कोई अध्यापक अपने विद्यार्थियों के लिए सूचना संप्रेरण आधारित अध्यापन-अधिगम उपागम को अपनाना चाहता है तो बताइए निम्नलिखित में से कौनसा कथन संगत नहीं है?
(1) संस्थान में इंटरनेट कनैक्शन होना चाहिए ताकि विद्यार्थी

so that students can explore

(2) There must be compatibility between content and technology

(3) The students must be able to use available ICT devices

(4) The knowledge of students gained through ICT devices must be assured in examinations

छानबीन कर सके

(2) विषयवस्तु और प्रौद्योगिकी में अनुकूलता या संगता होनी चाहिए

(3) विद्यार्थियों में उपलब्ध आई.सी.टी उपकरणों का प्रयोग करने की योग्यता होनी चाहिए

(4) आई.सी.टी उपकरणों के माध्यम से विद्यार्थियों द्वारा प्राप्त ज्ञान का मूल्यांकन परिक्षा के माध्यम से होना चाहिए

56. Which of the following is the most effective way to help children develop social values?

(1) Reciting good moral stories

(2) Disciplining them in mores and values that the society recognizes

(3) Presenting one's own behaviour as a model for them

(4) Telling them about great people

56. निम्नलिखित में से ऐसी सर्वाधिक प्रभावी विधि कौनसी है जिसका प्रयोग बच्चों में सामाजिक मूल्यों का विकास करने में किया जा सके?

(1) अच्छी नैतिक कहानियाँ बताते रहना

(2) उन्हें समाज द्वारा स्वीकृत मूल्यों और लोकप्रथाओं में अनुशासित करना

(3) अध्यापक द्वारा अपने आचरण को इस प्रकार प्रस्तुत करें ताकि वे (बच्चे) उसे एक प्रतिरूप समझने लगें

(4) उन्हें महान व्यक्तियों के विषय में बताना

57. With respect of the presentation of content in a subject by a teacher, which one of the following is irrelevant?

(1) Existing classroom conditions

(2) Cognitive level of students

(3) Scheme of examinations

(4) Identified objectives

57. अध्यापक द्वारा किसी विषय की विषयवस्तु के प्रस्तुतीकरण में निम्नलिखित में से कौनसा असंगत है?

(1) वर्त्तमान कक्षा की अवस्थाएं

(2) विद्यार्थियों का संज्ञानात्मक स्तर

(3) परिक्षा योजना

(4) निर्धारित उद्देश्य

58. What do you consider as the most effective step to control the lowering of standard of Education?

(1) Have more teachers.

(2) Impart better training to teachers.

(3) Qualitative improvement in the overall education system.

(4) Parental awareness towards children's homework.

58. शिक्षा के स्तर में गिरावट को प्रभावी ढंग से रोकने के लिए आप किसे सबसे नियंत्रित उपाय मानते हैं?

(1) ज्यादा शिक्षक रखना

(2) शिक्षकों को बेहतर प्रशिक्षण दिलाना

(3) समग्र शिक्षा पद्धति में गुणात्मक सुधार लाना

(4) बच्चों के गृह कार्य के प्रति माता-पिता में जागरूकता लाना

59. Which of the following is not a principle of development?

(1) Development does not proceed at the same pace for all children

(2) Development is always linear

(3) Development is a continuous process

(4) All processes of development are interconnected

59. निम्नलिखित में से कौन सा विकास का सिद्धांत नहीं?

(1) सभी बच्चों की विकास की दर एक सामान नहीं होती है

(2) विकास सदैव रैखिक होता है

(3) विकास एक सतत प्रक्रिया है

(4) विकास की सभी प्रक्रियाएँ परस्पर जुड़ी हुई है

60. Which of the following factors would help students improve their academic performance?

I. Frequent evaluation of performance

II. Positive teacher student relationships

60. निम्नांकित में से कौनसी बातें शिक्षार्थियों की शैक्षणिक उपलब्धि उन्नत करने में सहायक होंगी __________

I. निष्पत्ति का बार-बार मूल्यांकन

II. शिक्षक-शिक्षार्थी के मध्य धनात्मक संबंध

III. Close teacher parent interactions
IV. Instruction at a higher level
(1) I and III (2) II and IV
(3) I and IV (4) II and III

III. निकट के शिक्षक-माता-पिता संपर्क
IV. उच्च स्तर पर अनुदेशन व्यवस्था
(1) I और III (2) II और IV
(3) I और IV (4) II और III

61. Successful inclusion requires all except:
(1) Appropriate techniques and procedures for monitoring individual student progress
(2) Teachers accept responsibility for the learning outcomes of students
(3) Teachers have the knowledge and skills to select and adapt curricula and instructional methods according to individual student's needs
(4) A competitive learning environment that focuses on individual's achievement

61. सफल समावेशन में निम्नलिखित में से किस की आवश्यकता नहीं होती है?
(1) व्यक्तिगत विद्यार्थी प्रगति को मानिटर करने के लिए उपयुक्त तकनीक तथा प्रविधियाँ
(2) अध्यापक बच्चों के अधिगम निष्पत्तियों के दायित्व को स्वीकार करें
(3) अध्यापकों के पास वह ज्ञान और कौशल हों जो बच्चों की व्यक्तिगत आवश्यकताओं के अनुसार पाठ्यचर्या और शिक्षण विधियों के चयन व अनुकूलित करने के लिए आवश्यक समझे जाते हैं
(4) एक स्पर्धात्मक अधिगम परिवेश जो व्यक्तिगत उपलब्धि पर फोकस करता हो

62. When a gifted student is involved in independent study, what is the major responsibility of the teacher?
(1) Identifying appropriate resources to support the student's learning
(2) Analyzing data and drawing conclusions from the student's projects
(3) Determining an appropriate format for the presentation of results
(4) Helping the student focus on appropriate topics for study

62. जब एक प्रतिभाशाली छात्र स्वतंत्र अध्ययन में शामिल होता है, तो शिक्षक की प्रमुख ज़िम्मेदारी क्या होती है?
(1) छात्र की शिक्षा का समर्थन करने के लिए उपयुक्त संसाधनों की पहचान करना
(2) छात्र की परियोजनाओं से आंकड़ों का विश्लेषण और निष्कर्ष निकालना
(3) परिणामों की प्रस्तुति के लिए उपयुक्त प्रारूप निधारित करना
(4) अध्ययन के लिए उचित विषयों पर छात्र के फोकस में सहायता करना

63. Which one of the following was the nodal agency for framing National Curriculum Framework, 2005?
(1) National Council for teacher Education
(2) National Council of Educational Research and Training
(3) University Grants Commission
(4) Central Board of Secondary Education

63. राष्ट्रीय पाठ्यचर्या ढाँचा, 2005 के निर्माण में निम्नलिखित में से केन्द्रक एजेंसी कौनसी थी?
(1) एन.सी.टी.ई
(2) एन.सी.ई.आर.टी
(3) यू.जी.सी
(4) सी.बी.एस.ई

64. Games and sports at the elementary school level help students to:
(1) Learn cooperation, fairness and negotiation
(2) Be more competitive and exact in their tasks
(3) Ensure success at any cost
(4) Learn basic rules of all sports

64. प्रारंभिक विद्यालय स्तर पर खेल-कूद बच्चों की इस प्रकार सहायता करते हैं कि ________।
(1) बच्चे सहयोग की भावना, न्यायपरकता तथा समझौता करना सीख जाएँ
(2) वह अधिक स्पर्धात्मक बने और अपने कार्यों में सटीकता लाएँ
(3) वह किसी भी अवस्था में सफलता सुनिश्चित कर सके
(4) वह सभी प्रकार की क्रीड़ाओं के मूलसिद्धांत सीख पाएँ

65. Which of the following aspects are best suited for promotion of learning in a student?

65. निम्नलिखित में से कौन सा पहलू एक छात्र में सीखने को बढ़ावा देने के लिए सबसे उपयुक्त है?

(1) Detailed text books
(2) Busy school schedule
(3) Anxiety of parents
(4) Stimulating learning environment

(1) विस्तृत पाठ्य पुस्तकें
(2) व्यस्त स्कूल कार्यक्रम
(3) माता-पिता की चिंता
(4) सीखने का उत्तेजित माहौल

66. If a student has failed to clear the examination for two consecutive years, you would
(1) Ask him to leave the school
(2) Scold him severely to improve his grades
(3) Suggest to him to look for a job
(4) Make an attempt to identify reasons for his failures

66. यदि कोई छात्र लगातार दो वर्षों तक परीक्षा उत्तीर्ण करने में असफल रहा है, तो आप
(1) उसे स्कूल छोड़ने के लिए कहें
(2) अपने ग्रेड में सुधार करने के लिए उसे गंभीर रूप से डांटें
(3) उसे नौकरी तलाशने का सुझाव दें
(4) उसकी असफलताओं के कारणों की पहचान करने का प्रयास करें

67. Which among the following does not contribute to and sustain the interest of learning in students?
(1) Questioning students repeatedly
(2) Using teaching aids
(3) Telling stories before teaching
(4) Creating fun while teaching

67. निम्नलिखित में से कौन छात्रों में सीखने की रुचि को बढ़ाने और बनाए रखने में योगदान नहीं देता है?
(1) छात्रों से बार-बार प्रश्न करना
(2) शिक्षण सहायक सामग्री का उपयोग करना
(3) पढ़ाने से पहले कहानियाँ सुनाना
(4) पढ़ाते समय आनंद करवाना

68. An easy method to impress students is to
(1) Remain close to the principal
(2) Keep your good conduct always
(3) Make students scared of you
(4) Display your knowledge before students

68. छात्रों को प्रभावित करने का एक आसान तरीका है:
(1) प्राचार्य के निकट रहना
(2) अपना सदाचार सदा बनाये रखना
(3) छात्रों को आप से डराना
(4) छात्रों के सामने अपना ज्ञान प्रदर्शित करना

69. A child has developed the ability to conserve and can arrange things from smallest to largest and vice-versa. The thought processes are directed to real events observed be the child. The child can perform rather complex operations on problems as long as the problems are not abstract. The child is at which one of the following stage of Piaget's Theory of Cognitive Development?
(1) Formal operational stage
(2) Sensorimotor stage
(3) Preoperational stage
(4) Concrete operational stage

69. एक बच्चे में अविनाशिता (संरक्षण) की योग्यता का विकास हो चुका है और वह वस्तुओं को सबसे छोटी से बड़ी की ओर तथा सबसे बड़ी से सबसे छोटी की ओर सजा सकता है। उसकी विचार प्रक्रियाएँ स्थूल घटनाओं पर आधारित हैं। वह बच्चा उन सभी समस्याओं पर संक्रियाएं कर सकता है जो अमूर्त नहीं हैं। बताइए यह बच्चा पियाजे द्वारा प्रतिपादित संज्ञानात्मक विकास सिद्धांत किस अवस्था पर है?
(1) आकारिक संक्रियात्मक अवस्था
(2) संवेदी चालक अवस्था
(3) पूर्व संक्रियात्मक अवस्था
(4) स्थूल संक्रियात्मक अवस्था

70. Zone of proximal development is:
(1) Mental representation of the external world on the part of the child
(2) Series of actions in which a child undergoes social interactions with peers
(3) Range of tasks that a child is in the process of learning to complete
(4) Sum of own conscious thoughts and feelings introspected by child

70. निकटस्थ विकास का क्षेत्र क्या होता है?
(1) बच्चे की ओर से बाह्य जगत का मानसिक निरूपण
(2) ऐसी व्यवहार श्रृंखला जिसमें बच्चा अपने साथियों के साथ सामाजिक अन्योन्यक्रिया करता है
(3) ऐसे कार्यों की श्रेणी जिन्हें पूर्ण करने के लिए बच्चा सीखने की प्रक्रिया में है
(4) अपने स्वयं के चेतन विचारों और भावनाओं का समूह जिनका बच्चे ने आत्म विश्लेषण किया है

71. A teacher divided the students into groups of six and provided each with a short story. Then she asked them to imagine, discuss and write the story with a different ending. In this activity the teacher is developing their
(1) product writing.
(2) controlled writing.
(3) guided writing.
(4) creative writing.

72. Dictionary is a very important tool for learning a language. Which of the following is least important about the use of dictionary?
(1) Check the part of speech of a word.
(2) Check the spelling of a word.
(3) Looking the meaning of a word.
(4) Check the passive voice of a word.

73. While developing writing skill among students, a language teacher should most importantly focus on:
(1) expression of ideas.
(2) good handwriting.
(3) grammatical aspects.
(4) word limits.

74. A child writes: "I laik tu red a buk" instead of writing "I like to read a book". What does the child's writing show?
(1) he is not paying any attention to the class.
(2) he needs to work on phonetics.
(3) he needs remedial classes to improve spelling.
(4) he has used invented spellings.

75. Learning to speak in a second language does not involve:
(1) theoretical knowledge of a language.
(2) second language grammatical knowledge.
(3) its pronunciation.
(4) culturally bound speaking events.

Instruction (Q.No.76–80): Study the following paragraph and answer the questions that follow.

Madam Cama's Paris home became a shelter for world revolutionaries. Even Lenin, the father of Russian revolution visited her house and exchanged views. Savarkar got all encouragement in writing the history of the first Indian war of independence from Cama. She helped its printing in Holland as no English publisher came forward to publish it. It was a banned book but found its way to India. Smuggled ingeniously under "don Quixote" covers! She became the publisher of "Vande Mataram", a revolutionary magazine and its distributor, an extremely difficult task in the days of British espionage. Another magazine "Madan's talwar" was also started in memory of Madan Lal Dhingra who laid down his life for the country. Both the magazines were outlawed in India and England. Madam Cama somehow found ways to send them to Indian revolutionaries.

Madam Cama also fought for the cause of women. Speaking at national conference at Cairo, Egypt in 1910, she asked, "Where is the other half of the Egypt? I see only men who represent half the country!" she stressed the role of women in building a nation.

When the First World War broke out in 1914, Madam Cama took an anti- British stand and tried her best to make the Indian people aware of the exploitative nature of British imperialism.

The British had banned her entry into India, being afraid of her revolutionary past and staunch nationalistic outlook. But the lioness was getting old and 35 years of fighting on foreign –land had taken its toll. She decided to return to her motherland. Her health was worsening. After reaching Bombay, she was hospitalized and died on 13th of august, 1936.

76. Not only did Madan Cama participate in India's struggle for freedom, she also:
(1) championed the cause of women
(2) worked for the upliftment of the poor.
(3) opened schools in slums.
(4) created awareness of the importance of cleanliness among women.

77. Madam Cama's entry into India was banned because:

(1) she was spreading rumors about the British.
(2) she was a revolutionary and staunch nationalist.
(3) she had a criminal past.
(4) she spoke vehemently against the British.

78. How did the book, "the first Indian war of independence' find its way to India'? The book was:
(1) sent through a secret agent
(2) couriered
(3) mailed
(4) smuggled

79. Madab Lal Dhingra was a:
(1) Journalist
(2) Businessman
(3) Freedom fighter
(4) Poet

80. The author's attitude to madam Cama can be described as:
(1) Contradictory
(2) Hostile
(3) Laudatory
(4) Critical

भाषा विषय: हिन्दी

81. प्राथमिक स्तर पर पढ़ने की क्षमता का आकलन करने की दृष्टि से सबसे अधिक महत्त्वपूर्ण है:
(1) अर्थ का निर्माण
(2) वर्णों की पहचान
(3) विराम चिह्नों का ज्ञान
(4) पढ़ने में प्रवाह

82. सुरभि अकसर 'ड़' वाले शब्दों को गलत तरीके से उच्चारित करती है। आप क्या करेंगे?
(1) उसे सहजता के साथ अपनी बात कहने के लिए प्रोत्साहित करेंगे।
(2) उसे 'ड़' वाले शब्दों की सूची पढ़ने एवं बोलकर अभ्यास करने के लिए देंगे।
(3) उसे 'ड़' वाले शब्दों की सूची पढ़ने एवं लिखकर अभ्यास करने के लिए देंगे।
(4) उसे 'ड़' वाले शब्दों को अपने पीछे – पीछे दोहराने के लिए कहेंगे।

83. प्राथमिक स्तर पर बच्चों की भाषायी क्षमताओं का विकास करने का अर्थ है:
(1) भाषा अनुकरण की कुशलता पर अधिकार
(2) भाषिक नियमों पर अधिकार
(3) भाषिक संरचनाओं पर अधिकार
(4) भाषा प्रयोग की कुशलता पर अधिकार

84. व्याकरण शिक्षण की आगमन विधि की विशेषता है:
(1) पहले मनोरंजक गतिविधियां कराना
(2) पहले उदाहरण प्रस्तुत करना
(3) पहले नियम बताना
(4) पहले नियम का विश्लेषण करना

85. भाषा की कक्षा में कहानी सुनाने का मूल उद्देश्य है:
(1) बच्चों को अनुशासन में रखना
(2) बच्चों का मनोरंजन करना
(3) बच्चों की कल्पनाशक्ति का विकास
(4) बच्चों में 'सुनकर दोहराने' की आदत का विकास

निर्देश (Q.No.86–90): दिए गए गद्यांश को पढ़कर उसके नीचे लिखे प्रश्नों के सबसे उचित विकल्प को चुनिए।

स्थूल एवम् बाह्य पदार्थ सूक्ष्म एवम् मानसिक पदार्थों एवं भावों की अपेक्षा अधिक महत्व के विषय नहीं हैं। जो व्यक्ति रचनात्मक कार्य करने में समर्थ है , उसे भौतिक स्थूल लाभ अथवा प्रलोभन न तो लुभाते हैं और न ही प्रोत्साहित करते हैं।
विश्व में विचारक दस में से एक ही व्यक्ति होता है। उसमें भौतिक महत्त्वाकांक्षाएं अत्यल्प होती हैं। 'पूँजी' का रचयिता कार्ल मार्क्स जीवनभर निर्धनता से जूझता रहा। राज्याधिकारियों ने सुकरात को मरवा डाला, पर वह जीवन के अंतिम क्षणों में भी शांत था , क्योंकि वह अपने जीवन के लक्ष्य का भली-भांति निर्वाह कर चुका था। यदि उसे पुरस्कृत किया जाता, प्रतिष्ठा के अम्बारों से लाद दिया जाता तो निश्चय ही वह अनुभव करता कि उसे कठोर रूप में दंडित किया गया है। ऐसे अनेक अवसर आते हैं जब हमें बाहरी सुख – सुविधाएँ आकर्षित करती हैं, वे अच्छे जीवन के लिए अनिवार्य लगने लगती हैं किन्तु महत्त्वपूर्ण यह है कि क्या हमने जीवन का उद्देश्य प्राप्त कर लिया? यदि इसका उत्तर 'हाँ' है तो बाह्य वस्तुओं का अभाव नहीं खलेगा और यदि 'नहीं' है तो हमें अपने को भटकने से बचाना होगा और लक्ष्य की ओर बढ़ना होगा।

86. सुकरात को अपना काम न करने देने की स्थिति कठोर दंड जैसी प्रतीत होती क्योंकि:
(1) उसे जीवन का उद्देश्य प्राप्त करने से रोक दिया गया होता।

(2) वह अंतिम क्षणों में भी शांत था।
(3) वह जीवन के कार्य समाप्त कर चुका था।
(4) वह स्थूल प्रलोभनों की अपेक्षा नहीं करता था।

87. मनुष्य को बाहरी सुख क्यों लुभाते हैं?
(1) अच्छे जीवन के लिए
(2) आराम के लिए
(3) सम्पन्नता के लिए
(4) भरे – पूरे जीवन के लिए

88. भौतिक लाभ किन्हें नहीं लुभाते?
(1) रचनात्मक कार्य करने वालों को
(2) धन –संपन्न लोगों को
(3) सामर्थ्यवान लोगों को
(4) जीवन का लक्ष्य पूरा करने वालों को

89. 'पूँजी' का रचयिता कार्ल मार्क्स कथन से संकेत मिलता है कि 'पूँजी' का अर्थ है:
(1) विरासत
(2) धन – संपत्ति
(3) एक विचार
(4) एक ग्रन्थ

90. विचारकों की एक विशेषता यह है कि उनमें:
(1) रचनात्मक कार्य करने की क्षमता होती है।
(2) महत्त्वाकांक्षाएं नहीं होतीं।
(3) भौतिक महत्त्वाकांक्षाएं कम होतीं हैं।
(4) पद – प्रतिष्ठा प्राप्त करने की इच्छा होती है।

Space for Rough Work / कच्चे कार्य के लिए स्थान

91. The lever in which the effort arm is longer than the load arm is called __________ multiplier.

(1) force (2) speed
(3) energy (4) pressure

91. वह लीवर जिसमें प्रयास भुजा भार भुजा से लंबी होती है, __________ गुणक कहलाती है।

(1) बल (2) गति
(3) ऊर्जा (4) दबाव

92. Which of the following reacts with cold water vigorously?

(1) carbon (2) sodium
(3) magnesium (4) sulphur

92. निम्नलिखित में से किसकी ठंडे जल से तीव्र अभिक्रिया होती है?

(1) कार्बन (2) सोडियम
(3) मैग्नीशियम (4) सल्फर

93. Which of the following group represents the Khariff crops:

(1) Maize, mustard, pea, cotton.
(2) Maize, wheat, groundnut, cotton.
(3) Maize, cotton, mustard, wheat.
(4) Maize, paddy, groundnut, cotton.

93. निम्नलिखित में से कौन सा समूह खरीफ फसलों का प्रतिनिधित्व करता है:

(1) मक्का, सरसों, मटर, कपास।
(2) मक्का, गेहूं, मूंगफली, कपास।
(3) मक्का, कपास, सरसों, गेहूं।
(4) मक्का, धान, मूंगफली, कपास।

94. Cotton is a natural polymer. What is its chemical name?

(1) Glucose (2) Cellulose
(3) Maltose (4) Galactose

94. कपास एक प्राकृतिक बहुलक है। इसका रासायनिक नाम क्या है?

(1) ग्लूकोज (2) सेल्यूलोज
(3) माल्टोस (4) गैलेक्टोज

95. Which substance is formed by the carbonisation of dead vegetation?

(1) coal (2) coke
(3) coal gas (4) coal tar

95. मृत वनस्पति के कार्बनीकरण द्वारा कौन सा पदार्थ बनता है?

(1) कोयला (2) कोक
(3) कोल गैस (4) कोलतार

96. The unit of measurement used for expressing dimension (size) of cells is:

(1) centimeter (2) millimeter
(3) micrometer (4) metre

96. कोशिकाओं की लंबाई-चौड़ाई (आकार) को व्यक्त करने के लिए मापने का यूनिट होता है -

(1) सेंटीमीटर (2) मिलीमीटर
(3) माइक्रोमीटर (4) मीटर

97. A ball of dough is rolled into a flat chapatti. Name the force exerted to change the shape of the dough:

(1) Frictional force
(2) Muscular force
(3) Magnetic force
(4) Electrostatic force

97. गुंधे आटे की किसी लोई (पेड़े) को बेलकर समतल चपाती का रूप दिया गया है| उस बल का नाम बताइए जिसको लगाने से लोई की आकृति को बदला गया।

(1) घर्षण बल
(2) मांसपेशी बल
(3) चुंबकीय बल
(4) इलेक्ट्रोस्टैटिक बल

98. The movement of the earth's plates causes:

(1) cyclones
(2) lightning
(3) earthquakes
(4) thunderstorms

98. पृथ्वी की प्लेटों की गति के कारण उत्पन्न हो सकता/सकती है:

(1) चक्रवात
(2) तड़ित
(3) भूकंप
(4) तड़ित झंझा

99. Morning star is the name given to:
(1) pole star
(2) star Sirius
(3) planet Jupiter
(4) planet Venus

99. प्रभात तारा नाम दिया गया है:
(1) ध्रुव तारे को
(2) सिरियस (लुब्धक) नामक तारे को
(3) बृहस्पति ग्रह को
(4) शुक्र ग्रह को

100. Rusting of an article made up of iron is called
(1) corrosion and it is a physical as well as chemical change
(2) dissolution and it is a physical change
(3) corrosion and it is a chemical change
(4) dissolution and it is a chemical change

100. लोहे से बनी वस्तु में जंग लगने को कहते हैं –
(1) संक्षारण तथा यह एक भौतिक एवं रासायनिक परिवर्तन भी है
(2) विलयन तथा यह एक भौतिक परिवर्तन है
(3) संक्षारण तथा यह एक रासायनिक परिवर्तन है
(4) विलयन तथा यह एक रासायनिक परिवर्तन है

101. The number of electrons in an element X is 15 and the number of neutrons is 16. Which of the following is the correct representation of the element?
(1) $^{31}_{15}X$ (2) $^{31}_{16}X$
(3) $^{16}_{15}X$ (4) $^{15}_{16}X$

101. एक तत्व X में इलेक्ट्रॉनो की संख्या 15 और न्युट्रॉनों की संख्या 16 है। निम्नलिखित में से कौन-सा तत्व का सही प्रदर्शन है?
(1) $^{31}_{15}X$ (2) $^{31}_{16}X$
(3) $^{16}_{15}X$ (4) $^{15}_{16}X$

102. Plasmolysis in a plant cell is defined as
(1) break down (lysis) of plasma membrane in hypotonic medium
(2) shrinkage of cytoplasm in hypertonic medium
(3) shrinkage of nucleoplasm
(4) none of them

102. पादप कोशिका में जीवद्रव्यकुंचन को इस तरह परिभाषित किया जाता है –
(1) अल्पपरासारी माध्यम में प्रद्रव्य झिल्ली का टूटना (लयन)
(2) अल्पपरासारी माध्यम में कोशिकाद्रव्य का सिकुड़ना
(3) केंद्रकद्रव्य का सिकुड़ना
(4) इनमें से कोई नहीं

103. Lysosome arises from
(1) endoplasmic reticulum
(2) golgi apparatus
(3) nucleus
(4) mitochondria

103. लाईसोसोम उत्पन्न होते है –
(1) अंतर्द्रव्यी जालिका से
(2) गॉल्जी उपकरण से
(3) केंद्रक से
(4) माइटोकॉन्ड्रिया से

104. A water tanker filled up to two third of its height is moving with a uniform speed. On sudden application of the brake, the water in the tank would
(1) move backward
(2) move forward
(3) be unaffected
(4) rise upwards

104. 2/3 ऊँचाई तक जल से भरा कोई टैंकर एकसमान चाल से गतिमान है। अचानक ब्रेक लगाने पर टैंक में भरा जल –
(1) पीछे की ओर गति करेगा
(2) आगे की ओर गति करेगा
(3) प्रभावित नहीं होगा
(4) ऊपर की ओर उठेगा

105. A girl is carrying a school bag of 3 kg mass on her back and moves 200 m on a levelled road. The work done against the gravitational force will be ($g=10ms^{-2}$)

105. कोई लडकी अपनी पीठ पर 3 kg द्रव्यमान का बस्ता उठाए किसी समतल सड़क पर 200 m की दुरी तय करती है। उसके द्वारा गुरुत्वाकर्षण बल के विरुद्ध किया जाने बाला कार्य होगा ($g=10ms^{-2}$)

(1) 6×10^3J (2) 6J
(3) 0.6J (4) Zero

106. A beam of light is incident through the holes on side A and emerges out of the holes on the other face of the box as shown in the Figure. Which of the following could be inside the box?

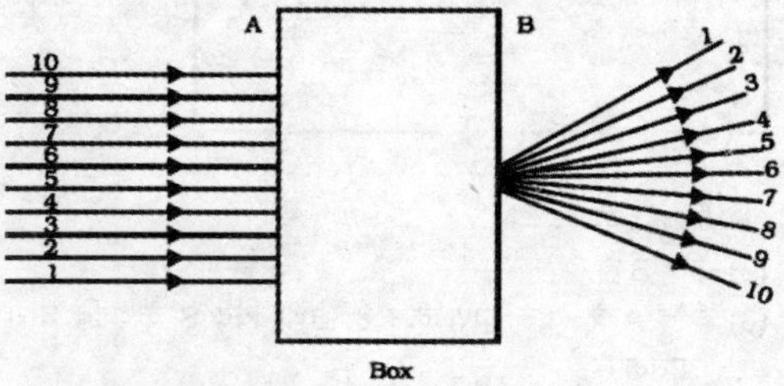

(1) Concave lens
(2) Rectangular glass slab
(3) Prism
(4) Convex lens

107. The bluish colour of water in deep sea is due to
(1) the presence of algae and other plants found in water
(2) reflection of sky in water
(3) scattering of light
(4) absorption of light by the sea

108. When air is blown from mouth into a test-tube containing lime water, the lime water turned milky due to the presence of
(1) oxygen
(2) carbon dioxide
(3) nitrogen
(4) water vapour

109. A circular loop placed in a plane perpendicular to the plane of paper carries a current when the key is ON. The current as seen from points A and B (in the plane of paper and on the axis of the coil) is anti clockwise and clockwise respectively. The magnetic field lines point from B to A. The N-pole of the resultant magnet is on the face close to

(1) 6×10^3J (2) 6J
(3) 0.6J (4) Zero

106. चित्र में दर्शाए अनुसार कोई प्रकाश पुंज बॉक्स के फलक A के छिद्रों से आपतित होकर फलक B के छिद्रों से बाहर निकलता है। इस बॉक्स के भीतर निम्नलिखित में से क्या हों सकता है?

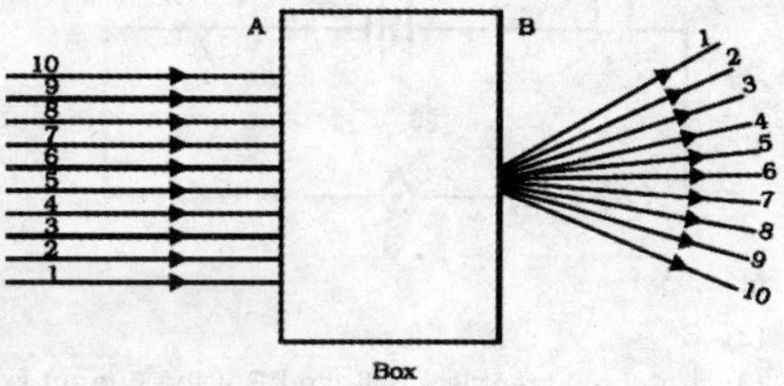

(1) एक अवतल लेंस
(2) काँच का एक आयताकार स्लैब
(3) एक प्रिज्म
(4) एक उत्तल लेंस

107. गहरे समुद्र में जल का रंग नीला दिखाई देने का कारण है:
(1) जल में शैवाल की उपस्थिति तथा अन्य पौधों की उपस्थिति
(2) जल में प्रकाश प्रवर्तन
(3) प्रकाश का प्रकीर्णन
(4) समुद्र द्वारा प्रकाश का अवशोषण

108. चुने के पानी से भरी परखनली में जब मुँह द्वारा फूंका जाता है तब चुने का पानी किसकी मौजूदगी के कारण दुधिया हों जाता है?
(1) ऑक्सीजन
(2) कार्बन डाइऑक्साइड
(3) नाइट्रोजन
(4) जल-वाष्प

109. कागज के तल के लंबवत तल में रखे वृत्ताकार पाश में कुंजी को बंद करने पर धारा प्रवाहित होती है \ बिंदु A तथा B (जो कागज के तल में तथा पाश के अक्ष पर है) से देखने पर पाश में प्रवाहित धारा क्रमश: वामावर्त तृथा दक्षिणावर्त है। चुंबकीय क्षेत्र रेखाएँ B से A की ओर संकेत करती हैं। परिणामी चुंबक का उत्तर ध्रुव उस फलक पर होगा जो निकट है

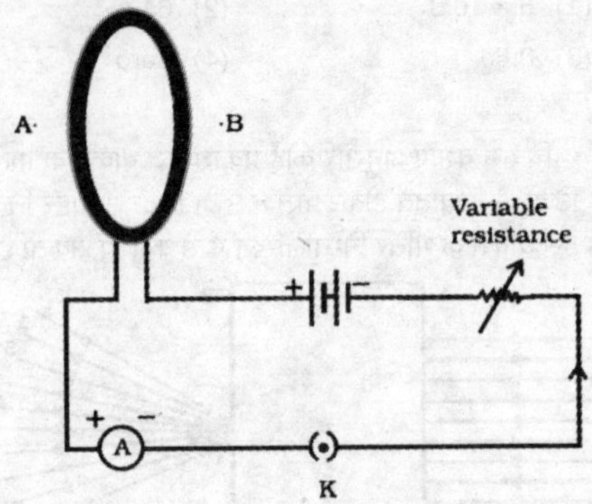

(1) A
(2) B
(3) A if the current is small, and B if the current is large
(4) B if the current is small and A if the current is large

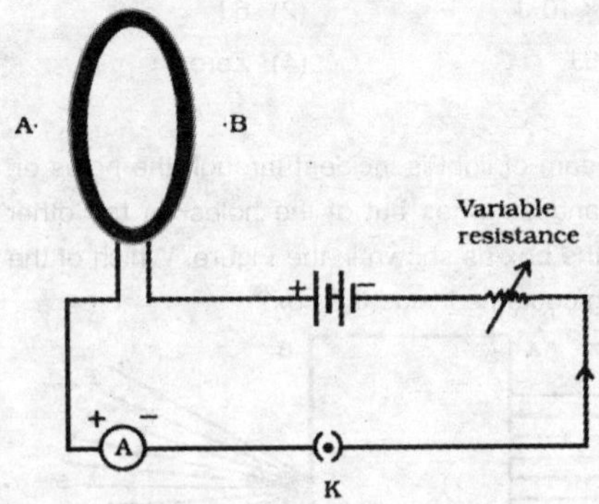

(1) बिंदु A के
(2) बिंदु B के
(3) बिंदु A के यदि धारा कम है, तथा बिंदु B के यदि धारा अधिक है
(4) बिंदु B के यदि धारा कम है, तथा बिंदु A के यदि धारा अधिक है

110. Aquatic animals in which fertilisation occurs in water are said to be:
(1) viviparous without fertilisation
(2) oviparous with external fertilisation
(3) viviparous with internal fertilisation
(4) oviparous with internal fertilization

110. जलीय जंतु जिनमें निषेचन पानी में होता है, कहलाते है –
(1) सजीवप्रजक, जिनमें निषेचन नहीं होता
(2) अंडप्रजक, जिनमें निषेचन बाहय होता है
(3) सजीवप्रजक, जिनमें निषेचन आंतरिक होता है
(4) अंडप्रजक, जिनमें निषेचन आंतरिक होता है

Space for Rough Work / कच्चे कार्य के लिए स्थान

111. The value of $[2-3(2-3)^{-1}]^{-1}$ is
(1) 5
(2) -5
(3) $\frac{1}{5}$
(4) $-\frac{1}{5}$

111. $[2-3(2-3)^{-1}]^{-1}$ का मान है
(1) 5
(2) -5
(3) $\frac{1}{5}$
(4) $-\frac{1}{5}$

112. Which one of the following statements is not true?
(1) $\sqrt{64}=8$
(2) $\sqrt{0.4}=0.2$
(3) 0 is a rational number
(4) 243 is not a perfect cube

112. निम्न कथनों में से कौन – सा कथन सत्य नहीं है?
(1) $\sqrt{64}=8$
(2) $\sqrt{0.4}=0.2$
(3) 0 एक परिमेय संख्या है
(4) 243 एक पूर्ण घन नहीं है

113. The value of the expression $\frac{2^{310}-2^{301}}{2^{300}}$ is
(1) 2^9-1
(2) $2^{10}-1$
(3) $2(2^9-1)$
(4) $\frac{2^{10}-1}{2}$

113. व्यंजक $\frac{2^{310}-2^{301}}{2^{300}}$ का मान है
(1) 2^9-1
(2) $2^{10}-1$
(3) $2(2^9-1)$
(4) $\frac{2^{10}-1}{2}$

114. One of the factors of $x^2-z^2+y^2-2xy$ is
(1) x – y + z
(2) x + y - z
(3) x + y + z
(4) y + z – x

114. $x^2-z^2+y^2-2xy$ का एक गुणनखंड है
(1) x – y + z
(2) x + y - z
(3) x + y + z
(4) y + z – x

115. The value of $2(a^2+ab+3)-ab$ when a = 5 and b = -3, is
(1) 23 (2) 35
(3) 41 (4) 53

115. जब a = 5 और b = -3 हो, तो $2(a^2+ab+3)-ab$ का मान है
(1) 23 (2) 35
(3) 41 (4) 53

116. Aman is now fifteen years younger than Abdul. After six years, Abdul will be twice as old as Aman will be then. If the present age of Abdul is x years, then we have
(1) 2(x – 9) = x + 6
(2) x – 9 = 2(x + 6)
(3) 2(x – 15) = x + 6
(4) x – 15 = 2(x + 6)

116. अमन इस समय अब्दुल से पंद्रह वर्ष छोटा है। छः वर्ष पश्चात, अब्दुल की आयु उस समय पर अमन की आयु की दुगुनी हो जाएगी। यदि अब्दुल की वर्तमान आयु x वर्ष है, तब हमें प्राप्त है
(1) 2(x – 9) = x + 6
(2) x – 9 = 2(x + 6)
(3) 2(x – 15) = x + 6
(4) x – 15 = 2(x + 6)

117. The compound interest on Rs. 36,000 lent at 10% per annum for $2\frac{1}{2}$ years, if the interest is compounded annually, is
(1) Rs. 7,560
(2) Rs. 9,000
(3) Rs. 9,738
(4) Rs. 11,916

117. रुपये 36,000 पर 10% वार्षिक दर से $2\frac{1}{2}$ वर्ष का चक्रवृद्धि ब्याज, यदि ब्याज वार्षिक रूप से संयोजित होती हो, है
(1) रुपए 7,560
(2) रुपए 9,000
(3) रुपए 9,738
(4) रुपए 11,916

118. The number 0.000000000123 is expressed in standard form as

(1) 123×10^{-12}
(2) 12.3×10^{-11}
(3) 1.23×10^{-10}
(4) 0.123×10^{-9}

119. Sum of mode and median of the data 12, 15, 11, 13, 18, 11, 13, 12, 13 is

(1) 25 (2) 26 (3) 31 (4) 36

120. A car covers a distance of 178·2 km in 4·4 hours. The distance (in km) covered by the car in 1.2 hours is

(1) 40.5 (2) 40.7
(3) 48.6 (4) 50.2

121. In the figure, ∠2 = ∠3 = ∠4 and ∠5 = 150°. Then ∠1 =

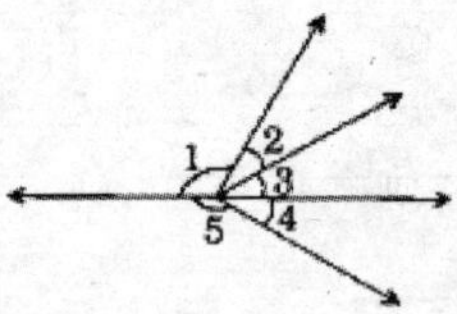

(1) 100° (2) 120°
(3) 130° (4) 140°

122. Prime factorization of two numbers a and b are

$a = 2 \times 2 \times 2 \times 2 \times 3 \times 5$
$b = 2 \times 2 \times 3 \times 3 \times 5 \times 5$

LCM of a and b is

(1) $2^3 \times 3^2 \times 5^2$
(2) $2^4 \times 3^2 \times 5^2$
(3) $2^4 \times 3^2 \times 5^3$
(4) $2^2 \times 3^2 \times 5^3$

123. In ΔABC and ΔDEF, AB = EF, BC = DE and ∠B = ∠E = 90°. Then ΔABC ≅ ΔFED by the criterion

(1) SSS (2) SAS
(3) RHS (4) ASA

124. In ΔPQR, side QR is produced to a point S, and exterior angle PRS = 100°. If RP = RQ, then measure of ∠PQR is

(1) 50° (2) 70° (3) 75° (4) 80°

118. संख्या 0.000000000123 को मानक रूप मेन निम्न प्रकार से व्यक्त किया जाता है:

(1) 123×10^{-12}
(2) 12.3×10^{-11}
(3) 1.23×10^{-10}
(4) 0.123×10^{-9}

119. आंकड़ों 13, 15, 11, 13, 18, 11, 13, 12, 13 के बहुलक तथा माध्यक का योगफल है

(1) 25 (2) 26 (3) 31 (4) 36

120. एक कार 178.2 किमी की दूरी 4.4 घंटों में तय करती है। उस कार द्वारा 1.2 घंटों में तय की गई दूरी (किमी में) है

(1) 40.5 (2) 40.7
(3) 48.6 (4) 50.2

121. आकृति में, ∠2 = ∠3 = ∠4 और ∠5 = 150° है। तब ∠1 =

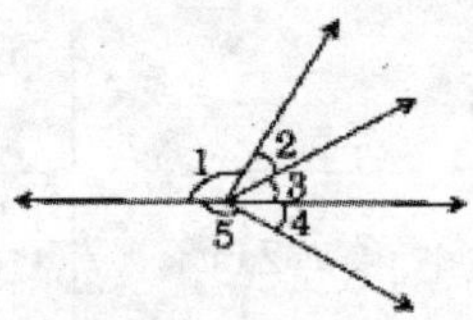

(1) 100° (2) 120°
(3) 130° (4) 140°

122. दो संख्याओं a और b के अभाज्य गुणनखंड हैं

$a = 2 \times 2 \times 2 \times 2 \times 3 \times 5$
$b = 2 \times 2 \times 3 \times 3 \times 5 \times 5$

a और b का ल.स. (LCM) है

(1) $2^3 \times 3^2 \times 5^2$
(2) $2^4 \times 3^2 \times 5^2$
(3) $2^4 \times 3^2 \times 5^3$
(4) $2^2 \times 3^2 \times 5^3$

123. ΔABC और ΔDEF में, AB = EF, BC = DE तथा ∠B = ∠E = 90° है। तब ΔABC ≅ ΔFED निम्न सर्वांगसमता कसौटी से है

(1) SSS (2) SAS
(3) RHS (4) ASA

124. ΔPQR में, भुजा QR को बिन्दु S तक बढ़ाया गया है, और बाह्य कोण PRS = 100° है। यदि RP = RQ हो, तो ∠PQR की माप है

(1) 50° (2) 70° (3) 75° (4) 80°

125. The value of $6+\frac{1}{10}+\frac{6}{1000}+\frac{61}{10000}$ is
(1) 6.167
(2) 6.1021
(3) 6.221
(4) 6.1121

126. A polygon has a perimeter of 16 cm and an area of 16 cm^2 The shape of the polygon is a
(1) triangle
(2) square
(3) hexagon
(4) rectangle which is not a square

127. A square field whose area is 36 m^2 and a rectangular lawn whose width is $\frac{2}{3}$ of the side of square field have the same perimeter. The area (in m^2) of the lawn is
(1) 24 (2) 32 (3) 48 (4) 64

128. Circumference of the base of a right circular cylinder is 44 cm and its height is 15 cm. The volume (in cm^3) of the cylinder is
(Take $\pi=\frac{22}{7}$)
(1) 770
(2) 1155
(3) 1540
(4) 2310

129. Radii of two circles are 8 cm and 6 cm. The radius (in cm) of the circle having the area equal to the sum of the areas of these two given circles is
(1) 9
(2) 10
(3) 12
(4) 14

130. A box with inside measurements 60 cm × 30 cm × 24 cm is full of wooden cubes of the same size. If the number of cubes is 25, then the side (in cm) of each cube is
(1) 6 (2) 9 (3) 12 (4) 18

125. $6+\frac{1}{10}+\frac{6}{1000}+\frac{61}{10000}$ का मान है
(1) 6.167
(2) 6.1021
(3) 6.221
(4) 6.1121

126. किसी बहुभुज की परिमाप 16 सेमी तथा क्षेत्रफल 16 सेमी^{2} है। वह बहुभुज है
(1) त्रिभुज
(2) वर्ग
(3) षड्भुज
(4) एक आयत जो वर्ग नहीं है

127. एक वर्गाकार खेत, जिसका क्षेत्रफल 36 मी.^{2} तथा एक आयताकार लान, जिसकी चौड़ाई वर्गाकार खेत की भुजा की $\frac{2}{3}$ है, के समान परिमाप है। लान का क्षेत्रफल (मी.^{2} में) है
(1) 24 (2) 32 (3) 48 (4) 64

128. किसी लंब – वृत्तीय बेलन के आधार की परिधि 44 सेमी है और इसकी ऊंचाई 15 सेमी है। बेलन का आयतन (सेमी^{3} में) है ($\pi=\frac{22}{7}$ लीजिए)
(1) 770
(2) 1155
(3) 1540
(4) 2310

129. दो वृत्तों की त्रिज्याएँ 8 सेमी तथा 6 सेमी हैं। उस वृत्त की त्रिज्या (सेमी में) जिसका क्षेत्रफल इन दो दिए गए वृत्तों के क्षेत्रफलों के योगफल के बराबर है, निम्न है
(1) 9
(2) 10
(3) 12
(4) 14

130. आंतरिक माप 60 सेमी × 30 सेमी × 24 सेमी वाला एक बक्सा लकड़ी के एक ही साइज के घनों से भरा हुआ है। यदि घनों की कुल संख्या 25 हो, तो प्रत्येक घन की भुजा (सेमी में) है
(1) 6 (2) 9 (3) 12 (4) 18

131. Which one of the following disease is not transmitted by mosquito?
(1) Brain fever
(2) Malaria
(3) Typhoid
(4) Dengue

131. निम्नलिखित में से कौन-सा रोग मच्छर से संचरित नहीं होता है
(1) मस्तिष्क बुखार
(2) मलेरिया
(3) टाइफाइड
(4) डेंगू

132. Which is the ultimate source of energy?
(1) Water
(2) Sun
(3) Uranium
(4) Fossil fuels

132. ऊर्जा का अंतिम स्रोत कौन सा है?
(1) जल
(2) सूर्य
(3) युरेनियम
(4) जीवाश्मी ईंधन

133. Flow of energy in an ecosystem is always
(1) unidirectional
(2) bidirectional
(3) multi directional
(4) no specific direction

133. एक पारितंत्र में ऊर्जा का प्रवाह हमेशा
(1) एक दिशा में होता है (एकदिशिक)
(2) दो दिशाओं में होता है (द्विदिशिक)
(3) अनेक दिशाओं में होता है (बहुदिशिक)
(4) किसी विशिष्ट दिशा में नहीं होता

134. In our country, vast tracts of forests are cleared and a single species of plant is cultivated. This practice promotes
(1) biodiversity in the area
(2) monoculture in the area
(3) growth of natural forest
(4) preserves the natural ecosystem in the area

134. हमारे देश में, बड़े-बड़े वन क्षेत्रों को साफ़ कर दिया गया है और पौधों की केवल एक ही स्पीशीज की खेती की जाती है। यह पद्धति प्रोत्साहित करती है:
(1) क्षेत्र की जैव-विविधता को
(2) क्षेत्र में एकलकृषि को
(3) प्राकृतिक वन की वृद्धि को
(4) क्षेत्र में प्राकृतिक पारितंत्र के परिरक्षण को

135. Manas biosphere reserves is located in
(1) Uttarakhand
(2) Tamil Nadu
(3) Meghalaya
(4) Assam

135. मानस बायोस्फीयर रिजर्व कहाँ स्थित है
(1) उत्तराखंड
(2) तमिलनाडु
(3) मेघालय
(4) असम

136. As per 2011 census, females' Population of India is
(1) 51.54% (2) 48.46%
(3) 57.54% (4) 46.46%

136. 2011 की जनगणना के अनुसार, भारत की महिलाओं की जनसंख्या है
(1) 51.54% (2) 48.46%
(3) 57.54% (4) 46.46%

137. 28 July is celebrated as
(1) Van Mahotasav Saptah
(2) World Population Day
(3) Wildlife Week
(4) World Nature Day

137. 28 जुलाई ......के रूप में मनाया जाता है
(1) वन महोत्सव सप्ताह
(2) विश्व जनसंख्या दिवस
(3) वन्यजीव सप्ताह
(4) विश्व प्रकृति दिवस

138. Which of the following feature is correct for a

138. वन्यजीव अभयारण्य के लिए निम्नलिखित में से कौन सी

wildlife sanctuary?

(1) It is an artificially created protected area for animals.
(2) It is a protected area for threatened and endangered wild animals.
(3) It is meant for conservation of only plant species.
(4) Capturing and poaching of animals is strictly prohibited here.

विशेषता सही है?

(1) यह जानवरों के लिए एक कृत्रिम रूप से निर्मित संरक्षित क्षेत्र है।
(2) यह खतरनाक और लुप्तप्राय जंगली जानवरों के लिए एक संरक्षित क्षेत्र है।
(3) यह केवल पौधों की प्रजातियों के संरक्षण के लिए है।
(4) जानवरों को पकड़ना और शिकार करना यहां सख्ती से प्रतिबंधित है।

139. Which step is not involved in the carbon-cycle?

(1) Photosynthesis
(2) Transpiration
(3) Respiration
(4) Burning of fossil fuels

139. कार्बन चक्र में कौन-सा चरण सम्मिलित नहीं है?

(1) प्रकाश संश्लेषण
(2) वाष्पोत्सर्जन
(3) श्वसन
(4) जीवाश्म ईंधन को जलाना

140. The Johannesburg Declaration was the main outcome of the

(1) Earth Summit 1992
(2) Earth Summit 2012
(3) Earth Summit 2002
(4) None of these

140. जोहान्सबर्ग घोषणा का मुख्य परिणाम था

(1) पृथ्वी शिखर सम्मेलन 1992
(2) पृथ्वी शिखर सम्मेलन 2012
(3) पृथ्वी शिखर सम्मेलन 2002
(4) इनमें से कोई नहीं

141. Which planet in the Solar System has the highest density?

(1) Neptune
(2) Uranus
(3) Jupiter
(4) Earth

141. सौरमंडल के किस ग्रह का घनत्व सबसे अधिक है?

(1) नेपच्यून
(2) यूरेनस
(3) बृहस्पति
(4) पृथ्वी

142. During which five year plan Narasimha Rao Govt. launched New Economic Policy of India

(1) Sixth five year plan
(2) Seventh five year plan
(3) Eighth five year plan
(4) Ninth five year plan

142. किस पंचवर्षीय योजना में नरसिम्हा राव सरकार ने भारत की नई आर्थिक नीति शुरू की

(1) छठी पंचवर्षीय योजना
(2) सातवी पंचवर्षीय योजना
(3) आठवीं पंचवर्षीय योजना
(4) नौवीं पंचवर्षीय योजना

143. Full form of ICIMOD is

(1) Indian Centre for International Mountain Development
(2) International Centre for Integrated Mountain Development
(3) International Centre for Indian Mountain Development
(4) International Centre for International Mountain Development

143. ICIMOD का पूरा नाम क्या है?

(1) Indian Centre for International Mountain Development
(2) International Centre for Integrated Mountain Development
(3) International Centre for Indian Mountain Development
(4) International Centre for International Mountain Development

144. 'Hundru Falls' is found in which one of the following

144. हुंडरू जलप्रपात निम्नलिखित पठारों में से किसमें पाया जाता

plateaus?
(1) East African Plateau
(2) Western Plateau of Australia
(3) Tibet Plateau
(4) Chhotanagpur Plateau of India

है?
(1) पूर्वी अफ्रीकी पठार
(2) ऑस्ट्रेलिया का पश्चिमी पठार
(3) तिब्बत का पठार
(4) भारत का छोटानागपुर पठार

145. For every one degree of longitude the local time changes by:
(1) 2 minutes
(2) 6 minutes
(3) 1 minutes
(4) 4 minutes

145. प्रत्येक 1° देशांतर पर स्थानीय समय बदलता है:
(1) 2 मिनट
(2) 6 मिनट
(3) 1 मिनट
(4) 4 मिनट

146. Which one of the following planets takes least times to complete one rotation on its axis?
(1) Mercury (2) Earth
(3) Jupiter (4) Neptune

146. निम्नलिखित ग्रहों में से कौन-सा ग्रह अपने अक्ष पर घूर्णन करने में सबसे कम समय लेता है/
(1) बुध (2) पृथ्वी
(3) बृहस्पति (4) नेपच्यून

147. Which one of the following Island groups is situated on the same latitude?
(1) Bahamas and Srilanka
(2) Baker Islands and Caroline Islands
(3) Clipperton Islands and Cook Islands
(4) Tonga Islands and Mauritius Islands

147. निम्नलिखित द्वीप समूहों में से कौन-सा समूह समान अक्षांश पर स्थित है?
(1) बहामास द्वीप और श्रीलंका
(2) बकेर द्वीप और करोलिन द्वीप
(3) क्लिप्पर्टन द्वीप और कुक द्वीप
(4) टोंगा द्वीप और मॉरिशस द्वीप

148. Chinnar Wildlife Sanctuary is located in
(1) Maharashtra
(2) Uttar Pradesh
(3) Kerala
(4) Madhya Pradesh

148. चिन्नार वन्यजीव अभयारण्य कहाँ स्थित है
(1) महाराष्ट्र
(2) उत्तर प्रदेश
(3) केरल
(4) मध्य प्रदेश

149. As of September 2018, which country ranks 1st in Human Development Index
(1) Norway
(2) Switzerland
(3) Australia
(4) Ireland

149. सितंबर 2018 तक, कौन सा देश मानव विकास सूचकांक में पहला स्थान पर है
(1) नॉर्वे
(2) स्विट्जरलैंड
(3) ऑस्ट्रेलिया
(4) आयरलैंड

150. The Satyashodhak Samaj, an association which propagated caste equality was founded by
(1) Ishwarchandra Vidyasagar
(2) Pandita Ramabai
(3) Tarabai Shinde
(4) Jyotirao Phule

150. जाति समानता का प्रचार करने वाला एक संगठन, सत्यशोधक समाज, किसने स्थापित किया था
(1) ईश्वरचंद्र विद्यासागर
(2) पंडिता रमाबाई
(3) ताराबाई शिंदे
(4) ज्योतिराव फुले

उत्तर पत्रिका / Answer Sheet – Kendriya Vidyalaya Sangathan

Name of the Candidate: ______________________ **Fathers' Name:** ________________

Roll Number: ________________, **Examination Centre:** ______________________

Paper of the Candidate: ______________________, **Test Booklet Code:** ____________

Mark your Answer by shading the appropriate circle against each question. The circle should be shaded completely without leaving any space. The correct method of shading is given below.
प्रत्येक प्रश्न के सामने उचित वृत का चिन्हांकन करके अपना उत्तर लिखें। वृत्त को बिना कोई स्थान छोड़े चिन्हांकित करें। चिन्हांकित करने का सही तरीका नीचे दिया गया है।

Correct Method : सही तरीका : ○ ● ○ ○ Wrong Method : गलत तरीका : ⊠ ✓ ⊙ ◑

001	① ② ③ ④	031	① ② ③ ④	061	① ② ③ ④	091	① ② ③ ④	121	① ② ③ ④
002	① ② ③ ④	032	① ② ③ ④	062	① ② ③ ④	092	① ② ③ ④	122	① ② ③ ④
003	① ② ③ ④	033	① ② ③ ④	063	① ② ③ ④	093	① ② ③ ④	123	① ② ③ ④
004	① ② ③ ④	034	① ② ③ ④	064	① ② ③ ④	094	① ② ③ ④	124	① ② ③ ④
005	① ② ③ ④	035	① ② ③ ④	065	① ② ③ ④	095	① ② ③ ④	125	① ② ③ ④
006	① ② ③ ④	036	① ② ③ ④	066	① ② ③ ④	096	① ② ③ ④	126	① ② ③ ④
007	① ② ③ ④	037	① ② ③ ④	067	① ② ③ ④	097	① ② ③ ④	127	① ② ③ ④
008	① ② ③ ④	038	① ② ③ ④	068	① ② ③ ④	098	① ② ③ ④	128	① ② ③ ④
009	① ② ③ ④	039	① ② ③ ④	069	① ② ③ ④	099	① ② ③ ④	129	① ② ③ ④
010	① ② ③ ④	040	① ② ③ ④	070	① ② ③ ④	100	① ② ③ ④	130	① ② ③ ④
011	① ② ③ ④	041	① ② ③ ④	071	① ② ③ ④	101	① ② ③ ④	131	① ② ③ ④
012	① ② ③ ④	042	① ② ③ ④	072	① ② ③ ④	102	① ② ③ ④	132	① ② ③ ④
013	① ② ③ ④	043	① ② ③ ④	073	① ② ③ ④	103	① ② ③ ④	133	① ② ③ ④
014	① ② ③ ④	044	① ② ③ ④	074	① ② ③ ④	104	① ② ③ ④	134	① ② ③ ④
015	① ② ③ ④	045	① ② ③ ④	075	① ② ③ ④	105	① ② ③ ④	135	① ② ③ ④
016	① ② ③ ④	046	① ② ③ ④	076	① ② ③ ④	106	① ② ③ ④	136	① ② ③ ④
017	① ② ③ ④	047	① ② ③ ④	077	① ② ③ ④	107	① ② ③ ④	137	① ② ③ ④
018	① ② ③ ④	048	① ② ③ ④	078	① ② ③ ④	108	① ② ③ ④	138	① ② ③ ④
019	① ② ③ ④	049	① ② ③ ④	079	① ② ③ ④	109	① ② ③ ④	139	① ② ③ ④
020	① ② ③ ④	050	① ② ③ ④	080	① ② ③ ④	110	① ② ③ ④	140	① ② ③ ④
021	① ② ③ ④	051	① ② ③ ④	081	① ② ③ ④	111	① ② ③ ④	141	① ② ③ ④
022	① ② ③ ④	052	① ② ③ ④	082	① ② ③ ④	112	① ② ③ ④	142	① ② ③ ④
023	① ② ③ ④	053	① ② ③ ④	083	① ② ③ ④	113	① ② ③ ④	143	① ② ③ ④
024	① ② ③ ④	054	① ② ③ ④	084	① ② ③ ④	114	① ② ③ ④	144	① ② ③ ④
025	① ② ③ ④	055	① ② ③ ④	085	① ② ③ ④	115	① ② ③ ④	145	① ② ③ ④
026	① ② ③ ④	056	① ② ③ ④	086	① ② ③ ④	116	① ② ③ ④	146	① ② ③ ④
027	① ② ③ ④	057	① ② ③ ④	087	① ② ③ ④	117	① ② ③ ④	147	① ② ③ ④
028	① ② ③ ④	058	① ② ③ ④	088	① ② ③ ④	118	① ② ③ ④	148	① ② ③ ④
029	① ② ③ ④	059	① ② ③ ④	089	① ② ③ ④	119	① ② ③ ④	149	① ② ③ ④
030	① ② ③ ④	060	① ② ③ ④	090	① ② ③ ④	120	① ② ③ ④	150	① ② ③ ④

परीक्षार्थी का नाम Name of candidate (In Capital Letters)	परीक्षार्थी के हस्ताक्षर Signature of candidate (In Running Hand)	परीक्षार्थी के बाएं अंगूठे का निशान Left hand thumb impression of the candidate	निरीक्षक के हस्ताक्षर Signature of invigilator (In Running Hand)
			Prateek Shivalik

Answer Key KVS Test Set - 15

Q	A	Q	A	Q	A	Q	A	Q	A	Q	A	Q	A	Q	A
1	4	**21**	4	**41**	4	**61**	4	**81**	1	**101**	1	**121**	2	**141**	4
2	2	**22**	4	**42**	3	**62**	4	**82**	1	**102**	2	**122**	2	**142**	3
3	4	**23**	1	**43**	2	**63**	2	**83**	4	**103**	2	**123**	2	**143**	2
4	2	**24**	1	**44**	2	**64**	1	**84**	2	**104**	2	**124**	1	**144**	4
5	1	**25**	3	**45**	1	**65**	4	**85**	3	**105**	4	**125**	4	**145**	4
6	1	**26**	3	**46**	2	**66**	4	**86**	1	**106**	4	**126**	2	**146**	3
7	1	**27**	2	**47**	2	**67**	3	**87**	1	**107**	3	**127**	2	**147**	4
8	2	**28**	2	**48**	4	**68**	4	**88**	1	**108**	2	**128**	4	**148**	3
9	3	**29**	4	**49**	3	**69**	4	**89**	3	**109**	1	**129**	2	**149**	1
10	3	**30**	4	**50**	4	**70**	3	**90**	3	**110**	2	**130**	3	**150**	4
11	1	**31**	4	**51**	2	**71**	4	**91**	1	**111**	3	**131**	3		
12	2	**32**	3	**52**	3	**72**	4	**92**	2	**112**	2	**132**	2		
13	4	**33**	2	**53**	1	**73**	1	**93**	4	**113**	3	**133**	2		
14	4	**34**	2	**54**	2	**74**	3	**94**	2	**114**	1	**134**	2		
15	3	**35**	3	**55**	4	**75**	4	**95**	1	**115**	3	**135**	4		
16	2	**36**	3	**56**	3	**76**	1	**96**	3	**116**	1	**136**	2		
17	1	**37**	1	**57**	3	**77**	2	**97**	2	**117**	3	**137**	4		
18	2	**38**	1	**58**	3	**78**	4	**98**	3	**118**	3	**138**	1		
19	2	**39**	4	**59**	2	**79**	3	**99**	4	**119**	2	**139**	2		
20	1	**40**	3	**60**	4	**80**	3	**100**	3	**120**	3	**140**	3		

Prateek Shivalik KVS PRT

Code 16

इस परीक्षा पुस्तिका को तब तक न खोलें जब तक कहा न जाए।

Do not open this Test Booklet until you are asked to do so.

इस परीक्षा पुस्तिका के पिछले आवरण पर दिए गये निर्देशों को ध्यान से पढ़ें।

Read carefully the Instructions on the Back Cover of this Test Booklet.

परीक्षार्थियों के लिए निर्देश

1. OMR उत्तर पत्र इस परीक्षा के अन्दर रखा है। जब आपको परीक्षा पुस्तिका खोलने को कहा जाए, तो उत्तर पत्र निकाल कर पृष्ठ-1 एवं पृष्ठ-2 पर ध्यान से केवल नीले बॉल पॉइट पेन से विवरण भरें।
2. परीक्षा की अवधि 2½ घंटे है एवं परीक्षा में 150 प्रश्न है। **कोई ऋणात्मक अंकन नहीं है।**
3. इस पृष्ठ पर विवरण अंकित करने एवं उत्तर पत्र पर निशान लगाने के लिए केवल नीले बॉल पॉइंट पेन का प्रयोग करें।
4. यह सुनिश्चित कर लें की इस पुस्तिका का संकेत, उत्तर पत्र के पृष्ठ पर छपे संकेत से मिलता है। यह भी सुनिश्चित कर लें की परीक्षा संख्या और उत्तर पत्र संख्या मिलते है। अगर यह भिन्न हों तो परीक्षार्थी दूसरी प्रश्न पुस्तिका और उत्तर पत्र लेने के लिए निरीक्षक को तुरन्त अवगत कराएँ।
5. **यदि अनुवाद में किसी भी प्रकार की कोई अस्पष्टा हो तो अंग्रेजी वाले पाठ को ही सही माना जायेगा।**
6. रफ कार्य परीक्षा पुस्तिका में इस प्रयोजन के लिए दी गई खाली जगह पर करें।
7. सभी उत्तर केवल OMR उत्तर पत्र पर ही अंकित करें। अपने उत्तर ध्यानपूर्वक अंकित करें। उत्तर बदलने हेतु श्वेत रंजक का प्रयोग निषिद्ध है।
8. प्रत्येक प्रश्न के सामने उचित वृत का चिन्हांकन करके अपना उत्तर लिखें। वृत्त को बिना कोई स्थान छोड़े चिन्हांकित करें।

INSTRUCTIONS FOR CANDIDATES

1. The OMR Answer Sheet is inside this Test Booklet. When you are directed to open the Test Booklet, take out the Answer Sheet and fill in the particulars on Side-1 and Side-2 carefully with blue ball point pen only.
2. The test is of 2½ hours duration and consists of 150 questions. **There is no negative marking.**
3. Use Blue Ball Point Pen only for writing particulars on this page / marking responses in the Answer Sheet.
4. Make sure that the CODE printed on the Answer Sheet is the same as that on this booklet. Also ensure that your Test Booklet No. and Answer Sheet No. are the same. In case of discrepancy, the candidate should immediately report the matter to the Invigilator for replacement of both the Test Booklet and the Answer Sheet.
5. **In case of any ambiguity in translation, the English version will be deemed authentic.**
6. Rough work should be done only in the space provided in the Test Booklet for the same.
7. The answers are to be recorded on the OMR Answer Sheet only. Mark your responses carefully. No whitener is allowed for changing answers.
8. Mark your Answer by shading the appropriate circle against each question. The circle should be shaded completely without leaving any space.

परीक्षार्थी का नाम (बड़े अक्षरों में):
Name of the Candidate (in Capitals): ____________________

अनुक्रमांक (अंकों में):
Roll Number: (in figures): ____________________

(शब्दों में):
(in words): ____________________

परीक्षा केन्द्र (बड़े अक्षरों में) :
Centre of Examination (in Capitals): ____________________

परीक्षार्थी के हस्ताक्षर:
Candidate's Signature: ____________________

निरीक्षक के हस्ताक्षर :
Invigilator's Signature : ____________________

Facsimile signature stamp of
Centre Superintendent ____________________

1. Arrange the following jumbled part of the sentence in correct order.

1. One of the most widely spread bad habits
P. which is now smoked or chewed by men
Q. and even by children
R. often by women
S. is the use of tobacco
6. almost all over the world.

(1) S P R Q
(2) P Q R S
(3) S R Q P
(4) P Q S R

2. Which part of the following sentences has error in it?

Your success in the IAS examinations depends not only on (P) what papers you have selected (Q) but on how you have written them. (R) No error. (S)

(1) P (2) Q (3) R (4) S

3. Which part of the following sentences has error in it?

Heavy rain (P) prevented us (Q) to go to the cinema. (R) No error. (S)

(1) P (2) Q (3) R (4) S

4. Choose the one word which can be substituted for the given sentence/ words.

Excessive preoccupation with one's health

(1) hypochondria
(2) malaise
(3) disaffected
(4) malinger

5. Choose the option which best expresses the meaning of the highlighted idiom/phrase in the sentence.

to "blaze a trail"

(1) to lead the way as a pioneer
(2) to light a track
(3) to set up a fire
(4) to wear a blazer while running

6. Choose the correctly spelt word

(1) refridgerator
(2) refregerator
(3) refreggerator
(4) refrigerator

7. Convert the given sentence into Active / Passive Voice

Somebody told me that there had been an explosion in the Town Hall.

(1) I was told by somebody about the explosion in the Town Hall.
(2) I was told about the explosion in the Town Hall.
(3) I was informed that there was an explosion in the Town Hall.
(4) I was told by somebody that there had been an explosion in the Town Hall.

8. Convert the given sentence into Direct / Indirect Speech

He said to Sita, "When do you intend to pay back the money you borrowed from me?"

(1) He enquired Sita when did she intend to pay back the money she borrowed from him.
(2) He enquired Sita when she intended to pay back the money she borrowed from him.
(3) He enquired Sita when she intended to pay back the money she had borrowed from him.
(4) He enquired when Sita intended to pay back the money she borrowed from him.

9. Fill in the blank.

He was ______ accept the grudgingly given invitation.

(1) not enough sensible to
(2) sensible enough to
(3) sensible enough not to
(4) sensible enough to not

10. The synonym of the given word is?

SUCCESSIVE

(1) rapid
(2) victorious
(3) beneficent
(4) consecutive

सामान्य हिन्दी

11. 'य' व्यंजन है
(1) उष्म
(2) अंतःस्थ
(3) स्पर्श
(4) कोई नहीं

12. निम्न में से तदभव शब्द छांटिए
(1) स्फूर्ति
(2) हाथी
(3) हस्त
(4) सूत्र

13. "जिसकी मीन जैसी आंखे हो" के लिए एक उपयुक्त शब्द है
(1) मीनचक्षु
(2) मीनाक्षी
(3) मीननयनी
(4) इनमें से कोई नहीं

14. उस घर में मेरा मित्र रहता है में विशेषण है
(1) सार्वनामिक
(2) संख्यात्मक
(3) गुणवाचक
(4) कोई नही

15. लिखावट में कौन सा प्रत्यय है?
(1) अवट
(2) खावट
(3) वअ
(4) आवट

16. दन्तौष्ठ का संधि विच्छेद होगा
(1) दंता+ओष्ठ
(2) दंत+ओष्ठ
(3) दंत:+आष्ठ
(4) दांतो+ओष्ठ

17. निम्न में से किस शब्द की वर्तनी शुद्ध है?
(1) व्यसक
(2) व्यस्क
(3) वयस्क
(4) वस्क

18. "पढ़ते समय मेरी आँखों से पानी निकलता है।" में प्रयुक्त कारक है
(1) करण
(2) सम्प्रदान
(3) संबंध
(4) अपादान

19. "श्वेताम्बर" में समास है
(1) द्विगु
(2) कर्मधारय
(3) बहुब्रीहि
(4) तत्पुरुष

20. अलंकृत में कौन सा उपसर्ग है?
(1) अ
(2) अलन्
(3) अलम्
(4) अल

Space for Rough Work / कच्चे कार्य के लिए स्थान

21. What is MS DOS?
(1) Multipurpose System Digital Offline Sign
(2) Microsoft Disk Operating System
(3) Multi System Disk Operating System
(4) Microchip Sign Digital System

22. The process of arranging data in logical sequence is called
(1) Classifying (2) Reproducing
(3) Summarizing (4) Sorting

23. The term GIGO is related to
(1) Flexibility (2) Versatility
(3) Automatic (4) Accuracy

24. Which of the following is not an operating system?
(1) Android (2) Vista
(3) iOS (4) Opera

25. FORTRAN is called:
(1) Formula Translator
(2) Format Translator
(3) File Translator
(4) Floppy Translator

26. The fastest, costlier and relatively small form of storage managed by computer system hardware is:
(1) Disk (2) Flash Memory
(3) Main memory (4) Cache

27. Breaking physical memory into fixed-sized blocks called as:
(1) Packets (2) Page
(3) Frames (4) Segments

28. How many bits are equal to one byte?
(1) 8 (2) 10 (3) 12 (4) 14

29. All forms of ROM are also known as _____.
(1) Freeware (2) Middleware
(3) Firmware (4) Shareware

30. Which type of switching is used in Internet?
(1) Circuit (2) Telephone (3) Packet (4) Tele

21. MS DOS क्या है?
(1) बहुउद्देशीय प्रणाली डिजिटल ऑफ़लाइन साइन
(2) माइक्रोसॉफ्ट डिस्क ऑपरेटिंग सिस्टम
(3) मल्टी सिस्टम डिस्क ऑपरेटिंग सिस्टम
(4) माइक्रोचिप साइन डिजिटल सिस्टम

22. लॉजिकल अनुक्रम में डेटा व्यवस्थित करने की प्रक्रिया को बुलाया जाता है
(1) वर्गीकरण (2) पुनरुत्पादन
(3) सारांश (4) छंटाई

23. GIGO शब्द से संबंधित है
(1) लचीलापन (2) बहुमुखी प्रतिभा
(3) स्वत: (4) शुद्धता

24. निम्न में से कौन सा ऑपरेटिंग सिस्टम नहीं है?
(1) एंड्रॉयड (2) विस्टा
(3) आईओएस (4) ओपेरा

25. फोरट्रान को कहा जाता है:
(1) Formula Translator
(2) Format Translator
(3) File Translator
(4) Floppy Translator

26. कंप्यूटर सिस्टम हार्डवेयर द्वारा प्रबंधित स्टोरेज का सबसे तेज़, महंगा और अपेक्षाकृत छोटा रूप है:
(1) डिस्क (2) फ्लैश मेमोरी
(3) मुख्य स्मृति (4) कैश

27. भौतिक स्मृति को निश्चित आकार के ब्लोक्स में तोड़कर कहा जाता है:
(1) पैकेट (2) पृष्ठ
(3) फ्रेम्स (4) सेगमेंट

28. कितने बिट एक बाइट के बराबर होते हैं?
(1) 8 (2) 10 (3) 12 (4) 14

29. रोम के सभी रूपों को _____ भी कहा जाता है।
(1) फ्रीवेयर (2) मिडिलवेयर
(3) फर्मवेयर (4) शेयरवेयर

30. इंटरनेट में किस प्रकार की स्विचिंग का उपयोग किया जाता है?
(1) सर्किट (2) टेलीफोन (3) पैकेट (4) टेली

General Awareness

31. MTNL comes under which of the following category?
(1) Navratna
(2) Maharatna
(3) Mini Ratna
(4) None option is correct

31. MTNL निम्नलिखित में से किस श्रेणी में आता है?
(1) नवरत्न
(2) महारत्न
(3) मिनी रत्न
(4) कोई भी विकल्प सही नहीं है

32. Which of the following does not come under Fundamental Duty?
(1) To safeguard public property
(2) To protect and improve the natural environment
(3) To promote harmony
(4) To protect freedom of speech and expression

32. निम्नलिखित में से कौन सा मौलिक कर्तव्य के अंतर्गत नहीं आता है?
(1) सार्वजनिक संपत्ति कि सुरक्षा
(2) प्राकृतिक पर्यावरण का संरक्षण तथा उसमे सुधार करना
(3) सद्भाव को बढ़ावा देना
(4) अभिव्यक्ति की स्वतंत्रता का संरक्षण

33. The boundary between Earth's crust and mantle is ______.
(1) Moho discontinuity
(2) Lehmann discontinuity
(3) Conrad discontinuity
(4) Gutenberg discontinuity

33. पृथ्वी के भूपर्पटी तथा मैंटल के बीच की सीमा ______ है।
(1) मोहो असातत्य
(2) लेहमैन असातत्य
(3) कॉनरेड असातत्य
(4) गुटेनबर्ग असातत्य

34. Which component in tobacco makes it harmful for human consumption?
(1) Morphine
(2) Nicotine
(3) Heroin
(4) None of these

34. तंबाकू का कौन सा घटक उसे मानव उपभोग के लिए हानिकारक बनता है?
(1) मोर्फीन
(2) निकोटीन
(3) हैरोइन
(4) इनमे से कोई नहीं

35. Alveoli is related to which of the following system of human body?
(1) Circulatory system
(2) Excretory system
(3) Reproductive system
(4) Respiratory system

35. निम्नलिखित में से मानव शरीर की किस प्रणाली से अल्वियोली सम्बंधित है?
(1) परिसंचरण प्रणाली
(2) उत्सर्जन प्रणाली
(3) जनन प्रणाली
(4) श्वसन प्रणाली

36. Which colour is formed when Blue and Green are mixed?
(1) Cyan
(2) Brown
(3) Black
(4) Violet

36. नीले तथा हरे रंग के मिश्रण से कौन सा रंग प्राप्त होता है?
(1) सियान
(2) भूरा
(3) काला
(4) बैंगनी

37. What is an exothermic reaction?

37. एक ऊष्माक्षेपी प्रतिक्रिया क्या होती है?

(1) Reaction in which heat is released.

(2) Reaction in which heat is absorbed.

(3) Reaction in which neither heat is released nor absorbed.

(4) None of these

(1) प्रतिक्रिया जिसमें ऊष्मा विमोचित होती है।

(2) प्रतिक्रिया जिसमें ऊष्मा अवशोषित होती है।

(3) प्रतिक्रिया जिसमें न तो ऊष्मा विमोचित होती है और न ही अवशोषित होती है।

(4) इनमे से कोई नहीं

38. Which among the following is national water animal of India?

(1) Crocodile

(2) Turtle

(3) Alligator

(4) Gangetic Dolphin

38. निम्नलिखित में से कौन भारत का राष्ट्रीय जलीय-जीव है?

(1) मगरमच्छ

(2) कछुआ

(3) घड़ियाल

(4) गंगा सूंस

39. At which of the following stadium Sachin Tendulkar scored his 100th international century?

(1) Wankhede Stadium

(2) Sher-e-Bangla Stadium

(3) Shaheed Chandu Stadium

(4) Barabati Stadium

39. सचिन तेंदुलकर ने निम्नलिखित में से किस स्टेडियम में अपना 100वां अंतर्राष्ट्रीय शतक बनाया था?

(1) वानखेड़े स्टेडियम

(2) शेर- ए- बांग्ला स्टेडियम

(3) शहीद चन्दू स्टेडियम

(4) बाराबती स्टेडियम

40. Who amongst the following is a renowned vocalist?

(1) Manjit Bawa

(2) Pt. Jasraj

(3) Kaushalya Reddy

(4) Raja Ravi Varma

40. निम्नलिखित में से कौन एक प्रसिद्ध गायक है?

(1) मनजीत बावा

(2) पंडित जसराज

(3) कौशल्या रेड्डी

(4) राजा रवि वर्मा

Space for Rough Work / कच्चे कार्य के लिए स्थान

41. What number should come in the place of "?"

7	9	10
4	8	6
2	3	4
14	"?"	15

(1) 20 (2) 24
(3) 28 (4) 32

41. "?" के स्थान पर कौन सी संख्या आनी चाहिये?

7	9	10
4	8	6
2	3	4
14	"?"	15

(1) 20 (2) 24
(3) 28 (4) 32

42. The next number in the given series will be

589654237, 89654237, 8965423, 965423,?

(1) 58965 (2) 65423
(3) 89654 (4) 96542

42. दी गई श्रृंखला में अगली संख्या क्या होगी?

589654237, 89654237, 8965423, 965423,?

(1) 58965 (2) 65423
(3) 89654 (4) 96542

43. B5D means B is the father of D. B9D means B is the sister of D. B4D means B is the brother of D. B3D means B is the wife of D. Which of the following means F is the mother of K?

(1) F3M5K (2) F5M3K
(3) F9M4N3K (4) F3M5N3K

43. B5D का मतलब B, D का पिता है। B9D का मतलब B, D की बहन है। B4D का मतलब B, D का भाई है। B3D का मतलब B, Dकी पत्नी है। इनमे से किसका मतलब F, K की माँ है।

(1) F3M5K (2) F5M3K
(3) F9M4N3K (4) F3M5N3K

44. If GERMANY is written as 7, 5, 18, 13, 1, 14, 25. How can FRANCE be written in that code?

(1) 6, 18, 1, 14, 3, 5
(2) 6, 3, 18, 14, 1, 5
(3) 8, 2, 14, 5, 13, 6
(4) 8, 16, 14, 3, 1, 5

44. यदि GERMANY को 7, 5, 18, 13, 1, 14, 25 लिखते है, तो FRANCE को उसी कूट भाषा में कैसे लिख सकते है?

(1) 6, 18, 1, 14, 3, 5
(2) 6, 3, 18, 14, 1, 5
(3) 8, 2, 14, 5, 13, 6
(4) 8, 16, 14, 3, 1, 5

45. Complete the given series

_zy_zxy_yxzx_zyx_xy

(1) yxzyz (2) zxyzy
(3) yzxyx (4) xyzzy

45. दी गई श्रृंखला को पूरा करें

_zy_zxy_yxzx_zyx_xy

(1) yxzyz (2) zxyzy
(3) yzxyx (4) xyzzy

46. Vivek walks 5 km towards South, then he walks 3 km turning to right. Again he turns to his right and walks 5 km. He then turns to his left and walks 5 km. How far is he now from the starting point?

(1) 3 kms (2) 5 kms
(3) 8 kms (4) 6 kms

46. विवेक 5 किमी. दक्षिण की ओर चलता है, तब वह दाएं मुड़कर 3 किमी. चलता है। फिर वह दाएं मुड़कर 5 किमी. चलता है। तब वह अपने बाएं मुड़कर 5 किमी. चलता है। अब वह प्रारंभिक बिंदु से कितना दूर है?

(1) 3 किमी. (2) 5 किमी.
(3) 8 किमी. (4) 6 किमी.

47. In the given question, select the related letter/word/number from the given options.

PRMQ : SUPT :: DFAE :?

(1) MOJN (2) GIDH
(3) HJEI (4) SUPR

47. निम्न प्रश्न में दिए विकल्पों में से संबंधित अक्षर/शब्द/संख्या को चुनिए।

PRMQ : SUPT :: DFAE :?

(1) MOJN (2) GIDH
(3) HJEI (4) SUPR

48. P's age is equal to Q. R is younger than S. T is younger than R but elder than P. Who is the eldest?

(1) P (2) Q
(3) S (4) R

48. P की आयु Q के बराबर है। R, S से छोटा है। T, R से छोटा है लेकिन P से बड़ा है। इनमे से सबसे बड़ा कौन है?

(1) P (2) Q
(3) S (4) R

49. How many points will be on the face opposite to face which contains 4 points in the given cube?

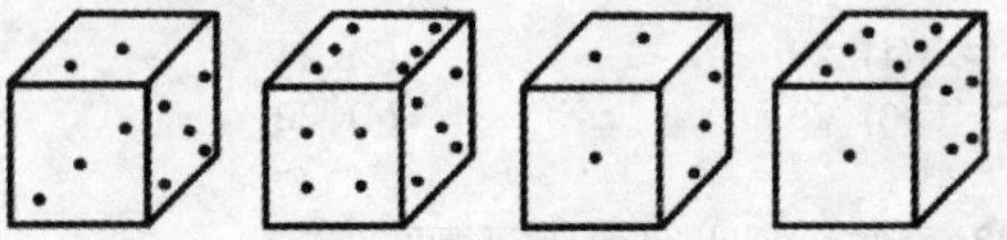

(1) 1 (2) 5
(3) 3 (4) 6

49. दिए गए घन में, 4 बिंदु वाले सिरे के विपरीत सिरे में कितने बिंदु है?

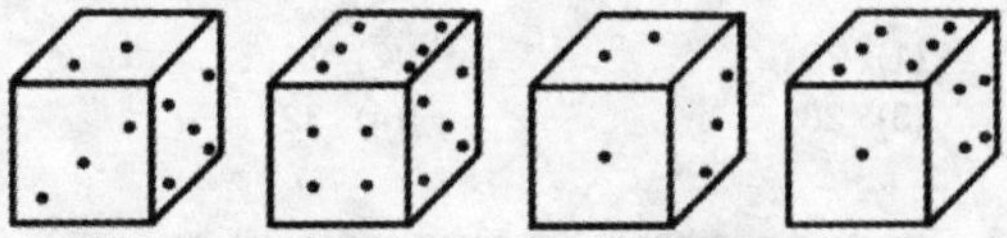

(1) 1 (2) 5
(3) 3 (4) 6

50. Find the wrong number in the given series.

9, 16, 25, 36, 49, 61

(1) 16 (2) 9
(3) 49 (4) 61

50. दिए गए श्रृंखला में गलत संख्या का चयन करें।

9, 16, 25, 36, 49, 61

(1) 16 (2) 9
(3) 49 (4) 61

Space for Rough Work / कच्चे कार्य के लिए स्थान

51. Student learning increases markedly when
(1) students become focused and active
(2) teacher is active
(3) head of institution is vigilant and effective
(4) parents are active and cooperative

51. छात्र की पढ़ाई में स्पष्ट रूप से सुधार आता है जब
(1) छात्र लक्ष्य – केन्द्रित और सक्रिय हो जाता है
(2) शिक्षक सक्रिय हो
(3) संस्थान का प्रमुख सतर्क और असरदार हो
(4) माता – पिता सक्रिय और सहयोगी हों

52. Generally speaking, the necessity of learning is visible in
(1) all students
(2) girl students
(3) poor students
(4) disabled students

52. आम तौर पर कहा जाए तो पढ़ाई की आवश्यकता किन में दिखती है|
(1) सभी छात्रों
(2) छात्राओं
(3) कमज़ोर छात्रों
(4) अपंग छात्रों

53. Which of the following teaching methods / materials is considered most suitable for teaching a lesson on wild life?
(1) Model
(2) Tour
(3) Film-show
(4) Slide show

53. वन्य जीवन पर कोई पाठ पढ़ाने के बाद निम्नलिखित में से कौन – सी विधि / सामग्री सबसे उपयुक्त मानी जाती है?
(1) मॉडल
(2) दौरा
(3) फिल्म प्रदर्शन
(4) स्लाइड़ – प्रदर्शन

54. Individual attention/education is considered desirable for
(1) all students.
(2) slow learning students.
(3) intelligent and talented students.
(4) both (2) and (3)

54. व्यक्तिगत ध्यान / शिक्षा किस के लिए वांछनीय मानी जाती है|
(1) सभी छात्रों
(2) धीरे धीरे सीखने वाले छात्रों
(3) बुद्धिमान और प्रतिभावान छात्रों
(4) (2) और (3) दोनों

55. The basic ideal of a democratic society is:
(1) Powerful leadership
(2) Respect for the enlightened individual
(3) Belief in the opinions of the leader
(4) Frequent criticism of whatever one thinks as wrong

55. एक लोकतांत्रिक समाज का मूल आदर्श है:
(1) सशक्त नेतृत्व
(2) एक प्रबुद्ध व्यक्ति के लिए सम्मान
(3) नेता के विचारों में विश्वास
(4) जिस चीज को भी व्यक्ति अनुचित समझे तुरंत उसकी आलोचना करे

56. The primary purpose served by A.V. aids is to:
(1) Clarify certain aspects of the learning experience
(2) Permit meaningful student participation in actual learning experiences
(3) Provide variety from too exclusive a use of a verbal approach
(4) Quiet down a class whenever it gets restless and noisy

56. श्रव्य-दृश्य सहायक सामग्री का मुख्य उद्देश्य है:
(1) अधिगम अनुभव के कुछ पक्षों को स्पष्ट करना
(2) वास्तविक अधिगम अनुभवों में सार्थक विद्यार्थी सहभागित्व का अवसर देना
(3) शाब्दिक उपागम के अति एकान्तिक प्रयोग की बजाए विविधता प्रदान करना
(4) जब भी कक्षा बैचेन या कोलाहल पूर्ण लगे, उसे शांत करना

57. The most important function of the teacher is to:
(1) Guide pupils growth
(2) Provide effective teaching
(3) Provide remedial help wherever needed
(4) Maintain order and discipline in the class

57. एक अध्यापक का सर्वाधिक महत्वपूर्ण कार्य है:
(1) बच्चों के विकास को मार्ग-दर्शित करना
(2) प्रभावी अध्यापन करना
(3) जहाँ भी आवश्यकता हो उपचारात्मक सहायता प्रदान करना
(4) कक्षा में व्यवस्था और अनुशासन कायम रखना

58. 51. Which of the following are characteristic features of communication?
I. It involves exchange of ideas, facts and opinions
II. It is a continuous process
III. It is both verbal and non-verbal
IV. It is synchronous in nature
(1) I, II and IV
(2) II, III and IV
(3) I, III and IV
(4) I, II and III

58. 51. निम्नलिखित में से कौन सी संप्रेषण की चारित्रिक विशेषताएं हैं?
I. इसमें विचारों तथ्यों तथा राय का आदान-प्रदान शामिल है।
II. यह एक सतत प्रक्रिया है।
III. यह शाब्दिक और गैर-शाब्दिक, दोनों प्रकार का होता है।
IV. यह प्रकृति में समकालिक होता है।
(1) I, II औरIV
(2) II, III औरIV
(3) I, III औरIV
(4) I, II और III

59. 85. Which one of the following is an easiest available learning resource in existing Indian classroom system?
(1) Library clubs
(2) Textbook
(3) Laboratory
(4) Information and Communication technology

59. 85. प्रचलित भारतीय कक्षा तंत्र में निम्नलिखित में से कौन सा सरलतम रूप से उपलब्ध अधिगम संसाधन है?
(1) पुस्तकालय क्लब्स
(2) पाठ्य पुस्तक
(3) प्रयोगशाला
(4) सूचना एवं संचार प्रौद्योगिकी

60. 58. A science teacher has joined a rural school at the beginning of the academic session. Which of the following tests he should use?
(1) Situational test
(2) Diagnostic test
(3) Achievement test
(4) In basket test

60. 58. एक विज्ञान के शिक्षक ने शैक्षणिक सत्र के आरंभ में एक ग्रामीण विद्यालय में कार्यभार संभाला। उन्हें निम्नलिखित में से कौन से परीक्षण का प्रयोग करना चाहिए?
(1) परिस्थितिगत परीक्षण
(2) नैदानिक परीक्षण
(3) उपलब्धि परीक्षण
(4) इन बॉस्केट परीक्षण

61. 55. What is meant by plus curriculum for special needs children?
(1) Additional curriculum for special needs children
(2) Curriculum on skill areas which are specific to special difficulties of CWSN
(3) A modified curriculum for education of the children with special needs (CWSN)
(4) Lessons or academic content meant for CWSN

61. 55. विशेष आवश्यकता वाले बालकों के लिए 'प्लस' पाठ्यक्रम का क्या अर्थ है?
(1) विशेष आवश्यकता वाले बच्चों के लिए अतिरिक्त पाठ्यक्रम।
(2) ऐसे कौशल क्षेत्रों पर आधारित पाठ्यक्रम जो विशेष आवश्यकता वाले बालकों की विशेष कठिनाइयों के प्रति विशिष्ट हों।
(3) विशेष आवश्यकता वाले बालकों के लिए एक रूपान्तरित पाठ्यक्रम।
(4) विशेष आवश्यकता वाले बालकों के लिए पाठ अथवा शैक्षिक विषय-वस्तु।

62. After teaching, a teacher finds that a student is able to write a well organized theme, a creative short story and can give a well organised speech and

62. कक्षा-अध्यापन के पश्चात अध्यापक देखता है, कि एक विद्यार्थी एक सुव्यवस्थित निबंध लेख लेता है, एक सृजनात्मक लघु कथा, एक सुनियोजित व्याख्यान दे सकता है और एक प्रयोग की

proposes a plan for experiment. Student can integrate learning from different areas into a plan for solving a problem.

Then on the part of the teacher, at which one of the following levels of the educational objectives have been achieved in behavioural terms?

(1) Synthesis
(2) Comprehension
(3) Application
(4) Analysis

योजना बनाकर प्रस्तुत करता है। यह विद्यार्थी विभिन्न क्षेत्रों से प्राप्त अधिगम को किसी समस्या के समाधान के लिए संघठित कर लेता है।

अध्यापक की दृष्टि से इस विद्यार्थी ने शैक्षिक उद्देश्यों के किस स्तर को प्राप्त कर लिया है?

(1) संश्लेषण स्तर
(2) समझ या बोधस्तर
(3) अनुप्रयोग स्तर
(4) विश्लेषण स्तर

63. Which of the following describes the change in an individual's behaviour arising from experience?

(1) Motivation
(2) Modeling
(3) Learning
(4) Perception

63. निम्नांकित में से कौनसी विधा अनुभव से होने वाले व्यवहार परिवर्तन को दर्शाती है?

(1) अभिप्रेरणा
(2) मॉडलिंग
(3) अधिगम
(4) प्रत्यक्षीकरण

64. After preparing a question paper, a teacher checks whether the question paper tests the specific learning objectives planned for the course. The teacher is concerned with which of the following?

(1) Objectivity of the test
(2) Validity of the test
(3) Reliability of the test
(4) Content coverage

64. एक प्रश्न पत्र का निर्माण करने के पश्चात्, अध्यापक यह जानना चाहता है कि क्या इससे उन विशिष्ट अधिगम उद्देश्यों का परीक्षण हो जाएगा जो उस पाठ्यक्रम के लिए निर्धारित किये गए थे। बताइए वह अध्यापक निम्नलिखित में से किससे सम्बद्ध है?

(1) परीक्षण की वस्तुनिष्ठता
(2) परीक्षण की वैधता
(3) परीक्षण की विश्वसनीयता
(4) विषयवस्तु का विस्तार

65. For writing on the Black Board, which of the following methods would be correct for a teacher?

(1) Writing the matter first and then asking students to read it.
(2) Writing fast and as clearly as possible.
(3) Putting a question to students and then writing the answer as stated by them.
(4) Turning towards the Black Board and teaching along with writing at the same time.

65. ब्लैक बोर्ड में लिखने के उददेश्य से किसी शिक्षक के लिए कौन-सी विधि सही होगी?

(1) पहले विषय लिखना और फिर विद्यार्थियों को इसे पढ़ने को कहना
(2) तेजी से और जितना हो सके साफ-साफ लिखना
(3) विद्यार्थियों के सामने एक प्रश्न रखना और उनके द्वारा बताया गया उत्तर लिखना
(4) ब्लैक बोर्ड की तरफ मुड़ना और एक ही समय पर लिखने के साथ-साथ पढ़ाना

66. Who among the following teachers is most desirable?

(1) One who comes to teach regularly, but does not care to know what the students are learning.
(2) One who comes to the class on time, but does not mind student's coming late in the class.
(3) One who is a moralist and preaches morals to students all the time.
(4) One who just knows enough of his subject but motivates his students a lot to learn.

66. निम्नलिखित में से कौन-सा शिक्षक सबसे वांछनीय है?

(1) वह जो पढ़ाने के लिए नियमित रूप से आता है लेकिन इस बात को जानने की परवाह नही करता की विद्यार्थी क्या सीख रहें हैं
(2) वह जो समय पर कक्षा में आता है लेकिन विद्यार्थियों के कक्षा मे देर से आने में ध्यान नही देता
(3) वह जो एक नैतिकतावादी है और हर समय विद्यार्थियों को नैतिकता का उपदेश देता है
(4) वह जो अपने विषय को ठीक-ठाक जानता है लेकिन विद्यार्थियों को काफ़ी अधिक सीखने को प्रेरित करता है

67. The unspoken or implicit academic, social and cultural messages that are communicated to students while they are in school constitute:

(1) Spiral curriculum
(2) Explicit curriculum
(3) Hidden curriculum
(4) Integrated curriculum

67. अव्यक्त अथवा अंतर्निहित संदेश जो विद्यार्थियों को विद्यालय में प्राप्त होते हैं निम्नलिखित में से कौनसी पाठ्यचर्या कहलाती है:

(1) कुंडलित पाठ्यचर्या
(2) सुनिश्चित पाठ्यचर्या
(3) प्रच्छन्न या गुप्त पाठ्यचर्या
(4) समेकित पाठ्यचर्या

68. A teacher who is not able to draw the attention of his students should

(1) Evaluate his teaching method and improve it.
(2) Resign from the post.
(3) Find fault in his pupils.
(4) Start dictating.

68. अपने विद्यार्थियों का ध्यान खीचने में जो शिक्षक योग्य नही होता उसे

(1) अपनी शिक्षण विधि का मूल्याकन कर इसे सुधरना चाहिए
(2) पद से इस्थिपा दे देना चाहिए
(3) अपने विद्यार्थियों में कमी ढूढ़नी चाहिए
(4) बोलकर लिखवाना शुरू करना चाहिए

69. Which one of the following is incorrect about curriculum?

(1) Curriculum is prescriptive in nature
(2) Curriculum refers to the overall content which is to be taught in an educational institution
(3) Curriculum varies from teacher to teacher
(4) Curriculum has a wider scope

69. पाठ्यचर्या के सन्दर्भ में निम्नलिखित में से कौनसा कथन सही नहीं है?

(1) पाठ्यचर्या आदेशात्मक होती है
(2) पाठ्यचर्या का संबंध उस समस्त पाठ्यवस्तु से है जो किसी शैक्षिक संस्था में पढ़ाई जानी है
(3) पाठ्यचर्या विभिन्न अध्यापकों के लिए भिन्न-भिन्न होती हैं
(4) पाठ्यचर्या का क्षेत्र व्यापक होता है

70. Which one of the following does not pertain to objectives as an aspect of teaching some subject?

(1) Objectives are end points of possible achievement
(2) Objectives are immediate and attainable goals
(3) Objectives provide frame of reference for selection of content
(4) Objectives are broad and general

70. निम्नलिखित में से कौन सा कथन किसी विषय के अध्यापन के एक पक्ष के रूप में उद्देश्यों से संबंधित नहीं है?

(1) उद्देश्य संभावित उपलब्धि के साध्य बिंदु होते हैं
(2) उद्देश्य तात्कालिक तथा प्राप्य होते हैं
(3) उद्देश्य विषय-वस्तु के चयन के लिए सन्दर्भ प्रदान करते हैं
(4) उद्देश्य व्यापक और सामान्य होते हैं

Space for Rough Work / कच्चे कार्य के लिए स्थान

71. Susheela discussed a short story in the classroom and asked her students to write an article for a newspaper on the theme of the story. What is this writing known as?
(1) Writing for a newspaper
(2) Extrapolative writing
(3) Long answer
(4) Short essay

72. A question tag is also known as a
(1) Critical question
(2) Head question
(3) Tail question
(4) Descriptive question

73. Interactive listening means listening
(1) Carefully to what is said and responding
(2) Curiously to what is said
(3) Carefully for word stress and intonation
(4) To judge the speaker's mood and tone

74. Grammatical structures can be practiced in a controlled manner by
(1) Expiring the use of particular structures
(2) Gap - filling grammar exercise
(3) Correcting wrong sentence written by the learners
(4) Doing composition exercises

75. In free writing, a learner is engaged in
(1) Listing out the things she/he has just memorized
(2) Writing with specific relation to spelling and grammar
(3) Writing sentences applying her/his mind
(4) Expressing ideas without giving much attention to spelling and grammar

Instruction (Q.No.76–80): Study the following paragraph and answer the questions that follow.

Peoples' faces light up when I say I taste chocolate for a living, but it is not always delicious. I also have to taste defective chocolate, which might have a bitter or burnt flavour. I'm usually in a small room, not allowed to talk, and parked in front of a computer to log information. Sometimes the room has red lighting to disguise the appearance of the chocolate, so I can evaluate it only by taste, not appearance. I can sample as many as 30 chocolates per day, so as to keep my palate active, I spit the sweets back out. That's another not so glamorous part of the job between samples, I wait 30 seconds to let my senses rest, and I chew half an unsalted cracker biscuit and drink plain warm water, as carbonated water and ice numb one's senses.

First I smell the chocolate and log its aroma. I also listen: if chocolate doesn't sound crisp when broken, it may be a sign it's old or was improperly stored. Then I place one inch bit in my mouth and leave it there for a few seconds. I press it against my palate and let it melt, recording the four basic tastes––sweet, sour, bitter and salty. Then I blow out short puffs of air through my nose. Certain sense receptors in the back of our head are stimulated by oxygen. They allow us to smell food when we chew. Exhaling sharply can bring out aromas like berry, mushroom, tea, citrus, beeswax, toast, cinnamon, and savoury spices that are sometimes too subtle for the nose to catch. I log these attributes, too, along with the texture.

76. People get surprised when the narrator tells them that he
(1) Is a chocolate taster
(2) Has to work under red light
(3) Has to eat bitter chocolate
(4) Has to work in a small room

77. The process of chocolate tasting runs in the order of ______ and again smelling.
(1) Breaking, smelling, listening, melting
(2) Breaking, listening, smelling, melting
(3) Smelling, breaking, listening, melting
(4) Melting, listening, breaking, smelling

78. The word 'parked' (Para 1) means
(1) Ran
(2) Managed
(3) Operated
(4) Seated

79. There is no glamour in his job as
(1) He has to blow out short puffs
(2) He keeps on spitting out chocolate
(3) His place of work is narrow
(4) He never ate burnt chocolate

80. The narrator cannot eat and enjoy the chocolate
(1) As it has not been stored properly
(2) As it is defective
(3) To keep his palate active
(4) As it has a burnt flavour

भाषा विषयः हिन्दी

81. भाषा सीखने-सिखाने की प्रक्रिया में ______ की उपेक्षा बिलकुल नहीं की जा सकती।
(1) बच्चों की सामाजिक श्रेणी
(2) बच्चों के पाठ्य-पुस्तकीय ज्ञान
(3) शिक्षक का शास्त्रीय ज्ञान
(4) बच्चों की भाषिक पृष्ठभूमि

82. व्याकरण-शिक्षण की वह पद्धति अपेक्षाकृत अधिक उचित है, जिसमें
(1) बच्चे नियमों से उदाहरणों की ओर जाते हैं
(2) बच्चे सूत्रों का प्रयोग करते हैं
(3) बच्चे नियमों को कंठस्थ कर लेते हैं
(4) बच्चे उदाहरणों से नियमों की ओर जाते हैं

83. हिंदी भाषा शिक्षण का एक सर्वाधिक महत्त्वपूर्ण उद्देश्य है।
(1) बच्चों को पाठों के अंत में दिए गए उदाहरणों का अभ्यास करवाना
(2) बच्चों में समझ के साथ पढ़ने और लिखने की क्षमता का विकास करना
(3) बच्चों में कहानियों को शब्दशः दोहराने की क्षमता का विकास करना
(4) बच्चों को व्याकरण के नियमों को कंठस्थ करवाना

84. भाषा सीखने में सबसे बड़ा बाधक तत्व हो सकता है।
(1) भाषा में आकलन
(2) पाठ्य-पुस्तक
(3) भाषायी प्रयोग के अवसर
(4) इकाई परीक्षण

85. बच्चों के भाषा आकलन के लिए आप किसे सबसे कम महत्त्वपूर्ण मानते हैं?
(1) लिखित परीक्षाओं का आयोजन करना
(2) किसी विषय पर अपने विचार प्रकट करना
(3) किसी कहानी को नाटक में रूपांतरित करना
(4) साहित्यिक समारोहों का आयोजन करना

निर्देश (Q.No.86–90): दिए गए गद्यांश को पढ़कर उसके नीचे लिखे प्रश्नों के सबसे उचित विकल्प को चुनिए।

चेन्नई में आई बाढ़ अब उतार पर है। इस त्रासदी से निबटने में इस शहर ने जिस साहस का परिचय दिया, जिस तरह से सोशल मिडिया ने एक बार फिर बचाव के काम में अहम् किरदार निभाया, बल्कि कुछ मामलों में तो जान बचाने में भी उसकी भूमिका रही, इसे देखते हुए उसकी जितनी तारीफ की जाए, वह कम है। इन तमाम अच्छी बातों के बावजूद इस वास्तविकता को भी नहीं झुठलाया जा सकता कि इस त्रासदी से बचा जा सकता था। चेन्नई में आई बाढ़ की असली वजह थी अडयार नदी बेसिन का नए हवाई अड्डे के लिए अतिक्रमण। ठीक उसी तरह, जैसे दूसरे नदी विस्तारों का आवासीय निर्माण के लिए इस्तेमाल कर लिया गया है। नदी के कुदरती रास्तों को अवरुद्ध किए जाने से इसका जल आसपास के इलाकों में उमड़ गया। जब तक प्रकृति अपना क्रोध नहीं दिखाती, हमारे योजनाकार हर जोखिम को नज़रअंदाज़ करते रहते हैं और उस चीज की तलाश में रहते हैं, जिसे वे ले सकते हैं। हमने इसी तरह का विध्वंसक सैलाब मुंबई में भी देखा। कुछ ही समय पहले श्रीनगर में भी ऐसी ही बरबादी देखी। हर जगह मुख्य वजह मिली अनियोजित शहरीकरण और बुनियादी नियमों की अनदेखी। फिर भी हर बार त्रासदी की गम्भीरता लोगों की यादों में धुँधली पड़ जाती है। चेन्नई की तरह दिल्ली में भी ऐसे सैलाब की सम्भावना है। इसलिए हमें यमुना नदी के बेसिन से छेड़छाड़ करने की 'बुद्धिमानी' से बचना होगा।

86. मुंबई, श्रीनगर जैसे स्थानों में बाढ़ से हुई बरबादी के पीछे कारण था
(1) त्रासदी की गम्भीरता
(2) शहरों का विस्तार
(3) प्रकृति का असहयोग
(4) अनियोजित शहरीकरण

87. "अपनी 'बुद्धिमानी' का परिचय देते हुए"- यहाँ 'बुद्धिमानी' से लेखक का मंतव्य है
(1) अक्लमंदी
(2) मूर्खता
(3) समझदारी

(4) विद्वत्ता

88. 'बाढ़ अब उतार पर है' का अर्थ है
(1) बाढ़ नियंत्रित है
(2) बाढ़ घाट रही है
(3) बाढ़ उतर गयी है
(4) बाढ़ फैल रही है

89. चेन्नई की बाढ़ का कारण था
(1) हवाई अड्डे के लिए नदी मार्ग से छेड़छाड़
(2) सरकार की लापरवाही बढ़ना
(3) आवासीय निर्माण करना
(4) मौसम विभाग की शिथिलता होना

90. हमारे योजनाकार तब तक लापरवाह रहते हैं, जब तक
(1) सरकार दबाव न बनाए
(2) समस्या हल न हो जाए
(3) प्रकृति अपना क्रोध न दिखाए
(4) जनता जागरूक न हो जाए

Space for Rough Work / कच्चे कार्य के लिए स्थान

91. The work done in sliding an iron block of mass 10 kg along an inclined plane of inclination 30° and length 15 m is _________ J. [Take $g = 10\ m\ s^{-2}$]
(1) 7.5×10^9
(2) 75
(3) 7.5×10^2
(4) 7.5×10^{-2}

91. 10 किग्रा द्रव्यमान के लोहे के गुटके को झुकाव 30° और लंबाई 15 मीटर के झुकाव वाले तल पर खिसकाने में किया गया कार्य _________ J है। [$g = 10\ m\ s^{-2}$ लें]
(1) 7.5×10^9
(2) 75
(3) 7.5×10^2
(4) 7.5×10^{-2}

92. Which of the following is not a constituent of petroleum?
(1) paraffin wax
(2) lubricating oil
(3) petrol
(4) coke

92. निम्नलिखित में से कौन सा पेट्रोलियम का अवयव नहीं है?
(1) पैराफिन मोम
(2) स्नेहन तेल
(3) पेट्रोल
(4) कोक

93. Which of the following reproduces only inside a host cell?
(1) Bacteria
(2) Virus
(3) Amoeba
(4) Fungus

93. निम्नलिखित में से कौन सा जीव केवल परपोषी कोशिका के ही भीतर जनन करता है?
(1) जीवाणु
(2) विषाणु
(3) अमीबा
(4) फफूँदी

94. Which of the following non-metals reacts and catches fire on exposure to air?
(1) phosphorus
(2) nitrogen
(3) sulphur
(4) hydrogen

94. निम्नलिखित में से कौन सी अधातु वायु में खुला रखने पर अभिक्रिया करती है और आग पकड़ लेती हैं?
(1) फॉस्फोरस
(2) नाइट्रोजन
(3) सल्फर
(4) हाइड्रोजन

95. In villages, people use wood as fuel because:
(1) it is considered to be an ideal fuel.
(2) of its easy availability and low cost.
(3) it is environment friendly.
(4) it catches fire easily.

95. गांवों में, लोग ईंधन के रूप में लकड़ी का उपयोग करते हैं क्योंकि:
(1) इसे एक आदर्श ईंधन माना जाता है।
(2) इसकी आसान उपलब्धता और कम लागत।
(3) यह पर्यावरण अनुकूल है।
(4) यह आसानी से आग पकड़ता है।

96. In human beings, the correct sequence of events during reproduction is:
(1) gamete formation, fertilisation, zygote, embryo
(2) embryo, zygote, fertilisation, gamete formation
(3) fertilisation, gamete formation, embryo, zygote
(4) gamete formation, fertilisation, embryo, zygote

96. मानवों में जनन के दौरान घटनाओं का सही क्रम होता है –
(1) युग्मक निर्माण, निषेचन, युग्मनज, भ्रूण
(2) भ्रूण, युग्मनज, निषेचन, युग्मक निर्माण
(3) निषेचन, युग्मक निर्माण, भ्रूण, युग्मनज
(4) युग्मक निर्माण, निषेचन, भ्रूण, युग्मनज

97. During dry weather, clothes made of synthetic fibre often stick to the skin. Which type of force is responsible for this phenomenon?

97. शुष्क मौसम में, स्न्श्लेष्ट तन्तु से बनजे कपड़े प्राय: त्वचा से चिपक जाते हैं। इस परिघटना के लिए किस प्रकार का बल उत्तरदायी है।
(1) घर्षण बल

(1) Frictional force
(2) Muscular force
(3) Magnetic force
(4) Electrostatic force

(2) मांसपेशी बल
(3) चुंबकीय बल
(4) इलेक्ट्रोस्टैटिक बल

98. An electroscope is a device which is used to find if an object is:
(1) charged
(2) magnetic
(3) free of cracks
(4) hot

98. विद्युतदर्शी एक उपकरण है जिसका उपयोग यह पता लगाने के लिए किया जाता है कि कोई वस्तु:
(1) आवेशित है
(2) चुंबकीय है
(3) दरार से मुक्त है
(4) गर्म है

99. What kind of lens is there in our eyes?
(1) Concave lens
(2) Convex lens
(3) Plane lens
(4) None of these

99. हमारे नेत्रों के लेंस की प्रकृति कैसी है?
(1) अवतल लेंस
(2) उत्तल लेंस
(3) समतल लेंस
(4) इनमें से कोई नहीं

100. Paheli accidentally placed her hand over a flame and immediately pulled it back. She felt the sensation of heat and reacted due to the action of:
(1) blood cells
(2) skin surface
(3) nerve cells
(4) nucleus of cells

100. दुर्घटनावश पहेली का हाथ लौ पर छू गया और तुरंत ही उसने अपना हाथ खींच लिया। उसे ताप का अनुभव हुआ। इस क्रिया के लिए उसकी कौन-सी कोशिकाओं में अभिक्रिया हुई –
(1) रुधिर-कोशिकाएँ
(2) त्वचा- कोशिकाएँ
(3) तंत्रिका- कोशिकाएँ
(4) कोशिकाओं के केंद्रक

101. In which of the following conditions, the distance between the molecules of hydrogen gas would increase?
I. Increasing pressure on hydrogen contained in a closed container
II. Some hydrogen gas leaking out of the container
III. Increasing the volume of the container of hydrogen gas
IV. Adding more hydrogen gas to the container without increasing the volume of the container
(1) I and III
(2) I and IV
(3) II and III
(4) II and IV

101. निम्नलिखित में से किन परिस्थितियों में हाइड्रोजन गैस के अणुओं के मध्य दुरी बढ़ेगी?
I. बंद पात्र में भारी हाइड्रोजन गैस पर दाब बढ़ाकर
II. कुछ हाइड्रोजन गैस का पात्र से रिसाव होने पर
III. हाइड्रोजन गैस के पात्र का आयतन बढ़ाकर
IV. पात्र का आयतन बढाये बिना पात्र में अधिक हाइड्रोजन गैस मिलाने पर
(1) I तथा III
(2) I तथा IV
(3) II तथा III
(4) II तथा IV

102. Which of these is not related to endoplasmic reticulum?
(1) It behaves as transport channel for proteins between nucleus and cytoplasm
(2) It transports materials between various regions in cytoplasm
(3) It can be the site of energy generation

102. इनमे से किसका संबंध अंतर्द्रव्यी जालिका से नहीं है?
(1) यह केंद्रक एवं कोशिकाद्रव्य के बीच प्रोटीन के लिए अभिगमन चैनल की तरह कार्य करता है
(2) यह कोशिकाद्रव्य के विभिन्न क्षेत्रों के बीच पदार्थो को पहुँचाता है
(3) यह ऊर्जा उत्पादन का स्थल हों सकती है
(4) यह कोशिका की कुछ जैव-रासायनिक क्रियाओं का स्थल

(4) It can be the site for some biochemical activities of the cell

103. Organelle without a cell membrane is

(1) ribosome
(2) golgi apparatus
(3) chloroplast
(4) nucleus

104. An object of mass 2kg is sliding with a constant velocity of $4ms^{-1}$ on a frictionless horizontal table. The force required to keep the object moving with the same velocity is

(1) 32 N (2) 0 N
(3) 2 N (4) 8 N

105. In case of negative work the angle between the force and displacement is

(1) 0° (2) 45° (3) 90° (4) 180°

106. Which of the following correctly represent the electronic distribution in the Mg atom?

(1) 3, 8, 1
(2) 2, 8, 2
(3) 1, 8, 3
(4) 8, 2, 2

107. A light ray enters from medium A to medium B as shown in Figure. The refractive index of medium B relative to A will be

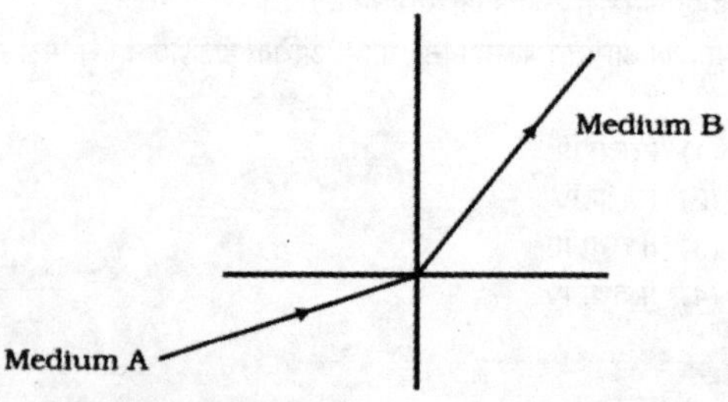

(1) greater than unity
(2) less than unity
(3) equal to unity
(4) zero

108. Choose the incorrect statement from the following regarding magnetic lines of field

(1) The direction of magnetic field at a point is taken to be the direction in which the north pole

हों सकती है

103. वह अंगक जिसमें कोशिका भित्ति नहीं होती है-

(1) राइबोसोम
(2) गॉल्जी उपकरण
(3) हरितलवक (क्लोरोप्लास्ट)
(4) केंद्रक

104. 2kg द्रव्यमान का कोई पिंड किसी घर्षणहीन क्षैतिज मेज पर $4ms^{-1}$ के नियत वेग से फिसल रहा है। इस वस्तु की इसी वेग से गति बनाए रखने के लिए आवश्यक बल है -

(1) 32 N (2) 0 N
(3) 2 N (4) 8 N

105. ऋणात्मक कार्य के प्रकरण में बल एवं विस्थापन के बीच कोण होता है -

(1) 0° (2) 45° (3) 90° (4) 180°

106. निम्नलिखित में से कौन-सा Mg परमाणु में इलेक्ट्रॉनिक वितरण को सही प्रदर्शित करता है?

(1) 3, 8, 1
(2) 2, 8, 2
(3) 1, 8, 3
(4) 8, 2, 2

107. कोई प्रकाश किरण चित्र में दर्शाए अनुसार माध्यम A से माध्यम B में प्रवेश करती है। माध्यम A के सापेक्ष माध्यम B का अपवर्तनांक होगा:

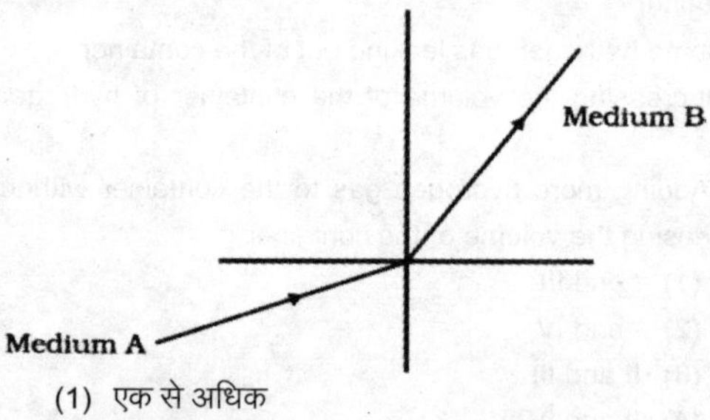

(1) एक से अधिक
(2) एक से कम
(3) एक
(4) शून्य

108. चुम्बकीय क्षेत्र रेखाओं के संबंध में निम्न में से असत्य प्रकथन का चयन कीजिए:

(1) किसी बिंदु पर चुंबकीय क्षेत्र की दिशा वह होती है जिस ओर किसी चुंबकीय दिक्सूची का उत्तर ध्रुव संकेत करता है

of a magnetic compass needle points

(2) Magnetic field lines are closed curves

(3) If magnetic field lines are parallel and equidistant, they represent zero field strength

(4) Relative strength of magnetic field is shown by the degree of closeness of the field lines

(2) चुंबकीय क्षेत्र रेखाएँ बंद वक्र की होती हैं

(3) यदि चुंबकीय क्षेत्र रेखाएँ समान्तर तथा समदूरस्थ हैं, तो वे शून्य क्षेत्र तीव्रता को निरुपित करती हैं

(4) चुंबकीय क्षेत्र की आपेक्षिक प्रबलता क्षेत्र रेखाओं की निकटता की कोटि द्वारा दर्शायी जाती है

109. In which part of the alimentary canal food is finally digested?

(1) Stomach

(2) Mouth cavity

(3) Large intestine

(4) Small intestine

109. आहार-नाल के किस भाग में भोजन अंतिम रूप में पचता है?

(1) आमाशय

(2) मुख-गुहा

(3) बृहदांत्र (बड़ी आंत)

(4) छोटी आंत

110. The danger signals installed at the top of tall buildings are red in colour. These can be easily seen from a distance because among all other colours, the red light

(1) is scattered the most by smoke or fog

(2) is scattered the least by smoke or fog

(3) is absorbed the most by smoke or fog

(4) moves fastest in air

110. ऊंचे भवनों के शीर्ष पर लगे खतरे के संकेत लाल वर्ण के होते हैं। इन्हें दुरी से आसानी से देखा जा सका है, क्योंकि अन्य वर्णों की अपेक्षा लाल वर्ण का प्रकाश:

(1) धुँए तथा कोहरे द्वारा सर्वाधिक प्रकीर्णित होता है

(2) धुँए तथा कोहरे द्वारा न्यूनतम प्रकीर्णित होता है

(3) धुँए तथा कोहरे द्वारा सर्वाधिक अवशोषित होता है

(4) वायु में तीव्रतम गति से चलता है

Space for Rough Work / कच्चे कार्य के लिए स्थान

111. $4-(2-9)^0+3^2\div1+3$ is equal to

(1) 17 (2) 16 (3) 15 (4) 12

112. Which of the fractions is the least?

(1) $\frac{24}{25}$
(2) $\frac{10}{11}$
(3) $\frac{99}{100}$
(4) $\frac{68}{69}$

113. When the number 3^{98} is divided by 5, the remainder is

(1) 1 (2) 2 (3) 3 (4) 4

114. Two positive numbers x and y are inversely proportional. If x increases by 10%, then y decreases by

(1) 10%
(2) $\frac{2}{11}$%
(3) $\frac{100}{11}$%
(4) $\frac{10}{11}$%

115. How many times will I be writing 2 if I wrote down numbers from 11 to 199?

(1) 36 (2) 37 (3) 38 (4) 39

116. The expression $x^2-y^2+x+y-z^2+2yz-z$ has one factor, which is

(1) y – x + z
(2) x – y + z + 1
(3) x + y – z + 1
(4) x – y – z + 1

117. Given n numbers, n > 1, of which, one is $1-\frac{1}{n}$ and all others are 1's. The mean of n numbers is

(1) 1

111. $4-(2-9)^0+3^2\div1+3$ किसके बराबर है

(1) 17 (2) 16 (3) 15 (4) 12

112. निम्न में से कौन – सी भिन्न सबसे छोटी है?

(1) $\frac{24}{25}$
(2) $\frac{10}{11}$
(3) $\frac{99}{100}$
(4) $\frac{68}{69}$

113. संख्या 3^{98} को 5 से भाग करने पर, शेष रहता है

(1) 1 (2) 2 (3) 3 (4) 4

114. दो धनात्मक संख्याएँ x और y व्युत्क्रमानुपाती है। यदि x में 10% की वृद्धि होती है, तब y में कमी होगी

(1) 10%
(2) $\frac{2}{11}$%
(3) $\frac{100}{11}$%
(4) $\frac{10}{11}$%

115. यदि मैंने संख्याएँ 11 से 199 लिखी हों, तो मैंने कितनी बार 2 लिखा है?

(1) 36 (2) 37 (3) 38 (4) 39

116. व्यंजक $x^2-y^2+x+y-z^2+2yz-z$ का एक गुणनखंड है

(1) y – x + z
(2) x – y + z + 1
(3) x + y – z + 1
(4) x – y – z + 1

117. n संख्याएँ दी गई हैं, जहां n > 1 है, और जिनमें से एक संख्या $1-\frac{1}{n}$ है तथा शेष सभी 1 ही हैं। इन n संख्याओं का माध्य है

(1) 1

(2) $n - \frac{1}{n^2}$
(3) $n - \frac{1}{n}$
(4) $1 - \frac{1}{n^2}$

118. Shown here are expressions given to Seema, Anees, Asha and Tessy with their answers.

Seema: $4 \times 1 + 8 \div 2 = 8$

Anees: $6 + 4 \div 2 - 1 = 4$

Asha: $9 + 3 \times 2 - 4 \div 2 = 10$

Tessy: $27 \div 3 - 2 \times 3 = 21$

Who has got the correct answer?

(1) Seema
(2) Anees
(3) Asha
(4) Tessy

119. If $A = \frac{3}{1} \div \frac{5}{6}$,
$B = 3 \div [(4 \div 5) \div 6]$
$C = [3 \div (4 \div 5)] \div 6$ and
$D = 3 \div 4(5 \div 6)$ then

(1) A and B are equal
(2) A and C are equal
(3) A and D are equal
(4) All are equal

120. Given the numbers $3.75 \times 10^{-7}, 3\frac{3}{4} \times 10^{-7}, 375 \times 10^{-9}$ and $\frac{3}{8} \times 10^{-7}$. Which of these is not equal to 0.000000375?

(1) 3.75×10^{-7}
(2) $3\frac{3}{4} \times 10^{-7}$
(3) 375×10^{-9}
(4) $\frac{3}{8} \times 10^{-7}$

121. The diameter of a cylindrical jar is increased by 25%. By what percent must the height of the jar be decreased so that there is no change in its volume?

(2) $n - \frac{1}{n^2}$
(3) $n - \frac{1}{n}$
(4) $1 - \frac{1}{n^2}$

118. सीमा, अनीस, आशा और टेसी को जो व्यंजक दिये गए हैं वे नीचे उनके उत्तर सहित दर्शाए गए हैं।

सीमा: $4 \times 1 + 8 \div 2 = 8$

अनीस: $6 + 4 \div 2 - 1 = 4$

आशा: $9 + 3 \times 2 - 4 \div 2 = 10$

टेसी: $27 \div 3 - 2 \times 3 = 21$

इनमें से किसने सही उत्तर प्राप्त किया है?

(1) सीमा
(2) अनीस
(3) आशा
(4) टेसी

119. यदि $A = \frac{3}{1} \div \frac{5}{6}$,
$B = 3 \div [(4 \div 5) \div 6]$,
$C = [3 \div (4 \div 5)] \div 6$ तथा
$D = 3 \div 4(5 \div 6)$, तो

(1) A और B बराबर हैं
(2) A और C बराबर हैं
(3) A और D बराबर हैं
(4) सभी बराबर हैं

120. संख्याएँ $3.75 \times 10^{-7}, 3\frac{3}{4} \times 10^{-7}, 375 \times 10^{-9}$ और $\frac{3}{8} \times 10^{-7}$ दी गई हैं। इनमें से कौन – सी संख्या 0.000000375 के बराबर नहीं है?

(1) 3.75×10^{-7}
(2) $3\frac{3}{4} \times 10^{-7}$
(3) 375×10^{-9}
(4) $\frac{3}{8} \times 10^{-7}$

121. एक बेलनाकार जार के व्यास में 25% की वृद्धि की गई है। इस जार की ऊंचाई कितने प्रतिशत कम की जाए ताकि इसके आयतन में कोई बदलाव ना हो?

(1) 10 (2) 25 (3) 36 (4) 54

(1) 10 (2) 25 (3) 36 (4) 54

122. In the figure, ABC is an isosceles triangle with CA = CB and BC is produced to a point D. If CE ⊥ BC, such that

$\angle D = \frac{1}{2}\angle E = \frac{1}{2}\angle A$

then measure of $\angle ACD$ is

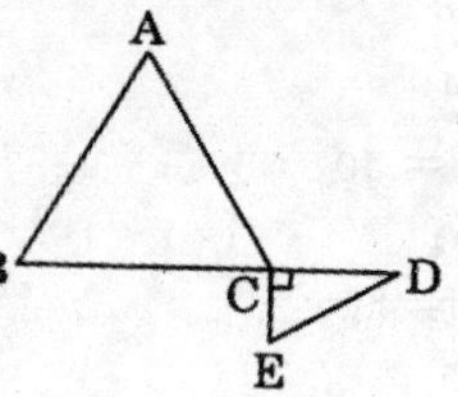

(1) 110° (2) 120°
(3) 135° (4) 140°

123. A large basket of fruits contains 3 oranges, 2 apples and 5 bananas. If a piece of fruit is chosen at random, what is the probability of getting an orange or a banana?

(1) $\frac{4}{5}$
(2) $\frac{1}{2}$
(3) $\frac{7}{8}$
(4) $\frac{1}{5}$

124. In Fig., if OA = 5 cm, AB = 8 cm and OD is perpendicular to AB, then CD is equal to:

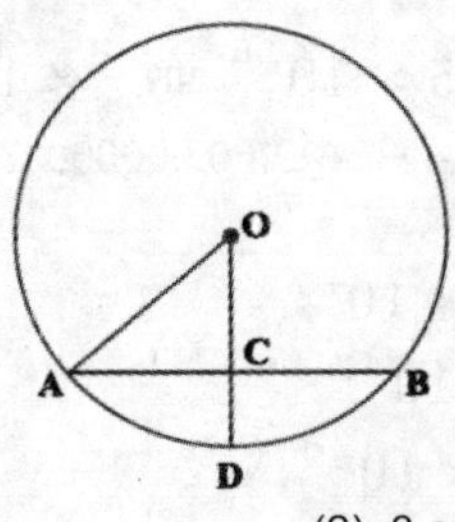

(1) 2 cm (2) 3 cm
(3) 4 cm (4) 5 cm

125. If $xy = 6$ and $x^2y + xy^2 + x + y = 63$, then the value of $x^2 + y^2$ is

(1) 23 (2) 55 (3) 61 (4) 69

122. आकृति में, ABC एक समद्विबाहु त्रिभुज है, जिसमें CA = CB तथा BC को एक बिन्दु D तक बढ़ाया गया है। यदि CE ⊥ BC, इस प्रकार है कि

$\angle D = \frac{1}{2}\angle E = \frac{1}{2}\angle A$

है, तो $\angle ACD$ की माप है

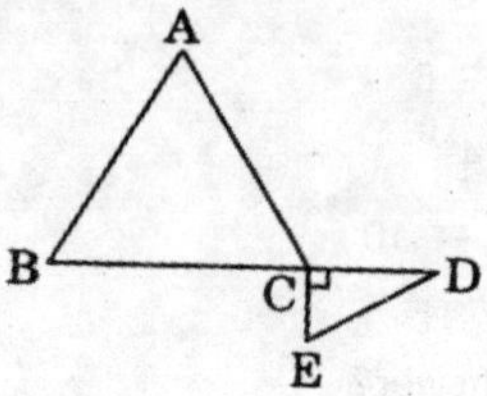

(1) 110° (2) 120°
(3) 135° (4) 140°

123. एक फलों की बड़ी टोकरी में 3 संतरे, 2 सेब और 5 केले हैं। इनमें से यदि एक फल का यादृच्छिक रूप से चयन किया जाता है, तो इसके एक संतरे या एक केले होने कि प्रायिकता क्या होगी?

(1) $\frac{4}{5}$
(2) $\frac{1}{2}$
(3) $\frac{7}{8}$
(4) $\frac{1}{5}$

124. आकृति में, यदि OA = 5 cm, AB = 8 cm तथा OD जीवा AB पर लंब है, तो CD बराबर है

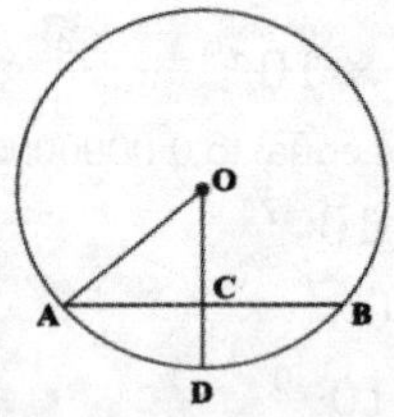

(1) 2 cm (2) 3 cm
(3) 4 cm (4) 5 cm

125. यदि $xy = 6$ और $x^2y + xy^2 + x + y = 63$ हो, तो $x^2 + y^2$ का मान है

(1) 23 (2) 55 (3) 61 (4) 69

126. The mean of the median, mode and range of the observations 6, 6, 9, 14, 8, 9, 9, 8 is

(1) 8.5 (2) 8.8
(3) 10.3 (4) 10.5

127. If two adjacent angles of a parallelogram are $(5x - 5)^\circ$ and $(10x + 35)^\circ$, then the ratio of these angles is

(1) 1 : 3 (2) 2 : 3
(3) 1 : 4 (4) 1 : 2

128. Length of one of the diagonals of a rectangle whose sides are 10 cm and 24 cm is

(1) 25 cm (2) 20 cm
(3) 26 cm (4) 3.5 cm

129. The least number which is a perfect square and is also divisible by 10, 12, 15 and 18 is

(1) 3600 (2) 2500
(3) 1600 (4) 900

130. How many lines of symmetry does a parallelogram have?

(1) 3 (2) 2
(3) None (4) 4

126. प्रेक्षणों 6, 6, 9, 14, 8, 9, 9, 8 के मध्यांक, बहुलांक तथा प्रसार का माध्य है

(1) 8.5 (2) 8.8
(3) 10.3 (4) 10.5

127. यदि किसी समांतर चतुर्भुज के दो आसन्न कोण $(5x - 5)^\circ$ और $(10x + 35)^\circ$ है, तो इन कोणों का अनुपात होगा-

(1) 1 : 3 (2) 2 : 3
(3) 1 : 4 (4) 1 : 2

128. एक आयत, जिसकी भुजाएँ 10 cm और 24 cm है, के एक विकर्ण की लंबाई है-

(1) 25 cm (2) 20 cm
(3) 26 cm (4) 3.5 cm

129. वह छोटी से छोटी संख्या, जो पूर्ण वर्ग हो तथा 10, 12, 15, और 18 से भी विभाज्य हो, है

(1) 3600 (2) 2500
(3) 1600 (4) 900

130. एक समांतर चतुर्भुज की कितनी सममिति रेखाएँ हैं?

(1) 3 (2) 2
(3) कोई नहीं (4) 4

Space for Rough Work / कच्चे कार्य के लिए स्थान

131. Which one of the following statements about the Sahara Desert is correct?

(1) It is a type of cold desert.
(2) It once used to be a lush green plain.
(3) It is covered only with vast stretches of sands.
(4) It is located in the continent of Europe.

132. 'Humus' is found in which one of the following layers of the soil profiles/

(1) Top soil
(2) Weathered Rock
(3) Parent rock
(4) Sub-soil

133. What do black buck, elephant, python and golden cat together represent in a forest?

(1) fauna (2) flora
(3) ecosystem (4) species

134. Ozone-layer is getting depleted because of

(1) excessive use of automobiles
(2) excessive formation of industrial units
(3) excessive use of man-made compounds containing both fluorine and chlorine
(4) excessive deforestation.

135. Which one of the following diseases is caused by protozoans?

(1) Malaria (2) Influenza
(3) AIDS (4) Cholera

136. Ocean thermal energy is due to

(1) energy stored by waves in the ocean
(2) temperature difference at different levels in the ocean
(3) pressure difference at different levels in the ocean
(4) tides arising out in the ocean

137. In the following groups of materials, which group (s) contains only non-biodegradable items?

(i) Wood, paper, leather
(ii) Polythene, detergent, PVC
(iii) Plastic, detergent, grass
(iv) Plastic, bakelite, DDT

131. सहारा मरुस्थल के विषय में निम्नलिखित कथनों में से कौन-सा सही है?

(1) यह ठंडे प्रकार का मरुस्थल है।
(2) यह एक समय में हरा-भरा मैदान था।
(3) यह केवल बालू की विशाल परतों से ढका हुआ है।
(4) यह यूरोप महाद्वीप में स्थित है।

132. मृदा परिच्छेदिका की निम्नलिखित परतों में से किसमें ह्यूमस पाया जाता है?

(1) ऊपरी मृदा
(2) अपक्षयित चट्टान
(3) जनक चट्टान
(4) उप-मृदा

133. काले हिरन, हाथी, अजगर और सुनहरी बिल्ली एक साथ जंगल में क्या प्रतिनिधित्व करते हैं?

(1) जीव (2) वनस्पति
(3) पारिस्थितिकी तंत्र (4) प्रजातियों

134. ओजोन-परत ह्रास हों रहा है क्योंकि-

(1) मोटरगाड़ियों का अत्यधिक उपयोग
(2) औद्योगिक इकाइयों का अत्यधिक निर्माण
(3) मनुष्य निर्मित यौगिकों का (जिसमें फ्लोरीन और क्लोरीन दोनों के यौगिक शामिल है), अत्यधिक उपयोग होना
(4) अत्यधिक वनों की कटाई

135. निम्नलिखित में से कौन-सा रोग प्रोटोजोआ प्राणियों द्वारा होता है

(1) मलेरिया (2) इन्फ्लुएंजा
(3) एड्स (4) हैजा

136. महासागरीय तापीय ऊर्जा का कारण है

(1) महासागर में तरंगों द्वारा संचित ऊर्जा
(2) महासागर में विभिन्न स्तरों पर ताप में अंतर
(3) महासागर में विभिन्न स्तरों पर दाब में अंतर
(4) महासागर में उत्पन्न ज्वार

137. पदार्थों के निम्नलिखित वर्गों में से कौन-से वर्ग/वर्गो में केवल गैर-जैवनिम्नीकरणीय वस्तुएँ शामिल हैं?

(i) लकड़ी, कागज, चमड़ा
(ii) पोलीथीन, प्रक्षालक, PVC
(iii) प्लास्टिक,प्रक्षालक, घास
(iv) प्लास्टिक, बैकेलाइट, DDT

(1) (iii) (2) (iv)
(3) (i) and (iii) (4) (ii) and (iv)

138. The important message conveyed by the 'Chipko Movement' is
(1) to involve the community in forest conservation efforts
(2) to ignore the community in forest conservation efforts
(3) to cut down forest trees for developmental activities
(4) government agencies have the unquestionable right to order destruction of trees in forests

139. Nilgiri biosphere reserves is not located in
(1) Telangana (2) Tamil Nadu
(3) Kerala (4) Karnataka

140. Which one of the following crops grows best in well-drained loamy soil?
(1) Coffee (2) Cotton
(3) Tea (4) Jute

141. Which one from the following measure is not considered as risk reduction for industrial disasters?
(1) Storage capacity of toxic substances should be restricted.
(2) Pollution dispersion methods in the industries should be strengthened.
(3) Densely populated residential areas should be in the vicinity of industrial areas.
(4) Fire warning and handling system should be improved.

142. As per 2011 census, lowest populous union territory is
(1) Chandigarh
(2) Daman and Diu
(3) Andaman Nicobar
(4) Lakshadweep

143. 02-08 October is celebrated as
(1) Van Mahotasav Saptah
(2) Wildlife Week
(3) World Population Week
(4) World Nature Week

144. The UNCED is also known as the

(1) (iii) (2) (iv)
(3) (i) और (iii) (4) (ii) और (iv)

138. 'चिपको आंदोलन' से मिलने वाला महत्वपूर्ण संदेश कौन-सा है?
(1) वन संरक्षण प्रयासों में समुदाय को शामिल करना
(2) वन संरक्षण प्रयासों में समुदाय की उपेक्षा करना
(3) विकास कार्यक्रमों के लिए वन के वृक्षों को काट डालना
(4) सरकारी एजेंसियों को निर्विवाद रूप से यह अधिकार होता है कि वे वनों के वृक्षों को काटने के लिए आदेश दे सकें

139. नीलगिरी जीवमंडल भंडार कहाँ स्थित नहीं है
(1) तेलंगाना (2) तमिलनाडु
(3) केरल (4) कर्नाटक

140. निम्नलिखित फसलों में से कौन-सी फसल सुअपवाहित दुमत मृदा में सबसे अच्छी तरह उगती है?
(1) कॉफ़ी (2) कपास
(3) चाय (4) जूट

141. औद्योगिक जोखिमों को कम करने के लिए निम्नलिखित उपायों में से किस एक को उपाय नहीं माना गया है?
(1) विषैले पदार्थों की भन्डारणा क्षमता की सीमा होनी चाहिए।
(2) उद्योगों में प्रदूषण नियंत्रण के उपाय को उन्नत किया जाना चाहिए।
(3) घने बसे आवासीय क्षेत्र औद्योगिक क्षेत्रों के निकट होने चाहिए।
(4) आग की चेतावनी और अग्निशमन की व्यवस्था को उन्नत किया जाना चाहिए।

142. 2011 की जनगणना के अनुसार, सबसे कम जनसंख्या वाला संघ क्षेत्र है
(1) चंडीगढ़
(2) दमन और दीव
(3) अंडमान निकोबार
(4) लक्षद्वीप

143. 02-08 अक्टूबर किसके रूप में मनाया जाता है
(1) वन महोत्सव सप्ताह
(2) वन्यजीव सप्ताह
(3) विश्व जनसंख्या सप्ताह
(4) विश्व प्रकृति सप्ताह

144. यूएनसीईडी को भी जाना जाता है

(1) All of these
(2) Rio Summit
(3) Rio Conference
(4) Earth Summit

145. Project Elephant was launched in
(1) November 1997 (2) October 1993
(3) January 1998 (4) February 1992

146. Private sector got the priority over public sector for the first time in
(1) Sixth five year plan
(2) Eighth five year plan
(3) Ninth five year plan
(4) Seventh five year plan

147. Full form of WSSD is
(1) World Summit on Summative Development
(2) World's Summative and Sustainable Development
(3) World's Supportable and Summative Development
(4) World Summit on Sustainable Development

148. Dudhwa National Park is located in
(1) Uttar Pradesh
(2) Kerala
(3) Maharashtra
(4) Madhya Pradesh

149. Raja Rammohun Roy began a campaign against the practice of sati resulting in its ban in year
(1) 1856 (2) 1829
(3) 1929 (4) 1891

150. Which one of the following is a correct arrangement of different layers of the atmosphere starting from earth's surface?
(1) Troposphere, Stratosphere, Mesosphere, Thermosphere, Exosphere.
(2) Thermosphere, Troposphere, Exosphere, Mesosphere, Stratosphere.
(3) Troposphere, Mesosphere, Stratosphere, Thermosphere, Exosphere.
(4) Thermosphere, Stratosphere, Mesosphere, Troposphere, Exosphere.

(1) ये सब
(2) रियो शिखर सम्मेलन
(3) रियो सम्मेलन
(4) पृथ्वी शिखर सम्मेलन

145. हाथी परियोजना कब शुरू की गई थी
(1) नवंबर 1997 (2) अक्टूबर 1993
(3) जनवरी 1998 (4) फरवरी 1992

146. सार्वजनिक क्षेत्र की तुलना में निजी क्षेत्र को पहली बार प्राथमिकता मिली है
(1) छठी पंचवर्षीय योजना
(2) आठवीं पंचवर्षीय योजना
(3) नौवीं पंचवर्षीय योजना
(4) सातवीं पंचवर्षीय योजना

147. WSSD का पूरा नाम क्या है?
(1) World Summit on Summative Development
(2) World's Summative and Sustainable Development
(3) World's Supportable and Summative Development
(4) World Summit on Sustainable Development

148. दुधवा राष्ट्रीय उद्यान कहाँ स्थित है
(1) उत्तर प्रदेश
(2) केरल
(3) महाराष्ट्र
(4) मध्य प्रदेश

149. राजा राममोहन राय ने सती प्रथा के खिलाफ एक अभियान शुरू किया जिसके परिणामस्वरूप इस पर किस वर्ष में प्रतिबंध लगा दिया गया था?
(1) 1856 (2) 1829
(3) 1929 (4) 1891

150. पृथ्वी की सतह से प्रारम्भ करते हुए वायुमंडल की विभिन्न परतों का निम्नलिखित में से सही क्रम कौन-सा है?
(1) क्षोभमंडल, समतापमंडल, मध्यमंडल, तापमंडल, बहिर्मंडल
(2) तापमंडल, क्षोभमंडल, बहिर्मंडल, मध्यमंडल, समतापमंडल
(3) क्षोभमंडल, मध्यमंडल, समतापमंडल, तापमंडल, बहिर्मंडल
(4) तापमंडल, समतापमंडल, मध्यमंडल, क्षोभमंडल, बहिर्मंडल

उत्तर पत्रिका / Answer Sheet – Kendriya Vidyalaya Sangathan

Name of the Candidate: ______________________ **Fathers' Name:** ______________

Roll Number: ________________, **Examination Centre:** ________________________

Paper of the Candidate: ______________________, **Test Booklet Code:** ____________

Mark your Answer by shading the appropriate circle against each question. The circle should be shaded completely without leaving any space. The correct method of shading is given below.
प्रत्येक प्रश्न के सामने उचित वृत का चिन्हांकन करके अपना उत्तर लिखें। वृत्त को बिना कोई स्थान छोड़े चिन्हांकित करें। चिन्हांकित करने का सही तरीका नीचे दिया गया है।

Correct Method : सही तरीका : ○ ● ○ ○ Wrong Method : गलत तरीका : ⊠ ✓ ⊙ ◑

001	① ② ③ ④	031	① ② ③ ④	061	① ② ③ ④	091	① ② ③ ④	121	① ② ③ ④
002	① ② ③ ④	032	① ② ③ ④	062	① ② ③ ④	092	① ② ③ ④	122	① ② ③ ④
003	① ② ③ ④	033	① ② ③ ④	063	① ② ③ ④	093	① ② ③ ④	123	① ② ③ ④
004	① ② ③ ④	034	① ② ③ ④	064	① ② ③ ④	094	① ② ③ ④	124	① ② ③ ④
005	① ② ③ ④	035	① ② ③ ④	065	① ② ③ ④	095	① ② ③ ④	125	① ② ③ ④
006	① ② ③ ④	036	① ② ③ ④	066	① ② ③ ④	096	① ② ③ ④	126	① ② ③ ④
007	① ② ③ ④	037	① ② ③ ④	067	① ② ③ ④	097	① ② ③ ④	127	① ② ③ ④
008	① ② ③ ④	038	① ② ③ ④	068	① ② ③ ④	098	① ② ③ ④	128	① ② ③ ④
009	① ② ③ ④	039	① ② ③ ④	069	① ② ③ ④	099	① ② ③ ④	129	① ② ③ ④
010	① ② ③ ④	040	① ② ③ ④	070	① ② ③ ④	100	① ② ③ ④	130	① ② ③ ④
011	① ② ③ ④	041	① ② ③ ④	071	① ② ③ ④	101	① ② ③ ④	131	① ② ③ ④
012	① ② ③ ④	042	① ② ③ ④	072	① ② ③ ④	102	① ② ③ ④	132	① ② ③ ④
013	① ② ③ ④	043	① ② ③ ④	073	① ② ③ ④	103	① ② ③ ④	133	① ② ③ ④
014	① ② ③ ④	044	① ② ③ ④	074	① ② ③ ④	104	① ② ③ ④	134	① ② ③ ④
015	① ② ③ ④	045	① ② ③ ④	075	① ② ③ ④	105	① ② ③ ④	135	① ② ③ ④
016	① ② ③ ④	046	① ② ③ ④	076	① ② ③ ④	106	① ② ③ ④	136	① ② ③ ④
017	① ② ③ ④	047	① ② ③ ④	077	① ② ③ ④	107	① ② ③ ④	137	① ② ③ ④
018	① ② ③ ④	048	① ② ③ ④	078	① ② ③ ④	108	① ② ③ ④	138	① ② ③ ④
019	① ② ③ ④	049	① ② ③ ④	079	① ② ③ ④	109	① ② ③ ④	139	① ② ③ ④
020	① ② ③ ④	050	① ② ③ ④	080	① ② ③ ④	110	① ② ③ ④	140	① ② ③ ④
021	① ② ③ ④	051	① ② ③ ④	081	① ② ③ ④	111	① ② ③ ④	141	① ② ③ ④
022	① ② ③ ④	052	① ② ③ ④	082	① ② ③ ④	112	① ② ③ ④	142	① ② ③ ④
023	① ② ③ ④	053	① ② ③ ④	083	① ② ③ ④	113	① ② ③ ④	143	① ② ③ ④
024	① ② ③ ④	054	① ② ③ ④	084	① ② ③ ④	114	① ② ③ ④	144	① ② ③ ④
025	① ② ③ ④	055	① ② ③ ④	085	① ② ③ ④	115	① ② ③ ④	145	① ② ③ ④
026	① ② ③ ④	056	① ② ③ ④	086	① ② ③ ④	116	① ② ③ ④	146	① ② ③ ④
027	① ② ③ ④	057	① ② ③ ④	087	① ② ③ ④	117	① ② ③ ④	147	① ② ③ ④
028	① ② ③ ④	058	① ② ③ ④	088	① ② ③ ④	118	① ② ③ ④	148	① ② ③ ④
029	① ② ③ ④	059	① ② ③ ④	089	① ② ③ ④	119	① ② ③ ④	149	① ② ③ ④
030	① ② ③ ④	060	① ② ③ ④	090	① ② ③ ④	120	① ② ③ ④	150	① ② ③ ④

परीक्षार्थी का नाम Name of candidate (In Capital Letters)	परीक्षार्थी के हस्ताक्षर Signature of candidate (In Running Hand)	परीक्षार्थी के बाएं अंगूठे का निशान Left hand thumb impression of the candidate	निरीक्षक के हस्ताक्षर Signature of invigilator (In Running Hand)
			Prateek Shivalik

Answer Key KVS Test Set - 16

Q	A	Q	A	Q	A	Q	A	Q	A	Q	A	Q	A	Q	A
1	1	**21**	2	**41**	2	**61**	2	**81**	4	**101**	3	**121**	3	**141**	3
2	3	**22**	4	**42**	4	**62**	3	**82**	4	**102**	3	**122**	2	**142**	4
3	3	**23**	4	**43**	1	**63**	3	**83**	2	**103**	1	**123**	1	**143**	2
4	1	**24**	4	**44**	1	**64**	2	**84**	4	**104**	2	**124**	1	**144**	1
5	1	**25**	1	**45**	1	**65**	4	**85**	1	**105**	4	**125**	4	**145**	4
6	4	**26**	4	**46**	3	**66**	4	**86**	4	**106**	2	**126**	1	**146**	4
7	4	**27**	3	**47**	2	**67**	3	**87**	2	**107**	2	**127**	1	**147**	4
8	3	**28**	1	**48**	3	**68**	1	**88**	3	**108**	3	**128**	3	**148**	1
9	3	**29**	3	**49**	3	**69**	1	**89**	1	**109**	4	**129**	4	**149**	2
10	4	**30**	4	**50**	4	**70**	2	**90**	3	**110**	2	**130**	3	**150**	1
11	2	**31**	1	**51**	1	**71**	2	**91**	3	**111**	3	**131**	2		
12	2	**32**	4	**52**	1	**72**	3	**92**	4	**112**	2	**132**	1		
13	2	**33**	1	**53**	2	**73**	1	**93**	2	**113**	4	**133**	1		
14	1	**34**	2	**54**	4	**74**	2	**94**	1	**114**	3	**134**	3		
15	4	**35**	4	**55**	4	**75**	4	**95**	2	**115**	4	**135**	1		
16	2	**36**	1	**56**	3	**76**	1	**96**	1	**116**	2	**136**	2		
17	3	**37**	1	**57**	2	**77**	3	**97**	4	**117**	4	**137**	4		
18	4	**38**	4	**58**	4	**78**	4	**98**	1	**118**	1	**138**	1		
19	2	**39**	2	**59**	2	**79**	2	**99**	2	**119**	3	**139**	1		
20	3	**40**	2	**60**	2	**80**	3	**100**	3	**120**	4	**140**	1		

Prateek Shivalik

KVS PRT

Code 17

इस परीक्षा पुस्तिका को तब तक न खोलें जब तक कहा न जाए।

Do not open this Test Booklet until you are asked to do so.

इस परीक्षा पुस्तिका के पिछले आवरण पर दिए गये निर्देशों को ध्यान से पढ़ें।

Read carefully the Instructions on the Back Cover of this Test Booklet.

परीक्षार्थियों के लिए निर्देश

1. OMR उत्तर पत्र इस परीक्षा के अन्दर रखा है। जब आपको परीक्षा पुस्तिका खोलने को कहा जाए, तो उत्तर पत्र निकाल कर पृष्ठ-1 एवं पृष्ठ-2 पर ध्यान से केवल नीले बॉल पॉइंट पेन से विवरण भरें।
2. परीक्षा की अवधि 2½ घंटे है एवं परीक्षा में 150 प्रश्न है। **कोई ऋणात्मक अंकन नहीं है।**
3. इस पृष्ठ पर विवरण अंकित करने एवं उत्तर पत्र पर निशान लगाने के लिए केवल नीले बॉल पॉइंट पेन का प्रयोग करें।
4. यह सुनिश्चित कर लें की इस पुस्तिका का संकेत, उत्तर पत्र के पृष्ठ पर छपे संकेत से मिलता है। यह भी सुनिश्चित कर लें की परीक्षा संख्या और उत्तर पत्र संख्या मिलते है। अगर यह भिन्न हों तो परीक्षार्थी दूसरी प्रश्न पुस्तिका और उत्तर पत्र लेने के लिए निरीक्षक को तुरन्त अवगत कराएँ।
5. **यदि अनुवाद में किसी भी प्रकार की कोई अस्पष्टा हो तो अंग्रेजी वाले पाठ को ही सही माना जायेगा।**
6. रफ कार्य परीक्षा पुस्तिका में इस प्रयोजन के लिए दी गई खाली जगह पर करें।
7. सभी उत्तर केवल OMR उत्तर पत्र पर ही अंकित करें। अपने उत्तर ध्यानपूर्वक अंकित करें। उत्तर बदलने हेतु श्वेत रंजक का प्रयोग निषिद्ध है।
8. प्रत्येक प्रश्न के सामने उचित वृत का चिन्हांकन करके अपना उत्तर लिखें। वृत्त को बिना कोई स्थान छोड़े चिन्हांकित करें।

INSTRUCTIONS FOR CANDIDATES

1. The OMR Answer Sheet is inside this Test Booklet. When you are directed to open the Test Booklet, take out the Answer Sheet and fill in the particulars on Side-1 and Side-2 carefully with blue ball point pen only.
2. The test is of 2½ hours duration and consists of 150 questions. **There is no negative marking.**
3. Use Blue Ball Point Pen only for writing particulars on this page / marking responses in the Answer Sheet.
4. Make sure that the CODE printed on the Answer Sheet is the same as that on this booklet. Also ensure that your Test Booklet No. and Answer Sheet No. are the same. In case of discrepancy, the candidate should immediately report the matter to the Invigilator for replacement of both the Test Booklet and the Answer Sheet.
5. **In case of any ambiguity in translation, the English version will be deemed authentic.**
6. Rough work should be done only in the space provided in the Test Booklet for the same.
7. The answers are to be recorded on the OMR Answer Sheet only. Mark your responses carefully. No whitener is allowed for changing answers.
8. Mark your Answer by shading the appropriate circle against each question. The circle should be shaded completely without leaving any space.

परीक्षार्थी का नाम (बड़े अक्षरों में):
Name of the Candidate (in Capitals): ____________________

अनुक्रमांक (अंकों में):
Roll Number: (in figures): ____________________

(शब्दों में):
(in words): ____________________

परीक्षा केन्द्र (बड़े अक्षरों में) :
Centre of Examination (in Capitals): ____________________

परीक्षार्थी के हस्ताक्षर:
Candidate's Signature: ____________________

निरीक्षक के हस्ताक्षर :
Invigilator's Signature : ____________________

Facsimile signature stamp of
Centre Superintendent ____________________

1. The antonym of the given word is?
CONFORMITY
(1) deviation
(2) dilution
(3) distraction
(4) diversion

2. Choose the option which best expresses the meaning of the highlighted idiom/phrase in the sentence.
at "snail's pace"
(1) very slowly
(2) to walk like a snail
(3) to lack interest in work
(4) in methodical manner

3. Which part of the following sentences has error in it?
The firemen wore (P) inflammable clothing (Q) for protection. (R) No error. (S)
(1) P (2) Q (3) R (4) S

4. Convert the given sentence into Active / Passive Voice
We will know the outcome of these experiments after six months.
(1) The outcome of these experiments will be known after six months
(2) The outcome will be known of these experiments after six months
(3) After six months, we will know the outcome of these experiments
(4) These experiments will have a known outcome after six months

5. Convert the given sentence into Direct / Indirect Speech
I said, "Let Mohan do his worst, he cannot harm me."
(1) I suggested to Mohan to do his worst, he could not harm me.
(2) I told that if Mohan did his worst, he could not harm me.
(3) I declared that Mohan might do his worst, he could not harm me.
(4) I declared that though Mohan might do his worst, he could not harm me.

6. Which part of the following sentences has error in it?
Even today (P) it is incredulous to think (Q) that men have walked on the moon. (R) No error. (S)
(1) P (2) Q (3) R (4) S

7. Fill in the blank.
It is ______ if we can organize another exam this month.
(1) doubtful
(2) unlikely
(3) impractical
(4) unsure

8. Choose the one word which can be substituted for the given sentence/ words.
One who is indifferent to pleasure and pain
(1) ascetic
(2) esoteric
(3) stoic
(4) sceptical

9. Choose the incorrectly spelt word
(1) seige (2) seize (3) receive (4) believe

10. Arrange the following jumbled part of the sentence in correct order.
1. Nothing comes out of nothing.
P. We have to work and then alone we can gain something.
Q. It is honest and conscientious labour alone that produces result.
R. Millions have been struck with the lure of lottery to utter despondency.
S. A person who thinks that luck would favour him with all the wants of his life without his lifting his finger even, is living in a fool's paradise.
6. A painstaking man who adopts honest toil as his way of life, makes the most of it.
(1) PQRS (2) PSRQ (3) QPRS (4) RSPQ

11. सरलता में कौन सा प्रत्यय है?
(1) ता
(2) लता
(3) आ
(4) सभी

12. परंतु का संधि विच्छेद होगा
(1) पर+अंतु
(2) परम्+तु
(3) परा+अंतु
(4) परम्+अन्तु

13. "जिसका जन्म उच्च कुल में हुआ हो" के लिए एक उपयुक्त शब्द है
(1) अभिजात
(2) कुलीन
(3) श्रेष्ठ
(4) उच्चकुलीन

14. सुंदर शब्द का भाववाचक संज्ञा है
(1) सुन्दरता
(2) सुन्दरी
(3) सुन्दरम्
(4) कोई नहीं

15. बच्चे सीरियल देख रहे है में क्रिया है
(1) सकर्मक
(2) अकर्मक
(3) द्विकर्मक
(4) कोई नहीं

16. "माया ने पाठ पढ़ा।" में प्रयुक्त कारक है
(1) कर्ता
(2) संबंध
(3) कर्म
(4) करण

17. 'न' तथा 'ल' का उच्चारण स्थान है
(1) तालव्य
(2) स्वरयंत्रीय
(3) ओष्ठ्य
(4) वत्सर्य

18. "परमानंद" में समास है
(1) द्वन्द
(2) द्विगु
(3) कर्मधारय
(4) अव्ययीभाव

19. पराक्रम में कौन सा उपसर्ग है?
(1) प
(2) पर
(3) परा
(4) परा:

20. निम्न में से किस शब्द की वर्तनी शुद्ध है?
(1) समजंस्य
(2) सम्जंस्य
(3) सांमजस्य
(4) सामंजस्य

Space for Rough Work / कच्चे कार्य के लिए स्थान

21. The letter 'G' used in '2G Spectrum' stands for
(1) Governance (2) Global
(3) Generation (4) Google

21. '2 जी स्पेक्ट्रम' में इस्तेमाल किया गया पत्र 'जी' का अर्थ है
(1) गवर्नेंस (2) ग्लोबल
(3) जनरेशन (4) गूगल

22. What are the signals that inform the operating system that some activity has taken place, called?
(1) Informers (2) Interrupts
(3) Events (4) Handlers

22. वे सिग्नल क्या हैं जो ऑपरेटिंग सिस्टम को सूचित करते हैं कि कुछ गतिविधि हुई है?
(1) मुखबिरों (2) अवरोध
(3) घटनाक्रम (4) हैंडलर

23. Small and cheap computers built into several home appliances are of which type?
(1) Mainframes
(2) Mini computers
(3) Micro computers
(4) None of these

23. कई घरेलू उपकरणों में निर्मित छोटे और सस्ते कंप्यूटर किस प्रकार के हैं?
(1) मेनफ्रेम
(2) मिनी कंप्यूटर
(3) माइक्रो कंप्यूटर
(4) इनमें से कोई नहीं

24. Virus in a computer is a
(1) Chemical that attacks silicon
(2) Micro-organism that disturbs integrated circuits
(3) Programme that damages the computer software
(4) None of these

24. एक कंप्यूटर में वायरस एक है
(1) रासायनिक जो सिलिकॉन पर हमला करता है
(2) सूक्ष्म जीव जो एकीकृत सर्किट को परेशान करता है
(3) प्रोग्राम जो कंप्यूटर सॉफ्टवेयर को नुकसान पहुंचाता है
(4) इनमें से कोई नहीं

25. _______ allows users to access accounts and pay bills
(1) Distance Learning
(2) Online Banking
(3) E-Commerce
(4) Multimedia

25. _______ उपयोगकर्ताओं को खातों तक पहुंचने और बिलों का भुगतान करने की अनुमति देता है
(1) दूरस्थ शिक्षा
(2) ऑनलाइन बैंकिंग
(3) ई वाणिज्य
(4) मल्टीमीडिया

26. Where is India's super computer 'PARAM' located?
(1) Chennai
(2) Pune
(3) Bengaluru
(4) Kolkata

26. भारत का सुपर कंप्यूटर 'परम' कहां स्थित है?
(1) चेन्नई
(2) पुणे
(3) बेंगलुरु
(4) कोलकाता

27. 1024 bytes equals:
(1) 1 TB (2) 1 GB (3) 1 MB (4) 1 KB

27. 1024 बाइट बराबर है:
(1) 1 टीबी (2) 1 जीबी (3) 1 एमबी (4) 1 केबी

28. The term 'PC - XT' refers to ____.
(1) Personal Computer External Technology
(2) Personal Computer Extended Technology
(3) Personal Computer Expanded Technology
(4) Personal Computer Embedded Technology

28. 'पीसी - एक्सटी' शब्द का अर्थ ____ है।
(1) Personal Computer External Technology
(2) Personal Computer Extended Technology
(3) Personal Computer Expanded Technology
(4) Personal Computer Embedded Technology

29. ENIAC was

29. ईनीएक था

(1) an electronic calculator
(2) an electronic computer
(3) an memory device
(4) an engine

(1) एक इलेक्ट्रॉनिक कैलक्यूलेटर
(2) एक इलेक्ट्रॉनिक कंप्यूटर
(3) एक मेमोरी डिवाइस
(4) एक इंजन

30. Where does a computer add, compare and shuffle data?
(1) Memory chip
(2) CPU chip
(3) Floppy disk
(4) Hard disk

30. कंप्यूटर मे कहाँ जोड़ना, तुलना करना और डेटा को घुमाना होता है?
(1) मेमोरी चिप
(2) सीपीयू चिप
(3) फ्लॉपी डिस्क
(4) हार्ड डिस्क

Space for Rough Work / कच्चे कार्य के लिए स्थान

31. Courier service comes under which sector?
(1) Primary
(2) Secondary
(3) Tertiary
(4) Both Secondary and Tertiary

31. संदेश सेवा किस क्षेत्र के अंतर्गत आता है?
(1) प्राथमिक
(2) द्वितीय
(3) तृतीय
(4) द्वितीय तथा तृतीय दोनों

32. Which of the following is justiciable in nature?
(1) Fundamental Duties
(2) Directive principles of state policy
(3) Fundamental Rights
(4) None of these

32. निम्नलिखित में से कौन सा स्वाभिक रूप से न्यायपूर्ण है?
(1) मौलिक कर्तव्य
(2) राज्य के निर्देशक सिद्धांत
(3) मौलिक अधिकार
(4) इनमे से कोई नहीं

33. Match the following.

	Column – I		Column – II
1.	Brihadeeswarar Temple	a.	Odisha
2.	Dilwara Temple	b.	Tamil Nadu
3.	Lingaraja Temple	c.	Karnataka
4.	Hampi Group Monuments	d.	Rajasthan

(1) 1 – c, 2 – d, 3 – a, 4 – b
(2) 1 – a, 2 – c, 3 – d, 4 – b
(3) 1 – b, 2 – d, 3 – a, 4 – c
(4) 1 – b, 2 – a, 3 – d, 4 – c

33. निम्नलिखित का मिलान कीजिए |

	स्तंभ – I		स्तंभ – II
1.	बृहदेश्वर मंदिर	a.	ओडिशा
2.	दिलवाड़ा मंदिर	b.	तमिलनाडु
3.	लिंगराज मंदिर	c.	कर्नाटक
4.	हम्पी में स्मारकों का समूह	d.	राजस्थान

(1) 1 – c, 2 – d, 3 – a, 4 – b
(2) 1 – a, 2 – c, 3 – d, 4 – b
(3) 1 – b, 2 – d, 3 – a, 4 – c
(4) 1 – b, 2 – a, 3 – d, 4 – c

34. Alps mountain range is located in which continent?
(1) Europe
(2) North America
(3) South America
(4) Africa

34. आल्प्स पर्वत श्रृंखला किस महाद्वीप में स्थित है?
(1) यूरोप
(2) उत्तर अमेरिका
(3) दक्षिण अमेरिका
(4) अफ्रीका

35. Which among the following does not have a cell wall?
(1) Euglena
(2) Paramecium
(3) Gonyaulax
(4) Mycoplasma

35. निम्नलिखित में से किस में कोशिका भित्ति नहीं होती है?
(1) युग्लीना
(2) पैरामीशियम
(3) गोन्युलैक्स
(4) माइकोप्लाज्मा

36. What is the role of Pneumatophores?
(1) Protect plant from animals

36. न्यूमेटोफोरस का क्या कार्य होता है?
(1) पौधे को जानवरों से बचाता है

(2) Get oxygen for respiration
(3) Supports plant in standing upright
(4) Helps plant for pollination

(2) श्वशन के लिए ऑक्सीजन प्रदान करता है
(3) पौधे को सीधा खड़े रहने में सहायता करता है
(4) पौधे की परागण में सहायता करता है

37. Which phenomena show the particle nature of light?
(1) Diffraction
(2) Interference
(3) Photoelectric effect
(4) Polarisation

37. कौन सी घटना प्रकाश की कण प्रकृति को दिखाती है?
(1) विवर्तन
(2) व्यतिकरण
(3) प्रकाशविद्युत् प्रभाव
(4) ध्रुवीकरण

38. What is the common name of $CaOCl_2$?
(1) Baking Powder
(2) Baking Soda
(3) Bleaching Powder
(4) Washing Soda

38. $CaOCl_2$ का सामान्य नाम क्या है?
(1) बेकिंग पाउडर
(2) बेकिंग सोडा
(3) ब्लीचिंग पाउडर
(4) धोने का सोडा

39. Which disease is caused by Nickel?
(1) Itai Itai
(2) Dermatitis
(3) Learning disability
(4) Asthma

39. कौन सा रोग निकेल के कारण होता है?
(1) इटाई इटाई
(2) त्वचाशोथ
(3) सीखने की विकलांगता
(4) दमा

40. Which of the following pair is CORRECT?
I. Summer Olympics 2020 - Tokyo
II. Summer Olympics 2016 - Rio de Janeiro
III. Summer Olympics 2012 – London
(1) Only I and II
(2) Only I and III
(3) Only II and III
(4) All are correct

40. निम्नलिखित में से कौन सा युग्म सही है?
I. ग्रीष्म ओलम्पिक 2020 – टोक्यो
II. ग्रीष्म ओलम्पिक 2016 – रियो डि जेनेरो
III. ग्रीष्म ओलम्पिक 2012 – लंदन
(1) केवल I तथा II
(2) केवल I तथा III
(3) केवल II तथा III
(4) सभी सही हैं

Space for Rough Work / कच्चे कार्य के लिए स्थान

41. On 8th Dec, 2007 Saturday falls. What day of the week was it on 8th Dec, 2006?

(1) Sunday
(2) Thursday
(3) Tuesday
(4) Friday

41. 8 दिसंबर 2007 शनिवार था। 8 दिसंबर 2006 सप्ताह का कौन सा दिन था?

(1) रविवार
(2) बृहस्पतिवार
(3) मंगलवार
(4) शुक्रवार

42. From the given alternative words, select the word which can be formed by using the letters of the given word.

MEASUREMENT

(1) MASTER
(2) MANTLE
(3) SUMMIT
(4) ASSURE

42. निम्नलिखित विकल्पों में से वह शब्द चुनिए जो दिए गए शब्द के अक्षरों का प्रयोग करके बनाया जा सकता है।

MEASUREMENT

(1) MASTER
(2) MANTLE
(3) SUMMIT
(4) ASSURE

43. Find the angle between the hour and the minute hand of a clock when the time is 3:25.

(1) 47.5^{o} (2) 49.5^{o}
(3) 55.5^{o} (4) 57.5^{o}

43. 3 बजकर 25 मिनट पर घडी के घंटे तथा मिनट की सुई के बीच का कोण ज्ञात करें।

(1) 47.5^{o} (2) 49.5^{o}
(3) 55.5^{o} (4) 57.5^{o}

44. In a big cube pair of opposite faces are coloured red, black and green respectively. After that it is cut into 64 small equal cubes, then how many small cubes are there whose 3 faces are coloured?

(1) 4 (2) 8 (3) 16 (4) 24

44. किसी बड़े घन के विपरीत सतह क्रमशः लाल, काले तथा हरे रंग से रंगें हैं। उसके पश्चात इन्हें 64 छोटे घनों में काटा जाता है, तो इनमें कितने ऐसे छोटे घन हैं जिनके 3 सतह रंगें हुए है?

(1) 4 (2) 8 (3) 16 (4) 24

45. Select the set of symbols which can be fitted correctly in the equation.

4 _ 6 _ 2 _ 4 _ 8 = 16

(1) – × + ÷
(2) ÷ + × –
(3) + ÷ – ×
(4) × ÷ – +

45. ऐसे चिन्हों का समूह चुनिए जिन्हें समीकरण में सही फिट किया जा सके।

4 _ 6 _ 2 _ 4 _ 8 = 16

(1) – × + ÷
(2) ÷ + × –
(3) + ÷ – ×
(4) × ÷ – +

46. Arrange the following words as per the order in the dictionary:

1. Smoulder, 2. Smother,
3. Smuggle, 4. Smudge

(1) 1, 2, 3, 4
(2) 2, 1, 4, 3
(3) 4, 3, 2, 1
(4) 1, 4, 3, 2

46. निम्नलिखित शब्दों को शब्दकोष के अनुसार व्यवस्थित करें।

1. Smoulder, 2. Smother,
3. Smuggle, 4. Smudge

(1) 1, 2, 3, 4
(2) 2, 1, 4, 3
(3) 4, 3, 2, 1
(4) 1, 4, 3, 2

47. The next term in the given series will be

47. दी गई श्रृंखला में अगला पद क्या होगा?

AZWD, CXUF,?, GTQJ

(1) EUTH
(2) EVSH
(3) EUSH
(4) EVPI

48. What number should come in the place of "?"

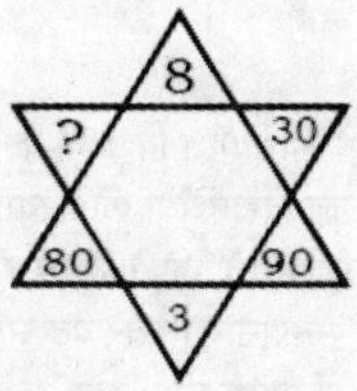

(1) 40 (2) 10 (3) 20 (4) 15

49. The missing number in the given series will be

1, 5, 21, 57,?, 221

(1) 96 (2) 108
(3) 121 (4) 126

50. The following figure is folded to form a block. Which symbol will appear on the opposite of ▲?

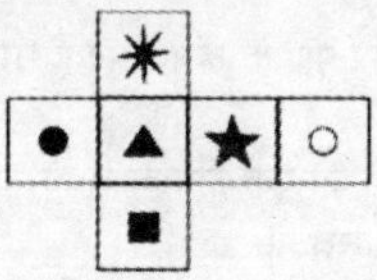

(1) ● (2) ★ (3) ○ (4) ■

AZWD, CXUF,?, GTQJ

(1) EUTH
(2) EVSH
(3) EUSH
(4) EVPI

48. "?" के स्थान पर कौन सी संख्या आनी चाहिये?

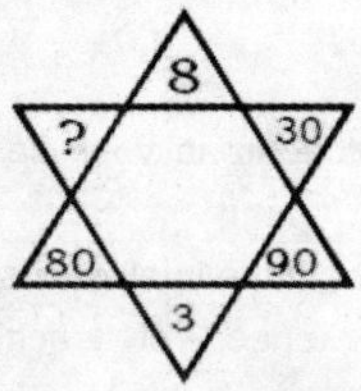

(1) 40 (2) 10 (3) 20 (4) 15

49. दी गई श्रृंखला में लुप्त संख्या क्या होगी?

1, 5, 21, 57,?, 221

(1) 96 (2) 108
(3) 121 (4) 126

50. एक ब्लॉक बनाने के लिए निम्नलिखित आकृति को जोड़ दिया गया है। ▲ किस प्रतीक के विपरीत पर दिखाई देगा?

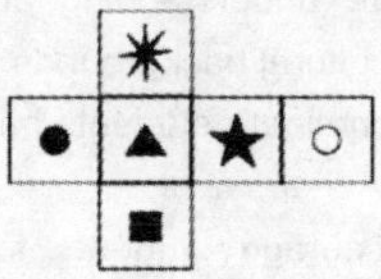

(1) ● (2) ★ (3) ○ (4) ■

Space for Rough Work / कच्चे कार्य के लिए स्थान

51. The best way to motivate a child to learn is to
(1) Rechannel the motivate he/she already has.
(2) Threaten him/her with failure and punishment.
(3) Tempt him/her with praise.
(4) None of these

51. किसी बच्चे को सीखने के लिए प्रोत्साहित (प्रेरित) करने का सबसे बढ़िया तरीका है।
(1) उसमें पहले से ही जो उददेश्य हैं, उन्हें सही दिशा देना
(2) उसे विफलता और दंड के लिए डराना-धमकाना
(3) उसे प्रशंसा करके प्रलोभित करना
(4) इनमें से कोई नहीं

52. If majority of students in your class are weak, you should
(1) Not care about the intelligent students.
(2) Keep your speed of teaching fast so that student comprehension level may increase.
(3) Keep your teaching slow.
(4) Keep your teaching slow along with some extra guidance to bright pupils.

52. यदि आपकी कक्षा में अधिकांश विद्यार्थी कमजोर है तो
(1) आपको बुद्धिमान विद्यार्थियों की परवाह नही करनी चाहिए
(2) आपको अपनी पढ़ाने की गति तेज रखनी चाहिए ताकि विद्यार्थियों के समझने का स्तर बढ़ सके
(3) आपको पढ़ाने की गति धीमी रखनी चाहिए
(4) आपको बुद्धिमान विद्यार्थियों को थोडा अतिरिक्त मार्गदर्शन देते हुए अपने पढ़ाने की गति धीमी रखनी चाहिए

53. Effective teachers tend to exhibit which of the following traits?
(1) They do not allow students to ask questions about political issues.
(2) They have understanding about people from different cultural backgrounds.
(3) They discriminate students based on caste and creed.
(4) They encourage students to not work as a team.

53. असरदार शिक्षक निम्नलिखित में से कौन-से लक्षण दिखाते हैं?
(1) वे विद्यार्थियों को राजनितिक मुददों के बारे में प्रश्न पूछने की अनुमति नही देते|
(2) उनमे अलग-अलग सांस्कृतिक पृष्ठभूमि के लोगों के बारे में समझ होती है|
(3) वे जाति और पंथ के अधार पर विद्यार्थियों में भेदभाव करते है|
(4) वे विद्यार्थियों को एक टीम के रूप में कार्य नही करने के लिए प्रोत्साहित करते हैं|

54. _______ involves holding teacher and students responsible for student performance.
(1) Constructivism
(2) Ethnography
(3) Accountability
(4) Experimental research

54. _______ में विद्यार्थियों के प्रदर्शन के लिए शिक्षकों और विद्यार्थियो को जिम्मेदार ठहराना शामिल होता है।
(1) रचनावाद
(2) मानव जाति शास्त्र
(3) उत्तरदायित्व
(4) प्रयोगात्मक अनुसंधान

55. Teachers use teaching- aids for
(1) impressing the students.
(2) making teaching interesting.
(3) making students attentive.
(4) making teaching within understanding level of students.

55. शिक्षक निम्नलिखित के लिए शिक्षण संबंधी सहायता – सामग्री का उपयोग करते हैं –
(1) छात्रों को प्रभावित करने
(2) शिक्षण को रोचक बनाने
(3) छात्रों को एकाग्रचित बनाने
(4) छात्रों के समझ स्तर के भीतर शिक्षण को रखने

56. A verbal or nonverbal prompt or signal given by the teacher when the students need to be reminded to behave in a certain way or to refrain from behaving in a certain way is termed as a/an:

56. किसी विद्यार्थी को एक विशिष्ट प्रकार का व्यवहार प्रदर्शित करने अथवा किसी अनुचित व्यवहार का परिहार करने के लिए स्मरण कराने हेतु अध्यापक द्वारा दिए गए शाब्दिक अथवा गैर-शाब्दिक संकेत को क्या कहा जाता है?

(1) Stimulus (2) Cue
(3) Incentive (4) Reinforcer

(1) उत्प्रेरक (2) क्यू (संकेत)
(3) प्रोत्साहन (4) प्रबलक

57. Language development is supported when parents and teacher
(1) Actively engage children in conversation
(2) Emphasize directive language
(3) Regularly engage children in drill and practice
(4) Tell children to imitate what they say

57. भाषा विकास में मदद मिलती है जब माता-पिता और शिक्षक
(1) बच्चों के साथ बातचीत में सक्रिय रूप से शामिल होते है
(2) निदेशात्मक भाषा पर ज़ोर देते है
(3) बच्चों को नियमित रूप से कवायद और अभ्यास में लगाते हैं
(4) बच्चों को खुद के द्वारा कही गई बातों की नकल करने को कहते हैं

58. Group and participatory learning practices should be
(1) discouraged.
(2) ignored.
(3) encouraged.
(4) none of these.

58. समूह में और सहभागिता द्वारा सीखने के अभ्यासों को
(1) निरुत्साहित किया जाना चाहिए
(2) अनदेखा किया जाना चाहिए
(3) प्रोत्साहित किया जाना चाहिए
(4) इनमें से कोई नहीं

59. What would be the IQ of a person whose mental age and chronological age are the same?
(1) Zero (2) One
(3) Hundred (4) Hundred ten

59. उस व्यक्ति का आईक्यू क्या होगा जिसकी मानसिक आयु और कालानुक्रमिक आयु समान है?
(1) शून्य (2) एक
(3) सौ (4) सौ दस

60. The behavioural terms for stating objectives like change, compute, demonstrate, discover, manipulate, modify, operate, predict, prepare, relate, show, solve etc. pertain to which one of the following categories?
(1) Evaluation (2) Application
(3) Analysis (4) Synthesis

60. उद्देश्यों के कथन के लिए प्रयुक्त व्यवहारगत पद जैसे, परिवर्तन लाना, गणना करना, खोजना, निदर्शित करना, अनुरूपित करना, संशोधित करना, संक्रिया करना, भविष्य कथन करना, तैयार करना, संबंध बताना, दिखाना, हल करना इत्यादि निम्नलिखित में से किस वर्ग से संबंधित हैं?
(1) मूल्यांकन (2) अनुप्रयोग
(3) विश्लेषण (4) संश्लेषण

61. Why do students learn easily through an activity?
(1) Activity is creative.
(2) Activity is interesting.
(3) Activity involves physical work.
(4) Activity is undertaken by the student himself/herself.

61. किसी क्रियाकलाप के माध्यम से छात्र आसानी से क्यों सीखते है?
(1) क्रियाकलाप सृजनात्मक होता है
(2) क्रियाकलाप रोचक होता है
(3) क्रियाकलाप में शारीरिक कार्य शामिल होता है
(4) क्रियाकलाप छात्र द्वारा खुद शुरू किया जाता है

62. Which of the following is the main reason due to which students run away from school?
(1) Lack of interest in teaching methods.
(2) Callous attitude of teachers towards students.
(3) Lack of interest in studies by students.
(4) Distance of school from houses of students.

62. निम्नलिखित में से कौनसा वह मुख्य कारण है जिससे छात्र स्कूल से भागते हैं?
(1) रोचक शिक्षण विधियों की कमी
(2) शिक्षकों का छात्रों के प्रति कठोर रवैया
(3) छात्रों की पढ़ाई में रुचि की कमी
(4) छात्रों के घरों से स्कूल की दूरी

63. Which of the following activities would best correlate science with language learning?
(1) Asking students to write an essay on some

63. निम्नलिखित में से कौन से क्रियाकलाप विज्ञान और भाषा अधिगम के सर्वोत्तम सहसंबंध को प्रदर्शित करेंगे?
(1) विद्यार्थियों से कहना कि वह किसी वैज्ञानिक विषय पर एक

scientific topic

(2) Arranging field visits for an exhaustive exploration of the environment and asking students to write the report there of

(3) Asking students to remember technical terms perfectly

(4) Organizing a refresher course on science for language teachers

निबंध लिखें

(2) वातावरण की खोजबीन के उद्देश्य से एक व्यापक क्षेत्र भ्रमण की व्यवस्था करना और बाद में विद्यार्थियों से एक विस्तृत रिपोर्ट तैयार करवाना

(3) बच्चों को कहना कि वह प्रभाशिक शब्दावली को याद करें

(4) भाषा अध्यापकों के लिए विज्ञान की पाठ्यचर्या पर एक रिफ्रेशर कोर्स का आयोजन करना

64. Which of the following methods should be used for true evaluation of students?

(1) Formative evaluation

(2) Continuous evaluation

(3) Evaluation at the end of course

(4) Evaluation after every six months

64. छात्रों के सही मूल्यांकन के लिए निम्नलिखित में से किस विधि का प्रयोग किया जाना चाहिए?

(1) रचनात्मक (विकासशील) मूल्यांकन

(2) सतत मूल्यांकन

(3) कोर्स के अंत में मूल्यांकन

(4) प्रत्येक छमाही पर मूल्यांकन

65. The objective of inclusive education is

(1) To uncover and minimize barriers to learning.

(2) To change attitudes, behaviors, teaching methods, curricular and environments.

(3) To promote constantly the local cultures and content of various communities of the society.

(4) All these

65. समावेशी शिक्षा का उददेश्य है|

(1) सीखने के कार्य का विस्तार करना और इसमे बाधाओं को न्यूनतम करना

(2) नजरिए, आचरण, शिक्षण विधियों, पाठ्यक्रम और परिवेश (माहौल) को बदलना

(3) स्थनीय संस्कृतियों और समाज के विभिन्न समुदायों की मूल बातों को लगातार बढ़ावा देना

(4) ये सभी

66. Majority of the students of class IV avoids the company of a visually challenged child in their class. Which of the following needs of the visually challenged child would not be met successfully?

(1) Physiological

(2) Safety

(3) Esteem

(4) Self Actualization

66. किसी कक्षा चार के अधिकांश बच्चे अपनी कक्षा में विद्यमान दृष्टिहीन बच्चों के साथ रहना पसंद नहीं करते हैं। ऐसी अवस्था में वे दृष्टिहीन बच्चे अपनी किस आवश्यकता की पूर्ति से वंचित रह जाएँगे?

(1) शरीरविज्ञान संबंधी

(2) सुरक्षा

(3) आत्मसम्मान

(4) आत्म बोध

67. A teacher will become an effective communicator if he

(1) Uses instructional aids

(2) Helps students understand meaning of what he teaches.

(3) Asks question in between teaching.

(4) Helps student get correct answers to the questions on the topic.

67. एक शिक्षक प्रभावशाली संप्रेषक (संचारकर्ता) बन जायेगा यदि वह

(1) अनुदेश से जुडी समस्या सामग्री का उपयोग करता है

(2) जो पढ़ा रहा है विद्यार्थियों को उसका अर्थ समझाने में मदद करता है

(3) पढ़ाने के बीच में प्रश्न पूछता है

(4) विषय पर प्रश्नों के सही उत्तर विद्यार्थियों तक पहुचाने में उनकी मदद करता है

68. Classroom discipline can be maintained effectively by

(1) Knowing the cause of indiscipline and handling it with stern hand.

(2) Providing a programme which is according to

68. कक्षा में प्रभावी तरीके के अनुशासन किस प्रकार बनाए रखा जा सकता हैं?

(1) अनुशासनहीनता के कारण जानकर और इससे से निबटते हुए

(2) एक ऐसे कार्यक्रम की व्यवस्था करके जो विद्यार्थियों की

the need and interest of the pupils.

(3) Putting on fancy clothes in the classroom.

(4) None of these

आवश्यकता और रूचि के अनुरूप हो

(3) कक्षा में भड़कोले वस्त्र पहनकर आते हुए

(4) इनमे से कोई नही

69. As per Continuous and Comprehensive Evaluation (CCE) – Comprehensive means

(1) Assessment of only educational development of the child's personality

(2) Assessment in Scholastic as well as Co-Scholastic aspect of the pupil's growth.

(3) Assessment in Scholastic aspect only.

(4) Assessment of Co-Scholastic aspect only.

69. निरंतर और व्यापक मुल्यांकन (CCE) के अनुसार व्यापक का अर्थ है।

(1) बच्चे के व्यक्तित्व के केवल शैक्षणिक विकाश का निर्धारण

(2) विद्यार्थी के विकास के शैक्षिक के साथ-साथ सह-शैक्षिक पहलू का भी निर्धारण

(3) केवल शैक्षिक पहलू मे निर्धारण

(4) केवल सह-शैक्षिक पहलू में निर्धारण

70. In your opinion, what is the impact of forming a students' union in the school?

(1) Promotes indiscipline.

(2) Wastes students' time.

(3) Develops leadership qualities in students.

(4) Increases teachers' work load.

70. आपकी राय में स्कूल में छात्र संघ गठित करने का क्या प्रभाव होता है?

(1) यह अनुशासनहीनता को बढ़ावा देता है

(2) छात्रों का समय बर्बाद करता है

(3) छात्रों में नेतृत्व क्षमता विकसित करता है

(4) शिक्षकों का कार्य भार बढाता है

Space for Rough Work / कच्चे कार्य के लिए स्थान

71. The use of dictionary does not help learners to
(1) Be proficient in oral communication
(2) Find the meaning of words
(3) Check the part of speech of word
(4) Find out how to say a word

72. When a child learns a language naturally, without much practice, it is called
(1) Language adaption
(2) Language learning
(3) Language acquisition
(4) Language generalization

73. In learning a language, students' talking time should be increased because
(1) Teachers feel relaxed while students are talking
(2) They enjoy spending time talking with their friends
(3) They can learn the correct pronunciation from each other
(4) They use the target language for various purposes

74. The major objective of teaching English at primary level is
(1) Speaking English in British language
(2) Scoring good marks in the exams.
(3) Knowing the grammar of English
(4) Using English in different situations of life

75. Which one of the following is not true in relation to the use of children literature?
(1) Their reading proficiency deteriorates and gets worse.
(2) It helps in developing learners' imagination
(3) It broadens their mental horizon
(4) It makes them understand and respect diverse cultures

Instruction (Q.No.76–80): Study the following paragraph and answer the questions that follow.

Raja Ram Mohan Roy is considered the pioneer of modern Indian Renaissance for the remarkable reforms he brought about in the 18th century India. Among his efforts, the abolition of the Sati-pratha a practice in which the widow was compelled to sacrifice herself on the funeral pyre of her husband was prominent. His efforts were also instrumental in eradiating the Purda system and child marriage. In 1828, Ram Mohan Roy formed the Brahmo Samaj, a group of people, who had no faith in idol - worship and were against the caste restrictions.

Raja Ram Mohan Roy's father was a wealthy Brahmin and strictly performed the duties set by the religion. Ram Mohan himself was also devoted to Lord Vishnu and in his 14th year, he wanted to become a monk but his mother, Tarani Devi objected to his desire.

Ram Mohan viewed education as a medium to implement the social reforms. So, in 1815, Ram Mohan came to Calcutta and the very next year, started an English college by putting his own savings. He was well aware that the students should learn the English language and scientific subjects and that's why he criticized the government's policy of opening only Sanskrit schools. According to him, Indians would lag behind if they do not get to study modern subjects like Mathematics, Geography and Latin. The government accepted this idea of Ram Mohan and also implemented it but not before his death. Ram Mohan was also the first to give importance to the development of mother tongue. His *Gaudiya Byakaran* in Bengali is the best of his prose works. Rabindranath Tagore and Bankimchandra also followed in the footsteps of Ram Mohan Roy.

Ram Mohan Roy was staunch supporter of free speech and expression and fought for the rights of Vernacular Press. He also brought out a newspaper in Persian called *Miratul - Akhbar* (the Mirror of News) and a Bengali weekly called *Sambad Kaumudi* (the Moon of Intelligence). In those days, items of news and articles had to be approved by the government before being published. Ram Mohan protested against this control by arguing that newspapers should be free and that truth should not be suppressed simply because the government did not like it.

76. When he was a teenager, Raja Ram Mohan Roy expressed his desire to become a
(1) Monk
(2) Teacher
(3) Businessman
(4) Journalist

77. Raja Ram Mohan Roy is known for his
(1) Literary reforms
(2) Political reforms
(3) Social reforms
(4) Economic reforms

78. Which 'part of speech' is the underlined word in the sentence given below?
"He was staunch supporter of <u>free</u> speech and expression."
(1) Conjunction
(2) Noun
(3) Adverb
(4) Adjective

79. Raja Ram Mohan Roy believed that Indians would lag behind if they
(1) Did not learn traditional skills
(2) Gave up study of Sanskrit
(3) Did not study modern subjects
(4) Forgot their cultural roots

80. Raja Ram Mohan Roy strongly supported
(1) Physical education
(2) Freedom of speech and expression
(3) Moral education
(4) Rituals and observances

भाषा विषयः हिन्दी

81. कहानी सुनते समय बच्चे कहानी के लम्बे- लम्बे वाक्यों से घबराते नहीं है, बशर्ते वाक्य
(1) सार्थक तथा मजेदार हो
(2) जोर से बोले गए हो
(3) पहले से सुने हुए हो
(4) सीधे व सरल हो

82. यदि पठन सामग्री के साथ चित्र हो, तो
(1) चित्रकारी की भूमिका के महत्व का पता चलता है
(2) पठन सामग्री का आकर्षण बढ़ जाता है
(3) लिखे हुए के बारे में अनुमान लगाना आसान हो जाता है
(4) पठन सामग्री की गुणवत्ता में वृद्धि होती है

83. साधारण तौर पर शिक्षक यह समझते है कि बच्चों को लिखना तब सिखाना चाहिए जब उन्हे वर्णों की पहचान हो जाए। यह विचार पूरी तरह से
(1) सही एव स्वीकार्य है
(2) वैज्ञानिक है
(3) बाल स्वभाव के अनुकूल है
(4) अवैज्ञानिक

84. कक्षा एक के बच्चो का गृहकार्य जांचते समय आप पाते है कि कुछ बच्चो के अक्षरों की बनावट टेढ़ी मेढ़ी है। आप
(1) उन्हे स्वयं ही सुधार करने के लिए समय देंगे
(2) उनकी लिखाई की निंदा करेगा
(3) उन्हे पुनः लिखकर लाने के लिए कहेंगे
(4) उन्हें सीधी रेखा में लिखकर दिखायेंगे

85. भाषा के पाठ्यक्रम में कहानी का शैक्षणिक प्रयोग मुख्यतः इसलिये ज़रुरी है, क्योकि इससे बच्चे
(1) स्मरण – शक्ति का विकास करते है
(2) उच्चारण संबंधी गलतियों में सुधार करते है
(3) पढना लिखना सीखते है
(4) व्याकरण के नियम को कंठस्थ कर पाते है

निर्देश (Q.No.86–90): दिए गए गद्यांश को पढ़कर उसके नीचे लिखे प्रश्नों के सबसे उचित विकल्प को चुनिए।

मेरे बडे भाई साहब मुझसे पांच साल बडे थे, लेकिन केवल तीन दरजे आगे। उन्होने भी उसी उम्र में पढ़ना शुरू किया था जब मैने शुरू किया, लेकिन तालीम जैसे महत्व के मामले में वह जल्दबाजी से काम लेना पसंद न करते थे; इस भवन की बुनियाद खूब मजबूत डालना चाहते थे, जिस पर आलीशान महल बना सके। एक साल का काम दो साल में करते थे। कभी –कभी तीन साल भी लग जाते थे। बुनियाद ही पुख्ता ना हो तो मकान कैसे पायदार बने।
में छोटा था, वे बडे थे। मेरी उम्र नौ साल की थी, वे चौदह साल के थे। उन्हे मेरी निगरानी का पूरा और जन्मसिद्ध अधिकार था और मेरी शालीनता इसी बात में थी की उनके हुक्म को कानून समझूँ वह स्वभाव के बडे अध्ययनशील थे। हरदम किताब खोले बैठे रहते और शयद दिमाग को आराम देने के लिए कभी काँपी पर, कभी किताब के हाशियों पर, चिडियो, कुत्तों, बिल्लियों की तस्वीर बनाया करते थे कभी – कभी एक ही नाम या वाक्य दस – बीस बार लिख

डालते। कभी एक शेर को बार – बार सुन्दर अक्षरों में नक़ल करते। कभी ऐसी शब्द – रचना करते जिसमे ना कोई अर्थ होता, न कोई सामंजस्य। जैसे एक बार उनकी काँपी पर मैंने इबारत देखी – स्पेशल, अमीना, भाइयो – भाइयो, भाई –भाई, श्रीयुत राधेश्याम – इनके बाद आदमी का चेहरा बना हुआ था। मैंने बहुत चेष्टा की कि इस पहेली का कोई हल निकालूं, लेकिन असफल रहा और उनसे पूछने का साहस न हुआ। वे नौंवी कक्षा में थे, में पांचवी में। उनकी रचनाओं को समझना मेरे लिए छोटा मुह और बड़ी बात थी।

—— मुंशी प्रेमचंद

86. 'मेरे भाई साहब मुझसे पांच साल बडे थे, लेकिन केवल तीन दर्जे आगे।" इस वाक्य का प्रकार है

(1) सरल
(2) सयुंक्त
(3) मिश्र
(4) जटिल

87. बड़ा भाई किस अधिकार से लेखक पर निगरानी रखता है?

(1) बड़ी कक्षा में होने से
(2) पिता के निर्देश पर
(3) बड़ा होने के नाते
(4) शक्तिशाली होने के कारण

88. "बुनियाद ही पुख्ता न हो तो मकान कैसे पायदार बने।" छोटे भाई के उक्त कथन में निहित है

(1) आदर
(2) सत्य
(3) हास्य
(4) व्यंग

89. उम्र में पांच साल का और पढाई में दो कक्षाओ का अंतर बताता है कि

(1) छोटे भाई की उम्र घटा दी गई थी
(2) बड़ा भाई पढने में तेज़ न था
(3) छोटा भाई एक वर्ष में दो कक्षाएं उत्तीर्ण कर गया था
(4) बडे भाई को देर से स्कूल भेजा गया था

90. काँपी पर लिखे शब्दों व चित्रों से किस मन: स्थिति का पता चलता है?

(1) भटकाव
(2) एकाग्रता
(3) अध्ययनशील
(4) दत्तचित होना

Space for Rough Work / कच्चे कार्य के लिए स्थान

Science

91. When the handle of a screw jack is rotated 8 times, the load is raised by 10 cm. If the MA is 80 π, then the length of the handle is ________.
(1) 0.5 m
(2) 8 m
(3) 0.6 m
(4) 0.4 m

91. जब एक स्क्रू जैक के हैंडल को 8 बार घुमाया जाता है, तो भार 10 सेमी बढ़ जाता है। यदि MA 80 π है, तो हैंडल की लंबाई ________ है।
(1) 0.5 m
(2) 8 m
(3) 0.6 m
(4) 0.4 m

92. Choose the correct statement from the following:
(1) It is difficult to transport natural gas through pipes.
(2) The disadvantage of natural gas is that it cannot be used directly for burning in homes.
(3) Natural gas is stored under high pressure as compressed natural gas.
(4) Natural gas cannot be used for power generation

92. निम्नलिखित से सही कथन चुनें:
(1) पाइप के माध्यम से प्राकृतिक गैस परिवहन करना मुश्किल है।
(2) प्राकृतिक गैस का नुकसान यह है कि इसे सीधे घरों में जलने के लिए उपयोग नहीं किया जा सकता है।
(3) प्राकृतिक गैस संपीड़ित प्राकृतिक गैस के रूप में उच्च दबाव के तहत संग्रहीत किया जाता है।
(4) बिजली उत्पादन के लिए प्राकृतिक गैस का उपयोग नहीं किया जा सकता है

93. Choose the incorrect statement from the following.
A good fuel is one which:
(1) is readily available.
(2) produces a large amount of heat.
(3) leaves behind many undesirable substances.
(4) burns easily in air at a moderate rate.

93. निम्नलिखित से गलत कथन चुनें।
एक अच्छा ईंधन एक है जो:
(1) आसानी से उपलब्ध है।
(2) गर्मी की एक बड़ी मात्रा पैदा करता है।
(3) कई अवांछित पदार्थों के पीछे छोड़ देता है।
(4) एक मध्यम दर पर हवा में आसानी से जलता है।

94. The thread-like structures present in the nucleus are:
(1) nucleolus
(2) chromosomes
(3) genes
(4) ribosomes

94. केंद्रक के भीतर धागे-जैसी संरचनाएं होती हैं:
(1) केंद्रिका
(2) गुणसूत्रों
(3) जीन
(4) राइबोसोम

95. Study the following statements:
I. External fertilisation can occur both in water and on land.
II. The eggs of fish are covered by hard shells for protection.
III. Human egg has a head, middle piece and tail.
IV. In adult human females, a single mature egg is released into an oviduct every month.
Among these which statements are incorrect:
(1) I, III and IV
(2) I, II and III
(3) II, III and IV
(4) Only IV

95. निम्नलिखित कथनों का अध्ययन करें:
I. बाहरी निषेचन पानी और जमीन दोनों पर हो सकता है।
II. मछली के अंडे चरों तरफ से सुरक्षा के लिए कड़े कवचों से घिरे ढके होते हैं।
III. मानव अंडे में सिर, मध्य भाग और पूंछ होती है।
IV. वयस्क स्त्रियों में हर महीने एक एकल परिपक्व अंडा अंडवाहिनी में छोड़ (निर्मुक्त कर) दिया जाता है।
इनमें से कौन सा कथन गलत है:
(1) I, III और IV
(2) I, II और III
(3) II, III और IB
(4) केवल IV

96. Observe the vessels A, B, C and D shown in Fig. carefully.

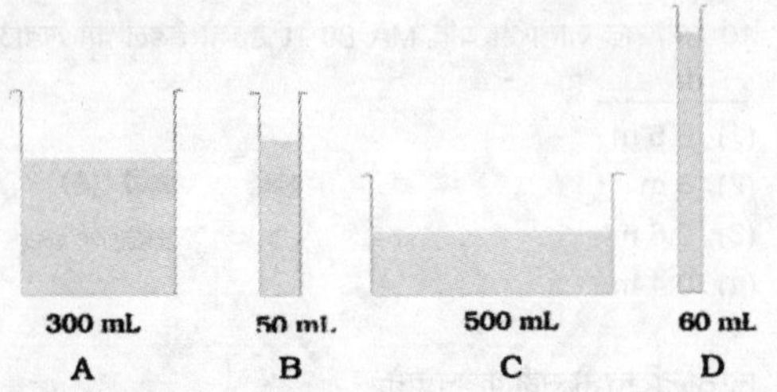

Volume of water taken in each vessel is as shown. Arrange them in the order of decreasing pressure at the base of each vessel:

(1) D>B>A>C
(2) B>D>A>C
(3) B>C>A>D
(4) C>D>A>B

97. Ultrasound has frequency of vibration

(1) between 20 and 20,000 Hz
(2) below 20 Hz
(3) above 20,000 Hz
(4) between 500 and 10,000 Hz

98. Pathogenic micro-organisms present in host cells are killed by medicines called:

(1) pain killer
(2) antibodies
(3) antibiotics
(4) vaccines

99. Which of the following property is not responsible for copper to be used as electrical conduction wires?

(1) ductility
(2) colour
(3) good conductor of electricity
(4) it is solid

100. The distance between the object and its image formed by a plane mirror appears to be 24 cm. What is the distance between the mirror and the object?

(1) 12 cm
(2) 24 cm
(3) 06 cm
(4) 36 cm

101. The boiling points of diethyl ether, acetone and

96. चित्र में दिखाए गए पात्रों A, B, C तथा D को ध्यानपूर्वक देखिए|

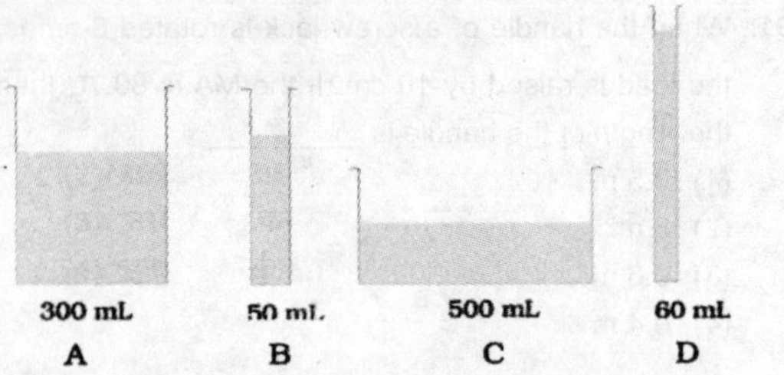

प्रत्येक पात्र में लिए पानी का आयतन चित्र में अंकित है। प्रत्येक पात्र के आधार पर लगने वाले दाब को घटते कर्म में व्यवस्थित कीजिए|

(1) D>B>A>C
(2) B>D>A>C
(3) B>C>A>D
(4) C>D>A>B

97. पराश्रव्य ध्वनि के कंपनों की आवृत्ति होती है

(1) 20 और 20,000 हर्ट्ज के बीच
(2) 20 हर्ट्ज से नीचे
(3) 20,000 हर्ट्ज से ऊपर
(4) 500 और 10,000 हर्ट्ज के बीच

98. परपोषी की कोशिकाओं के भीतर रोगजनक सूक्ष्मजीव किन औषधियों से मर जाते हैं?

(1) दर्दनाशक औषधियाँ
(2) प्रतिरक्षी औषधियाँ
(3) प्रतिजीवी औषधियाँ
(4) वैक्सीन

99. कॉपर को विद्युत् चलन तारों के रूप में उपयोग में लाने के लिए उसका कौन-सा गुण उत्तरदायी नहीं हैं?

(1) तन्यता
(2) रंग
(3) विद्युत् का अच्छा चालक
(4) यह ठोस है

100. समतल दर्पण द्वारा बनाये गए किसी प्रतिबिम्ब तथा उसके बिम्ब के बीच 24 सेमी की दूरी है। दर्पण तथा प्रतिबिम्ब के बीच की दूरी क्या है?

(1) 12 सेमी
(2) 24 सेमी
(3) 06 सेमी
(4) 36 सेमी

101. डाइएथिल इथर, एसीटोन तथा *n*-ब्युटिल अल्कोहल के

n-butyl alcohol are 35°C, 56°C and 118°C respectively. Which one of the following correctly represents their boiling points in kelvin scale?

(1) 306 K, 329 K, 391 K
(2) 308 K, 329 K, 392 K
(3) 308 K, 329 K, 391 K
(4) 329 K, 392 K, 308 K

क्वथनांक क्रमश: 35°C, 56°C तथा 118°C हैं। निम्नलिखित में से कौन-से क्वथनांकों का केल्विन मापक्रम में सही निरूपण हैं?

(1) 306 K, 329 K, 391 K
(2) 308 K, 329 K, 392 K
(3) 308 K, 329 K, 391 K
(4) 329 K, 392 K, 308 K

102. The inertia of an object tends to cause the object

(1) to increase its speed
(2) to decrease its speed
(3) to resist any change in its state of motion
(4) to decelerate due to friction

102. किसी पिंड का जड़त्व-

(1) उसकी चाल बढाता है
(2) उसकी चाल कम करता है
(3) उसकी गति की अवस्था में परिवर्तन को प्रतिरोधित करता है
(4) घर्षण के कारण अवमंदित करता है

103. When a body falls freely towards the earth, then its total energy

(1) increases
(2) decreases
(3) remains constant
(4) first increases and then decreases

103. जब कोई पिंड मुक्त रूप से पृथ्वी की ओर गिरता है, तो इसकी कुल ऊर्जा-

(1) बढ़ती है
(2) घटती है
(3) अचर रहती है
(4) पहले बढ़ती है और फिर घटती है

104. Under which of the following conditions a concave mirror can form an image larger than the actual object?

(1) When the object is kept at a distance equal to its radius of curvature
(2) When object is kept at a distance less than its focal length
(3) When object is placed between the focus and centre of curvature
(4) When object is kept at a distance greater than its radius of curvature

104. निम्नलिखित में से किस स्थिति में कोई अवतल दर्पण बिंब से बड़ा वास्तविक प्रतिबिम्ब बना सकता है?

(1) जब बिंब दर्पण के वक्रता केन्द्र पर हों
(2) जब बिंब दर्पण के ध्रुव और फोकस के बीच हो
(3) जब बिंब दर्पण के फोकस और वक्रता केन्द्र के बीज हो
(4) जब बिंब दर्पण की वक्रता त्रिज्या से अधिक दुरी पर हों

105. The clear sky appears blue because

(1) blue light gets absorbed in the atmosphere
(2) ultraviolet radiations are absorbed in the atmosphere
(3) violet and blue lights get scattered more than lights of all other colours by the atmosphere
(4) light of all other colours is scattered more than the violet and blue colour lights by the atmosphere

105. स्वच्छ आकाश नीला प्रतीत होता है, क्योंकि:

(1) नीला प्रकाश वायुमंडल में अवशोषित हों जाता है
(2) पराबैंगनी विकिरण वायुमंडल में अवशोषित हों जाते हैं
(3) वायुमंडल डरा अन्य सभी वर्णों के प्रकाश की तुलना में बैंगनी तथा नीला प्रकाश अधिक प्रकीर्णित होता है
(4) वायुमंडल द्वारा बैंगनी तथा नीले प्रकाश की तुलना में अन्य सभी वर्णों का प्रकाश अधिक प्रकीर्णित होता है

106. Two resistors of resistance 2Ω and 4Ω when connected to a battery will have

(1) same current flowing through them when

106. 2Ω तथा 4Ω प्रतिरोध के दो प्रतिरोधकों को किसी बैटरी से संयोजित करने पर य़दि ये प्रतिरोधक:

(1) पार्श्वक्रम में संयोजित हों तो इनसे समान धारा प्रवाहित होगी

connected in parallel
(2) same current flowing through them when connected in series
(3) same potential difference across them when connected in series
(4) different potential difference across them when connected in parallel

(2) श्रेणीक्रम में संयोजित हों तो इनसे समान धारा प्रवाहित होगी
(3) श्रेणीक्रम में संयोजित हों तो इनके सिरों पर समान विभवांतर होंगे
(4) पार्श्वक्रम में संयोजित हों तो इनके सिरों पर विभिन्न विभवांतर होंगे

107. Which part of alimentary canal receives bile from the liver?
(1) Stomach
(2) Small intestine
(3) Large intestine
(4) Oesophagus

107. आहार-नाल का कौन-सा भाग यकृत से पित्त रस प्राप्त करता है?
(1) आमाशय
(2) छोटी आंत
(3) बड़ी आंत
(4) ग्रसिका

108. 3.42 g of sucrose are dissolved in 18g of water in a beaker. The number of oxygen atoms in the solution are
(1) 6.68×10^{23}
(2) 6.09×10^{22}
(3) 6.022×10^{23}
(4) 6.022×10^{21}

108. एक बीयर में 3.42 g सुक्रोस को 18g जल में विलेय किया जाता है। विलयन में उपस्थित ऑक्सीजन परमाणुओं की संख्या है –
(1) 6.68×10^{23}
(2) 6.09×10^{22}
(3) 6.022×10^{23}
(4) 6.022×10^{21}

109. Chromosomes are made up of
(1) DNA
(2) protein
(3) DNA and protein
(4) RNA

109. गुणसूत्र बने होते हैं-
(1) डी.एन.ए. से
(2) प्रोटीन से
(3) डी.एन.ए. और प्रोटीन से
(4) आर.एन.ए. से

110. Cell theory was given by
(1) Schleiden and Schwann
(2) Virchow
(3) Hooke
(4) Haeckel

110. कोशिका सिद्धांत निम्न द्वारा प्रतिपादित किया गया-
(1) श्लाइडेन एवं श्वान्न
(2) विर्चो
(3) हूक
(4) हेकेल

Space for Rough Work / कच्चे कार्य के लिए स्थान

111. The area of a triangle with base x units is equal to the area of a square with side x units. Then the altitude of the triangle is
(1) 2x units
(2) 3x units
(3) x/2 units
(4) x units

111. आधार x इकाई के साथ त्रिभुज का क्षेत्रफल भुजा x इकाई के साथ वर्ग के क्षेत्रफल के बराबर है। तो त्रिभुज का शीर्षलंब होगा
(1) 2x इकाई
(2) 3x इकाई
(3) x/2 इकाई
(4) x इकाई

112. The factorization of $25 - p^2 - q^2 - 2pq$ is
(1) $(5 + p - q)(5 - p + q)$
(2) $(5 + p - q)(5 - p - q)$
(3) $(5 + p + q)(5 - p + q)$
(4) $(5 + p + q)(5 - p - q)$

112. $25 - p^2 - q^2 - 2pq$ का गुणनखंड है
(1) $(5 + p - q)(5 - p + q)$
(2) $(5 + p - q)(5 - p - q)$
(3) $(5 + p + q)(5 - p + q)$
(4) $(5 + p + q)(5 - p - q)$

113. Which is greatest among $33\frac{1}{2}\%$, $\frac{4}{15}$ and 0.35?
(1) 0.35
(2) Cannot be determined
(3) $33\frac{1}{2}\%$
(4) $\frac{4}{15}$

113. $33\frac{1}{2}\%$, $\frac{4}{15}$ तथा 0.35 में सबसे बड़ा कौन - सा है?
(1) 0.35
(2) ज्ञात नहीं किया जा सकता
(3) $33\frac{1}{2}\%$
(4) $\frac{4}{15}$

114. If a, b and c are three natural numbers in ascending order, then
(1) $c^2 - a^2 < b^2$
(2) $c^2 + b^2 = a^2$
(3) $c^2 - a^2 > b$
(4) $c^2 - a^2 = b^2$

114. यदि आरोही क्रम में a, b और c तीन प्राकृत संख्याएँ है, तो
(1) $c^2 - a^2 < b^2$
(2) $c^2 + b^2 = a^2$
(3) $c^2 - a^2 > b$
(4) $c^2 - a^2 = b^2$

115. If $a * b = a^2 + b^2$ and $a.b = a^2 - b^2$, then value of $(5 * 2).25$ is
(1) 226 (2) 216
(3) 215 (4) 225

115. यदि $a * b = a^2 + b^2$ और $a.b = a^2 - b^2$, तो $(5 * 2).25$ का मान होगा
(1) 226 (2) 216
(3) 215 (4) 225

116. The ratio between the length and the perimeter of a rectangular plot is 1 : 3. What is the ratio between the length and breadth of the plot?
(1) 3 : 2
(2) Data inadequate
(3) 1 : 2
(4) 2 : 1

116. एक आयताकार प्लाट की लंबाई तथा परिमाप का अनुपात 1 : 3 है। प्लाट की लंबाई और चौड़ाई के बीच क्या अनुपात होगा?
(1) 3 : 2
(2) आँकड़े अपर्याप्त है
(3) 1 : 2
(4) 2 : 1

117. Unit's digit in 13^{2003} is
(1) 7 (2) 9 (3) 1 (4) 3

117. 13^{2003} में इकाई के स्थान पर आएगा
(1) 7 (2) 9 (3) 1 (4) 3

118. The smallest number by which 68600 must be multiplied to get a perfect cube is

(1) 8 (2) 12 (3) 5 (4) 10

119. 'Buy three, get one free.' What is the percentage of discount being offered here?

(1) 20% (2) 28.56%
(3) 33.33% (4) 25%

120. Latika bought a teapot for Rs 120 and a set of cups for Rs 400. She sold teapot at a profit of 5% and cups at a loss of 5%. The amount received by her is

(1) Rs 494 (2) Rs 546
(3) Rs 506 (4) Rs 534

121. If two adjacent sides of a square paper are decreased by 20% and 40% respectively, by what percentage does the new area decrease?

(1) 52% (2) 60%
(3) 48% (4) 50%

122. Find the value of $\frac{547527}{82}$ if $\frac{547.527}{0.0082} = x$.

(1) 100 x
(2) $\frac{x}{100}$
(3) $\frac{x}{10}$
(4) 10 x

123. The ratio of the side and height of an equilateral triangle is

(1) $2:\sqrt{3}$ (2) $\sqrt{3}:2$
(3) $2:1$ (4) $1:1$

124. In the given figure, PS = SQ = SR and $\angle SPQ = 54°$. Find the measure of $\angle x$.

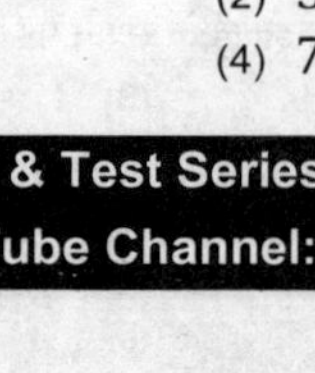

(1) $108°$ (2) $36°$
(3) $54°$ (4) $72°$

118. एक पूर्ण घन संख्या प्राप्त करने के लिए 68600 को किस सबसे छोटी संख्या से गुणा किया जाना चाहिए?

(1) 8 (2) 12 (3) 5 (4) 10

119. 'तीन खरीदने पर एक मुफ्त।' यहाँ दी गई छूट का प्रतिशत क्या है?

(1) 20% (2) 28.56%
(3) 33.33% (4) 25%

120. लतिका ने के चाय की केतली Rs 120 में और कपो का एक सेट Rs 400 में खरीदा। उसने केतली को 5% लाभ और कपो को 5% हानि पर बेच दिया। उसके प्राप्त राशि है-

(1) Rs 494 (2) Rs 546
(3) Rs 506 (4) Rs 534

121. यदि एक वर्गाकार कागज की दो आसन्न भुजाओं को क्रमशः 20% और 40% घटा दिया जाए, तो नया क्षेत्रफल कितने प्रतिशत घट जाएगा?

(1) 52% (2) 60%
(3) 48% (4) 50%

122. यदि $\frac{547.527}{0.0082} = x$ है, तो $\frac{547527}{82}$ का मान ज्ञात कीजिए।

(1) 100 x
(2) $\frac{x}{100}$
(3) $\frac{x}{10}$
(4) 10 x

123. समबाहु त्रिभुज की भुजा और ऊँचाई का अनुपात है

(1) $2:\sqrt{3}$ (2) $\sqrt{3}:2$
(3) $2:1$ (4) $1:1$

124. दिए गए चित्र में, PS = SQ = SR और $\angle SPQ = 54°$. $\angle x$ का मान ज्ञात कीजिए।

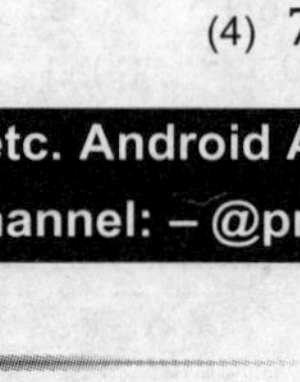

(1) $108°$ (2) $36°$
(3) $54°$ (4) $72°$

125. The fraction equivalent to 57.12% (approx.) is

(1) $\frac{357}{625}$

(2) $\frac{347}{625}$

(3) $\frac{349}{625}$

(4) $\frac{359}{625}$

125. 57.12% की तुल्य भिन्न है (लगभग)

(1) $\frac{357}{625}$

(2) $\frac{347}{625}$

(3) $\frac{349}{625}$

(4) $\frac{359}{625}$

126. 2x – 13, 2x – 11, 2x – 9, 2x – 7 are consecutive

(1) Odd numbers

(2) Natural numbers

(3) Prime numbers

(4) Even numbers

126. 2x – 13, 2x – 11, 2x – 9, 2x – 7 क्रमागत है

(1) विषम संख्याएँ

(2) प्राकृत संख्याएँ

(3) अभाज्य संख्याएँ

(4) सम संख्याएँ

127. When recast, the radius of an iron rod is made one – fourth. If its volume remains constant, then the new length will become

(1) 16 times of the original

(2) 4 times of the original

(3) $\frac{1}{4}$ times of the original

(4) $\frac{1}{16}$ times of the original

127. किसी लोहे की एक छड को पुनः ढालते हुए उसके अर्धव्यास को एक - चौथाई कर दिया जाता है। यदि उसका आयतन वही रहता है, तो उसकी नई लंबाई हो जाएगी

(1) मूल लंबाई की 16 गुना

(2) मूल लंबाई की 4 गुना

(3) मूल लंबाई की $\frac{1}{4}$ गुना

(4) मूल लंबाई की $\frac{1}{16}$ गुना

128. The value of $\sqrt{2+\sqrt{3}}+\sqrt{2-\sqrt{3}}$ is

(1) $2\sqrt{2}$ (2) $2\sqrt{3}$

(3) $\sqrt{6}$ (4) 6

128. $\sqrt{2+\sqrt{3}}+\sqrt{2-\sqrt{3}}$ का मान है

(1) $2\sqrt{2}$ (2) $2\sqrt{3}$

(3) $\sqrt{6}$ (4) 6

129. The perimeter of a trapezium is 52 cm and its each non-parallel side is equal to 10 cm with its height 8 cm. Its area is

(1) 124 cm^2 (2) 118 cm^2

(3) 128 cm^2 (4) 112 cm^2

129. एक समलंब का परिमाप 52 cm, उसकी प्रत्येक असमांतर भुजा की लंबाई 10 cm तथा इसकी ऊँचाई 8 cm है। इसका क्षेत्रफल है-

(1) 124 cm^2 (2) 118 cm^2

(3) 128 cm^2 (4) 112 cm^2

130. D and E are the mid-points of the sides AB and AC of ΔABC and O is any point on side BC. O is joined to A. If P and Q are the mid-points of OB and OC respectively, then DEQP is

(1) a square

(2) a rectangle

(3) a rhombus

(4) a parallelogram

130. D और E क्रमश: ΔABC की भुजा AB और AC के मध्य-बिंदु है तथा O भुजा BC पर कोई बिंदु है। O को A से मिलाया जाता है यदि P और Q क्रमश: OB और OC के मध्य-बिंदु है, तो DEQP है एक

(1) वर्ग

(2) आयत

(3) समचतुर्भुज

(4) समांतर चतुर्भुज

131. The decomposers in an ecosystem
(1) convert inorganic material, to simpler forms
(2) convert organic material to inorganic forms
(3) convert inorganic materials into organic compounds
(4) do not breakdown organic compounds

131. किसी पारितंत्र में अपघटक-
(1) अकार्बनिक पदार्थ को सरलतर रूप में बदल देते हैं
(2) जैव पदार्थ को अकार्बनिक रूप में बदल देते हैं
(3) अकार्बनिक पदार्थों को कार्बनिक यौगिकों में बदल देते हैं
(4) कार्बनिक यौगिकों का अपघटन नहीं करते।

132. Total earth's surface covered by water is
(1) 75% (2) 60%
(3) 85% (4) 50%

132. पृथ्वी के कुल धरातल का कितना भाग जल से ढका होता है?
(1) 75% (2) 60%
(3) 85% (4) 50%

133. If you live in an overcrowded and poorly ventilated house, it is possible that you may suffer from which of the following diseases
(1) Cancer
(2) AIDS
(3) Air borne diseases
(4) Cholera

133. यदि आप छोटे से भीडभाड वाले तथा कम हवादार घर में रह रहे हैं, तो आपको निम्नलिखित में से कौन-से रोग होने की संभावना हों सकती है?
(1) कैंसर
(2) एड्स
(3) वायुवाहित रोग
(4) हैजा

134. In a hydroelectric power plant more electrical power can be generated if water falls from a greater height because
(1) its temperature increases
(2) larger amount of potential energy is converted into kinetic energy
(3) the electricity content of water increases with height
(4) more water molecules dissociate into ions

134. किसी जल विद्युत् शक्ति संयंत्र में अधिक विद्युत् शक्ति उत्पन्न की जा सकती है यदि जल अधिक ऊँचाई से गिराया जाए, क्योंकि:
(1) इससे जल के ताप में वृद्धि हों जाती है
(2) विद्युत् उत्पन्न करने के लिए अधिक स्थितिज ऊर्जा उपलब्ध हों जाती है
(3) ऊँचाई में वृद्धि होने पर जल में विद्युत् की मात्र बढ़ती जाती है
(4) जल के अधिक अणु आयनों में वियोजित होते हैं

135. The atmosphere of the earth is heated by radiations which are mainly
(1) radiated by the sun
(2) re-radiated by land
(3) re-radiated by water
(4) re-radiated by land and water

135. पृथ्वी का वायुमंडल जिन विकिरणों द्वारा गरम् होता है वह मुख्यत हैं-
(1) सूरज से आने वाला विकिरण
(2) पृथ्वी से वापस होने वाला विकिरण
(3) जल से वापस विकिरण
(4) पृथ्वी तथा जल में विकिरण

136. Arabari forests of Bengal is dominated by
(1) Teak
(2) Sal
(3) Bamboo
(4) Mangroove

136. बंगाल के अराबाड़ी वनों में किसकी बहुलता पायी जाती है?
(1) चीड
(2) साल
(3) बाँस
(4) गरान (मैंग्रोव)

137. Areas with high density of biodiversity or mega diversity which are most threatened at present are known as

137. जैव विविधता या मेगा विविधता के उच्च घनत्व वाले क्षेत्र जो वर्तमान में सबसे अधिक खतरे में हैं, को किसके रूप में जाना जाता है

(1) Biosphere Reserves
(2) National Parks
(3) Biodiversity Hot Spots
(4) Wildlife Sanctuaries

138. As per 2011 census, the number of women per 1,000 men in India is?
(1) 923 (2) 943 (3) 933 (4) 953

139. World Biodiversity Day is celebrated on
(1) 22 May (2) 22 April
(3) 08 May (4) 05 June

140. Third five year plan of India failed because of
(1) Political situation in India
(2) Indo-China War
(3) Globalization
(4) None of these.

141. Full form of CBD is
(1) Conference on Biosphere Diversity
(2) Convention on Biological Diversity
(3) Committee of Biosphere Diversity
(4) Committee of Biological Diversity

142. Nagarhole National Park is located in
(1) Karnataka
(2) Uttarakhand
(3) Rajasthan
(4) Assam

143. Which social reformer reinterpreted verses from the Koran to argue for women's education in the second half of the nineteenth century?
(1) Begum Rokeya Hossain
(2) Sayyid Ahmed Khan
(3) None of these
(4) Mumtaz Ali

144. The innermost layer of the Earth is mainly made up of
(1) Silica and Iron
(2) Nickel and Alumina
(3) Silica and Alumina
(4) Nickel and Iron

145. Which one of the following features is a result of depositional work of a river?

(1) बायोस्फीयर रिजर्व
(2) राष्ट्रीय उद्यान
(3) जैव विविधता हॉट स्पॉट्स
(4) वन्यजीव अभयारण्य

138. 2011 की जनगणना के अनुसार, भारत में प्रति 1,000 पुरुषों की महिलाओं की संख्या है?
(1) 923 (2) 943 (3) 933 (4) 953

139. विश्व जैव विविधता दिवस मनाया जाता है
(1) 22 मई (2) 22 अप्रैल
(3) 08 मई (4) 05 जून

140. भारत की तीसरी पंचवर्षीय योजना किस वजह से असफल रही
(1) भारत में राजनीतिक स्थिति
(2) भारत-चीन युद्ध
(3) वैश्वीकरण
(4) इनमें से कोई नहीं।

141. CBD का पूरा नाम क्या है?
(1) Conference on Biosphere Diversity
(2) Convention on Biological Diversity
(3) Committee of Biosphere Diversity
(4) Committee of Biological Diversity

142. नागहरोल राष्ट्रीय उद्यान कहाँ स्थित है
(1) कर्नाटक
(2) उत्तराखंड
(3) राजस्थान
(4) असम

143. उन्नीसवीं शताब्दी के उत्तरार्ध में महिलाओं की शिक्षा के लिए किस सामाजिक सुधारक ने कुरान से छंदों का पुनर्मूल्यांकन किया?
(1) बेगम रोकेया हुसैन
(2) सय्यद अहमद खान
(3) इनमें से कोई नहीं
(4) मुमताज अली

144. पृथ्वी की सबसे आंतरिक परत मुख्यत: बनी है
(1) सिलिका एवं लोहे से
(2) निकल एवं एलुमिना से
(3) सिलिका एवं एलुमिना से
(4) निकल एवं लोहे से

145. निम्नलिखित में से कौन-सी एक आकृति नदी के निक्षेपण कार्य का परिणाम है?

(1) Meanders
(2) Ox-bow lake
(3) Waterfall
(4) Flood plain

(1) विसर्प
(2) चाप झील
(3) जलप्रपात
(4) बाढ़कृत मैदान

146. During an earthquake at what measurement on the Richter scale do things begin to fall?
(1) 6.0 or higher
(2) Over 7.0
(3) 2.0
(4) Over 5.0

146. किसी भूकंप के दौरान रिक्टर स्केल की किस तीव्रता पर वस्तुएँ गिरने लगती हैं?
(1) 6.0 या उससे अधिक
(2) 7.0 से अधिक
(3) 2.0
(4) 5.0 से अधिक

147. Which one of the following was introduced with the coming of British art in India during the colonial period?
(1) Mural art
(2) Oil painting
(3) Perspective
(4) Miniatures

147. औपनिवेशिक काल के दौरान भारत में ब्रिटिश कला के आने के साथ निम्नलिखित में से किस एक का चलन प्रारम्भ हुआ था?
(1) भिति कला
(2) तैल चित्र
(3) परिप्रेक्ष्य विधि
(4) लघुचित्र

148. Around 2000 years ago, Varanasi was a famous craft centre where Shrenis were
(1) Buddhist monasteries
(2) Associations of craftspersons and merchants
(3) Iron ploughshares used for agricultural production
(4) Coins that have designs punched on to the metal

148. लगभग 2000 वर्ष पहले वाराणसी एक प्रसिद्ध शिल्प केंद्र था जहाँ श्रेणी थे
(1) बौद्ध मठ
(2) शिल्पकारों और व्यापारियों के संघ
(3) कृषि उत्पादन के लिए प्रयुक्त लोहे के हलों के फाल
(4) धातु के सिक्के जिन पर आकृतियाँ बनाई जाती थीं

149. Which following is not one of the seven broad thematic areas of UNEP?
(1) climate change
(2) chemicals and waste
(3) endangered species
(4) resource efficiency

149. यूएनईपी के सात व्यापक विषयगत क्षेत्रों में से कौन सा निम्नलिखित नहीं है?
(1) जलवायु परिवर्तन
(2) रसायन और अपशिष्ट
(3) लुप्तप्राय प्रजातियां
(4) संसाधन दक्षता

150. National Biodiversity Authority of India was founded on
(1) 21 March 1994
(2) 16 February 2005
(3) 29 December 1993
(4) 1 October 2003

150. भारत की राष्ट्रीय जैव विविधता प्राधिकरण की स्थापना की गई थी
(1) 21 मार्च 1994
(2) 16 फरवरी 2005
(3) 29 दिसंबर 1993
(4) 1 अक्टूबर 2003

उत्तर पत्रिका / Answer Sheet – Kendriya Vidyalaya Sangathan

Name of the Candidate: ______________________ **Fathers' Name:** ________________

Roll Number: ________________, **Examination Centre:** ______________________

Paper of the Candidate: ______________________, **Test Booklet Code:** __________

Mark your Answer by shading the appropriate circle against each question. The circle should be shaded completely without leaving any space. The correct method of shading is given below.
प्रत्येक प्रश्न के सामने उचित वृत का चिन्हांकन करके अपना उत्तर लिखें। वृत्त को बिना कोई स्थान छोड़े चिन्हांकित करें। चिन्हांकित करने का सही तरीका नीचे दिया गया है।

Correct Method : सही तरीका : ○ ● ○ ○ Wrong Method : गलत तरीका : ⊠ ✓ ◉ ◑

001	① ② ③ ④	031	① ② ③ ④	061	① ② ③ ④	091	① ② ③ ④	121	① ② ③ ④
002	① ② ③ ④	032	① ② ③ ④	062	① ② ③ ④	092	① ② ③ ④	122	① ② ③ ④
003	① ② ③ ④	033	① ② ③ ④	063	① ② ③ ④	093	① ② ③ ④	123	① ② ③ ④
004	① ② ③ ④	034	① ② ③ ④	064	① ② ③ ④	094	① ② ③ ④	124	① ② ③ ④
005	① ② ③ ④	035	① ② ③ ④	065	① ② ③ ④	095	① ② ③ ④	125	① ② ③ ④
006	① ② ③ ④	036	① ② ③ ④	066	① ② ③ ④	096	① ② ③ ④	126	① ② ③ ④
007	① ② ③ ④	037	① ② ③ ④	067	① ② ③ ④	097	① ② ③ ④	127	① ② ③ ④
008	① ② ③ ④	038	① ② ③ ④	068	① ② ③ ④	098	① ② ③ ④	128	① ② ③ ④
009	① ② ③ ④	039	① ② ③ ④	069	① ② ③ ④	099	① ② ③ ④	129	① ② ③ ④
010	① ② ③ ④	040	① ② ③ ④	070	① ② ③ ④	100	① ② ③ ④	130	① ② ③ ④
011	① ② ③ ④	041	① ② ③ ④	071	① ② ③ ④	101	① ② ③ ④	131	① ② ③ ④
012	① ② ③ ④	042	① ② ③ ④	072	① ② ③ ④	102	① ② ③ ④	132	① ② ③ ④
013	① ② ③ ④	043	① ② ③ ④	073	① ② ③ ④	103	① ② ③ ④	133	① ② ③ ④
014	① ② ③ ④	044	① ② ③ ④	074	① ② ③ ④	104	① ② ③ ④	134	① ② ③ ④
015	① ② ③ ④	045	① ② ③ ④	075	① ② ③ ④	105	① ② ③ ④	135	① ② ③ ④
016	① ② ③ ④	046	① ② ③ ④	076	① ② ③ ④	106	① ② ③ ④	136	① ② ③ ④
017	① ② ③ ④	047	① ② ③ ④	077	① ② ③ ④	107	① ② ③ ④	137	① ② ③ ④
018	① ② ③ ④	048	① ② ③ ④	078	① ② ③ ④	108	① ② ③ ④	138	① ② ③ ④
019	① ② ③ ④	049	① ② ③ ④	079	① ② ③ ④	109	① ② ③ ④	139	① ② ③ ④
020	① ② ③ ④	050	① ② ③ ④	080	① ② ③ ④	110	① ② ③ ④	140	① ② ③ ④
021	① ② ③ ④	051	① ② ③ ④	081	① ② ③ ④	111	① ② ③ ④	141	① ② ③ ④
022	① ② ③ ④	052	① ② ③ ④	082	① ② ③ ④	112	① ② ③ ④	142	① ② ③ ④
023	① ② ③ ④	053	① ② ③ ④	083	① ② ③ ④	113	① ② ③ ④	143	① ② ③ ④
024	① ② ③ ④	054	① ② ③ ④	084	① ② ③ ④	114	① ② ③ ④	144	① ② ③ ④
025	① ② ③ ④	055	① ② ③ ④	085	① ② ③ ④	115	① ② ③ ④	145	① ② ③ ④
026	① ② ③ ④	056	① ② ③ ④	086	① ② ③ ④	116	① ② ③ ④	146	① ② ③ ④
027	① ② ③ ④	057	① ② ③ ④	087	① ② ③ ④	117	① ② ③ ④	147	① ② ③ ④
028	① ② ③ ④	058	① ② ③ ④	088	① ② ③ ④	118	① ② ③ ④	148	① ② ③ ④
029	① ② ③ ④	059	① ② ③ ④	089	① ② ③ ④	119	① ② ③ ④	149	① ② ③ ④
030	① ② ③ ④	060	① ② ③ ④	090	① ② ③ ④	120	① ② ③ ④	150	① ② ③ ④

परीक्षार्थी का नाम Name of candidate (In Capital Letters)	परीक्षार्थी के हस्ताक्षर Signature of candidate (In Running Hand)	परीक्षार्थी के बाएं अंगूठे का निशान Left hand thumb impression of the candidate	निरीक्षक के हस्ताक्षर Signature of invigilator (In Running Hand)
			Prateek Shivalik

Answer Key KVS Test Set - 17

Q	A	Q	A	Q	A	Q	A	Q	A	Q	A	Q	A	Q	A
1	1	**21**	3	**41**	4	**61**	4	**81**	1	**101**	3	**121**	1	**141**	2
2	1	**22**	4	**42**	1	**62**	2	**82**	3	**102**	3	**122**	3	**142**	1
3	2	**23**	3	**43**	1	**63**	2	**83**	1	**103**	3	**123**	1	**143**	4
4	1	**24**	3	**44**	2	**64**	2	**84**	4	**104**	3	**124**	2	**144**	4
5	4	**25**	3	**45**	4	**65**	4	**85**	3	**105**	3	**125**	1	**145**	4
6	2	**26**	2	**46**	2	**66**	3	**86**	3	**106**	2	**126**	1	**146**	4
7	1	**27**	4	**47**	2	**67**	2	**87**	3	**107**	2	**127**	1	**147**	2
8	3	**28**	2	**48**	1	**68**	2	**88**	4	**108**	1	**128**	3	**148**	2
9	1	**29**	2	**49**	3	**69**	2	**89**	2	**109**	3	**129**	3	**149**	3
10	3	**30**	2	**50**	3	**70**	3	**90**	3	**110**	1	**130**	4	**150**	4
11	1	**31**	3	**51**	1	**71**	1	**91**	1	**111**	1	**131**	2		
12	2	**32**	3	**52**	4	**72**	3	**92**	3	**112**	4	**132**	1		
13	2	**33**	3	**53**	2	**73**	4	**93**	3	**113**	1	**133**	3		
14	1	**34**	1	**54**	1	**74**	4	**94**	2	**114**	3	**134**	2		
15	1	**35**	4	**55**	4	**75**	1	**95**	2	**115**	2	**135**	4		
16	1	**36**	2	**56**	2	**76**	1	**96**	1	**116**	4	**136**	2		
17	4	**37**	3	**57**	1	**77**	3	**97**	3	**117**	1	**137**	3		
18	3	**38**	3	**58**	3	**78**	4	**98**	3	**118**	3	**138**	2		
19	3	**39**	2	**59**	3	**79**	3	**99**	2	**119**	4	**139**	1		
20	4	**40**	4	**60**	4	**80**	2	**100**	1	**120**	3	**140**	2		

Prateek Shivalik

KVS PRT

Code 18

इस परीक्षा पुस्तिका को तब तक न खोलें जब तक कहा न जाए।

Do not open this Test Booklet until you are asked to do so.

इस परीक्षा पुस्तिका के पिछले आवरण पर दिए गये निर्देशों को ध्यान से पढ़ें।

Read carefully the Instructions on the Back Cover of this Test Booklet.

परीक्षार्थियों के लिए निर्देश

1. OMR उत्तर पत्र इस परीक्षा के अन्दर रखा है। जब आपको परीक्षा पुस्तिका खोलने को कहा जाए, तो उत्तर पत्र निकाल कर पृष्ठ-1 एवं पृष्ठ-2 पर ध्यान से केवल नीले बॉल पॉइंट पेन से विवरण भरें।
2. परीक्षा की अवधि 2½ घंटे है एवं परीक्षा में 150 प्रश्न है। **कोई ऋणात्मक अंकन नहीं है।**
3. इस पृष्ठ पर विवरण अंकित करने एवं उत्तर पत्र पर निशान लगाने के लिए केवल नीले बॉल पॉइंट पेन का प्रयोग करें।
4. यह सुनिश्चित कर लें की इस पुस्तिका का संकेत, उत्तर पत्र के पृष्ठ पर छपे संकेत से मिलता है। यह भी सुनिश्चित कर लें की परीक्षा संख्या और उत्तर पत्र संख्या मिलते है। अगर यह भिन्न हों तो परीक्षार्थी दूसरी प्रश्न पुस्तिका और उत्तर पत्र लेने के लिए निरीक्षक को तुरन्त अवगत कराएँ।
5. **यदि अनुवाद में किसी भी प्रकार की कोई अस्पष्टा हो तो अंग्रेजी वाले पाठ को ही सही माना जायेगा।**
6. रफ कार्य परीक्षा पुस्तिका में इस प्रयोजन के लिए दी गई खाली जगह पर करें।
7. सभी उत्तर केवल OMR उत्तर पत्र पर ही अंकित करें। अपने उत्तर ध्यानपूर्वक अंकित करें। उत्तर बदलने हेतु श्वेत रंजक का प्रयोग निषिद्ध है।
8. प्रत्येक प्रश्न के सामने उचित वृत का चिन्हांकन करके अपना उत्तर लिखें। वृत्त को बिना कोई स्थान छोड़े चिन्हांकित करें।

INSTRUCTIONS FOR CANDIDATES

1. The OMR Answer Sheet is inside this Test Booklet. When you are directed to open the Test Booklet, take out the Answer Sheet and fill in the particulars on Side-1 and Side-2 carefully with blue ball point pen only.
2. The test is of 2½ hours duration and consists of 150 questions. **There is no negative marking.**
3. Use Blue Ball Point Pen only for writing particulars on this page / marking responses in the Answer Sheet.
4. Make sure that the CODE printed on the Answer Sheet is the same as that on this booklet. Also ensure that your Test Booklet No. and Answer Sheet No. are the same. In case of discrepancy, the candidate should immediately report the matter to the Invigilator for replacement of both the Test Booklet and the Answer Sheet.
5. **In case of any ambiguity in translation, the English version will be deemed authentic.**
6. Rough work should be done only in the space provided in the Test Booklet for the same.
7. The answers are to be recorded on the OMR Answer Sheet only. Mark your responses carefully. No whitener is allowed for changing answers.
8. Mark your Answer by shading the appropriate circle against each question. The circle should be shaded completely without leaving any space.

परीक्षार्थी का नाम (बड़े अक्षरों में):
Name of the Candidate (in Capitals): ______________________

अनुक्रमांक (अंकों में):
Roll Number: (in figures): ______________________

(शब्दों में):
(in words): ______________________

परीक्षा केन्द्र (बड़े अक्षरों में) :
Centre of Examination (in Capitals): ______________________

परीक्षार्थी के हस्ताक्षर:
Candidate's Signature: ______________________

निरीक्षक के हस्ताक्षर :
Invigilator's Signature : ______________________

Facsimile signature stamp of
Centre Superintendent ______________________

1. Convert the given sentence into Direct / Indirect Speech

The old man of Latur said, "Alas, my only son is dead!"

(1) The old man of Latur exclaimed with sorrow that his only son was dead.
(2) The old man of Latur told with pain that his only son was dead.
(3) The old man of Latur expressed with anguish that his only son was dead.
(4) The old man of Latur sorrowfully narrated that his only son was dead.

2. Convert the given sentence into Active / Passive Voice

Don't speak until someone speaks to you.

(1) Don't speak until you are spoken to
(2) Don't speak until someone is spoken to
(3) Don't speak until you have been spoken to
(4) Don't speak until someone has been spoken to

3. Fill in the blank.

She was relieved to hear from the doctor that the tumour was not malignant; it was ______

(1) exposed
(2) benign
(3) discovered
(4) sizeable

4. The synonym of the given word is?

DOLEFUL

(1) mournful
(2) sober
(3) regretful
(4) cheerless

5. Choose the option which best expresses the meaning of the highlighted idiom/phrase in the sentence.

to "run one down"

(1) to be in a hurry
(2) to be weak and tired
(3) to disparage someone
(4) to run down a lane

6. Choose the one word which can be substituted for the given sentence/ words.

The study of religion and religious ideas and beliefs

(1) theocracy
(2) theosophy
(3) theology
(4) theism

7. Choose the correctly spelt word

(1) rennassance
(2) renaissance
(3) rennaiscence
(4) rennaissance

8. Which part of the following sentences has error in it?

The ebb and flow of the tides (P) are (Q) now understood (R). No error (S)

(1) P (2) Q (3) R (4) S

9. Which part of the following sentences has error in it?

The green paint on the wall (P) provides a suitable contrast (Q) with the yellow doors (R). No error (S)

(1) P (2) Q (3) R (4) S

10. Arrange the following jumbled part of the sentence in correct order.

1. An observation home is called a formicarium.

P. Then, if a small ant hill is dug up carefully, you will find the hump-backed queen.

Q. You will probably discover that you have some of the strange ant guests too.

R. It can be made of two panes of glass separated by strips of wood around the edges.

S. Put her in a jar with some of her workers, larvae and cocoons.

6. Carefully place them all in the formicarium.

(1) RPQS
(2) PQSR
(3) PSQR
(4) RPSQ

11. निष्कपट का संधि विच्छेद होगा
(1) नि:+कपट
(2) निश्+कपट
(3) निश:+कपट
(4) निष्क+कपट

12. "जिसने देश के साथ विश्वासघात किया हो" के लिए एक उपयुक्त शब्द है
(1) विश्वासघाती
(2) विद्रोही
(3) देशद्रोही
(4) बागी

13. निम्न में से कौन सा शब्द तत्सम् नहीं है
(1) आग
(2) आम्र
(3) अक्षि
(4) अस्थि

14. लाल–किला "एतिहासिक" स्थल है में विशेषण है
(1) गुणवाचक
(2) सार्वनामिक
(3) परिमाणवाचक
(4) कोई नहीं

15. "कृष्ण ने अर्जुन को समझाया।" में प्रयुक्त कारक है
(1) करण
(2) संबंध
(3) कर्म
(4) कोई नहीं

16. 'ज्ञ' संयुक्त व्यंजन किस शब्द के योग से बना है
(1) ज् + ञ
(2) ग् + ञ
(3) ग + ञ
(4) ज् + ञ

17. "सतसई" में समास है
(1) द्वन्द
(2) द्विगु
(3) बहुब्रीहि
(4) तत्पुरुष

18. सुलभ में कौन सा उपसर्ग है?
(1) सु
(2) स्व
(3) स
(4) सह

19. प्यास में कौन सा प्रत्यय है?
(1) यास
(2) स
(3) आस
(4) सभी

20. निम्न में से किस शब्द की वर्तनी शुद्ध है?
(1) आभूषण
(2) आभूषन
(3) आभूशन
(4) आभूषड़

Space for Rough Work / कच्चे कार्य के लिए स्थान

21. Synonym of Internet is
(1) Gopher
(2) Intranet
(3) Cyber Space
(4) World Wide Web (WWW)

21. इंटरनेट का समानार्थी है
(1) गोफर
(2) इंट्रानेट
(3) साइबर स्पेस
(4) वर्ल्ड वाइड वेब (डब्ल्यू डब्ल्यू डब्ल्यू)

22. The most crucial portion of any computer is the _____.
(1) I/O Unit
(2) Hard Disk
(3) CPU
(4) Memory

22. किसी भी कंप्यूटर का सबसे महत्वपूर्ण हिस्सा _____ है।
(1) आई / ओ यूनिट
(2) हार्ड डिस्क
(3) सीपीयू
(4) मेमोरी

23. Expansion of RDBMS is
(1) Repairable Database Management System
(2) Relational Database Management System
(3) Relational Database Memory System
(4) Recurring Database Memory System

23. आरडीबीएमएस का विस्तार है
(1) Repairable Database Management System
(2) Relational Database Management System
(3) Relational Database Memory System
(4) Recurring Database Memory System

24. Which command is not used to switch off the computer?
(1) Turn off
(2) Log off
(3) Shut Down
(4) Hibernate

24. कंप्यूटर को बंद करने के लिए किस कमांड का उपयोग नहीं किया जाता है?
(1) बंद करें
(2) लॉग ऑफ करें
(3) बंद करो
(4) हाइबरनेट

25. Pick the odd one out.
(1) Floppy Disk
(2) ROM
(3) DVD
(4) Hard Disk

25. भिन्न एक को चुनें।
(1) फ्लॉपी डिस्क
(2) रोम
(3) डीवीडी
(4) हार्ड डिस्क

26. Which was the first super computer purchased by India for medium range weather forecasting?
(1) CrayXMP-14
(2) Medha - 930
(3) CDC Cyber 930-11
(4) Param

26. मध्यम श्रेणी मौसम पूर्वानुमान के लिए भारत द्वारा खरीदा गया पहला सुपर कंप्यूटर कौन सा था?
(1) CrayXMP -14
(2) मेधा - 9 30
(3) सीडीसी साइबर 930-11
(4) परम

27. Which was the first electronic computer constructed at the Moore School of Engineering '?
(1) EOVAC
(2) ONIVAC
(3) ENIAC
(4) EDSAC

27. मूर स्कूल ऑफ इंजीनियरिंग में निर्मित पहला इलेक्ट्रॉनिक कंप्यूटर कौन सा था?
(1) ईओवैक
(2) ओनिवैक
(3) ईनीएक
(4) एडसैक

28. What type of information system would be recognised by digital circuits?
(1) Binary system
(2) Both hexadecimal and binary system
(3) Only Roman system
(4) Hexadecimal system

28. डिजिटल सर्किट द्वारा किस तरह की सूचना प्रणाली को पहचाना जाएगा?
(1) बाइनरी प्रणाली
(2) हेक्साडेसिमल और बाइनरी सिस्टम दोनों
(3) केवल रोमन प्रणाली
(4) हेक्साडेसिमल प्रणाली

29. Which of the following is an impact printer?
(1) Ink-jet printer
(2) Bubble-jet printer
(3) Laser printer
(4) Daisy wheel printer

29. इनमें से कौन सा प्रभाव प्रिंटर है?
(1) इंक जेट प्रिंटर
(2) बबल-जेट प्रिंटर
(3) लेजर प्रिंटर
(4) डेज़ी व्हील प्रिंटर

30. In the binary language, each letter of the alphabet, each number and each special character is made up of a unique combination of
(1) 8 bytes
(2) 8 KB
(3) 8 characters
(4) 8 bits

30. इनमें बाइनरी भाषा में, वर्णमाला का प्रत्येक अक्षर, प्रत्येक संख्या और प्रत्येक विशेष वर्ण के एक अद्वितीय संयोजन से बना होता है
(1) 8 बाइट्स
(2) 8 केबी
(3) 8 वर्ण
(4) 8 बिट्स

Space for Rough Work / कच्चे कार्य के लिए स्थान

General Awareness

31. Which of the following rate is charged by banks to their most credit worthy customers?
(1) Prime Lending Rate
(2) Statutory Liquidity Rate
(3) Bank Rate
(4) Repo Rate

31. निम्न में से कौन सी दर बैंकों द्वारा ऋण के लिए अपने सबसे योग्य ग्राहकों से वसूली जाती है?
(1) न्यूनतम उधार दर
(2) वैधानिक तरलता दर
(3) बैंक दर
(4) रेपो दर

32. Which of the following is a feature of federal Government?
(1) Supremacy of Parliament
(2) Supremacy of Judiciary
(3) Division of powers between federal and state Government
(4) Single citizenship

32. निम्नलिखित में से कौन सी संघीय सरकार की एक विशेषता है?
(1) संसद की सर्वोच्चता
(2) न्यायपालिका की सर्वोच्चता
(3) संघीय और राज्य सरकार के बीच शक्तियों का विभाजन
(4) एकल नागरिकता

33. Who was the founder of the Ghadar Party?
(1) Basant Kumar Biswas
(2) Sohan Singh Bhakna
(3) Ram Prasad Bismil
(4) Bhagat Singh

33. ग़दर पार्टी के संस्थापक कौन थे?
(1) बसंत कुमार बिस्वास
(2) सोहन सिंह भक्ना
(3) राम प्रसाद बिस्मिल
(4) भगत सिंह

34. Himalayan mountain range falls under which type of mountains?
(1) Block Mountain
(2) Residual Mountain
(3) Accumulated Mountain
(4) Fold Mountain

34. हिमालय पर्वत श्रृंखला किस पर्वत के अंतर्गत आता है?
(1) ब्लॉक माउटेन
(2) अवशिष्ट पर्वत
(3) संचित माउंटेन
(4) वलित पर्वत

35. UV rays coming from Sun, majorly causes which cancer?
(1) Lungs cancer (2) Liver cancer
(3) Mouth cancer (4) Skin cancer

35. सूर्य से आने वाली पराबैंग्नीय किरणें, प्रमुख रूप से किस कैंसर का कारण बनती है?
(1) फेफड़े का कर्करोग (2) यकृत का कर्करोग
(3) मुंह का कर्करोग (4) त्वचा का कर्करोग

36. What is the full form of RNA?
(1) Ribonucleic Acid
(2) Ribonitric Acid
(3) Ribonutrient Acid
(4) Reverse Nucleic Acid

36. आर.एन.ए का पूरा रूप क्या है?
(1) राइबो न्यूक्लिक एसिड
(2) राइबो नाइट्रिक एसिड
(3) राइबोन्यूट्रेंट एसिड
(4) रिवर्स न्यूक्लिक एसिड

37. What is the SI unit of temperature?
(1) Kelvin (2) Joule
(3) Celsius (4) Fahrenheit

37. तापमान की एसआई मात्रक क्या है?
(1) केल्विन (2) जूल
(3) सेल्सियस (4) फारेनहाइट

38. What is nature of pH of Milk?

38. दूध पी.एच. की प्रकृति क्या है?

(1) Slightly Acidic
(2) Slightly Basic
(3) Highly Acidic
(4) Highly Basic

(1) थोड़ा अम्लीय
(2) थोड़ा क्षारीय
(3) उच्च अम्लीय
(4) अत्यधिक क्षारीय

39. Kyoto Protocol's (an international treaty to reduce greenhouse gas emissions) first meeting was held at which country?

Options:
(1) Germany
(2) Japan
(3) USA
(4) Switzerland

39. क्योटो प्रोटोकॉल (ग्रीनहाउस गैस उत्सर्जन को कम करने के लिए एक अंतरराष्ट्रीय संधि) की पहली बैठक किस देश में हुई थी?
(1) जर्मनी
(2) जापान
(3) संयुक्त राज्य अमेरिका
(4) स्विट्जरलैंड

40. Who among the following devised the technique IVF (In vitro Fertilization)?
(1) Sir Frank Whittle
(2) Robert Edwards
(3) Edward Jenner
(4) Dr. Martin Cooper

40. निम्नलिखित में से किसने आईवीएफ (इन विट्रो फर्टिलाइजेशन) तकनीक की खोज की थी?
(1) सर फ्रैंक व्हाल्ट
(2) रॉबर्ट एडवर्ड्स
(3) एडवर्ड जेनर
(4) डा. मार्टिन कूपर

Space for Rough Work / कच्चे कार्य के लिए स्थान

Reasoning

41. In the Venn figures, chose the one which show the relationship between given objects

Page, Chapter and Book?

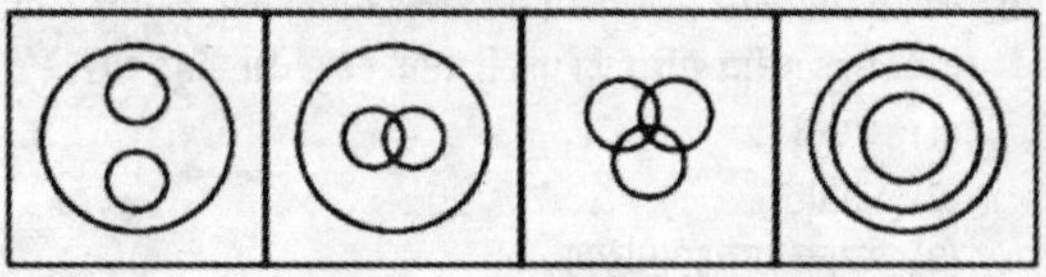

(1) (2) (3) (4)

42. What is the smallest number of ducks that could swim in the given formation-two ducks in front of the duck, two ducks behind the duck and a between two ducks?

(1) 3 (2) 5 (3) 7 (4) 9

43. What number should come in the place of "?"

(1) 660 (2) 670
(3) 710 (4) 780

44. P, Q, R, S, T, U, V and W are sitting round the circle and are facing the center. P is second to the right of T who is also the neighbor of R and V. S is not the neighbor of P. V is the neighbor of U. Q is not between S and W. W is not between U and S. Which of the following statement is correct?

(1) P is to the immediate right of Q
(2) R is between U and V
(3) Q is to the immediate left of W
(4) U is between W and S

45. If P + Q means P is the brother of Q. P × Q means P is the father of Q and P - Q means P is the sister of Q. Which of the following relations shows that I is the niece of K?

(1) K + Y × I – Z
(2) K + Y × Z – I
(3) Z – I × Y + K
(4) K × Y + I – Z

46. Here are some words translated from an artificial language.

41. दी गयी वेन आकृतियों में से वह चुनें जो प्रश्न में दिए गए वर्गों के सम्बन्ध को सही प्रकार से दर्शाते हैं

पृष्ठ, अध्याय तथा पुस्तक

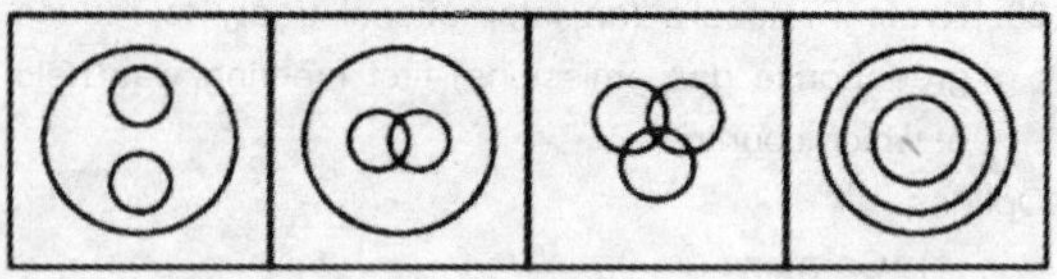

(1) (2) (3) (4)

42. बत्तखों की वह छोटी से छोटी संख्या क्या है जो दी गए रचना में तैर रहे हो-बत्तख के दो आगे बत्तख, बत्तख के दो पीछे बत्तख तथा दो बत्तखों के मध्य में एक बत्तख हो?

(1) 3 (2) 5 (3) 7 (4) 9

43. "?" के स्थान पर कौन सी संख्या आनी चाहिये?

(1) 660 (2) 670
(3) 710 (4) 780

44. P, Q, R, S, T, U, V और W वृत्त के चारो ओर केंद्र कि तरफ़ मुँह करके बैठे है। P, T के दायें से दुसरा है, जो कि R और V.का पडोसी भी है। S, P.का पडोसी नहीं है। V, U.का पडोसी है। Q,S तथा W.के मध्या में नहीं है। W, U तथा S.के मध्य में नहीं है। इनमें से कौन-सा कथन सही है?

(1) P, Q के ठीक दायीं ओर है।
(2) R, U तथा V के मध्य में है।
(3) Q,W के ठीक बायीं ओर है।
(4) U, W तथा S के मध्य में है।

45. यदि P + Q का अर्थ P, Q का भाई है, P × Q का अर्थ P, Q का पिता है तथा P – Q का अर्थ P, Q कि बहन है इनमें से कौन सा संबंध यह दर्शाता है कि I, K की भतीजी है?

(1) K + Y × I – Z
(2) K + Y × Z – I
(3) Z – I × Y + K
(4) K × Y + I – Z

46. यहाँ कुछ शब्द को कृत्रिम भाषा से अनुवाद किया गया है।
Migenlasan का मतलब Cupboard

Migenlasan means Cupboard
Lasanpoen means Boardwalk
Cuopdansa means Pullman
Which word could mean "Walkway"?

(1) Poenmigen (2) Cuopeisel
(3) Lasandansa (4) Poenforc

47. The next number in the given series will be

2, 2, 5, 13, 28, ?

(1) 49 (2) 50
(3) 51 (4) 52

48. Radha moves towards South-East and travels a distance of 7 km, then she moves towards West and travels a distance of 14 km. From here she moves towards North- West and travels a distance of 7 km and finally she moves a distance of 4 km towards east. How far is she now from the starting point?

(1) 3 km (2) 4 km
(3) 10 km (4) 11 km

49. Amit said - "This girl is the wife of the grandson of my mother". How is Amit related to girl?

(1) Brother
(2) Grandfather
(3) Husband
(4) Father-in-law

50. From the four positions of a dice given below, find the colour which is opposite to yellow?

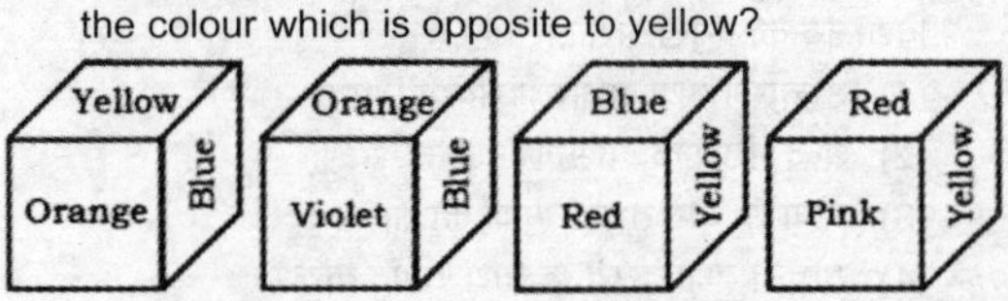

(1) Violet (2) Red
(3) Pink (4) Blue

Lasanpoen का मतलब Boardwalk
Cuopdansa का मतलब Pullman
कौन से शब्द का अर्थ "Walkway" हो सकता है?

(1) Poenmigen (2) Cuopeisel
(3) Lasandansa (4) Poenforc

47. दी गई श्रृंखला में अगली संख्या क्या होगी?

2, 2, 5, 13, 28, ?

(1) 49 (2) 50
(3) 51 (4) 52

48. राधा 7 किमी की दूरी दक्षिण-पूर्व की दिशा में चलती है, तब वह पश्चिम की ओर मुड़कर 14 किमी की दूरी तय करती है। यहाँ से वह उत्तर-पश्चिम की ओर मुड़कर 7 किमी की दूरी तय करती है तथा अंततः पूरब की ओर मुड़कर 4 किमी की दूरी तय करती है। अब वह अपने प्रारम्भिक बिंदु से कितनी दूरी पर है?

(1) 3 किमी (2) 4 किमी
(3) 10 किमी (4) 11 किमी

49. अमित ने कहा-"यह बालिका मेरे माँ के पोते की पत्नी है" अमित उस बालिका से किस प्रकार संबंधित है?

(1) भाई
(2) दादा
(3) पति
(4) ससुर

50. दिए गए किसी पासे के चार आसन से, ज्ञात करें कि पीले रंग के विपरीत कौन सा रंग है।

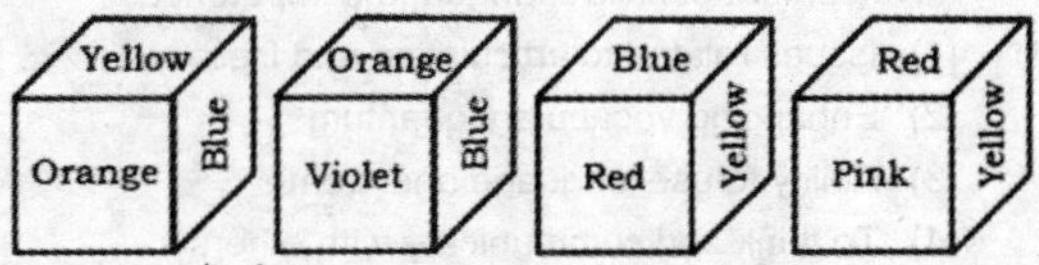

(1) बैंगनी (2) लाल
(3) गुलाबी (4) नीला

Space for Rough Work / कच्चे कार्य के लिए स्थान

51. Students usually admire a teacher who
(1) makes students pass with good marks.
(2) does not scare his students.
(3) understands the needs of the students.
(4) is friendly with all students.

51. छात्र आम तौर पर वैसे शिक्षक के प्रशंसक होते हैं जो
(1) छात्रों को अच्छे अंकों के साथ पास कराता है
(2) अपने छात्रों को डराता नहीं
(3) छात्रों की जरूरतों को समझता है
(4) सभी छात्रों के साथ दोस्ताना व्यवहार रखता है

52. The central idea/s in constructivist views of learning is/are:
I. Learners are active in constructing their own knowledge
II. Prior knowledge and beliefs of students are key inputs
III. Teachers have deep conceptual knowledge
IV. Social interactions are important in knowledge construction
(1) (I) and (II)
(2) (I) and (IV)
(3) (I), (II) and (III)
(4) (I), (II) and (IV)

52. अधिगम की रचनावादी दृष्टि से केन्द्रीय विचार है/हैं:
I. शिक्षार्थी अपने स्वयं का ज्ञान बनाने में सक्रिय रहते हैं।
II. छात्रों का पूर्व ज्ञान और विश्वास मुख्य आदान है।
III. अध्यापकों का संकल्पनात्मक ज्ञान गहरा होता है।
IV. ज्ञान निर्माण में सामाजिक परस्पर- क्रियाएँ आवश्यक होती हैं।
(1) (I) और (II)
(2) (I) और (IV)
(3) (I), (II) और (III)
(4) (I), (II) और (IV)

53. In which of the following curricular approaches, the learner enjoys maximum autonomy?
(1) Subject centred approach
(2) Teacher Centred approach
(3) Activity Centred approach
(4) Experience Centred approach

53. पाठ्चर्या उपागमों में से किस उपागम में शिक्षार्थी को अधिकतम स्वतंत्रता मिलती है?
(1) विषय केन्द्रित उपागम
(2) अध्यापक केन्द्रित उपागम
(3) क्रिया केन्द्रित उपागम
(4) अनुभव केन्द्रित उपागम

54. What is not a major concern of the school on the development of child's language competence?
(1) Issues related to articulation and literacy
(2) Enhancing vocabulary quantum
(3) Ability to use language and create
(4) To think and communicate with others

54. निम्नलिखित में से कौन बच्चे की भाषा समर्थता के विकास पर विद्यालय का प्रमुख सरोकार नहीं है?
(1) उच्चारण तथा साक्षरता संबंधी विषय
(2) शब्द भंडार का परिमाण बढ़ाना
(3) भाषा उपयोग तथा निर्माण की क्षमता
(4) सोचना तथा दूसरों के साथ संवाद करना

55. Which of the following best describes the effect of heredity upon development?
(1) Heredity determines how far we will go
(2) It determines how far we can go
(3) It is the prime determinant of how far we will go
(4) It is the prime determinant of how far we can go

55. निम्नलिखित में से कौन विकास में आनुवंशिकता के प्रभाव का सर्वाधिक उपयुक्त वर्णन करता है?
(1) आनुवंशिकता यह तय करती है कि हम कहाँ तक जाएंगे।
(2) यह इस बात को तय करती है कि हम कहाँ तक जा सकते है।
(3) यह इस बात का मुख्य निर्धारक है कि हम कहाँ तक जाएंगे।
(4) यह इस बात का मुख्य निर्धारक है कि हम कहाँ तक जा सकते हैं।

56. Which of the following are being needs' in Maslow's (1970) hierarchy of needs?
I. esteem needs

56. मॉस्लो (1970) के आवश्यकता सोपान में निम्नलिखित में से कौन सी आवश्यकता 'अस्तित्व हेतु आवश्यकता' है?
I. सम्मान संबंधी आवश्यकता

II. cognitive needs
III. aesthetic needs
IV. love and belongingness
(1) (I) and (III)
(2) (II) and (III)
(3) (I) and (IV)
(4) (I), (III) and (IV)

II. ज्ञानात्मक आवश्यकता
III. सौन्दर्यापरक आवश्यकता
IV. प्रेम और आत्मीयता
(1) (I) और (III)
(2) (II) और (III)
(3) (I) और (IV)
(4) (I), (III) और (IV)

57. Which of the following are important barriers in the equalisation of educational opportunities?
I. Differences in economic states of learner
II. Gender disparities
III. Common school system
IV. Differences in the standards of educational institutions
(1) I and IV
(2) I, II and III
(3) I, II and IV
(4) I, II, III and IV

57. निम्नलिखित में से कौन शिक्षा के अवसर में समानता की महत्वपूर्ण बाधाएँ है?
I. शिक्षार्थी की आर्थिक स्थिति में अन्तर
II. जेंडर असमानता लिंग भेद
III. सर्वजनीन विद्यालय प्रणाली
IV. शैक्षिक संस्थानों के मानकों में अन्तर
(1) I और IV
(2) I, II और III
(3) I, II और IV
(4) I, II, III और IV

58. The best kind of organizational climate can be found in the administration which is characterized as ______.
(1) Laissez-fair
(2) Autocratic
(3) Democratic
(4) Participatory

58. जिस प्रशासन में सर्वोत्तम संगठनात्मक वातावरण पाया जाता है, वह कहलाता है:
(1) उन्मुक्त
(2) एकतंत्रीय
(3) लोकतंत्रीय
(4) सहभागीकारी

59. Continuous and Comprehensive Evaluation (CCE) implies:
(1) Trimester based examination system
(2) Cumulative assessment of all learning activities throughout the year
(3) Semester based examination system
(4) Year end annual examination system

59. सतत् एवं समग्र मूल्यांकन द्वारा तात्पर्य है:
(1) त्रिमेस्टर आधारित परीक्षा प्रणाली
(2) वर्ष भर की गई सभी अधिगम गतिविधियों का संचयी आकलन
(3) सेमेस्टर आधारित परीक्षा प्रणाली
(4) वर्ष अंत वार्षिक परीक्षा प्रणाली

60. What is the greatest disadvantage of restricting the use of library to one period a week?
(1) It could be better utilized for enjoying nature or playing in the ground.
(2) One useful period is snatched away from study of important subjects.
(3) Seldom allows children to cultivate a taste for reading.
(4) One period is wasted in looking at books only.

60. पुस्तकालय के प्रयोग को सप्ताह में केवल एक कालांश तक सीमित करने की सबसे बड़ी हानि क्या होती है?
(1) इसका प्रकृति का आनंद लेने अथवा मैदान में खेलने हेतु बेहतर उपयोग हो सकता है
(2) महत्वपूर्ण विषयों के अध्ययन से एक उपयोगी कालांश छीन लिया जाता है।
(3) यह बालकों में पढ़ने की सुरुचि (टेस्ट) को विरले ही संभव बनाता है।
(4) पुस्तकों को देखने में ही एक कालांश व्यर्थ चला जाता है।

61. A teacher would become more effective if:
(1) he/she uses good instructional aids.

61. कोई शिक्षक बहुत प्रभावी हो सकता है यदि:
(1) वह अच्छी शिक्षण सहायक सामग्री का उपयोग करें

(2) he/she helps students to ask question.
(3) he/she helps students to achieve mastery learning.
(4) students score high marks.

(2) वह विद्यार्थियों की प्रश्न पूछने में सहायता करें
(3) वह विद्यार्थियों को प्रवीणता में सहायता करें
(4) उसके विद्यार्थी उच्च अंक प्राप्त करते हों

62. Social maturity is best characterized by:
(1) ability to win friends and influence people
(2) a high level of personal adjustment
(3) a high degree of social competence
(4) a high degree of integration of one's needs and purposes with those of the social order

62. सामाजिक परिपक्वता के गुण को सर्वाधिक उपयुक्त ढंग से निम्न प्रकार वर्णन किया जा सकता है:
(1) मित्रों को जीतने तथा लोगों को प्रभावित करने की योग्यता
(2) उच्च स्तर का वैयक्तिक समायोजन
(3) उच्च स्तर की सामाजिक समर्थता
(4) व्यक्तिगत आवश्यकताओं तथा प्रयोजनों का सामाजिक आवश्यकताओं एवं उद्देश्यों से उच्च समन्वय

63. A generalised view or characteristics that ought to be possessed by women and men constitutes:
(1) gender roles
(2) gender identity
(3) gender disparity
(4) gender stereotypes

63. सामान्यीकृत विचार तथा विशेषताएँ जो एक पुरुष तथा महिला में होनी चाहिए, निम्न में से क्या है?
(1) जेंडर भूमिका
(2) जेंडर समानता
(3) जेंडर असमानता
(4) जेंडर रूढ़ धारणा

64. The concept of IEP (Individualized Education Plan) is not based on the idea of:
(1) current strengths of the learner
(2) individual goals to be achieved
(3) use of cooperative learning strategy
(4) separating children on the basis of ability grouping

64. व्यक्तिगत शिक्षा योजना (आई.ई.पी.) निम्न में से किस विचार पर आधारित नहीं है?
(1) शिक्षार्थी की वर्तमान विशेषताएँ
(2) प्राप्त किये जाने वाले व्यक्तिगत लक्ष्य
(3) सहकारी अधिगम कार्यनीति का उपयोग
(4) योग्यताधारित समूहीकरण के आधार पर विद्यार्थियों का श्रेणीकरण करना

65. Identification of learning gaps of children and plugging them is done through:
(1) Team teaching
(2) Reflective teaching
(3) Remedial teaching
(4) Re-teaching

65. निम्न में से किसके द्वारा अधिगम अंतराल की पहचान तथा इसका निराकरण किया जाता है?
(1) टीम अध्यापन
(2) विमशपूर्ण अध्यापन
(3) उपचारी अध्यापन
(4) पुनर्अध्यापन

66. What cannot be visualized as a role of the teacher in teaching through problem solving?
(1) Creating the problem situation.
(2) Assist students in perceiving, defining and stating the problem.
(3) Assist students in finding appropriate solution to the problems.
(4) Create fear free atmosphere in the class.

66. समस्या समाधान के द्वारा अध्यापन में निम्न में से कौन शिक्षक की भूमिका के रूप में सामने नहीं आता है?
(1) समस्या की स्थिति का निर्माण करना।
(2) समस्या को समझने, परिभाषित करने तथा कहने में विद्यार्थी की सहायता करना।
(3) समस्या के समुचित समाधान प्राप्त करने में विद्यार्थियों की सहायता करना।
(4) कक्षा में भय मुक्त वातावरण का निर्माण करना।

67. Students learn more by
(1) doing
(2) seeing/observing
(3) reading

67. छात्र कैसे ज्यादा सीखते हैं।
(1) करने
(2) देखने
(3) पढ़ने

(4) listening

(4) सुनने

68. While teaching as per a lesson plan, generally teachers give least weightage to:
(1) Testing previous knowledge
(2) Motivatory questions
(3) Presentation
(4) Blackboard writing

68. पाठ योजना के अनुसार पढ़ाते समय आमतौर पर अध्यापक किसे कम महत्व देते हैं?
(1) पूर्ववर्ती ज्ञान की जाँच
(2) प्रेरणात्मक प्रश्न
(3) प्रस्तुतीकरण
(4) ब्लैकबोर्ड लेखन

69. To develop the virtue of compassion in students, a teacher would
(1) show them the behavior of kind persons.
(2) tell them its importance.
(3) arrange academic activities related to compassion in school.
(4) give various examples in this regard.

69. छात्रों में संवेदना का गुण विकसित करने के लिए शिक्षक को क्या करना चाहिए?
(1) वह उन्हें दयालु व्यक्तियों का आचरण दिखाए
(2) उन्हें इसके महत्व के बारे में बताए
(3) संवेदना से जुड़ी शैक्षणिक गतिविधियों की स्कूल में व्यवस्था करे
(4) इस बारे में अनेक उदाहरण दे

70. Which one of the following do you consider as a major reason for growing indiscipline in schools?
(1) Impact of students unions.
(2) Lack of effective guidance.
(3) Political inference.
(4) Interference of parents / guardians.

70. निम्नलिखित में से किसे आप स्कूलों में बढ़ती अनुशासनहीनता का एक प्रमुख कारण मानते हैं?
(1) छात्र संघों का प्रभाव
(2) असरदार मार्गदर्शन की कमी
(3) राजनीतिक हस्तक्षेप
(4) माता – पिता / अभिभावकों की दखलंदाजी

Space for Rough Work / कच्चे कार्य के लिए स्थान

71. In second language learning, children require 'comprehensible input' which means moving from:

(1) Whole to part.
(2) Part to whole.
(3) Meaning to structure.
(4) Structure to meaning.

72. Which one of the following tasks in a language classroom promotes a child's active participation?

(1) Children memorizing the meanings of difficult words from a text.
(2) Children practicing the correct pronunciation of words in chorus.
(3) Children carefully writing down the answers from the black-board.
(4) Children working in groups and preparing for a role play.

73. As a language teacher your most important role is:

(1) To complete the prescribed textbook in time.
(2) To get the students secure good marks.
(3) To complete the syllabus in time.
(4) To develop the ability of children to use language.

74. Language games are effective in learning language because:

(1) They allow students to practice language skills.
(2) Active students will positively participate in such activities.
(3) They save time and energy of teachers.
(4) They are not very expensive.

75. Error analysis should be carried out by a language teacher to:

(1) Scold students for repeating the mistakes again and again.
(2) Inform parents that their wards are not paying attention in the class.
(3) Find out the errors of learners and ask them to write each error ten times.
(4) Gain information on common difficulties of learners in language learning.

Instruction (Q.No.76–80): Study the following paragraph and answer the questions that follow.

"If I had what he [or she] has, then I'd be happy." We've all had such thoughts. When I lived in an apartment and had little money, I envied families who had a house and more money than I. When I bought my first house, I envied people who had bigger and nicer houses. When I drove a 1961 Studebaker, I envied those who drove newer and nicer cars. When I was unhappy in my marriage, I envied friends who had happy marriages. It seemed that no matter what I gained or acquired, there were always others I envied. I became a multimillionaire with a job that I loved and a family that I adored, yet there were times I found myself envying a high-school classmate who became a famous Director and billionaire. Then one day I reread Solomon's words on envy. He said envy was more destructive than anger. It is impossible to be happy and envious at the same time. I either had to find a way to deal with my envy, or I would never be consistently happy. Why? Envy takes your eyes off what you have and focuses your attention on what you don't have. It reflects an attitude of arrogance and entitlement. When you are envious, misery and ultimately depression reign supreme.

The seeds of envy reside in everyone's heart and mind. They need to be dealt with daily. Martin Luther once said, "You can't stop a bird from landing on your head, but you can stop him from building a nest on it." We cannot prevent envious thoughts from entering our hearts, but we can keep them from taking root. And the antidote is gratefulness. Gratefulness literally means to be full of gratitude. When your heart is full of gratitude, there is no room for envy to grow.

76. The statement, 'The seeds of envy reside in everyone's Heart' means that envy:

(1) Is universal.
(2) Is self-destructive.
(3) Robs us of our happiness.
(4) Is a dangerous emotion.

77. The antidote to envy is:
(1) Gratefulness
(2) Faithfulness
(3) Love
(4) Freedom

78. In which of the following sentences has the 'question tag' been correctly used?
(1) The seeds of envy reside in every heart, haven't they?
(2) The seeds of envy reside in every heart, didn't they?
(3) The seeds of envy reside in ever)' heart, aren't they?
(4) The seeds of envy reside in every heart, don't they?

79. The secret of being consistently happy lies in:
(1) Cultivating good habits.
(2) Curbing one's desires.
(3) Leading a simple life.
(4) Overcoming envy

80. Envy focuses our attention on what:
(1) We have.
(2) We don't have.
(3) Others have.
(4) Others don't have.

भाषा विषय: हिन्दी

81. भाषा अर्जन से तात्पर्य है:
(1) किसी भी भाषा की लिपि की जानकारी
(2) किसी भी भाषा की वर्णमाला की जानकारी
(3) परिवेश में मौजूद किसी भाषा को सहजता से ग्रहण करने की क्षमता
(4) किसी भी भाषा के व्याकरण की समझ

82. सात वर्षीय अनुश्री के पड़ोसी बच्चे अनुश्री की भाषा से भिन्न भाषाएँ बोलते हैं। उनके साथ खेलने - कूदने से:
(1) अनुश्री को सम्प्रेषण में परेशानी होगी
(2) अनुश्री का भाषिक विकास समृद्ध होगा
(3) अनुश्री का भाषिक विकास अवरुद्ध होने की संभावना है
(4) अनुश्री बोलने में संकोच का अनुभव करेगी

83. विद्यार्थियों के लेखन कौशल का आकलन करने के लिए सबसे अधिक प्रभावशाली गतिविधि कौन-सी है?
(1) पाठ देखकर प्रश्नों के उत्तर लिखवाना
(2) अध्यापक द्वारा बोले जा रहे अनुच्छेद को लिखने के लिए कहना
(3) अध्यापक द्वारा श्यामपट्ट पर लिखे गए निबंध को उतरवाना
(4) विद्यार्थियों को अपने अनुभव डायरी में लिखने के लिए कहना

84. 'सुनना' कुशल के बारे में कौन - सा कथन उचित है?
(1) चारों भाषाई कौशलों में 'सुनना' सर्वाधिक रूप से महत्वपूर्ण हो सकता है
(2) 'सुनने' से भाषा के नियमों को आत्मसात नहीं किया जा सकता
(3) भाषा की नियमबद्ध व्यवस्था को समझने में 'सुनने' का विशेष महत्त्व है
(4) सुनना अपने आप में एक पृथक कौशल है

85. भाषा शिक्षण का उद्देश्य है:
(1) लिखित सामग्री के प्रति अपनी समझ बना पाना
(2) नवीन लेखकों की कृतियों के नाम जानना
(3) विभिन्न साहित्यकारों का जीवन परिचय प्राप्त करना
(4) भाषा के नियमों को कंठस्थ करना

निर्देश (Q.No.86–90): दिए गए गद्यांश को पढ़कर उसके नीचे लिखे प्रश्नों के सबसे उचित विकल्प को चुनिए।

एक लोकतांत्रिक समाज स्वतंत्रचेता व्यक्तियों का समूह होता है। ऐसा समूह जहाँ हर व्यक्ति अपनी स्वतन्त्र सत्ता रखता है। मगर वह किसी अन्य की स्वतंत्रता में अतिक्रमण नहीं करता। सबको अपने ही सामान मानता है और सबकी गरिमा का आदर करता है। इस आदर में सभी का एक - दूसरे के प्रति प्रेम - भाव शामिल होता है। ऐसा प्रेम - भाव जिसमें किसी दूसरे को मन, वचन और कर्म से पीड़ा पहुँचाने का कोई स्थान नहीं होता। क्या आज की हमारी शिक्षा मानवीय रिश्तों का यह भाव सिखाती है? समानता पुरुष और स्त्री के बीच, गोरे और काले के बीच, अलग - अलग धर्मों को मानने वालों के बीच सिखाने की बात जरूर शिक्षा की व्यवस्था करने वाले होते हैं। समाज में संपन्न भी होते हैं, विपन्न भी, धनी भी और निर्धन भी। हैसियत वाले और पिछड़े भी होते हैं। इसलिए इन सबके

बीच समानता का व्यवहार सिखाने की अपेक्षा भी शिक्षा - व्यवस्था से ही की जा सकती है। शिक्षा से यह भी अपेक्षा की जाती है कि समाज में अलगाव की भावना को तिरोहित करके सब में अपनत्व का भाव पैदा करे और ऐसे मानवीय रिश्तों की स्वस्थ भूमि तैयार करे जिसमें सामान रूप से अपने विकास के अवसर पा सकें।

86. हमें अपनी स्वतंत्रता के साथ-साथ:
(1) दूसरों की शिक्षा की व्यवस्था करनी चाहिए
(2) सभी को मानवीय रिश्तों का सबक सिखाना चाहिए
(3) दूसरों की स्वतंत्रता का सम्मान करना चाहिए
(4) अपनी गरिमा का भी ध्यान रखना चाहिए

87. 'मगर वह किसी अन्य स्वतंत्रता सत्ता का अतिक्रमण नहीं करता' वाक्य में 'अतिक्रमण' नहीं करने से तात्पर्य है:
(1) अधिकार नहीं मानना
(2) हस्तक्षेप नहीं करना
(3) आक्रमण नहीं करना
(4) अवहेलना नहीं करना

88. शब्दों के उस जोड़े को अलग कीजिए जो शेष से भिन्न हो:
(1) धनी – निर्धन
(2) पिछड़े - अंगड़े
(3) संपन्न – विपन्न
(4) समान – सम्मान

89. शिक्षा से अपेक्षा की जाती है कि वह:
(1) अपनेपन को बढ़ावा दे
(2) सभी को समान बनाए
(3) सभी को संपन्न बनाए
(4) सभी को स्वस्थ बनाए

90. अनुच्छेद के आधार पर कहा जा सकता है कि भारतीय समाज में:
(1) एकरूपता है
(2) सामाजिकता है
(3) समानता है
(4) विविधता है

Space for Rough Work / कच्चे कार्य के लिए स्थान

91. The radii of the wheel and axle are 20 cm and 5 cm, respectively. When the radius of the wheel is increased by x% without changing the radius of the axle, the new M.A is 6. What is the value of x?
(1) 25 (2) 50
(3) 75 (4) 100

91. पहिए और धुरी की त्रिज्याएँ क्रमशः 20 सेमी और 5 सेमी हैं। जब धुरा की त्रिज्या को बदले बिना पहिए की त्रिज्या x% बढ़ा दी जाती है, तो नया M.A 6 हो जाता है। x का मान क्या है?
(1) 25 (2) 50
(3) 75 (4) 100

92. Coal is formed from the remains of:
(1) vegetation only
(2) animals only
(3) both vegetation and animals
(4) neither vegetation nor animals

92. कोयला जिसके/जिनके अवशेषों से बनता है -
(1) केवल वनस्पति
(2) केवल जन्तु
(3) वनस्पति और जंतु दोनों
(4) न वनस्पति, न जंतु

93. Choose the correct statement about inflammable substances from the following.
(1) They have low ignition temperature and cannot catch fire easily.
(2) They have high ignition temperature and can catch fire easily.
(3) They have low ignition temperature and can catch fire easily.
(4) They have high ignition temperature and cannot catch fire easily.

93. निम्नलिखित से ज्वलनशील पदार्थों के बारे में सही बयान चुनें।
(1) उनके पास कम इग्निशन तापमान है और आसानी से आग नहीं पकड़ सकता है।
(2) उनके पास उच्च इग्निशन तापमान है और आसानी से आग पकड़ सकते हैं।
(3) उनके पास कम इग्निशन तापमान है और आसानी से आग पकड़ सकते हैं।
(4) उनके पास उच्च इग्निशन तापमान है और आसानी से आग नहीं पकड़ सकता है।

94. Green colour of leaves is due to presence of the pigment_____
(1) chlorophyll
(2) ribosomes
(3) mitochondira
(4) chloroplast

94. पत्तियों का हरा रंग किस वर्णक की मौजूदगी के कारण होता है।
(1) पर्णहरित
(2) राइबोसोम
(3) माइक्रोमीटर
(4) हरितलवक

95. In human beings, after fertilisation, the structure which gets embedded in the wall of uterus is:
(1) ovum
(2) embryo
(3) foetus
(4) zygote

95. मानवों में निषेचन के पश्चात जो संरचना गर्भाशय की भित्ति में अंत:स्थापित होती है, वह है –
(1) अंडाणु
(2) भ्रूण
(3) गर्भ
(4) जाइगोट (युग्मनज)

96. A brick is kept in three different ways on a table as shown in Fig. The pressure exerted by the brick on the table will be:

96. चित्र में दर्शाए अनुसार किसी मेज़ पर एक ही ईंट को तीन भिन्न-भिन्न प्रकार से रखा गया है| ईंट द्वारा मेज पर लगाया गया दाब

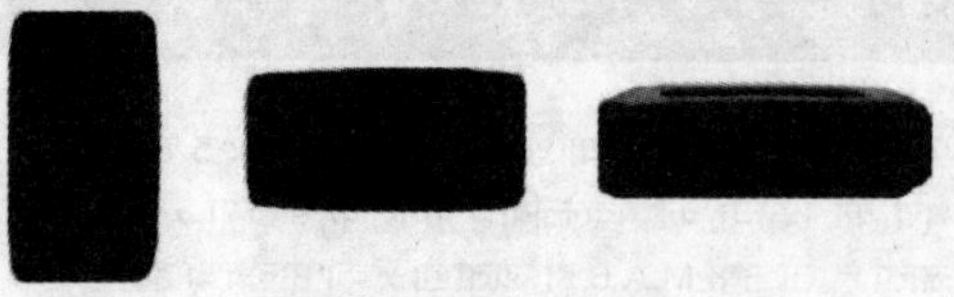

A B C

(1) maximum in position A
(2) maximum in position B
(3) maximum in position C
(4) equal in all cases

97. Two charged objects are brought close to each other then:
(1) they may attract
(2) they may repel
(3) they may attract or repel depending on the type of charges they carry
(4) there will be no effect

98. Sun appears to move from east to west around the earth. This means that earth rotates from:
(1) east to west
(2) west to east
(3) north to south
(4) west to north

99. A mixture of sulphur and carbon disulphide is
(1) heterogeneous and shows Tyndall effect
(2) homogeneous and shows Tyndall effect
(3) heterogeneous and does not show Tyndall effect
(4) homogeneous and does not show Tyndall effect

100. Dalton's atomic theory successfully explained
I. Law of conservation of mass
II. Law of constant composition
III. Law of radioactivity
IV. Law of multiple proportion
(1) I, II and III
(2) I, III and IV
(3) II, III and IV
(4) I, II and IV

101. Which of the following are covered by a single membrane?
(1) Mitochondria
(2) Vacuole

A B C

(1) स्थित A में अधिकतम होगा।
(2) स्थित B में अधिकतम होगा।
(3) स्थित C में अधिकतम होगा।
(4) सभी स्थितियों में समान होगा।

97. जब दो आवेशित वस्तुएं एक दुसरे के समीप लाई जाती हैं तो वे एक दूसरे को
(1) आकर्षित कर सकती हैं
(2) प्रतिकर्षित कर सकती हैं
(3) आकर्षित या प्रतिकर्षित कर सकती हैं जो इस बात पर निर्भर करेगा कि उन पर कौन सा आवेश है
(4) किसी प्रकार प्रभावित नहीं करेंगी

98. पृथ्वी के चारों ओर सूर्य पूर्व से पश्चिम की ओर गति करता प्रतीत होता है। इसका मतलब है कि पृथ्वी घूर्णन करती है:
(1) पूर्व से पश्चिम की ओर
(2) पश्चिम से पूर्व की ओर
(3) उत्तर से दक्षिण की ओर
(4) पश्चिम से उत्तर की ओर

99. सल्फर तथा कार्बन डाइसल्फाइड का एक मिश्रण है
(1) विषमांगी तथा टिंडल प्रभाव दर्शाता है
(2) समांगी तथा टिंडल प्रभाव दर्शाता है
(3) विषमांगी तथा टिंडल प्रभाव नहीं दर्शाता है
(4) समांगी तथा टिंडल प्रभाव नहीं दर्शाता है

100. डाल्टन के परमाणु सिद्धांत ने सफलतापुर्वक समझाया -
I. द्रव्यमान संरक्षण का नियम
II. स्थिर अनुपात का नियम
III. रेडियोएक्टिवता का नियम
IV. गुणित अनुपात का नियम
(1) I, II और III
(2) I, III और IV
(3) II, III और IV
(4) I, II और IV

101. निम्नलिखित में से किसके चारों ओर एकल झिल्ली का आवरण होता है?
(1) माइटोकॉन्ड्रिया
(2) रसधारी

(3) Lysosome
(4) Plastid

(3) लाइसोसोम
(4) लवक

102. Which is the correct sequence of air passage during inhalation?
(1) Nostrils → larynx → pharynx → trachea → lungs
(2) Nasal passage → trachea → pharynx → larynx → alveoli
(3) larynx → nostrils → pharynx → lungs
(4) Nostrils → pharynx → larynx → trachea → alveoli

102. अंत:श्वसन के दौरान वायु-प्रवाह का सही मार्ग कौन-सा है?
(1) नासाद्वार → कंठ → ग्रसनी → श्वसनली → फेफड़े
(2) नासाद्वार → श्वसनली → ग्रसनी → कंठ→कुपिकाएँ
(3) कंठ → नासाद्वार → ग्रसनी → फेफड़े
(4) नासाद्वार → ग्रसनी → कंठ → श्वसनली → कुपिकाएँ

103. Living cells were discovered by
(1) Robert Hooke
(2) Purkinje
(3) Leeuwenhoek
(4) Robert Brown

103. सजीव कोशिकाएँ निम्न के द्वारा खोजी गई-
(1) रॉबर्ट हुक
(2) पुर्किन्जे
(3) ल्यूवेनहों
(4) रॉबर्ट ब्राउन

104. Two objects of different masses falling freely near the surface of moon would
(1) have same velocities at any instant
(2) have different accelerations
(3) experience forces of same magnitude
(4) undergo a change in their inertia

104. चंद्रमा के पृष्ठ के निकट मुक्त रूप से गिरते विभिन्न द्रव्यमानों के दो पिंडों-
(1) के वेग किसी भी क्षण समान होंगे
(2) के विभिन्न त्वरण होंगे
(3) पर समान परिमाण के बल कार्य करेंगे
(4) के जडत्वों में परिवर्तन हों जाएँगे

105. Which one of the following is not the unit of energy?
(1) joule
(2) newton metre
(3) kilowatt
(4) kilowatt hour

105. निम्नलिखित में कौन ऊर्जा का मात्रक नहीं हैं?
(1) जूल
(2) न्यूटन मीटर
(3) किलोवाट
(4) किलोवाट घंटा

106. Which of the following statements is true?
(1) A convex lens has 4 dioptre power having a focal length 0.25 m
(2) A convex lens has –4 dioptre power having a focal length 0.25 m
(3) A concave lens has 4 dioptre power having a focal length 0.25 m
(4) A concave lens has –4 dioptre power having a focal length 0.25 m

106. निम्नलिखित में से कौन-सा प्रकथन सत्य है?
(1) 0.25 m फोकस दुरी के उत्तल लेंस के क्षमता 4 डाइऑप्टर होती है
(2) 0.25 m फोकस दुरी के उत्तल लेंस के क्षमता - 4 डाइऑप्टर होती है
(3) 0.25 m फोकस दुरी के अवतल लेंस के क्षमता 4 डाइऑप्टर होती है
(4) 0.25 m फोकस दुरी के अवतल लेंस के क्षमता - 4 डाइऑप्टर होती है

107. When light rays enter the eye, most of the refraction occurs at the

107. जब प्रकाश नेत्र में प्रवेश करता है तो अधिकाँश अपवर्तन कहाँ होता है?

(1) crystalline lens
(2) outer surface of the cornea
(3) iris
(4) pupil

108. For a current in a long straight solenoid N- and S-poles are created at the two ends. Among the following statements, the incorrect statement is
(1) The field lines inside the solenoid are in the form of straight lines which indicates that the magnetic field is the same at all points inside the solenoid
(2) The strong magnetic field produced inside the solenoid can be used to magnetise a piece of magnetic material like soft iron, when placed inside the coil
(3) The pattern of the magnetic field associated with the solenoid is different from the pattern of the magnetic field around a bar magnet
(4) The N- and S-poles exchange position when the direction of current through the solenoid is reversed

109. The material which is commonly used for making kitchen containers is
(1) PVC
(2) Acrylic
(3) Teflon
(4) PET

110. Which one of the following metal does not react with dilute hydrochloric acid?
(1) magnesium
(2) aluminium
(3) iron
(4) copper

(1) क्रिस्टलीय लेंस पर
(2) स्वच्छ मंडल (कोर्निया) पर
(3) परितारिका पर
(4) पुतली पर

108. किसी लंबी सीधी परिनालिका में धारा प्रवाहित करने पर इसके दोनों सिरों पर N तथा S ध्रुव बन जाते है। निम्न में से कौन-सा असत्य प्रकथन है?
(1) परिनालिका के भीतर क्षेत्र रेखाएं, सरल रेखाओं के रूप में होती हैं जो यह निर्दिष्ट करता हैं कि परिनालिका के भीतर सभी बिन्दुओं पर चुंबकीय क्षेत्र समान होता है
(2) परिनालिका के भीतर उत्पन्न प्रबल चुंबकीय क्षेत्र का उपयोग चुंबकीय पदार्थ जैसे नरम लोहे के टुकड़ों को, परिनालिका के भीतर रखकर, चुंबकित करने में किया जा सकता है
(3) परिनालिका से संबद्ध चुंबकीय क्षेत्र का पैटर्न छड चुंबक के चारों ओर के चुंबकीय क्षेत्र के पैटर्न से भिन्न होता है
(4) परिनालिका में प्रवाहित धारा की दिशा उत्क्रमित करने पर N तथा S ध्रुवों की अदला-बदली हों जाती है

109. पदार्थ जो सामान्यत: रसोईघर में काम आने वाले जार बनाने के काम आता है -
(1) पी वी सी
(2) एक्रिलिक
(3) टेफलॉन
(4) पेट (PET)

110. धातु सामान्यत: तनु अम्लों से अभिक्रिया कर हाइड्रोजन गैस उत्पन्न करती हैं। निम्नलिखित में से कौन-से धातु हाइड्रोक्लोरिक अम्ल से अभिक्रिया नहीं करती है
(1) मैग्नीशियम
(2) एल्यूमीनियम
(3) लोहा
(4) कॉपर

Space for Rough Work / कच्चे कार्य के लिए स्थान

111. Which of the following number does not lie between $\frac{-5}{6}$ and $\frac{7}{8}$?

(1) $\frac{5}{6}$ (2) $\frac{-17}{24}$
(3) $\frac{-3}{4}$ (4) $\frac{-11}{12}$

111. निम्न मे से कौन-सी संख्या $\frac{-5}{6}$ तथा $\frac{7}{8}$ के बीच मे **नहीं** है?

(1) $\frac{5}{6}$ (2) $\frac{-17}{24}$
(3) $\frac{-3}{4}$ (4) $\frac{-11}{12}$

112. The reciprocal of $\left[\left(\frac{3}{8}\right)^{-2} \times \left(\frac{-4}{5}\right)^{-3}\right]$ is:

(1) $\left(\frac{8}{3}\right)^{2} \times \left(\frac{5}{-4}\right)^{3}$
(2) $\frac{-9}{125}$
(3) $\frac{125}{9}$
(4) $\frac{9}{125}$

112. $\left[\left(\frac{3}{8}\right)^{-2} \times \left(\frac{-4}{5}\right)^{-3}\right]$ का व्युत्क्रम है:

(1) $\left(\frac{8}{3}\right)^{2} \times \left(\frac{5}{-4}\right)^{3}$
(2) $\frac{-9}{125}$
(3) $\frac{125}{9}$
(4) $\frac{9}{125}$

113. If $(13^2 - 5^2)^{3/2} = 6^3 \times A$, then the value of A is:

(1) 2^4 (2) 2 (3) 2^2 (4) 2^3

113. यदि $(13^2 - 5^2)^{3/2} = 6^3 \times A$ है, तो A का मान है:

(1) 2^4 (2) 2 (3) 2^2 (4) 2^3

114. If $x\sqrt{243} = y\sqrt{867}$, where x and y are co-prime numbers, then the value of $(x - y)$ is:

(1) 8 (2) 3 (3) 4 (4) 6

114. यदि $x\sqrt{243} = y\sqrt{867}$ है, जहाँ x और y सह-अभाज्य संख्याएँ हैं, तब $(x - y)$ का मान है:

(1) 8 (2) 3 (3) 4 (4) 6

115. The sum of all possible values of a, for which the 4-digit number 547a is divisible by 3, is:

(1) 15 (2) 7 (3) 10 (4) 13

115. a के उन सभी संभावित मानों, जिनके लिए 4-अंकीय संख्या 547a, 3 से विभाज्य है, का योग है:

(1) 15 (2) 7 (3) 10 (4) 13

116. A common factor of $x^4 - 256$, $x^3 - 4x^2 + 3x - 12$ and $x^2 - 7x + 12$ is:

(1) $x - 3$ (2) $x + 4$
(3) $x - 4$ (4) $x + 3$

116. $x^4 - 256$, $x^3 - 4x^2 + 3x - 12$ तथा $x^2 - 7x + 12$ का एक सार्व गुणनखंड है:

(1) $x - 3$ (2) $x + 4$
(3) $x - 4$ (4) $x + 3$

117. On dividing the polynomial $8x^3 - 6x^2 + 10x + 3$ by $(4x + 1)$, the quotient is $2x^2 + k$, where k is equal to:

(1) $-3 + 2x$
(2) $3 - 2x$
(3) $3 + 2x$
(4) $-3 - 2x$

117. बहुपद $8x^3 - 6x^2 + 10x + 3$ को $(4x + 1)$ से भाग देने पर भागफल $2x^2 + k$ है, जहाँ k बराबर है:

(1) $-3 + 2x$
(2) $3 - 2x$
(3) $3 + 2x$
(4) $-3 - 2x$

118. In the product of $(9x^2 + 15 - x)$ and $(-1 - x + x^2)$, if A, B and C are the coefficients of

118. $(9x^2 + 15 - x)$ और $(-1 - x + x^2)$ के गुणनफल मे, यदि x^3, x^2 और x के गुणांक क्रमशः A,

x^3, x^2 and x respectively, then the value of $(A+B-C)$ is:

(1) 14 (2) –3
(3) –17 (4) 11

B और C हैं, तो $(A+B-C)$ का मान है:

(1) 14 (2) –3
(3) –17 (4) 11

119. When $x=\frac{1}{9}$ and $y=\frac{-3}{4}$, then the value of the expression $81x^2+16y^2-72xy$ is:

(1) $\frac{9}{16}$ (2) 25
(3) 16 (4) $\frac{9}{4}$

119. जब $x=\frac{1}{9}$ और $y=\frac{-3}{4}$ है, तो व्यंजक $81x^2+16y^2-72xy$ का मान है:

(1) $\frac{9}{16}$ (2) 25
(3) 16 (4) $\frac{9}{4}$

120. Abhi is twice as old as his daughter. Five years ago, his age was four times his daughter's age. If the present age of the daughter is x years, then:

(1) $2(x-5)=4(2x+5)$
(2) $2(x-5)=4(2x-5)$
(3) $4(x-5)=2x-5$
(4) $4(x+5)=2(2x-5)$

120. अभि की आयु अपनी बेटी की आयु से दो गुना है। पाँच वर्ष पहले, उसकी आयु अपनी बेटी की आयु की चार गुनी थी। यदि बेटी की वर्तमान आयु x वर्ष है, तो:

(1) $2(x-5)=4(2x+5)$
(2) $2(x-5)=4(2x-5)$
(3) $4(x-5)=2x-5$
(4) $4(x+5)=2(2x-5)$

121. A sum of Rs 6,250 at 8% per annum, compounded annually, after $2\frac{3}{4}$ years amounts to:

(1) Rs 7,872.60
(2) Rs 7,165.60
(3) Rs 7,581.40
(4) Rs 7,727.40

121. 8% वार्षिक दर से, जबकि ब्याज वार्षिक संयोजित होता है, रूपये 6,250 की एक राशि का मिश्रधन $2\frac{3}{4}$ वर्षों के पश्चात है:

(1) रूपये 7,872.60
(2) रूपये 7,165.60
(3) रूपये 7,581.40
(4) रूपये 7,727.40

122. A person marks his goods 40% above the cost price and allows 40% discount on the marked price. His loss/gain percent is:

(1) No loss/gain
(2) Loss, 8%
(3) Gain, 10%
(4) Loss, 16%

122. एक व्यक्ति अपने सामान को उसके क्रय-मूल्य से 40% अधिक पर अंकित करता है तथा अंकित मूल्य पर 40% बट्टा देता है। उसका हानि/लाभ प्रतिशत है:

(1) कोई हानि/लाभ नहीं
(2) हानि, 8%
(3) लाभ, 10%
(4) हानि, 16%

123. The angles of a quadrilateral are in the ratio 2: 3: 5: 8. The sum of the supplement of the largest angle and the complement of the smallest angle is:

(1) 80° (2) 50° (3) 60° (4) 70°

123. किसी चतुर्भुज के कोण 2: 3: 5: 8 के अनुपात मे हैं। इसके सबसे बड़े कोण के संपूरक तथा सबसे छोटे कोण के पूरक का योग है:

(1) 80° (2) 50° (3) 60° (4) 70°

124. Two sides of a right triangle measure 15 cm and 17 cm. Which of the following statements can be **true** of the length of the third side of the triangle?

I. It is between 4 cm and 7 cm

124. किसी समकोण त्रिभुज की दो भुजाओं की माप 15 cm और 17 cm हैं। त्रिभुज की तीसरी भुजा की लंबाई के लिए निम्न कथनों मे से कौन-सा/कौन-से सत्य हो सकता है/सकते हैं।

I. यह 4 cm तथा 7 cm के बीच मे है।

II. It is between 20 cm and 23 cm
III. It is less than 10 cm
(1) I and III only
(2) II only
(3) I and II only
(4) II and III only

125. If one angle of a triangle is 110°, then the angle between the bisectors of the other two angles measures:
(1) 145° (2) 90°
(3) 100° (4) 110°

126. In ΔABC, AB = 4 cm, AC = 5 cm and BC = 6 cm. In ΔPQR, PR = 4 cm, PQ = 5 cm and RQ = 6 cm. ΔABC is congruent to:
(1) ΔRPQ (2) ΔPQR
(3) ΔPRQ (4) ΔQRP

127. A tank is in the form of a cuboid. It holds a maximum of 540 m^3 water. If the tank is 8 m long and 15 m wide, then how many metres deep must the water be when the tank is $\frac{2}{3}$ full?
(1) 4.5 (2) 2
(3) 2.5 (4) 3

128. The ratio of the areas of two equilateral triangles is 16: 9. If the perimeter of the smaller triangle is 63 cm, then how much larger is a side of the larger triangle than a side of the smaller triangle?
(1) 7 cm (2) 3 cm
(3) 4 cm (4) 5 cm

129. The area of a triangle is equal to the area of a circle whose perimeter is 6π cm. If the base of the triangle is 8 cm, then its corresponding height (in cm) is:
(1) 2.25 (2) π (3) 2 (4) 2.25π

130. The mean of mode, median and range of the data: 2, 1, 2, 3, 3, 6, 4, 8, 14, 9, 4, 8, 4 is:
(1) 9 (2) 4 (3) 6 (4) 7

II. यह 20 cm तथा 23 cm के बीच मे है।
III. यह 10 cm से छोटी है।
(1) केवल I और III
(2) केवल II
(3) केवल I और II
(4) केवल II और III

125. यदि किसी त्रिभुज का एक कोण 110° है, तो इसके अन्य दो कोणों के समद्विभाजकों के बीच बने कोण की माप है:
(1) 145° (2) 90°
(3) 100° (4) 110°

126. ΔABC में, AB = 4 cm, AC = 5 cm और BC = 6 cm हैं। ΔPQR में, PR = 4 cm, PQ = 5 cm और RQ = 6 cm हैं। ΔABC सर्वागसम है:
(1) ΔRPQ के (2) ΔPQR के
(3) ΔPRQ के (4) ΔQRP के

127. एक टंकी घनाभ के आकार की है। इसमें अधिकतम 540 m^3 पानी आ सकता है। यदि एक टंकी की लंबाई 8 m तथा चौड़ाई 15 m है, तो इसमें पानी की गहराई कितने मीटर होगी, जब यह $\frac{2}{3}$ भरी हुई है?
(1) 4.5 (2) 2
(3) 2.5 (4) 3

128. दो समबाहु त्रिभुजों के क्षेत्रफलों मे अनुपात 16: 9 है। यदि छोटे त्रिभुज का परिमाप 63 cm है, तो बड़े त्रिभुज की भुजा, छोटे त्रिभुज की भुजा से कितनी अधिक बड़ी है?
(1) 7 cm (2) 3 cm
(3) 4 cm (4) 5 cm

129. किसी त्रिभुज का क्षेत्रफल एक वृत्त के क्षेत्रफल के बराबर है, जिसका परिमाप 6π cm है। यदि त्रिभुज का आधार 8 cm है, तो इसकी संगत ऊँचाई (cm मे) है:
(1) 2.25 (2) π (3) 2 (4) 2.25π

130. 2, 1, 2, 3, 3, 6, 4, 8, 14, 9, 4, 8, 4; उपयुर्क्त आँकड़ों के बहुलक, माध्यक तथा परिसर का माध्य है:
(1) 9 (2) 4 (3) 6 (4) 7

131. In the southern Telugu-speaking areas which social reformer formed an association for widow remarriage?

(1) Raja Rammohun Roy
(2) Ishwarchandra Vidyasagar
(3) Swami Dayanand Saraswati
(4) Veerasalingam Pantulu

131. दक्षिणी तेलुगु भाषी क्षेत्रों में किस सामाजिक सुधारक ने विधवा पुनर्विवाह के लिए एक संगठन बनाया था?

(1) राजा राममोहन रॉय
(2) ईश्वरचंद्र विद्यासागर
(3) स्वामी दयानंद सरस्वती
(4) वीरसेलिंगम पंतलु

132. The Ural Mountains separate:

(1) North America and South America
(2) Africa and Asia
(3) Asia and Europe
(4) Africa and Europe

132. यूराल पर्वत अलग करते हैं:

(1) उत्तर अमेरिका और दक्षिण अमेरिका को
(2) अफ्रीका और एशिया को
(3) एशिया और यूरोप को
(4) अफ्रीका और यूरोप को

133. The place in the crust where the earthquake waves start is called:

(1) Crater (2) Centre
(3) Focus (4) Epicentre

133. भू-पर्पटी में वह स्थान जहाँ से भूकंपिय तरंगे आरंभ होती है, उसे कहा जाता है:

(1) क्रेटर (2) केंद्र
(3) उद्गम केंद्र (4) अधिकेन्द्र

134. The place in the following layers of the atmosphere is most ideal for flying aeroplane?

(1) Thermosphere (2) Troposphere
(3) Stratosphere (4) Mesosphere

134. वायुमंडल की निम्नलिखित परतों में से कौन-सी परत हवाई जहाज़ उड़ाने के लिए सबसे आदर्श है?

(1) तापमंडल (2) क्षोभमंडल
(3) समतापमंडल (4) मध्यमंडल

135. Which one of the following statements about the Amazon Basin is correct?

(1) The Amazon river basin drains portions from Brazil, Peru, Bolivia and Argentina.
(2) The Amazon river falls in the equatorial region.
(3) The Amazon river flows through the equatorial region in the western direction.
(4) The Amazon river forms Delta covered with Mangrove forests.

135. अमेज़न बेसन के सम्बन्ध में निम्नलिखित कथनों में से कौनसा कथन सही है?

(1) अमेज़न नदी बेसन ब्राज़ील, पेरू, बोलीविया, अर्जेंटीना के भागों से अपवाहित होती है।
(2) अमेज़न बेसन भूमध्यरेखीय प्रदेश में आता है।
(3) अमेज़न नदी भूमध्यरेखीय प्रदेह से होकर पश्चिम देश में बहती है।
(4) अमेज़न नदी डेल्टा का निर्माण करती है जो मैन्ग्रोव वनों से ढका है।

136. Which one of the following is the most important factor that influences the distribution of temperature on the earth?

(1) Distance from sea
(2) Insolation
(3) Solar radiation
(4) Terrestrial radiation

136. निम्नलिखितमें से पृथ्वी पर तापमान के वितरण को प्रभावित करने वाला अबसे सबसे महत्वपूर्णकारक कौन-सा है?

(1) समुद्र से दुरी
(2) सूर्यातपन
(3) सौर विकिरण
(4) पार्थिव विकिरण

137. Migratory birds fly to far away areas during a particular time of a year. Which of the following conditions present in their habitat during that time are responsible for this behaviour?

137. प्रवासी पक्षी एक वर्ष के एक विशेष समय के दौरान दूर क्षेत्रों में उड़ते हैं। उस समय के दौरान उनके आवास में निम्न स्थितियों में से कौन सी स्थितियां इस व्यवहार के लिए ज़िम्मेदार हैं?

(I) भोजन की अनुपलब्धता।

(I) Unavailability of food.
(II) Extreme weather conditions.
(III) Over crowding.
(IV) Lack of nesting areas.

(1) II & III (2) I & II
(3) I & IV (4) II & IV

138. When we breathe in air, nitrogen also goes inside along with oxygen. What is the fate of this nitrogen?

(1) It moves along with oxygen into the cells
(2) It comes out with the CO_2 during exhalation
(3) It is absorbed only by the nasal cells
(4) Nitrogen concentration is already more in the cells so it is not at all absorbed.

139. Which of the following can make you ill if you come in contact with an infected person?

(1) High blood pressure
(2) Genetic abnormalities
(3) Sneezing
(4) Blood cancer

140. Which part of the solar cooker is responsible for green house effect?

(1) Coating with black colour inside the box
(2) Mirror
(3) Glass sheet
(4) Outer cover of the solar cooker

141. Which of the statement is incorrect?

(1) All green plants and blue green algae are producers
(2) Green plants get their food from organic compounds
(3) Producers prepare their own food from inorganic compounds
(4) Plants convert solar energy into chemical energy

142. Expand the abbreviation GAP

(1) Governmental Agency for Pollution Control
(2) Gross Assimilation by Photosynthesis
(3) Ganga Action Plan
(4) Governmental Agency for Animal Protection

143. The area of biosphere reserves in which limited

(II) अत्यधिक मौसम की स्थिति।
(III) भीड़ में।
(IV) घोंसले के इलाकों की कमी।

(1) II और III (2) I और II
(3) I और IV (4) II और IV

138. जब हम साँस लेते समय वायु अन्दर लेते हैं तो ऑक्सीजन के साथ नाइट्रोजन भी अन्दर जाती है। इस नाइट्रोजन का क्या होता है?

(1) यह ऑक्सीजन के साथ कोशिकाओं में भ्रमण करती है
(2) यह साँस छोड़ते समय कार्बन डाइऑक्साइड के साथ बाहर आ जाती है
(3) यह केवल नासिका कोशिकाओं द्वारा अवशोषित हो जाती है
(4) कोशिकाओं में नाइट्रोजन का सांद्रण पहले ही इतना अधिक है कि अवशोषित नहीं हो पाती

139. निम्नलिखित में से कौन-सा संक्रमित व्यक्ति आपके संपर्क में आने पर आपको बीमार कर सकता है?

(1) उच्च रक्तचाप
(2) आनुवंशिक अपसामान्यता
(3) छींक
(4) रुधिर कैंसर

140. सौर कुकर का कौन-सा भाग पौधघर प्रभाव के लिए उत्तरदायी है?

(1) बोक्स के भीतर काली परत
(2) दर्पण
(3) काँच की शीट
(4) सौर कुकर का बाहरी आवरण

141. निम्नलिखित कथनों में से कौन-सा कथन सही नहीं है?

(1) सभी हरे पौधे और नीले-हरे शैवाल उत्पादक होते हैं
(2) हरे पौधे अपना भोजन कार्बनिक यौगिकों से प्राप्त करते हैं
(3) उत्पादक स्वयं अपना भोजन अकार्बनिक यौगिकों से तैयार करते हैं
(4) पौधे और ऊर्जा को रासायनिक ऊर्जा में बदल देते हैं

142. GAP संक्षिप्तिकरण को पूरा लिखिए:

(1) Governmental Agency for Pollution Control
(2) Gross Assimilation by Photosynthesis
(3) Ganga Action Plan
(4) Governmental Agency for Animal Protection

143. जीवमंडल भंडार का क्षेत्र जिसमें अनुसंधान और शिक्षा के

human activity is allowed for research and education purposes, is known as

(1) Transition zone (2) Core zone
(3) Buffer zone (4) Restricted zone

उद्देश्यों के लिए सीमित मानव गतिविधि की अनुमति है, को जाना जाता है

(1) संक्रमण क्षेत्र (2) कोर जोन
(3) बफर जोन (4) प्रतिबंधित क्षेत्र

144. As per 2011 census, the state in India with the largest rural population?

(1) Madhya Pradesh (2) Uttar Pradesh
(3) Maharashtra (4) Punjab

144. 2011 की जनगणना के अनुसार, भारत किस राज्य में सबसे बड़ी ग्रामीण आबादी है?

(1) मध्य प्रदेश (2) उत्तर प्रदेश
(3) महाराष्ट्र (4) पंजाब

145. 11 July is celebrated as

(1) Van Mahotasav Diwas
(2) Wildlife Day
(3) World Nature Day
(4) World Population Day

145. 11 जुलाई किसके रूप में मनाया जाता है

(1) वन महोत्सव दिवा
(2) वन्यजीव दिवस
(3) विश्व प्रकृति दिवस
(4) विश्व जनसंख्या दिवस

146. How many member countries are there in ICIMOD?

(1) Seven (2) Nine
(3) Eight (4) Ten

146. आईसीआईएमओडी में कितने सदस्य देश हैं?

(1) सात (2) नौ
(3) आठ (4) दस

147. Which state, because it has its own wildlife act doesn't comes under the provisions of The Wildlife Protection Act, 1972

(1) Uttrakhand (2) Jammu and Kashmir
(3) Himachal Pradesh (4) Sikkim

147. कौन सा राज्य, क्योंकि इसका अपना वन्यजीव अधिनियम है, वन्यजीव संरक्षण अधिनियम, 1972 के प्रावधानों के तहत नहीं आता है

(1) उत्तराखंड (2) जम्मू-कश्मीर
(3) हिमाचल प्रदेश (4) सिक्किम

148. Main focus of sixth five year plan of India was on the

(1) poverty eradication and technological self-reliance
(2) agriculture, industry and mines
(3) industrial development of the country
(4) achievement of stable growth and self-reliance

148. भारत की छठी पंचवर्षीय योजना का मुख्य फोकस था

(1) गरीबी उन्मूलन और तकनीकी आत्मनिर्भरता
(2) कृषि, उद्योग और खानों
(3) देश के औद्योगिक विकास
(4) स्थिर विकास और आत्मनिर्भरता की उपलब्धि

149. Full form of UNFCCC is

(1) United Nations Framework Convention on Changing Climate
(2) United Nations Framework Convention on Climate Change
(3) United Nations Framework Committee on Changing Climate
(4) United Nations Framework Committee on Climate Change

149. UNFCCC का पूरा नाम क्या है?

(1) United Nations Framework Convention on Changing Climate
(2) United Nations Framework Convention on Climate Change
(3) United Nations Framework Committee on Changing Climate
(4) United Nations Framework Committee on Climate Change

150. Bandhavgarh National Park is located in

(1) Karnataka (2) Gujarat
(3) Madhya Pradesh (4) Kerala

150. बांधवगढ़ राष्ट्रीय उद्यान कहाँ स्थित है

(1) कर्नाटक (2) गुजरात
(3) मध्य प्रदेश (4) केरल

उत्तर पत्रिका / Answer Sheet – Kendriya Vidyalaya Sangathan

Name of the Candidate: ____________________ **Fathers' Name:** ______________

Roll Number: ________________, **Examination Centre:** ____________________

Paper of the Candidate: ____________________, **Test Booklet Code:** __________

Mark your Answer by shading the appropriate circle against each question. The circle should be shaded completely without leaving any space. The correct method of shading is given below.
प्रत्येक प्रश्न के सामने उचित वृत का चिन्हांकन करके अपना उत्तर लिखें। वृत्त को बिना कोई स्थान छोड़े चिन्हांकित करें। चिन्हांकित करने का सही तरीका नीचे दिया गया है।

Correct Method : सही तरीका : ○ ● ○ ○ Wrong Method : गलत तरीका : ⊗ ✓ ⊙ ◐

001	① ② ③ ④	031	① ② ③ ④	061	① ② ③ ④	091	① ② ③ ④	121	① ② ③ ④
002	① ② ③ ④	032	① ② ③ ④	062	① ② ③ ④	092	① ② ③ ④	122	① ② ③ ④
003	① ② ③ ④	033	① ② ③ ④	063	① ② ③ ④	093	① ② ③ ④	123	① ② ③ ④
004	① ② ③ ④	034	① ② ③ ④	064	① ② ③ ④	094	① ② ③ ④	124	① ② ③ ④
005	① ② ③ ④	035	① ② ③ ④	065	① ② ③ ④	095	① ② ③ ④	125	① ② ③ ④
006	① ② ③ ④	036	① ② ③ ④	066	① ② ③ ④	096	① ② ③ ④	126	① ② ③ ④
007	① ② ③ ④	037	① ② ③ ④	067	① ② ③ ④	097	① ② ③ ④	127	① ② ③ ④
008	① ② ③ ④	038	① ② ③ ④	068	① ② ③ ④	098	① ② ③ ④	128	① ② ③ ④
009	① ② ③ ④	039	① ② ③ ④	069	① ② ③ ④	099	① ② ③ ④	129	① ② ③ ④
010	① ② ③ ④	040	① ② ③ ④	070	① ② ③ ④	100	① ② ③ ④	130	① ② ③ ④
011	① ② ③ ④	041	① ② ③ ④	071	① ② ③ ④	101	① ② ③ ④	131	① ② ③ ④
012	① ② ③ ④	042	① ② ③ ④	072	① ② ③ ④	102	① ② ③ ④	132	① ② ③ ④
013	① ② ③ ④	043	① ② ③ ④	073	① ② ③ ④	103	① ② ③ ④	133	① ② ③ ④
014	① ② ③ ④	044	① ② ③ ④	074	① ② ③ ④	104	① ② ③ ④	134	① ② ③ ④
015	① ② ③ ④	045	① ② ③ ④	075	① ② ③ ④	105	① ② ③ ④	135	① ② ③ ④
016	① ② ③ ④	046	① ② ③ ④	076	① ② ③ ④	106	① ② ③ ④	136	① ② ③ ④
017	① ② ③ ④	047	① ② ③ ④	077	① ② ③ ④	107	① ② ③ ④	137	① ② ③ ④
018	① ② ③ ④	048	① ② ③ ④	078	① ② ③ ④	108	① ② ③ ④	138	① ② ③ ④
019	① ② ③ ④	049	① ② ③ ④	079	① ② ③ ④	109	① ② ③ ④	139	① ② ③ ④
020	① ② ③ ④	050	① ② ③ ④	080	① ② ③ ④	110	① ② ③ ④	140	① ② ③ ④
021	① ② ③ ④	051	① ② ③ ④	081	① ② ③ ④	111	① ② ③ ④	141	① ② ③ ④
022	① ② ③ ④	052	① ② ③ ④	082	① ② ③ ④	112	① ② ③ ④	142	① ② ③ ④
023	① ② ③ ④	053	① ② ③ ④	083	① ② ③ ④	113	① ② ③ ④	143	① ② ③ ④
024	① ② ③ ④	054	① ② ③ ④	084	① ② ③ ④	114	① ② ③ ④	144	① ② ③ ④
025	① ② ③ ④	055	① ② ③ ④	085	① ② ③ ④	115	① ② ③ ④	145	① ② ③ ④
026	① ② ③ ④	056	① ② ③ ④	086	① ② ③ ④	116	① ② ③ ④	146	① ② ③ ④
027	① ② ③ ④	057	① ② ③ ④	087	① ② ③ ④	117	① ② ③ ④	147	① ② ③ ④
028	① ② ③ ④	058	① ② ③ ④	088	① ② ③ ④	118	① ② ③ ④	148	① ② ③ ④
029	① ② ③ ④	059	① ② ③ ④	089	① ② ③ ④	119	① ② ③ ④	149	① ② ③ ④
030	① ② ③ ④	060	① ② ③ ④	090	① ② ③ ④	120	① ② ③ ④	150	① ② ③ ④

परीक्षार्थी का नाम Name of candidate (In Capital Letters)	परीक्षार्थी के हस्ताक्षर Signature of candidate (In Running Hand)	परीक्षार्थी के बाएं अंगूठे का निशान Left hand thumb impression of the candidate	निरीक्षक के हस्ताक्षर Signature of invigilator (In Running Hand)
			Prateek Shivalik

Answer Key KVS Test Set - 18

Q	A	Q	A	Q	A	Q	A	Q	A	Q	A	Q	A	Q	A
1	1	21	3	41	4	61	3	81	3	101	3	121	4	141	2
2	1	22	3	42	1	62	4	82	2	102	4	122	4	142	3
3	2	23	2	43	4	63	4	83	4	103	3	123	4	143	3
4	1	24	4	44	3	64	4	84	1	104	1	124	4	144	2
5	3	25	2	45	2	65	3	85	1	105	3	125	1	145	4
6	2	26	1	46	4	66	1	86	3	106	1	126	3	146	3
7	2	27	3	47	4	67	1	87	2	107	2	127	4	147	2
8	2	28	1	48	3	68	4	88	4	108	3	128	1	148	1
9	4	29	4	49	4	69	3	89	2	109	4	129	4	149	2
10	4	30	4	50	1	70	2	90	4	110	4	130	4	150	3
11	1	31	1	51	3	71	3	91	2	111	4	131	4		
12	3	32	3	52	4	72	4	92	1	112	2	132	3		
13	1	33	2	53	3	73	4	93	4	113	4	133	3		
14	1	34	4	54	2	74	1	94	1	114	1	134	3		
15	3	35	4	55	4	75	4	95	2	115	1	135	3		
16	1	36	1	56	3	76	1	96	1	116	3	136	2		
17	2	37	1	57	3	77	1	97	3	117	2	137	2		
18	1	38	1	58	3	78	4	98	2	118	4	138	2		
19	3	39	2	59	2	79	4	99	1	119	3	139	3		
20	1	40	2	60	3	80	2	100	4	120	3	140	3		

Prateek Shivalik KVS PRT

Code 19

इस परीक्षा पुस्तिका को तब तक न खोलें जब तक कहा न जाए।
Do not open this Test Booklet until you are asked to do so.
इस परीक्षा पुस्तिका के पिछले आवरण पर दिए गये निर्देशों को ध्यान से पढ़ें।
Read carefully the Instructions on the Back Cover of this Test Booklet.

परीक्षार्थियों के लिए निर्देश

1. OMR उत्तर पत्र इस परीक्षा के अन्दर रखा है। जब आपको परीक्षा पुस्तिका खोलने को कहा जाए, तो उत्तर पत्र निकाल कर पृष्ठ-1 एवं पृष्ठ-2 पर ध्यान से केवल नीले बॉल पॉइंट पेन से विवरण भरें।
2. परीक्षा की अवधि 2½ घंटे है एवं परीक्षा में 150 प्रश्न है। **कोई ऋणात्मक अंकन नहीं है।**
3. इस पृष्ठ पर विवरण अंकित करने एवं उत्तर पत्र पर निशान लगाने के लिए केवल नीले बॉल पॉइंट पेन का प्रयोग करें।
4. यह सुनिश्चित कर लें की इस पुस्तिका का संकेत, उत्तर पत्र के पृष्ठ पर छपे संकेत से मिलता है। यह भी सुनिश्चित कर लें की परीक्षा संख्या और उत्तर पत्र संख्या मिलते है। अगर यह भिन्न हों तो परीक्षार्थी दूसरी प्रश्न पुस्तिका और उत्तर पत्र लेने के लिए निरीक्षक को तुरन्त अवगत कराएँ।
5. **यदि अनुवाद में किसी भी प्रकार की कोई अस्पष्टा हो तो अंग्रेजी वाले पाठ को ही सही माना जायेगा।**
6. रफ कार्य परीक्षा पुस्तिका में इस प्रयोजन के लिए दी गई खाली जगह पर करें।
7. सभी उत्तर केवल OMR उत्तर पत्र पर ही अंकित करें। अपने उत्तर ध्यानपूर्वक अंकित करें। उत्तर बदलने हेतु श्वेत रंजक का प्रयोग निषिद्ध है।
8. प्रत्येक प्रश्न के सामने उचित वृत का चिन्हांकन करके अपना उत्तर लिखें। वृत्त को बिना कोई स्थान छोड़े चिन्हांकित करें।

INSTRUCTIONS FOR CANDIDATES

1. The OMR Answer Sheet is inside this Test Booklet. When you are directed to open the Test Booklet, take out the Answer Sheet and fill in the particulars on Side-1 and Side-2 carefully with blue ball point pen only.
2. The test is of 2½ hours duration and consists of 150 questions. **There is no negative marking.**
3. Use Blue Ball Point Pen only for writing particulars on this page / marking responses in the Answer Sheet.
4. Make sure that the CODE printed on the Answer Sheet is the same as that on this booklet. Also ensure that your Test Booklet No. and Answer Sheet No. are the same. In case of discrepancy, the candidate should immediately report the matter to the Invigilator for replacement of both the Test Booklet and the Answer Sheet.
5. **In case of any ambiguity in translation, the English version will be deemed authentic.**
6. Rough work should be done only in the space provided in the Test Booklet for the same.
7. The answers are to be recorded on the OMR Answer Sheet only. Mark your responses carefully. No whitener is allowed for changing answers.
8. Mark your Answer by shading the appropriate circle against each question. The circle should be shaded completely without leaving any space.

परीक्षार्थी का नाम (बड़े अक्षरों में):
Name of the Candidate (in Capitals): ____________________
अनुक्रमांक (अंकों में):
Roll Number: (in figures): ____________________
(शब्दों में):
(in words): ____________________
परीक्षा केन्द्र (बड़े अक्षरों में) :
Centre of Examination (in Capitals): ____________________
परीक्षार्थी के हस्ताक्षर:
Candidate's Signature: ____________________
निरीक्षक के हस्ताक्षर :
Invigilator's Signature : ____________________
Facsimile signature stamp of
Centre Superintendent ____________________

1. The antonym of the given word is?

CANDID

(1) outspoken
(2) frank
(3) devious
(4) disguised

2. Choose the incorrectly spelt word

(1) proceed
(2) exceed
(3) superseed
(4) succeed

3. Fill in the blank.

His wife has a twin who resembles her so much that at first he had great trouble telling ______

(1) one from the other.
(2) one from another.
(3) each other.
(4) who is which.

4. Choose the one word which can be substituted for the given sentence/ words.

Dry weather with no rainfall

(1) draught
(2) draft
(3) drought
(4) desert

5. Choose the option which best expresses the meaning of the highlighted idiom/phrase in the sentence.

A few days before his death, he "made a clean breast" of everything.

(1) confessed
(2) took off his shirt
(3) suffered
(4) spoke ill

6. Arrange the following jumbled part of the sentence in correct order.

1. In this life there are no gains without pains,
P. No victory is a real triumph unless the foe is worthy
Q. Life, indeed, would be dull if there were no difficulties
R. Both winner and loser enjoy a game most if it is closely contested to the last
S. Gainers lose their zest if there is no real struggle
6. Whether we like it or not, life is one continuous competition.

(1) PQRS
(2) QSRP
(3) QRSP
(4) RSPQ

7. Which part of the following sentences has error in it?

Scarcely had (P) I arrived than (Q) the train left. (R) No error. (S).

(1) P (2) Q (3) R (4) S

8. Which part of the following sentences has error in it?

The reason why (P) he was rejected (Q) was because he was too young. (R) No error. (S).

(1) P (2) Q (3) R (4) S

9. Convert the given sentence into Active / Passive Voice

Will she tell us the truth?

(1) Is the truth told to us by her?
(2) The truth will be told to us by her.
(3) Will the truth be told to us by her?
(4) Will the truth be told us by her?

10. Convert the given sentence into Direct / Indirect Speech

He said to her, "Did it shake you up as much as it shook me?"

(1) He asked her if it had shaken her up as much as it shook him.
(2) He enquired of her if it shook her up as it shook him.
(3) He enquired of her if it shook her up as much as it had shaken him.
(4) He asked her if it had shaken her up as it had shaken him.

11. टहलना में कौन सा प्रत्यय है?
(1) लना
(2) आ
(3) ना
(4) अना

12. तेजोमय का संधि विच्छेद होगा
(1) तेजो+अमय्
(2) तेजो+अमय
(3) तेज+ओमय
(4) तेज:+मय

13. निम्न में से किस शब्द की वर्तनी शुद्ध है?
(1) महत्व
(2) महात्व
(3) माहत्व
(4) महत्त्व

14. "गोद लिया हुआ पुत्र" के लिए एक उपयुक्त शब्द है
(1) दत्तक
(2) द्विज
(3) शोषित
(4) पाल्य

15. "किसान बैलों को गाँव ले जाता है" इस वाक्य में क्रिया है
(1) अकर्मक
(2) सकर्मक
(3) प्रेरणार्थक
(4) सर्वनाम

16. "अजी श्रीमान ! इधर तशरीफ लाइए।" में प्रयुक्त कारक है
(1) सम्बोधन
(2) सम्प्रदान
(3) संबंध
(4) अधिकरण

17. "आसमुद्र" में समास है
(1) द्वन्द
(2) कर्मधारय
(3) बहुब्रीहि
(4) अव्ययीभाव

18. उद्गम में कौन सा उपसर्ग है?
(1) उद्
(2) उत
(3) उत्
(4) उ

19. 'क' तथा 'ङ' का उच्चारण स्थान है
(1) दन्त्य
(2) ओष्ठ्य
(3) दन्तोष्ठ्य
(4) कंठ्य

20. कावेरी शब्द में संज्ञा है
(1) जातिवाचक
(2) भाववाचक
(3) व्यक्तिवाचक
(4) कोई नहीं

Space for Rough Work / कच्चे कार्य के लिए स्थान

21. Which one of the following converts assembly language into machine language?

(1) Algorithm (2) Interpreter
(3) Compiler (4) Assembler

21. निम्नलिखित में से कौन असेंबली भाषा को मशीन भाषा में परिवर्तित करता है?

(1) एल्गोरिथ्म (2) दुभाषिया
(3) संकलक (4) असेंबलर

22. The term used to describe a person who spends plenty of time online exploring the Internet is

(1) Netaddict
(2) Netguru
(3) Cybernaut
(4) Cyberphile

22. निम्न में से कौन सा ऐसा शब्द है जो ऐसे व्यक्ति का वर्णन करने के लिए किया जाता है जो इंटरनेट की खोज करने में बहुत समय व्यतीत करता है

(1) Netaddict
(2) Netguru
(3) Cybernaut
(4) Cyberphile

23. The second most used language on the world wide web is

(1) German (2) French
(3) Chinese (4) English

23. विश्वव्यापी वेब पर दूसरी सबसे अधिक इस्तेमाल की जाने वाली भाषा है

(1) जर्मन (2) फ्रेंच
(3) चीनी (4) अंग्रेजी

24. Which one of the following is the top exporter company of software in India?

(1) Infosys (2) TCS (3) Sun (4) Wipro

24. भारत में सॉफ़्टवेयर की शीर्ष निर्यातक कंपनी निम्नलिखित में से कौन सी है?

(1) इंफोसिस (2) टीसीएस (3) सूर्य (4) विप्रो

25. Which measure of memory is the largest?

(1) MB Megabyte
(2) GB Gigabyte
(3) TB Terabyte
(4) KB Kilobyte

25. इनमें से स्मृति का कौन सा माप सबसे बड़ा है?

(1) एमबी मेगाबाइट
(2) जीबी गीगाबाइट
(3) टीबी टेराबाइट
(4) केबी किलोबाइट

26. How many bytes are equal to one kilobyte?

(1) 1050 (2) 1000 (3) 976 (4) 1024

26. कितने बाइट एक किलोबाइट के बराबर हैं?

(1) 1050 (2) 1000 (3) 976 (4) 1024

27. What did the first electronic digital computer contains?

(1) Transistors
(2) Valves
(3) Core memory
(4) Semiconductor memory

27. पहले इलेक्ट्रॉनिक डिजिटल कंप्यूटर में क्या था?

(1) ट्रांजिस्टर
(2) वाल्व
(3) कोर मेमोरी
(4) अर्धचालक स्मृति

28. Which application in Microsoft Office is there for preparing presentations?

(1) Microsoft Excel
(2) Microsoft Word
(3) Microsoft Power Point
(4) Microsoft Publishers

28. प्रस्तुतियों की तैयारी के लिए माइक्रोसॉफ्ट ऑफिस में कौन सा एप्लीकेशन दिया गया है?

(1) माइक्रोसॉफ्ट एक्सेल
(2) माइक्रोसॉफ्ट वर्ड
(3) माइक्रोसॉफ्ट पावर प्वाइंट
(4) माइक्रोसॉफ्ट प्रकाशक

29. The language which was used to build Internet Pages in the beginning of Internet Technology is

(1) XML (2) HTML
(3) DHTML (4) ASP

29. इंटरनेट तकनीक की शुरुआत में इंटरनेट पेज बनाने के लिए इस्तेमाल की जाने वाली भाषा है

(1) एक्सएमएल (2) एचटीएमएल
(3) डीएचटीएमएल (4) एएसपी

30. What does BIOS stand for?

(1) Basic Internal Output System
(2) Basic Intra Operating System
(3) Basic Internal Organ System
(4) Basic Input Output System

30. बीआईओएस का पूरा नाम है?

(1) BasicInternal Output System
(2) BasicIntra Operating System
(3) BasicInternal Organ System
(4) BasicInput Output System

Space for Rough Work / कच्चे कार्य के लिए स्थान

General Awareness

31. An economic system combining private and state enterprise is called as _____
(1) Market economy
(2) Centrally planned economy
(3) Private economy
(4) Mixed economy

31. निजी और राज्य उद्यम के संयोजन से बनी आर्थिक प्रणाली को _____ कहा जाता है
(1) बाजार अर्थव्यवस्था
(2) केंद्र की योजना बनाई अर्थव्यवस्था
(3) निजी अर्थव्यवस्था
(4) मिश्रित अर्थव्यवस्था

32. Under which article, President of India can proclaim constitutional emergency?
(1) Article 32 (2) Article 349
(3) Article 352 (4) Article 360

32. किस अनुच्छेद के तहत भारत के राष्ट्रपति संवैधानिक आपातकाल का प्रचार कर सकते हैं?
(1) अनुच्छेद 32 (2) अनुच्छेद 349
(3) अनुच्छेद 352 (4) अनुच्छेद 360

33. Who wrote 'Akbarnama'?
(1) Abul Fazal (2) Faizi
(3) Abdur Rahim (4) Abdul Qadir

33. 'अकबरनामा' किसने लिखा था?
(1) अबुल फजल (2) फैजी
(3) अब्दुर रहीम (4) अब्दुल कादिर

34. A difference between 2 longitudes at equator is nearby equivalent to _____ km.
(1) 101 (2) 111
(3) 121 (4) 91

34. भूमध्य रेखा पर 2 देशांतर के बीच का अंतर _____ किमी के करीब है
(1) 101 (2) 111
(3) 121 (4) 91

35. Which of the following are longest cells of human body?
(1) Pancreatic cells
(2) Epethelial cells
(3) Nerve cells
(4) Epidermal cells

35. निम्न में से कौन सी मानव शरीर की सबसे लंबी कोशिकाएं हैं?
(1) अग्नाशयी कोशिकाएं
(2) एपिलेटियल कोशिकाएं
(3) तंत्रिका कोशिकाएं
(4) एपिडर्मल कोशिकाएं

36. Which of the following disease is non-communicable in nature?
(1) Cholera (2) Chicken-pox
(3) Tuberculosis (4) Cancer

36. प्रकृति में निम्न में से कौन सी बीमारियां गैर-संचारी हैं?
(1) हैजा (2) चिकन-पॉक्स
(3) क्षय रोग (4) कैंसर

37. Optical fibre works on which of the following principle of light?
(1) Reflection
(2) Refraction
(3) Diffraction
(4) Total internal reflection

37. ऑप्टिकल फाइबर प्रकाश के निम्नलिखित में से किस सिद्धांत पर काम करता है?
(1) परावर्तन
(2) अपवर्तन
(3) विवर्तन
(4) संपूर्ण आंतरिक परावर्तन

38. In which industry Potassium Nitrate is used commercially?
(1) Glass Manufacturing
(2) Electroplating
(3) Fire Cracker Manufacturing

38. किस उद्योग में पोटेशियम नाइट्रेट व्यावसायिक रूप से उपयोग किया जाता है?
(1) ग्लास विनिर्माण
(2) इलेक्ट्रोप्लेटिंग
(3) पटाखा मैन्युफैक्चरिंग

(4) Leather Industry

(4) चमड़ा उद्योग

39. Which of the following three R's are regarded as environment friendly?

(1) Reduce – Reuse – Recycle
(2) Reduce – Reuse – Reutilize
(3) Recollect – Reuse – Reutilize
(4) Reduce – Renew – Reutilize

39. निम्न तीन R में से कौन सा पर्यावरण के अनुकूल माना जाता है?

(1) कम करना - पुन: उपयोग – पुनः चक्रित करना
(2) कम करना - पुन: उपयोग – पुनरावर्तन करना
(3) पुनः एकत्र करना - पुन: उपयोग - पुनरावर्तन करना
(4) कम करना - नवीनीकृत करें - पुनरावर्तन करना

40. What is the duration (in minutes) of one-half of a football match?

(1) 30 (2) 35
(3) 40 (4) 45

40. एक फुटबॉल मैच के आधा भाग की अवधि (मिनटों में) क्या है?

(1) 30 (2) 35
(3) 40 (4) 45

Space for Rough Work / कच्चे कार्य के लिए स्थान

41. Unscramble the following letters to frame a meaningful word, then find out the correct numerical position of the letters:

I	N	R	D	T	P	E	E	S
1	2	3	4	5	6	7	8	9

(1) 639185251
(2) 637914825
(3) 735124389
(4) 756432189

42. Four positions of a cube are shown. What is the number at the bottom if the number at top is 6?

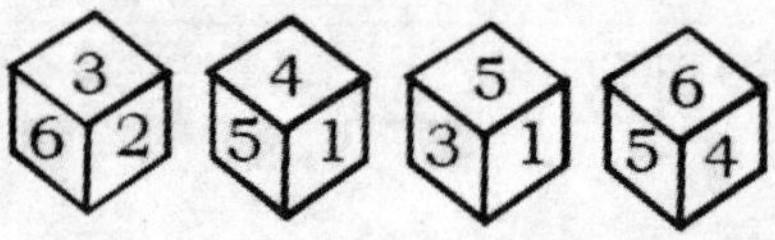

(1) 6 (2) 5 (3) 2 (4) 1

43. Arrange the following words as per order in the dictionary.

1. Plate, 2. Plane, 3. Plaster
4. Plasma, 5. Plastic

(1) 2, 1, 5, 3, 4
(2) 2, 5, 3, 4, 1
(3) 2, 4, 3, 5, 1
(4) 1, 2, 3, 4, 5

44. If RAMAYANA is written as BOBZBNBS, then GRANTH is written as –

(1) IVPBTH (2) HSBOUI
(3) IUOBSH (4) IUOCSI

45. From the given alternatives, select the word which can't be formed using the letters of the given word.

ORGANISATION

(1) Oration
(2) Organise
(3) Nation
(4) Organ

46. What number should come in the place of "?"

16	25	48	8
2	5	3	6
8	25	36	16
4	5	4	?

41. निम्नलिखित अक्षरों से एक सार्थक शब्द बनायें व फिर उन अक्षरों की सही संख्यात्मक स्थिति ज्ञात करें

I	N	R	D	T	P	E	E	S
1	2	3	4	5	6	7	8	9

(1) 639185251
(2) 637914825
(3) 735124389
(4) 756432189

42. नीचे एक घन के चार हिस्से दर्शाये गए हैं। यदि घन के शीर्ष पर संख्या 6 है तो उसके तल पर संख्या बताइये

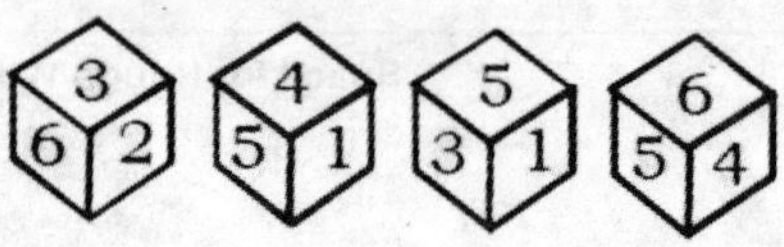

(1) 6 (2) 5 (3) 2 (4) 1

43. निम्नलिखित शब्दों को शब्दकोष के अनुसार व्यवस्थित करें।

1. Plate, 2. Plane, 3. Plaster
4. Plasma, 5. Plastic

(1) 2, 1, 5, 3, 4
(2) 2, 5, 3, 4, 1
(3) 2, 4, 3, 5, 1
(4) 1, 2, 3, 4, 5

44. यदि RAMAYANA को BOBZBNBS लिखा जाये, तो GRANTH को कैसे लिखा जायेगा –

(1) IVPBTH (2) HSBOUI
(3) IUOBSH (4) IUOCSI

45. निम्न विकल्पों में से उस शब्द का चयन करें जो दिए गए शब्द में शामिल अक्षरों से नहीं बनाया जा सकता हो।

ORGANISATION

(1) Oration
(2) Organise
(3) Nation
(4) Organ

46. "?" के स्थान पर कौन सी संख्या आनी चाहिये?

16	25	48	8
2	5	3	6
8	25	36	16
4	5	4	?

(1) 3 (2) 6 (3) 8 (4) 12

47. The next number in the given series will be

4, 6, 8, 12, 14, 18, 20, 24, 30,?,?

(1) 32, 34 (2) 32, 38
(3) 32, 33 (4) 34, 36

48. Choose the Venn figure which shows the relationship between Religion, Mosque, and Temple?

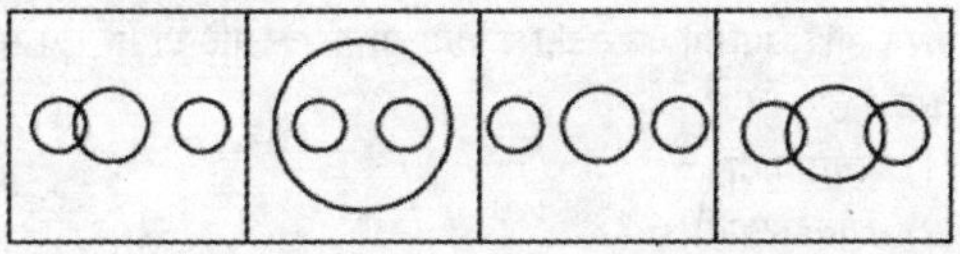

(1) (2) (3) (4)

49. A bus starts from point A and runs 20 kms towards South, turns to its right and runs 25 km. It then turns right again runs 20 km. Afterwards it runs 5 km in the East direction and reaches point B. How far is the bus from the starting point?

(1) 35 km (2) 25 km
(3) 20 km (4) 30 km

50. X is elder than Z, Y is younger than Z, Z is elder than W, W is younger than X, who is the eldest?

(1) X (2) Y (3) W (4) Z

(1) 3 (2) 6 (3) 8 (4) 12

47. दी गई श्रृंखला में अगली संख्याएं क्या होगी?

4, 6, 8, 12, 14, 18, 20, 24, 30,?,?

(1) 32, 34 (2) 32, 38
(3) 32, 33 (4) 34, 36

48. वह वेन आकृति चुनें जो धर्म, मंदिर व मस्जिद के सम्बन्ध को सही प्रकार से दर्शाती है

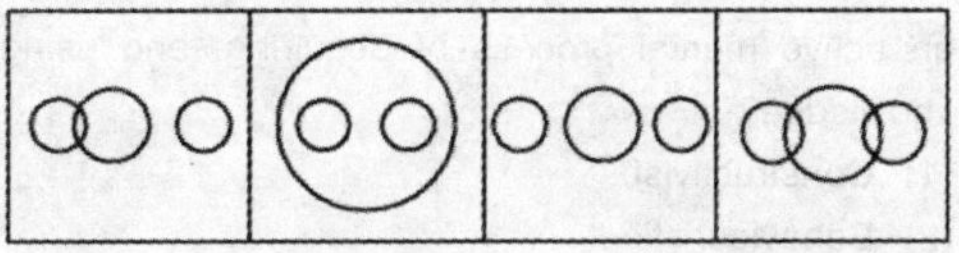

(1) (2) (3) (4)

49. एक बस A बिंदु से चलना शुरू करती है और 20 किमी दक्षिण की ओर जाती है, फिर अपने दाएं घूमकर 25 किमी चलती है। फिर से दाएं घूमकर 20 किमी चलती है। उसके बाद वाह पूर्व दिशा में 5 किमी चलती है और B बिंदु पर पहुँच जाती है। बस प्रारम्भिक बिंदु से कितनी दूर है?

(1) 35 km (2) 25 km
(3) 20 km (4) 30 km

50. X, Z से बड़ा है और Y, Z से छोटा है। Z, W से बड़ा है, W, X से छोटा है। सबसे बड़ा कौन है?

(1) X (2) Y (3) W (4) Z

Space for Rough Work / कच्चे कार्य के लिए स्थान

51. A teacher in a coeducational school would observe perceptible differences between boys and girls in which of the following development?
(1) Physical
(2) Intellectual
(3) Social
(4) Moral

51. सहशिक्षण विद्यालय में अध्यापक निम्नलिखित में से किस विकास में लड़कों और लड़कियों के बीच की प्रत्यक्ष भिन्नताओं का अवलोकन करेगा?
(1) शारीरिक
(2) बौद्धिक
(3) सामाजिक
(4) नैतिक

52. Which of the following approach views learning as an active mental process of acquiring, and using knowledge?
(1) Constructivist
(2) Behaviouristic
(3) Humanistic
(4) Social learning

52. निम्नलिखित में से कौन सा दृष्टिकोण अधिगम को ज्ञान अर्जित करने और उपयोग करने की सक्रिय मानसिक प्रक्रिया के रूप में देखता है?
(1) रचनावादी
(2) व्यवहारवादी
(3) मानवतावादी
(4) सामाजिक अधिगम

53. According to Piaget, use of charts, graphs and diagrams is a useful strategy for teaching children at the
(1) Sensorimotor stage
(2) Preoperational stage
(3) Concrete operations stage
(4) Formal operations stage

53. पियाजे के अनुसार बच्चों को पढ़ाने के लिए चार्ट, ग्राफ और आरेख का उपयोग किस अवस्था पर उपयोगी विधि है?
(1) संवेदनगातिक अवस्था
(2) पूर्व-संक्रियात्मक अवस्था
(3) मूर्त-संक्रियात्मक अवस्था
(4) औपचारिक संक्रियात्मक अवस्था

54. Which one of the following was of the view that anything that can be learned by direct experience can also be learned from observation. Models are most effective if they are seen as having respect, competence, high status or power. Thus, in most cases, teachers can be highly influential models.
(1) Kohler
(2) Bandura
(3) Thorndike
(4) Skinner

54. निम्नलिखित में से किसका विचार था कि जो कुछ भी प्रत्यक्ष अनुभव से सीखा जाता है वह देखकर या अवलोकन करके भी सीखा जा सकता है। यदि मॉडल सम्मानित, सामर्थ्यपूर्ण और उच्च प्रतिष्ठित पद या सत्ता के व्यक्ति समझे जाते हैं तो वे अत्यंत प्रभावशील होते हैं। अत: अधिकांश मामलों में, अध्यापकगण अत्याधिक प्रभावी मॉडल हो सकते हैं।
(1) कोहलर
(2) बंडूरा
(3) थार्नडाइक
(4) स्किनर

55. What type of efforts are needed to be made in learning of Mathematics in early primary years i.e., upto class IV?
(1) Diagnosing learning difficulties
(2) Providing enrichment programmes
(3) Completing the course/competencies
(4) Ensuring regularity in attending the class/school

55. आरंभ के प्राथमिक वर्षों अर्थात् कक्षाIV तक गणित के अधिगम हेतु किस प्रकार के प्रयास किये जाने की आवश्यकता है?
(1) अधिगम कठिनाइयों का निदान करना
(2) संवर्धित कार्यक्रम प्रदान करना
(3) पाठ्यक्रम / सक्षमताओं / कौशलों का पूरा करना
(4) कक्षा / विद्यालय जाने में नियमितता सुनिश्चित करना

56. Genetically programmed naturally occurring changes over time are

56. जैविक रूप से क्रमादेशित, समयोपरि स्वाभाविक रूप से होने वाले परिवर्तन हैं:

(1) Maturational
(2) Developmental
(3) Evolutionary
(4) Transitional

(1) परिपक्वन संबंधी
(2) विकासात्मक
(3) क्रमिक विकासीय
(4) सांक्रान्तिक

57. Which of the following is not a mode of Computer Assisted Learning?
(1) Tutorial
(2) Drill and Practice Session
(3) Modelling
(4) Data Interpretation and Drawing Conclusions

57. निम्नलिखित में से कौन कम्प्यूटर की सहायता से अधिगम की विधि नहीं है?
(1) अनुशिक्षण (ट्यूटोरियलं)
(2) कवायद तथा अभ्यास सत्र (ड्रिल एंड प्रैक्टिस सेशन)
(3) प्रतिरूपण (मॉडेलिंग)
(4) आँकड़ों की व्याख्या करना तथा निष्कर्ष निकालना

58. A school curriculum can be best defined as:
(1) The complete array of the courses of study
(2) All the materials used to further pupils' activities
(3) A complete set of organised experiences in the school
(4) Sum total of knowledge to be provided to learners

58. किसी विद्यालय पाठ्यक्रम की सर्वाधिक सटीक परिभाषा है:
(1) पाठ्यक्रम की पूर्ण सारणी
(2) विद्यार्थियों के क्रियाकलाप में वृद्धि लाने हेतु प्रयोग की जाने वाली सभी सामग्री
(3) विद्यालय में संगठित अनुभवों का पूर्ण सेट
(4) शिक्षार्थियों को दिये जाने वाले ज्ञान का कुल योग

59. The best way to handle a wrong response of a student would be:
(1) to explain the subject matter in detail again.
(2) to tell the student that your answer is wrong.
(3) to ask another student to give the correct answer.
(4) to explain and give another chance to give answer.

59. किसी विद्यार्थी की अनुचित अनुक्रिया को निपटाने का उत्तम तरीका है:
(1) विद्यार्थी को पुनः विषय वस्तु के बारे में विस्तार से समझाना।
(2) विद्यार्थी को यह बताना कि उसका उत्तर गलत है।
(3) दूसरे विद्यार्थी से सही उत्तर बताने के लिये कहना।
(4) व्याख्या करना तथा उत्तर देने के लिये दूसरा अवसर प्रदान करना।

60. You have administered a test on Mathematics to class V, most of the students failed in it. You have to construct and administer another test. Which test would you prefer?
(1) Summative test
(2) Mastery test
(3) Diagnostic test
(4) Formative test

60. आपने कक्षा V के गणित के विद्यार्थियों की परीक्षा आयोजित की। इसमें अधिकांश विद्यार्थी उत्तीर्ण नहीं हो पाये। आपको दूसरी परीक्षा के लिये प्रश्नपत्र तैयार करना तथा परीक्षा लेनी है। आप कौन-सी परीक्षा लेना पसंद करेंगे?
(1) संकलनात्मक परीक्षण
(2) प्रवीणता परीक्षण
(3) नैदानिक परीक्षण
(4) रचनात्मक परीक्षण

61. The main objective of Continuous and Comprehensive Evaluation (CCE) is ______.
(1) help teacher complete the course
(2) lay emphasis on thought process and de-emphasize memorization
(3) satisfy parents with childrens' progress
(4) help authorities monitor school; functioning

61. सतत और व्यापक मूल्यांकन (सी. सी. ई.) का मुख्य उद्देश्य है:
(1) अध्यापक को पाठ्यक्रम पूरा करने में सहायता देना।
(2) विचार प्रक्रिया पर बल देना और स्मरण पर कम बल देना।
(3) बालकों की प्रगति से माता-पिता को संतुष्ट करना।
(4) प्राधिकारियों को विद्यालय के कार्यकरण की निगरानी करने में सहायता देना।

62. Which is the most important skill to promote effective communication?

62. प्रभावी संप्रेषण को प्रोत्साहित करने के लिए सर्वाधिक महत्वपूर्ण कौशल कौन-सा है?

(1) Risk taking
(2) Quick responding
(3) Active listening
(4) Non-verbal cues

(1) जोखिम उठाना
(2) तुरन्त जवाब देना
(3) सक्रिय होकर सुनना
(4) गैर-शाब्दिक संकेत

63. The most important issue of a multi-level situation is:
(1) seeking cooperation amongst students
(2) Class size exceeding 30
(3) Addressing the learning needs of different level students of different grades simultaneously
(4) Arranging appropriate TLM

63. बहु-स्तरीय स्थिति का सर्वाधिक महत्वपूर्ण विषय है:
(1) विद्यार्थियों से सहयोग की मांग करना
(2) कक्षा में विद्यार्थी संख्या का 30 से अधिक होना
(3) विभिन्न श्रेणी वाले विभिन्न स्तरों के विद्यार्थियों की अधिगम आवश्यकताओं को एक साथ पूरा करना
(4) समुचित अध्यापन अधिगम सामग्री (TLM) की व्यवस्था करना

64. A teacher can become a favourite among students by
(1) helping them complete their homework.
(2) telling them stories and jokes.
(3) completing their syllabus quickly.
(4) behaving with them in a sympathetic manner.

64. कोई शिक्षक किस प्रकार अपने छात्रों का पसंदीदा बन सकता है?
(1) उन्हें अपना गृह – कार्य पूरा करने में मदद कर के
(2) उन्हें कहानियाँ और चुट्कुले सुनाकर
(3) उनका पाठ्यक्रम तेजी से पूरा कराके
(4) उनके साथ सहानुभूतिपूर्ण तरीके से व्यवहार करके

65. As a teacher, you would prefer to behave in a manner which is
(1) democratic.
(2) autocratic.
(3) free for all.
(4) as situation permits.

65. एक शिक्षक के रूप में आप जिस तरीके से व्यवहार करना पसंद करेंगे वह है
(1) लोकतांत्रिक
(2) निरंकुश
(3) सबके लिए स्वेछाचारी
(4) जैसा परिस्थिति के अनुसार उचित हो

66. Students with low sense of self-efficacy attribute their poor performance to:
(1) lack of ability
(2) lack of effort
(3) misunderstanding of directions
(4) not studying effort

66. स्व-क्षमता की कम समझ वाले छात्र अपने खराब प्रदर्शन का कारण किसे बताते हैं?
(1) क्षमता की कमी
(2) प्रयास की कमी
(3) निर्देशों को गलत समझना
(4) पढ़ने का प्रयास न करना

67. To prevent your students from buying sub-standard food items from the school gate , you would
(1) turn away the hawkers from the school gate
(2) ask the students not to go outside
(3) inform the principal
(4) announce in the assembly that students should avoid such food items

67. स्कूल के गेट के पास से अपने छात्रों को घटिया भोजन – सामग्री खरीदने से रोकने के लिए आप क्या करेंगे?
(1) विक्रेताओं को स्कूल के गेट के पास से हटवाएंगे।
(2) छात्रों को बाहर नहीं जाने के लिए कहेंगे।
(3) प्रिन्सिपल को सूचित करेंगे।
(4) छात्रों की सभा में घोषणा करेंगे कि उन्हें ऐसा भोजन खरीदने से बचना चाहिए।

68. When a few students often disturb the discipline of the class, you would
(1) expel a few students to threaten them.
(2) report strongly to the principal.
(3) work towards having better mutual relationship

68. जब कुछेक छात्र कक्षा के अनुशासन में बाधा डालते हों तो आप क्या करेंगे?
(1) छात्रों को डराने के लिए उनमें से कुछ को निष्कासित कर देंगे।
(2) प्रिन्सिपल को सख्ती से रिपोर्ट करेंगे।

with students.

(4) severely punish those students.

(3) छात्रों के साथ बेहतर पारस्परिक संबंध बनाने की दिशा में काम करेंगे।

(4) उन छात्रों को सख्त सजा देंगे।

69. Which of the following is a better strategy for teaching children with special needs?

(1) Discussion in the class room involving maximum number of students.

(2) Demonstration by teacher involving students.

(3) Cooperative learning and peer tutoring

(4) Ability grouping for teaching

69. विशेष आवश्यकता वाले बच्चों को पढ़ाने की सबसे बेहतर कार्यनीति निम्नलिखित में से कौन सी है?

(1) कक्षा में चर्चा करना जिसमें अधिकांश विद्यार्थिओं शामिल किए गए हों।

(2) अध्यापक द्वारा प्रदर्शन जिसमें विद्यार्थिओं को शामिल किया गया हो।

(3) सहकारी अधिगम और सहयोगी विद्यार्थिओं द्वारा पढ़ाया जाना।

(4) शिक्षण के लिए क्षमता समूह बनाना।

70. The main argument in favour of the textbooks is:

(1) Textbooks are easily available.

(2) Textbooks help in developing creativity of the learners.

(3) Textbooks ascertain a minimum of authentic content to be covered by the learners.

(4) Textbooks cost less.

70. पाठ्यपुस्तकों के पक्ष में मुख्य तर्क यह दिया जाता है कि

(1) पाठ्यपुस्तकें आसानी से उपलब्ध होती हैं।

(2) पाठ्यपुस्तकें शिक्षार्थियों की रचनात्मकता का विकास करने में मदद करती हैं।

(3) पाठ्यपुस्तकें यह सुनिश्चित करती हैं कि शिक्षार्थियों द्वारा कितनी न्यूनतम प्रामाणिक विषय वस्तु का अध्ययन किया जाता है।

(4) पाठ्यपुस्तकों की लागत कम होती है।

Space for Rough Work / कच्चे कार्य के लिए स्थान

71. While learning English as a second language
(1) There is no role of mother tongue in learning L2
(2) The use of mother tongue will facilitate learning
(3) The use of mother tongue will create interference
(4) The mother tongue should not be used by the learners

72. An English teacher after completing a chapter from the text book asks questions based on the text to
(1) Keep students busy as the chapter is complete
(2) Attract students' attention
(3) Know their comprehension
(4) Maintain class discipline

73. Which one of the following is the most important prerequisite for language learning?
(1) List of aims and objectives of the language to be learnt
(2) Providing a good textbook to children to learn the language.
(3) Using structural-situational approach while teaching.
(4) Children's motivation to learn the language.

74. The maximum participation of students is possible while teaching English by the teacher using authentic tasks through
(1) Communicative approach
(2) Grammar translation method
(3) Direct method
(4) Structural approach

75. The most important factor which is responsible for the differentiation between language learning and language acquisition is
(1) Grammar of language
(2) Assessment in language
(3) Textbook of language
(4) Language environment

Instruction (Q.No.76–80): Study the following paragraph and answer the questions that follow.

As I kept strict watch over my way of living, I could see that it was necessary to economize. I therefore, decided to reduce my expenses by half. My accounts showed numerous items spent on fares. Again, my living with a family meant the payment of regular weekly bill. It also included the courtesy of occasionally taking members of the family out to dinner, and likewise attending parties with them. All this involved heavy items for conveyances, especially as, if the friend was lady, custom required that the man should pay all the expenses. Also, dining out meant extra cost, as no deduction could be made from the regular weekly bill for meals not taken. It seemed to me that all these items could be saved, as likewise the drain on my purse. So I decided to take rooms on my own account, instead of living any longer in a family, and also to remove from place to place according to the work I had to do, thus gaining experience at the same time. The rooms were so selected as to enable me to reach the place of business on foot in half an hour, and so save fares. Before this I had always taken some kind of conveyance whenever I went anywhere, and had to find extra time for walks. The new arrangement combined walks and economy, as it meant a saving of fares and gave me walks of eight or ten miles a day. It was mainly this habit of long walks that kept me practically free from illness throughout my stay in England and gave me fairly strong body.
Thus I rented a suite of rooms; one for sitting room and another for a bedroom. This was the second stage. The third was yet to come.

76. The steps taken by the author to reduce his expenses show that he was
(1) Always short of money
(2) Saving money for emergencies
(3) Miserly
(4) Frugal

77. The author could reduce his expense by half by
(1) Renting rooms close to his office

(2) Travelling in a bus
(3) Cooking his own meals
(4) Having only one meal a day

78. The author's choice of his new residence enabled him to
(1) Work longer and harder
(2) Save money on fares
(3) Keep things under control
(4) Be close to his friends

79. ______ constituted a major part of the author's expenses
(1) Fares
(2) Dining out
(3) Entertainment
(4) Meals

80. What gave the author a fairly strong body?
(1) Self-discipline
(2) Nourishing food
(3) Long walks
(4) Yogic exercises

भाषा विषय: हिन्दी

81. भाषा की कक्षा में भाषाई खेलों का आयोजन मुख्यतः
(1) भाषा सीखने की प्रक्रिया में स्वाभाविकता लाता है
(2) आकलन का काम करता है
(3) रोचकता और जोश लाता है
(4) अध्यापक के काम को सरल बनाता है

82. भाषा सीखने का उद्देश्य है
(1) प्रत्येक स्थिति में भाषा का प्रयोग कर पाना
(2) आदेश-निर्देश दे पाना और सुन पाना
(3) दूसरों की बातों को समझ पाना
(4) अपने मन की बात कह पाना

83. विद्यार्थियों का भाषाई विकास समग्रता से हो सके, इसके लिए सबसे उपयुक्त अनुशंसा होगी
(1) शब्दकोश एवं विश्वकोश के प्रयोग की
(2) भाषा प्रयोग के विविध अवसरों की
(3) सतत एवं व्यापक आकलन की
(4) सर्वोत्कृष्ट पाठ्य-पुस्तकों की

84. लिखित भाषा का प्रयोग
(1) केवल प्रतिवेदन-लेखन के लिए किया जाता है
(2) कार्यालयी कार्यों के लिए ही किया जाता है
(3) अपनी अभिव्यक्ति के लिए किया जाता है
(4) केवल साहित्य सृजन के लिए किया जाता है

85. कविता-कहानियों पर चर्चा करने एवं प्रश्न पूछने का उद्देश्य
(1) भाषा की विभिन्न छटाओं का अनुभव कराना है
(2) कल्पनाशीलता का पोषण करना मात्र है
(3) भाषा सीखने का आकलन करना मात्र है
(4) साहित्य के प्रति बच्चों की रूचि जागृत करना है

निर्देश (Q.No.86–90): दिए गए गद्यांश को पढ़कर उसके नीचे लिखे प्रश्नों के सबसे उचित विकल्प को चुनिए।

माँ: रमेश, मीना क्यों रो रही है?
रमेश: मैंने चाँटा मारा था। मुझे पढ़ने नहीं दे रही थी।
माँ: लेकिन तुम इस समय क्यों पढ़ रहे हो? यह भी कोई पढ़ने का समय है? क्या आजकल पढाई चौबीसों घण्टे की हो गयी? दिमाग है या मशीन? और क्या पढ़ने के लिए बहन को पीटना जरुरी है?
रमेश: माँ, पढ़ूंगा नहीं तो कक्षा में अव्वल कैसे आऊंगा? मुझे तो फर्स्ट आना है। तुम भी तो यही कहती थी।
माँ: हाँ, कहती थी, पर तुम हर वक़्त खेल-खेल-खेल। फर्स्ट आना था तो शुरू से पढ़ा होता। अब जब परीक्षाएं सर पर आ गयीं तो रटने बैठे हो ! तुम क्या समझते हो कि ऐसे रटने से अव्वल आ जाओगे? अरे ! पढ़ना थोड़ी देर का ही काफी होता है, अगर नियम से मन लगाकर पढ़ा जाए।
रमेश: अब रहने दो माँ। मैं आज खेलने भी नहीं जाऊंगा। कोई आए तो मना कर देना। अब मुझे पढ़ने दो- "अकबर का जन्म ... अकबर का जन्म ... अमरकोट में हुआ था ... अमरकोट में ..."
माँ: अकबर का जन्म जहाँ भी हुआ हो, तुम्हारा जन्म यहीं हुआ है और मैं तुम्हे रट्टू तोता नहीं बनने दूंगी। पढ़ने के समय पढ़ना और खेलने के समय खेलना अच्छा होता है।

86. रमेश ने मीना की पिटाई की, क्योंकि वह
(1) कक्षा में अव्वल आ सकती थी
(2) अक्सर शैतानियाँ करती थी
(3) पढ़ नहीं रही थी
(4) पढ़ने नहीं दे रही थी

87. मीना और रमेश हैं, परस्पर
(1) मित्र
(2) भाई-बहन

(3) सहपाठी
(4) रिश्तेदार

88. "यह भी कोई पढ़ने का समय है?" प्रश्न का आशय है
(1) पढ़ने का कोई समय नहीं होता
(2) यह समय पढ़ने का नहीं है
(3) यह भी पढ़ने का एक समय है
(4) यह पढ़ने का ही कोई समय है

89. अकबर का जन्म कहाँ हुआ था?
(1) आगरा
(2) अमरकोट
(3) दिल्ली
(4) फतहपुरी

90. कक्षा में प्रथम आने के लिए आवश्यक है
(1) शुरू से नियमित पढाई करना
(2) खेलकूद छोड़ देना
(3) रात-दिन पढाई करना
(4) पढाई के दिनों परिश्रम करना

Space for Rough Work / कच्चे कार्य के लिए स्थान

91. The ph.quantity which has unit is ________.
(1) velocity ratio (2) M.A
(3) Load (4) None of these

91. भौतिक मात्रा जिसकी इकाई है, ________ है।
(1) वेग अनुपात (2) एम.ए
(3) भार (4) इनमें से कोई नहीं

92. Pitch of sound is determined by its
(1) frequency
(2) amplitude
(3) speed
(4) loudness

92. ध्वनि का तारत्व ज्ञात किया जाता है
(1) इसकी आवृति से
(2) इसकी आयाम से
(3) इसकी चाल से
(4) इसकी प्रबलता से

93. The angle between incident ray and reflected ray is 60°. What is the value of angle of incidence?
(1) 60° (2) 30°
(3) 15° (4) 90°

93. आपतित किरण तथा परिवर्तित किरण के बीच कोण 60° का कोण बन रहा है। आपतन कोण का मान कितना है?
(1) 60° (2) 30°
(3) 15° (4) 90°

94. The two micro-organisms which live in symbiotic association in lichens are:
(1) fungus and protozoa
(2) alga and bacteria
(3) bacteria and protozoa
(4) algae and fungus

94. लाइकेनों के भीतर सहजीवी संबंध बनाने वाले दो सूक्ष्मजीव कौन-से होते हैं?
(1) फफूंद और प्रोटोजोआ
(2) शैवाल और जीवाणु
(3) जीवाणु और प्रोटोजोआ
(4) शैवाल और फफूंद

95. Soft metals which can be cut with a knife:
I. Sodium
II. Mercury
III. Phosphorous
IV. Potassium
(1) I and II
(2) I and III
(3) I and IV
(4) All of these

95. दो नरम धातुओं के नाम लिखिए, जिन्हें चाकू से काटा जा सकता है।
I. सोडियम
II. पारा
III. फॉस्फोरस
IV. पोटेशियम
(1) I और II
(2) I और III
(3) I और IV
(4) ये सब

96. You are provided with a mixture of petroleum and water. A method to separate the two is:
(1) Filtration
(2) Sedimentation
(3) Decantation
(4) Distillation

96. आपको पेट्रोलियम और पानी के मिश्रण के साथ प्रदान किया जाता है। दोनों को अलग करने की एक विधि है:
(1) निस्पंदन
(2) अवसादन
(3) निस्तारण
(4) आसवन

97. Shyam was cooking potato curry on a *chulha*. To his surprise he observed that the copper vessel was getting blackened from outside. It may be due to:
(1) proper combustion of fuel.
(2) improper cooking of potato curry.

97. श्याम एक चुल्हा पर आलू करी खाना बना रहा था। अपने आश्चर्य के लिए उन्होंने देखा कि तांबा पोत बाहर से काला हो रहा था। इसके कारण हो सकता है:
(1) ईंधन का उचित दहना
(2) आलू करी की अनुचित खाना पकाने।

(3) improper combustion of the fuel.
(4) burning of copper vessel.

(3) ईंधन का अनुचित दहन।
(4) तांबा पोत जल रहा है।

98. Identify the statement which is true for cells.
(1) Cells can be easily seen with naked eyes.
(2) Insect's egg is not a cell.
(3) A single cell can perform all the functions in a unicellular organism.
(4) The size and shape of cells is uniform in multicellular organisms

98. उस कथन को पहचानिए जो कोशिकाओं के बारे में सही है -
(1) कोशिकाओं को लेंस की सहायता के बिना (कोरी आँखों से) आसानी से देखा जा सकता है।
(2) कीट का अंडा कोशिका नहीं होता।
(3) एककोशिक जीव के एकल कोशिका सभी कार्य कर सकती है।
(4) बहुकोशिका जीवों में कोशिकाओं का आकार और आकृति एकसमान होती है।

99. Study the following statements:
I. External fertilisation can occur both in water and on land.
II. The eggs of fish are covered by hard shells for protection.
III. Human egg has a head, middle piece and tail.
IV. In adult human females, a single mature egg is released into an oviduct every month.

Among these which statements are correct:
(1) I, III and IV
(2) I, II and III
(3) II, III and IV
(4) Only IV

99. निम्नलिखित कथनों का अध्ययन करें:
I. बाहरी निषेचन पानी और जमीन दोनों पर हो सकता है।
II. मछली के अंडे चरों तरफ से सुरक्षा के लिए कड़े कवचों से घिरे ढके होते हैं।
III. मानव अंडे में सिर, मध्य भाग और पूंछ होती है।
IV. वयस्क स्त्रियों में हर महीने एक एकल परिपक्व अंडा अंडवाहिनी में छोड़ (निर्मुक्त कर) दिया जाता है।

इनमें से कौन सा कथन सही है:
(1) I, III और IV
(2) I, II और III
(3) II, III और IV
(4) केवल IV

100. Whenever the surfaces in contact tend to move or move with respect to each other, the force of friction comes into play:
(1) only if the objects are solid.
(2) only if one of the two objects is liquid.
(3) only if one of the two objects is gaseous.
(4) irrespective of whether the objects are solid, liquid or gaseous.

100. जब एक दूसरे के संपर्क में आए हुए पृष्ठ सापेक्ष गति करें या गति करने की प्रवृति रखें तो घर्षण बल:
(1) केवल तभी कार्य करता है जब वस्तुयें ठोस हों।
(2) केवल तभी कार्य करता है जब दोनों वस्तुओं में से एक द्रव हो।
(3) केवल तभी कार्य करता है जब दोनों वस्तुओं में से एक गैसीय हो।
(4) इस पर निर्भर नहीं करता की वस्तुएं ठोस, द्रव या गैसीय हैं।

101. Choose the correct statement of the following
(1) conversion of solid into vapours without passing through the liquid state is called vapourisation.
(2) conversion of solid into vapours without passing through the liquid state is called sublimation.
(3) conversion of vapours into solid without passing through the liquid state is called freezing.
(4) conversion of solid into liquid is called sublimation.

101. निम्नलिखित में से सही कथन का चयन कीजिए –
(1) ठोस का द्रव अवस्था से गुजरे बिना वाष्प में रूपांतरण वाष्पन कहलाता है
(2) वाष्प का द्रव अवस्था से गुजरे बिना ठोस में रूपांतरण ऊर्ध्वपातन कहलाता है
(3) वाष्प का द्रव अवस्था से गुजरे बिना ठोस में रूपांतरण हिमीकरण कहलाता है
(4) ठोस का द्रव रूपांतरण ऊर्ध्वपातन कहलाता है

102. An electric kettle consumes 1 kW of electric power when operated at 220V. A fuse wire of what rating must be used for it?

102. कोई विद्युत् केतली 220V पर प्रचलित होने पर 1 kW विद्युत् शक्ति उपभुक्त करती है। इसके लिए किस अनुम्तांक के फ्यूज तार का उपयोग किया जाना चाहिए?

(1) 1A (2) 2A
(3) 4A (4) 5A

103. The inner lining of stomach is protected by one of the following from hydrochloric acid. Choose the correct one
(1) Pepsin
(2) Mucus
(3) Salivary amylase
(4) Bile

104. Mass of one atom of oxygen is
(1) $\frac{16}{6.022\times10^{23}}$ g
(2) $\frac{32}{6.022\times10^{23}}$ g
(3) $\frac{1}{6.022\times10^{23}}$ g
(4) 8u

105. A cell will swell up if
(1) The concentration of water molecules in the cell is higher than the concentration of water molecules in surrounding medium
(2) The concentration of water molecules in surrounding medium is higher than water molecules concentration in the cell
(3) The concentration of water molecules is same in the cell and in the surrounding medium
(4) Concentration of water molecules does not matter

106. Cell arises from pre-existing cell was stated by
(1) Haeckel (2) Virchow
(3) Hooke (4) Schleiden

107. A goalkeeper in a game of football pulls his hands backwards after holding the ball shot at the goal. This enables the goal keeper to
(1) exert larger force on the ball
(2) reduce the force exerted by the ball on hands
(3) increase the rate of change of momentum
(4) rate of change of momentum does not matter.

108. An apple falls from a tree because of gravitational attraction between the earth and apple. If F_1 is the magnitude of force exerted by the earth

(1) 1A (2) 2A
(3) 4A (4) 5A

103. आमाशय का अस्तर निम्नलिखित में से एक की उपस्थिति के कारण सुरक्षित बना रहता है। सही उत्तर चुनिए।
(1) पेप्सिन
(2) श्लेष्मा
(3) लार एमाइलेज
(4) पित्त रस

104. ऑक्सीजन के एक परमाणु का द्रव्यमान होता है -
(1) $\frac{16}{6.022\times10^{23}}$ g
(2) $\frac{32}{6.022\times10^{23}}$ g
(3) $\frac{1}{6.022\times10^{23}}$ g
(4) 8u

105. कोशिका फूल जाएगी, यदि-
(1) कोशिका के भीतर जल के अणुओं की सांद्रता उसके बाहर चारों ओर उपस्थित जल के अणुओं की सांद्रता से अधिक हों
(2) कोशिका के बाहर चारों ओर उपस्थित जल के अणुओं की सांद्रता से कोशिका के भीतर जल के अणुओं की सांद्रता अधिक हों
(3) कोशिका के भीतर तथा उसके बाहर के जल के अणुओं की सांद्रता समान हों
(4) जल के अणुओं की सांद्रता महत्व नहीं रखती

106. नई कोशिका का निर्माण, पूर्व स्थित कोशिका से होने की बात किसने बताई?
(1) हेकेल (2) विर्चो
(3) हूक (4) श्लाइडेन

107. फुटबाल के खेल में कोई गोलरक्षक गोल पर तीव्र गति से आती बॉल को पकड़ने के पश्चात अपने हाथों को पीछे की ओर खींचता है। ऐसा करके गोल रक्षक –
(1) बॉल पर अधिक बल लगा पाता है
(2) बॉल द्वारा हाथों पर लगे गए बल को कम कर पाता है
(3) संवेग-परिवर्तन की दर में वृद्धि कर पाता है
(4) संवेग-परिवर्तन की दर महत्व नहीं रखती है

108. कोई सेब किसी वृक्ष से पृथ्वी पर पृथ्वी व सेब के बीच गुरुत्वाकर्षण बल के कारण गिरता है। यदि पृथ्वी द्वारा सेब पर आरोपित बल का परिमाण F_1 है तथा सेब द्वारा पृथ्वी पर

on the apple and F_2 is the magnitude of force exerted by apple on earth, then

(1) F_1 is very much greater than F_2

(2) F_2 is very much greater than F_1

(3) F_1 is only a little greater than F_2

(4) F_1 and F_2 are equal

आरोपित बल का परिमाण F_2 है, तो-

(1) F_2 की तुलना में F_1 बहुत अधिक होता है

(2) F_1 की तुलना में F_2 बहुत अधिक होता है

(3) F_2 की तुलना में F_1 केवल थोडा अधिक होता है

(4) F_1 व F_2 बराबर होते हैं

109. A 10 mm long awl pin is placed vertically in front of a concave mirror. A 5 mm long image of the awl pin is formed at 30 cm in front of the mirror. The focal length of this mirror is

(1) –30 cm (2) –20 cm

(3) –40 cm (4) –60 cm

109. 10 mm लंबी कोई सुई किसी अवतल दर्पण के सामने ऊर्ध्वाधर रखी है। इस सुई का 5 mm लंबा प्रतिबिंब दर्पण के सामने 30 cm दुरी पर बनता है। दर्पण की फोकस दुरी है:

(1) –30 cm (2) –20 cm

(3) –40 cm (4) –60 cm

110. Twinkling of stars is due to atmospheric

(1) dispersion of light by water droplets

(2) refraction of light by different layers of varying refractive indices

(3) scattering of light by dust particles

(4) internal reflection of light by clouds

110. तारों के टिमटिमाने का कारण है:

(1) वायुमंडलीय जल बूंदों द्वारा प्रकाश का विक्षेपण

(2) वायुमंडल में परिवर्ती अपवर्तनांकों की विभिन्न परतों द्वारा प्रकाश का अपवर्तन

(3) वायुम्न्द्लीय धुल-कणों द्वारा प्रकाश का प्रकीर्णन

(4) बादलों द्वारा प्रकाश का आंतरिक परावर्तन

Space for Rough Work / कच्चे कार्य के लिए स्थान

111. If two quantities x and y vary inversely with each other, then which one of the following is true?

(1) Product of their corresponding values remains constant.
(2) Summation of their corresponding values remains constant.
(3) Difference of their corresponding values remains constant.
(4) Ratio of their corresponding values remains constant.

111. यदि दो राशियाँ x और y एक-दूसरे के व्युत्क्रम रूप में घटते-बढ़ते हैं, तो निम्नलिखित में से कौन-सा सत्य है?

(1) उनके संबंधित मानों का गुणन एकसमान बना रहता है।
(2) उनके संबंधित मानों का योग एकसमान बना रहता है।
(3) उनके संबंधित मानों का अंतर एकसमान बना रहता है।
(4) उनके संबंधित मानों का अनुपात एकसमान बना रहता है।

112. Given

$$\begin{array}{r} 7\,y \\ \times\, 6 \\ \hline yyy \end{array}$$

Then the value of y is –

(1) 6 (2) 4 (3) 2 (4) 8

112. दिया है

$$\begin{array}{r} 7\,y \\ \times\, 6 \\ \hline yyy \end{array}$$

तब y का मान है –

(1) 6 (2) 4 (3) 2 (4) 8

113. To fill a rectangular tank of area $700m^2$, $140m^3$ of water is required. What will be the height of the water level in the tank?

(1) 20 cm (2) 30 cm
(3) 40 cm (4) 10 cm

113. $700m^2$ क्षेत्रफल के एक आयताकार टैंक को भरने के लिए $140m^3$ पानी की आवश्यकता है। टैंक में पानी के स्तर की ऊंचाई क्या होगी?

(1) 20 cm (2) 30 cm
(3) 40 cm (4) 10 cm

114. In a meeting, $\frac{4}{25}$ of the members were female. What percent of the members was this?

(1) 24% (2) 16% (3) 4% (4) 40%

114. एक बैठक में, सदस्यों में से $\frac{4}{25}$ महिलाएं थी। यह सदस्यों का कितना प्रतिशत था?

(1) 24% (2) 16% (3) 4% (4) 40%

115. A shop reduced its prices by 10%. What is the new price of an item which was previously sold for Rs. 500?

(1) Rs. 550 (2) Rs. 450
(3) Rs. 400 (4) Rs. 510

115. एक दूकान ने अपनी कीमतों में 10% की कमी की। एक समान की नई कीमत क्या है, जो पहले Rs. 500 में बेचीं जाती थी?

(1) Rs. 550 (2) Rs. 450
(3) Rs. 400 (4) Rs. 510

116. Given below is a data set of temperatures (in ^{o}C): -6, -8, -2, 3, 2, 0, 5, 4, 8. What is the range of the data?

(1) 16°C (2) 18°C
(3) 10°C (4) 0°C

116. नीचे तापमान ($^{\circ}$C में) का एक डेटा सेट दिया गया है: -6, -8, -2, 3, 2, 0, 5, 4, 8. डेटा का परिसर क्या है?

(1) 16°C (2) 18°C
(3) 10°C (4) 0°C

117. A con is tossed 10 times and the outcomes are observed as: H, T, H, T, T, H, H, T, H, H (H

117. एक सिक्का 10 बार उछाला जाता है और परिणाम इस प्रकार अवलोकित किए जाते है: H, T, H, T, T, H, H, T, is Head; T is Tail). What is the probability of getting Head?

(1) $\frac{4}{5}$ (2) $\frac{2}{5}$
(3) $\frac{1}{5}$ (4) $\frac{3}{5}$

H, H (H चित है; T पट है।) चित प्राप्त करने की संभावना क्या है?

(1) $\frac{4}{5}$ (2) $\frac{2}{5}$
(3) $\frac{1}{5}$ (4) $\frac{3}{5}$

118. The numerical expression $\frac{3}{7}+\frac{(-7)}{8}=\frac{25}{56}$ shows that –

(1) Rational numbers are closed under subtraction
(2) Rational numbers are closed under multiplication
(3) Rational numbers are closed under division
(4) Rational numbers are closed under addition

118. संख्यात्मक व्यंजक $\frac{3}{7}+\frac{(-7)}{8}=\frac{25}{56}$ दिखाता है कि–

(1) परिमेय संख्याएं व्यवकलन के अंतर्गत संवृत होती हैं
(2) परिमेय संख्याएं गुणन के अंतर्गत संवृत होती हैं
(3) परिमेय संख्याएं विभाजन के अंतर्गत संवृत होती हैं
(4) परिमेय संख्याएं योग के अंतर्गत संवृत होती हैं

119. Which one of the following 3D shapes does not have a vertex?

(1) Prism (2) Cone
(3) Sphere (4) Pyramid

119. निम्नलिखित 3D आकृतियों में से किसमें शीर्ष नहीं होता है?

(1) प्रिज्म (2) शंकु
(3) गोला (4) पिरामिड

(5)

120. If $\left(\frac{5}{7}\right)^4 \times \left(\frac{5}{7}\right)^{-3} = \left(\frac{5}{7}\right)^{5x-2}$ then x is –

(1) $\frac{2}{5}$ (2) $\frac{3}{5}$
(3) $\frac{4}{5}$ (4) $\frac{1}{5}$

120. यदि $\left(\frac{5}{7}\right)^4 \times \left(\frac{5}{7}\right)^{-3} = \left(\frac{5}{7}\right)^{5x-2}$ हों, तो x है –

(1) $\frac{2}{5}$ (2) $\frac{3}{5}$
(3) $\frac{4}{5}$ (4) $\frac{1}{5}$

121. Let a, b, c be three rational numbers, where $a=\frac{3}{5}, b=\frac{2}{3}$ and $c=\frac{-5}{6}$. Which one of the following is true?

(1) $a \div (b+c) = b \div (a+c)$
(2) $a + (b+c) = c + (a+b)$
(3) $a - (b-c) = c - (a-b)$
(4) $a \times (b+c) = b \times (a+c)$

121. मानिए कि a, b, c तीन परिमेय संख्याएं है, जहां $a=\frac{3}{5}, b=\frac{2}{3}$ और $c=\frac{-5}{6}$ है। निम्नलिखित में से कौन-सा सत्य है?

(1) $a \div (b+c) = b \div (a+c)$
(2) $a + (b+c) = c + (a+b)$
(3) $a - (b-c) = c - (a-b)$
(4) $a \times (b+c) = b \times (a+c)$

122. A geometric representation, showing the relationship between a whole and its part, is-

(1) Pie chart (2) Bar graph
(3) Pictograph (4) Histogram

122. ज्यामितीय निरूपण, जो पुरे और उसके अंश के बीच संबंध दिखाता है, है –

(1) पाई चार्ट (2) दण्ड आरेख
(3) चित्रलेख (4) हिस्टोग्राम

(5)

123. If q is the square of a natural number p, then p is-

(1) The square root of q
(2) Equal to q
(3) Greater than q
(4) The square of q

123. यदि q एक प्राकृतिक संख्या p का वर्ग है, तो p है -

(1) q का वर्गमूल
(2) q के बराबर
(3) q से बढ़ा
(4) q का वर्ग

124. The value of $\sqrt{91+\sqrt{70+\sqrt{121}}}$ is-

(1) 10 (2) 11 (3) 12 (4) 9

125. In a park, 784 plants are arranged so that number of plants in a row is same as the number of rows. The number of plants in each row is –

(1) 28 (2) 38 (3) 48 (4) 18

126. In a school only, 3 out of 5 students can participate in a competition. What is the probability of the students who do not make it to the competition?

(1) 0.65 (2) 0.4 (3) 0.45 (4) 0.6

127. How many diagonals does a hexagon have?

(1) 9 (2) 8 (3) 2 (4) 6

128. In the given map, the distance between the places is shown using the scale 1 cm: 0.5 km. Then the actual distance (in km) between school and the book shop is

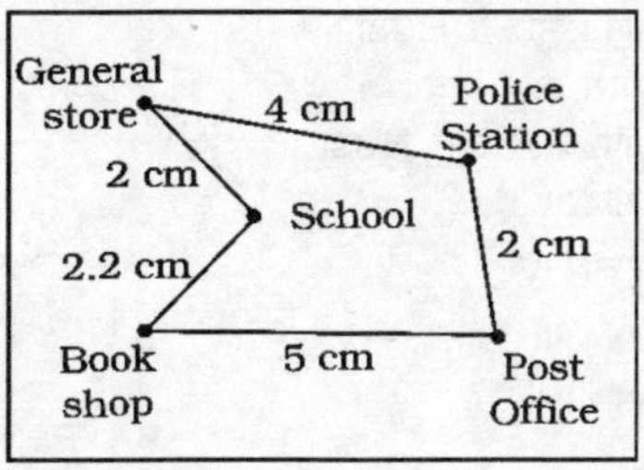

(1) 1.25 (2) 2.5 (3) 2 (4) 1.1

129. For calculation of interest compounded half yearly, keeping the principal same, which one of the following is true.

(1) Double the given annual rate and half the given number of years.

(2) Double the given annual rate as well as the given number of years.

(3) Half the given annual rate as well as the given number of years.

(4) Half the given annual rate and double the given number of years.

130. If abc is a three digit number, then the number abc – a – b – c is divisible by

(1) 9	(2) 90	(3) 10	(4) 11

124. $\sqrt{91+\sqrt{70+\sqrt{121}}}$ का मान है -

(1) 10 (2) 11 (3) 12 (4) 9

125. एक पार्क में, 784 पौधे व्यवस्थित किए जाते है ताकि पंक्ति में पौधों की संख्या, पंक्तियों की संख्या के समान ही हों। प्रत्येक पंक्ति में पौधों की संख्या है –

(1) 28 (2) 38 (3) 48 (4) 18

126. किसी स्कूल में 5 में केवल 3 विद्यार्थी एक प्रतियोगिता में भाग ले सकते है। इसकी क्या प्रायिकता है कि एक विद्यार्थी प्रतियोगिता में भाग नही ले पाएगा?

(1) 0.65 (2) 0.4 (3) 0.45 (4) 0.6

127. एक षड्भुज में कितने विकर्ण होते है?

(5) 9 (6) 8 (7) 2 (8) 6

128. नीचे दिये मानचित्र में, स्थानो के बीच की दूरी स्केल 1cm: 0.5km का प्रयोग करते हुए दर्शायी गयी है तब, स्कूल और पुस्तक की दुकान की दूरी (kmमें) है-

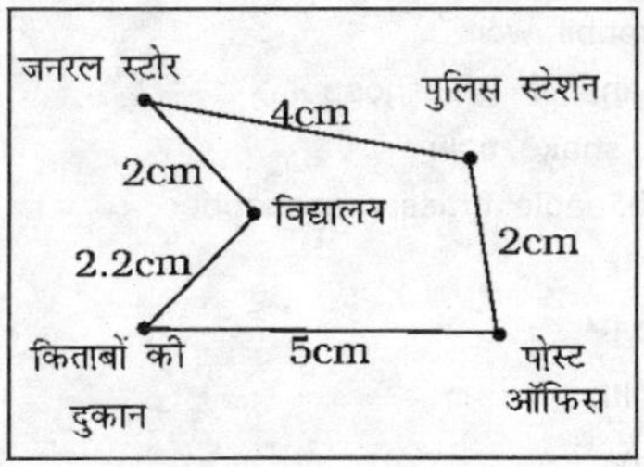

(1) 1.25 (2) 2.5 (3) 2 (4) 1.1

129. मूलधन को समान रखते हुए, अर्धवार्षिक संयोजित होने वाले चक्रव्रध्दि ब्याज को परिकलित करने के लिए, निम्न में से कौन-सा कथन सत्य है?

(1) वार्षिक दी हुई दर को दोगुना किया जाए और वर्षो की संख्या आधी कर दी जाए।

(2) दी हुई वार्षिक दर और वर्षो को दोगुना कर दिया जाए।

(3) दी हुई वार्षिक दर और वर्षो को आधा कर दिया जाए।

(4) दी हुई वार्षिक दर को आधा कर दिया जाए और वर्षो की संख्या को दोगुना के दिया जाए।

130. यदि abc एक तीन अंको की संख्या है, तो संख्या abc-a-b-c निम्न से विभाज्य है-

(1) 9 (2) 90 (3) 10 (4) 11

131. Which is a regional intergovernmental learning and knowledge sharing centre for mountain ecosystems?
(1) UNEPM (2) ICIMOD
(3) SAIMOD (4) SAEPM

131. माउंटेन पारिस्थितिक तंत्र के लिए एक क्षेत्रीय अंतर सरकारी शिक्षा और ज्ञान साझा केंद्र कौन सा है?
(1) UNEPM (2) ICIMOD
(3) SAIMOD (4) SAEPM

132. AIDS cannot be transmitted by
(1) sexual contact
(2) hugs
(3) breast feeding
(4) blood transfusion

132. निम्नलिखित में से किसके द्वारा एड्स नहीं फैल सकता है?
(1) लैंगिक संसर्ग
(2) गले मिलना
(3) स्तनपान
(4) रक्ताधान

133. The main constituent of biogas is
(1) methane
(2) carbon dioxide
(3) hydrogen
(4) hydrogen sulphide

133. बायोगैस का मुख्य अवयव है
(1) मेथेन
(2) कार्बन डाईऑक्साइड
(3) हाइड्रोजन
(4) हाइड्रोजन सल्फाइड

134. Which group of organisms are not constituents of a food chain?
I. Grass, lion, rabbit, wolf
II. Plankton, man, fish, grasshopper
III. Wolf, grass, snake, tiger
IV. Frog, snake, eagle, grass, grasshopper
(1) I and III
(2) III and IV
(3) II and III
(4) I and IV

134. निम्नलिखित में से कौन-सा वर्ग आहार-श्रृंखला का संघटक नहीं होता?
I. घास, शेर, खरगोश, भेड़िया
II. प्लवक, मानव, मछली, टिड्डा
III. भेड़िया, घास, साँप, बाघ
IV. मेंढक, साँप, चील, घास, टिड्डा
(1) I और III
(2) III और IV
(3) II और III
(4) I और IV

135. Select the incorrect statement
(1) Economic development is linked to environmental conservation
(2) Sustainable development encourages development for current generation and conservation of resources for future generations
(3) Sustainable development does not consider the viewpoints of stakeholders
(4) Sustainable development is a long planned and persistent development

135. गलत कथन चुनिए
(1) आर्थिक विकास का संबंध पर्यावरण संरक्षण से है
(2) दीर्घोपयोगी विकास से वर्तमान पीढ़ी के लिए विकास और भावी पीढ़ियों के लिए संसाधनों के संरक्षण को प्रोत्साहन मिलता है
(3) दीर्घोपयोगी (संपोषित) विकास पणधारियों के दृष्टिकोणों का कोई ध्यान नहीं रखता
(4) दीर्घोपयोगी विकास, दीर्घकालिक आयोजित और स्थायी विकास होता है

136. Inner most area of biosphere reserves which is legally protected and completely undisturbed from human interference, is known as
(1) Transition zone
(2) Core zone

136. जैवमंडल भंडार का आंतरिक क्षेत्र जो कानूनी रूप से संरक्षित है और मानव हस्तक्षेप से पूरी तरह से निर्विवाद है, को जाना जाता है
(1) संक्रमण क्षेत्र
(2) कोर जोन

(3) Buffer zone
(4) Restricted zone

137. As per 2011 Census, the state in India with the highest urban population?
(1) Madhya Pradesh
(2) Punjab
(3) Maharashtra
(4) Uttar Pradesh

138. In our country, large patches of forests are being cleared for cultivation of crops. The environmental impact of such a practice will lead to
(1) soil erosion
(2) soil conservation
(3) soil pollution
(4) soil fertility

139. Top-soil contains the following
(1) Humus and living organisms only
(2) Humus and soil particles only
(3) Humus, living organisms and plants
(4) Humus, living organisms and soil particles.

140. World Population day is celebrated on
(1) 07 July
(2) 08 October
(3) 11 July
(4) 03 October

141. The Forest Conservation Act, 1980 came into force from
(1) 13 September 1980
(2) 22 November 1980
(3) 25 October 1980
(4) 17 December 1980

142. Fifth five year plan of India was prepared and launched by
(1) Y.U. Mahalanobis
(2) C.M. Rangarajan
(3) D.P. Dhar
(4) R.S.Gadgil

143. Which one of the following techniques is NOT a mitigation mechanism to control landslides?
(1) Ensuring surfaces drainage control works to restrict the movement of landslides.

(3) बफर जोन
(4) प्रतिबंधित क्षेत्र

137. 2011 की जनगणना के अनुसार, भारत में कौनसा राज्य सबसे ज्यादा शहरी आबादी वाला है?
(1) मध्य प्रदेश
(2) पंजाब
(3) महाराष्ट्र
(4) उत्तर प्रदेश

138. हमारे देश में, फसलों की खेती के लिए जंगलों के बड़े पैच को मंजूरी दे दी जा रही है। इस तरह के एक अभ्यास के पर्यावरणीय प्रभाव के कारण होगा
(1) मिट्टी का कटाव
(2) मिट्टी संरक्षण
(3) मिट्टी प्रदूषण
(4) मिट्टी प्रजनन क्षमता

139. उपरिमृदा में निम्नलिखित में से विद्यमान होता है
(1) केवल ह्यूमस तथा सजीव
(2) केवल ह्यूमस तथा मृदा कणिकाएँ
(3) ह्यूमस, सजीव तथा पादप
(4) ह्यूमस, सजीव तथा मृदा कणिकाएं

140. विश्व जनसंख्या दिवस मनाया जाता है
(1) 07 जुलाई
(2) 08 अक्टूबर
(3) 11 जुलाई
(4) 03 अक्टूबर

141. वन संरक्षण अधिनियम, 1980 कब से लागू हुआ
(1) 13 सितंबर 1980
(2) 22 नवंबर 1980
(3) 25 अक्टूबर 1980
(4) 17 दिसंबर 1980

142. भारत की पांचवीं पंचवर्षीय योजना किसने तैयार और लॉन्च की थी
(1) वाय.यू. महालनोबिस
(2) सी.एम. रंगराजन
(3) डी.पी. धार
(4) आर.एस. गद्जिल

143. भूस्खलन को नियंत्रिक करने के लिए निम्नलिखित में से न्यूनीकरण कौन-सी नहीं है
(1) भूस्खलन की गतिशीलता को नियंत्रित करने के लिए सतही अपवाह का नियंत्रण सुनिश्चित करना।

(2) Hazard mapping to identify areas prone to landslides
(3) Construction of retention walls to stop land slippage.
(4) Decreasing vegetation cover to arrest landslides.

(2) भूस्खलन प्रवण क्षत्रों की पहचान के लिए संकट मानचित्र।
(3) भूमि को खिसकने से बचाने के लिए प्रतिधारी दिवार का निर्माण करना।
(4) भूस्खलन को रोकने के लिए वनस्पति आवरण को कम करना।

144. Products of which one of the following are known as 'Black Gold'?
(1) Copper (2) Coal
(3) Gold (4) Petroleum

144. निम्नलिखित में से किसके उत्पादों को 'काला सोना' कहा जाता है?
(1) तांबा (2) कोयला
(3) सोना (4) पेट्रोलियम

145. Which one of the following is Not a nuclear power station of India?
(1) Pokhram (2) Kalpakkam
(3) Tarapur (4) Narora

145. निम्नलिखित में से कौन-सा भारत का परमाणु उर्जा संयंत्र नहीं है?
(1) पोखरण (2) कलपक्कम
(3) तारापुर (4) नरोरा

146. Shifting agriculture is known as Milpa in:
(1) Brazil (2) India
(3) Malaysia (4) Mexico

146. निम्नलिखित देशों में से किसमें स्थानांतरी कृषि को मिल्पा के नाम से जाना जाता है?
(1) ब्राज़ील (2) भारत
(3) मलेशिया (4) मैक्सिको

147. Full form of CSD is
(1) Convention on Sustainable Development
(2) College of Sustainable Development
(3) Commission on Sustainable Development
(4) Conference on Sustainable Development

147. CSD का पूरा नाम क्या है?
(1) Convention on Sustainable Development
(2) College of Sustainable Development
(3) Commission on Sustainable Development
(4) Conference on Sustainable Development

148. Periyar National Park is located in
(1) Karnataka
(2) Kerala
(3) Tamil Nadu
(4) Andhra Pradesh

148. पेरियार राष्ट्रीय उद्यान कहाँ स्थित है
(1) कर्नाटक
(2) केरल
(3) तमिलनाडु
(4) आंध्र प्रदेश

149. Which social reformer founded the reform association known as the Arya Samaj?
(1) Swami Dayanand Saraswati
(2) Raja Rammohun Roy
(3) Ishwarchandra Vidyasagar
(4) Veerasalingam Pantulu

149. किस सामाजिक सुधारक ने आर्य समाज के नाम से जाने जाने वाले सुधार संगठन की स्थापना की?
(1) स्वामी दयानंद सरस्वती
(2) राजा राममोहन रॉय
(3) ईश्वरचंद्र विद्यासागर
(4) वीरसेलिंगम पंतलु

150. Which one of the following is the highest roadways of the India in the world?
(1) Udhampur - Srinagar
(2) Itanagar – Pasighat
(3) Manali – Leh
(4) Shillong - Silcher

150. विश्व में भारत का सबसे ऊँचा सड़क मार्ग निम्नलिखित में से कौन-सा है?
(1) ऊधमपुर-श्रीनगर
(2) ईटानगर-पासीघाट
(3) मनाली-लेह
(4) शिल्लोंग-सिलचर

उत्तर पत्रिका / Answer Sheet – Kendriya Vidyalaya Sangathan

Name of the Candidate: ____________________ **Fathers' Name:** ____________________

Roll Number: ____________________, **Examination Centre:** ____________________

Paper of the Candidate: ____________________, **Test Booklet Code:** ____________________

Mark your Answer by shading the appropriate circle against each question. The circle should be shaded completely without leaving any space. The correct method of shading is given below.
प्रत्येक प्रश्न के सामने उचित वृत का चिन्हांकन करके अपना उत्तर लिखें। वृत्त को बिना कोई स्थान छोड़े चिन्हांकित करें। चिन्हांकित करने का सही तरीका नीचे दिया गया है।

Correct Method : सही तरीका : ○ ● ○ ○ Wrong Method : गलत तरीका : ⊠ ✓ ⊙ ◑

001	① ② ③ ④	031	① ② ③ ④	061	① ② ③ ④	091	① ② ③ ④	121	① ② ③ ④
002	① ② ③ ④	032	① ② ③ ④	062	① ② ③ ④	092	① ② ③ ④	122	① ② ③ ④
003	① ② ③ ④	033	① ② ③ ④	063	① ② ③ ④	093	① ② ③ ④	123	① ② ③ ④
004	① ② ③ ④	034	① ② ③ ④	064	① ② ③ ④	094	① ② ③ ④	124	① ② ③ ④
005	① ② ③ ④	035	① ② ③ ④	065	① ② ③ ④	095	① ② ③ ④	125	① ② ③ ④
006	① ② ③ ④	036	① ② ③ ④	066	① ② ③ ④	096	① ② ③ ④	126	① ② ③ ④
007	① ② ③ ④	037	① ② ③ ④	067	① ② ③ ④	097	① ② ③ ④	127	① ② ③ ④
008	① ② ③ ④	038	① ② ③ ④	068	① ② ③ ④	098	① ② ③ ④	128	① ② ③ ④
009	① ② ③ ④	039	① ② ③ ④	069	① ② ③ ④	099	① ② ③ ④	129	① ② ③ ④
010	① ② ③ ④	040	① ② ③ ④	070	① ② ③ ④	100	① ② ③ ④	130	① ② ③ ④
011	① ② ③ ④	041	① ② ③ ④	071	① ② ③ ④	101	① ② ③ ④	131	① ② ③ ④
012	① ② ③ ④	042	① ② ③ ④	072	① ② ③ ④	102	① ② ③ ④	132	① ② ③ ④
013	① ② ③ ④	043	① ② ③ ④	073	① ② ③ ④	103	① ② ③ ④	133	① ② ③ ④
014	① ② ③ ④	044	① ② ③ ④	074	① ② ③ ④	104	① ② ③ ④	134	① ② ③ ④
015	① ② ③ ④	045	① ② ③ ④	075	① ② ③ ④	105	① ② ③ ④	135	① ② ③ ④
016	① ② ③ ④	046	① ② ③ ④	076	① ② ③ ④	106	① ② ③ ④	136	① ② ③ ④
017	① ② ③ ④	047	① ② ③ ④	077	① ② ③ ④	107	① ② ③ ④	137	① ② ③ ④
018	① ② ③ ④	048	① ② ③ ④	078	① ② ③ ④	108	① ② ③ ④	138	① ② ③ ④
019	① ② ③ ④	049	① ② ③ ④	079	① ② ③ ④	109	① ② ③ ④	139	① ② ③ ④
020	① ② ③ ④	050	① ② ③ ④	080	① ② ③ ④	110	① ② ③ ④	140	① ② ③ ④
021	① ② ③ ④	051	① ② ③ ④	081	① ② ③ ④	111	① ② ③ ④	141	① ② ③ ④
022	① ② ③ ④	052	① ② ③ ④	082	① ② ③ ④	112	① ② ③ ④	142	① ② ③ ④
023	① ② ③ ④	053	① ② ③ ④	083	① ② ③ ④	113	① ② ③ ④	143	① ② ③ ④
024	① ② ③ ④	054	① ② ③ ④	084	① ② ③ ④	114	① ② ③ ④	144	① ② ③ ④
025	① ② ③ ④	055	① ② ③ ④	085	① ② ③ ④	115	① ② ③ ④	145	① ② ③ ④
026	① ② ③ ④	056	① ② ③ ④	086	① ② ③ ④	116	① ② ③ ④	146	① ② ③ ④
027	① ② ③ ④	057	① ② ③ ④	087	① ② ③ ④	117	① ② ③ ④	147	① ② ③ ④
028	① ② ③ ④	058	① ② ③ ④	088	① ② ③ ④	118	① ② ③ ④	148	① ② ③ ④
029	① ② ③ ④	059	① ② ③ ④	089	① ② ③ ④	119	① ② ③ ④	149	① ② ③ ④
030	① ② ③ ④	060	① ② ③ ④	090	① ② ③ ④	120	① ② ③ ④	150	① ② ③ ④

परीक्षार्थी का नाम Name of candidate (In Capital Letters)	परीक्षार्थी के हस्ताक्षर Signature of candidate (In Running Hand)	परीक्षार्थी के बाएं अंगूठे का निशान Left hand thumb impression of the candidate	निरीक्षक के हस्ताक्षर Signature of invigilator (In Running Hand)
			Prateek Shivalik

Answer Key KVS Test Set - 19

Q	A	Q	A	Q	A	Q	A	Q	A	Q	A	Q	A	Q	A
1	3	**21**	4	**41**	2	**61**	2	**81**	1	**101**	2	**121**	2	**141**	3
2	3	**22**	1	**42**	4	**62**	4	**82**	1	**102**	4	**122**	1	**142**	3
3	4	**23**	3	**43**	3	**63**	3	**83**	2	**103**	2	**123**	1	**143**	4
4	3	**24**	2	**44**	3	**64**	4	**84**	3	**104**	1	**124**	1	**144**	4
5	1	**25**	3	**45**	2	**65**	1	**85**	1	**105**	2	**125**	1	**145**	1
6	3	**26**	4	**46**	1	**66**	1	**86**	4	**106**	2	**126**	2	**146**	4
7	2	**27**	2	**47**	2	**67**	4	**87**	2	**107**	2	**127**	1	**147**	3
8	3	**28**	3	**48**	2	**68**	3	**88**	2	**108**	4	**128**	4	**148**	2
9	3	**29**	2	**49**	3	**69**	3	**89**	2	**109**	2	**129**	4	**149**	1
10	4	**30**	4	**50**	1	**70**	3	**90**	1	**110**	2	**130**	1	**150**	3
11	3	**31**	4	**51**	1	**71**	2	**91**	3	**111**	1	**131**	2		
12	4	**32**	3	**52**	1	**72**	3	**92**	1	**112**	2	**132**	2		
13	4	**33**	1	**53**	3	**73**	2	**93**	2	**113**	1	**133**	1		
14	1	**34**	2	**54**	2	**74**	1	**94**	4	**114**	2	**134**	3		
15	2	**35**	3	**55**	1	**75**	1	**95**	3	**115**	2	**135**	3		
16	1	**36**	4	**56**	1	**76**	4	**96**	3	**116**	1	**136**	2		
17	4	**37**	4	**57**	2	**77**	1	**97**	3	**117**	4	**137**	3		
18	3	**38**	3	**58**	3	**78**	2	**98**	3	**118**	4	**138**	1		
19	4	**39**	1	**59**	4	**79**	1	**99**	4	**119**	3	**139**	4		
20	3	**40**	4	**60**	3	**80**	3	**100**	4	**120**	2	**140**	3		

Prateek Shivalik KVS PRT

Code 20

इस परीक्षा पुस्तिका को तब तक न खोलें जब तक कहा न जाए।
Do not open this Test Booklet until you are asked to do so.
इस परीक्षा पुस्तिका के पिछले आवरण पर दिए गये निर्देशों को ध्यान से पढ़ें।
Read carefully the Instructions on the Back Cover of this Test Booklet.

परीक्षार्थियों के लिए निर्देश

1. OMR उत्तर पत्र इस परीक्षा के अन्दर रखा है। जब आपको परीक्षा पुस्तिका खोलने को कहा जाए, तो उत्तर पत्र निकाल कर पृष्ठ-1 एवं पृष्ठ-2 पर ध्यान से केवल नीले बॉल पॉइंट पेन से विवरण भरें।
2. परीक्षा की अवधि 2½ घंटे है एवं परीक्षा में 150 प्रश्न है। **कोई ऋणात्मक अंकन नहीं है।**
3. इस पृष्ठ पर विवरण अंकित करने एवं उत्तर पत्र पर निशान लगाने के लिए केवल नीले बॉल पॉइंट पेन का प्रयोग करें।
4. यह सुनिश्चित कर लें की इस पुस्तिका का संकेत, उत्तर पत्र के पृष्ठ पर छपे संकेत से मिलता है। यह भी सुनिश्चित कर लें की परीक्षा संख्या और उत्तर पत्र संख्या मिलते है। अगर यह भिन्न हों तो परीक्षार्थी दूसरी प्रश्न पुस्तिका और उत्तर पत्र लेने के लिए निरीक्षक को तुरन्त अवगत कराएँ।
5. **यदि अनुवाद में किसी भी प्रकार की कोई अस्पष्टा हो तो अंग्रेजी वाले पाठ को ही सही माना जायेगा।**
6. रफ कार्य परीक्षा पुस्तिका में इस प्रयोजन के लिए दी गई खाली जगह पर करें।
7. सभी उत्तर केवल OMR उत्तर पत्र पर ही अंकित करें। अपने उत्तर ध्यानपूर्वक अंकित करें। उत्तर बदलने हेतु श्वेत रंजक का प्रयोग निषिद्ध है।
8. प्रत्येक प्रश्न के सामने उचित वृत का चिन्हांकन करके अपना उत्तर लिखें। वृत्त को बिना कोई स्थान छोड़े चिन्हांकित करें।

INSTRUCTIONS FOR CANDIDATES

1. The OMR Answer Sheet is inside this Test Booklet. When you are directed to open the Test Booklet, take out the Answer Sheet and fill in the particulars on Side-1 and Side-2 carefully with blue ball point pen only.
2. The test is of 2½ hours duration and consists of 150 questions. **There is no negative marking.**
3. Use Blue Ball Point Pen only for writing particulars on this page / marking responses in the Answer Sheet.
4. Make sure that the CODE printed on the Answer Sheet is the same as that on this booklet. Also ensure that your Test Booklet No. and Answer Sheet No. are the same. In case of discrepancy, the candidate should immediately report the matter to the Invigilator for replacement of both the Test Booklet and the Answer Sheet.
5. **In case of any ambiguity in translation, the English version will be deemed authentic.**
6. Rough work should be done only in the space provided in the Test Booklet for the same.
7. The answers are to be recorded on the OMR Answer Sheet only. Mark your responses carefully. No whitener is allowed for changing answers.
8. Mark your Answer by shading the appropriate circle against each question. The circle should be shaded completely without leaving any space.

परीक्षार्थी का नाम (बड़े अक्षरों में):
Name of the Candidate (in Capitals): ____________________
अनुक्रमांक (अंकों में):
Roll Number: (in figures): ____________________
(शब्दों में):
(in words): ____________________
परीक्षा केन्द्र (बड़े अक्षरों में) :
Centre of Examination (in Capitals): ____________________
परीक्षार्थी के हस्ताक्षर:
Candidate's Signature: ____________________
निरीक्षक के हस्ताक्षर :
Invigilator's Signature : ____________________
Facsimile signature stamp of
Centre Superintendent ____________________

1. Choose the incorrectly spelt word
   (1) responsibility
   (2) oppertunity
   (3) possibility
   (4) generosity

2. Which part of the following sentences has error in it?

After making me wait for two agonising hours (P) the great man called me in (Q) and asked me what do I want (R). No error (S)

(1) P (2) Q (3) R (4) S

3. Convert the given sentence into Active / Passive Voice

Did the noise frighten you?

(1) Did you frighten the noise?
(2) Was the noise frightened by you?
(3) Were you frightened by the noise?
(4) Were you frighten by the noise?

4. Convert the given sentence into Direct / Indirect Speech

Everybody said, "How well she sings!"

(1) Everybody told us that she sings very well.
(2) Everybody exclaimed that she sings very well.
(3) Everybody exclaimed that she sang very well.
(4) Everybody told us that how she sang very well.

5. Choose the one word which can be substituted for the given sentence/ words.

Dissection of a dead body to find the cause of death.

(1) biopsy
(2) investigation
(3) surgery
(4) autopsy

6. Which part of the following sentences has error in it?

An experimental vaccine (P) has brought (Q) glimmer of hope for the malarial researchers (R). No error (S)

(1) P (2) Q (3) R (4) S

7. Choose the option which best expresses the meaning of the highlighted idiom/phrase in the sentence.

to "blow one's own trumpet"

(1) to play on one's own trumpet
(2) to praise one's own self
(3) to create noisy disturbances
(4) to have a high-pitched voice

8. Arrange the following jumbled part of the sentence in correct order.

1. I was in awe of Einstein and hesitated before approaching him about some ideas I had been working on.

P. I entered his office and found him seated at a table, calculating and smoking his pipe.

Q. When I finally knocked on his door, a gentle voice said, 'come'.

R. The single word was both a welcome and a question.

S. Dressed in ill fitting clothes, his hair characteristically awry, he smiled a warm welcome.

6. His utter naturalness at once set me at ease.

(1) QPRS
(2) QRPS
(3) PQRS
(4) SRQP

9. Fill in the blank.

It took the child a long time to recover _____ the shock.

(1) under
(2) from
(3) over
(4) about

10. The antonym of the given word is?

CRITICISE

(1) finish
(2) recommend
(3) commend
(4) request

11. मात्रिच्छा का संधि विच्छेद होगा
(1) माता:+इच्छा
(2) मात्रि+इच्छा
(3) मातृ+इच्छा
(4) मातृ+एच्छा

12. निम्न में से किस शब्द की वर्तनी शुद्ध है?
(1) पृकृति
(2) प्रक्रति
(3) प्रकृति
(4) पृक्रति

13. "कार्य को नए ढंग से करने की पद्धति" के लिए एक उपयुक्त शब्द है
(1) आधुनिकीकरण
(2) नवीनीकरण
(3) नवागतरूप
(4) नवागंतुक

14. 'ह' का उच्चारण स्थान है
(1) कंठ्य
(2) दन्तोष्ठ्य
(3) स्पर्श
(4) कोई नहीं

15. जो शब्द संज्ञा या सर्वनाम की विशेषता बताए वे कहलाते है
(1) क्रिया
(2) विशेषण
(3) क्रिया विशेषण
(4) कोई नहीं

16. "मोहन चाकू से फल काटता है।" में प्रयुक्त कारक है
(1) कर्ता
(2) करण
(3) संबंध
(4) कोई नहीं

17. "मृगनयनी" में समास है
(1) अव्ययीभाव
(2) कर्मधारय
(3) बहुब्रीहि
(4) तत्पुरुष

18. बुढ़ापा शब्द में संज्ञा है
(1) जातिवाचक
(2) व्यक्तिवाचक
(3) भाववाचक
(4) समुदायवाचक

19. उपकार में कौन सा उपसर्ग है?
(1) उप
(2) उ
(3) उप्
(4) उप:

20. डरावना में कौन सा प्रत्यय है?
(1) वना
(2) आवन
(3) ना
(4) अवना

Space for Rough Work / कच्चे कार्य के लिए स्थान

21. The term PC means:
(1) Private Computer
(2) Personal Calculator
(3) Professional Calculator
(4) Personal Computer

21. PC का अर्थ है:
(1) Private Computer
(2) Personal Calculator
(3) Professional Calculator
(4) Personal Computer

22. By default, to run an application through mouse, which one of the following has to be done?
(1) Right click
(2) Left click
(3) Single click
(4) Double dick

22. डिफ़ॉल्ट रूप से, माउस के माध्यम से एक एप्लिकेशन चलाने के लिए, निम्नलिखित में से क्या किया जाता है?
(1) राइट क्लिक करें
(2) बायाँ क्लिक करें
(3) एकल क्लिक
(4) डबल डिक

23. One kilobit is equal to ______ bits
(1) 512 (2) 1000 (3) 1024 (4) 1042

23. एक किलोबिट ______ बिट्स के बराबर है
(1) 512 (2) 1000 (3) 1024 (4) 1042

24. Dot Matrix Printers, when compared to Laser Printers are
(1) Quieter
(2) Faster
(3) Less expensive
(4) More expensive

24. लेजर प्रिंटर की तुलना में डॉट मैट्रिक्स प्रिंटर हैं
(1) शोर करने वाला
(2) तेज़
(3) कम महंगा
(4) अधिक महंगा

25. A Supercomputer would be used for which one of the following applications?
(1) Business Computing
(2) Desktop Publishing
(3) Weather Forecasting
(4) Computer Aided Designing

25. एक सुपरकंप्यूटर का उपयोग किस अनुप्रयोग के लिए किया जाएगा?
(1) बिजनेस कंप्यूटिंग
(2) डेस्कटॉप प्रकाशन
(3) मौसम पूर्वानुमान
(4) कंप्यूटर एडेड डिजाइनिंग

26. How many types of recipients are there in an e-mail system?
(1) Three (2) Four (3) One (4) Two

26. ई-मेल सिस्टम में कितने प्रकार के प्राप्तकर्ता होते हैं?
(1) तीन (2) चार (3) एक (4) दो

27. The UNIX operating system is suitable for:
(1) Multi user
(2) Real-Time Processing
(3) Distributed Processing
(4) Single user

27. यूनिक्स ऑपरेटिंग सिस्टम के लिए उपयुक्त है:
(1) मल्टी यूजर
(2) रीयल-टाइम प्रोसेसिंग
(3) वितरित प्रसंस्करण
(4) एकल उपयोगकर्ता

28. The 'IBM-DOS' is a
(1) Single user operating system
(2) Multiuser operating system
(3) Batch operating system
(4) Time-sharing operating system

28. 'आईबीएम-डॉस' एक है
(1) एकल उपयोगकर्ता ऑपरेटिंग सिस्टम
(2) बहुउद्देशीय ऑपरेटिंग सिस्टम
(3) बैच ऑपरेटिंग सिस्टम
(4) टाइम-शेयरिंग ऑपरेटिंग सिस्टम

29. The new technology which is emerging in the field of computer is
(1) IC-technology
(2) Parallel processing system
(3) Semiconductor technology
(4) Transistor technology

30. Which is not an extension of a picture file on a computer?
(1) .jpeg (2) .png (3) .gif (4) .mdb

29. कंप्यूटर के क्षेत्र में उभर रही नई तकनीक है
(1) आईसी प्रौद्योगिकी
(2) समांतर प्रसंस्करण प्रणाली
(3) सेमीकंडक्टर प्रौद्योगिकी
(4) ट्रांजिस्टर प्रौद्योगिकी

30. कंप्यूटर पर एक तस्वीर फ़ाइल का विस्तार इनमें से क्या नहीं है?
(1) .jpeg (2) .png (3) .gif (4) .mdb

Space for Rough Work / कच्चे कार्य के लिए स्थान

General Awareness

31. What was the main motive of Third Five Year Plan in India?
(1) Rural development
(2) Agriculture
(3) Financial inclusion
(4) Economic reform

31. भारत में तीसरी पंचवर्षीय योजना का मुख्य उद्देश्य क्या था?
(1) ग्रामीण विकास
(2) कृषि
(3) वित्तीय समावेशन
(4) आर्थिक सुधार

32. How many members of upper house (Rajya Sabha) can be nominated by President of India?
(1) 10 (2) 12
(3) 14 (4) 16

32. भारत के राष्ट्रपति द्वारा ऊपरी सदन के कितने सदस्य (राज्यसभा) नामांकित हैं?
(1) 10 (2) 12
(3) 14 (4) 16

33. Which Sikh Guru initiated 'The Khalsa'?
(1) Guru Nanak Dev
(2) Guru Gobind Singh
(3) Guru Angad Dev
(4) Guru Tegh Bahadur

33. किस सिख गुरु ने 'खालसा' शुरू किया?
(1) गुरु नानक देव
(2) गुरु गोबिंद सिंह
(3) गुरु अंगद देव
(4) गुरु तेग बहादुर

34. Which of the following winds are hot dust laden and blow from Sahara desert towards Mediterranean Region?
(1) Sirocco (2) Loo
(3) Foehn (4) Mistral

34. निम्न में से कौन सी हवाएं धूल से भरी हुई हैं और सहारा रेगिस्तान से भूमध्य क्षेत्र में बहती हैं?
(1) सिरोको (2) लू
(3) फ़ॉहेंन (4) मिस्ट्रल

35. Which of the following is responsible for giving colour to human skin?
(1) Luciferin (2) Haemoglobin
(3) Flavonoids (4) Melanin

35. मानव त्वचा को रंग देने के लिए निम्न में से कौन जिम्मेदार है?
(1) लूसिफ़ेरिन (2) हीमोग्लोबिन
(3) फ्लेवोनोइड (4) मेलेनिन

36. Electric Motor converts _____ energy to mechanical energy
(1) sound (2) mechanical
(3) chemical (4) electrical

36. इलेक्ट्रिक मोटर _____ ऊर्जा को यांत्रिक ऊर्जा में बदल देती है
(1) ध्वनि (2) यांत्रिक
(3) रासायनिक (4) विद्युतीय

37. Which key is used to move to next line in a Ms-Word document
(1) Enter key (2) Escape key
(3) Shift key (4) Return key

37. एमएस-वर्ड दस्तावेज़ में अगली पंक्ति पर जाने के लिए कौन सी कुंजी का उपयोग किया जाता है
(1) एंटर कुंजी (2) एस्केप कुंजी
(3) शिफ्ट कुंजी (4) रिटर्न कुंजी

38. Which of the following is not an example of Allotrope?
(1) Diamond (2) Graphite
(3) Ozone (4) Steel

38. निम्न में से कौन सा एलोट्रोप का उदाहरण नहीं है?
(1) डायमंड (2) ग्रेफाइट
(3) ओजोन (4) स्टील

39. Who invented Pentium Chip?

39. पेंटियम चिप का आविष्कार किसने किया?

(1) Tom Gunter
(2) Vince Emery
(3) C. Kumar Patel
(4) Vinod Dham

(1) टॉम गुन्टर
(2) विंस एमरी
(3) सी. कुमार पटेल
(4) विनोद धाम

40. Which one of the following films was not directed by Satyajit Ray?
(1) Charulata
(2) Jalsaghar
(3) Shatranj ke khiladi
(4) Gumnam

40. निम्नलिखित में से कौन सी फिल्म सत्यजीत रे द्वारा निर्देशित नहीं थी?
(1) चरुलाता
(2) जलसाघर
(3) शतरंज के खिलाडी
(4) गुमनाम

Space for Rough Work / कच्चे कार्य के लिए स्थान

41. If JITENDRA = 16, DHARMENDRA = 40, SHAHRUKH = 32 then SALMAN =?
(1) 14
(2) 12
(3) 16
(4) 36

41. यदि JITENDRA = 16, DHARMENDRA = 40, SHAHRUKH = 32 तो SALMAN =?
(1) 14
(2) 12
(3) 16
(4) 36

42. First bunch of bananas has 1/4th again as many bananas as a second bunch. If the second bunch has 3 bananas fewer than the first bunch, then the number of bananas in the first bunch are:
(1) 9 (2) 10
(3) 12 (4) 15

42. केले के पहले गुच्छे में उतने केले हैं जितने कि दुसरे गुच्छे में उसी गुच्छे के 1/4 भाग केले और मिलाने पर होते हैं। यदि दुसरे गुच्छे में पहले गुच्छे से 3 केले कम हैं, तो पहले गुच्छे में कुल कितने केले हैं?
(1) 9 (2) 10
(3) 12 (4) 15

43. A staff may claim Rs. 15 for each km which he travels by taxi and Rs. 5 for each km which he drives his own car. In one week if he claimed Rs.500 for travelling 80 km. How many kms did he travel by taxi?
(1) 10
(2) 20
(3) 30
(4) 40

43. एक स्टाफ टैक्सी से यात्रा के लिए रु. 15 प्रति किमी. तथा अपनी कार से यात्रा के लिए रु. 5 प्रति किमी. की माँग कर सकता है। यदि उसने 80 किमी की यात्रा के लिए रु. 500 माँगा हो तो उसने टैक्सी से कितने किमी. की यात्रा की थी?
(1) 10
(2) 20
(3) 30
(4) 40

44. It is given that × denotes 'greater than', φ denotes 'equal to', < denotes 'not less than', ⊥ denotes 'not equal to', Δ denotes 'less than' and + denotes 'not greater than'. Choose the correct statement from the following which follows a × b Δ c?
(1) a φ c Δ b
(2) b < a × c
(3) a < b + c
(4) b < a φ c

44. 31. यह दिया गया है कि × का अर्थ है 'से अधिक', φ का अर्थ है 'बराबर', < का अर्थ है 'से कम नहीं, ⊥ का अर्थ है 'बराबर नहीं', Δ का अर्थ है 'से कम' तथा + का अर्थ है 'से ज्यादा नहीं' है। निम्न में से सही कथन चुनें जिसे a × b Δ c अनुसरण करता है?
(1) a φ c Δ b
(2) b < a × c
(3) a < b + c
(4) b < a φ c

45. Which one set of letters when sequentially placed at the gaps in the given letter series shall complete it?
ab _ dab _ cda _ c _ cd _ bcd _ dd
(1) cbdbca
(2) cbbcad
(3) cdbcbd
(4) cbdbcd

45. दी गई अक्षर-श्रृंखला के खाली स्थानों पर क्रम से रखने पर निम्नलिखित में से कौन-सा अक्षर-सेट उसे पूरा करेगा?
(1) cbdbca
(2) cbbcad
(3) cdbcbd
(4) cbdbcd

46. In first 400 years how many times 29th Feb had appeared?

46. पहले 400 सालों में 29 फरवरी कितनी बार आया था?
(1) 97 (2) 98

(1) 97 (2) 98
(3) 99 (4) 100

(3) 99 (4) 100

47. A is the son of B. B's sister C has a son D and a daughter E. F is the maternal uncle of D. How many nephews does F have?

(1) Nil
(2) One
(3) Two
(4) Three

47. A, B का पुत्र है। B की बहन C का पुत्र D है तथा पुत्री E है। F, D का मामा है। F के कितने भांजा/भतीजा है?

(1) एक भी नहीं
(2) एक
(3) दो
(4) तीन

48. If the first five words in the sentence, "Meeta's mother meets me many times" are rearranged in the alphabetical order, which will be the middle word?

(1) Meeta
(2) Mother
(3) Meets
(4) Me

48. यदि वाक्य "Meeta's mother meets me many times" के पहले पांच शब्दों को वर्णमाला के क्रमानुसार व्यवस्थित किया जाए, तो कौन-सा शब्द मध्य में आएगा?

(1) Meeta
(2) Mother
(3) Meets
(4) Me

49. In an examination, Raj got more marks than Mukesh but not as many as Priya. Priya got more marks than Gaurav and Kavita. Gaurav got less marks than Mukesh but his marks is not the lowest in the group. Who is second in the descending order of marks?

(1) Priya
(2) Kavita
(3) Raj
(4) None

49. किसी परीक्षा में राज, मुकेश की तुलना में अधिक अंक लाता है पर प्रिया के जितना नहीं। प्रिया को गौरव और कविता की तुलना में अधिक अंक मिले हैं। गौरव को मुकेश की तुलना में कम अंक मिलें हैं लेकिन उसका अंक समूह में सबसे कम नहीं है। अवरोही क्रमानुसार किसका अंक दुसरे नंबर पर है?

(1) प्रिया
(2) कविता
(3) राज
(4) कोई नहीं

50. X – Z means X is the mother of Z; X × Z means X is the father of Z and X + Z means X is the daughter of Z. Then, for M – N × T +Q, which of the following is not true.

(1) T is N's daughter
(2) N is wife of Q
(3) M is mother-in-law of Q
(4) Q is wife of N

50. X - Z का अर्थ है कि X, Z की माँ है। X × Z का अर्थ है कि X, Z का पिता है तथा X + Z का अर्थ है की X, Z की बेटी है। तो, इनमें से कौन M – N × T +Q के लिए असत्य है।

(1) T, N की बेटी है।
(2) N, Q की पत्नी है।
(3) M, Q की सास है।
(4) Q, N की पत्नी है।

Space for Rough Work / कच्चे कार्य के लिए स्थान

51. Lalit is able to find a solution to his academic problems with the support of his classmate Dinesh. Which of the following notions describe his position?
(1) Zone of proximal development
(2) Stage of formal operations
(3) Problem based learning
(4) Co-operative learning

51. ललित अपने कक्षा सहपाठी दिनेश की सहायता से अपनी शैक्षिक समस्याओं का समाधान कर पाता है। निम्नलिखित में से कौन सी धारणा उसकी स्थिति को स्पष्ट करती है?
(1) समीपस्थ विकास का क्षेत्र
(2) नियमनिष्ठ संक्रियाओं की अवस्था
(3) समस्या आधारित अधिगम
(4) सहकारी अधिगम

52. A school principal wants to judge the quality of teachers in his school. Which of the following steps he takes would be least useful in this process?
(1) Ask teachers to fill a self-evaluation performa.
(2) Meet teachers personally and ask them about their teaching practices.
(3) Analyze school results
(4) Observe interaction in each classroom

52. स्कूल का प्रधानाध्यापक अपने स्कूल में अध्यापकों की गुणवत्ता आंकना चाहता है। इसके लिए उसके द्वारा किये जाने वाले उपायों में से कौन सा सबसे कम उपयोगी होगा?
(1) अध्यापकों को स्वमूल्यांकन प्रपत्र भरने के लिए कहना
(2) अध्यापकों से व्यक्तिगत रूप से मिलना और उनकी अध्यापन पद्धतियों के बारे में पूछना।
(3) स्कूल में परीक्षा फलों का विश्लेषण।
(4) प्रत्येक कक्षाकक्ष में पारस्परिक क्रिया को गौर से देखना।

53. Which one of the following is used to encourage students' interaction?
(1) Language games
(2) Drama
(3) Debate
(4) Music

53. छात्रों में पारस्परिक क्रिया को बढ़ावा देने के लिए निम्नलिखित में से किसका उपयोग किया जाता है?
(1) भाषा संबंधी खेल
(2) नाटक
(3) वाद-विवाद
(4) संगीत

54. An elementary teacher should allot high priority to
(1) interacting with parents.
(2) understanding fellow teachers.
(3) understanding the community.
(4) understanding the children.

54. प्रारंभिक शिक्षक को किस बात को ऊंची प्राथमिकता देनी चाहिए?
(1) माता – पिता के साथ बातचीत
(2) साथी शिक्षकों को समझना
(3) समुदाय को समझना
(4) बच्चों को समझना

55. As a teacher, while evaluating learning of students you should avoid ______.
(1) using variety of ways to collect information about the students' learning
(2) providing feedback to students
(3) collecting information continuously and record the same
(4) making comparisons between them

55. विद्यार्थियों के अधिगम का मूल्यांकन करते हुए एक शिक्षक के रूप में आपको बचना चाहिए:
(1) विद्यार्थियों के अधिगम के बारे में सूचना एकत्र करने के विभिन्न तरीकों के प्रयोग से
(2) विद्यार्थियों को प्रतिपुष्टि प्रदान करने से
(3) लगातार सूचना एकत्रित करने एवं उसे रिकार्ड करने से
(4) उनमें तुलना करने से

56. In activity based curriculum:
(1) Activities are decided in advance before the start of the session.
(2) The whole syllabus is transformed into activities.

56. गतिविधि आधारित पाठ्यचर्या में:
(1) सत्र प्रारंभ होने से पूर्व, गतिविधियाँ पहले से निर्धारित कर ली जाती हैं।
(2) पूरा पाठ्यक्रम गतिविधियों में रूपांतरित कर दिया जाता है।
(3) शिक्षक की भूमिका न्यूनतम होती है।

(3) The teachers' role is minimum.
(4) The list of activities have to be standardized by the educational authorities.

57. A teacher makes a conscious effort to behave in an acceptable manner with the expectation that the students will respond similarly. Which of the following principle explains teacher's behaviour?
(1) Shaping
(2) Modelling
(3) Cueing
(4) Reinforcement

58. Which of the following is considered most appropriate to praise a good teacher?
(1) His financial status.
(2) Popularity in society.
(3) Knowledge and respect.
(4) Authority and power.

59. Summative assessment is not usually used for:
(1) Remediation
(2) Awarding grades
(3) Promotion to next grades
(4) Classification

60. The training courses for special education are regulated by:
(1) National Council of Teacher Education
(2) National Council of Educational Research and Training
(3) Ministry of Social Defence
(4) Rehabilitation Council of India

61. 'People's beliefs about their capabilities to produce designated levels of performance that exercise influence over events that affect their lives' are known by the term -
(1) self Concept
(2) self Esteem
(3) self Worth
(4) self Efficacy

62. Which one of the following cannot be a criterion while designing curriculum?
(1) Educational level of parents
(2) Performance of learners in last examination

(4) शैक्षिक अधिकारियों द्वारा गतिविधियों की सूची का मानकीकरण करना होता है।

57. एक अध्यापक इस आशा से एक स्वीकार्य तरीके से व्यवहार करने का सचेतन प्रयास करता है कि उसके छात्र भी इसी तरहं का व्यवहार करेंगे। निम्नलिखित में से कौन सा सिद्धान्त अध्यापक के व्यवहार को स्पष्ट करता है?
(1) रूप देना (शेपिंग)
(2) मॉडलिंग
(3) संकेत देना (क्यूइंग)
(4) पुनर्बलन

58. किसी अच्छे शिक्षक की प्रशंसा के लिए सबसे उपयुक्त किस बात को माना जाता है?
(1) उसकी आर्थिक हैसियत
(2) समाज में लोकप्रियता
(3) ज्ञान और सम्मान
(4) अधिकार और ताकत

59. समग्र मूल्यांकन का प्रयोग आमतौर पर किसमें नहीं किया जाता है?
(1) उपचारण में
(2) ग्रेड प्रदान करने में
(3) अगले ग्रेड में कक्षोन्नति में
(4) वर्गीकरण में

60. विशेष शिक्षा के लिए प्रशिक्षण कोर्स को किसके द्वारा विनियमित किया जाता है?
(1) राष्ट्रीय अध्यापक शिक्षा परिषद्
(2) राष्ट्रीय शैक्षिक अनुसंधान और प्रशिक्षण परिषद्
(3) सामाजिक रक्षा मंत्रालय
(4) भारतीय पुनर्वास परिषद्

61. 'लोगों का प्रदर्शन का निर्दिष्ट स्तर उत्पन्न करने की अपनी क्षमताओं पर विश्वास करना जो उनके जीवन को प्रभावित करने वाली घटनाओं पर प्रभाव डालते हैं' को किस पद द्वारा जाना जाता है?
(1) स्व-संकल्पना
(2) स्व- आत्मसम्मान
(3) स्व योग्यता
(4) स्व-क्षमता

62. पाठ्यक्रम बनाते समय निम्नलिखित में से क्या एक मानदण्ड नहीं है?
(1) अभिभावकों का शैक्षणिक स्तर
(2) पिछली परीक्षा में शिक्षार्थी का प्रदर्शन

(3) Abilities of the learners
(4) Aspirations of the learners

(3) शिक्षार्थी की क्षमताएँ
(4) शिक्षार्थी की आकांक्षाएँ

63. A child with visual impairment maximizes learning with the help of
(1) tactile inputs
(2) kinaesthetic system
(3) auditory system
(4) learning aids

63. दृष्टिबाधित बालक किसकी सहायता से अधिकाधिक सीख सकता है?
(1) स्पर्शनीय आदानों से
(2) गतिबोधक प्रणाली से
(3) श्रवण प्रणाली से
(4) अधिगम साधनों से

64. An indigenous teaching aid is not
(1) costly
(2) made of material from far away place
(3) locally developed
(4) relevant

64. एक देशी शिक्षण सहायक सामग्री कैसी नहीं होती है?
(1) महंगी
(2) दूर स्थानों से लाई गई सामग्री से निर्मित
(3) स्थानीय तौर पर विकसित
(4) प्रासंगिक

65. The first satellite for serving the education sector is:
(1) EDUSAT
(2) INSAT - B
(3) INSAT - C
(4) SATEDU

65. शिक्षा क्षेत्र की सहायता के लिए पहला उपग्रह है:
(1) EDUSAT
(2) INSAT - B
(3) INSAT - C
(4) SATEDU

66. If a student in your class is comfortable using his/her left hand what would you do as a teacher?
(1) Discourage him to use his/her left hand
(2) Ignore it
(3) Seek medical help
(4) Allow him to use hand according to his/ her preference

66. यदि आपकी कक्षा में कोई छात्र अपने बाएँ हाथ का प्रयोग करता है तो आप एक अध्यापक के रूप में क्या करेंगे?
(1) उसे बायां हाथ प्रयोग करने से हतोत्साहित करेंगे
(2) उस पर ध्यान नहीं देंगे
(3) चिकित्सीय सहायता लेंगे
(4) उसे अपनी प्राथमिकता के अनुसार हाथ का प्रयोग करने की अनुमति देंगे

67. In case a good student starts behaving in an undisciplined manner, you would
(1) complain to his parents.
(2) report to the principal.
(3) try to know his problem and help him.
(4) punish him severely to correct him.

67. यदि कोई अच्छा छात्र अनुशासनहीन तरीके से व्यवहार करना शुरू कर दे तो आप क्या करेंगे?
(1) उसके माता- पिता को शिकायत करेंगे
(2) प्रिन्सिपल को रिपोर्ट करेंगे
(3) उसकी समस्या जानने और मदद करने की कोशिश करेंगे
(4) उसे ठीक करने के लिए सख्ती से दंडित करेंगे

68. Which of the following resources has maximum scope of social development of learners?
(1) Museum
(2) Laboratories
(3) Community
(4) Library

68. शिक्षार्थियों के सामाजिक विकास में किस संसाधन का कार्यक्षेत्र अधिकतम है?
(1) संग्रहालय
(2) प्रयोगशालाएँ
(3) समुदाय
(4) पुस्तकालय

69. According to Piaget, at which stage of cognitive development, a student is able to recognize that subtraction is reverse of addition?
(1) Sensorimotor stage

69. पियाजे के अनुसार, संज्ञानात्मक विकास की किस अवस्था पर, एक छात्र यह पहचान कर सकने में सक्षम होता है कि घटाने की क्रिया जमा करने की क्रिया की उलटी है?
(1) संवेदनगतिक अवस्था

(2) Preoperational stage
(3) Concrete operations stage
(4) Formal operations stage

(2) पूर्व संक्रियात्मक अवस्था
(3) मूर्त संक्रियात्मक अवस्था
(4) नियमनिष्ठ संक्रियात्मक अवस्था

70. In case the parents of a child report that the child has started telling lies and does not bother about the home work , you would

(1) expose him in front of the class and humiliate him.
(2) become more vigilant towards the child and counsel him.
(3) not bother much as parents are already aware of the issue.
(4) punish the child.

70. यदि किसी बच्चे के माता – पिता रिपोर्ट करते हैं कि उसने झूठ बोलना शुरू कर दिया है और गृह – कार्य की परवाह नहीं करता तो आप क्या करेंगे?

(1) कक्षा के सामने उसकी पोल खोलेंगे और उसे अपमानित करेंगे
(2) उस बच्चे के प्रति ज्यादा सतर्क रहेंगे और उसे परामर्श देंगे
(3) कुछ खास परवाह नहीं करेंगे क्योंकि माता – पिता को इस बारे में पहले से ही पता है
(4) बच्चे को दंडित करेंगे

Space for Rough Work / कच्चे कार्य के लिए स्थान

71. Structural approach lays stress to
(1) Improving fluency
(2) Developing accuracy
(3) Developing linguistic competence
(4) Selection and gradation of materials

72. A good language textbook should include
(1) Extracts from British and American literature
(2) More grammar exercises
(3) Interesting stories
(4) Attractive fonts, illustrations and learner-friendly texts

73. Functional grammar refers to
(1) Learning grammar in isolation
(2) Learning grammar in a given context
(3) Learning grammar by knowing the technicalities of language
(4) Learning grammar through the rules of language

74. Extensive reading is
(1) Reading for information
(2) Reading the text for pleasure
(3) Reading to know the meaning of every word
(4) Reading to extrapolate and critique

75. Learning to read means
(1) Reading aloud
(2) Decoding letters of alphabet into sounds
(3) Decoding the structure of a language
(4) Decoding the meaning

Instruction (Q.No.76–80): Study the following paragraph and answer the questions that follow.

When the sun had descended on the other side of the narrow strip of land, and a day of sunshine was followed by a night without twilight, the new lighthouse keeper was in his place evidently, for the lighthouse was casting its bright rays on the water as usual. The night was perfectly calm, silent, genuinely tropical, filled with a transparent haze, forming around the moon a great coloured rainbow with soft, unbroken edges; the sea I Poking now from the balcony of the tower was moving only because the tide raised it.

The keeper on the balcony seemed from below like a small black point. He tried to collect his thoughts and take in his new position; but his mind was under too much pressure to move with regularity. He felt somewhat as a hunted beast feels when at last it has found refuge from pursuit on some inaccessible rock or in a cave. Now on that rock he can simply laugh at his previous wanderings, his misfortunes and failures. He was in truth like a ship whose masts, ropes and sails had been broken and rent by a tempest, and might have been cast to the bottom of the sea, a ship on which the tempest had hurled waves and spat foam, but which still wound its way to the harbour. The pictures of that storm passed quickly through his mind as the calm future now beginning. Part of this, wonderful adventures he had related to Mr. Shyam when he was interviewed for the job of the keeper; he had hot mentioned, however, thousands of other incidents. It had been his misfortune that as often as he fixed his fireplace to settle down permanently, some wind tore out the stakes of his tent, whirled away the fire, and bore him on towards destruction.

Looking now from the balcony of the tower at the illuminated waves, he remembered everything through which he had passed. He had campaigned in the four parts of the world, and in wandering had tried almost every occupation.

76. The ship of his life was hit by a storm
(1) And it went down to the bottom of the sea
(2) Yet it reached the harbour safely
(3) And it reached the port in a damaged condition
(4) Yet it kept on sailing on the sea

77. "The night was <u>perfectly</u> calm."
The word 'perfectly' is a/an
(1) Adverb
(2) Noun
(3) Verb
(4) Adjective

78. The water around the lighthouse got lit up because
(1) The sun had set
(2) The lighthouse was casting its bright rays
(3) The night was in the twilight zone
(4) The keeper had started his job

79. _______had made a rainbow around the moon.
(1) Rays from the lighthouse
(2) Tropical climate
(3) Rising sea tide
(4) Transparent haze

80. The lighthouse keeper's mind was free from pressure, because
(1) There were only 400 steps to the top
(2) He no longer felt like a hunted beast
(3) His job was quite easy
(4) There was regularity in his movements

भाषा विषय: हिन्दी

81. हिंदी भाषा-शिक्षण का सर्वाधिक संबंध है
(1) सृजनात्मक लेखन की अनिवार्यता से
(2) हिंदी की ध्वनियों को सिखाने से
(3) पढ़ी सामग्री के बारे में आलोचनात्मक चिंतन से
(4) हिंदी की व्याकरणिक व्यवस्था को जानने से

82. लिखना और पढ़ना सीखने के संदर्भ में कौन-सा कथन सबसे उपयुक्त है?
(1) दोनों कौशल एक-एक करके सीखे जाते हैं।
(2) लिखना और पढ़ना सीखना समान रूप से अंत:संबंधित हैं।
(3) पढ़ना सीखने की तुलना में लिखना सीखना जटिल है।
(4) लिखना सीखने की तुलना में पढ़ना सीखना जटिल है।

83. भाषा की पाठ्य-पुस्तक में एक पाठ एकांकी के रूप में है, आप
(1) एकांकी के मुख्य संवाद लिखवाएँगी
(2) हाव-भाव के साथ एकांकी पढ़कर सुनाएंगी
(3) एकांकी में आए पात्रों के संवाद याद करवाएंगी
(4) शिक्षार्थियों से एकांकी पढ़वाने के बाद उसका मंचन करवाएंगी

84. भाषा अर्जित करने की स्थिति में बच्चे
(1) अधिकतर त्रुटियाँ ही करते हैं
(2) भाषिक नियमों को स्वाभाविक रूप से ग्रहण करते हैं
(3) भाषिक नियमों को स्वाभाविक रूप से रटते हैं
(4) कभी कोई त्रुटि नहीं करते

85. कक्षा के बच्चों का सतत आकलन करने में सबसे अधिक महत्त्वपूर्ण है
(1) मौखिक परीक्षा
(2) व्याकरण की जानकारी
(3) लिखित परीक्षा
(4) भाषा-प्रयोग की क्षमता

निर्देश (Q.No.86–90): दिए गए गद्यांश को पढ़कर उसके नीचे लिखे प्रश्नों के सबसे उचित विकल्प को चुनिए।

कभी सोचा है भारत में कितने प्रकार के वाद्ययंत्र प्रचलित हैं? सोचने में शीघ्रता मत कीजिए। तमिलनाडु - केरल से कश्मीर तक, राजस्थान - गुजरात से नागालैंड - मणिपुर तक इस भारत नामक विशाल भूखंड में सैंकड़ों प्रकार के वाद्ययंत्र परम्परा से प्रचलित रहे हैं। विशेषकर चमड़े से मढे वाद्यमंत्र तो सर्वाधिक हैं। बांसुरी जैसे फूंककर बजाए जाने वाले, झाँझ जैसे झंकार वाले या फिर तार लगी तूम्बी वाले भी कम नहीं। ये तार वाले भी कुछ गज से बजाए जाते हैं और कुछ छोटी सी अँगूठी जैसी मिज़राब से।
अब प्रश्न उठता है कि जिन्हें हम भारतीय वाद्ययंत्र कहते हैं क्या वे भारत में ही जन्में हैं या कहीं और से आए हैं? कहना कठिन है। जब भी हम किसी वाद्यमंत्र को बजते देखते - सुनते हैं तो मन कहता है कि उसकी उत्पत्ति भारत में ही हुई होगी। लेकिन सत्य यह नहीं है। आज प्रचलित वाद्ययंत्रों में से अनेक बाहर से भी आए हैं और यह सच भी है कि अनेक भारतीय वाद्ययंत्र यहाँ से अन्य देशों में प्रचलित हुए हैं। सभ्यता और संस्कृति का इतिहास जानने का एक माध्यम वाद्ययंत्र भी हैं। वेदों में उल्लिखित वाद्ययंत्रों के प्रमाण हड़प्पा सभ्यता से प्राप्त हुए हैं। वहीं सुदूर पूर्व इंडोनेशिया में प्राचीन भारतीय वाद्ययंत्र आज भी प्रयुक्त हो रहे हैं। हमारी वीणा मिस्री, सुमेरी, जापानी, चीनी संस्कृति में भी विद्यमान रही है।

86. गद्यांश के अनुसार, सभ्यता और संस्कृति का इतिहास जानने में सहायक हैं
(1) कलाकार
(2) प्राचीन यंत्र
(3) साहित्यिक ग्रंथ
(4) वाद्ययंत्र

87. वेदों में चर्चित कुछ वाद्ययंत्रों के प्रमाण मिले हैं
(1) पुराणों में

(2) भारतीय सभ्यता में
(3) हड़प्पा सभ्यता में
(4) सुमेरी संस्कृति में

88. जिन्हें हम भारतीय वाद्ययंत्र कहते हैं
(1) वे चीन और इंडोनेशिया के हैं
(2) वे भारत में ही जन्में हैं
(3) वे कहीं और से आए हैं
(4) उनमें से कुछ भारत के और कुछ बाहर के हैं

89. निम्न में से कौन-सा भारतीय वाद्ययंत्र मिस्र, चीन, जापान, आदि की संस्कृति में भी विद्यमान है?
(1) वीणा
(2) बांसुरी
(3) तबला
(4) झाँझ

90. निम्न में से कौन - सा कथन असत्य है?
(1) प्राचीन भारतीय वाद्ययंत्र इंडोनेशिया में भी प्रयुक्त होते हैं।
(2) भारत में अनेक प्रकार के वाद्ययंत्र प्रचलित हैं।
(3) तमिलनाडु और केरल के वाद्ययंत्र सबसे प्रसिद्ध हैं।
(4) कुछ वाद्ययंत्र 'गज' से बजाए जाते हैं।

Space for Rough Work / कच्चे कार्य के लिए स्थान

91. In a screw jack, a lever of length 2 m is rotated once to lift the car of 1000 kg by 20 cm. What is the effort applied on the simple machine?

(1) $\frac{50}{\pi}$ kg wt
(2) $\frac{100}{\pi}$ N
(3) $\frac{100}{\pi}$ kg wt
(4) $\frac{50}{\pi}$ N

91. एक स्क्रू जैक में, 1000 किग्रा की कार को 20 सेमी तक उठाने के लिए 2 मीटर लंबाई के लीवर को एक बार घुमाया जाता है। सरल मशीन पर किस प्रयास का प्रयोग किया जाता है?

(1) $\frac{50}{\pi}$ kg wt
(2) $\frac{100}{\pi}$ N
(3) $\frac{100}{\pi}$ kg wt
(4) $\frac{50}{\pi}$ N

92. Two glass jars A and B are filled with carbon dioxide and oxygen gases, respectively. In each jar a lighted candle is placed simultaneously. In which jar will the candle remain lighted for a longer time and why?

(1) In jar A, because carbon dioxide is a supporter of combustion.
(2) In jar B, because oxygen is a supporter of combustion.
(3) In both jars.
(4) None of these.

92. दो ग्लास जार ए और बी क्रमशः कार्बन डाइऑक्साइड और ऑक्सीजन गैसों से भरे हुए हैं। प्रत्येक जार में एक जली हुई मोमबत्ती एक साथ रखा जाता है। कौन से जार में मोमबत्ती लंबे समय तक रोशनी रहेगा और क्यों?

(1) जार ए में, क्योंकि कार्बन डाइऑक्साइड दहन का समर्थक है।
(2) जार बी में, क्योंकि ऑक्सीजन दहन का समर्थक है।
(3) दोनों जार में।
(4) इनमें से कोई नहीं।

93. Which of the following is not a cell?

(1) Red Blood Corpuscle (RBC)
(2) bacterium
(3) spermatozoa
(4) virus

93. इनमें से कौन कोशिका नहीं है?

(1) लाल रुधिर कणिका (RBC)
(2) जीवाणु
(3) शुक्राणु
(4) विषाणु

94. The belief that the mother is completely responsible for the sex of the child is wrong because the child:

(1) gets sex chromosome only from the mother.
(2) develops in the body of the mother.
(3) gets one sex chromosome from the mother and the other from the father.
(4) gets sex chromosome only from the father.

94. यह मानना कि माँ ही बच्चे के लिंग के लिए पूरी तरह से जिम्मेदार होती है, गलत है क्योंकि -

(1) बच्चा केवल माँ से ही गुणसूत्र प्राप्त करता है।
(2) माँ के शरीर के भीतर बढ़ता-पनपता है|
(3) बच्चा एक गुणसूत्र माँ से प्राप्त करता है और दूसरा पिता से|
(4) बच्चा केवल पिता से गुणसूत्र प्राप्त करता है।

95. In Fig. a boy is shown pushing the box from right to left. The force of friction will act on the box:

95. चित्र में एक लड़का किसी सन्दूक को दाएं से बाएं धक्का दे रहा है। सन्दूक पर घर्षण बल कार्य करेगा:

(1) from right to left
(2) from left to right
(3) vertically downwards
(4) vertically upwards

96. 1 hertz is equal to
(1) 1 vibration per minute
(2) 10 vibrations per minute
(3) 60 vibrations per minute
(4) 600 vibrations per minute

97. The gas released during the preparation of bread is:
(1) oxygen
(2) carbon dioxide
(3) nitrogen
(4) sulphur dioxide

98. Two major non-metals which are present in fertilisers and enhance the growth of plants:
(1) Oxygen and Sulphur
(2) Nitrogen and Phosphorous
(3) Carbon and Potassium
(4) Potassium and Sulphur

99. Petroleum product used as fuel for stoves, lamps and jet aircrafts:
(1) Petrol
(2) Diesel
(3) Bitumen
(4) Kerosene oil

100. Name the part of the eye which gives colour to the eyes:
(1) Cornea
(2) Pupil
(3) Iris
(4) Lens

(1) दाएं से बाएं की ओर
(2) बाएं से दाएं की ओर
(3) लंबवत नीचे की ओर
(4) लंबवत ऊपर की ओर

96. 1 हर्ट्ज बराबर है
(1) 1 कंपन प्रति मिनट
(2) 10 कंपन प्रति मिनट
(3) 60 कंपन प्रति मिनट
(4) 600 कंपन प्रति मिनट

97. डबलरोटी बनाने के दौरान उत्पन्न होने वाली गैस कौन-सी है?
(1) ऑक्सीजन
(2) कार्बन डाइऑक्साइड
(3) नाइट्रोजन
(4) सल्फर डाइऑक्साइड

98. दो प्रमुख अधातुओं के नाम लिखिए जो उर्वरकों में उपस्थित होते हैं और पौधों की वृद्धि में सहायक होते हैं।
(1) ऑक्सीजन और सल्फर
(2) नाइट्रोजन और फॉस्फोरस
(3) कार्बन और पोटेशियम
(4) पोटेशियम और सल्फर

99. स्टोव, लैंप और जेट एयरक्राफ्ट के लिए ईंधन के रूप में इस्तेमाल पेट्रोलियम उत्पाद:
(1) पेट्रोल
(2) डीजल
(3) कोलतार
(4) केरोसिन तेल

100. आंख के उस भाग का नाम जो उसे विशिष्ट रंग प्रदान करता है:
(1) कॉर्निया
(2) पुतली
(3) परितारिका
(4) लेंस

101. Lipid molecules in the cell are synthesized by
(1) smooth endoplasmic reticulum
(2) rough endoplasmic reticulum
(3) golgi apparatus
(4) plastids

101. कोशिका में लिपिड अणुओं को निम्न के द्वारा संश्लेषित किया जाता है-
(1) चिकनी अंतर्द्रव्यी जालिका
(2) रुक्ष अंतर्द्रव्यी जालिका
(3) गॉल्जी उपकरण
(4) लवक

102. According to the third law of motion, action and reaction
(1) always act on the same body
(2) always act on different bodies in opposite directions
(3) have same magnitude and directions
(4) act on either body at normal to each other

102. गति के तीसरे नियम के अनुसार क्रिया एवं प्रतिक्रिया-
(1) सदैव एक ही वस्तु पर लगती है
(2) सदैव दो भिन्न वस्तुओं पर विपरीत दिशाओं में कार्य करती हैं
(3) के परिमाण एवं दिशाएँ समान होती हैं
(4) किसी भी एक वस्तु पर एक दुसरे के अभिलंबवत कार्य करती है

103. A brick having 60 cm length, 40 cm breadth and 20 cm height stands on a box in three ways. In which of the following cases, pressure exerted by the brick will be
(1) maximum when length and breadth form the base
(2) maximum when breadth and height form the base
(3) maximum when height and length form the base
(4) the same in all the above three cases

103. 60 सेमी लंबाई, 40 सेमी चौड़ाई और 20 सेमी ऊँचाई वाली एक ईंट एक बॉक्स पर तीन तरह से खड़ी होती है। बोक्स द्वारा लगाया गया दाब -
(1) तब अधिकतम होगा जब आधार लंबाई व चौड़ाई से बना है
(2) तब अधिकतम होगा जब आधार चौड़ाई व ऊँचाई से बना है
(3) तब अधिकतम होगा जब आधार ऊँचाई व लंबाई से बना है
(4) उपरोक्त तीनों प्रकरणों में समान होगा

104. Which of the following can make a parallel beam of light when light from a point source is incident on it?
(1) Concave mirror as well as convex lens
(2) Convex mirror as well as concave lens
(3) Two plane mirrors placed at 90° to each other
(4) Concave mirror as well as concave lens

104. निम्नलिखित में से कौन किसी बिंदु स्रोत से उस पर आपतित प्रकाश का समांतर प्रकाश पुंज बना सकता है?
(1) अवतल दर्पण और उत्तल लेंस दोनों ही
(2) उत्तल दर्पण और अवतल लेंस दोनों ही
(3) एक दुसरे से 90° पर रखे दो समतल दर्पण
(4) अवतल दर्पण और अवतल लेंस दोनों ही

105. Which of the following phenomena of light are involved in the formation of a rainbow?
(1) Reflection, refraction and dispersion
(2) Refraction, dispersion and total internal reflection
(3) Refraction, dispersion and internal reflection
(4) Dispersion, scattering and total internal reflection

105. इंद्रधनुष बनने में प्रकाश की कौन-सी परिघटनाएँ सम्मिलित होती हैं?
(1) परावर्तन, अपवर्तन तथा विक्षेपण
(2) अपवर्तन, विक्षेपण तथा पूर्ण आंतरिक परावर्तन
(3) अपवर्तन, विक्षेपण तथा आंतरिक परावर्तन
(4) विक्षेपण, प्रकीर्णन तथा पूर्ण आंतरिक परावर्तन

106. In an electrical circuit two resistors of 2Ω and 4Ω respectively are connected in series to a 6V battery. The heat dissipated by the 4Ω resistor in 5s

106. किसी विद्युत् परिपथ में दो प्रतिरोधक जिनके प्रतिरोध क्रमश: 2Ω तथा 4Ω हैं, 6V बैटरी से श्रेणीक्रम में संयोजित हैं। 4Ω प्रतिरोधक द्वारा 5s में कितनी ऊष्मा क्षय होगी?

will be

(1) 5J (2) 10J
(3) 20J (4) 30J

107. If salivary amylase is lacking in the saliva, which of the following events in the mouth cavity will be affected?
(1) Proteins breaking down into amino acids
(2) Starch breaking down into sugars
(3) Fats breaking down into fatty acids and glycerol
(4) Absorption of vitamins

108. On converting 25°C, 38°C and 66°C to kelvin scale, the correct sequence of temperature will be
(1) 298 K, 311 K and 339 K
(2) 298 K, 300 K and 338 K
(3) 273 K, 278 K and 543 K
(4) 298 K, 310 K and 338 K

109. Which of the following contains maximum number of molecules?
(1) 1g CO_2 (2) 1g N_2
(3) 1g H_2 (4) 1g CH_4

110. Which of the following can be made into crystal?
(1) A Bacterium
(2) An Amoeba
(3) A Virus
(4) A Sperm

(1) 5J (2) 10J
(3) 20J (4) 30J

107. यदि लार में लार-एमाइलेज की कमी हों, तब मुख-गुहा में कौन-सी घटना प्रभावित होगी?
(1) प्रोटीनों का अमीनो अम्लों में विघटित होना
(2) स्टार्च का शर्कराओ में विघटित होना
(3) वसाओं का वसा-अम्लों और ग्लिसरोल में विघटित होना
(4) विटामिनों का अवशोषण

108. 25°C, 38°C तथा 66°C को केल्विन मापक्रम में परिवर्तित करने पर इन तापमानों का सही अनुक्रम होगा -
(1) 298 K, 311 K and 339 K
(2) 298 K, 300 K and 338 K
(3) 273 K, 278 K and 543 K
(4) 298 K, 310 K and 338 K

109. निम्नलिखित में से किसमें अणुओं की संख्या अधिकतम होगी?
(1) 1g CO_2 (2) 1g N_2
(3) 1g H_2 (4) 1g CH_4

110. निम्नलिखित में किसे क्रिस्टल रूप में बनाया जा सकता है?
(1) जीवाणु
(2) अमीबा
(3) विषाणु
(4) शुक्राणु

Space for Rough Work / कच्चे कार्य के लिए स्थान

111. The value of
$[(-4)\div2] \times (-3) - (-3)[(-3) \times (-7) - 8] + (4)[(-48)\div6]$ is
(1) 13 (2) –16 (3) 9 (4) –11

$[(-4)\div2] \times (-3) - (-3)[(-3) \times (-7) - 8] + (4)[(-48)\div6]$
111. का मान है
(1) 13 (2) –16 (3) 9 (4) –11

112. The fractions $\frac{44}{49}, \frac{33}{38}, \frac{22}{25}$ and $\frac{24}{29}$ are written in descending order as
(1) $\frac{44}{49}, \frac{22}{25}, \frac{33}{38}, \frac{24}{29}$
(2) $\frac{44}{49}, \frac{33}{38}, \frac{24}{29}, \frac{22}{25}$
(3) $\frac{24}{29}, \frac{33}{38}, \frac{22}{25}, \frac{44}{49}$
(4) $\frac{22}{25}, \frac{24}{29}, \frac{33}{38}, \frac{44}{49}$

112. भिन्नों $\frac{44}{49}, \frac{33}{38}, \frac{22}{25}$ तथा $\frac{24}{29}$ को अवरोही क्रम में निम्न प्रकार से लिखा जाता है:
(1) $\frac{44}{49}, \frac{22}{25}, \frac{33}{38}, \frac{24}{29}$
(2) $\frac{44}{49}, \frac{33}{38}, \frac{24}{29}, \frac{22}{25}$
(3) $\frac{24}{29}, \frac{33}{38}, \frac{22}{25}, \frac{44}{49}$
(4) $\frac{22}{25}, \frac{24}{29}, \frac{33}{38}, \frac{44}{49}$

113. Which on of the following statements is not true for integers?
(1) 1 is the multiplicative identity.
(2) Subtraction is not communitative.
(3) Multiplication is associative.
(4) Division is commutative.

113. निम्न कथनों में से कौन सा कथन पूर्णांकों के लिए सत्य नहीं है?
(1) 1 गुणनात्मक तत्समक है।
(2) व्यवकलन क्रमविनिमेय नहीं है।
(3) गुणन साहचर्य होता है।
(4) भाग क्रमविनिमेय है।

114. If $x = 2^3 \times 3^2 \times 5^3 \times 7^3$
$y = 2^2 \times 3^3 \times 5^4 \times 7^3$, and
$z = 2^4 \times 3^4 \times 5^2 \times 7^5$,
then H.C.F. of x, y and z is
(1) $(30)^3 \times 7^3$
(2) 30×7^5
(3) $(30)^2 \times 7^3$
(4) $(15)^3 \times 7^4$

114. यदि $x = 2^3 \times 3^2 \times 5^3 \times 7^3$
$y = 2^2 \times 3^3 \times 5^4 \times 7^3$, तथा
$z = 2^4 \times 3^4 \times 5^2 \times 7^5$,
हैं, तो x, y और z का महत्तम समापवर्तक है
(1) $(30)^3 \times 7^3$
(2) 30×7^5
(3) $(30)^2 \times 7^3$
(4) $(15)^3 \times 7^4$

115. If $52272 = p^2 \times q^3 \times r^4$, where p, q and r are prime numbers, then the value of (2p + q – r) is
(1) 23 (2) 29 (3) 21 (4) 22

115. यदि $52272 = p^2 \times q^3 \times r^4$, जहाँ p, q और r अभाज्य संख्याएँ हैं, तो (2p + q – r) का मान है
(1) 23 (2) 29 (3) 21 (4) 22

116. If the 7-digit number 134x58y is divisible by 72, then the value of (2x + y) is
(1) 8 (2) 9 (3) 6 (4) 7

116. यदि 7-अंकों वाली संख्या 134x58y, 72 से विभाज्य है, तो (2x + y) का मान है
(1) 8 (2) 9 (3) 6 (4) 7

117. Which of the following is not a Pythagorean triplet?
(1) 11, 60, 63
(2) 13, 84, 85

117. निम्न में कौन सा पाइथागोरस त्रिक नहीं है?
(1) 11, 60, 63
(2) 13, 84, 85
(3) 7, 24, 25

(3) 7, 24, 25
(4) 8, 15, 17

(4) 8, 15, 17

118. The measure of angle for which the measure of the supplement is four times the measure of the complement is

(1) 60° (2) 75° (3) 30° (4) 45°

118. उस कोण का माप, जिसके संपूरक का माप कोण के पूरक के माप के चार गुना के बराबर है, निम्न है:

(1) 60° (2) 75° (3) 30° (4) 45°

119. If the angles, in degrees, of a triangle are x, 3x + 20 and 6x, the triangle must be

(1) Right
(2) Isosceles
(3) Obtuse
(4) Acute

119. यदि किसी त्रिभुज के कोणों का माप, डिग्री में, x, 3x + 20 तथा 6x हैं, त्रिभुज अवश्य ही होगा:

(1) समकोण त्रिभुज
(2) समद्विबाहु त्रिभुज
(3) अधिककोण त्रिभुज
(4) न्यूनकोण त्रिभुज

120. In triangles ABC and DEF, $\angle C = \angle F$, AC = DF, and BC = EF. If AB = 2x – 1 and DE = 5x – 4, then the value of x is

(1) 3 (2) 4 (3) 1 (4) 2

120. त्रिभुज ABC और DEF में, $\angle C = \angle F$, AC = DF, तथा BC = EF है। यदि AB = 2x – 1 तथा DE = 5x – 4 है, तो x का मान है

(1) 3 (2) 4 (3) 1 (4) 2

121. One side of a triangle is 5 cm and the other side is 10 cm and its perimeter is P cm, where P is an integer. The least and the greatest possible values of P are respectively

(1) 21 and 29
(2) 22 and 27
(3) 19 and 29
(4) 20 and 28

121. एक त्रिभुज की एक भुजा 5 सेमी और दूसरी भुजा 10 सेमी है और इसका परिमाप P सेमी है, जहाँ P एक पूर्णांक है। P के न्यूनतम और अधिकतम संभव मान क्रमशः हैं

(1) 21 और 29
(2) 22 और 27
(3) 19 और 29
(4) 20 और 28

122. Let x be the median of the data 13, 8, 15, 14, 17, 9, 14, 16, 13, 17, 14, 15, 16, 15, 14. If 8 is replaced by 18, then the median of the data is y. What is the sum of the values of x and y?

(1) 29 (2) 30 (3) 27 (4) 28

122. माना कि आँकड़ों 13, 8, 15, 14, 17, 9, 14, 16, 13, 17, 14, 15, 16, 15, 14 का माध्य x है। यदि 8 के स्थान पर 18 कर दिया जाए, तो आँकड़ों का माध्य y है। x तथा y के मानों का योग क्या है?

(1) 29 (2) 30 (3) 27 (4) 28

123. A bag contains 3 white, 2 blue and 5 red balls. One ball is drawn at random from the bag. What is the probability that the ball drawn is not red?

(1) $\frac{1}{5}$ (2) $\frac{1}{2}$
(3) $\frac{4}{5}$ (4) $\frac{3}{10}$

123. किसी थैले में 3 सफेद, 2 नीली और 5 लाल गेंदे है। थैले में से यदृच्छया एक गेंद निकाली जाती है। निकाली गई गेंद लाल रंग की नहीं है, इसकी क्या प्रायिकता है?

(1) $\frac{1}{5}$ (2) $\frac{1}{2}$
(3) $\frac{4}{5}$ (4) $\frac{3}{10}$

124. The total surface area of a cuboid is 194 m^2. If its length is 8 m and breadth is 6m, then what is its volume (in m^2)?

(1) 168 (2) 224 (3) 112 (4) 126

124. किसी घनाभ का कुल पृष्ठीय क्षेत्रफल 194 m^2 है। य्दी इसकी लंबाई 8 m तथा चौड़ाई 6 m है, तो इसका आयतन (m^2 में) है

(1) 168 (2) 224 (3) 112 (4) 126

125. The area of a trapezium is 105 cm^2 and its height is 7 cm. If one of the parallel sides is longer than the other by 6 cm, then the length of the longer side, in cm, is

(1) 15 (2) 12 (3) 18 (4) 16

125. किसी समलंब का क्षेत्रफल 105 cm^2 है और उसका शीर्षलंब 7 cm है। यदि समांतर भुजाओं में से एक भुजा दूसरी से 6 cm अधिक लंबी है, तो लंबी भुजा की लंबाई, cm में, है

(1) 15 (2) 12 (3) 18 (4) 16

126. The curved surface area of a right circular cylinder of base radius 3 cm is 94.2 cm^2. The volume (in cm^3) of the cylinder is (Take π = 3.14)

(1) 125.6 (2) 113.04
(3) 138.6 (4) 141.3

126. आधार की 3 cm त्रिज्या वाले एक लंब वृत्तीय बेलन का वक्र पृष्ठीय क्षेत्रफल 94.2 cm^2 है। बेलन का आयतन (cm^3 में) है (π = 3.14 लीजिए।)

(1) 125.6 (2) 113.04
(3) 138.6 (4) 141.3

127. If x is added to each of 14, 12, 34 and 30, the numbers so obtained, in this order, are in proportion. What is the value of $\sqrt{12x + 9}$?

(1) 11 (2) 13 (3) 8 (4) 9

127. यदि 14, 12, 34 तथा 30, प्रत्येक में x जोड़ा जाए, तो इस प्रकार (इस क्रम में) प्राप्त संख्याएं समानुपात में होती हैं। $\sqrt{12x + 9}$ का क्या मान होगा?

(1) 11 (2) 13 (3) 8 (4) 9

128. Which one of the following statements is true?

(1) A circle has no line of symmetry.
(2) An angle has two lines of symmetry.
(3) A regular hexagon has only 4 lines of symmetry.
(4) A regular polygon of 10 sides has 10 lines of symmetry.

128. निम्न कथनों में से कौन सा सत्य है?

(1) एक वृत्त की कोई सममित रेखा नहीं होती है।
(2) एक कोण की दो सममित रेखाएं होती हैं।
(3) एक समषड्भुज की केवल चार सममित रेखाएं होती हैं।
(4) 10 भुजा वाले एक समबहुभुज की दस सममित रेखाएं होती हैं।

129. The value of x which satisfies the equation 10(x + 6) + 8(x – 3) = 5(5x – 4) also satisfies the equation

(1) 2(x + 3) = 5(x – 5) + 4
(2) 5(x – 5) = 2(x – 3) + 5
(3) 5(x – 3) = x + 5
(4) 3(3x – 5) = 2x + 1

129. x का वह मान जो समीकरण 10(x + 6) + 8(x – 3) = 5(5x – 4) को संतुष्ट करता है वह निम्न समीकरण को भी संतुष्ट करता है:

(1) 2(x + 3) = 5(x – 5) + 4
(2) 5(x – 5) = 2(x – 3) + 5
(3) 5(x – 3) = x + 5
(4) 3(3x – 5) = 2x + 1

130. What should be subtracted from 5y – 13x – 8a to obtain 11x – 16y + 7a?

(1) 21y – 24x – 15a
(2) 24x – 21y + a
(3) 6x + 21y + 15a
(4) 21y – 5x – a

130. 11x – 16y + 7a प्राप्त करने के लिए 5y – 13x – 8a में से क्या घटाना चाहिए?

(1) 21y – 24x – 15a
(2) 24x – 21y + a
(3) 6x + 21y + 15a
(4) 21y – 5x – a

131. The Indian state has:
(1) Democratic form of government
(2) Communist form of government
(3) Capitalist form of government
(4) Presidential form of government

131. भारतीय राज्य की सरकार किस प्रकार की है?
(1) लोकतांत्रिक सरकार
(2) साम्यवादी सरकार
(3) पूँजीवादी सरकार
(4) अध्यक्षात्मक सरकार

132. Who among the following was hanged to death for attacking his officers in th Barrackpore, on 29th March, 1857?
(1) Mangal Pandey (2) Bhagat Singh
(3) Raj Guru (4) Sukhdev

132. 29 मार्च, 1857 को बैरकपुर में अपने अफ़सरों पर हमला करने के आरोप में निम्नलिखित में से किसको फाँसी पर लटका दिया गया था?
(1) मंगल पांडे (2) भगतसिंह
(3) राजगुरु (4) सुखदेव

133. Which of the following limits the number of trophic levels in a food chain?
(1) Decrease in energy at higher trophic levels
(2) Dufficient food supply
(3) Polluted air
(4) Water

133. किसी आहार-श्रृंखला में पोशी स्तरों की संख्या को निम्नलिखित में से कौन सीमित करता हैं ?
(1) उच्चतर पोशी स्तरों पर ऊर्जा में कमी होना
(2) भोजन की उपलब्ध मात्रा में कमी होना
(3) वायु प्रदूषित होना
(4) जल

134. In our country, there are attempts to increase the height of several existing dams like Tehri and Almati, dams across Narmada. Choose the correct statements among the following that are a consequence of raising the height of dams
(i) Terrestrial flora and fauna of the area is destroyed completely
(ii) Dislocation of people and domestic animals living in the area
(iii) Valuable agricultural land may be permanently lost
(iv) It will generate permanent employment for people
(1) (i) and (ii)
(2) (i), (ii) and (iii)
(3) (ii) and (iv)
(4) (i), (iii) and (iv)

134. हमारे देश में, नर्मदा नदी के आर-पार बने बाँधों, जैसे टेहरी और अल्मारी बाँधों की ऊँचाई बढ़ाने के प्रयत्न किए जा रहे हैं। नीचे दिए गए कथनों में से सही कथन चुने जिनसे इस बात का संकेत मिलता हों कि बांधों की ऊँचाई बढ़ाने के क्या परिणाम होंगे
(i) क्षेत्र के स्थलीय पादपजात और प्राणिजात पुरी तरह नष्ट हों जाएँगे
(ii) क्षेत्र में रह रहे लोग और पालतू जानवर अव्यवस्थित हों जाएँगे
(iii) खेती के लिए उपयोगी जमीन स्थायी रूप से नष्ट हों जाएँगे
(iv) इससे लोगों को स्थायी नौकरी मिल सकेगी
(1) (i) और (ii)
(2) (i), (ii) और (iii)
(3) (ii) और (iv)
(4) (i), (iii) और (iv)

135. The area of biosphere reserves in which large numbers of human activities are permitted, eg. Cultivation, domestication, harvesting of natural product, grazing, forestry, settlement, is known as
(1) Buffer zone
(2) Core zone
(3) Restricted zone
(4) Transition zone

135. जीवमंडल भंडार का क्षेत्र जिसमें बड़ी संख्या में मानव गतिविधियों की अनुमति है, उदाहरण के लिए खेती, पालतू जानवर, प्राकृतिक उत्पाद की कटाई, चराई, वानिकी, निपटान, को किस के रूप में जाना जाता है
(1) बफर जोन
(2) कोर जोन
(3) प्रतिबंधित क्षेत्र
(4) संक्रमण क्षेत्र

136. As per 2011 census, least populous state is

136. 2011 की जनगणना के अनुसार, कम से कम आबादी वाला

(1) Sikkim
(2) Goa
(3) Dadra and Nagar Haveli
(4) Daman and Diu

राज्य है
(1) सिक्किम
(2) गोवा
(3) दादरा और नगर हवेली
(4) दमन और दीव

137. Wildlife Week is celebrated on
(1) 02-08 October
(2) 01-07 July
(3) 07-11 July
(4) 03-10 October

137. वन्यजीवन सप्ताह मनाया जाता है
(1) 02-08 अक्टूबर
(2) 01-07 जुलाई
(3) 07-11 जुलाई
(4) 03-10 अक्टूबर

138. The major problem in harnessing nuclear energy is how to
(1) split nuclei?
(2) sustain the reaction?
(3) dispose off spent fuel safely?
(4) convert nuclear energy into electrical energy?

138. नाभिकीय ऊर्जा का उपयोग करने में प्रमुख समस्या यह है कि:
(1) नाभिक को विखंडित कैसे करें
(2) अभिक्रिया को सतत कैसे बनाएँ
(3) उपयोग के पश्चात ईंधन का सुरक्षित निपटारा कैसे करें
(4) नाभिकीय ऊर्जा को विद्युत् ऊर्जा में रूपांतरित कैसे करें

139. Which one of the following countries is not a member of ICIMOD?
(1) Bangladesh
(2) Bhutan
(3) Myanmar
(4) Maldives

139. निम्नलिखित देशों में से कौन सा आईसीआईएमओडी का सदस्य नहीं है?
(1) बांग्लादेश
(2) भूटान
(3) म्यांमार
(4) मालदीव

140. Project SAVE is related to conservation of which living species?
(1) Vultures (2) Dolphins
(3) Cactus (4) Sundrbani

140. SAVE परियोजना किस जीवित प्रजातियों के संरक्षण से संबंधित है?
(1) गिद्धों (2) डाल्फिन
(3) कैक्टस (4) सुंदरबनी

141. Main focus of seventh five year plan of India was on the
(1) agriculture, industry and mines
(2) industrial development of the country
(3) establishment of the self-sufficient economy
(4) poverty eradication and technological self-reliance

141. भारत की सातवीं पंचवर्षीय योजना का मुख्य ध्यान था
(1) कृषि, उद्योग और खानों
(2) देश के औद्योगिक विकास
(3) आत्मनिर्भर अर्थव्यवस्था की स्थापना
(4) गरीबी उन्मूलन और तकनीकी आत्मनिर्भरता

142. Full form of UNCSD is
(1) United Nations Conference on Sustainable Development
(2) United Nations Convention on Summative Development
(3) United Nations Committee on Summative Development
(4) United Nations Committee on Supportable Development

142. UNCSD का पूरा नाम क्या है?
(1) United Nations Conference on Sustainable Development
(2) United Nations Convention on Summative Development
(3) United Nations Committee on Summative Development
(4) United Nations Committee on Supportable Development

143. Pench National Park is located in
(1) Kerala
(2) Maharashtra
(3) Uttar Pradesh
(4) Madhya Pradesh

143. पेंच राष्ट्रीय उद्यान कहाँ स्थित है
(1) केरल
(2) महाराष्ट्र
(3) उत्तर प्रदेश
(4) मध्य प्रदेश

144. Ishwarchandra Vidyasagar began a campaign for widow remarriage resulting in a law which was passed in
(1) 1829 (2) 1929
(3) 1856 (4) 1891

144. ईश्वरचंद्र विद्यासागर ने विधवा पुनर्विवाह के लिए एक अभियान शुरू किया जिसके परिणामस्वरूप इसके खिलाफ किस वर्ष में एक कानून पारित किया गया
(1) 1829 (2) 1929
(3) 1856 (4) 1891

145. According to the Indian Constitution, which one of the following statements is incorrect about Indian Secular State?
(1) The state is not strictly separate from religion but it does maintain principled distance from religion.
(2) Indian state is not ruled by any specific religious group.
(3) The state does not enforce any particular religion nor takes away religious freedom of individuals.
(4) The state allows government institutions to display and promote values specific to a particular religion.

145. भारतीय संविधान के अनुसार 'भारतीय धर्मनिरपेक्ष राज्य' के बारे में निम्नलिखित कथनों में से कौन-सा कथन गलत है?
(1) राज्य धर्म से एकदम पृथक नहीं है, परन्तु वह धर्म से एक निश्चित दुरी बनता है।
(2) भारतीय राज्य किसी एक विशिष्ट धार्मिक समूह द्वारा शासित नहीं है।
(3) राज्य किसी धर्म विशेष को न तो थोपेगा और न ही लोगों की धार्मिक स्वतंत्रता को छिनेगा।
(4) राज्य सरकार संस्थानों को धर्म विशेष के विशिष्ट मूल्यों को प्रदर्शित और प्रोन्नत करने की अनुमति प्रदान करता है।

146. Which one of the following groups of planets has rings around it?
(1) Saturn, Neptune, Mars
(2) Saturn, Venus, Mars
(3) Saturn, Jupiter, Uranus
(4) Saturn, Venus, Neptune

146. ग्रहों के निम्नलिखित समूहों में से किस समूह के चारों ओर छल्ले हैं?
(1) शनि, नेपच्यून, मंगल
(2) शनि, शुक्र, मंगल
(3) शनि, बृहस्पति, यूरेनस
(4) शनि, शुक्र, नेपच्यून

147. From the Earth, only one side of the moon is visible because it:
(1) Does not move around the earth, but only spins.
(2) Takes more time in moving around the earth than the time to complete one spin.
(3) Takes exactly the same time in moving around the earth as the time to complete one spin.
(4) Only moves around the earth, but does not spin.

147. पृथ्वी से चन्द्रमा का केवल एक ही भाग दिखाई पड़ता है, क्योंकि:
(1) चन्द्रमा पृथ्वी का चक्कर नहीं लगता है, केवल अपने अक्ष पर चक्कर लगता है।
(2) चन्द्रमा अपने अक्ष पर एक चक्कर पूरा करने से कही अधिक समय पृथ्वी का चक्कर पूरा करने में केता है।
(3) चन्द्रमा पृथ्वी का एक चक्कर पूरा करने में जितना समय लेता है, उतना ही समय अपने अक्ष पर एक चक्कर पूरा करने में लेता है।
(4) चन्द्रमा केवल पृथ्वी का चक्कर लगता है, परन्तु अपने अक्ष पर चक्कर नहीं लगता है।

148. The Red Data Book keeps a record of all the
(I) endemic species
(II) extinct species

148. रेड डेटा बुक सभी का रिकॉर्ड रखता है
(I) स्थानिक प्रजातियां
(II) विलुप्त प्रजातियां

(III) endangered plants
(IV) endangered animals
(1) I & II
(2) II & III
(3) III & IV
(4) I & IV

(III) लुप्तप्राय पौधों
(IV) लुप्तप्राय जानवरों
(1) I और II
(2) II और III
(3) III और IV
(4) I और IV

149. Which of the following is a recently originated problem of environment?
(1) Ozone layer depletion
(2) Green house effect
(3) Global warming
(4) All of the above

149. निम्नलिखित में से पर्यावरण की कौन-सी समस्या हाल ही में उत्पन्न हुई है?
(1) ओजोन परत का ह्रास
(2) ग्रीनहाउस का प्रभाव
(3) वैश्विक ऊष्मण
(4) उपर्युक्त सभी

150. Which one of the following has a long term effect on the health of an individual?
(1) Common cold
(2) Chicken pox
(3) Chewing tobacco
(4) Stress

150. निम्नलिखित में से कौन-सा व्यक्ति के स्वास्थ्य पर दीर्घकालिक प्रभाव डालता है ?
(1) खाँसी-जुकाम
(2) चिकनपॉक्स
(3) तंबाकू चबाना
(4) तनाव

Space for Rough Work / कच्चे कार्य के लिए स्थान

उत्तर पत्रिका / Answer Sheet – Kendriya Vidyalaya Sangathan

Name of the Candidate: ______________________ **Fathers' Name:** ________________

Roll Number: ________________, **Examination Centre:** ________________________

Paper of the Candidate: ______________________, **Test Booklet Code:** ____________

Mark your Answer by shading the appropriate circle against each question. The circle should be shaded completely without leaving any space. The correct method of shading is given below.
प्रत्येक प्रश्न के सामने उचित वृत का चिन्हांकन करके अपना उत्तर लिखें। वृत्त को बिना कोई स्थान छोड़े चिन्हांकित करें। चिन्हांकित करने का सही तरीका नीचे दिया गया है।

Correct Method : सही तरीका : ○ ● ○ ○ Wrong Method : गलत तरीका :

001	① ② ③ ④	031	① ② ③ ④	061	① ② ③ ④	091	① ② ③ ④	121	① ② ③ ④
002	① ② ③ ④	032	① ② ③ ④	062	① ② ③ ④	092	① ② ③ ④	122	① ② ③ ④
003	① ② ③ ④	033	① ② ③ ④	063	① ② ③ ④	093	① ② ③ ④	123	① ② ③ ④
004	① ② ③ ④	034	① ② ③ ④	064	① ② ③ ④	094	① ② ③ ④	124	① ② ③ ④
005	① ② ③ ④	035	① ② ③ ④	065	① ② ③ ④	095	① ② ③ ④	125	① ② ③ ④
006	① ② ③ ④	036	① ② ③ ④	066	① ② ③ ④	096	① ② ③ ④	126	① ② ③ ④
007	① ② ③ ④	037	① ② ③ ④	067	① ② ③ ④	097	① ② ③ ④	127	① ② ③ ④
008	① ② ③ ④	038	① ② ③ ④	068	① ② ③ ④	098	① ② ③ ④	128	① ② ③ ④
009	① ② ③ ④	039	① ② ③ ④	069	① ② ③ ④	099	① ② ③ ④	129	① ② ③ ④
010	① ② ③ ④	040	① ② ③ ④	070	① ② ③ ④	100	① ② ③ ④	130	① ② ③ ④
011	① ② ③ ④	041	① ② ③ ④	071	① ② ③ ④	101	① ② ③ ④	131	① ② ③ ④
012	① ② ③ ④	042	① ② ③ ④	072	① ② ③ ④	102	① ② ③ ④	132	① ② ③ ④
013	① ② ③ ④	043	① ② ③ ④	073	① ② ③ ④	103	① ② ③ ④	133	① ② ③ ④
014	① ② ③ ④	044	① ② ③ ④	074	① ② ③ ④	104	① ② ③ ④	134	① ② ③ ④
015	① ② ③ ④	045	① ② ③ ④	075	① ② ③ ④	105	① ② ③ ④	135	① ② ③ ④
016	① ② ③ ④	046	① ② ③ ④	076	① ② ③ ④	106	① ② ③ ④	136	① ② ③ ④
017	① ② ③ ④	047	① ② ③ ④	077	① ② ③ ④	107	① ② ③ ④	137	① ② ③ ④
018	① ② ③ ④	048	① ② ③ ④	078	① ② ③ ④	108	① ② ③ ④	138	① ② ③ ④
019	① ② ③ ④	049	① ② ③ ④	079	① ② ③ ④	109	① ② ③ ④	139	① ② ③ ④
020	① ② ③ ④	050	① ② ③ ④	080	① ② ③ ④	110	① ② ③ ④	140	① ② ③ ④
021	① ② ③ ④	051	① ② ③ ④	081	① ② ③ ④	111	① ② ③ ④	141	① ② ③ ④
022	① ② ③ ④	052	① ② ③ ④	082	① ② ③ ④	112	① ② ③ ④	142	① ② ③ ④
023	① ② ③ ④	053	① ② ③ ④	083	① ② ③ ④	113	① ② ③ ④	143	① ② ③ ④
024	① ② ③ ④	054	① ② ③ ④	084	① ② ③ ④	114	① ② ③ ④	144	① ② ③ ④
025	① ② ③ ④	055	① ② ③ ④	085	① ② ③ ④	115	① ② ③ ④	145	① ② ③ ④
026	① ② ③ ④	056	① ② ③ ④	086	① ② ③ ④	116	① ② ③ ④	146	① ② ③ ④
027	① ② ③ ④	057	① ② ③ ④	087	① ② ③ ④	117	① ② ③ ④	147	① ② ③ ④
028	① ② ③ ④	058	① ② ③ ④	088	① ② ③ ④	118	① ② ③ ④	148	① ② ③ ④
029	① ② ③ ④	059	① ② ③ ④	089	① ② ③ ④	119	① ② ③ ④	149	① ② ③ ④
030	① ② ③ ④	060	① ② ③ ④	090	① ② ③ ④	120	① ② ③ ④	150	① ② ③ ④

परीक्षार्थी का नाम Name of candidate (In Capital Letters)	परीक्षार्थी के हस्ताक्षर Signature of candidate (In Running Hand)	परीक्षार्थी के बाएं अंगूठे का निशान Left hand thumb impression of the candidate	निरीक्षक के हस्ताक्षर Signature of invigilator (In Running Hand)

Answer Key KVS Test Set - 20

Q	A	Q	A	Q	A	Q	A	Q	A	Q	A	Q	A	Q	A
1	2	**21**	4	**41**	2	**61**	4	**81**	1	**101**	1	**121**	1	**141**	3
2	3	**22**	4	**42**	4	**62**	1	**82**	2	**102**	2	**122**	1	**142**	1
3	3	**23**	3	**43**	1	**63**	1	**83**	4	**103**	2	**123**	2	**143**	4
4	3	**24**	3	**44**	3	**64**	2	**84**	2	**104**	1	**124**	1	**144**	3
5	4	**25**	3	**45**	2	**65**	1	**85**	4	**105**	3	**125**	3	**145**	4
6	3	**26**	1	**46**	1	**66**	4	**86**	4	**106**	3	**126**	4	**146**	3
7	2	**27**	1	**47**	3	**67**	3	**87**	3	**107**	2	**127**	4	**147**	3
8	1	**28**	1	**48**	1	**68**	3	**88**	4	**108**	1	**128**	4	**148**	3
9	2	**29**	4	**49**	3	**69**	3	**89**	1	**109**	3	**129**	2	**149**	4
10	3	**30**	4	**50**	2	**70**	2	**90**	3	**110**	3	**130**	1	**150**	3
11	3	**31**	2	**51**	1	**71**	4	**91**	1	**111**	1	**131**	1		
12	3	**32**	2	**52**	4	**72**	4	**92**	2	**112**	1	**132**	1		
13	2	**33**	2	**53**	1	**73**	2	**93**	4	**113**	4	**133**	1		
14	1	**34**	1	**54**	4	**74**	2	**94**	3	**114**	3	**134**	2		
15	2	**35**	4	**55**	4	**75**	4	**95**	2	**115**	1	**135**	4		
16	2	**36**	4	**56**	2	**76**	2	**96**	3	**116**	1	**136**	1		
17	2	**37**	1	**57**	2	**77**	1	**97**	2	**117**	1	**137**	1		
18	1	**38**	4	**58**	3	**78**	2	**98**	2	**118**	1	**138**	3		
19	1	**39**	4	**59**	1	**79**	4	**99**	4	**119**	3	**139**	4		
20	2	**40**	4	**60**	4	**80**	2	**100**	3	**120**	3	**140**	1		